U0616826

高等学校网络空间安全专业系列教材

网络空间安全法律法规解读

（第二版）

主　编　王永全　廖根为

副主编　黄道丽　詹　毅

撰写人员（以撰写章节为序）

廖根为　董可欣　申佳辉　黄道丽　何治乐

梁思雨　王永全　龙　敏　詹　毅　沈臻懿

西安电子科技大学出版社

内 容 简 介

本书以网络空间安全法律保护为视角，分析了网络空间安全法律保护特征和法律体系，对现有网络空间安全法律体系进行深入解读，分别从国家政策、行政处罚、刑事处罚、民事侵权、诉讼程序五个方面共七章对现有相关法律法规进行了梳理、汇总和精选，针对重点法条、法律难点问题、法律法规衔接问题、典型案例等进行了深入分析。

本书既可以作为网络空间安全相关专业的教材，也可以作为其他专业学生自学网络空间安全法律的教程，还可以作为网络空间安全领域工作者、计算机取证与司法鉴定行业工作者、法律实务人员的参考用书。

图书在版编目(CIP)数据

网络空间安全法律法规解读/王永全，廖根为主编. —2 版. —西安：
西安电子科技大学出版社,2022.9(2024.8 重印)
ISBN 978 - 7 - 5606 - 6637 - 2

Ⅰ. ①网… Ⅱ. ①王… ②廖… Ⅲ. ①计算机网络—科学技术管理法规
—基本知识—中国 Ⅳ. ①D922.174

中国版本图书馆 CIP 数据核字(2022)第 169282 号

策 划 陈 婷
责任编辑 吴祯娥 陈 婷
出版发行 西安电子科技大学出版社(西安市太白南路 2 号)
电 话 (029)88202421 88201467 邮 编 710071
网 址 www. xduph. com 电子邮箱 xdupfxb001@163.com
经 销 新华书店
印刷单位 西安创维印务有限公司
版 次 2022 年 9 月第 2 版 2024 年 8 月第 2 次印刷
开 本 787 毫米×1092 毫米 1/16 印张 32
字 数 767 千字
定 价 75.00 元
ISBN 978 - 7 - 5606 - 6637 - 2

XDUP 6939002 - 2

＊ ＊ ＊ 如有印装问题可调换 ＊ ＊ ＊

高等学校网络空间安全专业系列教材

编审专家委员会名单

前　言

随着网络应用的飞速发展和网络用户规模的不断扩大，网络空间已和人们的社会生活紧密相连。与此同时，在这一虚拟的空间范围中所发生的侵权、违法与犯罪案件与日俱增。网络空间面临国防安全、政治安全、经济安全、文化安全等方面的风险，仅凭传统技术手段难以全面应对网络空间中的各类安全挑战，亟需综合应用法律、管理、技术、伦理、道德等多方面的途径来对网络空间安全予以保护。其中，网络空间安全的法律途径保护是极为重要的环节之一。这不仅需要网络空间安全和计算机等相关专业的学习、研究和工作者，对该领域的相关法律法规有较为深入的了解与掌握，而且也需要全社会各行业从业者及社会民众加以学习和了解，以引起大家充分的重视。

鉴于此，本书依托西安电子科技大学出版社"高等学校网络空间安全专业系列教材"项目，汇聚了华东政法大学、公安部第三研究所、知名律师事务所等高校、科研单位、实务部门从事网络空间安全法律与技术研究的专业人员，对网络空间安全法律体系和现有法律进行了深入探讨。全书共分8部分，包括绪论和7个章节。绪论部分论述了网络空间安全法律保护的特征和现有法律体系，提出了网络空间安全的法律保护是对信息资源的全方位保护，是对个人、社会和国家利益的全方位保护，是对信息系统整个生命周期的全过程保护，是对网络空间安全威胁行为的全过程控制与防范。第1～7章，从国家政策、行政处罚、刑事处罚、民事侵权、诉讼程序5个方面对现有网络空间安全法律体系中所涉法律法规进行了梳理、汇总和精选，针对重点法条、法律难点问题、法律法规衔接问题、典型案例等作了深入分析。

本书在一定程度上，填补了国内在网络空间安全法律法规解读上的空白。希望通过本书的抛砖引玉，能够进一步推动网络空间安全领域法律制度的深入研究。近几年来，网络空间安全法律法规不断完善，新的法律法规也不断出现，本书应读者要求进行了相应修订。需要注意的是，为了行文方便，本书涉及的法律、部分行政法规和部门规章在名称前冠以"中华人民共和国"字样的，在解读内容中均省略其全称中的"中华人民共和国"字样。本次修订主要根据最新颁布或修订的法律、法规和司法解释，对原书相关内容进行了增加、删减和替换，对关键条文进行了解读，其中变动内容较大的是书中《数据安全法》《密码法》《关键信息基础设施安全保护条例》《专利法》《反不正当竞争法》

《个人信息保护法》《民法典》《电子商务法》《电子签名法》和计算机软件著作权、信息网络传播权、电子数据证据有关规定等部分内容及解读。另外，为方便读者学习和查阅，2024年重印时在第2章新增加了一节，对《网络安全法》等其他法律中相关行政处罚内容进行了详细解读，同时删减了其他章节相应内容。

作者（以撰写章节为序）及其分工如下：

廖根为、董可欣、申佳辉：绪论、第6章、第2章2.2节

黄道丽、何治乐、梁思雨：第1章、第5章、第2章2.2节

王永全：第2章

龙　敏：第3章

詹　毅：第4章

沈臻懿：第7章

本书由主编王永全、廖根为负责全书设计、统稿、校对和完善。史册、李文冠、赵子玉和王宇进行了部分资料收集与校对工作，在此予以感谢！本书的出版得到西安电子科技大学出版社"高等学校网络空间安全专业系列教材"项目、国家社科基金重大项目"网络时代的社会治理与刑法体系的理论创新"（编号：20&ZD199）、"涉信息网络违法犯罪行为法律规制研究"（编号：14ZDB147）和上海市哲学社会科学规划一般课题"大数据背景下人工智能算法治理研究"（2021BFX003）的支持，在此一并致谢！

限于时间、经验和知识水平等因素，书中难免会存在一些不足之处，尚祈读者能多提供宝贵意见，以资日后进一步完善。

编　者

2022 年 8 月

2024 年 8 月修订

目　　录

绪　　论

　　信息技术的日新月异发展，极大推动了社会发展和改变了人们的生产生活方式，但与此同时也带来了较大的安全风险。随着物联网、云计算、人工智能、大数据技术的不断发展，网络空间安全风险的程度和广度也进一步加剧。运用技术和法律来保护网络空间安全均是必不可少的保护手段。而良好的法律保护不仅需要规范网络空间行为，降低安全风险，打击违法犯罪行为，更要有利于促进网络空间安全技术的发展，维护国家、社会和个人的合法利益。要达到以上目标，就需要不断发展和完善网络空间安全法律，以下从应然和实然两个角度进行分析。

一、网络空间安全法律保护的特征

1. 网络空间安全的法律保护是一种全方位的保护

　　（1）网络空间安全的法律保护是对信息资源的全方位保护。

　　网络空间安全问题均与信息资源有关，对网络空间安全的法律保护应涵盖所有的信息资源类型。根据信息资源类型的不同，对信息资源保护可划分为信息载体的保护、信息运行的保护、信息价值的保护、信息内容的保护。

　　对信息载体的保护，主要是从信息载体角度出发对信息安全进行保护。信息不可能单独存在，其存储和运行均依赖一定的物理载体。如果物理载体遭受破坏，信息运行安全将受到威胁。而在信息载体保护中，信息基础设施保护十分重要，其中关键信息基础设施的保护尤为重要，它是信息安全保护的前提和基础。

　　对信息运行的保护，主要是从信息的运行角度对信息安全进行保护。信息社会中，能体现信息价值的重要方面之一是信息共享，共享的信息均是通过信息系统进行传输和处理的。信息不能够安全传输、转换、处理、交换、存储，便无法正常运行。只有对信息运行进行保护，信息才能够真正实现共享和交换，信息资源的优势也才能真正体现。对信息安全运行进行保护是信息安全保护的关键和核心。

　　对信息价值的保护，主要是从信息本身的价值出发对信息的安全进行保护。信息社会中，信息是最重要的资源，信息是有价值的。因此，破坏这种有价值的信息应给予相应的处罚。虽然信息共享与交换是信息社会中信息运行的主要目的，但有些有价值的信息同时也具有一定的专有性。为了更好地保护这些信息资源，需要对这些信息进行专门保护。在大数据时代，信息价值属性不断扩张，其呈现的价值内涵具有复杂性和综合性特点，对这些信息价值的保护是信息安全保护的重要内容。

　　对信息内容的保护，主要是从信息的内容出发对信息的安全进行保护。信息是信息社会最重要的资源，信息内容是有使用价值的。这里的信息内容是指电子数据通过计算机系统、网络或者移动终端等设备和软件所呈现的内容。那些无用或有害的信息内容没有价值，不能成为信息社会可使用的信息资源。有害信息不仅不能推动社会的发展，反而会阻碍信息社会的发展。但信息内容有害与否的评价又与一个国家的政治制度、社会文化有密切关系，对其保护方式与其内容和所处特定法域有密切联系，因而对信息内容的保护是信息安全保护的重要社会目标。

（2）网络空间安全的法律保护是对个人、社会、国家利益的全方位保护。

网络空间与现实空间不同，但最终都是由现实中的人参与的。也就是说，网络空间安全的破坏，必然表现为对现实空间的人、社会、国家利益的损害。网络空间安全法律的保护应是对个人合法利益、社会公共利益和国家利益的全方位保护。

首先，网络空间安全的法律保护，必须保护国家安全利益。网络空间没有现实空间那样清晰的边界，网络空间主权容易受到忽视。在如今信息爆炸时代，哪个国家掌控了信息网络，哪个国家就占领了政治、军事和经济较量的战略制高点，因而制网权的较量成为大国之间较量的新焦点。通过法律对网络空间安全进行保护，不仅是为了宣示和明确网络空间的主权，更重要的是通过法律明确网络空间的国家安全战略，引导社会资源有效配置，将有限资源落实到网络空间的国家主权保障、关键信息基础设施的保护、关键和敏感数据的保护、个人数据安全保护以及落实国家网络空间安全保障工作的体系化和高效运作上。通过对国家安全利益的保护，将那些信息系统建设、运行、维护和使用过程中可能危及国家安全的信息活动通过行政处罚、治安处罚、刑事处罚等措施予以制裁，从而有效保护政治安全、经济安全、文化安全和军事安全，预防因网络空间安全问题引起的国家安全利益的重大损失。

其次，网络空间安全的法律保护，必须保护社会公共秩序以及公民的涉及网络的各项合法权益。由于网络在社会生活中的不可替代性和用户群的不断增长，无论其作为一项设施、一种工具、一种媒介、一个场所，还是一种财产等，若不对其相关活动进行法律规制，就有可能危及公共安全、社会公共秩序、财产以及公民的人身、民主权利。因此，应通过制定专门法律、增加刑法条文、完善治安管理处罚法、制定相关司法解释等手段予以法律规制，使其适用于新的领域。同时也要通过民法、侵权责任法、知识产权法等法律或者司法解释将网络出现的各种侵权行为予以规定和明确，确保公民的各项民事权益。

2. 网络空间安全的法律保护是一种全过程的保护

（1）网络空间安全的法律保护是对信息系统整个生命周期的全过程保护。

当前，我国有关网络空间安全的法律尚在不断发展完善中。网络空间安全法律体系不仅仅是简单的对一般违法犯罪或者侵权行为的规制，更重要的目标应同时包括促进网络社会和相关产业的健康发展，保障国家安全和公共安全，规范网络社会活动秩序等。网络空间安全法律应贯穿于网络安全保护的各个环节、各个阶段，通过法律的规制、指引作用，使网络空间安全保护的各种要素高效组合，促使网络空间安全技术和管理的不断快速发展，有效控制网络空间安全风险因素。即网络空间安全的法律保护涉及信息系统的整个生命周期，包括系统规划、系统分析、系统设计、系统实施、运维及消亡等阶段。通过国家、行业组织和企业的管理或监督指导，按照法律设定的风险防范手段，逐一排查可能影响国家安全、社会公共利益、个人合法权益的因素，保障信息系统处于规定的安全可控的状态。

在系统建设阶段，应根据信息系统对国家安全、社会秩序和公共利益可能造成损害的程度确定合理的保护等级，并在安全产品的选择和使用上进行检查或控制；在系统运营阶段，国家信息安全监管部门应根据系统的重要程度实施相应的检查、监督或者指导工作。信息系统无论在建设、运营、报废过程中都需要依据国家管理规范、技术标准或者业务特殊安全需求实施相应的管理，通过法律对相关责任主体设定必要的职责和义务，违反者需承担相应的法律责任。通过法律法规对信息系统生命周期中的每一阶段涉及的安全产品或软件、人、系统实施有效管理制度，通过全过程的安全保护将网络空间安全掌握在可控状态。

（2）网络空间安全的法律保护是对网络空间安全威胁行为的全过程控制与防范。

随着移动互联网、物联网、云计算、区块链等技术的发展和运用，网络中各种安全威胁行为越来越复杂，风险程度也越来越高。一些违法犯罪行为呈现交叉和融合趋势，犯罪产业链条十分明显。为了有效控制网络空间各类安全威胁行为，必须通过法律在国家政策、安全战略、管理制度、思想教育、技术措施、犯罪打击、国际合作等方面的安排对这些行为的意图产生过程、行为预备过程、与其他行为的结合过程、行为实施过程、行为结束和后结束等全过程予以专门控制。针对各种安全威胁行为的新特点和危害，通过政策和制度层面，加大关键信息基础设施的保护力度，健全网络安全保障体系，提高网络安全意识和水平，倡导和促进安全和谐网络环境的形成；通过提高法律处罚力度强化安全管理行为责任；通过刑事手段使一些安全威胁行为中的帮助行为正犯化、预备行为犯罪化、单位行为犯罪化，切断犯罪产业链条；通过犯罪控制手段创新违法犯罪处罚措施；通过国际合作和交流，推动构建和平、安全、开放、合作的网络空间，建立多边、民主、透明的网络治理体系；通过有针对性地对网络空间安全威胁行为各个阶段予以法律规制，阻止不同违法犯罪行为的交叉和融合，减少违法犯罪意图产生的数量，控制违法犯罪预备行为，加强安全威胁的风险预警，加大违法犯罪打击力度，减小违法犯罪行为的危害性后果，提高违法犯罪取证效率和水平，即对网络空间安全威胁行为实施全过程控制与防范。

二、网络空间安全现有法律体系

我国网络空间现有法律体系基本形成了以《中华人民共和国网络安全法》[①]《全国人民代表大会常务委员会关于维护互联网安全的决定》《全国人民代表大会常务委员会关于加强网络信息保护的决定、中华人民共和国数据安全法、中华人民共和国个人信息保护法、中华人民共和国电子签名法》等专门法律以及散见于刑法、民法典、治安管理处罚法、三大诉讼法等传统法律中的相关规定为基础，以各种行政法规、部门规章为支撑的较为完善的法律体系，具体来说包括以下五个方面。

1. 网络空间安全政策相关的法律法规

没有网络安全就没有国家安全，构筑全方位的网络与信息安全治理体系是我国网络安全保障工作的重中之重。2017年6月1日正式实施的网络安全法，该法是全面规范国家网络空间安全监督与管理方面的基础性法律。它与2016年以来我国先后制定的数据安全法、个人信息保护法、密码法、国家信息化发展战略纲要、"十四五"国家信息化规划、国家标准化发展纲要、国家网络空间安全战略、网络空间国际合作战略、信息产业发展指南、网络关键设备和网络安全专用产品目录、关键信息基础设施安全保护条例、网络安全审查办法、国家网络安全事件应急预案等法律法规和规范性文件，以及全国人民代表大会常务委员会关于维护互联网安全的决定、治安管理处罚法、刑法、计算机信息系统安全保护条例等法

---

① 特别说明：为了叙述方便，本书在对法条解释和分析过程中对以"中华人民共和国"开头的部分法律法规采用简写的方式，如《中华人民共和国网络安全法》，简称为《网络安全法》，其他同。

律法规中的有关规定共同组成了网络空间安全政策相关的法律体系。

维护网络空间安全、打击网络违法犯罪不仅仅是事后依据法律对违法犯罪的处置，更需要结合政策、制度、管理、技术形成一种全方位的保护体系。而网络空间与传统空间最大的不同在于：当政府期望通过规制实现相同的目标价值时，对网络空间行为的规制需要更多借助或经由技术本身。通过将一些成熟有效的战略、政策、制度上升到法律，是网络空间安全法律体系建设的特色之一。

2. 网络空间安全刑事处罚相关的法律法规

对于严重威胁网络空间安全，或者具有严重社会危害性的行为，需要通过刑法进行规制。与网络空间安全相关的犯罪包括与信息基础设施相关的犯罪、与信息运行相关的犯罪、与信息内容相关的犯罪、与信息价值相关的犯罪、与信息安全主体失职相关的犯罪五类犯罪行为。其中，与信息内容相关的犯罪、与信息价值相关的犯罪这两类犯罪行为与传统犯罪比较相近，网络主要充当场所、工具或者媒介的角色。例如，网络色情、网络诈骗、网络盗窃、网络诽谤、网络赌博、网络知识产权侵权等。对于这一些犯罪行为不增加新的罪名，主要通过司法解释明晰其社会危害性严重程度的判断标准，使其适用于网络空间。对于与信息基础设施相关的犯罪、与信息运行相关的犯罪、与信息安全主体失职相关的犯罪在传统刑法中无对应罪名，需要通过在刑法中增加新的罪名以适应不断变化的新情况。我国《刑法》主要通过第二百八十五条、第二百八十六条、第二百八十七条等规定了这些新型的犯罪，并通过相关司法解释对其如何适用进行了具体解释。

3. 网络空间安全行政处罚相关的法律法规

对于那些涉及网络的不构成犯罪但行政违法或治安管理违法的行为，通过行政处罚和治安管理处罚的措施予以规制。网络空间安全行政处罚相关的法律法规、部门规章较多，主要包括治安管理处罚法、行政处罚法、网络安全法、数据安全法以及计算机信息系统安全保护条例、关键信息基础设施安全保护条例、计算机信息网络国际联网安全保护管理办法、互联网信息服务管理办法、互联网上网服务营业场所管理条例、计算机病毒防治管理办法、互联网域名管理办法、网络信息内容生态治理规定、区块链信息服务管理规定、公安机关互联网安全监督检查规定、互联网用户公众账号信息服务管理规定、电信条例等法律、行政法规和部门规章中相关处罚规定。这些规定共同构成了网络空间安全行政处罚相关的法律法规。

4. 网络空间安全民事侵权相关的法律法规

网络空间安全还广泛涉及民事侵权问题，包括名誉权、姓名权、隐私权、个人信息权、财产权、软件著作权、专利权等。对于这些侵权行为可能涉及行政处罚和刑事处罚，与此同时还应根据民事侵权责任予以分配。相关的法律法规和司法解释主要包括《民法典》《网络安全法》《电子商务法》《电子签名法》《个人信息保护法》《消费者权益保护法》《反不正当竞争法》《计算机软件保护条例》《信息网络传播权保护条例》《网络交易监督管理办法》《第三方电子商务交易平台服务规范》《最高人民法院关于审理利用信息网络侵害人身权益民事纠纷案件适用法律若干问题的规定》《最高人民法院关于审理侵害信息网络传播权民事纠纷案件适用法律若干问题的规定》《最高人民法院关于确定民事侵权精神损害赔偿责任若干问题的解释》《最高人民法院关于审理食品药品纠纷案件适用法律若干问题的规定》《最高人民法院关于审理食品安全民事纠纷案件适用法律若干问题的解释（一）》等。

5．网络空间安全诉讼程序相关的法律法规

涉及网络的各种诉讼程序均离不开电子数据证据。电子数据的收集、鉴定、审查与判断等，与传统证据有很大区别。与网络空间安全诉讼程序相关的法律法规，除了传统的《刑事诉讼法》《民事诉讼法》《行政诉讼法》三大诉讼法外，还包括《全国人民代表大会常务委员会关于司法鉴定管理问题的决定》《司法鉴定程序通则》《公安机关鉴定规则》《关于办理刑事案件收集提取和审查判断电子数据若干问题的规定》《公安机关办理刑事案件电子数据取证规则》《最高人民法院关于民事诉讼证据的若干规定》等。

第1章　网络空间安全政策法律法规

1.1　网络安全法解读

中华人民共和国网络安全法

（2016年11月7日第十二届全国人民代表大会常务委员会第二十四次会议通过）

【立法背景及目标】

信息化成为当今世界发展的主要趋势，也成为推动经济发展和社会变革的重要力量。然而，信息化带来的网络安全威胁范围和内容也在不断扩大和演化，全球网络安全形势与挑战日益严峻。世界范围内的网络安全问题在我国同样存在，除此之外，我国还面临着更为复杂的安全隐患。国内网络安全威胁和风险日益突出，并日益向政治、经济、文化、生态、国防等领域传导渗透。境外敌对势力把我国作为网络意识形态渗透与攻击的重点目标。网络空间主导权争夺激烈，数据跨境流动的监管缺失直接威胁我国网络主权和国家司法权力架构；多网域"跨际"和"供应链渗透"威胁着工控、能源、交通、金融、电力等关键信息基础设施的安全；境内大规模个人信息泄露事件不断发生，网络诈骗、非法入侵、系统攻击等更加频繁，严重威胁社会公共安全和个人的合法权益。

在"没有网络安全就没有国家安全，没有信息化就没有现代化"成为国家和民族共识之际，我国正式开启网络强国建设的一系列顶层设计和部署。2014年2月27日中央网络安全和信息化领导小组正式成立，这标志着我国正式将网络安全提升至国家安全的高度，构筑全方位的网络与信息安全治理体系成为我国网络安全保障工作的重中之重。2016年7月27日，中共中央办公厅、国务院办公厅发布《国家信息化发展战略纲要》。作为规范和指导我国未来10年国家信息化发展的纲领性文件，纲要进一步调整和发展了中期国家信息化发展战略，其中要求以信息化驱动现代化，加快建设网络强国。2016年12月27日，我国《国家网络空间安全战略》正式发布，这是我国第一次向全世界系统、明确地宣示和阐述我国对于网络空间安全和发展的立场与主张，在我国网络空间安全领域具有里程碑意义。2017年3月1日，外交部和国家互联网信息办公室共同发布《网络空间国际合作战略》，全面宣示了我国在网络空间国际治理问题上的基本原则和行动要点。这三个战略开启了我国网络空间治理的全新范式，为我国网络安全相关政策和法律的出台指明了方向。

纵观我国网络空间领域立法进程，2014年是一个重要分水岭。2014年之前颁布施行的信息安全立法涉及了法律、行政法规、部门规章、地方法规及规范性文件等多个层次；从涉及的领域来看，具体包括网络与信息系统安全、信息内容安全、信息安全系统与产品、保密及密码管理、计算机病毒防治等多个领域；从权利（力）角度来看，主要包括政府维护信息安全的职责、企业权益保障和个人信息权利保护等。这些法律相比于国际立法，内容相对滞后，且各法律文件之间相互独立，呈碎片化，由此构建的信息安全立法框架显然无法有效应对日渐严峻的网络安全威胁。"棱镜门"事件暴露出维护国家数据主权、振兴民族产业的法律保障不足，能源、交通、金融、电力等国家关键信息基础设施建设、管理法制不健全，信息安全技术研究和产品开发政策法律保障乏力，在发生重大、突发事件和紧急状态的情况下，应急响应缺乏法律保障，应急预案、违法犯罪信息和安全测试等可以用于社会安全防范的信息难以共享，严重影响了快速反应能力、安全保障能力和统一调配能力。

面对严峻的网络安全形势，各界普遍认为，仅对原有法律的解释、修订或增补，难以把握好安全与发展之间的关系，不利于国家总体安全战略目标的实现，我国亟需制定综合性"网络领域基本法"，应当明确规定网络与信息安全的基线，为部门、地方的立法和政策的制定、调整和完善提供法律依据。2014 年 4 月，全国人大常委会年度立法计划正式将《网络安全法》列为立法预备项目，由此开启了我国国家网络安全立法的新进程。2015 年 7 月 6 日，作为网络安全基本法的《网络安全法（草案）》第一次向社会公开征求意见；2016 年 11 月 7 日，第十二届全国人民代表大会常务委员会第二十四次会议表决通过了《网络安全法》，并于 2017 年 6 月 1 日正式施行。《网络安全法》的实施标志着我国网络空间法制化进程的实质性展开，为我国有效应对网络安全威胁和风险、全方位保障网络安全提供了基本法律支撑。

第一章　总　　则

第一条　为了保障网络安全，维护网络空间主权和国家安全、社会公共利益，保护公民、法人和其他组织的合法权益，促进经济社会信息化健康发展，制定本法。

【重点法条解读】

本条是关于《网络安全法》立法目的的规定。

立法目的是法律的灵魂，明确立法目的是制定法律的第一步。作为我国网络安全领域的基础性法律，其首要目的即为保障网络安全。根据《网络安全法》第七十六条的定义，"网络安全"是指通过采取必要措施，防范对网络的攻击、侵入、干扰、破坏和非法使用以及意外事故，使网络处于稳定可靠运行的状态，以及保障网络数据的完整性、保密性、可用性的能力。此定义中的网络涵盖了互联网、局域网和工业控制系统。网络安全则涵盖了网络运行安全、网络信息安全、数据安全等。《网络安全法》采取了广义的网络安全定义，这是因为随着信息技术的发展，网络空间与物理世界已高度融合，不同信息系统以及数据等所面临的威胁和风险具有相似性，预防、处置这些威胁和风险的手段也类似，因此立法保护的规则也相同。

网络空间主权原则是我国维护国家安全和利益、参与国际网络治理与合作所坚持的重要原则。《联合国宪章》确立的主权平等原则是当代国际关系的基本准则，覆盖国与国交往各个领域。从 20 世纪 90 年代后期起，从"去主权化"到"再主权化"，网络空间主权原则在国际上也获得越来越多的认同与支持。2015 年 7 月 1 日施行的新《国家安全法》第二十五条在我国法律层面首次明确了"网络空间主权"概念，是我国国家主权在网络空间领域的体现、延伸和反映。《网络安全法》在立法目的中明确"维护网络空间主权"，进一步为我国行使网络空间主权提供法律保障。

国家安全是指国家政权、主权、统一和领土完整、人民福祉、经济社会可持续发展和国家其他重大利益相对处于没有危险和不受内外威胁的状态,以及保障持续安全状态的能力。维护国家安全,就是要防范、制止和依法惩治任何利用网络进行叛国、分裂国家、煽动叛乱、颠覆或者煽动颠覆人民民主专政政权的行为;防范、制止和依法惩治利用网络进行窃取、泄露国家秘密等危害国家安全的行为;防范、制止和依法惩治境外势力利用网络进行渗透、破坏、颠覆、分裂活动,维护网络安全是事关国家安全的重大问题。

网络已成为公共基础设施,网络安全关涉不特定多数人的利益,承载着巨大的社会公共利益。《网络安全法》确立维护网络安全的系列制度,就是要保障每一主体都有接入网络和享受便利服务的权利,同时保障网络中存储、处理和传输信息的真实性、准确性和完整性,确保网络产品和服务不中断,防止网络安全事件危害公众的健康和安全,维护社会公众的共同利益。

公民、法人和其他组织是网络活动的主体,保护好公民、法人和其他组织在网络领域的合法权益,是制定《网络安全法》的重要目的。《网络安全法》规定了明确的行为规范和法律责任,为不同主体遵循法律和救济补偿提供了明确的法律依据。

第二条 在中华人民共和国境内建设、运营、维护和使用网络,以及网络安全的监督管理,适用本法。

【重点法条解读】

本条是《网络安全法》适用范围的规定。

法的适用范围是指法在什么地域内对什么主体适用。本条确立了《网络安全法》适用的属地管辖原则,本法效力原则上限于中华人民共和国境内,调整对象为建设、运营、维护和使用网络以及网络安全监督管理的活动,即对凡在中华人民共和国境内从事以上活动的主体均适用。此外,根据国际惯例和我国相关规定,我国对中华人民共和国的船舶、航空器以及驻外使领馆享有管辖权,《网络安全法》应同样适用。值得注意的是,基于惩治来自境外针对关键信息基础设施的网络安全风险和威胁的需要,《网络安全法》第五条、第五十条和第七十五条规定了特定的域外效力。

第三条 国家坚持网络安全与信息化发展并重,遵循积极利用、科学发展、依法管理、确保安全的方针,推进网络基础设施建设和互联互通,鼓励网络技术创新和应用,支持培养网络安全人才,建立健全网络安全保障体系,提高网络安全保护能力。

【重点法条解读】

本条是关于网络安全和信息化工作基本原则的规定。

网络空间的安全与发展是世界发达和发展中国家信息化建设共同面临的挑战,加强网络安全和信息化发展,是应对日益复杂严峻的网络安全形势的必然选择,也是各国网络与信息安全法共同的价值选择。《网络安全法》将我国网络安全和信息化工作的方针"积极利用、科学发展、依法管理、确保安全"上升为法律规定,并从安全与发展并重的原则出发,确立了统筹国家网络安全与信息化工作的四项内容:一是推进网络基础设施建设和互联互通,二是鼓励网络技术创新和应用,三是支持培养网络安全人才,四是建立健全网络安全保障体系。

第四条　国家制定并不断完善网络安全战略，明确保障网络安全的基本要求和主要目标，提出重点领域的网络安全政策、工作任务和措施。

【重点法条解读】

本条是关于国家网络安全战略的规定。

联合国国际电信联盟（ITU）作出的《2017 年网络安全指数》报告显示，目前有 70 多个国家发布了网络安全方面的国家战略，20 多个国家正在制定过程中。网络安全战略所体现的行业直至国民经济整体的宏观发展与立法关切的直接对接，将网络安全立法的位阶提升到了前所未有的高度。2016 年 12 月 27 日，我国《国家网络空间安全战略》正式发布。《网络安全法》践行总体国家安全观，从宏观层面明确提出国家制定并不断完善网络安全战略，明确保障网络安全的基本要求和主要目标，提出重点领域的网络安全政策、工作任务和措施。

第五条　国家采取措施，监测、防御、处置来源于中华人民共和国境内外的网络安全风险和威胁，保护关键信息基础设施免受攻击、侵入、干扰和破坏，依法惩治网络违法犯罪活动，维护网络空间安全和秩序。

【重点法条解读】

本条是关于国家维护网络安全主要任务的规定。

我国面临的网络安全风险和威胁广泛来源境内外，网络空间安全风险"不可逆"的特征进一步凸显，为了维护网络安全，必须摆脱传统上将风险预防寄托于事后惩治的立法理念，确立防御、控制与惩治相结合的立法理念。国家必须采取措施监测、防御并处置网络安全风险和威胁，保障网络空间安全和秩序。尤其值得注意的是，关键信息基础设施关系国家安全、国计民生、公共利益，以美国为主的西方国家都将关键信息基础设施的保护视为网络安全的最核心部分。对关键信息基础设施实施重点保护，也是国家的一项重要任务。

第六条　国家倡导诚实守信、健康文明的网络行为，推动传播社会主义核心价值观，采取措施提高全社会的网络安全意识和水平，形成全社会共同参与促进网络安全的良好环境。

第七条　国家积极开展网络空间治理、网络技术研发和标准制定、打击网络违法犯罪等方面的国际交流与合作，推动构建和平、安全、开放、合作的网络空间，建立多边、民主、透明的网络治理体系。

【重点法条解读】

本条是关于网络安全国际合作的规定。

"信息技术无国界"和"网络空间有主权"的国际认识日渐达成，网络安全国际合作已成为国际共识，除了联合国框架下的信息社会世界峰会、中俄等国家联合提出信息安全国际行为准则等，上海合作组织、亚太经合组织、欧盟、北约等许多国际组织都将网络安全作为重要合作领域，制定了很多合作计划，中美、中俄、中英等国家之间建立了网络安全对话与合作机制。我国参与网络安全国际合作的重点领域包括网络空间治理、网络技术研发、网络标准制定、情报共享、打击恐怖主义和网络犯罪等。2017 年 3 月 1 日，外交部和国家互联网信息办公室正式发布《网络空间国际合作战略》全面宣示中国在网络空间相关国际问题上的政策立场，系统阐释中国开展网络领域对外工作的基本原则、战略目标和行动要点，旨在指导中国今后一个时期参与网络空间国际交流与合作，推动国际社会携手努力，加强对话合作，共同构建和平、安全、开放、合作、有序的网络空间，建立多边、民主、透明的全球互联网治理体系。

第八条　国家网信部门负责统筹协调网络安全工作和相关监督管理工作。国务院电信主管部门、公安部门和其他有关机关依照本法和有关法律、行政法规的规定，在各自职责范围内负责网络安全保护和监督管理工作。

县级以上地方人民政府有关部门的网络安全保护和监督管理职责，按照国家有关规定确定。

【重点法条解读】

本条是我国网络安全管理工作体制的规定。

网络安全管理工作体制的核心是网络管理机构的设置、各机构职权的分配和不同机构之间的协调关系。本条确立了我国网络安全管理工作的新的管理体制，国家网信部门负责统筹协调网络安全工作和相关监督管理工作。国务院电信主管部门、公安部门和其他有关机关依照本法和有关法律、行政法规的规定，在各自职责范围内负责网络安全保护和监督管理工作。县级以上地方人民政府有关部门的网络安全保护和监督管理职责，按照国家有关规定确定。总体来说，我国形成了网信、电信、公安等部门各司其职并在国家网信部门统筹协调下开展网络安全保护和监督管理工作的职责布局。本条中的行政法规包括但不限于《计算机信息系统安全保护条例》《互联网信息服务管理办法》《电信条例》《计算机信息网络国际联网安全保护管理办法》等。

【难点问题解析】

1. 如何理解国家网信部门负责统筹协调网络安全工作？

第一，《网络安全法》中明确规定的统筹协调工作，包括《网络安全法》第三十九条规定的协调有关部门加强关键信息基础设施的安全保护；第五十一条规定的协调有关部门加强网络安全信息收集、分析和通报工作，按照统一规定发布网络安全监测预警信息；第五十三条规定的协调有关部门建立健全网络安全风险评估和应急工作机制，制定网络安全事件应急预案，并定期组织演练。

第二，根据部门职能应该承担的统筹协调工作，包括：制定并完善国家网络安全战略、政策和工作任务等，统筹协调国家网络安全保障体系建设，统筹协调网络安全标准制定，推进网络安全人才培养工作，推动有利于未成年人健康成长的网络产品和服务等。

第三，《网络安全法》中多处提到的"有关规定""按照规定"，对于没有规定或规定不完善的，国家网信部门可统筹协调制定和完善相关规定。

2. 如何理解公安部门的网络安全监督管理职能？

《人民警察法》规定公安机关的人民警察监督管理计算机信息系统的安全保护工作，《计算机信息系统安全保护条例》规定"公安部主管全国计算机信息系统安全保护工作"，《计算机信息网络国际联网安全保护管理办法》第三条规定"公安部计算机管理监察机构负责计算机信息网络国际联网的安全保护管理工作"。《关键信息基础设施安全保护条例》规定国务院公安部门负责指导监督关键信息基础设施安全保护工作。依据《网络安全法》第八条的规定，公安部门依据《网络安全法》和以上法律、行政法规的规定，在其职责范围内负责网络安全保护和监督管理工作。

第九条　网络运营者开展经营和服务活动，必须遵守法律、行政法规，尊重社会公德，遵守商业道德，诚实信用，履行网络安全保护义务，接受政府和社会的监督，承担社会责任。

第十条　建设、运营网络或者通过网络提供服务，应当依照法律、行政法规的规定和国家标准的强制性要求，采取技术措施和其他必要措施，保障网络安全、稳定运行，有效应对网络安全事件，防范网络违法犯罪活动，维护网络数据的完整性、保密性和可用性。

第十一条　网络相关行业组织按照章程，加强行业自律，制定网络安全行为规范，指导会员加强网络安全保护，提高网络安全保护水平，促进行业健康发展。

第十二条　国家保护公民、法人和其他组织依法使用网络的权利，促进网络接入普及，提升网络服务水平，为社会提供安全、便利的网络服务，保障网络信息依法有序自由流动。

任何个人和组织使用网络应当遵守宪法法律，遵守公共秩序，尊重社会公德，不得危害网络安全，不得利用网络从事危害国家安全、荣誉和利益，煽动颠覆国家政权、推翻社会主义制度，煽动分裂国家、破坏国家统一，宣扬恐怖主义、极端主义，宣扬民族仇恨、民族歧视，传播暴力、淫秽色情信息，编造、传播虚假信息扰乱经济秩序和社会秩序，以及侵害他人名誉、隐私、知识产权和其他合法权益等活动。

【重点法条解读】

本条是关于国家保护使用网络权利以及个人和组织使用网络基本要求的规定。本条第一款对公民、法人和其他组织依法使用网络的权利进行了概述；本条第二款以"九不准"为基础，强调个人和组织不得利用网络从事禁止行为，再次重申"违法有害信息"的内容。

第十三条　国家支持研究开发有利于未成年人健康成长的网络产品和服务，依法惩治利用网络从事危害未成年人身心健康的活动，为未成年人提供安全、健康的网络环境。

【重点法条解读】

本条是关于加强未成年人网络保护的规定。

2020年修订通过的《未成年人保护法》增加了网络保护一章，第六十五条规定，"国家鼓励和支持有利于未成年人健康成长的网络内容的创作与传播，鼓励和支持专门以未成年人为服务对象、适合未成年人身心健康特点的网络技术、产品、服务的研发、生产和使用。"第六十九条规定，"学校、社区、图书馆、文化馆、青少年宫等场所为未成年人提供的互联网上网服务设施，应当安装未成年人网络保护软件或者采取其他安全保护技术措施。"第七十四条规定，"网络产品和服务提供者不得向未成年人提供诱导其沉迷的产品和服务。"

2022年发布的《未成年人网络保护条例（征求意见稿）》第十八条规定，"国家鼓励和支持专门以未成年人为服务对象、适应未成年人身心健康发展规律和特点的上网保护软件、智能终端产品和青少年模式、未成年人专区等网络技术、产品、服务的研发、生产和使用，鼓励加强网络无障碍环境建设和改造，促进未成年人开阔眼界、提高素质、陶冶情操、愉悦身心。"

【法律法规衔接问题】

2020年10月，修订后的《未成年人保护法》正式通过，其第五章为专门的网络保护内容，规定"国家鼓励和支持专门以未成年人为服务对象、适合未成年人身心健康特点的网络技术、产品、服务的研发、生产和使用，并对向未成年人提供的网络产品和服务提出安全要求。"

第十四条　任何个人和组织有权对危害网络安全的行为向网信、电信、公安等部门举报。收到举报的部门应当及时依法作出处理；不属于本部门职责的，应当及时移送有权处理的部门。

有关部门应当对举报人的相关信息予以保密，保护举报人的合法权益。

第二章　网络安全支持与促进

第十五条　国家建立和完善网络安全标准体系。国务院标准化行政主管部门和国务院其他有关部门根据各自的职责，组织制定并适时修订有关网络安全管理以及网络产品、服务和运行安全的国家标准、行业标准。

国家支持企业、研究机构、高等学校、网络相关行业组织参与网络安全国家标准、行业标准的制定。

【重点法条解读】

本条是关于国家网络安全标准体系的规定。

网络安全标准化是网络安全保障体系建设的重要组成部分，在维护网络空间安全、推动网络空间治理体系变革方面发挥着基础性、规范性、引领性作用。2016年，中央网络安全和信息化领导小组办公室、国家质量监督检验检疫总局、国家标准化管理委员会联合发布《关于加强国家网络安全标准化工作的若干意见》。意见指出，要在国家关键信息基础设施保护、涉密网络等领域制定强制性国家标准，在基础通用领域制定推荐性国家标准，视情况在行业特殊需求的领域制定推荐性行业标准。2018年1月1日修订后的《中华人民共和国标准化法》正式施行。《标准化法》对标准的种类、制定主体和制定程序等都作了明确规定，制定网络安全标准应当遵守标准化法的规定。

第十六条　国务院和省、自治区、直辖市人民政府应当统筹规划，加大投入，扶持重点网络安全技术产业和项目，支持网络安全技术的研究开发和应用，推广安全可信的网络产品和服务，保护网络技术知识产权，支持企业、研究机构和高等学校等参与国家网络安全技术创新项目。

【重点法条解读】

本条是关于网络安全技术和产业发展支持的规定。

【难点问题解析】

"安全可信"的网络产品和服务的含义是什么？

2017年5月31日，中共中央网络安全和信息化领导小组办公室和国家互联网信息办公室（以下简称"网信办"）相关负责人在答记者问时指出，"安全可信"至少包括三个方面的含义：一是保障用户对数据可控，产品或服务提供者不应该利用提供产品或服务的便利条件非法获取用户重要数据，损害用户对自己数据的控制权；二是保障用户对系统可控，产品或服务提供者不应通过网络非法控制和操纵用户设备，损害用户对自己所拥有、使用设备和系统的控制权；三是保障用户的选择权，产品或服务提供者不应利用用户对其产品或服务的依赖性，限制用户选择使用其他产品或服务，或停止提供合理的安全技术支持，迫使用户更新换代，损害用户的网络安全和利益。安全可信没有国别和地区差异，国内外企业提供的产品和服务都应该符合安全可信的要求。

第十七条　国家推进网络安全社会化服务体系建设，鼓励有关企业、机构开展网络安全认证、检测和风险评估等安全服务。

【重点法条解读】

本条是关于网络安全社会化服务体系建设的规定。

网络安全社会化服务主要包括网络安全认证、检测和风险评估等业务。网络安全认证、检测和风险评估等业务在提升网络产品和服务质量以及网络安全保护水平等方面发挥着越来越重要的作用。因此，本条规定，"国家推进网络安全社会化服务体系建设，鼓励有关企业、机构开展网络安全认证、检测和风险评估等安全服务。"

【法律法规衔接问题】

《网络安全法》第二十三条规定了网络关键设备和网络安全专用产品的认证检测服务；第三十八条、第三十九条规定了关键信息基础设施的检测评估服务。《网络安全法》旨在建立网络安全社会服务体系，它包括网络安全认证服务、网络安全检测服务以及网络安全风险评估服务，第十七条为推进网络安全社会化服务体系建设，鼓励有关企业、机构开展网络安全服务做出了原则性的规定，为将来具体政策和措施的出台提供了依据。

第十八条　国家鼓励开发网络数据安全保护和利用技术，促进公共数据资源开放，推动技术创新和经济社会发展。

国家支持创新网络安全管理方式，运用网络新技术，提升网络安全保护水平。

第十九条　各级人民政府及其有关部门应当组织开展经常性的网络安全宣传教育，并指导、督促有关单位做好网络安全宣传教育工作。

大众传播媒介应当有针对性地面向社会进行网络安全宣传教育。

第二十条　国家支持企业和高等学校、职业学校等教育培训机构开展网络安全相关教育与培训，采取多种方式培养网络安全人才，促进网络安全人才交流。

第三章　网络运行安全

第一节　一般规定

第二十一条　国家实行网络安全等级保护制度。网络运营者应当按照网络安全等级保护制度的要求，履行下列安全保护义务，保障网络免受干扰、破坏或者未经授权的访问，防止网络数据泄露或者被窃取、篡改：

（一）制定内部安全管理制度和操作规程，确定网络安全负责人，落实网络安全保护责任；

（二）采取防范计算机病毒和网络攻击、网络侵入等危害网络安全行为的技术措施；

（三）采取监测、记录网络运行状态、网络安全事件的技术措施，并按照规定留存相关的网络日志不少于六个月；

（四）采取数据分类、重要数据备份和加密等措施；

（五）法律、行政法规规定的其他义务。

【重点法条解读】

本条是关于网络安全等级保护制度的规定。

网络安全等级保护制度是我国国民经济和社会信息化的发展过程中，提高信息安全保障能力和水平，维护国家安全、社会稳定和公共利益，保障和促进信息化建设健康发展的一项基本制度，是国家对基础信息网络和重要信息系统实施重点保护的关键措施。我国开展等级保护实践十余年，初步实现了等级保护工作的标准化、规范化。为了深化等级保护制度、保护国家关键信息基础设施和大数据安全，《网络安全法》第二十一条和第五十九条以网络安全领域基本法的形式确立了国家网络安全等级保护制度，规定了等级保护制度安全措施的"基线"要求并赋予强制力，同时第三十一条进一步要求关键信息基础设施必须落实网络安全等级保护制度，突出保护重点。

网络安全等级保护制度的主要内容包括五方面内容，即本条规定的（一）～（五）项内容。除了制定内部安全管理制度及操作规程、确定网络安全负责人、采取防范危害网络安全行为的技术措施、网络监测与日志留存、数据分类、重要数据备份和加密等明确规定的义务外，法律、行政法规规定的其他义务也是网络运营者需要履行的安全保护义务，如《网络安全等级保护条例（征求意见稿）》第二十三条规定，"第三级以上网络的运营者应当每年开展一次网络安全等级测评，发现并整改完全隐患，并每年将开展网络安全等级测评的工作情况及测评结果向备案的公安机关报告。"

【难点问题解析】

网络安全等级保护与信息安全等级保护制度之间是何关系？

信息安全等级保护制度是我国保障网络安全的一项基本制度，以所承载的业务应用的"社会重要性"来确定安全保护等级，对不同等级的系统采用不同的"基线"予以保护并对其实施不同的监管。实行等级保护制度，能够充分调动国家、法人和其他组织及公民的积极性，发挥各方面的作用，达到有效保护的目的，增强安全保护的整体性、针对性和实效性。《网络安全法》颁布之前，我国许多规范、文件及标准中已经有对信息安全等级保护制度的具体规定，在法规政策和标准体系层面初具体系。1994年，国务院颁布的《计算机信息系统安全保护条例》（国务院令第147号）第九条首次明确提出计算机信息系统实行安全等级保护，为我国信息系统实行等级保护提供了法律依据。

进入新时期以来，我国网络安全威胁态势日益严峻，网络安全的新形势、新变化对等级保护工作提出了新要求，云计算、物联网、移动互联、工控系统等新技术、新应用的发展不断催生了等级保护的模式创新。中共中央办公厅、国务院办公厅《关于加强社会治安防控体系建设的意见》《关于全面深化公安改革若干重大问题的框架意见》等文件明确提出了"健全信息安全等级保护制度"，《国家信息化发展战略纲要》《国家网络空间安全战略》等战略中对等级保护工作提出了进一步要求，《网络安全法》从基本法层面确定了国家网络安全等级保护制度，同时明确要求关键信息基础设施必须落实国家网络安全等级保护制度，突出保护重点。以上国家政策、战略和基本法对等级保护提出了新要求，标志着等级保护制度进入 2.0 的网络安全等级保护制度时代，网络安全等级保护制度成为一个全新的国家网络安全基本制度体系。

　　总的来说，信息安全等级保护制度侧重全面提升信息系统安全保护能力，随着国家网络安全新形势，新变化对等级保护提出新要求，网络安全等级保护制度的重点是向重要信息系统和重要网络设施保护倾斜，向关键信息基础设施保护倾斜，向个性化等级保护对象倾斜。较之信息安全等级保护制度，等级保护制度 2.0 主要带来了四点变化：第一，《网络安全法》已经将等级保护制度上升为法律；第二，等级保护对象进一步扩展，包括了大型互联网企业、大数据中心、云计算平台、公众服务平台、基础网络、重要信息系统、工业控制系统、物联网、重要网站等；第三，等级保护体系升级，亟需进一步完善新的网络安全等级保护政策体系、标准体系、技术体系、教育培训体系、测评体系和人才体系等；第四，定级、备案、建设整改、等级测评和监督检查五个规定环节的内涵将更加丰富，如在建设整改过程中附加关注安全监测、通报预警、应急处置、安全可控等，等级测评阶段将越来越重视渗透测试、攻防对抗和有效性评价等。

【法律法规衔接问题】

　　1994 年，国务院颁布的《计算机信息系统安全保护条例》（国务院令第 147 号）第九条首次明确提出了计算机信息系统实行安全等级保护，为我国信息系统实行等级保护提供了法律依据。2003 年，国家信息化领导小组发布《国家信息化领导小组关于加强信息安全保障工作的意见》（中办发［2003］27 号），将信息安全等级保护作为国家信息安全保障工作的重中之重，明确指出，信息化发展的不同阶段和不同的信息系统，有着不同的安全需求，要综合考虑网络与信息系统的重要性、涉密程度和面临的信息安全风险等因素，进行相应等级的安全建设和管理。2004 年，公安部、国家保密局、国家密码管理委员会办公室、国务院信息化工作办公室印发《关于信息安全等级保护工作的实施意见》（公通字［2004］66 号），对信息安全等级保护的基本制度框架进行了规划。根据信息及信息系统的重要程度和危害程度将信息和信息系统的安全保护等级划分为五级：自主保护级、指导保护级、监督保护级、强制保护级、专控保护级。2007 年，公安部、国家保密局、国家密码管理局、国务院信息工作办公室联合发布了《信息安全等级保护管理办法》，对信息安全等级保护制度作了较为具体的规定，提出了影响信息安全保护等级定级的两个影响因素：信息系统在国家安全、经济建设、社会生活中的重要程度；信息系统遭到破坏后对国家安全、社会秩序、公共利益以及公民、法人和其他组织的合法权益的危害程度，并依据上述因素将信息系统的安全保护等级由低到高划分为五个等级。2007 年《关于开展全国重要信息系统安全等级保护定级工作的通知》的下发，标志着信息安全等级保护定级工作在全国范围内开展。2008 年国务院三定方案明确规定公安机关"监督、检查、指导信息安全等级保护工作"的职能。2009 年《关于印送〈关于开展信息安全等级保护安全建设整改工作的指导意见〉的函》文件的下发，标志着全国范围内信息安全等级保护建设整改工作的启动。2010 年《关于推动信息安全等级保护测评体系建设和开展等级测评工作的通知》，标志着全国范围内信息安全等级保护测评工作的开始。此外，针对安全等级保护工作具体环节，公安部牵头制定发布了《信息安全等级保护备案实施细则》《关于加强国家电子政务工程建设项目信息安全风险评估工作的通知》《关于印发〈信息系统安全等级测评报告模版（试行）〉的通知》《公安机关信息安全等级保护检查工作规范》等政策和规范性文件。

以上行政法规、政策、规范性文件和技术标准等初步构成了我国网络安全等级保护法律政策和标准体系，明确了实行等级保护是我国信息安全保障工作中一项重要制度和措施，赋予了公安机关牵头负责等级保护工作监督管理的职责，为我国等级保护工作的具体实践提供了基本保障和技术支撑。我国等级保护工作推行十多年，在全面提升信息系统安全保护能力方面取得了明显的成效。

第二十二条　网络产品、服务应当符合相关国家标准的强制性要求。网络产品、服务的提供者不得设置恶意程序；发现其网络产品、服务存在安全缺陷、漏洞等风险时，应当立即采取补救措施，按照规定及时告知用户并向有关主管部门报告。

网络产品、服务的提供者应当为其产品、服务持续提供安全维护；在规定或者当事人约定的期限内，不得终止提供安全维护。

网络产品、服务具有收集用户信息功能的，其提供者应当向用户明示并取得同意；涉及用户个人信息的，还应当遵守本法和有关法律、行政法规关于个人信息保护的规定。

【重点法条解读】

本条是关于网络产品和服务提供者安全保障义务的规定。

本条第一款和第二款规定了网络产品、服务提供者的四项安全保障义务：(1)网络产品、服务要符合国家标准的强制性要求；(2)在提供的产品和服务中不得设置恶意程序；(3)存在安全风险时，应采取补救措施并告知用户，同时报告给主管部门；(4)在规定期限内持续提供安全维护。第三款衔接《网络安全法》第四章网络运营者的用户信息保护义务规定，要求产品和服务提供者也要遵守个人信息保护规定。

【难点问题解析】

1. 什么是国家标准的强制性要求？

《中华人民共和国标准化法》规定，标准包括国家标准、行业标准、地方标准和团体标准、企业标准；国家标准分为强制性标准、推荐性标准，行业标准、地方标准是推荐性标准；强制性标准必须执行。2016年中央网络安全和信息化领导小组办公室、国家质量监督检验检疫总局、国家标准化管理委员会联合发布《关于加强国家网络安全标准化工作的若干意见》，指出要在国家关键信息基础设施保护、涉密网络等领域制定强制性国家标准。《网络安全法》颁布之后，在强制性配套标准方面，全国信息安全标准化技术委员会加快推动重点标准研制，包括网络安全产品与服务、关键信息基础设施保护等强制性国家标准的研究作为2017年工作重点之一。全国信息安全标准化技术委员会已发布了一系列网络安全国家标准征求意见稿。

2. 网络产品、服务存在安全缺陷、漏洞等风险时，应当如何告知用户并向有关主管部门报告？

网络产品、服务的提供者可选择通过电话、邮件、短信、网站公告、媒体等合理方式告知用户安全风险可能造成的后果及用户可以采取的降低风险的措施。根据《网络安全法》第八条的规定，目前我国形成了网信、工信、公安等部门各司其职并在网信部门统筹协调下开展网络安全保护和监督管理工作的职责布局。因此，网络产品、服务的提供者在向用户告知时可向网信、工信、公安等部门报告。

3. 如何理解网络产品、服务的提供者应当持续提供安全维护？

可用性和持续性是网络产品和服务必须具备的基本要求，网络安全维护作为系统正常运行的保障，其重要性显而易见。2014 年微软 XP 停止服务事件，致使大量用户，包括金融、政治、军事等多领域的计算机系统面临严重的安全威胁。基于对用户合理信赖利益的保护，网络产品和服务提供者作为安全维护的主体，在法律规定或者约定的期限内，应当为系统提供安全、稳定的运行环境，确保系统远离高危漏洞、恶意攻击、入侵篡改等威胁。

第二十三条　网络关键设备和网络安全专用产品应当按照相关国家标准的强制性要求，由具备资格的机构安全认证合格或者安全检测符合要求后，方可销售或者提供。国家网信部门会同国务院有关部门制定、公布网络关键设备和网络安全专用产品目录，并推动安全认证和安全检测结果互认，避免重复认证、检测。

【重点法条解读】

本条是关于网络关键设备和安全专用产品的认证检测规定。

《网络安全法》颁布之前，公安部根据《计算机信息系统安全保护条例》建立了计算机信息系统安全专用产品的销售实行许可证制度，并通过《计算机信息系统安全专用产品检测和销售许可证管理办法》（公安部令第 32 号）进一步确立了安全专用产品检测制度。工信部根据《电信条例》建立了电信设备入网检测制度。国家认证认可监督管理委员会根据《中华人民共和国认证认可条例》建立了信息安全产品认证制度。从以上可以看出，在网络安全认证、检测领域，公安部、工信部、国家认证认可监督管理委员会各自根据相关规范建立了各自的认证、检测制度，导致网络安全检测、认证标准不统一，重复、交叉认证、检测现象频发。

本条将各部门现行的网络安全认证、检测制度重新整合，旨在建立统一的网络安全认证、检测制度。首先，统一监管，网络安全认证、检测工作将由国家网信办负责牵头，会同其他部门共同开展；其次，统一认证、检测目录，避免出现各自为政、规范不统一的现象，最后，推动认证、检测结果的互认，避免重复认证、检测。

【难点问题解析】

网络关键设备、网络安全专用产品的范畴有哪些？

根据《网络安全法》第二十三条的规定，2017 年 6 月 1 日，国家互联网信息办公室、工业和信息化部、公安部、国家认证认可监督管理委员会联合发布了《网络关键设备和网络安全专用产品目录（第一批）》，包括网络关键设备 4 大类，网络安全专用产品 15 大类。同时规定以下三点：（1）列入《网络关键设备和网络安全专用产品目录》的设备和产品，应当按照相关国家标准的强制性要求，由具备资格的机构安全认证合格或者安全检测符合要求后，方可销售或者提供。具备资格的机构是指国家认证认可监督管理委员会、工业和信息化部、公安部、国家互联网信息办公室按照国家有关规定共同认定的机构。（2）网络关键设备和网络安全专用产品认证或者检测委托人，选择具备资格的机构进行安全认证或者安全检测。（3）网络关键设备、网络安全专用产品选择安全检测方式的，经安全检测符合要求后，由检测机构将网络关键设备、网络安全专用产品检测结果（含本公告发布之前已经本机构安全检测符合要求且在有效期内的设备与产品）依照相关规定分别报工业和信息化部、公安部;选择安全认证方式的,经安全认证合格后,由认证机构将认证结果(含本公告发布之前已经本机构安全认证合格且在有效期内的设备与产品)依照相关规定报国家认证认可监督管理委员会,国家互联网信息办公室会同工业和信息化部、公安部、国家认证认可监督管理委员会统一发布。

第二十四条　网络运营者为用户办理网络接入、域名注册服务,办理固定电话、移动电话等入网手续,或者为用户提供信息发布、即时通讯等服务,在与用户签订协议或者确认提供服务时,应当要求用户提供真实身份信息。用户不提供真实身份信息的,网络运营者不得为其提供相关服务。

国家实施网络可信身份战略,支持研究开发安全、方便的电子身份认证技术,推动不同电子身份认证之间的互认。

【重点法条解读】

本条是关于用户身份管理与可信身份战略的规定。

本条第一款参见第5章《网络安全法》相关规定解读第二十四条。

本条第二款明确国家实施网络可信身份战略,承接《网络安全法》第四条的规定。网络可信身份有利于创造可信安全的网络环境。世界发达国家高度重视可信身份体系建设。美国2011年即已发布了网络空间可信身份国家战略。欧盟许多国家已经颁发eID来替代传统的身份证,德国、西班牙、意大利等国已将eID广泛用于电子政务、电子商务、社交网络等领域。我国已经开始了对网络可信身份体系的研究与建设,本条将其上升为战略高度,并明确支持研究开发安全、方便的电子身份认证技术,推动不同电子身份认证之间的互认。

第二十五条　网络运营者应当制定网络安全事件应急预案,及时处置系统漏洞、计算机病毒、网络攻击、网络侵入等安全风险;在发生危害网络安全的事件时,立即启动应急预案,采取相应的补救措施,并按照规定向有关主管部门报告。

【重点法条解读】

本条是关于网络运营者防范和应对网络安全事件义务的规定。

本条与《网络安全法》第五十三条、第五十五条共同构成我国网络安全应急体系的主要内容。网络运营者应当根据《网络安全法》和《中华人民共和国突发事件应对法》《计算机信息系统安全保护条例》《国家网络安全事件应急预案》《突发事件应急预案管理办法》《计算机病毒防治管理办法》等有关法律法规的规定,对系统漏洞、计算机病毒、网络攻击、网络侵入等安全风险进行评估,针对网络安全事件的性质、特点和事件发生后的影响程度(时间长短、业务范围、地域范围等因素),制定其内部的网络安全事件应急预案。应急预案的内容具体包括:(1)网络安全事件应急管理的方针、政策和工作原则;(2)网络安全应急的组织机构及其职责;(3)采取的应急行动、处置程序和应急保障措施等;(4)应急人员沟通与协调方式;(5)事后恢复与重建措施等。网络安全事件发生后,网络运营者应当立即启动应急预案,采取相应的补救措施,及时查明和分析事件发生的原因及其影响范围,以防止损失进一步扩大或者将损害降至最低程度。

第二十六条　开展网络安全认证、检测、风险评估等活动,向社会发布系统漏洞、计算机病毒、网络攻击、网络侵入等网络安全信息，应当遵守国家有关规定。

【重点法条解读】

本条是关于网络安全服务活动和网络安全信息发布规范的规定。

网络产品或服务可能存在的安全缺陷、漏洞、恶意程序，以及层出不穷的网络攻击、网络入侵等事件，给网络安全带来了巨大的威胁。面对此形势，网络安全认证、检测、风险评估等服务在保障网络产品、服务安全性方面发挥着重要作用，网络安全信息的发布对降低风险和分化风险也具有重大意义。但实践中网络安全服务行业存在着网络安全机构能力不足、网络安全服务不规范等诸多问题。恶意或非法发布的网络安全信息也为攻击者提供了可利用的攻击武器，给网络安全带来了新的风险。网络安全服务以及网络安全信息发布等行为的规范亟需加强，以充分发挥网络安全服务及网络安全信息发布在提升网络安全能力方面的积极作用。在此背景下，《网络安全法》第二十六条提出了第三方网络安全服务活动和向社会发布网络安全信息的规范要求，明确两项活动均应遵守国家有关规定。第三方网络安全服务活动的规范要求承接了《网络安全法》第二章"网络安全支持与促进"中"网络安全社会服务化体系"的规定，向社会发布（披露）网络安全信息的要求属于新规定。第六章"法律责任"中明确规定了违规实施上述两项活动的行政处罚。

【难点问题解析】

向社会发布网络安全信息应当遵守哪些"国家有关规定"？

网络安全信息发布主要涉及网络安全信息的发布主体、发布对象、发布内容、发布方式、法律责任等。从实践来看，随着网络安全服务机构的平台化和多元化，应当对发布的具体网络安全信息的主体进行规范。发布系统漏洞、计算机病毒、网络攻击、网络侵入等网络安全信息的规范，应当结合信息承载的对象性质、所涉及的信息构成网络安全事件的危害程度、影响范围等因素综合考虑。2021年7月，工信部、国家互联网信息办公室、公安部联合发布《网络产品安全漏洞管理规定》，对漏洞发现、报告、修补和发布等行为进行细化。

第二十七条　任何个人和组织不得从事非法侵入他人网络、干扰他人网络正常功能、窃取网络数据等危害网络安全的活动；不得提供专门用于从事侵入网络、干扰网络正常功能及防护措施、窃取网络数据等危害网络安全活动的程序、工具；明知他人从事危害网络安全的活动的，不得为其提供技术支持、广告推广、支付结算等帮助。

【重点法条解读】

本条是禁止从事危害网络安全活动的规定。

对危害网络安全的活动予以打击，是各国在行政执法和刑事司法领域的重要实践，也是国家维护网络安全的通行做法。该条的责任主体是"任何个人和组织"，不论个人的身份地位、职务职称、家庭情况等，只要从事了本条禁止的危害网络安全的行为，都属于本条规定的责任主体。任何组织则包括法人、政府机构、非法人组织等。这样的主体在其他法律中也多次出现，是涵盖范围最广的主体，体现了法律对危害网络安全活动的严厉惩罚。该条将危害网络安全运行的行为分为三大类，包括：危害网络安全的活动；提供危害活动的程序及工具的帮助行为；提供技术支持、广告推广、支付结算的帮助。危害网络安全的活动又细分为非法侵入他人网络、干扰他人网络正常功能、窃取网络数据等活动。本条与《刑法》相衔接，描述了危害网络安全活动的三大种类，和《网络安全法》第四十六条规定的危害网络内容安全共同构成了网络安全行政法层面"危害网络安全活动"的打击对象。

【法律法规衔接问题】

《网络安全法》第二十七条与《刑法》第二百八十五条、第二百八十六条和第二百八十七条之二相衔接，旨在打击危害网络安全活动的行为和支持、协助危害网络安全活动的帮助行为。值得注意的是，《网络安全法》在细节描述上有所不同，在危害网络安全活动的程序、工具方面，《刑法》列明是"用于侵入、非法控制"，而《网络安全法》列明"用于从事侵入网络、干扰网络正常功能及防护措施、窃取网络数据等危害网络安全活动"，隐含了"非法控制"这一类。所以第二十七条规定的从事非法侵入他人网络、干扰他人网络正常功能等行为，直接与《刑法》第二百八十五条规定的非法侵入计算机信息系统罪和第二百八十六条规定的破坏计算机信息系统罪相衔接，"等"字隐含衔接了非法控制计算机信息系统罪；第二十七条规定的从事危害网络安全的活动中的窃取网络数据，提供专门用于从事危害网络安全活动的程序、工具的行为，与《刑法》第二百八十五条规定的非法获取计算机信息系统数据罪，提供侵入、非法控制计算机信息系统程序、工具罪相衔接；第二十七条规定的为他人从事危害网络安全的活动提供技术支持、广告推广、支付结算等帮助，与《刑法》第二百八十七条之二中规定的帮助信息网络犯罪活动罪相衔接。《刑法》第二百八十七条之二规定，"明知他人利用信息网络实施犯罪，为其犯罪提供互联网接入、服务器托管、网络存储、通讯传输等技术支持，或者提供广告推广、支付结算等帮助，情节严重的，处三年以下有期徒刑或者拘役，并处或者单处罚金。单位犯前款罪的，对单位判处罚金，并对其直接负责的主管人员和其他直接责任人员，依照第一款的规定处罚。有前两款行为，同时构成其他犯罪的，依照处罚较重的规定定罪处罚。"

除《刑法》之外，《治安管理处罚法》《电信条例》等都规定了危害网络安全的违法犯罪行为。《治安管理处罚法》第二十九条规定了实施危害网络安全行为的治安管理处罚，"有下列行为之一的，处五日以下拘留；情节较重的，处五日以上十日以下拘留：（1）违反国家规定，侵入计算机信息系统，造成危害的；（2）违反国家规定，对计算机信息系统功能进行删除、修改、增加、干扰，造成计算机信息系统不能正常运行的；（3）违反国家规定，对计算机信息系统中存储、处理、传输的数据和应用程序进行删除、修改、增加的；（4）故意制作、传播计算机病毒等破坏性程序，影响计算机信息系统正常运行的。"《网络安全法》第二十七条补充完善了《治安管理处罚法》中有关危害网络安全行为的规定。《电信条例》也明确规定，"任何组织或者个人不得有下列危害电信网络安全和信息安全的行为：对电信网的功能或者存储、处理、传输的数据和应用程序进行删除或者修改；利用电信网从事窃取或者破坏他人信息、损害他人合法权益的活动；故意制作、复制、传播计算机病毒或者以其他方式攻击他人电信网络等电信设施；危害电信网络安全和信息安全的其他行为；违反以上规定，构成犯罪的，依法追究刑事责任；尚不构成犯罪的，由公安机关、国家安全机关依照有关法律、行政法规的规定予以处罚。"

总的来说，《网络安全法》第二十七条完善了《治安管理处罚法》《电信条例》等法律法规中对侵入系统、窃取数据等违法行为的规定，是新旧立法的有效衔接，对预防和惩罚网络违法行为有着不可替代的意义。

第二十八条　网络运营者应当为公安机关、国家安全机关依法维护国家安全和侦查犯罪的活动提供技术支持和协助。

【重点法条解读】

本条是关于网络运营者协助执法的义务规定。

传统法律意义上的协助执法制度是指，执法机构在进行侦查和刑事调查时，相关的单位和个人有义务提供执法便利。鉴于网络的普及发展和对基础设施的渗透影响，协助执法一般被理解为通信协助执法，有助于侦查和调查的协助行为都包含在协助执法的范畴之内。信息化发达国家基本都有规制协助执法义务的专门性立法，且颁布时间较早。美国1994 年颁布了《通信协助执法法》，规定电信运营商有根据监听令状和其他法定的许可向执法机关提供协助监听的义务；2001 年颁布《爱国者法案》，以防止恐怖主义为目的扩张了美国警察机关的权限。

我国协助执法规定散见于 1995 年《人民警察法》、1997 年《计算机信息网络国际联网安全保护管理办法》、2000 年《电信条例》、2000 年《互联网信息服务管理办法》、2005 年《互联网安全保护技术措施规定》等法律法规中，随着新技术和网络的普及使用，2012 年《刑事诉讼法》、2015 年《国家安全法》、2015 年《反恐怖主义法》和 2016 年《网络安全法》对协助执法制度进行了完善。《反恐怖主义法》第十八条规定，电信业务经营者、互联网服务提供者应当为公安机关、国家安全机关依法进行防范、调查恐怖活动提供技术接口和解密等技术支持和协助。

截至目前，我国没有专门的协助执法法律，通过《反恐怖主义法》第十八条的规定解决了长期以来未能解决的电信业务运营者、互联网服务提供者提供技术接口和解密等技术支持和协助的高位阶段的法律依据问题，同时通过《反恐怖主义法》第八十四条规定了相应的法律责任。通过《网络安全法》的规定，公安机关、国家安全机关获得支持协助权的范围由信息提供扩展到了各类技术支持和协助，在实质上蕴含了信息提供、系统调用、接口提供、解密支持、人力协助等种种可能，同时加大了网络运营者的法律责任。在具体适用上，如属于维护国家安全和侦查犯罪的情形，适用《网络安全法》；如属于防范、调查恐怖活动的情形，适用《反恐怖主义法》。

第二十九条　国家支持网络运营者之间在网络安全信息收集、分析、通报和应急处置等方面进行合作，提高网络运营者的安全保障能力。

有关行业组织建立健全本行业的网络安全保护规范和协作机制，加强对网络安全风险的分析评估，定期向会员进行风险警示，支持、协助会员应对网络安全风险。

第三十条　网信部门和有关部门在履行网络安全保护职责中获取的信息，只能用于维护网络安全的需要，不得用于其他用途。

第二节　关键信息基础设施的运行安全

第三十一条　国家对公共通信和信息服务、能源、交通、水利、金融、公共服务、电子政务等重要行业和领域，以及其他一旦遭到破坏、丧失功能或者数据泄露，可能严重危害国家安全、国计民生、公共利益的关键信息基础设施，在网络安全等级保护制度的基础上，实行重点保护。关键信息基础设施的具体范围和安全保护办法由国务院制定。

国家鼓励关键信息基础设施以外的网络运营者自愿参与关键信息基础设施保护体系。

【重点法条解读】

本条首先在《网络安全法》这一基础立法层面明确我国建立关键信息基础设施安全保护制度，这是我国网络安全保障过程中分等级保护、突出重点理念的集中体现。对于关键信息基础设施的范围，本条采用"列举＋兜底"的立法模式，点出关键信息基础设施包括但不限于公共通信和信息服务、能源、交通、水利、金融、公共服务、电子政务等重要行业和领域，并指出关键信息基础设施的本质为"一旦遭到破坏、丧失功能或者数据泄露，可能严重危害国家安全、国计民生、公共利益"。对于关键信息基础设施的保护要求，本条明确是在网络安全等级保护制度的基础上，实施重点保护。这就意味着关键信息基础设施运营者同样需要履行《网络安全法》规定的网络安全等级保护方面的各项安全保护义务，如《网络安全法》第二十一条。

本条第一款授权国务院制定关键信息基础设施的具体范围和安全保护办法。作为关键信息基础设施领域重要的行政法规，2021年9月，《关键信息基础设施安全保护条例》（以下简称《关基条例》）正式施行。《关基条例》对关键信息基础设施的定义基本沿用本条规定，但在列举的重要行业和领域中增加"国防科技工业"，并最终落脚在"重要网络设施、信息系统"。

本条第二款是关于自愿参与关键信息基础设施保护体系。国家鼓励关键信息基础设施以外的网络运营者自愿参与关键信息基础设施保护体系。这在一定程度上鼓励了网络运营者，尤其是承担重要社会职能的网络运营者能够利用其自有的技术能力和资源优势，更加积极地投入关键信息基础设施的保护工作，这对于建立健全关键信息基础设施安全风险态势感知、监测预警、信息共享、应急处置等制度具有重要意义。

【难点问题解析】

1. 我国关键信息基础设施保护面临怎样的形势？

网络安全的重要任务是保护关键信息基础设施安全，防范系统性风险。当前，网络恐怖主义、网络攻击、数据泄露、非法利用数据等安全事件频发，关键信息基础设施面临的安全形势依旧严峻。与此同时，关键信息基础设施集中承载着越来越多敏感、重要、核心的数据，这些数据事关国家安全和社会稳定。一些国家都陆续出台国家层面的关键信息基础设施保护战略、立法和具体的保护路径。目前我国关键信息基础设施安全保障整体水平仍待加强，安全系统建设相对滞后，自主可控还不能完全覆盖我国关键信息基础设施建设和运行管理要求，供应链安全问题凸显，在保障关键信息基础设施承载的数据安全，提升态势感知、监测预警、应急响应、处置恢复能力等方面存在薄弱环节。

在此背景下，我国加快了关键信息基础设施保护力度和立法进程。习近平总书记在主持召开中央网络安全和信息化领导小组第一次会议中做出重要指示，要求尽快推进关键信息基础设施保护等法律法规的制定和完善。习近平总书记在2016年"4·19讲话"中再次强调，金融、能源、电力、通信、交通等领域的关键信息基础设施是经济社会运行的神经中枢，是网络安全的重中之重，也是可能遭到重点攻击的目标。要加快构建关键信息基础设施安全保障体系，加快构建全天候全方位感知网络安全态势，建立统一高效的网络安全风险报告机制、情报共享机制、研判处置机制，准确把握网络安全风险发生的规律、动向趋势。《网络安全法》规定关键信息基础设施保护制度，首次从网络安全保障基本法的高度提出关键信息基础设施的概念，并提出具体安全保护义务。《关基条例》作为《网络安全法》的配套行政法规,厘清监管体制、明确识别规则、细化运营者及其专门安全管理机构职责,对强化我国关键信息基础设施保护起到非常重要的作用。目前《关基条例》已正式实施,关键信息基础设施监督检查工作已经实质性展开,我国关键信息基础设施安全保护进入新阶段。

2. 如何识别认定关键信息基础设施?

《关基条例》第二章规定了应如何认定关键信息基础设施以及由谁制定认定规则并组织认定的问题。第二章首先明确重要行业和领域的主管部门、监督管理部门是负责关键信息基础设施安全保护工作的部门。重要行业和领域的主管部门、监督管理部门统称为保护工作部门。

保护工作部门应结合本行业、本领域实际,制定关键信息基础设施认定规则,并报国务院公安部门备案。制定认定规则应当主要考虑以下因素:(1)网络设施、信息系统等对于本行业、本领域关键核心业务的重要程度;(2)网络设施、信息系统等一旦遭到破坏、丧失功能或者数据泄露可能带来的危害程度;(3)对其他行业和领域的关联性影响。保护工作部门根据认定规则负责组织认定本行业、本领域的关键信息基础设施,及时将认定结果通知运营者,并通报国务院公安部门。

关键信息基础设施清单实行动态调整机制。当关键信息基础设施发生较大变化,可能影响认定结果的,运营者应当及时将相关情况报告保护工作部门。保护工作部门自收到报告之日起 3 个月内完成重新认定,将认定结果通知运营者,并通报国务院公安部门。

可以看出,保护工作部门在关键信息基础设施认定过程中起到重要作用,其主要负责制定认定规则和组织认定工作。国务院公安部门主要起到指导监督作用。目前,关键信息基础设施的认定已实质性开展。关键信息基础设施可以是单独的第三级(含)以上网络设施和信息系统,也可以是第三级(含)以上网络设施和信息系统的集合。例如,基础网络、大型专网、核心业务系统、云平台、大数据平台、物联网、工业控制系统、智能制造系统、新型互联网、新兴通信设施等都有可能被认定为关键信息基础设施。

第三十二条　按照国务院规定的职责分工,负责关键信息基础设施安全保护工作的部门分别编制并组织实施本行业、本领域的关键信息基础设施安全规划,指导和监督关键信息基础设施运行安全保护工作。

【重点法条解读】

本条是关于关键信息基础设施安全保护工作部门职责的规定。

关键信息基础设施涉及行业领域众多,涉及公共通信和信息服务、能源、交通、水利、金融、公共服务、电子政务等重要行业和领域,不同行业领域的关键信息基础设施所承载的功能和业务存在较大差异,所面临的安全风险、监管要求和保护重点也不完全相同。因此,应发挥不同行业领域主管、监管部门的作用,根据国务院规定的职责分工,履行两项主要职责:一是编制并组织实施本行业、本领域的关键信息基础设施安全规划,明确保护目标、基本要求、工作任务、具体措施;二是指导和监督关键信息基础设施运行安全保护工作。

【难点问题解析】

关键信息基础设施安全保护领域的监管体制是怎样的?

《关基条例》进一步理顺了国家网信部门、国务院公安部门、保护工作部门在关键信息基础设施安全保护方面的职责。总的来说,国家网信部门负责统筹协调,国务院公安部门负责指导监督，保护工作部门负责安全保护和监督管理。

一是网信部门。《网络安全法》明确了国家网信部门负责统筹协调网络安全工作和相关监督管理工作。也就是说，网信部门对我国网络安全保护过程中的各项工作均可以起到统筹协调作用。关键信息基础设施保护制度作为一项重要的网络安全保护制度也不例外。与此同时，关键信息基础设施安全保护工作涉及诸多行业领域，且网络安全信息共享、网络安全审查、网络安全检查检测等细化要求与网络安全领域其他制度设计存在交叉，需要网信部门履行统筹协调职责。

二是公安部门。《关基条例》明确了公安机关指导监督关键信息基础设施安全保护工作。该指导监督职责是由公安机关在网络安全领域长期开展的工作及由此取得的经验和优势决定的。一直以来，公安机关都是网络安全等级保护制度的主要监管部门。关键信息基础设施保护与网络安全等级保护作为分等级保护、突出重点理念的产物，是一脉相承的。自《网络安全法》通过以来，网络安全等级保护与关键信息基础设施保护的制度融合一直是关注的重点，明确公安机关"一家统管"两项制度，有助于进一步厘清制度侧重点，切实在网络安全等级保护的基础上落实关键信息基础设施保护。

三是保护工作部门。从关键信息基础设施的定义可以看出，关键信息基础设施保护涉及公共通信和信息服务、能源、教育、水利、金融等诸多重要行业和领域。重要行业和领域的主管部门、监督管理部门作为最了解本行业领域的监管部门，结合本行业领域实际情况，制定关键信息基础设施认定规则和安全规划、推动监测预警及应急处置、加强网络安全检查检测方面发挥着难以替代的作用。

【法律法规衔接问题】

《网络安全法》第三十二条规定了关键信息基础设施安全保护工作部门的两项基本职责，《网络安全法》第三十九条规定，"国家网信部门应当统筹协调有关部门对关键信息基础设施的安全保护采取下列措施：（一）对关键信息基础设施的安全风险进行抽查检测，提出改进措施，必要时可以委托网络安全服务机构对网络存在的安全风险进行检测评估；（二）定期组织关键信息基础设施的运营者进行网络安全应急演练，提高应对网络安全事件的水平和协同配合能力；（三）促进有关部门、关键信息基础设施的运营者以及有关研究机构、网络安全服务机构等之间的网络安全信息共享；（四）对网络安全事件的应急处置与网络功能的恢复等，提供技术支持和协助。"第五十二条规定，"负责关键信息基础设施安全保护工作的部门，应当建立健全本行业、本领域的网络安全监测预警和信息通报制度，并按照规定报送网络安全监测预警信息。"

《网络安全法》通过这三条结合，确定了国家网信部门和行业、领域主管部门在关键信息基础设施保护方面的职责，也规定了相应义务。国家网信部门和行业、领域主管部门应当严格按照《网络安全法》的规定，完善相关制度、履行监测预警和信息通报等义务。

第三十三条　建设关键信息基础设施应当确保其具有支持业务稳定、持续运行的性能，并保证安全技术措施同步规划、同步建设、同步使用。

【重点法条解读】

本条是关于建设关键信息基础设施的安全要求的规定。

关键信息基础设施对国家安全、国计民生和公共利益影响重大，如能源、电信、银行、交通等行业对其他行业的关联性影响较大，安全运行不能随意中断。本条对其提出了更高的安全要求，即在建设环节就要确保其业务稳定、持续运行的性能。如《电信网络运行监督管理办法》强调对交换设备、传输设备、传输线路、供电系统等通信设施以及信令网、同步网等支撑网设备应采取多重节点、多重路由、负荷分担、自动倒换、冗余配置等保护措施，最大限度地减少事故隐患，确保网络运行稳定可靠。

此外，本条提出了"三同步"要求，即保障关键信息基础设施运行安全的技术措施，应当与关键信息基础设施的主体工程同步规划、同步建设、同步使用，避免项目建设和安全保障"两张皮"，造成巨大的安全隐患，也避免在项目运行后规划建设增加不必要的成本。

第三十四条　除本法第二十一条的规定外，关键信息基础设施的运营者还应当履行下列安全保护义务：

（一）设置专门的安全管理机构和安全管理负责人，并对该负责人和关键岗位的人员进行安全背景审查；

（二）定期对从业人员进行网络安全教育、技术培训和技能考核；

（三）对重要系统和数据库进行容灾备份；

（四）制定网络安全事件应急预案，并定期进行演练；

（五）法律、行政法规规定的其他义务。

【重点法条解读】

本条是关于关键信息基础设施运营者安全保护义务的规定。

关键信息基础设施运营者对关键信息基础设施安全保护负有主体责任。《网络安全法》第二十一条规定了网络运营者的安全保护义务，第三十一条规定了关键信息基础设施在网络安全等级保护制度的基础上，实行重点保护。因此，关键信息基础设施运营者不仅要履行第二十一条的安全保护义务，还应强化安全保护责任，采取更高的安全措施：（一）完善网络安全管理体系，设置专门安全管理机构和安全管理负责人。对安全管理负责人和具有较高权限、能接触到敏感信息等的关键岗位人员进行安全背景审查，确保其从事网络安全管理和关键岗位业务的可靠性；（二）采取多种方式，定期对从业人员进行网络安全教育、技术培训和技能考核，提高安全意识和安全技能；（三）对重要系统和数据库进行容灾备份，在发生网络安全事件或数据安全事件时，确保备份系统能替代主系统运行，保障关键信息基础设施的业务稳定、持续运行；（四）制定网络安全事件应急预案，并定期进行演练；（五）法律、行政法规规定的其他义务，如《关基条例》第三章运营者责任义务中规定的其他义务。

《关基条例》作为行政法规，进一步明确运营者的主要负责人对关键信息基础设施安全保护负总责，领导关键信息基础设施安全保护和重大网络安全事件处置工作，组织研究解决重大网络安全问题。专门安全管理机构具体负责本单位关键信息基础设施安全保护工作，开展与网络安全和信息化有关的决策应当有专门安全管理机构人员参与。

《关基条例》在《网络安全法》的基础上进一步明确和细化运营者及其专门安全管理机构的责任义务。除《网络安全法》规定的义务外，运营者还应当：（一）建立健全网络安全保护制度和责任制，保障人力、财力、物力投入；（二）组织推动网络安全防护能力建设，开展网络安全监测、检测和风险评估；（三）履行个人信息和数据安全保护责任，建立健全个人信息和数据安全保护制度；（四）对关键信息基础设施设计、建设、运行、维护等服务实施安全管理；（五）

按照规定报告网络安全事件和重要事项；（六）发生重大网络安全事件或发现重大网络安全威胁时，向保护工作部门、公安机关报告；（七）发生合并、分立、解散等情况，及时报告保护工作部门，并按照保护工作部门要求进行处置等。

第三十五条 关键信息基础设施的运营者采购网络产品和服务，可能影响国家安全的，应当通过国家网信部门会同国务院有关部门组织的国家安全审查。

【重点法条解读】

本条是有关网络安全审查的规定。

网络安全审查制度是提升我国网络安全保障水平的重要制度设计，对实现关键信息基础设施采购的网络产品和服务的安全可信发挥着不可替代的作用。各国尽管鲜有直接规定网络安全审查的相关立法规定，但普遍对网络产品和服务在关键领域中的使用存在严格的安全要求。《网络安全法》依据世界贸易组织国家安全例外原则，对关键信息基础设施运营者采购网络产品和服务的国家安全审查作了规定，与《国家安全法》第五十九条相衔接。

值得注意的是，并不是所有的产品和服务都需要审查，只是对可能影响国家安全的产品和服务，从网络产品和服务的安全性和功能性两个方面判定是否影响关键信息基础设施安全和国家安全。

【难点问题解析】

我国网络安全审查的内容是什么？

2020年4月，国家互联网信息办公室、国家发展和改革委员会、工业和信息化部、公安部、国家安全部等十二部门联合发布《网络安全审查办法》（以下简称《办法》）。《办法》明确网络产品和服务主要指核心网络设备、高性能计算机和服务器、大容量存储设备、大型数据库和应用软件、网络安全设备、云计算服务，以及其他对关键信息基础设施安全有重要影响的网络产品和服务。

《办法》第十条规定，网络安全审查重点评估采购网络产品和服务可能带来的国家安全风险，主要考虑以下因素：（一）产品和服务使用后带来的关键信息基础设施被非法控制、遭受干扰或破坏，以及重要数据被窃取、泄露、毁损的风险；（二）产品和服务供应中断对关键信息基础设施业务连续性的危害；（三）产品和服务的安全性、开放性、透明性、来源的多样性，供应渠道的可靠性以及因为政治、外交、贸易等因素导致供应中断的风险；（四）产品和服务提供者遵守中国法律、行政法规、部门规章情况；（五）核心数据、重要数据或大量个人信息被窃取、泄露、毁损以及非法利用或出境的风险；（六）国外上市后关键信息基础设施、核心数据、重要数据或大量个人信息被国外政府影响、控制、恶意利用的风险；（七）其他可能危害关键信息基础设施安全和国家安全的因素。

2021年，《数据安全法》正式施行，为有效化解互联网平台因赴外上市带来的国家安全风险，同时提高全社会对网络安全、数据安全的重视程度，我国对《办法》进行修订。2022年2月，修订后的《办法》正式生效，将《数据安全法》纳入上位法依据，《办法》规定掌握超过100万用户个人信息的运营者赴国外上市，必须向网络安全审查办公室申报网络安全审查。在审查主要考虑的因素中，增加数据安全风险。

【法律法规衔接问题】

我国现有立法中规定多项国家安全审查制度，包括网络安全审查、数据安全审查、外商投资审查等。此类安全审查制度均在影响或者可能影响国家安全时触发，在审查对象和审查内容方面可能存在交叉。

具体来说，《国家安全法》第五十九条规定，"国家建立国家安全审查和监管的制度和机制，对影响或者可能影响国家安全的外商投资、特定物项和关键技术、网络信息技术产品和服务、涉及国家安全事项的建设项目，以及其他重大事项和活动，进行国家安全审查，有效预防和化解国家安全风险。"《外商投资法》第三十五条规定，"国家建立外商投资安全审查制度，对影响或者可能影响国家安全的外商投资进行安全审查。依法作出的安全审查决定为最终决定。"《数据安全法》第二十四条规定，"国家建立数据安全审查制度，对影响或者可能影响国家安全的数据处理活动进行国家安全审查。依法作出的安全审查决定为最终决定。"

第三十六条　关键信息基础设施的运营者采购网络产品和服务，应当按照规定与提供者签订安全保密协议，明确安全和保密义务与责任。

【重点法条解读】

本条是有关关键信息基础设施采购的安全保密义务的规定。

关键信息基础设施的运营者在建设、运营、维护关键信息基础设施的过程中，采购网络产品和服务。为了避免或减轻来源于网络产品和服务供应链的安全风险，保障关键信息基础设施的安全持续运行，本条规定，关键信息基础设施的运营者采购网络产品和服务时，应当按照规定与网络产品、服务提供者签订安全保密协议，并明确安全和保密义务与责任。

安全义务是网络产品和服务提供者保证其所提供的网络产品和服务符合相关标准或关键信息基础设施运营者的安全需求，网络产品和服务的使用不会对关键信息基础设施的保密性、完整性和可用性构成减损。保密义务是指网络产品和服务提供者应当根据关键信息基础设施运营者的需求，对自身通过产品和服务提供获取的相关信息予以保密，包括但不限于国家秘密、商业秘密以及在提供产品或者服务的过程中获取的敏感个人信息。

第三十七条　关键信息基础设施的运营者在中华人民共和国境内运营中收集和产生的个人信息和重要数据应当在境内存储。因业务需要，确需向境外提供的，应当按照国家网信部门会同国务院有关部门制定的办法进行安全评估；法律、行政法规另有规定的，依照其规定。

【重点法条解读】

本条解读参见第 5 章《网络安全法》相关规定第三十七条。

第三十八条　关键信息基础设施的运营者应当自行或者委托网络安全服务机构对其网络的安全性和可能存在的风险每年至少进行一次检测评估，并将检测评估情况和改进措施报送相关负责关键信息基础设施安全保护工作的部门。

【重点法条解读】

本条是有关关键信息基础设施运营者开展网络安全检测评估的规定。

此处规定的检测评估主体是关键信息基础设施的运营者，检测评估的对象包括网络设施、信息系统及其承载的数据，既关注静态安全，还应考虑运行中的动态安全。

检测评估的实施方式分为自行检测评估和外包检测评估两种。从成本效益角度考虑，自行检测评估是在现有人员和设备的规模上开展，无需投入更多的成本。从网络安全风险控制的外部性考虑，由于第三方网络安全服务机构独立于评估主体，出具的检测评估报告更具有客观性、真实性和可信性。检测评估的频率为每年至少一次。检测评估结束后，关键信息基础设施的运营者需将检测评估情况和改进措施报送保护工作部门。

第三十九条　国家网信部门应当统筹协调有关部门对关键信息基础设施的安全保护采取下列措施：

（一）对关键信息基础设施的安全风险进行抽查检测，提出改进措施，必要时可以委托网络安全服务机构对网络存在的安全风险进行检测评估；

（二）定期组织关键信息基础设施的运营者进行网络安全应急演练，提高应对网络安全事件的水平和协同配合能力；

（三）促进有关部门、关键信息基础设施的运营者以及有关研究机构、网络安全服务机构等之间的网络安全信息共享；

（四）对网络安全事件的应急处置与网络功能的恢复等，提供技术支持和协助。

【重点法条解读】

本条是有关国家网信部门统筹协调职责的规定。

本条确立了国家网信部门在关键信息基础设施保护方面的统筹协调职责，由原有的较为单一的以监督检查为主的措施，发展到安全风险抽查评估、组织应急演练、促进信息共享、应急支持协作；既强调监督检查，也强调指导和服务，一定程度上体现我国网络安全相关职能部门对网络安全监管工作认识的深化。

结合《关基条例》，国家网信部门的统筹协调职责具体包括：（一）统筹协调国务院公安部门、保护工作部门对关键信息基础设施的安全风险检查检测，提出改进措施，必要时可以委托网络安全服务机构对网络存在的安全风险进行检测评估；（二）定期组织关键信息基础设施的运营者进行网络安全应急演练；（三）促进有关部门、关键信息基础设施运营者、保护工作部门、有关研究机构、网络安全服务机构等之间的网络安全信息共享，及时汇总、研判、共享、发布网络安全威胁、漏洞、事件等信息；（四）对网络安全事件的应急处置与网络功能的恢复等，提供技术支持和协助。

第四章　网络信息安全

第四十条　网络运营者应当对其收集的用户信息严格保密，并建立健全用户信息保护制度。

【重点法条解读】

本条解读参见第 5 章《网络安全法》相关规定第四十条。

第四十一条　网络运营者收集、使用个人信息，应当遵循合法、正当、必要的原则，公开收集、使用规则，明示收集、使用信息的目的、方式和范围，并经被收集者同意。

网络运营者不得收集与其提供的服务无关的个人信息，不得违反法律、行政法规的规定和双方的约定收集、使用个人信息，并应当依照法律、行政法规的规定和与用户的约定，处理其保存的个人信息。

【重点法条解读】

本条解读参见第 5 章《网络安全法》相关规定第四十一条。

第四十二条　网络运营者不得泄露、篡改、毁损其收集的个人信息；未经被收集者同意，不得向他人提供个人信息。但是，经过处理无法识别特定个人且不能复原的除外。

网络运营者应当采取技术措施和其他必要措施，确保其收集的个人信息安全，防止信息泄露、毁损、丢失。在发生或者可能发生个人信息泄露、毁损、丢失的情况时，应当立即采取补救措施，按照规定及时告知用户并向有关主管部门报告。

【重点法条解读】

本条解读参见第 5 章《网络安全法》相关规定第四十二条。

第四十三条　个人发现网络运营者违反法律、行政法规的规定或者双方的约定收集、使用其个人信息的，有权要求网络运营者删除其个人信息；发现网络运营者收集、存储的其个人信息有错误的，有权要求网络运营者予以更正。网络运营者应当采取措施予以删除或者更正。

【重点法条解读】

本条解读参见第 5 章《网络安全法》相关规定第四十三条。

第四十四条　任何个人和组织不得窃取或者以其他非法方式获取个人信息，不得非法出售或者非法向他人提供个人信息。

【重点法条解读】

本条解读参见第 5 章《网络安全法》相关规定第四十四条。

第四十五条　依法负有网络安全监督管理职责的部门及其工作人员，必须对在履行职责中知悉的个人信息、隐私和商业秘密严格保密，不得泄露、出售或者非法向他人提供。

【重点法条解读】

本条解读参见第 5 章《网络安全法》相关规定第四十五条。

第四十六条　任何个人和组织应当对其使用网络的行为负责，不得设立用于实施诈骗，传授犯罪方法，制作或者销售违禁物品、管制物品等违法犯罪活动的网站、通讯群组，不得利用网络发布涉及实施诈骗，制作或者销售违禁物品、管制物品以及其他违法犯罪活动的信息。

【重点法条解读】

本条是关于禁止利用网络从事与违法犯罪相关活动的规定。

【法律法规衔接问题】

当前，违法犯罪活动利用网络手段出现了链条长、分工细、转移快、技术强等特点，因此，《刑法》修正案(九)增加第二百八十七条之一非法利用信息网络罪，把信息网络上常见的，带有预备实施犯罪性质的行为，在《刑法》中作为独立的犯罪加以规定。第二百八十七条之一规定的禁止性行为，一是设立用于实施诈骗、传授犯罪方法、制作或者销售违禁物品、管制物品等违法犯罪活动的网站、通讯群组的；二是发布有关制作或者销售毒品、枪支、淫秽物品等违禁物品、管制物品或者其他违法犯罪信息的；三是为了实施诈骗等违法犯罪活动，在网上发布信息的。本条规定与《刑法》第二百八十七条之一相衔接，对于有本条规定行为的，应当按照《网络安全法》第六十七条的规定予以行政处罚；情节严重，构成犯罪的，应当依照《刑法》第二百八十七条之一的规定，追究其刑事责任。

第四十七条　网络运营者应当加强对其用户发布的信息的管理，发现法律、行政法规禁止发布或者传输的信息的，应当立即停止传输该信息，采取消除等处置措施，防止信息扩散，保存有关记录，并向有关主管部门报告。

【重点法条解读】

本条是网络运营者处置违法信息义务的规定。网络运营者在"发现"违法信息后一方面要停止传输并消除该信息，另一方面还要积极预防非法有害信息的扩散，保存记录，向有关主管部门报告。

【难点问题解析】

1. 法律、行政法规禁止发布或者传输的信息包括哪些？

针对互联网的内容管理，当前我国对"违法信息"的范围以"九不准"为基础，对网上制作、传播信息的行为予以规范，在不同的法律法规中有不同的表述。在《网络安全法》出台之前，我国先后颁布实施了《互联网信息服务管理办法》《信息网络传播权保护条例》《互联网等信息网络传播视听节目管理办法》《计算机信息网络国际联网安全保护管理办法》《互联网视听节目服务管理规定》《互联网文化管理暂行规定》《网络出版服务管理规定》《互联网新闻信息服务管理规定》《移动互联网应用程序信息服务管理规定》《互联网信息搜索服务管理规定》以及《互联网直播服务管理规定》等法规规章以及部门规范性文件，其中《互联网信息服务管理办法》是我国互联网信息服务管理的基础性法规，该办法规定的"九不准"是互联网内容管理的基本准则，为"违法信息"范围判定的主流条文。

总体来看，对于"违法信息"的界定分为三个层面：一是危害国家安全的信息，包括"煽动颠覆国家政权、推翻社会主义制度，煽动分裂国家、破坏国家统一，宣扬恐怖主义、极端主义，宣扬民族仇恨、民族歧视"的信息等；二是危害社会稳定和秩序的信息，包括传播暴力、淫秽色情信息，编造、传播虚假信息扰乱经济秩序和社会秩序的信息等；三是对个人权利及其他私权利造成侵害的信息，包括侵害他人名誉、隐私、知识产权和其他合法权益的信息等。对于每一类信息，法律没有规定明确的判断标准，需要网络运营者和监管机构在实践中形成合理的判断机制。

2. 网络运营者向哪些"有关主管部门"报告违法信息？

根据《网络安全法》第八条规定，国家网信部门负责统筹协调网络安全工作和相关监督管理工作。国务院电信主管部门、公安部门和其他有关机关依照本法和有关法律、行政法规的规定，在各自职责范围内负责网络安全保护和监督管理工作。县级以上地方人民政府有关部门的网络安全保护和监督管理职责，按照国家有关规定确定。《互联网信息服务管理办法》第十八条规定，国务院信息产业主管部门和省、自治区、直辖市电信管理机构，依法对互联网信息服务实施监督管理。新闻、出版、教育、卫生、药品监督管理、工商行政管理和公安、国家安全等有关主管部门，在各自职责范围内依法对互联网信息内容实施监督管理。按照上述规定，网络运营者在发现有害信息后，应立即向主管部门报告，主管部门不明确的，可以向网信部门、工信部门和公安部门报告，接到举报的部门发现不属于自己管辖的，应及时移送至有管辖权的部门。

【法律法规衔接问题】

2000 年《全国人民代表大会常务委员会关于维护互联网安全的决定》规定，从事互联网业务的单位要依法开展活动，发现互联网上出现违法犯罪行为和非法有害信息时，要采取措施，停止传输非法有害信息，并及时向有关机关报告。2012 年《全国人民代表大会常务委员会关于加强网络信息保护的决定》规定，网络服务提供者应当加强对其用户发布的信息的管理，发现法律、法规禁止发布或者传输的信息的，应当立即停止传输该信息，采取消除等处置措施，保存有关记录，并向有关主管部门报告。《互联网信息服务管理办法》第十六条规定，"互联网信息服务提供者发现其网站传输的信息明显属于本办法第十五条所列内容之一的，应当立即停止传输，保存有关记录，并向国家有关机关报告。"

第四十八条　任何个人和组织发送的电子信息、提供的应用软件，不得设置恶意程序，不得含有法律、行政法规禁止发布或者传输的信息。

电子信息发送服务提供者和应用软件下载服务提供者，应当履行安全管理义务，知道其用户有前款规定行为的，应当停止提供服务，采取消除等处置措施，保存有关记录，并向有关主管部门报告。

【重点法条解读】

本条是关于电子信息发送服务提供者和应用软件下载服务提供者信息安全管理义务的规定。第一款是针对实践中利用发送的电子信息、提供的应用软件故意设置恶意程序或者传播违法信息的突出问题，规定任何个人和组织不得设置恶意程序，不得含有法律、行政法规禁止发布或者传输的信息。第二款是针对电子信息发送服务和应用软件下载服务的特点，对两类服务提供者的信息安全义务作了规定，即要求服务提供者履行安全管理义务，知道用户发送的信息、提供的应用软件含有违法信息的，应当采取相应的处置措施：一是停止相关服务；二是应当采取消除等处置措施，防止违法信息扩散；三是保存相关记录，并向有关主管部门报告。对有关主管部门的界定参加本章《网络安全法》第四十七条的解读。

第四十九条　网络运营者应当建立网络信息安全投诉、举报制度，公布投诉、举报方式等信息，及时受理并处理有关网络信息安全的投诉和举报。

网络运营者对网信部门和有关部门依法实施的监督检查，应当予以配合。

【重点法条解读】

本条解读参见第 5 章《网络安全法》相关规定第四十九条。

第五十条　国家网信部门和有关部门依法履行网络信息安全监督管理职责，发现法律、行政法规禁止发布或者传输的信息的，应当要求网络运营者停止传输，采取消除等处置措施，保存有关记录；对来源于中华人民共和国境外的上述信息，应当通知有关机构采取技术措施和其他必要措施阻断传播。

【重点法条解读】

本条是关于国家网信部门和有关部门处置违法信息的规定。

国家网信部门和有关部门负有网络信息安全监督管理的职责，一旦发现违法信息，有权采取下列措施：一是要求网络运营者停止传输，防止再次传播；二是要求网络运营者删除违法信息，减少违法信息的影响和危害；三是要求网络运营者保存相关记录，为调查违法犯罪行为提供证据。对来源于中华人民共和国境外的上述信息，本条规定了《网络安全法》的特定域外效力，国家网信部门和有关部门应当通知有关机构采取技术措施和其他必要措施阻断传播，"其他必要措施"的规定为实施违法信息阻断提供了充足的法律依据。

第五章　监测预警与应急处置

第五十一条　国家建立网络安全监测预警和信息通报制度。国家网信部门应当统筹协调有关部门加强网络安全信息收集、分析和通报工作，按照规定统一发布网络安全监测预警信息。

【重点法条解读】

本条是关于建立国家网络安全监测预警和信息通报制度的规定。

全球化融合背景下，网络安全风险的范围、规模和复杂程度大大增加，网络安全风险的动态性、不确定性和不可逆性要求对风险进行持续性监控，以有效实现风险控制的目标。习近平总书记"4·19"讲话明确提出全天候全方位感知网络安全态势，要建立统一高效的网络安全风险报告机制、情报共享机制、研判处置机制，准确把握网络安全风险发生的规律、动向、趋势。网络安全信息来源分散、数据体量大，我国网络安全管理工作涉及诸多相关部门，包括国家安全、公安、工信、国家保密行政管理、国家密码管理等部门，目前有多个部门建立了网络安全监测预警和信息通报制度，这些制度缺乏协同，标准不统一，存在各自发布、体系不完整等问题，此外，一些企业也在自行发布网络安全监测预警信息。因此，《网络安全法》要求建立国家统一的网络安全监测预警和信息通报制度，要求上述有关部门除了在自身职责范围内负责落实网络安全信息收集、分析和通报工作之外，还要加强各部门相互之间的沟通协作，接受国家网信部门在网络安全信息收集、分析和通报工作方面的统筹协调。

第五十二条　负责关键信息基础设施安全保护工作的部门，应当建立健全本行业、本领域的网络安全监测预警和信息通报制度，并按照规定报送网络安全监测预警信息。

【重点法条解读】

本条是关于建立健全关键信息基础设施网络安全监测预警和信息通报制度的规定。

本条与《网络安全法》第三十一条、第三十二条的制度相衔接，要求负责关键信息基础设施安全保护工作的部门建立健全本行业、本领域的网络安全监测预警和信息通报制度，加强监测预警和信息通报工作，同时要求各部门按照规定除向原来的主管部门报送网络安全监测预警信息外，还要向国家网信部门报送。

第五十三条　国家网信部门协调有关部门建立健全网络安全风险评估和应急工作机

制，制定网络安全事件应急预案，并定期组织演练。

负责关键信息基础设施安全保护工作的部门应当制定本行业、本领域的网络安全事件应急预案，并定期组织演练。

网络安全事件应急预案应当按照事件发生后的危害程度、影响范围等因素对网络安全事件进行分级，并规定相应的应急处置措施。

【重点法条解读】

本条是关于应急工作机制和网络安全事件应急预案的规定。

本条第一款要求国家网信部门协调有关部门做好以下工作：一是建立健全网络安全风险评估和应急工作机制，提高网络安全事件应急处置的协同性和有效性；二是制定网络安全事件应急预案，明确组织机构及其职责、网络安全事件分级、应急响应程序、处置措施等；三是定期组织演练，评估演练效果，分析问题并及时改进。

本条第二款要求负责关键信息基础设施安全保护工作的部门制定本行业、本领域的网络安全事件应急预案，并定期组织演练，与《网络安全法》第三十一条、第三十二条、第五十二条的制度相衔接，其精神一脉相承。

本条第三款对应急预案提出了分级处置的要求，这是因为不同性质的网络安全事件发生后的危害程度、影响范围各不相同，处置的针对性和有效性也要有所差别，避免不必要的损失和过高的成本投入。

【法律法规衔接问题】

2017 年 1 月 10 日，中共中央网络安全和信息化委员会办公室（以下简称为"中央网信办"）印发了《国家网络安全事件应急预案》，规定中央网信办统筹协调组织国家网络安全事件应对工作，建立健全跨部门联动处置机制，工业和信息化部、公安部、国家保密局等相关部门按照职责分工负责相关网络安全事件应对工作。必要时成立国家网络安全事件应急指挥部，负责特别重大网络安全事件处置的组织指挥和协调；国家网络安全应急办公室设在中央网信办，具体工作由中央网信办网络安全协调局承担。应急办负责网络安全应急跨部门、跨地区协调工作和指挥部的事务性工作，组织指导国家网络安全应急技术支撑队伍做好应急处置的技术支撑工作。有关部门派负责相关工作的司局级同志为联络员，联络应急办工作；中央和国家机关各部门按照职责和权限，负责本部门、本行业网络和信息系统网络安全事件的预防、监测、报告和应急处置工作；各省（区、市）网信部门在本地区党委网络安全和信息化领导小组统一领导下，统筹协调组织本地区网络和信息系统网络安全事件的预防、监测、报告和应急处置工作。

《国家网络安全事件应急预案》将网络安全事件分为四级，特别重大网络安全事件、重大网络安全事件、较大网络安全事件、一般网络安全事件。网络安全事件预警等级分为四级，由高到低依次用红色、橙色、黄色和蓝色表示，分别对应发生或可能发生特别重大、重大、较大和一般网络安全事件。

第五十四条　网络安全事件发生的风险增大时，省级以上人民政府有关部门应当按照规定的权限和程序，并根据网络安全风险的特点和可能造成的危害，采取下列措施：

（一）要求有关部门、机构和人员及时收集、报告有关信息，加强对网络安全风险的监测；

(二)组织有关部门、机构和专业人员,对网络安全风险信息进行分析评估,预测事件发生的可能性、影响范围和危害程度;

(三)向社会发布网络安全风险预警,发布避免、减轻危害的措施。

【重点法条解读】

本条是关于网络安全风险预警措施的规定。

网络安全事件发生的风险增大时,省级以上人民政府有关部门应当按照规定的权限和程序,并根据网络安全风险的特点和可能造成的危害,采取下列措施:一是及时收集、报告有关信息,加强对网络安全风险的监测;二是开展网络安全风险分析评估;三是向社会发布网络安全风险预警。

【难点问题解析】

网络安全事件有哪些分类?

《国家网络安全事件应急预案》规定,网络安全事件分为有害程序事件、网络攻击事件、信息破坏事件、信息内容安全事件、设备设施故障、灾害性事件和其他网络安全事件等。

(1)有害程序事件分为计算机病毒事件、蠕虫事件、特洛伊木马事件、僵尸网络事件、混合程序攻击事件、网页内嵌恶意代码事件和其他有害程序事件。

(2)网络攻击事件分为拒绝服务攻击事件、后门攻击事件、漏洞攻击事件、网络扫描窃听事件、网络钓鱼事件、干扰事件和其他网络攻击事件。

(3)信息破坏事件分为信息篡改事件、信息假冒事件、信息泄露事件、信息窃取事件、信息丢失事件和其他信息破坏事件。

(4)信息内容安全事件是指通过网络传播法律法规禁止信息,组织非法串联、煽动集会游行或炒作敏感问题并危害国家安全、社会稳定和公众利益的事件。

(5)设备设施故障分为软硬件自身故障、外围保障设施故障、人为破坏事故和其他设备设施故障。

(6)灾害性事件是指由自然灾害等其他突发事件导致的网络安全事件。

(7)其他事件是指不能归为以上分类的网络安全事件。

第五十五条 发生网络安全事件,应当立即启动网络安全事件应急预案,对网络安全事件进行调查和评估,要求网络运营者采取技术措施和其他必要措施,消除安全隐患,防止危害扩大,并及时向社会发布与公众有关的警示信息。

第五十六条 省级以上人民政府有关部门在履行网络安全监督管理职责中,发现网络存在较大安全风险或者发生安全事件的,可以按照规定的权限和程序对该网络的运营者的法定代表人或者主要负责人进行约谈。网络运营者应当按照要求采取措施,进行整改,消除隐患。

【重点法条解读】

本条是关于网络安全监督管理约谈制度的规定。

约谈是指行政主体在其法定或者经合法授权、委托的职责范围内,约见行政相对人进行谈话,引导行政相对人停止、改正不当行为的活动。2015年4月,国家互联网信息办公室(以下简称为"网信办")发布《互联网新闻信息服务单位约谈工作规定》(即"约谈十条"),推动约谈工作进一步程序化、规范化。约谈是一种行政指导行为,具有警示告诫、督促履行义务和教育指导等功能。网络运营者的法定代表人或者主要负责人无正当理由不接受约谈，不接受整改意见或者不落实整改承诺的，约谈部门可以采取进一步的监管和追责措施。本条约谈的主体限定为"省级以上人民政府有关部门"，要按照"规定的权限和程序"进行，体现了审慎精神。

　　第五十七条　因网络安全事件，发生突发事件或者生产安全事故的，应当依照《中华人民共和国突发事件应对法》《中华人民共和国安全生产法》等有关法律、行政法规的规定处置。

　　第五十八条　因维护国家安全和社会公共秩序，处置重大突发社会安全事件的需要，经国务院决定或者批准，可以在特定区域对网络通信采取限制等临时措施。

【重点法条解读】

本条是关于网络通信临时限制措施的规定。

根据《国家安全法》和《突发事件应对法》的规定，发生危害国家安全的重大事件时，有关部门可以在特定区域采取管控处置措施。《网络安全法》以此为依据，规定因维护国家安全和社会公共秩序，处置重大突发社会安全事件的需要，可以在特定区域采取临时措施。考虑到网络通信临时限制的影响，采取这一措施必须慎重，《网络安全法》将这一措施的决定和批准机关确定为国务院。

第七章　附　　则

　　第七十六条　本法下列用语的含义：

（一）网络，是指由计算机或者其他信息终端及相关设备组成的按照一定的规则和程序对信息进行收集、存储、传输、交换、处理的系统。

（二）网络安全，是指通过采取必要措施，防范对网络的攻击、侵入、干扰、破坏和非法使用以及意外事故，使网络处于稳定可靠运行的状态，以及保障网络数据的完整性、保密性、可用性的能力。

（三）网络运营者，是指网络的所有者、管理者和网络服务提供者。

（四）网络数据，是指通过网络收集、存储、传输、处理和产生的各种电子数据。

（五）个人信息，是指以电子或者其他方式记录的能够单独或者与其他信息结合识别自然人个人身份的各种信息，包括但不限于自然人的姓名、出生日期、身份证件号码、个人生物识别信息、住址、电话号码等。

【重点法条解读】

本条对"个人信息"定义的解读参见第 5 章《网络安全法》相关规定第七十六条。

　　第七十七条　存储、处理涉及国家秘密信息的网络的运行安全保护，除应当遵守本法外，还应当遵守保密法律、行政法规的规定。

　　第七十八条　军事网络的安全保护，由中央军事委员会另行规定。

　　第七十九条　本法自 2017 年 6 月 1 日起施行。

1.2　数据安全法解读

中华人民共和国数据安全法

(2021 年 6 月 10 日第十三届全国人民代表大会常务委员会第二十九次会议通过)

第一章　总　　则

第一条　为了规范数据处理活动,保障数据安全,促进数据开发利用,保护个人、组织的合法权益,维护国家主权、安全和发展利益,制定本法。

第二条　在中华人民共和国境内开展数据处理活动及其安全监管,适用本法。

在中华人民共和国境外开展数据处理活动,损害中华人民共和国国家安全、公共利益或者公民、组织合法权益的,依法追究法律责任。

【重点法条解读】

本条是有关适用范围的规定。

本条明确了在我国境内开展数据处理活动及其安全监管应适用本法规定。结合本法第三条,数据包括电子形式和非电子形式对信息的记录,即本法不仅适用于网络数据,也适用于非网络形式的数据。本法适用于数据处理各环节,包括数据的收集、存储、使用、加工、传输、提供、公开等。

本条在属地管辖之外引入保护性管辖,赋予必要的域外适用效力。对于在我国境外开展数据处理活动,损害我国国家安全、公共利益或者公民、组织合法权益的,我国有权依法追究法律责任。

第三条　本法所称数据,是指任何以电子或者其他方式对信息的记录。

数据处理,包括数据的收集、存储、使用、加工、传输、提供、公开等。

数据安全,是指通过采取必要措施,确保数据处于有效保护和合法利用的状态,以及具备保障持续安全状态的能力。

第四条　维护数据安全,应当坚持总体国家安全观,建立健全数据安全治理体系,提高数据安全保障能力。

第五条　中央国家安全领导机构负责国家数据安全工作的决策和议事协调,研究制定、指导实施国家数据安全战略和有关重大方针政策,统筹协调国家数据安全的重大事项和重要工作,建立国家数据安全工作协调机制。

【重点法条解读】

本条是有关中央国家安全领导机构数据安全职责的规定。

数据安全工作涉及面广,应建立相应协调机制。本条将数据安全最高监管机构提升至中央国家安全领导机构高度，并明确建立国家数据安全工作协调机制，体现国家保障数据安全，维护国家主权、安全和发展利益的坚定态度，这有利于国家加强对数据安全工作的统筹。

第六条 各地区、各部门对本地区、本部门工作中收集和产生的数据及数据安全负责。

工业、电信、交通、金融、自然资源、卫生健康、教育、科技等主管部门承担本行业、本领域数据安全监管职责。

公安机关、国家安全机关等依照本法和有关法律、行政法规的规定，在各自职责范围内承担数据安全监管职责。

国家网信部门依照本法和有关法律、行政法规的规定，负责统筹协调网络数据安全和相关监管工作。

【重点法条解读】

本条是有关数据安全领域监管体制的规定。

数据安全涉及各行业、各领域，需要相关部门从各自职责范围出发并形成合力，共同保障数据安全。本条首先明确各地区、各部门对本地区、本部门工作中收集和产生的数据及数据安全负责。在监督管理方面，工业、电信、交通等行业主管部门承担对本行业、本领域的数据安全监管职责；公安机关、国家安全机关等在各自职责范围内承担数据安全监管职责；国家网信部门作为《网络安全法》确立的统筹协调部门，对网络数据安全和相关监管工作的统筹协调职责延续适用本法。

第七条 国家保护个人、组织与数据有关的权益，鼓励数据依法合理有效利用，保障数据依法有序自由流动，促进以数据为关键要素的数字经济发展。

第八条 开展数据处理活动，应当遵守法律、法规，尊重社会公德和伦理，遵守商业道德和职业道德，诚实守信，履行数据安全保护义务，承担社会责任，不得危害国家安全、公共利益，不得损害个人、组织的合法权益。

第九条 国家支持开展数据安全知识宣传普及，提高全社会的数据安全保护意识和水平，推动有关部门、行业组织、科研机构、企业、个人等共同参与数据安全保护工作，形成全社会共同维护数据安全和促进发展的良好环境。

第十条 相关行业组织按照章程，依法制定数据安全行为规范和团体标准，加强行业自律，指导会员加强数据安全保护，提高数据安全保护水平，促进行业健康发展。

第十一条 国家积极开展数据安全治理、数据开发利用等领域的国际交流与合作，参与数据安全相关国际规则和标准的制定，促进数据跨境安全、自由流动。

第十二条 任何个人、组织都有权对违反本法规定的行为向有关主管部门投诉、举报。收到投诉、举报的部门应当及时依法处理。

有关主管部门应当对投诉、举报人的相关信息予以保密，保护投诉、举报人的合法权益。

第二章 数据安全与发展

第十三条 国家统筹发展和安全，坚持以数据开发利用和产业发展促进数据安全，以数据安全保障数据开发利用和产业发展。

第十四条　国家实施大数据战略，推进数据基础设施建设，鼓励和支持数据在各行业、各领域的创新应用。

省级以上人民政府应当将数字经济发展纳入本级国民经济和社会发展规划，并根据需要制定数字经济发展规划。

第十五条　国家支持开发利用数据提升公共服务的智能化水平。提供智能化公共服务，应当充分考虑老年人、残疾人的需求，避免对老年人、残疾人的日常生活造成障碍。

第十六条　国家支持数据开发利用和数据安全技术研究，鼓励数据开发利用和数据安全等领域的技术推广和商业创新，培育、发展数据开发利用和数据安全产品、产业体系。

第十七条　国家推进数据开发利用技术和数据安全标准体系建设。国务院标准化行政主管部门和国务院有关部门根据各自的职责，组织制定并适时修订有关数据开发利用技术、产品和数据安全相关标准。国家支持企业、社会团体和教育、科研机构等参与标准制定。

第十八条　国家促进数据安全检测评估、认证等服务的发展，支持数据安全检测评估、认证等专业机构依法开展服务活动。

国家支持有关部门、行业组织、企业、教育和科研机构、有关专业机构等在数据安全风险评估、防范、处置等方面开展协作。

第十九条　国家建立健全数据交易管理制度，规范数据交易行为，培育数据交易市场。

第二十条　国家支持教育、科研机构和企业等开展数据开发利用技术和数据安全相关教育和培训，采取多种方式培养数据开发利用技术和数据安全专业人才，促进人才交流。

第三章　数据安全制度

第二十一条　国家建立数据分类分级保护制度，根据数据在经济社会发展中的重要程度，以及一旦遭到篡改、破坏、泄露或者非法获取、非法利用，对国家安全、公共利益或者个人、组织合法权益造成的危害程度，对数据实行分类分级保护。国家数据安全工作协调机制统筹协调有关部门制定重要数据目录，加强对重要数据的保护。

关系国家安全、国民经济命脉、重要民生、重大公共利益等数据属于国家核心数据，实行更加严格的管理制度。

各地区、各部门应当按照数据分类分级保护制度，确定本地区、本部门以及相关行业、领域的重要数据具体目录，对列入目录的数据进行重点保护。

【重点法条解读】

本条是有关数据分类分级及重要数据、国家核心数据制度的规定。

数据分类分级制度是数据安全保障制度体系的基础。依据分类分级标准，明确数据类别和级别，采取相适应的数据安全保障措施。本条在数据分类分级的基础上，提出重要数据重点保护和国家核心数据严格保护要求，并明确重要数据目录从国家到地区、自上而下的落实机制。

【难点问题解析】

1. 数据分类分级的标准是什么？

2021 年 12 月，全国信息安全标准化技术委员会发布《网络安全标准实践指南——网络数据分类分级指引》(以下简称《实践指南》),对网络数据分类分级进行较为详细的规定。《实践指南》从危害对象和危害程度方面将数据分为五个级别,分别是公开级(1 级)、内部级(2 级)、敏感级(3 级)、重要级(4 级)、核心级(5 级)。其中,重要数据属于重要级(4 级),国家核心数据属于核心级(5 级)。

除此之外,工信、金融等行业领域和地方层面围绕数据分类分级已进行了一些有益探索。工业和信息化部发布《工业数据分类分级指南(试行)》《基础电信企业数据分级分类方法》、证监会发布《证券期货业数据分类分级》、中国人民银行发布《金融数据安全 数据安全分级指南》、国家市场监督管理总局与国家标准化管理委员会发布《健康医疗数据安全指南》等。部分地方政府就政府数据或公共数据出台相应分类分级指南,如贵州省《政府数据数据分类分级指南》、上海市《上海市公共数据开放分级分类指南(试行)》以及浙江省《数字化改革 公共数据分类分级指南》等。

2. 重要数据识别认定规则是什么?

重要数据的识别认定是落实相应安全保护义务的前提。从本条规定可以看出,首先,由国家数据安全工作协调机制统筹协调有关部门制定重要数据目录;其次,各地区、各部门按照数据分类分级保护制度,确定本地区、本部门以及相关行业、领域的重要数据具体目录;最后,数据处理者依据重要数据保护具体目录,识别重要数据,履行相应安全保护义务,采取相应保护措施。

自《网络安全法》在基础性立法中提出重要数据一词以来,相配套的重要数据识别认定规则推进一直在进行。具体包括国家标准《信息安全技术 数据出境安全评估指南(草案)》的附录 A《重要数据识别指南》、金融行业标准《金融数据安全 数据安全分级指南》、通信行业标准《基础电信企业重要数据识别指南》。《数据安全法》正式施行后,国家互联网信息办公室发布《网络数据安全管理条例(征求意见稿)》、工业和信息化部发布《工业和信息化领域数据安全管理办法(试行)》、全国信息安全标准化技术委员会发布《网络安全标准实践指南——网络数据分类分级指引》均对重要数据及国家核心数据给出相应界定。

第二十二条　国家建立集中统一、高效权威的数据安全风险评估、报告、信息共享、监测预警机制。国家数据安全工作协调机制统筹协调有关部门加强数据安全风险信息的获取、分析、研判、预警工作。

第二十三条　国家建立数据安全应急处置机制。发生数据安全事件,有关主管部门应当依法启动应急预案,采取相应的应急处置措施,防止危害扩大,消除安全隐患,并及时向社会发布与公众有关的警示信息。

第二十四条　国家建立数据安全审查制度,对影响或者可能影响国家安全的数据处理活动进行国家安全审查。

依法作出的安全审查决定为最终决定。

【重点法条解读】

本条是有关数据安全审查的规定。

本条规定当数据处理活动影响或可能影响国家安全时,应当进行国家安全审查。安全审查的决定为最终决定。

2022年2月，修订后的《网络安全审查办法》正式生效，将《数据安全法》纳入上位法依据，明确数据处理者开展数据处理活动，影响或可能影响国家安全的，应当按照本办法进行网络安全审查。掌握超过100万用户个人信息的运营者赴国外上市，必须向网络安全审查办公室申报网络安全审查。

在审查主要考虑的因素中，增加数据安全风险。第十条规定，"网络安全审查重点评估相关对象或者情形的以下国家安全风险因素：（一）产品和服务使用后带来的关键信息基础设施被非法控制、遭受干扰或破坏的风险；（二）产品和服务供应中断对关键信息基础设施业务连续性的危害；（三）产品和服务的安全性、开放性、透明性、来源的多样性，供应渠道的可靠性以及因为政治、外交、贸易等因素导致供应中断的风险；（四）产品和服务提供者遵守中国法律、行政法规、部门规章情况；（五）核心数据、重要数据或大量个人信息被窃取、泄露、毁损以及非法利用或出境的风险；（六）国外上市后关键信息基础设施，核心数据、重要数据或大量个人信息被国外政府影响、控制、恶意利用的风险，以及网络信息安全风险；（七）其他可能危害关键信息基础设施安全、网络安全和数据安全的因素。"

【法律法规衔接问题】

参见第1章《网络安全法》第三十五条相关规定解读。

第二十五条　国家对与维护国家安全和利益、履行国际义务相关的属于管制物项的数据依法实施出口管制。

第二十六条　任何国家或者地区在与数据和数据开发利用技术等有关的投资、贸易等方面对中华人民共和国采取歧视性的禁止、限制或者其他类似措施的，中华人民共和国可以根据实际情况对该国家或者地区对等采取措施。

【重点法条解读】

本条是有关数据安全领域对等措施的规定。

对等措施是保障我国主权、维护我国主体合法权益的有力工具。本条规定任何国家或者地区在与数据和数据开发利用技术等有关的投资、贸易等方面对我国采取歧视性的禁止、限制或其他类似措施时，我国有权根据实际情况采取对等措施。

近年来，我国围绕反制裁、反干涉、反制"长臂管辖"等，加快推进涉外领域立法。《外商投资法》《出口管制法》均有类似规定，商务部也发布《不可靠实体清单规定》《阻断外国法律与措施不当域外适用办法》。2021年6月10日，第十三届全国人民代表大会常务委员会第二十九次会议通过《中华人民共和国反外国制裁法》（以下简称《反外国制裁法》），反制、反击、反对外国对中国搞的所谓"单边制裁"，维护国家主权、安全、发展利益，保护我国公民、组织的合法权益。《反外国制裁法》第三条规定，"外国国家违反国际法和国际关系基本准则，以各种借口或者依据其本国法律对我国进行遏制、打压，对我国公民、组织采取歧视性限制措施，干涉我国内政的，我国有权采取相应反制措施。"

第四章　数据安全保护义务

第二十七条　开展数据处理活动应当依照法律、法规的规定，建立健全全流程数据安全管理制度，组织开展数据安全教育培训，采取相应的技术措施和其他必要措施，保障数据安全。利用互联网等信息网络开展数据处理活动，应当在网络安全等级保护制度的基础上，履行上述数据安全保护义务。

重要数据的处理者应当明确数据安全负责人和管理机构，落实数据安全保护责任。

【重点法条解读】

本条是有关全流程数据安全管理制度的规定。

本条是数据处理者履行数据安全保护义务的基础性规定，重要数据的处理者和国家核心数据处理者应在履行本条义务的基础上，履行重要数据和国家核心数据保护义务。

本条规定的数据处理者义务包括：（1）建立健全全流程数据安全管理制度；（2）组织开展数据安全教育培训；（3）采取技术措施和其他必要措施，保障数据安全；（4）利用互联网等信息网络开展数据处理活动的，在网络安全等级保护制度的基础上，履行数据安全保护义务。针对重要数据的处理者，还需明确数据安全负责人和管理机构，落实数据安全保护责任。

结合数据处理的定义，全流程数据安全管理制度应覆盖数据收集、存储、使用、加工、传输、提供、公开等环节；采取的技术措施和其他必要措施应与数据的类别、级别相适应。

【难点问题解析】

数据安全保护与网络安全等级保护的关系？

数据安全和网络安全是"一体两面"的关系，保障数据安全离不开其依托的网络设施、信息系统安全，保障网络安全包括保障其承载的数据的安全。

网络安全等级保护制度是网络安全保障的基础性制度。《网络安全法》第二十一条规定，"网络运营者应当按照网络安全等级保护制度的要求，履行安全保护义务，保障网络免受干扰、破坏或者未经授权的访问，防止网络数据泄露或者被窃取、篡改。"由此可见，网络安全等级保护制度已将网络数据安全作为保护目标之一。网络数据作为《数据安全法》的重要保护对象，在网络数据安全保护义务方面应与网络安全等级保护制度相衔接。

鉴于此，本条规定利用互联网等信息网络开展数据处理活动，应当在网络安全等级保护制度的基础上，履行数据安全保护义务，这意味着数据处理者应同时履行数据安全保护义务与网络安全等级保护义务。

第二十八条　开展数据处理活动以及研究开发数据新技术，应当有利于促进经济社会发展，增进人民福祉，符合社会公德和伦理。

第二十九条　开展数据处理活动应当加强风险监测，发现数据安全缺陷、漏洞等风险时，应当立即采取补救措施；发生数据安全事件时，应当立即采取处置措施，按照规定及时告知用户并向有关主管部门报告。

第三十条　重要数据的处理者应当按照规定对其数据处理活动定期开展风险评估，并向有关主管部门报送风险评估报告。

风险评估报告应当包括处理的重要数据的种类、数量，开展数据处理活动的情况，面临的数据安全风险及其应对措施等。

第三十一条 关键信息基础设施的运营者在中华人民共和国境内运营中收集和产生的重要数据的出境安全管理,适用《中华人民共和国网络安全法》的规定;其他数据处理者在中华人民共和国境内运营中收集和产生的重要数据的出境安全管理办法,由国家网信部门会同国务院有关部门制定。

【重点法条解读】

本条是有关重要数据出境安全管理的规定。

本条将重要数据出境安全管理按照主体不同分为两类:一类是关键信息基础设施运营者在我国境内运营中收集和产生的重要数据出境的,适用《网络安全法》规定,即《网络安全法》第三十七条;另一类是除关键信息基础设施运营者外的其他数据处理者在我国境内运营中收集和产生的重要数据的出境安全管理办法,由国家网信部门会同国务院有关部门制定。

从本条规定可以看出,《数据安全法》将数据出境的管理对象扩展至重要数据处理者,但仅限于重要数据出境。至于个人信息出境方面,在《个人信息保护法》中予以相应规定。

《数据安全法》施行后,国家互联网信息办公室先后发布《网络数据安全管理条例(征求意见稿)》《数据出境安全评估办法》《数据出境安全评估申报指南(第一版)》,对数据出境安全评估细则和安全保护义务进行规定。

除国家层面的统一出境规则外,数据处理者向境外提供数据时还应考虑本行业、本领域的特殊规定。例如,国家互联网信息办公室、国家发展和改革委员会等五部门联合发布的《汽车数据安全管理若干规定(试行)》第十二条规定,"汽车数据处理者向境外提供重要数据,不得超出出境安全评估时明确的目的、范围、方式和数据种类、规模等。国家网信部门会同国务院有关部门以抽查等方式核验前款规定事项,汽车数据处理者应当予以配合,并以可读等便利方式予以展示。"

第三十二条 任何组织、个人收集数据,应当采取合法、正当的方式,不得窃取或者以其他非法方式获取数据。

法律、行政法规对收集、使用数据的目的、范围有规定的,应当在法律、行政法规规定的目的和范围内收集、使用数据。

第三十三条 从事数据交易中介服务的机构提供服务,应当要求数据提供方说明数据来源,审核交易双方的身份,并留存审核、交易记录。

第三十四条 法律、行政法规规定提供数据处理相关服务应当取得行政许可的,服务提供者应当依法取得许可。

第三十五条 公安机关、国家安全机关因依法维护国家安全或者侦查犯罪的需要调取数据,应当按照国家有关规定,经过严格的批准手续,依法进行,有关组织、个人应当予以配合。

【重点法条解读】

本条是有关数据调取配合义务的规定。

本条明确调取数据的主体仅限公安机关、国家安全机关;调取数据的目的限于维护国家安全或者侦查犯罪的需要；程序上应按照国家有关规定，经过严格的批准手续才可进行。

第三十六条　中华人民共和国主管机关根据有关法律和中华人民共和国缔结或者参加的国际条约、协定，或者按照平等互惠原则，处理外国司法或者执法机构关于提供数据的请求。非经中华人民共和国主管机关批准，境内的组织、个人不得向外国司法或者执法机构提供存储于中华人民共和国境内的数据。

【重点法条解读】

本条是有关数据跨境调取的规定。

近年来，个别国家不断扩张国内法域外效力，严重威胁他国主权。2018 年 3 月，美国通过《合法使用境外数据明确法》，打破传统的数据存储地模式，将美国执法机构的执法效力扩展至境外，明确美国执法机构可基于美国调查令获取存储于境外服务器上的数据。为有效阻断以《合法使用境外数据明确法》为代表的执法数据跨境获取体系对国家主权的威胁，2018 年 10 月，我国通过的《国际刑事司法协助法》规定，"非经中华人民共和国主管机关同意，外国机构、组织和个人不得在中华人民共和国境内进行本法规定的刑事诉讼活动，中华人民共和国境内的机构、组织和个人不得向外国提供证据材料和本法规定的协助。"但《国际刑事司法协助法》并未规定相应的法律责任，可操作性不强。

鉴于此，本条明确非经我国主管机关批准，境内的组织、个人不得向外国司法或者执法机构提供存储于我国境内的数据。同时，本法第四十八条规定相关法律责任，明确造成严重后果的，可以责令暂停相关业务、停业整顿、吊销相关业务许可证或者吊销营业执照。

此外，2020 年 9 月，我国提出《全球数据安全倡议》，倡议各国应尊重他国主权、司法管辖权和对数据的安全管理权，未经他国法律允许不得直接向企业或个人调取位于他国的数据。各国如因打击犯罪等执法需要跨境调取数据，应通过司法协助渠道或其他相关多双边协议解决。国家间缔结跨境调取数据双边协议，不得侵犯第三国司法主权和数据安全。

第五章　政务数据安全与开放

第三十七条　国家大力推进电子政务建设，提高政务数据的科学性、准确性、时效性，提升运用数据服务经济社会发展的能力。

第三十八条　国家机关为履行法定职责的需要收集、使用数据，应当在其履行法定职责的范围内依照法律、行政法规规定的条件和程序进行；对在履行职责中知悉的个人隐私、个人信息、商业秘密、保密商务信息等数据应当依法予以保密，不得泄露或者非法向他人提供。

第三十九条　国家机关应当依照法律、行政法规的规定，建立健全数据安全管理制度，落实数据安全保护责任，保障政务数据安全。

第四十条　国家机关委托他人建设、维护电子政务系统，存储、加工政务数据，应当经过严格的批准程序，并应当监督受托方履行相应的数据安全保护义务。受托方应当依照法律、法规的规定和合同约定履行数据安全保护义务，不得擅自留存、使用、泄露或者向他人提供政务数据。

第四十一条　国家机关应当遵循公正、公平、便民的原则，按照规定及时、准确地公开政务数据。依法不予公开的除外。

第四十二条　国家制定政务数据开放目录,构建统一规范、互联互通、安全可控的政务数据开放平台,推动政务数据开放利用。

第四十三条　法律、法规授权的具有管理公共事务职能的组织为履行法定职责开展数据处理活动,适用本章规定。

第七章　附　　则

第五十三条　开展涉及国家秘密的数据处理活动,适用《中华人民共和国保守国家秘密法》等法律、行政法规的规定。

在统计、档案工作中开展数据处理活动,开展涉及个人信息的数据处理活动,还应当遵守有关法律、行政法规的规定。

第五十四条　军事数据安全保护的办法,由中央军事委员会依据本法另行制定。

第五十五条　本法自 2021 年 9 月 1 日起施行。

1.3　全国人大常委会关于维护互联网安全的决定解读

全国人大常委会关于维护互联网安全的决定

(2000 年 12 月 28 日第九届全国人民代表大会常务委员会第十九次会议通过,根据 2009 年 8 月 27 日第十一届全国人民代表大会常务委员会第十次会议通过的《全国人民代表大会常务委员会关于修改部分法律的决定》修改)

我国的互联网,在国家大力倡导和积极推动下,在经济建设和各项事业中得到日益广泛的应用,使人们的生产、工作、学习和生活方式已经开始并将继续发生深刻的变化,对于加快我国国民经济、科学技术的发展和社会服务信息化进程具有重要作用。同时,如何保障互联网的运行安全和信息安全问题已经引起全社会的普遍关注。为了兴利除弊,促进我国互联网的健康发展,维护国家安全和社会公共利益,保护个人、法人和其他组织的合法权益,特作如下决定:

【重点法条解读】

此部分是关于本决定立法背景及目标的规定。

一、为了保障互联网的运行安全,对有下列行为之一,构成犯罪的,依照刑法有关规定追究刑事责任:

(一)侵入国家事务、国防建设、尖端科学技术领域的计算机信息系统;

(二)故意制作、传播计算机病毒等破坏性程序,攻击计算机系统及通信网络,致使计算机系统及通信网络遭受损害;

(三)违反国家规定,擅自中断计算机网络或者通信服务,造成计算机网络或者通信系统不能正常运行。

【重点法条解读】

本条主要对应了《刑法》第二百八十五条和第二百八十六条。

其中第(一)项对应了《刑法》第二百八十五条"非法侵入计算机信息系统罪"。按照《刑法》第二百八十五条第一款规定，违反国家规定，侵入国家事务、国防建设、尖端科学技术领域的计算机信息系统的，处三年以下有期徒刑或者拘役。在刑事案件实务中，对于国防建设、尖端科技领域的计算机信息系统认定争议不大，已知案例中主要围绕何为"国家事务"的计算机信息系统产生争议，通常需要主管政府部委机构的相关文件和出具情况说明予以认定。例如在涉及在线考试报名服务平台的非法侵入案件中，人力资源和社会保障部人事考试中心出具了"关于全国专业技术人员资格考试报名服务平台被黑客攻击有关情况的说明"以及人社部发(2009)89号文件，以证实人事考试中心是人力资源和社会保障部直属事业单位，负责全国专业技术人员资格考试工作。其涉案服务平台专门用于资格考试网上相关业务工作，属国家级管理信息系统。

其中第(二)项对应了《刑法》第二百八十六条"破坏计算机信息系统罪"。按照《刑法》第二百八十六条规定：(1)违反国家规定，对计算机信息系统功能进行删除、修改、增加、干扰，造成计算机信息系统不能正常运行，后果严重的，处五年以下有期徒刑或者拘役，后果特别严重的，处五年以上有期徒刑；(2)违反国家规定，对计算机信息系统中存储、处理或者传输的数据和应用程序进行删除、修改、增加的操作，后果严重的，依照前款的规定处罚；(3)故意制作、传播计算机病毒等破坏性程序，影响计算机系统正常运行，后果严重的，依照第一款的规定处罚。单位犯前三款罪的，对单位判处罚金，并对其直接负责的主管人员和其他直接责任人员，依照第一款的规定处罚。

需要指出的是，从《决定》2000年实施至今，攻击网络或系统的"计算机病毒"等破坏性程序的形式已经发生了深刻变化。例如，2017年5月的WannaCry勒索软件攻击，其不仅"影响计算机系统正常运行"，还可能同时构成对《刑法》第二百八十五条第二款"……获取该计算机信息系统中存储、处理或者传输的数据，或者对该计算机信息系统实施非法控制"规定的违反。具体认定为第二百八十五条还是第二百八十六条的何种罪名，也需在个案中根据具体犯罪行为、后果综合评判。再如，拒绝服务攻击及APT等其他新型网络攻击方式，对网络数据的可用性造成影响和破坏，也属于本条第(二)项所规定的内容。

其中第(三)项对应了《刑法》第二百八十六条"破坏计算机信息系统罪"。擅自中断计算机网络、通信服务，是指从事互联网信息系统的管理人员或者通信服务人员，违反国家规定，擅自中断计算机网络或者通信服务，造成计算机网络或者通信系统不能正常运行的行为。按照《刑法》第九十六条，国家规定，是指违反全国人民代表大会及其常务委员会制定的法律和决定，国务院制定的行政法规、规定的行政措施、发布的决定和命令。其中，"国务院规定的行政措施"应当由国务院决定，通常以行政法规或者国务院制发文件的形式加以规定。以国务院办公厅名义制发的文件，符合以下条件的，亦应视为《刑法》中的"国家规定"：(1)有明确的法律依据或者同相关行政法规不相抵触；(2)经国务院常务会议讨论通过或者经国务院批准；(3)在国务院公报上公开发布。

二、为了维护国家安全和社会稳定，对有下列行为之一，构成犯罪的，依照刑法有关规定追究刑事责任：

(一)利用互联网造谣、诽谤或者发表、传播其他有害信息，煽动颠覆国家政权、推翻社会主义制度，或者煽动分裂国家、破坏国家统一；

（二）通过互联网窃取、泄露国家秘密、情报或者军事秘密；

（三）利用互联网煽动民族仇恨、民族歧视，破坏民族团结；

（四）利用互联网组织邪教组织、联络邪教组织成员，破坏国家法律、行政法规实施。

【重点法条解读】

本条第（一）项至少应包括《刑法》中的如下罪名：

第一百零三条第二款规定的煽动分裂国家罪，煽动分裂国家、破坏国家统一的，处五年以下有期徒刑、拘役、管制或者剥夺政治权利；首要分子或者罪行重大的，处五年以上有期徒刑。

第一百零五条第二款规定的煽动颠覆国家政权罪，以造谣、诽谤或者其他方式煽动颠覆国家政权、推翻社会主义制度的，处五年以下有期徒刑、拘役、管制或者剥夺政治权利；首要分子或者罪行重大的，处五年以上有期徒刑。

本条第（二）项对应《刑法》中的如下罪名：

第一百一十一条规定的为境外窃取、刺探、收买、非法提供国家秘密或者情报罪，为境外的机构、组织、人员窃取、刺探、收买、非法提供国家秘密或者情报的，处五年以上十年以下有期徒刑；情节特别严重的，处十年以上有期徒刑或者无期徒刑；情节较轻的，处五年以下有期徒刑、拘役、管制或者剥夺政治权利。

第二百八十二条第一款规定的非法获取国家秘密罪，以窃取、刺探、收买方法，非法获取国家秘密的，处三年以下有期徒刑、拘役、管制或者剥夺政治权利；情节严重的，处三年以上七年以下有期徒刑。

第三百九十八条规定的故意泄露国家秘密罪，国家机关工作人员违反保守国家秘密法的规定，故意或者过失泄露国家秘密，情节严重的，处三年以下有期徒刑或者拘役；情节特别严重的，处三年以上七年以下有期徒刑。非国家机关工作人员犯前款罪的，依照前款的规定酌情处罚。

第四百三十一条规定的非法获取军事秘密罪，以窃取、刺探、收买方法，非法获取军事秘密的，处五年以下有期徒刑；情节严重的，处五年以上十年以下有期徒刑；情节特别严重的，处十年以上有期徒刑。为境外的机构、组织、人员窃取、刺探、收买、非法提供军事秘密的，处十年以上有期徒刑、无期徒刑或者死刑。

第四百三十二条规定的故意泄露军事秘密罪，违反保守国家秘密法规，故意或者过失泄露军事秘密，情节严重的，处五年以下有期徒刑或者拘役；情节特别严重的，处五年以上十年以下有期徒刑。

本条第（三）项对应《刑法》中的如下罪名：

第二百四十九条规定的煽动民族仇恨、民族歧视罪，煽动民族仇恨、民族歧视，情节严重的，处三年以下有期徒刑、拘役、管制或者剥夺政治权利；情节特别严重的，处三年以上十年以下有期徒刑。

第二百五十条规定的出版歧视、侮辱少数民族作品罪，在出版物中刊载歧视、侮辱少数民族的内容，情节恶劣，造成严重后果的，对直接责任人员，处三年以下有期徒刑、拘役或者管制。

本条第（四）项对应《刑法》第三百条第一款规定的组织、利用会道门、邪教组织、利用迷信破坏法律实施罪，组织、利用会道门、邪教组织或者利用迷信破坏国家法律、行政法规实施的，处三年以上七年以下有期徒刑，并处罚金；情节特别严重的，处七年以上有期徒刑或者无期徒刑，并处罚金或者没收财产；情节较轻的，处三年以下有期徒刑、拘役、管制或者剥夺政治权利，并处或者单处罚金。

三、为了维护社会主义市场经济秩序和社会管理秩序，对有下列行为之一，构成犯罪的，依照刑法有关规定追究刑事责任：

（一）利用互联网销售伪劣产品或者对商品、服务作虚假宣传；

（二）利用互联网损害他人商业信誉和商品声誉；

（三）利用互联网侵犯他人知识产权；

（四）利用互联网编造并传播影响证券、期货交易或者其他扰乱金融秩序的虚假信息；

（五）在互联网上建立淫秽网站、网页，提供淫秽站点链接服务，或者传播淫秽书刊、影片、音像、图片。

【重点法条解读】

本条第（一）项对应《刑法》第一百四十条至第一百四十八条规定的"（1）生产、销售伪劣产品罪；（2）生产、销售假药罪；（3）生产、销售劣药罪；（4）生产、销售不符合安全标准的食品罪；（5）生产、销售有毒、有害食品罪；（6）生产、销售不符合标准的卫生器材罪；（7）生产、销售不符合安全标准的产品罪；（8）生产、销售伪劣农药、兽药、化肥、种子罪；（9）生产、销售不符合卫生标准的化妆品罪"。

第二百二十二条规定的虚假广告罪，广告主、广告经营者、广告发布者违反国家规定，利用广告对商品或者服务作虚假宣传，情节严重的，处二年以下有期徒刑或者拘役，并处或者单处罚金。

本条第（二）项对应《刑法》第二百二十一条损害商业信誉、商品声誉罪，捏造并散布虚伪事实，损害他人的商业信誉、商品声誉，给他人造成重大损失或者有其他严重情节的，处二年以下有期徒刑或者拘役，并处或者单处罚金。

本条第（三）项对应《刑法》第二百一十三条至第二百一十九条规定的"（1）假冒注册商标罪；（2）销售假冒注册商标的商品罪；（3）非法制造、销售非法制造的注册商标标识罪；（4）假冒专利罪；（5）侵犯著作权罪；（6）销售侵权复制品罪；（7）侵犯商业秘密罪。"

本条第（四）项对应《刑法》第一百八十一条第一款规定的编造并传播证券、期货交易虚假信息罪，编造并且传播影响证券、期货交易的虚假信息，扰乱证券、期货交易市场，造成严重后果的，处五年以下有期徒刑或者拘役，并处或者单处一万元以上十万元以下罚金。

本条第（五）项对应《刑法》第三百六十三条第一款规定的制作、复制、出版、贩卖、传播淫秽物品牟利罪，第三百六十四条第一款规定的传播淫秽物品罪。

【难点问题解析】

值得注意的是，本条第（四）项所规定的实施"利用互联网编造并传播影响证券、期货交易或者其他扰乱金融秩序的虚假信息"，必须同时具备"扰乱证券、期货交易市场，造成严重后果的"情形，才能认定构成编造并传播证券、期货交易虚假信息罪。换言之，规定的行为是否构成犯罪，还需要结合实施该行为的具体情况。

四、为了保护个人、法人和其他组织的人身、财产等合法权利，对有下列行为之一，构成犯罪的，依照刑法有关规定追究刑事责任：

（一）利用互联网侮辱他人或者捏造事实诽谤他人；

（二）非法截获、篡改、删除他人电子邮件或者其他数据资料，侵犯公民通信自由和通信秘密；

（三）利用互联网进行盗窃、诈骗、敲诈勒索。

【重点法条解读】

本条第（一）项对应《刑法》第二百四十六条规定的侮辱罪、诽谤罪，以暴力或者其他方法公然侮辱他人或者捏造事实诽谤他人，情节严重的，处三年以下有期徒刑、拘役、管制或者剥夺政治权利。由于前款罪，告诉的才处理，但是严重危害社会秩序和国家利益的除外。

本条第（二）项对应《刑法》第二百五十二条规定的侵犯通信自由罪，隐匿、毁弃或者非法开拆他人信件，侵犯公民通信自由权利，情节严重的，处一年以下有期徒刑或者拘役。

本条第（三）项对应《刑法》第二百六十四条规定的盗窃罪，第二百六十六条规定的诈骗罪和第二百七十四条规定的敲诈勒索罪。

【难点问题解析】

本条的难点之一在于利用互联网侮辱他人或者捏造事实诽谤他人的行为存在着调查取证难、侵权行为认定难、损害后果认定难等诸多问题。

关于调查取证难的问题。鉴于利用互联网实施的侮辱、诽谤行为具有一定的隐蔽性、匿名性，《刑法》在第二百四十六条第三款规定，通过信息网络实施第一款规定的行为，被害人向人民法院告诉，但提供证据确有困难的，人民法院可以要求公安机关提供协助，即通过公安机关向电信运营商、服务商或相关监管机构协助当事人取证。

关于侵权行为认定难的问题。如何区分正常的批评与恶意的诋毁诽谤，需要根据案件的具体情况、社会的一般标准等因素综合判断，不能一概而论。

关于损害后果的认定难的问题。如何认定被侵权人因商业信誉被侵害所发生的损失，涉及民事司法手段能否给予受害人以充分保护，需要在实践中继续探索。

【法律法规衔接问题】

2014年6月23日，最高人民法院公布了《关于审理利用信息网络侵害人身权益民事纠纷案件适用法律若干问题的规定》。其中第十一条规定，网络用户或者网络服务提供者采取诽谤、诋毁等手段，损害公众对经营主体的信赖，降低其产品或者服务的社会评价，经营主体请求网络用户或者网络服务提供者承担侵权责任的，人民法院应依法予以支持，并详细规定了网络服务提供者的删除、屏蔽、断开链接等相关必要义务。

五、利用互联网实施本决定第一条、第二条、第三条、第四条所列行为以外的其他行为，构成犯罪的，依照刑法有关规定追究刑事责任。

【重点法条解读】

《决定》颁布后，对没有明确列举的利用互联网实施的其他行为，主要适用《刑法》第二百八十七条指向的其他条款。利用计算机实施犯罪的提示性规定，利用计算机实施金融诈骗、盗窃、贪污、挪用公款、窃取国家秘密或者其他犯罪的，依照本法有关规定定罪处罚。

在《刑法修正案（九）》后，特别就《决定》颁布至今的新型犯罪行为，如设立用于实施诈骗、传授犯罪方法、制作或者销售违禁物品、管制物品等违法犯罪活动的网站、通讯群组；发布有关制作或者销售毒品、枪支、淫秽物品等违禁物品、管制物品或者其他违法犯罪信息的；为实施诈骗等违法犯罪活动发布信息的规定了非法利用信息网络罪，对明知他人利用信息网络实施犯罪，为其犯罪提供互联网接入、服务器托管、网络存储、通讯传输等技术支持，或者提供广告推广、支付结算等帮助行为，情节严重的，构成帮助信息网络犯罪活动罪，对于设置"伪基站"等进行电信诈骗活动，及其他违反国家规定，擅自设置、使用无线电台（站），或者擅自使用无线电频率，干扰无线电通讯秩序，情节严重的，设置扰乱无线电管理秩序罪，最高人民法院、最高人民检察院专门发布了《关于办理扰乱无线电通讯管理秩序等刑事案件适用法律若干问题的解释》。

六、利用互联网实施违法行为，违反社会治安管理，尚不构成犯罪的，由公安机关依照《治安管理处罚条例》予以处罚；违反其他法律、行政法规，尚不构成犯罪的，由有关行政管理部门依法给予行政处罚；对直接负责的主管人员和其他直接责任人员，依法给予行政处分或者纪律处分。

利用互联网侵犯他人合法权益，构成民事侵权的，依法承担民事责任。

【重点法条解读】

本条是对于利用互联网实施违法行为的法律责任的规定。

从本条的规定来看，利用互联网实施违法行为的法律责任类型包括民事责任、行政责任和刑事责任。

关于利用互联网实施违法行为的处罚机构，本条将利用互联网实施违法行为基本区分为两类：一类涉及违反社会治安管理，对于不构成犯罪的，按照《治安管理处罚法》予以处罚；另一类为违反其他法律、行政法规，尚不构成犯罪的，由工信、工商等有关行政管理部门予以处罚。随着中共中央网络安全和信息化领导小组办公室（根据 2018 年《深化党和国家机构改革方案》改为中央网络安全和信息化委员会）和国家互联网信息办公室（简称"网信办"）的设立，相关部门的职能也经历了相应调整。按照《网络安全法》第八条规定，国家网信部门负责统筹协调网络安全工作和相关监督管理工作。国务院电信主管部门、公安部门和其他有关机关依照本法和有关法律、行政法规的规定，在各自职责范围内负责网络安全保护和监督管理工作。

【法律法规衔接问题】

本条规定的利用互联网侵犯他人合法权益，构成民事侵权的，依法承担民事责任问题，已在《关于审理利用信息网络侵害人身权益民事纠纷案件适用法律若干问题的规定》等司法解释和《侵权责任法》等立法中进一步明确。

需要注意的是，本条所援引的《治安管理处罚条例》已失效。2005 年《治安管理处罚法》已经通过并于 2006 年 3 月 1 日开始实施。目前《治安管理处罚法》已在修订阶段。2017 年 1 月 16 日公安部发布了《治安管理处罚法（修订公开征求意见稿）》。修订后的《治安管理处罚法》将应信息技术发展不断充实，以进一步完善和规范对不构成犯罪的利用网络实施违法行为的处罚。

七、各级人民政府及有关部门要采取积极措施，在促进互联网的应用和网络技术的普及过程中,重视和支持对网络安全技术的研究和开发,增强网络的安全防护能力。有关主管部门要加强对互联网的运行安全和信息安全的宣传教育,依法实施有效的监督管理,防范和制止利用互联网进行的各种违法活动,为互联网的健康发展创造良好的社会环境。从事互联网业务的单位要依法开展活动,发现互联网上出现违法犯罪行为和有害信息时,要采取措施,停止传输有害信息,并及时向有关机关报告。任何单位和个人在利用互联网时,都要遵纪守法,抵制各种违法犯罪行为和有害信息。人民法院、人民检察院、公安机关、国家安全机关要各司其职,密切配合,依法严厉打击利用互联网实施的各种犯罪活动。要动员全社会的力量,依靠全社会的共同努力,保障互联网的运行安全与信息安全,促进社会主义精神文明和物质文明建设。

【重点法条解读】

本条作为兜底条款,其部分内容在《网络安全法》等立法中进一步调整和明确,《网络安全法》第十二条对此重新表述为:任何个人和组织使用网络应当遵守宪法法律,遵守公共秩序,尊重社会公德,不得危害网络安全,不得利用网络从事危害国家安全、荣誉和利益,煽动颠覆国家政权、推翻社会主义制度,煽动分裂国家、破坏国家统一,宣扬恐怖主义、极端主义,宣扬民族仇恨、民族歧视,传播暴力、淫秽色情信息,编造、传播虚假信息扰乱经济秩序和社会秩序,以及侵害他人名誉、隐私、知识产权和其他合法权益等活动。第十四条进一步规范为:任何个人和组织有权对危害网络安全的行为向网信、电信、公安等部门举报。收到举报的部门应当及时依法作出处理;不属于本部门职责的,应当及时移送有权处理的部门。有关部门应当对举报人的相关信息予以保密,保护举报人的合法权益。

1.4 国务院关于大力推进信息化发展和切实保障信息安全的若干意见解读

国务院关于大力推进信息化发展和切实保障信息安全的若干意见
(国发〔2012〕23 号)

各省、自治区、直辖市人民政府,国务院各部委、各直属机构:

大力推进信息化发展和切实保障信息安全,对调整经济结构、转变发展方式、保障和改善民生、维护国家安全具有重大意义。近年来,各地区、各部门认真贯彻落实党中央、国务院决策部署,加快推进信息化建设,建立健全信息安全保障体系,有力地促进了经济社会发展。当前,世界各国信息化快速发展,信息技术的应用促进了全球资源的优化配置和发展模式创新,互联网对政治、经济、社会和文化的影响更加深刻,围绕信息获取、利用和控制的国际竞争日趋激烈,保障信息安全成为各国重要议题。但是,我国信息化建设和信息安全保障仍存在一些亟待解决的问题,宽带信息基础设施发展水平与发达国家的差距有所拉大,政务信息共享和业务协同水平不高,核心技术受制于人;信息安全工作的战略统筹和综合协调不够,重要信息系统和基础信息网络防护能力不强。移动互联网等技术应用给信息安全带来严峻挑战,必须进一步增强紧迫感,采取更加有力的政策措施,大力推进信息化发展，切实保障信息安全。为此，提出以下意见。

一、指导思想和主要目标

（一）指导思想

以邓小平理论和"三个代表"重要思想为指导，深入贯彻落实科学发展观，以促进资源优化配置为着力点，加快建设下一代信息基础设施，推动信息化和工业化深度融合，构建现代信息技术产业体系，全面提高经济社会信息化发展水平。坚持积极利用、科学发展、依法管理、确保安全，加强统筹协调和顶层设计，健全信息安全保障体系，切实增强信息安全保障能力，维护国家信息安全，促进经济平稳较快发展和社会和谐稳定。

（二）主要目标

重点领域信息化水平明显提高。信息化和工业化融合不断深入，农业农村信息化有力支撑现代农业发展，文化、教育、医疗卫生、社会保障等重点领域的信息化水平明显提高；电子政务和电子商务快速发展，到"十二五"末，国家电子政务网络基本建成，信息共享和业务协同框架基本建立；全国电子商务交易额超过 18 万亿元，网络零售额占社会消费品零售总额的比重超过 9％。

下一代信息基础设施初步建成。到"十二五"末，全国固定宽带接入用户超过 2.5 亿户，互联网国际出口带宽达到每秒 6500 吉比特（Gbit），第三代移动通信技术（3G）网络覆盖城乡，国际互联网协议第 6 版（IPv6）实现规模商用。

信息产业转型升级取得突破。集成电路、系统软件、关键元器件等领域取得一批重大创新成果，软件业占信息产业收入比重进一步提高。

国家信息安全保障体系基本形成。重要信息系统和基础信息网络安全防护能力明显增强，信息化装备的安全可控水平明显提高，信息安全等级保护等基础性工作明显加强。

【重点法条解读】

本条第 2 项是对《国务院关于大力推进信息化发展和切实保障信息安全的若干意见》（以下简称《意见》）指导思想和主要目标的论述。根据第 50 次《中国互联网络发展状况统计报告》显示，截至 2022 年 6 月，我国网民规模达 10.51 亿，互联网普及率达 74.4％。信息技术快速发展，网络与社会各领域深度融合，"互联网＋"趋势下关系国计民生的重点领域信息化水平应作为优化资源配置，实现国家治理体系和治理能力现代化的不二选择。

信息基础设施作为网络空间存在和运行的基础，更新和推动下一代信息基础设施的建成。一方面，可以提升网民用网体验，使得网络的便捷和及时性得到更大程度的发挥。另一方面，对于推动电子商务、共享经济等依靠网络、大数据平台发展的领域实现新的突破。与此同时，在网络快速发展的背后，网络攻击事件的发生、个人信息安全存在的隐患、关键信息基础设施面临的潜在威胁、国际社会在网络空间的较量，都促使在安全与发展博弈的过程中，将网络安全提升到国家战略层面。没有网络安全，就没有国家安全，应充分将网络安全意识和实践落实到社会各层级各领域，致力于形成国家信息安全保障体系。

二、实施"宽带中国"工程，构建下一代信息基础设施

（一）加快发展宽带网络。实施"宽带中国"工程，以光纤宽带和宽带无线移动通信为重点，加快信息网络宽带化升级；推进城镇光纤到户和行政村宽带普遍服务，提高接入带宽、

网络速率和宽带普及率；加强 3G 网络纵深覆盖，支持具有自主知识产权的 3G 技术 TD—SCDMA 及其后续演进技术 TD—LTE 产业链发展，科学统筹 3G 及其长期演进技术协调发展；加快下一代广播电视网络建设，推进广播电视网络数字化、双向化和互联互通改造。

（二）推进下一代互联网规模商用和前沿性布局。加快部署下一代互联网，抓紧开展 IPv6 商用试点，适时推动 IPv6 大规模部署和商用，推进国际互联网协议第 4 版（IPv4）向 IPv6 的网络演进、业务迁移与商业运；完善互联网国家顶层网络架构，升级骨干网络，实现高速度高质量互联互通；重点研发下一代互联网关键芯片、设备、软件和系统，推动产业化步伐；加快未来网络体系架构关键理论和核心技术的研发，加强战略布局，建设面向未来互联网创新发展的示范平台。

（三）加快推进三网融合。总结试点经验，在确保信息和文化安全的前提下，大力推进三网融合，推动广电、电信业务双向进入，加快网络升级改造和资源共享，加强资源开发、信息技术和业务创新，大力发展融合型业务，培育壮大三网融合相关产业和市场；加快相关法律法规和标准体系建设，健全适应三网融合的体制机制，完善可管、可控的网络信息和文化安全保障体系。

三、推动信息化和工业化深度融合，提高经济发展信息化水平

（一）全面提高企业信息化水平。推广使用数字化研发设计工具，加快重点行业生产装备数字化和生产过程智能化进程，全面普及企业资源计划、供应链、客户关系等管理信息系统；实施重大信息化示范项目，引导企业业务应用向综合集成和产业链协同创新转变；继续实施中小企业信息化推进工程和制造业信息化科技工程，提高中小企业和制造业企业信息化水平；完善企业信息化和工业化融合水平评估认定体系，支持面向具体行业的信息化公共服务平台发展。

（二）推广节能减排信息技术。推动工业、建筑、交通运输等领域节能减排信息技术的普及和深入应用，加大主要耗能、耗材设备和工艺流程的信息化改造；建立健全资源能源综合利用效率监测和评价体系，提升资源能源供需双向调节水平；建立健全主要污染物排放监测和固体废弃物综合利用信息管理系统，完善污染治理监督管理体系。

（三）增强信息产业核心竞争力。加大国家科技重大专项对信息产业核心基础产品、网络共性关键技术开发的支持力度，加快推动新一代移动通信、基础软件、嵌入式软件以及制造执行系统、工业控制系统、大型管理软件等技术的研发和应用；加强统筹规划，积极有序促进物联网、云计算的研发和应用；实施工业电子产品提升工程，推进信息技术与工业技术融合创新，提高汽车、船舶、机械等产品智能化水平。推动电子信息产品制造企业由单纯提供产品向提供综合解决方案和信息服务转变。

【重点法条解读】

近年来，以云计算、大数据、物联网为代表的新一代信息技术快速发展。一方面，我国在传统制造业领域提出了"中国制造 2025"。作为我国实施制造强国战略第一个十年的行动纲领，"中国制造 2025"指出全球制造业格局面临重大调整，新一代信息技术与制造业深度融合，正在引发影响深远的产业变革，形成新的生产方式、产业形态、商业模式和经济增长点。我国经济发展环境发生重大变化，建设制造强国任务艰巨而紧迫。因此需要在市场主导，政府引导；立足当前，着眼长远；整体推进，重点突破；自主发展，开放合作的原则基础

上，立足国情，立足现实，力争通过"三步走"实现制造强国的战略目标。另一方面，在新一代信息技术领域，我国先后发布《国务院关于推进物联网有序健康发展的指导意见》《国务院关于促进云计算创新发展培育信息产业新业态的意见》《促进大数据发展行动纲要》《云计算发展三年行动计划（2017—2019 年）》《促进新一代人工智能产业发展三年行动计划（2018—2020 年）》等一系列指导意见和行动计划，支持引导新一代信息技术良性有序发展。

（四）引导电子商务健康发展。健全安全、信用、金融、物流和标准等支撑体系，探索有效监管模式，建立规范有序的电子商务市场秩序。引导电子商务平台向提供涵盖信息流、物流、资金流的全流程服务发展。鼓励大中型企业开展网络采购和销售，加强供应链协同运作，重点推动小型微型企业普及电子商务应用。实施移动电子商务试点示范工程，创建电子商务试点示范城市，创新电子商务发展模式，改善电子商务发展环境。

【重点法条解读】

2018 年 8 月，第十三届全国人民代表大会常务委员会第五次会议通过了《电子商务法》，保障电子商务各方主体的合法权益，规范电子商务行为，维护市场秩序，促进电子商务持续健康发展。

（五）推进服务业信息化进程。推动银行业、证券业和保险业信息共享，支持金融产品和服务创新，促进消费金融发展，提高面向小型微型企业和农业农村的金融服务水平；加快推进交通、旅游、休闲娱乐等服务业信息化；培育和发展地理信息产业，大力发展信息系统集成、互联网增值业务和信息安全服务；提高工业设计信息化水平。

四、加快社会领域信息化，推进先进网络文化建设

（一）提升电子政务服务能力。围绕提升服务和监管能力，促进政府管理创新，加强电子政务顶层设计；以互联互通为重点，形成统一的国家电子政务网络，完善项目建设管理、绩效评估和运行维护机制；扎实推进药品、食品、住房、能源、金融、价格等重要监管信息系统建设；推动重点领域信息共享和业务协同，加快电子政务服务向街道、社区和农村延伸，支持基层政府和社区开展管理和服务模式创新试点示范；加强地理空间和自然资源、人口、法人、金融、税收、统计等基础信息资源的开发利用，促进共享；全面提升电子政务技术服务能力，鼓励业务应用向云计算模式迁移；加强电子文件管理与应用。

【重点法条解读】

电子政务是我国实现国家治理体系和治理能力现代化的重要工具。2014 年，国务院办公厅发布《关于促进电子政务协调发展的指导意见》（以下简称《意见》），《意见》指出，电子政务已经深度融合至我国经济社会发展的各个领域，成为各级政府平稳运转和高效履职不可或缺的手段。但是，电子政务工作也存在一些突出矛盾和问题，如顶层设计不够完善，应用潜力没有充分发挥以及保障措施不够健全等。因此，《意见》明确了准备利用 5 年左右的时间，加强顶层设计，统筹电子政务协调发展，深化应用，提升支撑保障政府决策和管理的水平，落实保障措施。

（二）提高社会管理和城市运行信息化水平。建立全面覆盖的社会管理综合信息系统；完善人口信息共享机制，实现实有人口动态管理，提高人口信息动态监测和分析预测能力；

建设公众诉求信息管理平台,改进信访工作方式;加强网络舆情分析,健全网上舆论动态引导管理机制;推动城市管理信息共享,推广网格化管理模式,加快实施智能电网、智能交通等试点示范,引导智慧城市建设健康发展。

【重点法条解读】

网络舆情治理不同于网络谣言、网络恐怖主义等有害信息治理,舆情事件的爆发常常伴随着社会热点事件出现,热点事件对于网络参与者的吸引程度,使得在此过程中,舆论方向的偏失,或者恶意分子趁机操控舆论都不利于事件平息和引领正确舆论导向。因此,需要及时加强网络舆情分析,在网络社会弘扬社会主义核心价值观,建立清朗、文明、和谐的网络空间。

(三)加快推进民生领域信息化。加快学校宽带网络建设,推动优质数字教育资源开发和共享,完善教育管理信息系统,构建面向全民的终身学习网络和服务平台,大力发展远程教育,形成教育综合信息服务体系;完善医疗服务与管理信息系统,加快建立居民电子健康档案和电子病历,加强国家和区域医药卫生信息共享,夯实远程医疗发展的基础;构建覆盖城乡居民的劳动就业和社会保障信息服务体系,全面推行社会保障卡应用,推动就业信息共享;推进减灾救灾、社会救助、社会福利和慈善事业等社会服务信息化;提高面向残疾人等特殊人群的信息服务能力。

(四)发展先进网络文化。鼓励开发具有中国特色和自主知识产权的数字文化产品,加强知识产权保护,壮大数字内容产业,培育数字内容与网络文化产业骨干企业,扩展数字内容产业链;加强重点新闻网站建设,规范管理综合性商业网站,构建积极健康的网络传播新秩序和网络氛围;积极推进数字图书馆等公益性文化信息基础设施建设,开发精品网络科普资源,完善公共文化信息服务体系。

五、推进农业农村信息化,实现信息强农惠农

(一)提高农业生产经营信息化水平。推动农业适用信息技术的研发应用,加快推进农业生产基础设施、装备与信息技术的融合;提高种植业、养殖业生产信息化和农村专业合作社、农产品批发市场经营信息化水平;加强农业生产环境监控、生产过程监测、行业发展监管,建立和完善农产品质量安全追溯体系;积极培育、示范、推广适用的农业信息化应用模式。

(二)完善农业农村综合信息服务体系。规范各类农业信息服务系统,建立全国农业综合信息服务平台,鼓励发展专业信息服务,加快推进涉农信息资源开发、整合和综合利用;继续推进农村基层信息服务站和信息员队伍建设,形成村为节点、县为基础、省为平台、全国统筹的农村综合信息服务体系。

六、健全安全防护和管理,保障重点领域信息安全

(一)确保重要信息系统和基础信息网络安全。能源、交通、金融等领域涉及国计民生的重要信息系统和电信网、广播电视网、互联网等基础信息网络,要同步规划、同步建设、同步运行安全防护设施,强化技术防范,严格安全管理,切实提高防攻击、防篡改、防病毒、防瘫痪、防窃密能力。加大无线电安全管理和重要信息系统无线电频率保障力度。加强互联网网站、地址、域名和接入服务单位的管理,完善信息共享机制,规范互联网服务市场秩序。

【重点法条解读】

能源、交通、金融等领域涉及国计民生的重要信息系统和电信网、广播电视网、互联网等基础信息网络，作为国家关键信息基础设施，保障其安全和平稳运行的重要性不言而喻。《网络安全法》第三章第二节对关键信息基础设施的运行安全加以规定，将关键信息基础设施定义为公共通信和信息服务、能源、交通、水利、金融、公共服务、电子政务等重要行业和领域，以及其他一旦遭到破坏、丧失功能或者数据泄露，可能严重危害国家安全、国计民生、公共利益的关键信息基础设施，要求在网络安全等级保护制度的基础上，实行重点保护，并建立国家安全审查、数据出境安全管理、网络信息共享等制度。

《关键信息基础设施安全保护条例》已正式施行，作为关键信息基础设施保护领域重要的行政法规，对于明确监管体制、强化关键信息基础设施运营者安全保护义务具有重要作用。

（二）加强政府和涉密信息系统安全管理。严格政府信息技术服务外包的安全管理，为政府机关提供服务的数据中心、云计算服务平台等要设在境内，禁止办公用计算机安装使用与工作无关的软件；建立政府网站开办审核、统一标识、监测和举报制度；减少政府机关的互联网连接点数量，加强安全和保密防护监测；落实涉密信息系统分级保护制度，强化涉密信息系统审查机制。

（三）保障工业控制系统安全。加强核设施、航空航天、先进制造、石油石化、油气管网、电力系统、交通运输、水利枢纽、城市设施等重要领域工业控制系统，以及物联网应用、数字城市建设中的安全防护和管理，定期开展安全检查和风险评估；重点对可能危及生命和公共财产安全的工业控制系统加强监管；对重点领域使用的关键产品开展安全测评，实行安全风险和漏洞通报制度。

【重点法条解读】

工业控制系统信息安全事关工业生产运行、国家经济安全和人民生命财产安全。近年来，中华人民共和国工业和信息化部（简称"工信部"）先后发布《加强工业控制系统信息安全管理的通知》《工业控制系统信息安全事件应急管理工作指南》《工业控制系统信息安全防护能力评估工作管理办法》，并于 2017 年 12 月发布《工业控制系统信息安全行动计划（2018—2020 年）》（以下简称《行动计划》），《行动计划》指出工控安全是实施制造强国和网络强国战略的重要保障。随着中国制造的全面推进，工业数字化、网络化、智能化加快发展，然而，我国工控安全也面临着安全漏洞不断增多、安全威胁加速渗透、攻击手段复杂多样等新挑战。因此，《行动计划》要求坚持落实企业主体责任、因地制宜分类指导、技术和管理并重的基础上，通过提升安全管理水平、态势感知能力、安全防护能力、应急处置能力和产业发展能力，结合加强组织协调、加大政策支持、加快人才培养、鼓励社会参与等措施，实现 2020年基本建立全系统工控安全管理工作体系，达到明显增强全社会工控安全意识等目标。

（四）强化信息资源和个人信息保护。加强地理、人口、法人、统计等基础信息资源的保护和管理，保障信息系统互联互通和部门间信息资源共享安全。明确敏感信息保护要求，强化企业、机构在网络经济活动中保护用户数据和国家基础数据的责任，严格规范企业、机构在我国境内收集数据的行为。在软件服务外包、信息技术服务和电子商务等领域开展个人信息保护试点，加强个人信息保护工作。

【重点法条解读】

当前，《民法典》《网络安全法》《数据安全法》《个人信息保护法》均已正式施行，各有侧重的规定数据安全和个人信息保护规则要求。《数据安全法》明确国家建立数据分类分级和重要数据重点保护、国家核心数据严格保护制度；《个人信息保护法》从保护个人信息权益出发，明确自然人的个人信息受法律保护，任何组织、个人不得侵害自然人的个人信息权益。

七、加快能力建设，提升网络与信息安全保障水平

（一）夯实网络与信息安全基础。研究制定国家信息安全战略和规划，强化顶层设计。落实信息安全等级保护制度，开展相应等级的安全建设和管理，做好信息系统定级备案、整改和监督检查；强化网络与信息安全应急处置工作，完善应急预案，加强对网络与信息安全灾备设施建设的指导和协调；完善信息安全认证认可体系，加强信息安全产品认证工作，减少重复检测和重复收费。

【重点法条解读】

2016 年 12 月 27 日，国家互联网信息办公室发布《国家网络空间安全战略》。2017 年 3 月 1 日，外交部和国家互联网信息办公室共同发布《网络空间国际合作战略》。两项战略以不同的侧重点对我国网络空间治理规划顶层设计。

（二）加强网络信任体系建设和密码保障。健全电子认证服务体系，推动电子签名在金融等重点领域和电子商务中的应用。制定电子商务信用评价规范，建立互联网网站、电子商务交易平台诚信评价机制，支持符合条件的第三方机构开展信用评价服务。大力推动密码技术在涉密信息系统和重要信息系统保护中的应用，强化密码在保障电子政务、电子商务安全和保护公民个人信息等方面的支撑作用。

【重点法条解读】

密码技术是保障网络与信息安全的核心技术和基础支撑。2019 年 10 月，第十三届全国人民代表大会常务委员会第十四次会议通过《密码法》，规范密码应用和管理，促进密码事业发展，保障网络与信息安全，维护国家安全和社会公共利益，保护公民、法人和其他组织的合法权益。

（三）提升网络与信息安全监管能力。完善国家网络与信息安全基础设施，加强网络与信息安全专业骨干队伍和应急技术支撑队伍建设，提高风险隐患发现、监测预警和突发事件处置能力；加强信息共享和交流平台建设，健全网络与信息安全信息通报机制；加大对网络违法犯罪活动的打击力度；进一步完善监管体制，充实监管力量，加强对基础信息网络安全工作的指导和监督管理；倡导行业自律，发挥社会组织和广大网民的监督作用。

（四）加快技术攻关和产业发展。统筹规划，整合力量，进一步加大网络与信息安全技术研发力度，加强对云计算、物联网、移动互联网、下一代互联网等方面的信息安全技术研究；继续组织实施信息安全产业化专项，完善有关信息安全政府采购政策措施和管理制度，支持信息安全产业发展。

八、完善政策措施

（一）加强组织领导。在国家信息化领导小组和国家网络与信息安全协调小组的领导下，各有关部门要按照职责分工，认真落实各项工作任务，加强协调配合，形成合力，共同推进信息化发展和网络信息安全保障工作。各地区要将保障网络与信息安全列入重要议事日程，逐级建立并认真落实网络与信息安全责任制，明确主管领导，确定工作机构，负责督促落实网络与信息安全规章制度，组织制定应急预案，处理重大网络与信息安全事件等，并根据本地实际情况，建立省（区、市）、地（市）两级网络与信息安全协调机制。

【重点法条解读】

《网络安全法》第八条规定，"国家网信部门负责统筹协调网络安全工作和相关监督管理工作。国务院电信主管部门、公安部门和其他有关机关依照本法和有关法律、行政法规的规定，在各自职责范围内负责网络安全保护和监督管理工作。县级以上地方人民政府有关部门的网络安全保护和监督管理职责，按照国家有关规定确定。"在网络领域基本法层面确定的组织领导和管理体制，对于改善长期以来"九龙治水"的局面有一定效果。但根据2017 年 12 月公布的《检查网络安全法、加强网络信息保护的决定（"一法一决定"）实施情况报告》，指出网络安全执法体制有待进一步理顺，网络安全监管"九龙治水"现象仍然存在，权责不清、各自为战、执法推诿、效率低下等问题尚未有效解决，法律赋予网信部门的统筹协调职能履行不够顺畅等问题。

（二）加强财税政策扶持。发挥财税政策的杠杆作用，加大对信息化和工业化深度融合关键共性技术研发与推广、公共服务平台、重大示范工程建设等的支持力度；完善农村通信普遍服务补偿机制，优先支持农村、欠发达地区综合信息基础设施建设和改造；整合利用现有资金渠道，中央财政加大投入，重点支持信息安全重要基础性工作。各地区、各部门要将基础性公益性网络与信息安全设施运行维护、安全服务和检查等费用纳入财政预算。

（三）加快法规制度和标准建设。完善信息化发展和网络与信息安全法律法规，研究制定政府信息安全管理、个人信息保护等管理办法；健全相关法规制度，明确并落实企事业单位和社会组织维护信息安全的责任；制定完善新一代信息技术在重点领域的应用标准，注重发挥标准对产业发展的技术支撑作用；培育国家信息安全标准化专业力量，加快制定三网融合、云计算、物联网等领域安全标准；积极参与制定信息安全国际行为准则、互联网治理等国际规则和标准。

（四）加强宣传教育和人才培养。开展面向全社会的信息化应用和信息安全宣传教育培训；支持信息安全与保密学科师资队伍、专业院系、学科体系、重点实验室建设；加强大中小学信息技术、信息安全和网络道德教育，在政府机关和涉密单位定期开展信息安全教育培训。各级财政要加大对信息安全宣传教育和培训等公益性活动的支持，加快培养创新型、应用型信息化人才。

【重点法条解读】

2016 年 4 月 19 日，习近平总书记发表讲话，指出我国虽然接入国际互联网只有 20 多年，但我国正确处理安全和发展、开放和自主、管理和服务的关系，推动互联网发展取得令人瞩目的成就。现阶段，我国除了应树立正确的网络安全观、加快构建关键信息基础设施安全保障体系和全天候全方位感知网络安全态势等方面的内容，也应该聚天下英才而用之，为网信事业发展提供有力人才支撑。加大人才引进力度，改革人才体制机制。为此，2017 年 8 月，中央网信办和教育部印发《一流网络安全学院建设示范项目管理办法》，决定在 2017—2027 年期间实施一流网络安全学院建设示范项目。西安电子科技大学、东南大学、武汉大学、北京航空航天大学、四川大学、中国科学技术大学、战略支援部队信息工程大学 7 所高校入选首批一流网络安全学院建设示范项目，将从政策、投入等多方面采取措施，培养网络安全人才。

1.5 国家安全法相关法条解读

中华人民共和国国家安全法（节选）

（2015 年 7 月 1 日第十二届全国人民代表大会常务委员会第十五次会议通过）

第一章 总 则

第二条 国家安全是指国家政权、主权、统一和领土完整、人民福祉、经济社会可持续发展和国家其他重大利益相对处于没有危险和不受内外威胁的状态，以及保障持续安全状态的能力。

【重点法条解读】

本条是关于国家安全定义的规定。

本条首次对"国家安全"的概念做出了界定，以不完全列举的方式将国家政权、主权、统一和领土完整、人民福祉、经济社会可持续发展以及国家其他重大利益列为保护对象。内容既涵盖传统安全，也涵盖非传统安全。

其中，网络主权作为国家主权在网络空间的体现和延伸，网络主权原则是我国维护国家安全和利益、参与网络国际治理与合作所坚持的重要原则。因此，网络主权属于国家主权的重要组成部分。此外，随着信息化水平的不断提高，社会生产、生活对于网络的依赖性也不断提升。与此同时网络攻击、数据泄露等风险也与日俱增。网络与信息安全，尤其是关键信息基础设施的系统与信息安全直接关系到人民福祉和经济社会可持续发展，应属于本条规定的"国家其他重大利益"。因此，根据本条的定义，网络空间主权安全以及网络与信息安全同属于国家安全的应有之义。

第三条 国家安全工作应当坚持总体国家安全观，以人民安全为宗旨，以政治安全为根本，以经济安全为基础，以军事、文化、社会安全为保障，以促进国际安全为依托，维护各领域国家安全，构建国家安全体系，走中国特色国家安全道路。

【重点法条解读】

本条确立了"总体国家安全观"在国家安全工作中的指导地位。

当前，我国国家安全的形势日益严峻，面临着对外维护国家主权、安全、发展利益，对内维护政治安全和社会稳定的双重压力，各种可以预见和难以预见的风险因素明显增多，非传统领域安全日益凸显。国家安全内涵和外延比历史上任何时候都要丰富。党的十八大以来，为适应我国国家安全面临的新形势新任务，以习近平同志为总书记的党中央提出总体国家安全观。与传统的安全观不同，新的国家安全观还包括非传统领域的安全，目标是构建集政治安全、国土安全、军事安全、经济安全、文化安全、社会安全、科技安全、信息安全、生态安全、资源安全、核安全等于一体的国家安全体系。

在总体国家安全观的指导思想下，与 1993 年的《国家安全法》主要集中于规范国家安全机关反间谍工作、仅涉及部分领域维护国家安全的任务事项不同，2015 年颁布的《国家安全法》将维护国家安全的任务扩展到国家治理和社会治理的诸多领域，信息安全成为国家安全体系的重要组成部分。

第八条　维护国家安全，应当与经济社会发展相协调。

国家安全工作应当统筹内部安全和外部安全、国土安全和国民安全、传统安全和非传统安全、自身安全和共同安全。

【重点法条解读】

本条是关于国家安全工作统筹兼顾原则的规定。

第二章　维护国家安全的任务

第二十五条　国家建设网络与信息安全保障体系，提升网络与信息安全保护能力，加强网络和信息技术的创新研究和开发应用，实现网络和信息核心技术、关键基础设施和重要领域信息系统及数据的安全可控；加强网络管理，防范、制止和依法惩治网络攻击、网络入侵、网络窃密、散布违法有害信息等网络违法犯罪行为，维护国家网络空间主权、安全和发展利益。

【重点法条解读】

本条是关于维护网络与信息安全的规定。

没有网络安全就没有国家安全。随着网络技术和应用的迅速发展，网络信息技术广泛运用于国家政治、经济、社会、军事等各方面管理中，网络与信息安全成为国家安全的一个重要维度。在总体国家安全观的指导下，本条明确了维护网络与信息安全的任务。

本条首次以法律形式明确提出了"网络空间主权"这一概念。"主权"是一个历史概念，其内涵随着人类社会生产活动的扩展而不断丰富。在互联网时代，国家疆域呈现陆地、海洋、空间、太空、网络空间五维格局，网络空间主权随之出现。近年来，棱镜门、维基解密以及大规模互联网用户信息泄露等重大网络安全事件频发，网络空间安全形势日益严峻。在这种情况下，大多数国家都把特定网络置于自己主权管辖之下，并对相关网络行为进行约束和规范。确立网络空间主权这一概念，有助于我国加强网络空间治理，建设网络安全保障体系，参与网络国际治理和合作，捍卫我国网络空间主权安全。

【法律法规衔接问题】

作为网络安全领域首部综合性的基本立法，《网络安全法》完成我国网络安全领域的顶层设计和基本制度构建。《网络安全法》颁布之后，我国出台《关键信息基础设施安全保护条例》《网络安全审查办法》《网络信息内容生态治理规定》《国家网络安全事件应急预案》等一系列的配套规范，网络安全法律体系基本框架已初步形成，并在逐步完善。

本条中关于提升网络与信息安全保护能力，加强网络管理，实现网络和信息核心技术、关键基础设施和重要领域信息系统及数据的安全可控等要求，在《网络安全法》中也得到了充分贯彻。例如，《网络安全法》确立了网络关键设备和安全专用产品的安全认证检测制度、关键信息基础设施保护制度、网络安全等级保护制度、网络安全监测预警和信息通报制度等诸多基本制度，明确了网络运营者的安全保障义务、违法信息处置义务等诸多义务。

第四章　国家安全制度

第四节　审查监管

第五十九条　国家建立国家安全审查和监管的制度和机制，对影响或者可能影响国家安全的外商投资、特定物项和关键技术、网络信息技术产品和服务、涉及国家安全事项的建设项目，以及其他重大事项和活动，进行国家安全审查，有效预防和化解国家安全风险。

【重点法条解读】

本条是关于国家安全审查制度的规定。

从本条的规定来看，我国对于网络信息技术产品和服务的国家安全审查并非常态性的审查，仅在影响或者可能影响国家安全的情形下，才触发国家安全审查。此外，本条将网络信息技术产品和服务与外商投资、特定物项和关键技术等审查内容并列表述，修正了此前外资并购国家安全审查和网络安全审查相互混同的情况，为我国建立独立的网络安全审查制度提供了立法依据。对于如何开展网络安全审查，2022年2月正式生效的《网络安全审查办法》进行明确规定。

【法律法规衔接问题】

《网络安全法》第三十五条规定，"关键信息基础设施的运营者采购网络产品和服务，可能影响国家安全的，应当通过国家网信部门会同国务院有关部门组织的国家安全审查。"2022年2月，为落实《国家安全法》《网络安全法》《数据安全法》及《关键信息基础设施安全保护条例》的规定，国家互联网信息办公室等十三部门联合发布的《网络安全审查办法》正式生效，明确了网络安全审查的程序、期限、主要考虑因素等内容。

2021年6月通过的《数据安全法》第二十四条规定，"国家建立数据安全审查制度，对影响或者可能影响国家安全的数据处理活动进行国家安全审查。依法作出的安全审查决定为最终决定。"

1.6　其他安全政策相关法律解读

中华人民共和国反恐怖主义法（节选）

（2015年12月27日第十二届全国人民代表大会常务委员会第十八次会议通过
根据2018年4月27日第十三届全国人民代表大会常务委员会第二次会议
《关于修改〈中华人民共和国国境卫生检疫法〉等六部法律的决定》修正）

第十八条　电信业务经营者、互联网服务提供者应当为公安机关、国家安全机关依法进行防范、调查恐怖活动提供技术接口和解密等技术支持和协助。

【重点法条解读】

本条规定的是协助执法义务。权力主体是公安机关、国家安全机关；义务主体是电信业务经营者、互联网服务提供者；立法目的是防范、调查恐怖活动；义务内容要求提供技术接口、解密等技术支持和协助。

【难点问题解析】

目前，我国在 2018 年修正的《刑事诉讼法》以及 2020 年修正的《公安机关办理刑事案件程序规定》中对协助执法义务的程序进行了规定。同时，《网络安全法》《数据安全法》等立法中强调对协助执法过程中获取的个人信息等数据予以保护。

【法律法规衔接问题】

《网络安全法》第二十八条规定网络运营者应当为公安机关、国家安全机关依法维护国家安全和侦查犯罪的活动提供技术支持和协助。该条也规定了网络运营者的协助执法义务，在执法实践中应注意衔接，一方面，《反恐怖主义法》的执法目的在于防范、调查恐怖活动，《网络安全法》的执法目的在于维护国家安全和侦查犯罪；另一方面，《网络安全法》规定的网络运营者，是指网络的所有者、管理者和网络服务提供者。《反恐怖主义法》的义务主体是电信业务经营者、互联网服务提供者。

第十九条　电信业务经营者、互联网服务提供者应当依照法律、行政法规规定，落实网络安全、信息内容监督制度和安全技术防范措施，防止含有恐怖主义、极端主义内容的信息传播；发现含有恐怖主义、极端主义内容的信息的，应当立即停止传输，保存相关记录，删除相关信息，并向公安机关或者有关部门报告。

网信、电信、公安、国家安全等主管部门对含有恐怖主义、极端主义内容的信息，应当按照职责分工，及时责令有关单位停止传输、删除相关信息，或者关闭相关网站、关停相关服务。有关单位应当立即执行，并保存相关记录，协助进行调查。对互联网上跨境传输的含有恐怖主义、极端主义内容的信息，电信主管部门应当采取技术措施，阻断传播。

【重点法条解读】

本条是对网络信息安全保障义务的规定。义务主体包括电信业务经营者、互联网服务提供者和网信、电信、公安、国家安全等主管部门。

对于电信业务经营者、互联网服务提供者，一方面，应提前落实网络安全、信息内容监督制度和安全技术防范措施，在日常运营过程中防止含有恐怖主义、极端主义内容的信息传播；另一方面，在发现含有恐怖主义、极端主义内容的信息时，应当立即采取措施，停止信息内容的传输，删除相关信息，同时，保存相关记录，并向公安机关或者有关部门报告，以备后续溯源和追责。

对于网信、电信、公安、国家安全等主管部门，发现含有恐怖主义、极端主义内容的信息，应及时责令有关单位停止传输、删除相关信息，或者直接关闭相关网站、关停相关服务。对于跨境传输的信息内容，则由电信主管部门加以处理，采取技术措施阻断传播。

【法律法规衔接问题】

《网络安全法》第四十七条和第五十条也分别规定了网络运营者和国家网信部门、有关部门的信息安全保障义务。具体体现为，第四十七条规定了网络运营者应当加强对其用户发布的信息的管理，发现法律、行政法规禁止发布或者传输的信息的，应当立即停止传输该信息,采取消除等处置措施,防止信息扩散,保存有关记录,并向有关主管部门报告。第五十条规定了国家网信部门和有关部门依法履行网络信息安全监督管理职责,发现法律、行政法规禁止发布或者传输的信息的,应当要求网络运营者停止传输,采取消除等处置措施,保存有关记录;对来源于中华人民共和国境外的上述信息,应当通知有关机构采取技术措施和其他必要措施阻断传播。

《网络安全法》中将治理的内容规定为法律、行政法规禁止发布或传输的信息,根据2000年发布的《互联网信息服务管理办法》第十五条规定,互联网信息服务提供者不得制作、复制、发布、传播含有下列内容的信息:(一)反对宪法所确定的基本原则的;(二)危害国家安全,泄露国家秘密,颠覆国家政权,破坏国家统一的;(三)损害国家荣誉和利益的;(四)煽动民族仇恨、民族歧视,破坏民族团结的;(五)破坏国家宗教政策,宣扬邪教和封建迷信的;(六)散布谣言,扰乱社会秩序,破坏社会稳定的;(七)散布淫秽、色情、赌博、暴力、凶杀、恐怖或者教唆犯罪的;(八)侮辱或者诽谤他人,侵害他人合法权益的;(九)含有法律、行政法规禁止的其他内容的。《网络安全法》较《反恐怖主义法》而言,治理内容更加全面。在执法实践过程中,可从信息内容角度区分。

第二十一条 电信、互联网、金融、住宿、长途客运、机动车租赁等业务经营者、服务提供者,应当对客户身份进行查验。对身份不明或者拒绝身份查验的,不得提供服务。

【重点法条解读】

本条是对实名制义务的规定。义务主体对应在网络安全领域指的是电信、互联网业务经营者和服务提供者。义务内容是对身份进行查验,对于身份不明或拒绝查验的,不得提供相应服务。

【难点问题解析】

实名制使得义务主体收集和存储了大量用户身份信息和敏感数据,在当前数据泄露事件屡屡发生和个人信息保护意识不断增强的背景下,对于义务主体的数据安全保障能力提出了新的要求,我国需要建立起同水平的保障制度和技术支撑,避免出现韩国实名制遇到的同类问题。

【法律法规衔接问题】

《网络安全法》第二十四条第一款同样规定了网络运营者的实名制义务,具体体现为网络运营者为用户办理网络接入、域名注册服务,办理固定电话、移动电话等入网手续,或者为用户提供信息发布、即时通信等服务,在与用户签订协议或者确认提供服务时,应当要求用户提供真实身份信息。用户不提供真实身份信息的,网络运营者不得为其提供相关服务。《网络安全法》对于义务内容规定的更加详细,包括入网手续和信息发布、即时通信等服务,为网络运营者法律遵从提供了更为明确的指引。

第八十四条 电信业务经营者、互联网服务提供者有下列情形之一的,由主管部门处二十万元以上五十万元以下罚款,并对其直接负责的主管人员和其他直接责任人员处十万元以下罚款;情节严重的,处五十万元以上罚款,并对其直接负责的主管人员和其他直接责任人员,处十万元以上五十万元以下罚款,可以由公安机关对其直接负责的主管人员和其他直接责任人员,处五日以上十五日以下拘留:

（一）未依照规定为公安机关、国家安全机关依法进行防范、调查恐怖活动提供技术接口和解密等技术支持和协助的；

（二）未按照主管部门的要求，停止传输、删除含有恐怖主义、极端主义内容的信息，保存相关记录，关闭相关网站或者关停相关服务的；

（三）未落实网络安全、信息内容监督制度和安全技术防范措施，造成含有恐怖主义、极端主义内容的信息传播，情节严重的。

【重点法条解读】

本条规定的是电信业务经营者、互联网服务提供者未妥善履行协助执法义务，未及时履行信息内容控制责任所承担的法律后果。

第八十六条　电信、互联网、金融业务经营者、服务提供者未按规定对客户身份进行查验，或者对身份不明、拒绝身份查验的客户提供服务的，主管部门应当责令改正；拒不改正的，处二十万元以上五十万元以下罚款，并对其直接负责的主管人员和其他直接责任人员处十万元以下罚款；情节严重的，处五十万元以上罚款，并对其直接负责的主管人员和其他直接责任人员，处十万元以上五十万元以下罚款。

住宿、长途客运、机动车租赁等业务经营者、服务提供者有前款规定情形的，由主管部门处十万元以上五十万元以下罚款，并对其直接负责的主管人员和其他直接责任人员处十万元以下罚款。

【重点法条解读】

本条规定的是电信业务经营者、互联网服务提供者未妥善履行实名制义务应承担的法律责任。

中华人民共和国密码法（节选）

（2019 年 10 月 26 日第十三届全国人民代表大会常务委员会第十四次会议通过）

第二十六条　涉及国家安全、国计民生、社会公共利益的商用密码产品，应当依法列入网络关键设备和网络安全专用产品目录，由具备资格的机构检测认证合格后，方可销售或者提供。商用密码产品检测认证适用《中华人民共和国网络安全法》的有关规定，避免重复检测认证。

商用密码服务使用网络关键设备和网络安全专用产品的，应当经商用密码认证机构对该商用密码服务认证合格。

【重点法条解读】

本条是有关商用密码产品列入网络关键设备和网络安全专用产品目录、以及用于网络关键设备和网络安全产品的商用密码服务的认证、检测要求的规定。

本条衔接《网络安全法》第二十三条的规定。2017 年 6 月，国家互联网信息办公室、工业和信息化部、公安部和国家认证认可监督管理委员会（以下简称国家认监委）发布《网络关键设备和网络安全专用产品目录（第一批）》，这标志着对网络关键设备和网络安全专用产品的清单管理正式启动。2018 年 3 月，根据《网络安全法》和该目录，国家认监委、工业和信息化部、公安部、国家互联网信息办公室发布《承担网络关键设备和网络安全专用产品安全认证和安全检测任务机构名录（第一批）》的公告，这标志着具备资格的检测认证机构正式确立。2021年，国家市场监督管理总局、中国国家标准化管理委员会发布强制性国家标准《网络关键设备安全通用要求》（GB 40050—2021），这是网络安全领域少数强制性标准之一。

根据本条规定，国家密码管理局将联合国家互联网信息办公室、公安部、工业和信息化部等机构，对涉及国家安全、国计民生、社会公共利益的商用密码产品、服务检测认证机构目录进行确认，并对涉及国家安全、国计民生、社会公共利益的商用密码产品、服务纳入清单管理。后续网络关键设备和网络安全专用产品目录的更新，可能会将商用密码产品列入其中。

用于网络关键设备和网络安全专用产品的商用密码服务，应当符合商用密码认证、检测机构的要求，由符合资质的机构认证合格或者安全检测符合法律法规要求之后，才能进行提供。值得注意的是，符合资质的机构必须符合《密码法》第二十五条规定的强制性要求，经过国家密码管理局的批准。

【难点问题解析】

什么是商用密码服务？

商用密码服务是指基于商用密码专业技术、技能和设施，为他人提供集成、运营、监理等商用密码支持和保障的活动。典型的商用密码服务包括：密码保障系统集成（如数字证书认证系统集成），是指为他人集成建设实现密码功能的系统，保护他人网络与信息系统的安全[①]。

第二十七条 法律、行政法规和国家有关规定要求使用商用密码进行保护的关键信息基础设施，其运营者应当使用商用密码进行保护，自行或者委托商用密码检测机构开展商用密码应用安全性评估。商用密码应用安全性评估应当与关键信息基础设施安全检测评估、网络安全等级测评制度相衔接，避免重复评估、测评。

关键信息基础设施的运营者采购涉及商用密码的网络产品和服务，可能影响国家安全的，应当按照《中华人民共和国网络安全法》的规定，通过国家网信部门会同国家密码管理部门等有关部门组织的国家安全审查。

【重点法条解读】

本条是有关关键信息基础设施保护商用密码应用安全性评估和国家安全审查的规定。

1. 关键信息基础设施保护商用密码应用安全性评估

2017年《商用密码应用安全性评估管理办法（试行）》明确了商用密码应用安全性评估的定义，采用商用密码技术、产品和服务集成建设的网络和信息系统中，对其密码应用的合规性、正确性和有效性等进行评估。密码应用是否合规、正确、有效涉及密码的多个方面，包括密码算法、协议、产品、技术体系、密钥管理等。

对关键信息基础设施的商用密码应用安全性进行评估，对切实保障关键信息基础设施的运行安全，具有不可替代的重要作用。本条的"法律、行政法规和国家有关规定"包括《关键信息基础设施安全保护条例》《商用密码管理条例（修订草案征求意见稿）》《商用密码应用

[①] 童卫冬，李兆宗.中华人民共和国密码法释义[M].法律出版社.2019年12月.第64页.

安全性评估管理办法(试行)》《商用密码应用安全性测评机构管理办法(试行)》《商用密码应用安全性测评机构能力评审实施细则(试行)》《政务信息系统政府采购管理暂行办法》《国家政务信息化项目建设管理办法》等立法都对关键信息基础设施使用商用密码的评估进行规定。

根据本条,使用商用密码进行保护的关键信息基础设施的评估方式是自行或者委托商用密码检测机构。2021 年 6 月,国家密码管理局发布商用密码应用安全性评估试点评估机构目录,共有 48 家机构成为试点机构。评估的基本要求是要与关键信息基础设施、网络安全等级保护测评制度相衔接,避免重复。评估的具体要求可参照 2021 年 10 月实施的国家推荐性标准《信息安全技术 信息系统密码应用基本要求》(GB/T39786),该标准的前身是 2018 年 2 月发布实施的行业标准 GM/T0054。

2. 关键信息基础设施运营者的国家安全审查

本条第二款衔接《国家安全法》第五十九条,《网络安全法》第三十五条的规定。本条的国家安全审查受到严格的范围和程序限制,具体要求依据《网络安全审查办法》规定,由国家互联网信息办公室会同国家密码局等有关部门共同组织开展,不存在制度交叉和重复审查的问题。

1.7　案 例 分 析

【案情介绍】

案例 1:重庆一网络公司未留存用户登录日志被网安查处

重庆公安局网安总队在日常检查中发现,重庆市某科技发展有限公司自《网络安全法》正式实施以来,在提供互联网数据中心服务时,存在未依法留存用户登录相关网络日志的违法行为。公安机关根据《网络安全法》相关规定,决定给予该公司警告处罚,并责令限期 15 日内进行整改。

案例 2:四川一网站因高危漏洞遭入侵被罚

2017 年 7 月 22 日,宜宾市翠屏区“教师发展平台”网站因网络安全防护工作落实不到位,导致网站存在高危漏洞,造成网站发生被黑客攻击入侵的网络安全事件。宜宾网安部门在对事件进行调查时发现,该网站自上线运行以来,始终未进行网络安全等级保护的定级备案、等级测评等工作,未落实网络安全等级保护制度,未履行网络安全保护义务。根据《网络安全法》第五十九条第一款之规定,决定给予翠屏区教师培训与教育研究中心和直接负责的主管人员法定代表唐某某行政处罚决定,对翠屏区教师培训与教育研究中心处一万元罚款,对法人代表唐某某处五千元罚款。

【主要法律问题解析】

上述案例主要是基于《网络安全法》第二十一条对应法律责任的第五十九条作为执法依据。在具体处罚上,按照是否存在“拒不改正或者导致危害网络安全等后果的”情形分别适用。如前者案例中,行为人未留存网络日志,但尚无证据证明发生了导致危害网络安全等损害后果,因此予以警告;后者案例则因出现“被黑客攻击入侵的网络安全事件”,直接适用双罚制。

　　此外，在黄胜利、黄奉志等与南京蓝鲸人网络科技有限公司名誉权民事纠纷一案（（2017）闽 0581 民初 4000 号）中，法院亦认为"……根据 2017 年 6 月 1 日开始实施的《中华人民共和国网络安全法》第二十四条"网络运营者为用户办理网络接入、域名注册服务，办理固定电话、移动电话等入网手续，或者为用户提供信息发布、即时通讯等服务，在与用户签订协议或者确认提供服务时，应当要求用户提供真实身份信息。用户不提供真实身份信息的，网络运营者不得为其提供相关服务"规定，结合蓝鲸人公司提供的"真人真事 14329230"的注册信息，昵称为"真人真事"的美篇号为 14329230 的网络用户的注册信息明显不完整，缺少网络用户的姓名、联系方式等信息，经本院责令后仅提供网络地址，明显违反了"不得为不提供真实身份信息的网络用户提供相关服务的法定义务"，因此"蓝鲸人公司违反法定义务的行为与三原告名誉被损害后果之间具有因果关系。"而此前，广东省通信管理局于 2017 年 9 月根据《网络安全法》等有关规定，连续依法查处了广州荔支网络技术有限公司、深圳市三人网络科技有限公司、广州市动景计算机科技有限公司、阿里云计算有限公司等四家互联网企业违反《网络安全法》案件。根据通报，查实阿里云计算有限公司为用户提供网络接入服务未落实真实身份信息登记和网站备案相关要求，导致用户假冒其他机构名义获取网站备案主体资格，依据《网络安全法》第二十四条第一款、第六十一条，责令该公司立即整改，切实落实网站备案真实性核验要求。由此可见，随着《网络安全法》等作为基本法律制度的落地和普及，均作为可适用法律直接援引。

第2章　网络空间安全行政处罚法律法规

2.1　中华人民共和国治安管理处罚法解读

中华人民共和国治安管理处罚法(节选)

(2005年8月28日第十届全国人民代表大会常务委员会第十七次会议通过,根据2012年10月26日第十一届全国人民代表大会常务委员会第二十九次会议《关于修改〈中华人民共和国治安管理处罚法〉的决定》修正,主席令第67号)

第一章　总　　则

第一条　为维护社会治安秩序,保障公共安全,保护公民、法人和其他组织的合法权益,规范和保障公安机关及其人民警察依法履行治安管理职责,制定本法。

【重点法条解读】

本条是关于治安管理处罚法的立法目的的规定。其中维护社会治安秩序是该法总目的;保护公民、法人和其他组织的合法权益是维护社会治安秩序的重要内容;而规范和保障公安机关及其人民警察依法履行治安管理职责是实现维护社会治安秩序这一总目的的前提条件和重要保障;三者之间存在内在的有机联系。网络空间中涉及违反治安管理行为的,适用该法。

第二条　扰乱公共秩序,妨害公共安全,侵犯人身权利、财产权利,妨害社会管理,具有社会危害性,依照《中华人民共和国刑法》的规定构成犯罪的,依法追究刑事责任;尚不够刑事处罚的,由公安机关依照本法给予治安管理处罚。

【重点法条解读】

本条规定了违反治安管理行为的性质和特征。违反治安管理行为是指各种扰乱社会秩序,妨碍公共安全,侵犯人身权利、财产权利,妨害社会管理,具有社会危害性,尚不构成犯罪的行为。根据人大法工委有关解释,违反治安管理行为具有以下三个特征:是违反治安管理方面的行政法律、法规的违法行为;具有一定社会危害性;具有应受治安管理处罚性。①

从第一个特征看,违反治安管理行为首先是一种违反行政法律、法规的违法行为,其侵犯的客体,主要是正常的社会秩序、公共安全、公民的人身权利、公私财产权利等几个方面,即治安管理处罚法以及其他治安管理方面的法律、法规所要保护的社会关系。其次,该行为是一种违反治安管理方面的法律、法规的违法行为。治安管理方面的法律、法规仅限

---

① 全国人大常委会法制工作委员会刑法室编著:《〈中华人民共和国治安管理处罚法〉释义与实用指南》,中国民主法制出版社2012年版,第30～32页。

于那些与社会治安秩序直接相关的法律、法规。并非所有侵犯上述几类社会关系的行为都属于违反治安管理行为，刑事犯罪行为、民事侵权行为也可能侵犯上述几类社会关系；也并非所有的违反公安机关作为主管部门的法律、法规违法行为都属于违反治安管理行为，治安管理仅是公安诸多行政管理工作的一方面。例如，因违反道路交通安全法需要公安机关给予行政处罚，但并不属于违反治安管理的行为。

从第二个特征看，行为的社会危害性应当是认定一个行为是否违法的实质性标准，有的行为虽然对他人人身、财产造成了损害，但其实质可能并不具有社会危害性，不属于违法行为。比如正当防卫行为、紧急避险行为，虽然在形式上表现为对他人人身、财产的侵害，但分析行为的实质，正当防卫行为人是为了保护自己的合法权益不受非法侵犯，对违法的加害人实施的正当的反击；紧急避险行为人则是为了保全一个更为重要的利益，虽然牺牲了他人较小的合法利益，但在总体上仍属于有益社会的行为，因而不为法律所禁止。因此，具有社会危害性，即侵犯了治安管理处罚法等有关治安管理的法律、法规所保护的特定的利益，是违反治安管理行为的一个本质特征。另一方面，违反治安管理行为的社会危害性在程度上又是有一定限定的。违反治安管理行为只是侵犯了治安管理法律、法规所保护的利益，在性质上属于一种违法行为，因而其社会危害性是有限度的，超过了这一限度，就会成为犯罪行为。

从第三个特征看，任何违法行为都要承担相应的法律后果，但不同性质的违法行为所应当承担的法律后果是不同的。民事违法行为要承担民事责任，如赔偿损失、返还原物、赔礼道歉等；刑事违法行为要承担刑事责任，如判处有期徒刑、罚金、剥夺政治权利等；而违反治安管理行为应当承担的是行政责任，具体说就是予以治安管理处罚，如警告、拘留、罚款。如果行为情节非常轻微，不应当予以治安管理处罚，那么也就不属于违反治安管理行为；如果行为情节严重，应当予以刑罚的处罚，那么就已经属于犯罪行为，而不是违反治安管理行为。

违反治安管理行为的上述三个特征是具有内在有机联系的统一体，一定程度的社会危害性是违反治安管理行为最基本的属性，是违反治安管理法律、法规的内在根据，也是应当予以治安管理处罚的基础；违反治安管理法律、法规是违反治安管理行为的社会危害性的法律表现，也是违反治安管理行为应当予以治安管理处罚的法律依据；应当予以治安管理处罚则是行为的违法性和社会危害性的当然法律后果。[①]

【难点问题解析】

如何区分违反治安管理行为和犯罪行为？

从侵犯的客体看，违反治安管理行为和犯罪行为具有相似性，都属于危害社会的违法行为，侵犯的客体，包括社会秩序、公共安全、公民的人身权利、公私财产权利等几个方面。有时两者在行为表现上甚至完全相同，但两者在危害程度上不一样，一些违反治安管理的行为只要程度严重即构成犯罪。

违反治安管理行为与犯罪行为的主要区别方法在于：（1）看情节是否严重。有些行为情节严重的，就构成犯罪；情节不严重的，就是违反治安管理行为。例如，非法获取计算机

[①] 全国人大常委会法制工作委员会刑法室编著：《〈中华人民共和国治安管理处罚法〉释义与实用指南》，中国民主法制出版社2012年版，第30~32页。

信息系统数据、非法控制计算机信息系统罪，是指行为人违反国家规定，侵入一般计算机信息系统或者采用其他技术手段，获取该计算机信息系统中存储、处理或者传输的数据，或者对该计算机信息系统实施非法控制，情节严重的行为；假设造成危害但情节没达到"严重"标准的则为违反治安管理行为。(2) 看情节是否恶劣。有些行为情节恶劣的，就构成犯罪；情节不恶劣的，就是违反治安管理行为。例如，利用信息网络辱骂、恐吓他人，情节恶劣，破坏社会秩序的，构成寻衅滋事罪；如果情节尚未达到"恶劣"程度则为违反治安管理的行为。(3) 看后果是否严重。有些行为后果严重的，就构成犯罪；后果不严重的，就是违反治安管理行为。例如，故意制作、传播计算机病毒等破坏性程序，影响计算机系统正常运行，后果严重的，构成破坏计算机信息罪；如果后果不严重且达到了影响计算机系统正常运行的标准，则为违反治安管理行为。(4) 看数额是否较大。有些行为数额较大的，就构成犯罪；数额不大的，就是违反治安管理行为。例如，以在信息网络上发布、删除等方式处理网络信息为由，威胁、要挟他人，索取公私财物，数额较大，或者多次实施上述行为的，以敲诈勒索罪定罪处罚；如果未达到该标准但威胁人身安全的则为违反治安管理的行为。(5) 看次数是否多次。有些行为多次实施的，就构成犯罪；不是多次实施的，就是违反治安管理行为。例如，前述敲诈勒索行为如果数额不大，但多次实施，仍以敲诈勒索定罪处罚；未达到犯罪程度，但威胁人身安全的依照治安管理处罚法处罚。(6) 看是否使用暴力、威胁方法。有些行为使用暴力、威胁方法的就构成犯罪；未使用暴力、威胁方法，就是违反治安管理行为。(7) 看是否是特定主体。有些行为只有特定主体实施才构成犯罪。例如，针对线上交易线下卖淫嫖娼行为，如果卖淫嫖娼者明知自己患有梅毒、淋病等严重性病而卖淫、嫖娼的，则是犯罪行为，否则为违反治安管理行为。(8) 看是否是特定对象。有些行为只有针对特定对象实施时才构成犯罪。例如，违反国家规定侵入国家事务、国防建设、尖端科技领域的计算机信息系统的，是犯罪行为；侵入一般信息系统情节不严重或危害结果不大可能仅是违反治安管理行为。(9) 看是否以此为业。有些行为仅当行为人以此为业时，才构成犯罪。例如，网络赌博参赌行为中，如行为人以赌博为业的，是犯罪行为；不以赌博为业，但参与赌博且赌资较大的，是违反治安管理行为。此外，还有一些违反治安管理行为与犯罪行为的表现形态描述一致，没有后果、次数、情节、数额等区分，此时应根据行为的性质、情节和社会危害性等进行综合判断。

第三条　治安管理处罚的程序，适用本法的规定；本法没有规定的，适用《中华人民共和国行政处罚法》的有关规定。

【重点法条解读】

本条是关于治安管理处罚程序适用法律规范的规定。

根据全国人大法工委的解释①：一方面，治安管理处罚法是治安行政管理领域的一部基本的法律，针对治安管理事项所具有的一些不同于其他行政管理和处罚的特点，需要在本法中有针对性地作一些特殊的程序性规定；另一方面，行政管理领域尤其是行政程序方面的一些基本规律和共性的东西也需要制定一些基本的适用于各个行政管理领域的法律，

---

① 全国人大常委会法制工作委员会刑法室编著：《〈中华人民共和国治安管理处罚法〉释义与实用指南》，中国民主法制出版社 2012 年版，第 33～34 页。

《行政处罚法》《行政复议法》《行政诉讼法》等。因此，公安机关实施治安管理处罚，应当遵守本法设定的程序；本法未作专门的具体规定的，应当依照《行政处罚法》的有关规定执行。具体分析本法与《行政处罚法》在处罚程序规定上的特点，可以分为以下三种情况：

（1）本法中有规定，《行政处罚法》中没有相应规定或者规定不一致。例如，本法规定，公安机关为了调查案件的需要，可以传唤违反治安管理行为人，对无正当理由不接受传唤或者逃避传唤的，可以采取强制传唤措施等。

（2）本法的规定与《行政处罚法》的规定基本一致。如关于扣押程序的规定等。

（3）本法中没有规定，需要适用《行政处罚法》的相关规定。如关于听证，本法对公安机关举行听证的具体程序未作规定，而是要依照《行政处罚法》规定的听证程序进行。

《行政处罚法》第四十一条是关于电子技术监控设备收集、固定违法事实的相关规定。第四十一条第二款规定，"电子技术监控设备记录违法事实应当真实、清晰、完整、准确。行政机关应当审核记录内容是否符合要求；未经审核或者经审核不符合要求的，不得作为行政处罚的证据。"《行政处罚法》第四十六条规定，"证据必须经查证属实，方可作为认定案件事实的根据。"以上《行政处罚法》相关规定于本条规定一脉相承，集中体现了"以事实为依据原则"。

【法律法规衔接问题】

《行政处罚法》《行政复议法》《行政诉讼法》《行政强制法》等。

第五条　治安管理处罚必须以事实为依据，与违反治安管理行为的性质、情节以及社会危害程度相当。

实施治安管理处罚，应当公开、公正，尊重和保障人权，保护公民的人格尊严。

办理治安案件应当坚持教育与处罚相结合的原则。

【重点法条解读】

本条是关于治安管理处罚的基本原则的规定。

本条第一款规定了实施治安管理处罚应当遵循"以事实为依据原则"和"错罚相当原则"。本条第二款规定了实施治安管理处罚应当遵循"公开原则""公正原则""尊重和保障人权原则"。本条第三款规定了办理治安案件应当遵循的基本原则，即"坚持教育与处罚相结合的原则"。

第二章　处罚的种类和适用

第十条　治安管理处罚的种类分为：

（一）警告；

（二）罚款；

（三）行政拘留；

（四）吊销公安机关发放的许可证。

对违反治安管理的外国人，可以附加适用限期出境或者驱逐出境。

【重点法条解读】

本条是关于治安处罚种类的规定，第一款规定了普遍适用的四种治安处罚种类，即警告、罚款、行政拘留、吊销公安机关发放的许可证；第二款规定了涉外治安案件对外国人附加适用的治安处罚规定。

需要注意的是，现行有效的《中华人民共和国治安管理处罚法》（以下简称《治安管理处罚法》），是 2005 年 8 月 28 日第十届全国人民代表大会常务委员会第十七次会议通过，根据 2012 年 10 月 26 日第十一届全国人民代表大会常务委员会第二十九次会议《关于修改〈中华人民共和国治安管理处罚法〉的决定》修正的。2017 年 1 月 16 日公安部发布了《中华人民共和国治安管理处罚法（修订公开征求意见稿）》，修订中的处罚法对该条作了修改，即"治安管理处罚的种类分为：（一）警告；（二）罚款；（三）行政拘留；（四）责令停产停业；（五）吊销证照。责令停产停业的期限为十五日至三十日，其他法律、行政法规另有规定的，从其规定。对被吊销公安机关发放的许可证的经营者，公安机关可以同时禁止其一至三年内申请同类许可证，并禁止其直接负责的主管人员和其他直接责任人员一至三年内在同类行业担任法定代表人、主管人员。对被吊销公安机关发放的许可证的人员，公安机关可以同时禁止其一至三年内申领同类许可证"，增加了责令停产停业、禁止一定期限同类许可证申请资格以及一定期限任职限制的规定。

2021 年修订的《行政处罚法》第九条新增了行政处罚的种类，例如，通报批评、降低资质等级、限制开展生产经营活动、责令关闭、限制从业。

降低资质等级是新增的一种行政处罚资格罚，一些公共安全领域行政许可采用分级许可资质的方式。例如，《工程设计行政许可资质管理办法》规定，"人防工程和其他人防防护设施设计资质实行行政许可制度，许可资质分甲级、乙级。"对于此类领域主体，降低资质等级能够限制其经营范围，起到剥夺其合法民事权益惩戒作用。

限制开展生产经营活动可针对不具有许可资格的主体作出，包括不得申请行政许可、限制开展生产经营的时间范围、地域范围、业务范围等，相较"责令停产停业"的处罚力度更轻。

限制从业是一种"禁入"处罚。"禁入"是行政主体为实现特定行政任务，维护行政管理秩序，依据行政法律规范，令违反行政法上特定义务和特定行政相对人在一定期限内直至终身不得从事特定业务或活动，或剥夺某种任职资格，既是资格罚，也是声誉罚。[1]

第十二条　已满十四周岁不满十八周岁的人违反治安管理的，从轻或者减轻处罚；不满十四周岁的人违反治安管理的，不予处罚，但是应当责令其监护人严加管教。

【重点法条解读】

本条是关于未成年人违法的治安管理处罚适用的规定。

第十六条　有两种以上违反治安管理行为的，分别决定，合并执行。行政拘留处罚合并执行的，最长不超过二十日。

【重点法条解读】

本条是关于数种违反治安管理行为的并罚原则的规定。

第十七条　共同违反治安管理的，根据违反治安管理行为人在违反治安管理行为中所

---

[1] 宋华琳：《禁入的法律性质及设定之道》，载《华东政法大学学报》2020 年第 4 期。

起的作用，分别处罚。

教唆、胁迫、诱骗他人违反治安管理的，按照其教唆、胁迫、诱骗的行为处罚。

【重点法条解读】

本条是关于治安管理共同违法的责任分担原则的规定。

第十八条 单位违反治安管理的，对其直接负责的主管人员和其他直接责任人员依照本法的规定处罚。其他法律、行政法规对同一行为规定给予单位处罚的，依照其规定处罚。

【重点法条解读】

本条是关于单位违反治安管理的责任主体承担规定。

第二十一条 违反治安管理行为人有下列情形之一，依照本法应当给予行政拘留处罚的，不执行行政拘留处罚：

（一）已满十四周岁不满十六周岁的；

（二）已满十六周岁不满十八周岁，初次违反治安管理的；

（三）七十周岁以上的；

（四）怀孕或者哺乳自己不满一周岁婴儿的。

【重点法条解读】

本条是关于违反治安管理不执行行政拘留处罚的情形的规定，主要基于人性化管理的考虑和对未成年人、老人、妇女权益的特别保护。

【法律法规衔接问题】

《中华人民共和国未成年人保护法》第五十四条，《中华人民共和国妇女权益保障法》第二十六条，《中华人民共和国老年人权益保障法》，《中华人民共和国刑法》第十七条。

第二十二条 违反治安管理行为在六个月内没有被公安机关发现的，不再处罚。

前款规定的期限，从违反治安管理行为发生之日起计算；违反治安管理行为有连续或者继续状态的，从行为终了之日起计算。

【重点法条解读】

本条是关于治安管理处罚的追究时效的规定。

第三章 违反治安管理的行为和处罚

第一节 扰乱公共秩序的行为和处罚

第二十五条 有下列行为之一的，处五日以上十日以下拘留，可以并处五百元以下罚款；情节较轻的，处五日以下拘留或者五百元以下罚款：

（一）散布谣言，谎报险情、疫情、警情或者以其他方法故意扰乱公共秩序的；

（二）投放虚假的爆炸性、毒害性、放射性、腐蚀性物质或者传染病病原体等危险物质扰乱公共秩序的；

（三）扬言实施放火、爆炸、投放危险物质扰乱公共秩序的。

【重点法条解读】

本条规定了对三种情形的扰乱公共秩序的行为的处罚，具体包括"虚构事实扰乱公共秩序""投放虚假危险物质""扬言实施放火、爆炸、投放危险物质"三项治安违法行为。其中第一项中"散布谣言"，是指捏造并散布没有事实依据的谎言。从主观方面看，本项规定的行为只能是故意，过失不构成违反治安管理的行为，行为人动机可能多样但不影响认定，如为了报复、寻衅滋事等。从主体方面看，为一般主体，即达到责任年龄具有责任能力的自然人。从客观方面看，表现为通过散布谣言及谎报险情、疫情、警情或者以其他方法故意扰乱公共秩序；从客体方面看，侵犯了社会公共秩序。

在网络环境下，通过社交网络、聊天软件、网络论坛等方式散布谣言，传播虚假信息的行为非常多，一些行为有较强的攻击性、目的性，对个人名誉可能带来伤害，对社会秩序也可能带来不利影响。因此，对于编造虚假信息，或者明知是编造的虚假信息，在信息网络上散布，或者组织、指使人员在信息网络上散布，起哄闹事，扰乱公共秩序但不构成犯罪的，应根据本条进行处罚。对于诽谤他人、侵犯他人名誉权不构成犯罪的，按本法第四十二条规定处理。

【难点问题分析】

利用信息网络散布谣言，扰乱社会公共秩序行为应如何处理？

利用信息网络散布谣言，其社会危害性可能非常严重，因此对于具有严重社会危害性的行为，应优先根据《刑法》的规定进行处理，构成犯罪的，依法承担刑事责任。对于网络谣言扰乱社会公共秩序行为的处理，笔者认为首先要考虑是否构成犯罪，其次考虑是否治安管理违法，最后还要分析是否存在其他行政违法行为。

根据《刑法》第二百九十一条之一第一款的部分规定，编造爆炸威胁、生化威胁、放射威胁等恐怖信息，或者明知是编造的恐怖信息而故意传播，严重扰乱社会秩序的，处五年以下有期徒刑、拘役或者管制；造成严重后果的，处五年以上有期徒刑。

根据《刑法》第二百九十一条之一第二款的规定，编造虚假的险情、疫情、灾情、警情，在信息网络或者其他媒体上传播，或者明知是上述虚假信息，故意在信息网络或者其他媒体上传播，严重扰乱社会秩序的，处三年以下有期徒刑、拘役或者管制；造成严重后果的，处三年以上七年以下有期徒刑。

根据《刑法》第二百九十三条第一款第（四）项的规定，有下列寻衅滋事行为之一，破坏社会秩序的，处五年以下有期徒刑、拘役或者管制："在公共场所起哄闹事，造成公共场所秩序严重混乱的"。

最高人民法院、最高人民检察院《关于办理利用信息网络实施诽谤等刑事案件适用法律若干问题的解释》第五条第二款规定，"编造虚假信息，或者明知是编造的虚假信息，在信息网络上散布，或者组织、指使人员在信息网络上散布，起哄闹事，造成公共秩序严重混乱的，依照刑法第二百九十三条第一款第（四）项的规定，以寻衅滋事罪定罪处罚。"

也就是说，网络谣言扰乱社会公共秩序的，可能涉及的犯罪至少包含编造、故意传播虚假恐怖信息罪，编造、故意传播虚假信息罪，寻衅滋事罪等。如果涉及侵犯公民人身权利、财产权利的还可能涉及诽谤罪、敲诈勒索罪等。

在处理时，首先要考虑谣言的性质，如果是恐怖信息，需要判断是否达到严重扰乱社会秩序的程度；如果是虚假的险情、疫情、灾情、警情，需要判断是否达到严重扰乱社会秩序的程度；如果是利用虚假信息起哄闹事，需要判断其是否造成公共秩序严重混乱。当这些行为符合犯罪构成要件，社会危害程度达到了以上标准时，分别按照编造、故意传播虚假恐怖信息罪，编造、故意传播虚假信息罪，寻衅滋事罪定罪处罚。

如果达不到犯罪程度，且利用信息网络散布虚假恐怖信息扰乱公共秩序，或利用信息网络散布谣言，谎报险情、疫情、警情或者以其他方法故意扰乱公共秩序的，应根据本条处罚，具体包括四种可能处罚形式：情节较轻处五百元以下罚款；情节较轻处五日以下拘留；处五日以上十日以下拘留；处五日以上十日以下拘留，并处五百元以下罚款。

如果违反了其他行政法规和部门规章的规定，则仍有可能要受到行政处罚。例如，《计算机信息网络国际联网安全保护管理办法》第五条规定，任何单位和个人不得利用国际联网制作、复制、查阅和传播下列信息：（五）捏造或者歪曲事实，散布谣言，扰乱社会秩序的。第二十条规定，违反法律、行政法规，有本办法第五条、第六条所列行为之一的，由公安机关给予警告，有违法所得的，没收违法所得，对个人可以并处五千元以下的罚款，对单位可以并处一万五千元以下的罚款；情节严重的，并可以给予六个月以内停止联网、停机整顿的处罚，必要时可以建议原发证、审批机构吊销经营许可证或者取消联网资格；构成违反治安管理行为的，依照治安管理处罚法的规定处罚；构成犯罪的，依法追究刑事责任。例如，对单位而言，还可没收违法所得、停止联网、停机整顿，乃至吊销经营许可证等处罚。

【法律法规衔接问题】

《刑法》第二百九十一条之一、第二百九十三条，《关于办理利用信息网络实施诽谤等刑事案件适用法律若干问题的解释》第五条，《计算机信息网络国际联网安全保护管理办法》第五条，《互联网信息服务管理办法》第十五条，《电信条例》第五十六条，《互联网上网服务营业场所管理条例》第十四条，《互联网域名管理办法》第二十八条。

第二十六条　有下列行为之一的，处五日以上十日以下拘留，可以并处五百元以下罚款；情节较重的，处十日以上十五日以下拘留，可以并处一千元以下罚款：

（一）结伙斗殴的；

（二）追逐、拦截他人的；

（三）强拿硬要或者任意损毁、占用公私财物的；

（四）其他寻衅滋事行为。

【重点法条解读】

本条规定了寻衅滋事行为的治安管理处罚。利用信息网络寻衅滋事，除本法第二十五条提到的寻衅滋事罪情形外，还有"利用信息网络辱骂、恐吓他人，情节恶劣，破坏社会秩序的"，也以寻衅滋事罪定罪处罚。如果虚假信息未造成公共秩序严重混乱，或者辱骂、恐吓他人未达到情节恶劣、破坏社会秩序的标准，则不能按犯罪定罪处罚，此时应根据本条第四项"其他寻衅滋事行为"进行处罚。

第二十七条　有下列行为之一的，处十日以上十五日以下拘留，可以并处一千元以下罚款；情节较轻的，处五日以上十日以下拘留，可以并处五百元以下罚款：

（一）组织、教唆、胁迫、诱骗、煽动他人从事邪教、会道门活动或者利用邪教、会道门、迷信活动，扰乱社会秩序、损害他人身体健康的；

（二）冒用宗教、气功名义进行扰乱社会秩序、损害他人身体健康活动的。

【重点法条解读】

本条规定了对利用会道门、迷信活动等方式扰乱社会秩序、损害他人健康的行为的治安处罚。具体包括"组织、教唆、胁迫、诱骗、煽动他人从事邪教、会道门活动""利用邪教、会道门、迷信活动危害社会""冒用宗教、气功名义危害社会"三项治安违法行为。本条与《刑法》第三百条规定的"组织、利用会道门、邪教组织、利用迷信破坏法律实施罪"等相衔接。近几年来，封建迷信、会道门、邪教活动死灰复燃，并且大有通过信息网络传播之势，尤其通过线上宣传交流、线下活动的形式较为普遍。对于该行为如果根据《刑法》第三百条分析不构成犯罪，则应根据本条的规定进行分析处理。构成治安管理违法的，处十日以上十五日以下拘留，可以并处一千元以下罚款；情节较轻的，处五日以上十日以下拘留，可以并处五百元以下罚款。

另外，《计算机信息网络国际联网安全保护管理办法》第五条、《互联网信息服务管理办法》第十五条、《电信条例》第五十六条、《互联网上网服务营业场所管理条例》第十四条、《互联网域名管理办法》第二十八条、《互联网视听节目服务管理规定》第十六条等行政法规和部门规章条文中也进行了规定，因此，该行为还可以根据以上法规规章进行其他行政处罚。

【法律法规衔接问题】

《刑法》第三百条、《计算机信息网络国际联网安全保护管理办法》第五条、《互联网信息服务管理办法》第十五条、《电信条例》第五十六条、《互联网上网服务营业场所管理条例》第十四条、《互联网域名管理办法》第二十八条、《互联网视听节目服务管理规定》第十六条等。

第二十八条　违反国家规定，故意干扰无线电业务正常进行的，或者对正常运行的无线电台（站）产生有害干扰，经有关主管部门指出后，拒不采取有效措施消除的，处五日以上十日以下拘留；情节严重的，处十日以上十五日以下拘留。

【重点法条解读】

本条规定了故意干扰无线电业务正常进行，对正常运行的无线电台（站）产生有害干扰行为的治安处罚，具体包括"故意干扰无线电业务正常进行"和"拒不消除对无线电台（站）的有害干扰"两项治安违法行为。

近几年，各地非法生产、销售、使用"伪基站"设备违法犯罪活动日益猖獗，通过"伪基站"可以非法获取公民个人信息、实施网络诈骗、非法经营广告业务等活动。"伪基站"设备是未取得电信设备进网许可和无线电发射设备型号核准的非法无线电通信设备，具有搜取手机用户信息，强行向不特定用户手机发送短信息等功能，使用过程中会非法占用公众移动通信频率，局部阻断公众移动通信网络信号。非法使用"伪基站"设备干扰公用电信网络信号，危害公共安全的，可能同时涉嫌破坏公用电信设施罪、虚假广告罪、非法获取公民个人信息罪、破坏计算机信息系统罪、扰乱无线电通信管理秩序罪等。如果情节较轻，尚不构成犯罪，但属于违反本条或其他法条规定的治安管理行为的，应依据相应条文规定处罚。

第二十九条　有下列行为之一的，处五日以下拘留；情节较重的，处五日以上十日以下拘留：

（一）违反国家规定，侵入计算机信息系统，造成危害的；

（二）违反国家规定，对计算机信息系统功能进行删除、修改、增加、干扰，造成计算机信息系统不能正常运行的；

（三）违反国家规定，对计算机信息系统中存储、处理、传输的数据和应用程序进行删除、修改、增加的；

（四）故意制作、传播计算机病毒等破坏性程序，影响计算机信息系统正常运行的。

【重点法条解读】

本条规定了非法侵入计算机信息系统和破坏计算机信息系统行为的治安管理处罚。其中，非法破坏计算机信息系统行为包含"非法改变计算机信息系统功能""非法改变计算机信息系统数据和应用程序""故意制作、传播计算机破坏性程序影响运行"三种违法行为。该条第（一）项与《刑法》第二百八十五条第一款对应，第（二）、（三）、（四）项与《刑法》第二百八十六条第一款、第二款、第三款对应。根据《计算机信息系统安全保护条例》规定，计算机信息系统是指由计算机及其相关的和配套的设备、设施（含网络）构成的，按照一定的应用目标和规则对信息进行采集、加工、存储、传输、检索等处理的人机系统。而根据《最高人民法院、最高人民检察院关于办理危害计算机信息系统安全刑事案件应用法律若干问题的解释》第十一条的解释，"计算机信息系统"和"计算机系统"是指具备自动处理数据功能的系统，包括计算机、网络设备、通信设备、自动化控制设备等。后一种解释更易于理解，更具有操作性。这里的"违反国家规定"是指违反全国人民代表大会及其常务委员会制定的法律和决定，国务院制定的行政法规、规定的行政措施、发布的决定和命令，具体包括《网络安全法》、《中华人民共和国计算机信息系统安全保护条例》《计算机信息网络国际联网安全保护管理办法》《中华人民共和国电信条例》《互联网上网服务营业场所管理条例》等。

对于该条第（一）项非法侵入计算机信息系统行为的，必须造成一定危害，且该行为不构成犯罪才可以依据该条处罚。该条第（二）项破坏计算机信息系统的行为，是指通过计算机信息系统功能进行删除、修改、增加、干扰，必须造成计算机信息系统不能正常运行，且后果尚不严重的情形，否则构成破坏计算机信息系统犯罪，具体需依据刑法以及《最高人民法院、最高人民检察院关于办理危害计算机信息系统安全刑事案件应用法律若干问题的解释》进行判断。该条第（三）项破坏计算机信息系统的行为，对计算机信息系统中存储、处理、传输的数据和应用程序进行删除、修改、增加的，也需后果未达到严重的程度。该条第（四）项破坏计算机信息系统的行为，故意制作、传播计算机病毒等破坏性程序，需要达到影响计算机信息系统正常运行的，且后果尚不严重的程度。关于本条相关行为如何判断是否构成犯罪，参见《刑法》第二百八十五条、第二百八十六条的解读。

非法侵入计算机信息系统和破坏计算机信息系统行为，还可能违反其他行政法规和法律，需要予以行政处罚，关于行政处罚的分析，分别参见《计算机信息系统安全保护条例》第二十三条、《计算机病毒防治办法》第十六条、《网络安全法》中相关条文的解读。

【难点问题解析】

1. 非法侵入计算机信息系统的违反治安管理的行为应如何处罚？

本条关于非法侵入计算机信息系统行为的规定虽然与《刑法》第二百八十五条第一款对应，但并不能作出以下的判断：只要非法侵入计算机信息系统不属于《刑法》第二百八十五条第一款非法侵入计算机信息系统罪，又造成了危害的，应按照本条规定处罚。

《刑法》规定的非法侵入计算机信息系统罪，是指违反国家规定，侵入国家事务、国防建设、尖端科学技术领域的计算机信息系统的行为。该罪对象特定，侵入的是国家事务、国防建设、尖端科学领域的计算机信息系统。因而，非法侵入计算机信息系统行为的对象一定属于三者之外的一般计算信息系统。但非法侵入一般计算机信息系统行为，仍可能构成其他犯罪。例如，《刑法》二百八十五条第二款规定，"违反国家规定，侵入前款规定以外的计算机信息系统或者采用其他技术手段，获取该计算机信息系统中存储、处理或者传输的数据，或者对该计算机信息系统实施非法控制，情节严重的，处三年以下有期徒刑或者拘役，并处或者单处罚金；情节特别严重的，处三年以上七年以下有期徒刑，并处罚金。"其中，包括侵入一般计算机信息系统或者采用其他技术手段获取该计算机信息系统存储、处理或者传输的数据，情节严重的行为和对计算机信息系统实施非法控制，情节严重的行为。因而，侵入一般计算机信息系统，如果达到了法定的严重情节，仍有可能按照非法获取计算机信息系统数据、非法控制计算机信息系统罪定罪处罚。

因此，对于非法侵入计算机信息系统的行为，首先应该判断是否构成非法侵入计算机信息系统罪、非法获取计算机信息系统数据、非法控制计算机信息系统罪等犯罪，如果不构成犯罪，再判断其是否造成危害，是否符合违反治安管理行为的规定，符合的按照本条规定或《网络安全法》第二十七条与第六十三条的规定进行相应处罚。

另外，还需要考查是否违反了其他行政法规和部门规章，是否需要依据相应法规规章实施行政处罚。例如，《计算机信息系统安全保护条例》第二十三条、《计算机病毒防治办法》第十六条规定的没收违法所得的行政处罚等。

2. 非法侵入、非法破坏计算机信息系统治安处罚与行政处罚的竞合问题应如何理解？

在分析是否违反了其他行政法规和部门规章，是否需要行政处罚时，需要注意法条竞合问题。根据 2010 年发布，经 2020 年修订的公安部关于印发《违反公安行政管理行为的名称及其适用意见》的通知的精神：

对于第二十九条第（一）项规定的"非法侵入计算机信息系统"，《计算机信息网络国际联网安全保护管理办法》第二十条与《中华人民共和国治安管理处罚法》第二十九条第（一）项竞合。对单位未经允许，进入计算机信息网络或者使用计算机信息网络资源，构成违反治安管理行为的，处罚的法律依据适用《计算机信息网络国际联网安全保护管理办法》第六条第（一）项和第二十条，对其直接负责的主管人员和其他直接责任人员处罚的法律依据适用《中华人民共和国治安管理处罚法》第十八条和第二十九条第（一）项。

对于第二十九条第（二）项规定的"非法改变计算机信息系统功能"，《计算机信息网络国际联网安全保护管理办法》第二十条与《中华人民共和国治安管理处罚法》第二十九条第（二）项竞合。对单位未经允许，对计算机信息网络功能进行删除、修改或者增加，构成违反治安管理行为的，处罚的法律依据适用《计算机信息网络国际联网安全保护管理办法》第六条第（二）项和第二十条，对其直接负责的主管人员和其他直接责任人员处罚的法律依据适用《中华人民共和国治安管理处罚法》第十八条和第二十九条第（二）项。

对于第二十九条第（三）项规定的"非法改变计算机信息系统数据和应用程序"，《计算机信息网络国际联网安全保护管理办法》第二十条与《中华人民共和国治安管理处罚法》第二十九条第（三）项竞合。对单位未经允许，对计算机信息网络中存储、处理或者传输的数据和应用程序进行删除、修改或者增加，构成违反治安管理行为的，处罚的法律依据适用《计算机信息网络国际联网安全保护管理办法》第六条第（三）项和第二十条，对其直接负责的主管人员和其他直接责任人员处罚的法律依据适用《中华人民共和国治安管理处罚法》第十八条和第二十九条第（三）项。

对于第二十九条第（四）项规定的"故意制作、传播计算机破坏性程序影响运行"，《计算机信息网络国际联网安全保护管理办法》第二十条与《中华人民共和国治安管理处罚法》第二十九条第（四）项竞合。对单位故意制作、传播计算机病毒等破坏性程序，构成违反治安管理行为的，处罚的法律依据适用《计算机信息网络国际联网安全保护管理办法》第六条第（四）项和第二十条，对其直接负责的主管人员和其他直接责任人员处罚的法律依据适用《中华人民共和国治安管理处罚法》第十八条和第二十九条第（四）项。

3. 关于本条规定与《网络安全法》第六十三条规定的理解

《网络安全法》第二十七条规定，"任何个人和组织不得从事非法侵入他人网络、干扰他人网络正常功能、窃取网络数据等危害网络安全的活动；不得提供专门用于从事侵入网络、干扰网络正常功能及防护措施、窃取网络数据等危害网络安全活动的程序、工具；明知他人从事危害网络安全的活动的，不得为其提供技术支持、广告推广、支付结算等帮助。"第六十三条规定，"违反本法第二十七条规定，从事危害网络安全的活动，或者提供专门用于从事危害网络安全活动的程序、工具，或者为他人从事危害网络安全的活动提供技术支持、广告推广、支付结算等帮助，尚不构成犯罪的，由公安机关没收违法所得，处五日以下拘留，可以并处五万元以上五十万元以下罚款；情节较重的，处五日以上十五日以下拘留，可以并处十万元以上一百万元以下罚款。单位有前款行为的，由公安机关没收违法所得，处十万元以上一百万元以下罚款，并对直接负责的主管人员和其他直接责任人员依照前款规定处罚。违反本法第二十七条规定，受到治安管理处罚的人员，五年内不得从事网络安全管理和网络运营关键岗位的工作；受到刑事处罚的人员，终身不得从事网络安全管理和网络运营关键岗位的工作。"

可见《网络安全法》第六十三条规定与本条规定的行为存在一定交叉。笔者认为，《网络安全法》第六十三条对非法侵入他人网络、干扰他人网络正常功能、窃取网络数据等危害网络安全的活动，提供危害活动的程序及工具的帮助行为，提供技术支持、广告推广、支付结算的帮助行为等进行了特别规定。如果行为不构成犯罪，但又同时符合本法本条处罚规定和《网络安全法》第六十三条的处罚规定时，在适用法律时应根据新法优于旧法、特别法优于普通法的原则，优先适用《网络安全法》的规定。

【法律法规衔接问题】

本条规定原与《刑法》第二百八十五条第一款规定的非法侵入计算机信息系统罪，第二百八十六条第一、二、三款规定的破坏计算机信息系统罪相衔接，但《刑法》经过多次修正，增加了新的犯罪类型，使得不构成犯罪的违法情形较为复杂，以至于本法无法与《刑法》很好地衔接，在如何适用该条的规定时就变得困难。2017年1月16日，公安部发布了《中华人民共和国治安管理处罚法（修订公开征求意见稿）》，修订的《处罚法》通过第三十一条和第三十二条进行补充，以便与现有《刑法》相衔接。该公开征求意见稿第三十一条规定，"有下列行为之一的，处五日以上十日以下拘留；情节较重的，处十日以上十五日以下拘留：（一）违反国家规定，侵入计算机信息系统或者采用其他技术手段，获取该计算机信息系统中存储、处理或者传输的数据，或者对计算机信息系统实施非法控制，造成危害的；（二）违反国家规定，对计算机信息系统功能进行删除、修改、增加、干扰，造成危害的；（三）违反国家规定，对计算机信息系统中存储、处理、传输的数据和应用程序进行删除、修改、增加的；（四）故意制作、传播计算机病毒等破坏性程序，造成危害的；（五）提供专门用于侵入、非法控制计算机信息系统的程序、工具，或者明知他人实施侵入、非法控制计算机信息系统的违法犯罪行为而为其提供程序、工具，造成危害的。单位实施前款行为的，处三万元以上十万元以下罚款；情节较重的，处十万元以上三十万元以下罚款。"

第三十二条规定，"网络服务提供者不履行下列信息网络安全管理义务，经公安机关或者其他监管部门责令改正而拒不改正的，处五日以下拘留或者一千元以下罚款；情节较重的，处五日以上十日以下拘留：（一）用户信息登记和保护；（二）公共信息发布审核和巡查；（三）日志留存；（四）发现、拦截、处置违法信息并向公安机关报告；（五）为公安机关、国家安全机关依法履行职责提供技术支持与协助；（六）建立和执行信息网络安全管理制度和措施；（七）法律、行政法规规定的其他信息网络安全管理义务。单位实施前款行为的，处五万元以上二十万元以下罚款；情节较重的，处二十万元以上五十万元以下罚款。"

除此之外，《网络安全法》第六十三条等对危害网络安全等活动进行了特别规定，在适用法律时还应考虑违法行为特点和法律之间的关系选择适用的法律。

需要注意的是，还有一些行政法规、规章等也与本条规定相关联，具体包括《中华人民共和国计算机信息系统安全保护条例》第二十三条、《计算机信息网络国际联网安全保护管理办法》第六条、《中华人民共和国电信条例》第五十七条、《互联网上网服务营业场所管理条例》第十五条等。

第三节　侵犯人身权利、财产权利的行为和处罚

第四十二条　有下列行为之一的，处五日以下拘留或者五百元以下罚款；情节较重的，处五日以上十日以下拘留，可以并处五百元以下罚款：

（一）写恐吓信或者以其他方法威胁他人人身安全的；

（二）公然侮辱他人或者捏造事实诽谤他人的；

（三）捏造事实诬告陷害他人，企图使他人受到刑事追究或者受到治安管理处罚的；

（四）对证人及其近亲属进行威胁、侮辱、殴打或者打击报复的；

（五）多次发送淫秽、侮辱、恐吓或者其他信息，干扰他人正常生活的；

（六）偷窥、偷拍、窃听、散布他人隐私的。

【重点法条解读】

本条规定了"威胁人身安全""侮辱""诽谤""诬告陷害""威胁、侮辱、殴打、打击报复证人及其近亲属""发送信息干扰正常生活""侵犯隐私"七种治安违法行为。其中，本条第（一）项规定的是写恐吓信或者以其他方法威胁他人人身安全行为的处罚；第（二）项规定的是公然侮辱他人或者捏造事实诽谤他人行为的处罚；第（三）项规定的是诬告陷害他人行为的处罚；第（四）项规定的是对证人及其近亲属进行威胁、侮辱、殴打或者打击报复行为的处罚；第（五）项规定的是多次发送淫秽、侮辱、恐吓或者其他信息，干扰他人正常生活行为的处罚；第（六）项规定的是偷窥、偷拍、窃听、散布他人隐私行为的处罚。

这七种治安违法行为的主体均为达到责任年龄、具有责任能力的自然人。侵犯的客体依次为公民的人身安全，公民的人格权，公民的人格尊严和名誉权，公民的人身权利和行政、司法机关的正常活动，证人及其近亲属的人身、民主、财产权利和司法机关的正常活动，公民的正常生活秩序和人格权，公民的隐私权。

随着信息网络的广泛应用，利用信息网络侮辱、诽谤他人，以及通过信息网络干扰他人正常生活和侵犯隐私的行为时有发生。

利用信息网络"侮辱"，在客观方面表现为：利用信息网络公然侮辱他人，但情节和后果尚不够刑事处罚。其严重与否的判断可根据手段、对象、次数、后果等方面综合判断，构成犯罪的，按《刑法》第二百四十六条、第二百九十三条和《最高人民法院、最高人民检察院关于办理利用信息网络实施诽谤等刑事案件适用法律若干问题的解释》的有关规定，相应地依侮辱罪、寻衅滋事罪等罪处理，治安违法的依本条处理。

利用信息网络"诽谤"，在客观方面表现为：通过捏造并在网络空间中散布某种虚构的事实，损害他人人格、名誉，但尚不够构成犯罪。其情节严重与否的判断可根据《最高人民法院、最高人民检察院关于办理利用信息网络实施诽谤等刑事案件适用法律若干问题的解释》第（二）条、第（三）条的规定，从诽谤信息的实际点击和实际浏览次数、转发次数、诽谤频次、对受害人及其近亲属造成的后果等方面综合分析，构成犯罪的，依诽谤罪处理，治安违法的依本条处理。

利用信息网络"干扰他人正常生活"，在客观方面表现为：多次通过计算机信息网络等途径发送淫秽、侮辱、恐吓或者其他骚扰信息，干扰他人正常生活。需要注意的是构成治安管理违法，必须达到多次。

利用信息网络"侵犯隐私"，在客观方面表现为：利用信息网络散布公民隐私信息，其中隐私信息既包括合法知悉，也包括非法知悉。通过网络散布公民隐私的动机可能多样，但不影响本行为的成立。

【难点问题解析】

利用信息网络侮辱、诽谤他人，以及通过信息网络干扰他人正常生活和侵犯隐私行为涉及的法律责任除了刑事责任、治安管理责任外，还可能涉及民事责任和其他行政责任。

关于刑事责任在《刑法》和《最高人民法院、最高人民检察院关于办理利用信息网络实施诽谤等刑事案件适用法律若干问题的解释》中进行了规定。

关于其他行政责任，《计算机信息网络国际联网安全保护管理办法》第五条和第二十条、《互联网信息服务管理办法》第十五条和第二十条、《中华人民共和国电信条例》第五十六条和第六十六条、《互联网上网服务营业场所管理条例》第十四条、《互联网域名管理办法》第二十八条等均进行了规定。例如，根据《计算机信息网络国际联网安全保护管理办法》第五条和第二十条规定，违反该行为的，"由公安机关给予警告，有违法所得的，没收违法所得，对个人可以并处五千元以下的罚款，对单位可以并处一万五千元以下的罚款，情节严重的，并可以给予六个月以内停止联网、停机整顿的处罚，必要时可以建议原发证、审批机构吊销经营许可证或者取消联网资格；构成违反治安管理行为的，依照《治安管理处罚法》的规定处罚；构成犯罪的，依法追究刑事责任"。因而，若为国际联网单位，需承担警告、没收违法所得、罚款、停止联网、停机整顿、吊销经营许可证等责任。关于行政责任及其处罚的具体解读参见相关章节的解读。

关于民事责任，在《民法典》《侵权责任法》以及《最高人民法院关于审理利用信息网络侵害人身权益民事纠纷案件适用法律若干问题的规定》等中进行了规定，具体参见相关法条的解读。

【法律法规衔接问题】

《全国人大常委会关于维护互联网安全的决定》第二条,《中华人民共和国网络安全法》第十二条,《最高人民法院、最高人民检察院关于办理利用信息网络实施诽谤等刑事案件适用法律若干问题的解释》,《计算机信息网络国际联网安全保护管理办法》第五条、《互联网信息服务管理办法》第十五条,《中华人民共和国电信条例》第五十六条、《互联网上网服务营业场所管理条例》第十四条,《互联网域名管理办法》第二十八条,《互联网视听节目管理办法》第十六条,《最高人民法院关于审理利用信息网络侵害人身权益民事纠纷案件适用法律若干问题的规定》。

第四十六条　强买强卖商品,强迫他人提供服务或者强迫他人接受服务的,处五日以上十日以下拘留,并处二百元以上五百元以下罚款;情节较轻的,处五日以下拘留或者五百元以下罚款。

【重点法条解读】

本条是关于强迫交易行为的处罚规定。

第四十七条　煽动民族仇恨、民族歧视,或者在出版物、计算机信息网络中刊载民族歧视、侮辱内容的,处十日以上十五日以下拘留,可以并处一千元以下罚款。

【重点法条解读】

本条规定了对煽动民族仇恨、民族歧视,刊载民族歧视、侮辱内容的行为的处罚。

第四十八条　冒领、隐匿、毁弃、私自开拆或者非法检查他人邮件的,处五日以下拘留或者五百元以下罚款。

【重点法条解读】

本条是关于冒领、隐匿、毁弃、私自开拆或者非法检查他人邮件行为的处罚规定。

本条与《刑法》第二百五十二条和第二百五十三条相衔接。第二百五十二条规定了隐匿、毁弃或者非法开拆他人信件,侵犯公民通信自由权利,情节严重的,处一年以下有期徒刑或者拘役。第二百五十三条规定了邮政工作人员私自开拆或者隐匿、毁弃邮件、电报的,处二年以下有期徒刑或者拘役。这里邮件包括电子邮件。

第四十九条　盗窃、诈骗、哄抢、抢夺、敲诈勒索或者故意损毁公私财物的,处五日以上十日以下拘留,可以并处五百元以下罚款;情节较重的,处十日以上十五日以下拘留,可以并处一千元以下罚款。

【重点法条解读】

本条是对盗窃、诈骗、哄抢、抢夺、敲诈勒索、故意损毁公私财物行为的处罚规定,包括"盗窃""诈骗""哄抢""抢夺""敲诈勒索""故意损毁财物"六种违法行为。

第四节　妨害社会管理的行为和处罚

第五十一条　冒充国家机关工作人员或者以其他虚假身份招摇撞骗的,处五日以上十日以下拘留,可以并处五百元以下罚款;情节较轻的,处五日以下拘留或者五百元以下罚款。

冒充军警人员招摇撞骗的，从重处罚。

【重点法条解读】

本条对"招摇撞骗"行为进行了处罚规定。

第六十条　有下列行为之一的，处五日以上十日以下拘留，并处二百元以上五百元以下罚款：

（一）隐藏、转移、变卖或者损毁行政执法机关依法扣押、查封、冻结的财物的；

（二）伪造、隐匿、毁灭证据或者提供虚假证言、谎报案情，影响行政执法机关依法办案的；

（三）明知是赃物而窝藏、转移或者代为销售的；

（四）被依法执行管制、剥夺政治权利或者在缓刑、保外就医等监外执行中的罪犯或者被依法采取刑事强制措施的人，有违反法律、行政法规和国务院公安部门有关监督管理规定的行为。

【重点法条解读】

本条规定了"隐藏、转移、变卖、损毁依法扣押、查封、冻结的财物""伪造、隐匿、毁灭证据""提供虚假证言""谎报案情""窝藏、转移、代销赃物""违反监督管理规定"等治安违法行为及其处罚。

第六十七条　引诱、容留、介绍他人卖淫的，处十日以上十五日以下拘留，可以并处五千元以下罚款；情节较轻的，处五日以下拘留或者五百元以下罚款。

【重点法条解读】

本条规定了"引诱、容留、介绍卖淫"治安违法行为及其处罚。

第六十八条　制作、运输、复制、出售、出租淫秽的书刊、图片、影片、音像制品等淫秽物品或者利用计算机信息网络、电话以及其他通讯工具传播淫秽信息的，处十日以上十五日以下拘留，可以并处三千元以下罚款；情节较轻的，处五日以下拘留或者五百元以下罚款。

【重点法条解读】

本条规定了"制作、运输、复制、出售、出租淫秽物品"和"传播淫秽信息"治安违法行为及处罚。其中，"利用计算机信息网络、电话以及其他通讯工具传播淫秽信息"，其行为侵犯客体是社会管理秩序和良好社会风尚。其行为方式呈多样化趋势，如利用微信、QQ 群、论坛、聊天室、电子邮件、短信、传真等方式传播淫秽信息。对于利用信息网络传播淫秽电子信息是违法行为还是犯罪行为的判断，可根据《最高人民法院、最高人民检察院关于办理利用互联网、移动通讯终端、声讯台制作、复制、出版、贩卖、传播淫秽电子信息刑事案件具体应用法律若干问题的解释》《最高人民法院、最高人民检察院关于办理利用互联网、移动通讯终端、声讯台制作、复制、出版、贩卖、传播淫秽电子信息刑事案件具体应用法律若干问题的解释(二)》，通过淫秽信息类型及其件数、注册会员数、实际点击数、违法所得、是否涉及未成年等综合判断。

【难点问题解析】

关于个人在家中通过互联网下载淫秽视频并观看的行为性质。

个人在家中通过互联网下载并观看淫秽视频的行为涉及两方面的问题：第一，下载并观看行为是否属于法律规定中的复制或者查阅行为；第二，本条规定与《计算机信息网络国际联网安全保护管理办法》第五条和第二十条存在竞合问题。

按照本条规定复制淫秽物品、传播淫秽信息均处以十日以上十五日以下拘留，可以并处三千元以下罚款，情节较轻的处五日以下拘留或者五百元以下罚款。

按照《计算机信息网络国际联网安全保护管理办法》第五条"任何单位和个人不得利用国际联网制作、复制、查阅和传播下列信息：（六）宣扬封建迷信、淫秽、色情、赌博、暴力、凶杀、恐怖，教唆犯罪的"和第二十条"违反法律、行政法规，有本办法第五条、第六条所列行为之一的，由公安机关给予警告，有违法所得的，没收违法所得，对个人可以并处五千元以下的罚款，对单位可以并处一万五千元以下的罚款；情节严重的，并可以给予六个月以内停止联网、停机整顿的处罚，必要时可以建议原发证、审批机构吊销经营许可证或者取消联网资格；构成违反治安管理行为的，依照治安管理处罚法的规定处罚；构成犯罪的，依法追究刑事责任"的规定，复制或者查阅的行为对个人可以处五千元以下的罚款，罚款幅度明显高于治安管理处罚法中的最高三千元的标准。

个人在家中通过互联网下载并观看淫秽视频的行为是否违法以及应按哪个法律、法规进行处罚存在不同观点：一种观点认为下载并观看的行为属于"复制"行为，应按治安管理处罚法规定处罚；另一种观点认为下载并观看的行为属于"查阅"行为，应按照《计算机信息网络国际联网安全保护管理办法》的规定处罚；还有一种观点认为此行为不违法。

编者认为，根据《行政处罚法》第九条规定，"法律可以设定各种行政处罚。限制人身自由的行政处罚，只能由法律设定"以及第十条规定"行政法规可以设定除限制人身自由以外的行政处罚。法律对违法行为已经作出行政处罚规定，行政法规需要作出具体规定的，必须在法律规定的给予行政处罚的行为、种类和幅度的范围内规定"。因而应按照治安管理处罚法规定的种类和幅度进行分析，一方面，不能把下载并观看淫秽视频行为简单认定为复制淫秽物品行为；另一方面，该行为并未侵犯社会管理秩序和良好社会风尚。因而，按不违法处理较妥。

【法律法规衔接问题】

《计算机信息网络国际联网安全保护管理办法》第五条，《互联网信息服务管理办法》第十五条，《中华人民共和国电信条例》第五十六条，《互联网上网服务营业场所管理条例》第十四条，《互联网域名管理办法》第二十八条，《互联网视听节目服务管理规定》第十六条等。

第六十九条　有下列行为之一的，处十日以上十五日以下拘留，并处五百元以上一千元以下罚款：

（一）组织播放淫秽音像的；

（二）组织或者进行淫秽表演的；

（三）参与聚众淫乱活动的。

明知他人从事前款活动，为其提供条件的，依照前款的规定处罚。

【重点法条解读】

本条规定了"组织播放淫秽音像""组织淫秽表演""进行淫秽表演""参与聚众淫乱""为淫秽活动提供条件"等几种治安违法行为及其处罚。

第七十条　以营利为目的，为赌博提供条件的，或者参与赌博赌资较大的，处五日以下拘留或者五百元以下罚款；情节严重的，处十日以上十五日以下拘留，并处五百元以上三千元以下罚款。

【重点法条解读】

本条规定了"为赌博提供条件""赌博"违法行为及其处罚。本条规定与《刑法》第三百零三条规定的"赌博罪"和"开设赌场罪"相衔接。对于利用互联网、移动通讯终端等传输赌博视频、数据，组织赌博活动，可能构成开设赌场罪，根据《最高人民法院、最高人民检察院、公安部关于办理网络赌博犯罪案件适用法律若干问题的意见》第一条规定，"利用互联网、移动通讯终端等传输赌博视频、数据，组织赌博活动，具有下列情形之一的，属于刑法第三百零三条第二款规定的'开设赌场'行为：（一）建立赌博网站并接受投注的；（二）建立赌博网站并提供给他人组织赌博的；（三）为赌博网站担任代理并接受投注的；（四）参与赌博网站利润分成的。实施前款规定的行为，具有下列情形之一的，应当认定为刑法第三百零三条第二款规定的'情节严重'：（一）抽头渔利数额累计达到3万元以上的；（二）赌资数额累计达到30万元以上的；（三）参赌人数累计达到120人以上的；（四）建立赌博网站后通过提供给他人组织赌博，违法所得数额在3万元以上的；（五）参与赌博网站利润分成，违法所得数额在3万元以上的；（六）为赌博网站招募下级代理，由下级代理接受投注的；（七）招揽未成年人参与网络赌博的；（八）其他情节严重的情形。"因而，对开设赌场行为但不构成犯罪的，应根据本条规定处罚。

第七十六条　有本法第六十七条、第六十八条、第七十条的行为，屡教不改的，可以按照国家规定采取强制性教育措施。

第四章　处罚程序

第一节　调　查

第八十二条　需要传唤违反治安管理行为人接受调查的，经公安机关办案部门负责人批准，使用传唤证传唤。对现场发现的违反治安管理行为人，人民警察经出示工作证件，可以口头传唤，但应当在询问笔录中注明。

公安机关应当将传唤的原因和依据告知被传唤人。对无正当理由不接受传唤或者逃避传唤的人，可以强制传唤。

第八十三条　对违反治安管理行为人，公安机关传唤后应当及时询问查证，询问查证的时间不得超过八小时；情况复杂，依照本法规定可能适用行政拘留处罚的，询问查证的时间不得超过二十四小时。

公安机关应当及时将传唤的原因和处所通知被传唤人家属。

第八十四条　询问笔录应当交被询问人核对；对没有阅读能力的，应当向其宣读。记载有遗漏或者差错的，被询问人可以提出补充或者更正。被询问人确认笔录无误后，应当签名或者盖章，询问的人民警察也应当在笔录上签名。

被询问人要求就被询问事项自行提供书面材料的，应当准许；必要时，人民警察也可以要求被询问人自行书写。

询问不满十六周岁的违反治安管理行为人，应当通知其父母或者其他监护人到场。

第八十五条　人民警察询问被侵害人或者其他证人，可以到其所在单位或者住处进行；必要时，也可以通知其到公安机关提供证言。

人民警察在公安机关以外询问被侵害人或者其他证人，应当出示工作证件。

询问被侵害人或者其他证人，同时适用本法第八十四条的规定。

第八十七条　公安机关对与违反治安管理行为有关的场所、物品、人身可以进行检查。检查时，人民警察不得少于二人，并应当出示工作证件和县级以上人民政府公安机关开具的检查证明文件。对确有必要立即进行检查的，人民警察经出示工作证件，可以当场检查，但检查公民住所应当出示县级以上人民政府公安机关开具的检查证明文件。

检查妇女的身体，应当由女性工作人员进行。

第八十八条　检查的情况应当制作检查笔录，由检查人、被检查人和见证人签名或者盖章；被检查人拒绝签名的，人民警察应当在笔录上注明。

第八十九条　公安机关办理治安案件，对与案件有关的需要作为证据的物品，可以扣押；对被侵害人或者善意第三人合法占有的财产，不得扣押，应当予以登记。对与案件无关的物品，不得扣押。

对扣押的物品，应当会同在场见证人和被扣押物品持有人查点清楚，当场开列清单一式二份，由调查人员、见证人和持有人签名或者盖章，一份交给持有人，另一份附卷备查。

对扣押的物品，应当妥善保管，不得挪作他用；对不宜长期保存的物品，按照有关规定处理。经查明与案件无关的，应当及时退还；经核实属于他人合法财产的，应当登记后立即退还；满六个月无人对该财产主张权利或者无法查清权利人的，应当公开拍卖或者按照国家有关规定处理，所得款项上缴国库。

第九十条　为了查明案情，需要解决案件中有争议的专门性问题的，应当指派或者聘请具有专门知识的人员进行鉴定；鉴定人鉴定后，应当写出鉴定意见，并且签名。

第二节　决　　定

第九十一条　治安管理处罚由县级以上人民政府公安机关决定；其中警告、五百元以下的罚款可以由公安派出所决定。

第九十二条　对决定给予行政拘留处罚的人，在处罚前已经采取强制措施限制人身自由的时间，应当折抵。限制人身自由一日，折抵行政拘留一日。

第九十四条　公安机关作出治安管理处罚决定前，应当告知违反治安管理行为人作出治安管理处罚的事实、理由及依据，并告知违反治安管理行为人依法享有的权利。

违反治安管理行为人有权陈述和申辩。公安机关必须充分听取违反治安管理行为人的意见，对违反治安管理行为人提出的事实、理由和证据，应当进行复核；违反治安管理行为人提出的事实、理由或者证据成立的，公安机关应当采纳。

公安机关不得因违反治安管理行为人的陈述、申辩而加重处罚。

第九十六条　公安机关作出治安管理处罚决定的，应当制作治安管理处罚决定书。决定书应当载明下列内容：

（一）被处罚人的姓名、性别、年龄、身份证件的名称和号码、住址；

（二）违法事实和证据；

（三）处罚的种类和依据；

（四）处罚的执行方式和期限；

（五）对处罚决定不服，申请行政复议、提起行政诉讼的途径和期限；

（六）作出处罚决定的公安机关的名称和作出决定的日期。

决定书应当由作出处罚决定的公安机关加盖印章。

第九十八条　公安机关作出吊销许可证以及处二千元以上罚款的治安管理处罚决定前，应当告知违反治安管理行为人有权要求举行听证；违反治安管理行为人要求听证的，公安机关应当及时依法举行听证。

【重点法条解读】

听证程序应参考适用《行政处罚法》第六十三条，第六十四条关于听证程序的相关规定以及第七十五条有关行政处罚层级监督的相关规定。

第九十九条　公安机关办理治安案件的期限，自受理之日起不得超过三十日；案情重大、复杂的，经上一级公安机关批准，可以延长三十日。

为了查明案情进行鉴定的期间，不计入办理治安案件的期限。

第一百零二条　被处罚人对治安管理处罚决定不服的，可以依法申请行政复议或者提起行政诉讼。

2.2　其他法律中有关行政处罚条文解读

中华人民共和国网络安全法（节选）

（2016 年 11 月 7 日第十二届全国人民代表大会常务委员会第二十四次会议通过）

第六章　法律责任

第五十九条　网络运营者不履行本法第二十一条、第二十五条规定的网络安全保护义务的，由有关主管部门责令改正，给予警告；拒不改正或者导致危害网络安全等后果的，处一万元以上十万元以下罚款，对直接负责的主管人员处五千元以上五万元以下罚款。

关键信息基础设施的运营者不履行本法第三十三条、第三十四条、第三十六条、第三十八条规定的网络安全保护义务的，由有关主管部门责令改正，给予警告；拒不改正或者导致危害网络安全等后果的，处十万元以上一百万元以下罚款，对直接负责的主管人员处一万元以上十万元以下罚款。

【重点法条解读】

本条第一款关于网络运营者不履行网络安全保护义务违法的行政处罚规定。处罚措施包括：一是责令改正，是指有关主管部门要求违法行为人停止违法行为并将其违法行为恢复到合法状态；二是警告，是指有关主管部门对违法行为人进行训诫，使其认识到行为的违法性；三是罚款。对拒不改正或者导致危害网络安全等后果的，由有关主管部门处一万元以上十万元以下罚款，对直接负责的主管人员处五千元以上五万元以下罚款。此处规定了双罚制，即对网络运营者进行处罚，也对直接负责的主管人员进行处罚。网络运营者的网络安全保护义务主要包括以下义务：其一，是按照网络安全等级制度对网络系统保护的义务，在安全管理方面，要求制定内部安全管理制度和操作规程，确定网络安全负责人，落实网络安全保护责任；在安全技术措施方面，要求采取防范计算机病毒和网络攻击、网络侵入等危害网络安全行为的技术措施，采取监测、记录网络运行状态、网络安全事件的技术措施，并按照规定留存相关的网络日志不少于六个月，采取数据分类、重要数据备份和加密等措施，以及法律、行政法规规定的其他义务等。其二，是针对安全事件管理的义务，包括制定网络安全事件应急预案，及时处置系统漏洞、计算机病毒、网络攻击、网络侵入等安全风险；在发生危害网络安全的事件时，立即启动应急预案，采取相应的补救措施，并按照规定向有关主管部门报告。

本条第二款是关于关键信息基础设施的运营者不履行网络安全保护义务违法的行政处罚规定。处罚措施与第一款相同，区别在于罚款处罚额度重于一般的网络运营者，体现了对关键信息基础设施的重点保护。需要注意的是《关键信息基础设施安全保护条例》对关键信息基础设施运营者的责任义务和法律责任进行了具体规定。按照《网络安全法》《关键信息基础设施安全保护条例》的有关规定，关键信息基础设施的运营者的网络安全保护义务，除了网络运营者的一般保护义务外，还包括以下义务：首先，在网络系统保护方面，主要包括(1)设置专门安全管理机构和安全管理负责人，并对该负责人和关键岗位的人员进行安全背景审查；(2)建立健全网络安全保护制度和责任制；(3)安全保护措施应当与关键信息基础设施同步规划、同步建设、同步使用；(4)关键信息基础设施发生较大变化，可能影响其认定结果的，运应当及时将相关情况报告保护工作部门；(5)运营者应当自行或者委托网络安全服务机构对关键信息基础设施每年至少进行一次网络安全检测和风险评估，对发现的安全问题及时整改，并按照保护工作部门要求报送情况；(6)运营者发生合并、分立、解散等情况，应当及时报告保护工作部门，并按照保护工作部门的要求对关键信息基础设施进行处置，确保安全；(7)专门安全管理机构应履行下列职责：建立健全网络安全管理、评价考核制度，拟订关键信息基础设施安全保护计划；组织推动网络安全防护能力建设，开展网络安全监测、检测和风险评估；按照国家及行业网络安全事件应急预案，制定本单位应急预案，定期开展应急演练，处置网络安全事件；认定网络安全关键岗位，组织开展网络安全工作考核，提出奖励和惩处建议；组织网络安全教育、培训；履行个人信息和数据安全保护责任，建立健全个人信息和数据安全保护制度；对关键信息基础设施设计、建设、运行、维护等服务实施安全管理；按照规定报告网络安全事件和重要事项。其次，在安全事件管理方面，当关键信息基础设施发生重大网络安全事件或者发现重大网络安全威胁时，应当按照有关规定向保护工作部门、公安机关报告。针对网络安全管理、安全事件管理，《关键信息基础设施安全保护条例》分别在第三十九条、第四十条进行了具体规定。

按照《关键信息基础设施安全保护条例》第三十九条的规定，运营者有下列情形之一的，由有关主管部门依据职责责令改正，给予警告；拒不改正或者导致危害网络安全等后果的，处 10 万元以上 100 万元以下罚款，对直接负责的主管人员处 1 万元以上 10 万元以下罚款：(一)在关键信息基础设施发生较大变化，可能影响其认定结果时未及时将相关情况报告保护工作部门的；(二)安全保护措施未与关键信息基础设施同步规划、同步建设、同步使用的；(三)未建立健全网络安全保护制度和责任制的；(四)未设置专门安全管理机构的;(五)未对专门安全管理机构负责人和关键岗位人员进行安全背景审查的;(六)开展与网络安全和信息化有关的决策没有专门安全管理机构人员参与的;(七)专门安全管理机构未履行本条例第十五条规定的职责的;(八)未对关键信息基础设施每年至少进行一次网络安全检测和风险评估,未对发现的安全问题及时整改,或者未按照保护工作部门要求报送情况的;(九)采购网络产品和服务,未按照国家有关规定与网络产品和服务提供者签订安全保密协议的;(十)发生合并、分立、解散等情况,未及时报告保护工作部门,或者未按照保护工作部门的要求对关键信息基础设施进行处置的。

按照《关键信息基础设施安全保护条例》第四十条的规定,运营者在关键信息基础设施发生重大网络安全事件或者发现重大网络安全威胁时,未按照有关规定向保护工作部门、公安机关报告的,由保护工作部门、公安机关依据职责责令改正,给予警告;拒不改正或者导致危害网络安全等后果的,处10万元以上100万元以下罚款,对直接负责的主管人员处1万元以上10万元以下罚款。

从处罚措施看,《关键信息基础设施安全保护条例》第三十九条、第四十条与本条处罚措施规定一致。

【法律法规衔接问题】

《关键信息基础设施安全保护条例》第三十九条、第四十条,《密码法》第三十七条,《数据安全法》第四十五条。

第六十条　违反本法第二十二条第一款、第二款和第四十八条第一款规定,有下列行为之一的,由有关主管部门责令改正,给予警告;拒不改正或者导致危害网络安全等后果的,处五万元以上五十万元以下罚款,对直接负责的主管人员处一万元以上十万元以下罚款:

(一)设置恶意程序的;

(二)对其产品、服务存在的安全缺陷、漏洞等风险未立即采取补救措施,或者未按照规定及时告知用户并向有关主管部门报告的;

(三)擅自终止为其产品、服务提供安全维护的。

【重点法条解读】

本条是关于未履行网络产品和服务安全义务的法律责任的规定,包括设置恶意程序违法、未按规定告知、报告安全风险违法和擅自终止产品、服务提供安全维护违法的行政处罚规定。

行为人违反本法第二十二条第一款、第二款、第四十八条第一款规定的,由有关主管部门实施行政处罚,包括:(1)责令改正;(2)警告;(3)罚款。鉴于网络产品、服务的种类不同,本条违法行为有的属于产品质量问题,有的属于网络运行安全问题,有的属于侵犯消费者权益的行为,因此,在确定主管部门时,应区分不同情况,按照有关法律、行政法规及国务院规定的职责确定处罚部门。

第六十一条　网络运营者违反本法第二十四条第一款规定,未要求用户提供真实身份信息,或者对不提供真实身份信息的用户提供相关服务的,由有关主管部门责令改正;拒不改正或者情节严重的,处五万元以上五十万元以下罚款,并可以由有关主管部门责令暂停相关业务、停业整顿、关闭网站、吊销相关业务许可证或者吊销营业执照，对直接负责的主管人员和其他直接责任人员处一万元以上十万元以下罚款。

【重点法条解读】

本条是关于网络运营者不履行用户真实身份信息核验义务违法的行政处罚规定。

网络运营者不履行本法第二十四条第一款规定的，由有关主管部门实施行政处罚，包括：(1) 责令改正；(2) 警告；(3) 罚款。网络运营者拒不改正或者情节严重的，处五万元以上五十万元以下罚款，并可以由有关主管部门责令暂停相关业务、停业整顿、关闭网站、吊销相关业务许可证或者吊销营业执照，对直接负责的主管人员和其他直接责任人员处一万元以上十万元以下罚款。

【难点问题解析】

本条中的"有关主管部门"包括哪些?

主要有三种情形：(1) 网络接入、域名注册服务和固定电话、移动电话业务的管理，属于电信主管部门的职责，对上述业务中有本条规定的违法行为的，应由电信主管部门实施处罚；(2) 对在提供信息发布、即时通讯等服务中有违反本法规定行为的，由网信等业务主管部门实施处罚；(3) 对暂停相关业务、停业整顿、关闭网站、吊销相关业务许可证或者吊销营业执照的处罚，由相关业务主管部门和证照的颁发部门实施。

第六十二条 违反本法第二十六条规定，开展网络安全认证、检测、风险评估等活动，或者向社会发布系统漏洞、计算机病毒、网络攻击、网络侵入等网络安全信息的，由有关主管部门责令改正，给予警告；拒不改正或者情节严重的，处一万元以上十万元以下罚款，并可以由有关主管部门责令暂停相关业务、停业整顿、关闭网站、吊销相关业务许可证或者吊销营业执照，对直接负责的主管人员和其他直接责任人员处五千元以上五万元以下罚款。

【重点法条解读】

本条关于未按规定开展网络安全检测、风险评估等活动、违法发布网络安全信息的行政处罚规定。处罚措施包括：(1) 责令改正；(2) 警告；(3) 罚款。对拒不改正或者情节严重的，处一万元以上十万元以下罚款，并可以由有关主管部门责令暂停相关业务、停业整顿、关闭网站、吊销相关业务许可证或者吊销营业执照，对直接负责的主管人员和其他直接责任人员处五千元以上五万元以下罚款。此处也规定了双罚制，即对网络运营者进行处罚，也对直接负责的主管人员和其他直接责任人员进行罚款处罚。

第六十三条 违反本法第二十七条规定，从事危害网络安全的活动，或者提供专门用于从事危害网络安全活动的程序、工具，或者为他人从事危害网络安全的活动提供技术支持、广告推广、支付结算等帮助，尚不构成犯罪的，由公安机关没收违法所得，处五日以下拘留，可以并处五万元以上五十万元以下罚款；情节较重的，处五日以上十五日以下拘留，可以并处十万元以上一百万元以下罚款。

单位有前款行为的，由公安机关没收违法所得，处十万元以上一百万元以下罚款，并对直接负责的主管人员和其他直接责任人员依照前款规定处罚。

违反本法第二十七条规定，受到治安管理处罚的人员，五年内不得从事网络安全管理和网络运营关键岗位的工作；受到刑事处罚的人员，终身不得从事网络安全管理和网络运营关键岗位的工作。

【重点法条解读】

本条是关于从事危害网络安全活动，提供危害网络安全活动专门程序、工具，为危害网络安全活动提供帮助等违法行为的处罚规定。明确了个人和组织从事第二十七条所禁止行为的法律责任，规定了没收违法所得、拘留、罚款和限制从业资格（职业禁入）等行政处罚，明确处罚机关是公安机关。

第六十三条第一款区分不同情节对违反第二十七条规定，从事三大类危害网络安全活动的行为，尚不构成犯罪的行为的法律责任做了规定：由公安机关没收违法所得，处五日以下拘留，可以并处五万元以上五十万元以下罚款；情节较重的，处五日以上十五日以下拘留，可以并处十万元以上一百万元以下罚款。情节较重的认定，由公安机关结合上述违法行为的次数、所造成的危害后果、非法获利的数额等情况综合确定。

第六十三条第二款规定了单位实施危害网络安全行为应承担的法律责任：对单位，由公安机关没收违法所得，处十万元以上一百万元以下罚款；对直接负责的主管人员和其他直接责任人员依照第一款的规定处罚，即由公安机关没收违法所得，处五日以下拘留，可以并处五万元以上五十万元以下罚款；情节较重的，处五日以上十五日以下拘留，可以并处十万元以上一百万元以下罚款。

第六十三条第三款规定对从事危害网络安全行为的人员规定了从业禁止措施，属于新型的准行政处罚，具体分为两种情形：一是受到治安管理处罚的人员，五年内不得从事网络安全管理和网络运营关键岗位的工作；二是受到刑事处罚的人员，终身不得从事网络安全管理和网络运营关键岗位的工作。从业禁止规定是在《网络安全法（草案二次审议稿）》中新增，原本对故意从事危害网络安全的活动受到治安管理处罚或者刑事处罚的人员，均要求终身不得从事网络安全管理和网络运营关键岗位的工作，社会公众和企业建议区分情况规定从业禁止，因此草案三次审议稿根据建议改为以上两种情形。

第六十四条　网络运营者、网络产品或者服务的提供者违反本法第二十二条第三款、第四十一条至第四十三条规定，侵害个人信息依法得到保护的权利的，由有关主管部门责令改正，可以根据情节单处或者并处警告、没收违法所得、处违法所得一倍以上十倍以下罚款，没有违法所得的，处一百万元以下罚款，对直接负责的主管人员和其他直接责任人员处一万元以上十万元以下罚款；情节严重的，并可以责令暂停相关业务、停业整顿、关闭网站、吊销相关业务许可证或者吊销营业执照。

违反本法第四十四条规定，窃取或者以其他非法方式获取、非法出售或者非法向他人提供个人信息，尚不构成犯罪的，由公安机关没收违法所得，并处违法所得一倍以上十倍以下罚款，没有违法所得的，处一百万元以下罚款。

【重点法条解读】

网络运营者、网络产品或者服务提供者不履行个人信息保护义务和非法获取、出售、向他人提供个人信息等违法行为的行政处罚规定。参见第五章第1节网络安全法相关规定解读第六十四条。

第六十五条　关键信息基础设施的运营者违反本法第三十五条规定，使用未经安全审查或者安全审查未通过的网络产品或者服务的，由有关主管部门责令停止使用，处采购金额一倍以上十倍以下罚款；对直接负责的主管人员和其他直接责任人员处一万元以上十万元以下罚款。

【重点法条解读】

本条是关于关键信息基础设施运营者使用未经安全审查或安全审查未通过的网络产品或者服务行为的处罚规定。

按照《关键信息基础设施安全保护条例》的规定，关键信息基础设施运营者在网络产品和服务方面义务包括(1)采购网络产品和服务，可能影响国家安全的，应当通过国家网信部门会同国务院有关部门组织的国家安全审查；(2)采购网络产品和服务，应当按照规定与提供者签订安全保密协议，明确安全和保密义务与责任。

按照《关键信息基础设施安全保护条例》第四十一条的规定，运营者采购可能影响国家安全的网络产品和服务，未按照国家网络安全规定进行安全审查的，由国家网信部门等有关主管部门依据职责责令改正，处采购金额 1 倍以上 10 倍以下罚款，对直接负责的主管人员和其他直接责任人员处 1 万元以上 10 万元以下罚款。

【法律法规衔接问题】

《关键信息基础设施安全保护条例》第四十一条。

第六十六条　关键信息基础设施的运营者违反本法第三十七条规定，在境外存储网络数据，或者向境外提供网络数据的，由有关主管部门责令改正，给予警告，没收违法所得，处五万元以上五十万元以下罚款，并可以责令暂停相关业务、停业整顿、关闭网站、吊销相关业务许可证或者吊销营业执照；对直接负责的主管人员和其他直接责任人员处一万元以上十万元以下罚款。

【重点法条解读】

本条是关于关键信息基础设施的运营者违规在境外存储网络数据，或者向境外提供网络数据的处罚。参见第五章第 1 节网络安全法相关规定解读第六十六条。

第六十七条　违反本法第四十六条规定，设立用于实施违法犯罪活动的网站、通讯群组，或者利用网络发布涉及实施违法犯罪活动的信息，尚不构成犯罪的，由公安机关处五日以下拘留，可以并处一万元以上十万元以下罚款；情节较重的，处五日以上十五日以下拘留，可以并处五万元以上五十万元以下罚款。关闭用于实施违法犯罪活动的网站、通讯群组。

单位有前款行为的，由公安机关处十万元以上五十万元以下罚款，并对直接负责的主管人员和其他直接责任人员依照前款规定处罚。

【重点法条解读】

本条是关于非法利用信息网络违法的处罚规定。本条明确规定处罚机关为公安机关。

第六十八条　网络运营者违反本法第四十七条规定，对法律、行政法规禁止发布或者传输的信息未停止传输、采取消除等处置措施、保存有关记录的，由有关主管部门责令改正,给予警告,没收违法所得;拒不改正或者情节严重的,处十万元以上五十万元以下罚款,并可以责令暂停相关业务、停业整顿、关闭网站、吊销相关业务许可证或者吊销营业执照,对直接负责的主管人员和其他直接责任人员处一万元以上十万元以下罚款。

电子信息发送服务提供者、应用软件下载服务提供者,不履行本法第四十八条第二款规定的安全管理义务的,依照前款规定处罚。

【重点法条解读】

本条是关于网络运营者、电子信息发送服务提供者、应用软件下载服务提供者不履行网络信息安全管理义务的处罚规定。本条第一款和第二款分别规定了网络运营者、电子信息发送服务提供者、应用软件下载服务提供者不履行第四十七条和第四十八条第二款义务的法律责任,其处罚措施完全一样,包括:(1)责令改正;(2)警告;(3)没收违法所得;(4)罚款。有本条规定的违法行为,拒不改正或者情节严重的,处十万元以上五十万元以下罚款,并可以责令暂停相关业务、停业整顿、关闭网站、吊销相关业务许可证或者吊销营业执照,对直接负责的主管人员和其他直接责任人员处一万元以上十万元以下罚款。本条也实行了罚款的双罚制。

第六十九条 网络运营者违反本法规定,有下列行为之一的,由有关主管部门责令改正;拒不改正或者情节严重的,处五万元以上五十万元以下罚款,对直接负责的主管人员和其他直接责任人员,处一万元以上十万元以下罚款:

(一)不按照有关部门的要求对法律、行政法规禁止发布或者传输的信息,采取停止传输、消除等处置措施的;

(二)拒绝、阻碍有关部门依法实施的监督检查的;

(三)拒不向公安机关、国家安全机关提供技术支持和协助的。

【重点法条解读】

本条是关于网络运营者不按有关部门要求处置违法信息,网络运营者拒绝、阻碍有关部门监督检查,网络运营者拒不向公安机关、国家安全机关提供技术支持和协助等违法的行政处罚规定。

第七十条 发布或者传输本法第十二条第二款和其他法律、行政法规禁止发布或者传输的信息的,依照有关法律、行政法规的规定处罚。

【重点法条解读】

本条是关于发布或者传输违法信息的处罚规定。本条属原则性规定,衔接了网络安全法第十二条第二款和第四十七条的规定,可参见第 1 章网络安全法这两条的解读。

第七十一条 有本法规定的违法行为的,依照有关法律、行政法规的规定记入信用档案,并予以公示。

【重点法条解读】

本条是关于信用惩戒的规定。

第七十二条 国家机关政务网络的运营者不履行本法规定的网络安全保护义务的,由其上级机关或者有关机关责令改正；对直接负责的主管人员和其他直接责任人员依法给予处分。

第七十三条　网信部门和有关部门违反本法第三十条规定，将在履行网络安全保护职责中获取的信息用于其他用途的，对直接负责的主管人员和其他直接责任人员依法给予处分。

网信部门和有关部门的工作人员玩忽职守、滥用职权、徇私舞弊，尚不构成犯罪的，依法给予处分。

第七十四条　违反本法规定，给他人造成损害的，依法承担民事责任。

违反本法规定，构成违反治安管理行为的，依法给予治安管理处罚；构成犯罪的，依法追究刑事责任。

【重点法条解读】

本条是关于违反网络安全法行为的民事责任、治安管理处罚和刑事责任的原则规定。第一款是对违反网络安全法规定，给他人造成损害的民事责任做了衔接规定，第二款规定了治安管理处罚优先原则，对违反网络安全法规定的刑事处罚做了衔接规定。值得一提的是，2017 年 1 月 16 日，《治安管理处罚法（修订公开征求意见稿）》正式向社会公开，对现行的《治安管理处罚法》有关网络安全的管理做了很大修改，特别是第三十一条、32 条规定与网络安全法的若干法律责任规定竞合，在《治安管理处罚法》修订后，以上危害网络安全的行为和网络安全管理义务违反将可能适用更为严厉的处罚措施，也存在和网安法如何竞合适用的问题。

【法律法规衔接问题】

对违反本法规定的行为，应依据治安管理处罚法给予处罚的行为包括但不限于以下：（1）第二十五条第一项规定，散布谣言，谎报险情、疫情、警情或者以其他方法故意扰乱公共秩序的，处 5 日以上 10 日以下拘留，可以并处 500 元以下罚款；情节较轻的，处 5 日以下拘留或者 500 元以下罚款；（2）第二十九条规定，违反国家规定，侵入计算机信息系统，造成危害的，违反国家规定，对计算机信息系统功能进行删除、修改、增加、干扰，造成计算机信息系统不能正常运行的，违反国家规定，对计算机信息系统中存储、处理、传输的数据和应用程序进行删除、修改、增加的，故意制作、传播计算机病毒等破坏性程序，影响计算机信息系统正常运行的，处 5 日以下拘留；情节较重的，处 5 日以上 10 日以下拘留；（3）第四十二条第五项规定，多次发送淫秽、侮辱、恐吓或者其他信息，干扰他人正常生活的，处 5 日以下拘留或者 500 元以下罚款；情节较重的，处 5 日以上 10 日以下拘留，可以并处 500 元以下罚款；（4）第四十七条规定，煽动民族仇恨、民族歧视，或者在出版物、计算机信息网络中刊载民族歧视、侮辱内容的，处 10 日以上 15 日以下拘留，可以并处 1000 元以下罚款。

违反网络安全法规定的行为，应依照刑法追究刑事责任的犯罪包括：（1）侵犯公民个人信息罪；（2）非法侵入计算机信息系统罪；（3）非法获取计算机信息系统数据、非法控制计算机信息系统罪；（4）提供侵入、非法控制计算机信息系统程序、工具罪；（5）破坏计算机信息系统罪；（6）拒不履行信息网络安全管理义务罪；（7）非法利用信息网络罪；（8）帮助信息网络犯罪活动罪；（9）编造、故意传播虚假信息罪。

第七十五条 境外的机构、组织、个人从事攻击、侵入、干扰、破坏等危害中华人民共和国的关键信息基础设施的活动，造成严重后果的，依法追究法律责任；国务院公安部门和有关部门并可以决定对该机构、组织、个人采取冻结财产或者其他必要的制裁措施。

【重点法条解读】

本条是对攻击我国关键信息基础设施的境外机构、组织和个人制裁的规定。网络安全法第二条规定了本法的属地适用原则，即在中国人民共和国境内。但基于惩治来自境外针对关键信息基础设施的网络安全风险和威胁的需要，网络安全法第五条规定国家采取措施，监测、防御、处置来源于中华人民共和国境内外的网络安全风险和威胁，保护关键信息基础设施免受攻击、侵入、干扰和破坏。本条进一步对第五条依法追究境外的机构、组织、个人从事攻击、侵入、干扰、破坏等危害中华人民共和国的关键信息基础设施的活动的责任做了规定。除依法追究违法行为人法律责任外，国务院公安部门和有关部门并可以决定对该机构、组织、个人采取冻结财产或者其他必要的制裁措施。

中华人民共和国数据安全法（节选）

（2021年6月10日第十三届全国人民代表大会常务委员会第二十九次会议通过）

第六章　法律责任

第四十四条 有关主管部门在履行数据安全监管职责中，发现数据处理活动存在较大安全风险的，可以按照规定的权限和程序对有关组织、个人进行约谈，并要求有关组织、个人采取措施进行整改，消除隐患。

【重点法条解读】

本条是关于数据安全监管的行政约谈制度规定。行政约谈主要是为了预防违法行为的发生，或者在违法行为尚未构成严重后果时由行政主体与行政相对人在事先约定的时间、地点沟通、协商、进而警示和告诫的一种非强制行政行为。与行政处罚的制裁性、强制性不同，行政约谈是一种柔性治理措施。数据安全监管的行政约谈是数据安全风险防范机制的重要规制工具，本条对其进行了规定。首先，按照本法第六条规定，约谈的主体是承担数据安全监管职责部门。其中，工业、电信、交通、金融、自然资源、卫生健康、教育、科技等主管部门承担本行业、本领域数据安全监管职责；公安机关、国家安全机关等依照本法和有关法律、行政法规的规定，在各自职责范围内承担数据安全监管职责；国家网信部门依照本法和有关法律、行政法规的规定，负责统筹协调网络数据安全和相关监管工作。其次，约谈的条件是发现数据处理活动存在较大安全风险，程序是按照规定的权限和程序，具体还需要通过其他法律法规进行完善。再次，约谈的对象是有关组织、个人。通常是数据处理活动单位内承担数据安全监管的负责人或法定代表人。

【法律法规衔接问题】

《网络安全法》第五十六条。

第四十五条　开展数据处理活动的组织、个人不履行本法第二十七条、第二十九条、第三十条规定的数据安全保护义务的，由有关主管部门责令改正，给予警告，可以并处五万元以上五十万元以下罚款，对直接负责的主管人员和其他直接责任人员可以处一万元以上十万元以下罚款；拒不改正或者造成大量数据泄露等严重后果的，处五十万元以上二百万元以下罚款，并可以责令暂停相关业务、停业整顿、吊销相关业务许可证或者吊销营业执照，对直接负责的主管人员和其他直接责任人员处五万元以上二十万元以下罚款。

违反国家核心数据管理制度，危害国家主权、安全和发展利益的，由有关主管部门处二百万元以上一千万元以下罚款，并根据情况责令暂停相关业务、停业整顿、吊销相关业务许可证或者吊销营业执照；构成犯罪的，依法追究刑事责任。

【重点法条解读】

本条是关于不履行数据安全保护义务违法和违反国家核心数据管理制度违法的行政处罚规定。

本条第一款规定了不履行数据安全保护义务违法的行政处罚。处罚包括责令改正，给予警告，罚款等形式，对拒不改正或者造成大量数据泄露等严重后果的，还可以责令暂停相关业务、停业整顿、吊销相关业务许可证或者吊销营业执照等。不履行的数据安全保护义务包括第二十七条规定的数据安全管理义务、第二十九条的数据安全风险检测与处置义务、第三十条规定的重要数据风险评估义务。

本条第二款规定了违反国家核心数据管理制度违法的行政处罚。处罚措施包括罚款、责令暂停相关业务、停业整顿、吊销相关业务许可证或者吊销营业执照等。处罚条件不仅要求行为违反国家核心数据管理制度，而且行为危害国家主权、安全和发展利益的。

【法律法规衔接问题】

《网络安全法》第五十九条。

第四十六条　违反本法第三十一条规定，向境外提供重要数据的，由有关主管部门责令改正，给予警告，可以并处十万元以上一百万元以下罚款，对直接负责的主管人员和其他直接责任人员可以处一万元以上十万元以下罚款；情节严重的，处一百万元以上一千万元以下罚款，并可以责令暂停相关业务、停业整顿、吊销相关业务许可证或者吊销营业执照，对直接负责的主管人员和其他直接责任人员处十万元以上一百万元以下罚款。

【重点法条解读】

本条是关于违法向境外提供重要数据的行政处罚规定。

本法第三十一条规定，关键信息基础设施的运营者在中华人民共和国境内运营中收集和产生的重要数据的出境安全管理，适用《中华人民共和国网络安全法》的规定；其他数据处理者在中华人民共和国境内运营中收集和产生的重要数据的出境安全管理办法，由国家网信部门会同国务院有关部门制定。根据《网络安全法》第三十七条规定，关键信息基础设施的运营者在中华人民共和国境内运营中收集和产生的个人信息和重要数据应当在境内存储。因业务需要，确需向境外提供的，应当按照国家网信部门会同国务院有关部门制定的办法进行安全评估；法律、行政法规另有规定的，依照其规定。本条违反的是数据安全出境管理制度，按照国家互联网信息办发布的《促进和规范数据跨境流动规定》第七条规定，数据处理者向境外提供数据，符合下列条件之一的，应当通过所在地省级网信部门向国家网信部门申报数据出境安全评估：（一）关键信息基础设施运营者向境外提供个人信息或者重要数据；（二）关键信息基础设施运营者以外的数据处理者向境外提供重要数据，或者自当年1月1日起累计向境外提供100万人以上个人信息（不含敏感个人信息）或者1万人以上敏感个人信息。需要注意的是并非所有数据出境都需要申报出境安全评估，《促进和规范数据跨境流动规定》第三条、第四条、第五条、第六条规定了免于申报数据出境安全评估的具体情形。本条行政处罚措施包括责令改正、给予警告、罚款等，罚款幅度为可以并处十万元以上一百万元以下罚款，对直接负责的主管人员和其他直接责任人员可以处一万元以上十万元以下罚款；对情节严重的处罚措施包括罚款、责令暂停相关业务、停业整顿、吊销相关业务许可证或者吊销营业执照。罚款幅度为处一百万元以上一千万元以下罚款，对直接负责的主管人员和其他直接责任人员处十万元以上一百万元以下罚款。

【法律法规衔接问题】

《网络安全法》第三十七条、《促进和规范数据跨境流动规定》第一条至第十三条、《数据安全出境评估办法》第七条、第八条。

第四十七条 从事数据交易中介服务的机构未履行本法第三十三条规定的义务的，由有关主管部门责令改正，没收违法所得，处违法所得一倍以上十倍以下罚款，没有违法所得或者违法所得不足十万元的，处十万元以上一百万元以下罚款，并可以责令暂停相关业务、停业整顿、吊销相关业务许可证或者吊销营业执照；对直接负责的主管人员和其他直接责任人员处一万元以上十万元以下罚款。

【重点法条解读】

本条是关于数据交易中介未按规定履行义务的行政处罚规定。按照本法第三十三条规定，从事数据交易中介服务的机构提供服务，应当要求数据提供方说明数据来源，审核交易双方的身份，并留存审核、交易记录。处罚措施包括责令改正、没收违法所得、罚款、责令暂停相关业务、停业整顿、吊销相关业务许可证或者吊销营业执照等。

第四十八条 违反本法第三十五条规定，拒不配合数据调取的，由有关主管部门责令改正，给予警告，并处五万元以上五十万元以下罚款，对直接负责的主管人员和其他直接责任人员处一万元以上十万元以下罚款。

违反本法第三十六条规定，未经主管机关批准向外国司法或者执法机构提供数据的，由有关主管部门给予警告，可以并处十万元以上一百万元以下罚款，对直接负责的主管人员和其他直接责任人员可以处一万元以上十万元以下罚款；造成严重后果的，处一百万元以上五百万元以下罚款，并可以责令暂停相关业务、停业整顿、吊销相关业务许可证或者吊销营业执照，对直接负责的主管人员和其他直接责任人员处五万元以上五十万元以下罚款。

【重点法条解读】

本条第一款是关于拒不配合数据调取违法的行政处罚规定。根据本法第三十五条规定，公安机关、国家安全机关因依法维护国家安全或者侦查犯罪的需要调取数据，应当按照国家有关规定，经过严格的批准手续，依法进行，有关组织、个人应当予以配合。拒不配合数据调取的，由有关主管部门责令改正，给予警告，并处五万元以上五十万元以下罚款，对直接负责的主管人员和其他直接责任人员处一万元以上十万元以下罚款。

本条第二款是关于未经主管机关批准向外国司法或者执法机构提供数据的行政处罚规定。根据本法第三十六条规定，中华人民共和国主管机关根据有关法律和中华人民共和国缔结或者参加的国际条约、协定，或者按照平等互惠原则，处理外国司法或者执法机构关于提供数据的请求。非经中华人民共和国主管机关批准，境内的组织、个人不得向外国司法或者执法机构提供存储于中华人民共和国境内的数据。未经主管机关批准向外国司法或者执法机构提供数据的，由有关主管部门给予警告，可以并处十万元以上一百万元以下罚款，对直接负责的主管人员和其他直接责任人员可以处一万元以上十万元以下罚款；造成严重后果的，处一百万元以上五百万元以下罚款，并可以责令暂停相关业务、停业整顿、吊销相关业务许可证或者吊销营业执照，对直接负责的主管人员和其他直接责任人员处五万元以上五十万元以下罚款。

【法律法规衔接问题】

《网络安全法》第六十九条。

第四十九条　国家机关不履行本法规定的数据安全保护义务的，对直接负责的主管人员和其他直接责任人员依法给予处分。

【重点法条解读】

本条是对国家机关不履行数据安全保护义务的法律责任的规定。

第五十条　履行数据安全监管职责的国家工作人员玩忽职守、滥用职权、徇私舞弊的，依法给予处分。

【重点法条解读】

本条是关于安全监管职责的国家工作人员失职的处分。

第五十一条　窃取或者以其他非法方式获取数据，开展数据处理活动排除、限制竞争，或者损害个人、组织合法权益的，依照有关法律、行政法规的规定处罚。

第五十二条　违反本法规定，给他人造成损害的，依法承担民事责任。

违反本法规定，构成违反治安管理行为的，依法给予治安管理处罚；构成犯罪的，依法追究刑事责任。

中华人民共和国个人信息保护法（节选）

（2021 年 8 月 20 日第十三届全国人民代表大会常务委员会第三十次会议通过）

第七章　法律责任

第六十六条　违反本法规定处理个人信息，或者处理个人信息未履行本法规定的个人信息保护义务的，由履行个人信息保护职责的部门责令改正，给予警告，没收违法所得，对违法处理个人信息的应用程序，责令暂停或者终止提供服务；拒不改正的，并处一百万元以下罚款；对直接负责的主管人员和其他直接责任人员处一万元以上十万元以下罚款。

有前款规定的违法行为，情节严重的，由省级以上履行个人信息保护职责的部门责令改正，没收违法所得，并处五千万元以下或者上一年度营业额百分之五以下罚款，并可以责令暂停相关业务或者停业整顿、通报有关主管部门吊销相关业务许可或者吊销营业执照；对直接负责的主管人员和其他直接责任人员处十万元以上一百万元以下罚款，并可以决定禁止其在一定期限内担任相关企业的董事、监事、高级管理人员和个人信息保护负责人。

【重点法条解读】

本条是关于违法处理个人信息行为、个人信息处理者未履行个人信息保护义务行为的行政处罚规定。

本条规定了两类违法行为：第一类违法行为是违法处理个人信息行为，指违反了本法"个人信息处理规则"有关规定的个人信息处理活动。这里的"个人信息处理规则"主要包括本法规定个人信息处理的"告知—同意"规则（参见本法第 13 条）、"同意撤回"规则（参见本法第 15 条）、敏感个人信息处理规则（参见本法第二章第二节）、跨境个人信息提供规则（参见本法第三章）等。这里的个人信息处理活动包括个人信息收集、存储、加工、使用、公开、提供、买卖等处理行为。此类个人信息处理活动其处理行为本身通常是违法的，主要涉及到个人信息知情权、同意权、查阅复制权、携带权、删除权等权利的侵犯。第二类违法行为是信息处理者未履行个人信息保护义务的行为，主要指违反本法第五章关于个人信息处理者的义务的规定。这一类违法行为的个人信息处理活动本身通常是合法的，但是在个人信息保护方面履行义务尚未达到本法规定的个人信息处理者应具备的管理上、技术上的法定要求。

本条行政处罚的规定，根据情节严重不同也分两种情形。一种是一般情形，该情形处罚在本条第一款进行了规定，包括责令改正、给予警告、没收违法所得、责令暂停或者终止提供服务、罚款等处罚措施；另一种是严重情形，该情形处罚在在本条第二款进行了规定，包括责令改正、没收违法所得、罚款、责令暂停相关业务、停业整顿、吊销相关业务许可、吊销营业执照、一定期限内的禁业等处罚措施。

本条第二款通过大幅提高针对情节严重违法行为的罚款上限，提高个人信息处理者的违规成本。罚款包括两种方式，一种是按照五千万元以下的额度罚款，一种是按上一年度营业额百分之五以下罚款，通过这种方式，可以有效地应对实务中出现的违法收益大、违法成本低的问题。

【难点问题解析】

1. 关于处罚主体的理解

按照本条规定，对违法处理个人信息行为的单位或自然人、未履行个人信息保护义务的个人信息处理者的处罚主体为履行个人信息保护职责的部门。按照本法第六十条规定，国家网信部门负责统筹协调个人信息保护工作和相关监督管理工作；国务院有关部门依照本法和有关法律、行政法规的规定，在各自职责范围内负责个人信息保护和监督管理工作；县级以上地方人民政府有关部门的个人信息保护和监督管理职责，按照国家有关规定确定。从层级管辖看，一般违法行为由县、市级履行个人信息保护职责的部门处罚。严重违法行为由省级以上履行个人信息保护职责的部门处罚。对全国范围内有重大影响的违法行为，或引发群体投诉、案情复杂的违法行为，通常由国家网信部门查处或指定省级网信部门查处。从职能管辖看，行业主管部门如工信、公安、国安、交通、金融、自然资源、卫生健康、教育、科技等部门，根据其职能负责相应领域内的个人信息保护和监督管理工作。

2. 关于处罚对象的理解

按照本法相关规定，处罚对象有可能存在两种情况。第一种情况为个人信息处理者，所谓个人信息处理者是指在个人信息处理活动中自主决定处理目的、处理方式的组织、个人。它可以是企业、政府机关、事业单位、社会团体等各种组织，也可以是自然人。第二种情况是个人信息处理者的受托人。按照第二十一条第二款的规定，受托人应当按照约定处理个人信息，不得超出约定的处理目的、处理方式等处理个人信息；委托合同不生效、无效、被撤销或者终止的，受托人应当将个人信息返还个人信息处理者或者予以删除，不得保留。因而，受托人有可能成为被处罚的对象。

3. 情节一般与情节严重两种情形行政处罚的区别

主要区别有以下几点：其一，处罚主体不同。前者为履行个人信息保护职责的部门，后者限定为省级以上履行个人信息保护职责的部门。其二，处罚种类不同。前者包括责令改正、给予警告、没收违法所得、责令暂停或者终止提供服务、罚款等处罚措施，后者可采取更为严厉的处罚措施，包括责令暂停相关业务、停业整顿、吊销相关业务许可、吊销营业执照、一定期限内的禁业等处罚措施。其三，罚款的方式幅度不同。后者增加按营业额比例的罚款，且幅度更高。

【法律法规衔接问题】

《网络安全法》第四十一条、《电信和互联网用户个人信息保护规定》第八条至第二十四条。

第六十七条　有本法规定的违法行为的，依照有关法律、行政法规的规定记入信用档案，并予以公示。

【重点法条解读】

本条是关于个人信息保护信用档案记录和公示的规定。

第六十八条　国家机关不履行本法规定的个人信息保护义务的，由其上级机关或者履行个人信息保护职责的部门责令改正；对直接负责的主管人员和其他直接责任人员依法给予处分。

履行个人信息保护职责的部门的工作人员玩忽职守、滥用职权、徇私舞弊，尚不构成犯罪的，依法给予处分。

【重点法条解读】

本条是关于国家机关不履行个人信息保护义务的处罚规定。

第六十九条　处理个人信息侵害个人信息权益造成损害，个人信息处理者不能证明自己没有过错的，应当承担损害赔偿等侵权责任。

前款规定的损害赔偿责任按照个人因此受到的损失或者个人信息处理者因此获得的利益确定；个人因此受到的损失和个人信息处理者因此获得的利益难以确定的，根据实际情况确定赔偿数额。

第七十条　个人信息处理者违反本法规定处理个人信息，侵害众多个人的权益的，人民检察院、法律规定的消费者组织和由国家网信部门确定的组织可以依法向人民法院提起诉讼。

第七十一条　违反本法规定，构成违反治安管理行为的，依法给予治安管理处罚；构成犯罪的，依法追究刑事责任。

中华人民共和国反电信网络诈骗法

（2022 年 9 月 2 日第十三届全国人民代表大会常务委员会第三十六次会议通过）

第六章　法律责任

第三十八条　组织、策划、实施、参与电信网络诈骗活动或者为电信网络诈骗活动提供帮助，构成犯罪的，依法追究刑事责任。

前款行为尚不构成犯罪的，由公安机关处十日以上十五日以下拘留；没收违法所得，处违法所得一倍以上十倍以下罚款，没有违法所得或者违法所得不足一万元的，处十万元以下罚款。

【重点法条解读】

本条是关于组织、策划、实施、参与电信网络诈骗活动或者为电信网络诈骗活动提供帮助的刑事处罚和治安管理处罚的规定。组织、策划、实施、参与电信网络诈骗活动或者为电信网络诈骗活动提供帮助的，构成犯罪的，依法追究刑事责任。尚不构成犯罪的，进行治安管理处罚。处罚措施为十日以上十五日以下拘留；没收违法所得，处违法所得一倍以上十倍以下罚款。对于没有违法所得或者违法所得不足一万元的，处十万元以下罚款。

第三十九条　电信业务经营者违反本法规定，有下列情形之一的，由有关主管部门责令改正，情节较轻的，给予警告、通报批评，或者处五万元以上五十万元以下罚款；情节严重的，处五十万元以上五百万元以下罚款，并可以由有关主管部门责令暂停相关业务、停业整顿、吊销相关业务许可证或者吊销营业执照，对其直接负责的主管人员和其他直接责任人员，处一万元以上二十万元以下罚款：

（一）未落实国家有关规定确定的反电信网络诈骗内部控制机制的；

（二）未履行电话卡、物联网卡实名制登记职责的；

（三）未履行对电话卡、物联网卡的监测识别、监测预警和相关处置职责的；

（四）未对物联网卡用户进行风险评估，或者未限定物联网卡的开通功能、使用场景和适用设备的；

（五）未采取措施对改号电话、虚假主叫或者具有相应功能的非法设备进行监测处置的。

【重点法条解读】

本条是关于电信业务经营者未履行反电信网络诈骗义务的行政处罚规定。本法针对电信网络诈骗案件频发、网络黑灰产业交易组织化、链条化、诈骗精准化的特点，为有效打击电信网络诈骗违法犯罪，完善源头治理、综合治理和违法犯罪预防，分别从电信治理、金融治理、互联网治理三个维度，对电信业务经营者、互联网提供者、银行业金融机构、非银行支付机构的业务行为提出了细致的具体规范要求。对电信业务经营者，需要落实电信网络诈骗内部控制机制、落实实名登记制度、开展电信网络诈骗相关的识别、检测、预警和风险评估。本条对电信业务经营者五种违反法律规定行为规定了行政处罚措施：未落实国家有关规定确定的反电信网络诈骗内部控制机制的；未履行电话卡、物联网卡实名制登记职责的；未履行对电话卡、物联网卡的监测识别、监测预警和相关处置职责的；未对物联网卡用户进行风险评估，或者未限定物联网卡的开通功能、使用场景和适用设备的；未采取措施对改号电话、虚假主叫或者具有相应功能的非法设备进行监测处置的。行政处罚措施包括责令改正，给予警告、通报批评，罚款，情节严重的，还可以责令暂停相关业务、停业整顿、吊销相关业务许可证或者吊销营业执照，对其直接负责的主管人员和其他直接责任人员罚款等。

第四十条　银行业金融机构、非银行支付机构违反本法规定，有下列情形之一的，由有关主管部门责令改正，情节较轻的，给予警告、通报批评，或者处五万元以上五十万元以下罚款；情节严重的，处五十万元以上五百万元以下罚款，并可以由有关主管部门责令停止新增业务、缩减业务类型或者业务范围、暂停相关业务、停业整顿、吊销相关业务许可证或者吊销营业执照，对其直接负责的主管人员和其他直接责任人员，处一万元以上二十万元以下罚款：

（一）未落实国家有关规定确定的反电信网络诈骗内部控制机制的；

（二）未履行尽职调查义务和有关风险管理措施的；

（三）未履行对异常账户、可疑交易的风险监测和相关处置义务的；

（四）未按照规定完整、准确传输有关交易信息的。

【重点法条解读】

本条是关于银行业金融机构、非银行支付机构未履行反电信网络诈骗义务的行政处罚规定。具体规定了四种违反法律规定应受行政处罚的行为。

第四十一条　电信业务经营者、互联网服务提供者违反本法规定，有下列情形之一的，由有关主管部门责令改正，情节较轻的，给予警告、通报批评，或者处五万元以上五十万元以下罚款；情节严重的，处五十万元以上五百万元以下罚款，并可以由有关主管部门责令暂停相关业务、停业整顿、关闭网站或者应用程序、吊销相关业务许可证或者吊销营业执照，对其直接负责的主管人员和其他直接责任人员，处一万元以上二十万元以下罚款：

（一）未落实国家有关规定确定的反电信网络诈骗内部控制机制的；

（二）未履行网络服务实名制职责，或者未对涉案、涉诈电话卡关联注册互联网账号进行核验的；

（三）未按照国家有关规定，核验域名注册、解析信息和互联网协议地址的真实性、准确性，规范域名跳转，或者记录并留存所提供相应服务的日志信息的；

（四）未登记核验移动互联网应用程序开发运营者的真实身份信息或者未核验应用程序的功能、用途，为其提供应用程序封装、分发服务的；

（五）未履行对涉诈互联网账号和应用程序，以及其他电信网络诈骗信息、活动的监测识别和处置义务的；

（六）拒不依法为查处电信网络诈骗犯罪提供技术支持和协助，或者未按规定移送有关违法犯罪线索、风险信息的。

【重点法条解读】

本条是关于电信业务经营者、互联网服务提供者未履行反电信网络诈骗义务的行政处罚规定。具体规定了六种违反法律规定应受行政处罚的行为。

第四十二条　违反本法第十四条、第二十五条第一款规定的，没收违法所得，由公安机关或者有关主管部门处违法所得一倍以上十倍以下罚款，没有违法所得或者违法所得不足五万元的，处五十万元以下罚款；情节严重的，由公安机关并处十五日以下拘留。

【重点法条解读】

本条是关于非法制造、买卖、提供或者使用电信网络诈骗设备、软件和帮助电信网络诈骗活动的行政处罚规定。根据本法十四条规定，"任何单位和个人不得非法制造、买卖、提供或者使用下列设备、软件：（一）电话卡批量插入设备；（二）具有改变主叫号码、虚拟拨号、互联网电话违规接入公用电信网络等功能的设备、软件；（三）批量账号、网络地址自动切换系统，批量接收提供短信验证、语音验证的平台；（四）其他用于实施电信网络诈骗等违法犯罪的设备、软件。电信业务经营者、互联网服务提供者应当采取技术措施，及时识别、阻断前款规定的非法设备、软件接入网络，并向公安机关和相关行业主管部门报告。"对于上述违反规定行为，均可依据本条规定处罚。本法第二十五条第一款规定，任何单位和个人不得为他人实施电信网络诈骗活动提供下列支持或者帮助：（一）出售、提供个人信息；（二）帮助他人通过虚拟货币交易等方式洗钱；（三）其他为电信网络诈骗活动提供支持或者帮助的行为。上述规定的是帮助电信网络诈骗活动。行政处罚措施包括没收违法所，罚款；情节严重的，拘留。

第四十三条　违反本法第二十五条第二款规定，由有关主管部门责令改正，情节较轻的，给予警告、通报批评，或者处五万元以上五十万元以下罚款；情节严重的，处五十万元以上五百万元以下罚款，并可以由有关主管部门责令暂停相关业务、停业整顿、关闭网站或者应用程序，对其直接负责的主管人员和其他直接责任人员，处一万元以上二十万元以下罚款。

【重点法条解读】

本条是关于电信业务经营者、互联网服务提供者未按规定对涉诈支持、帮助活动进行监测识别和处置的行政处罚规定。根据本法第二十五条第二款规定，电信业务经营者、互联网服务提供者应当依照国家有关规定，履行合理注意义务，对利用下列业务从事涉诈支持、帮助活动进行监测识别和处置：（一）提供互联网接入、服务器托管、网络存储、通讯传输、线路出租、域名解析等网络资源服务；（二）提供信息发布或者搜索、广告推广、引流推广等网络推广服务；(三)提供应用程序、网站等网络技术、产品的制作、维护服务；(四)提供支付结算服务。行政处罚措施包括责令改正，给予警告、通报批评，罚款；情节严重的，除罚款外，并可以责令暂停相关业务、停业整顿、关闭网站或者应用程序，对其直接负责的主管人员和其他直接责任人员处以罚款。

　　第四十四条　违反本法第三十一条第一款规定的，没收违法所得，由公安机关处违法所得一倍以上十倍以下罚款，没有违法所得或者违法所得不足二万元的，处二十万元以下罚款；情节严重的，并处十五日以下拘留。

　　【重点法条解读】

　　本条规定了违反规定非法提供电话卡、物联网卡、通信线路、账号和账户等高风险行为的处罚。根据本法第三十一条第一款规定，任何单位和个人不得非法买卖、出租、出借电话卡、物联网卡、电信线路、短信端口、银行账户、支付账户、互联网账号等，不得提供实名核验帮助；不得假冒他人身份或者虚构代理关系开立上述卡、账户、账号等。上述行为具有高风险，很可能为电信网络诈骗违法犯罪提供实际支持和帮助，若导致犯罪实际发生，有可能构成诈骗罪共犯或帮助信息网络犯罪活动罪等。若上述行为虽为电信网络违法犯罪提供了帮助但不构成犯罪或者上述行为未实际导致犯罪行为发生，仍应受到行政处罚，处罚方式为没收违法所得，处违法所得一倍以上十倍以下罚款，没有违法所得或者违法所得不足二万元的，处二十万元以下罚款；情节严重的，并处十五日以下拘留。

　　第四十五条　反电信网络诈骗工作有关部门、单位的工作人员滥用职权、玩忽职守、徇私舞弊，或者有其他违反本法规定行为，构成犯罪的，依法追究刑事责任。

　　【重点法条解读】

　　反电信网络诈骗工作有关部门、单位的工作人员构成犯罪依法追究刑事责任的规定。

　　第四十六条　组织、策划、实施、参与电信网络诈骗活动或者为电信网络诈骗活动提供相关帮助的违法犯罪人员，除依法承担刑事责任、行政责任以外，造成他人损害的，依照《中华人民共和国民法典》等法律的规定承担民事责任。

　　电信业务经营者、银行业金融机构、非银行支付机构、互联网服务提供者等违反本法规定，造成他人损害的，依照《中华人民共和国民法典》等法律的规定承担民事责任。

　　【重点法条解读】

　　本条是关于电信网络诈骗活动提供相关帮助的违法犯罪人员，造成他人损害和电信业务经营者、银行业金融机构、非银行支付机构、互联网服务提供者违反规定造成他人损害的民事责任的规定。

　　第四十七条　人民检察院在履行反电信网络诈骗职责中，对于侵害国家利益和社会公共利益的行为，可以依法向人民法院提起公益诉讼。

　　第四十八条　有关单位和个人对依照本法作出的行政处罚和行政强制措施决定不服的，可以依法申请行政复议或者提起行政诉讼。

2.3 中华人民共和国计算机信息系统安全保护条例解读

中华人民共和国计算机信息系统安全保护条例

（1994 年 2 月 18 日中华人民共和国国务院令第 147 号发布，根据 2011 年 1 月 8 日
国务院令第 588 号《国务院关于废止和修改部分行政法规的决定》修订）

第一章 总 则

第一条 为了保护计算机信息系统的安全，促进计算机的应用和发展，保障社会主义
现代化建设的顺利进行，制定本条例。

【重点法条解读】

本条规定了立法目的，包括三个方面：保护计算机信息系统安全；促进计算机应用和
发展；保障社会主义现代化建设顺利进行。

第二条 本条例所称的计算机信息系统，是指由计算机及其相关的和配套的设备、设
施（含网络）构成的，按照一定的应用目标和规则对信息进行采集、加工、存储、传输、检索
等处理的人机系统。

【重点法条解读】

本条对什么是计算机信息系统进行了界定。

【法律法规衔接问题】

为使计算机信息系统概念外延更加明确具体，《最高人民法院、最高人民检察院关于办
理危害计算机信息系统安全刑事案件应用法律若干问题的解释》第十一条对其进行了解释，
该条规定"计算机信息系统"和"计算机系统"，是指具备自动处理数据功能的系统，包括计
算机、网络设备、通信设备、自动化控制设备等。

第三条 计算机信息系统的安全保护，应当保障计算机及其相关的和配套的设备、设
施（含网络）的安全，运行环境的安全，保障信息的安全，保障计算机功能的正常发挥，以维
护计算机信息系统的安全运行。

【重点法条解读】

本条对计算机信息系统安全保护的内容进行了规定。

第四条 计算机信息系统的安全保护工作，重点维护国家事务、经济建设、国防建设、
尖端科学技术等重要领域的计算机信息系统的安全。

第五条 中华人民共和国境内的计算机信息系统的安全保护，适用本条例。

未联网的微型计算机的安全保护办法，另行制定。

第六条 公安部主管全国计算机信息系统安全保护工作。

国家安全部、国家保密局和国务院其他有关部门，在国务院规定的职责范围内做好计

算机信息系统安全保护的有关工作。

第七条　任何组织或者个人，不得利用计算机信息系统从事危害国家利益、集体利益和公民合法利益的活动，不得危害计算机信息系统的安全。

第二章　安全保护制度

第八条　计算机信息系统的建设和应用，应当遵守法律、行政法规和国家其他有关规定。

第九条　计算机信息系统实行安全等级保护。安全等级的划分标准和安全等级保护的具体办法，由公安部会同有关部门制定。

【重点法条解读】

本条为计算机信息系统安全等级保护制度的规定。

安全等级划分标准和安全等级保护的具体办法包括《信息安全等级保护管理办法》（公通字〔2007〕43 号）、《信息系统安全等级保护定级指南》（GB/T 22240—2008）、《信息系统安全等级保护实施指南》（GB/T 25058—2010）等。

根据信息安全等级保护管理办法的规定，信息系统的安全保护等级分为五级：第一级，信息系统受到破坏后，会对公民、法人和其他组织的合法权益造成损害，但不损害国家安全、社会秩序和公共利益；第二级，信息系统受到破坏后，会对公民、法人和其他组织的合法权益产生严重损害，或者对社会秩序和公共利益造成损害，但不损害国家安全；第三级，信息系统受到破坏后，会对社会秩序和公共利益造成严重损害，或者对国家安全造成损害；第四级，信息系统受到破坏后，会对社会秩序和公共利益造成特别严重损害，或者对国家安全造成严重损害；第五级，信息系统受到破坏后，会对国家安全造成特别严重损害。

针对不同等级信息系统，国家有关信息安全监管部门对信息系统运营、使用单位的信息安全等级保护工作进行监督管理方式也不同。其中，第一级到第三级信息系统运营、使用单位应当依据国家有关管理规范和技术标准进行保护；国家信息安全监管部门对第二级信息系统信息安全等级保护工作进行指导，对第三级信息系统信息安全等级保护工作进行监督、检查；国家信息安全监管部门对第四级信息系统信息安全等级保护工作进行强制监督、检查，信息系统运营、使用单位应当依据国家有关管理规范、技术标准和业务专门需求进行保护；对第五级信息系统，运营、使用单位应当依据国家管理规范、技术标准和业务特殊安全需求进行保护，国家指定专门部门对该级信息系统信息安全等级保护工作进行专门监督、检查。

【法律法规衔接问题】

《网络安全法》第二十一条参见该法条解读。

第十条　计算机机房应当符合国家标准和国家有关规定。在计算机机房附近施工，不得危害计算机信息系统的安全。

第十一条　进行国际联网的计算机信息系统，由计算机信息系统的使用单位报省级以上人民政府公安机关备案。

【重点法条解读】

本条规定了计算机信息系统国际联网备案制度。根据《中华人民共和国计算机信息网络国际联网管理暂行规定》第三条的规定,计算机信息网络国际联网(简称国际联网),是指中华人民共和国境内的计算机信息网络为实现信息的国际交流,同外国的计算机信息网络相联接。

【法律法规衔接问题】

《计算机信息网络国际联网管理暂行规定》《计算机信息网络国际联网安全保护管理办法》。

第十二条 运输、携带、邮寄计算机信息媒体进出境的,应当如实向海关申报。

【重点法条解读】

本条规定了计算机信息媒体进出境的海关申报。

【法律法规衔接问题】

《海关关于对计算机信息媒体进出境管理的公告》,《海关法》第四十七条至第五十一条。

第十三条 计算机信息系统的使用单位应当建立健全安全管理制度,负责本单位计算机信息系统的安全保护工作。

第十四条 对计算机信息系统中发生的案件,有关使用单位应当在 24 小时内向当地县级以上人民政府公安机关报告。

【重点法条解读】

本条规定了计算机信息系统案件报告制度。

【法律法规衔接问题】

《计算机信息网络国际联网安全保护管理办法》第十条。

第十五条 对计算机病毒和危害社会公共安全的其他有害数据的防治研究工作,由公安部归口管理。

第十六条 国家对计算机信息系统安全专用产品的销售实行许可证制度。具体办法由公安部会同有关部门制定。

【重点法条解读】

本条规定了计算机信息系统安全专用产品的销售许可证制度。具体办法主要有公安部发布的《计算机信息系统安全专用产品检测和销售许可证管理办法》等。

【法律法规衔接问题】

《计算机信息系统安全专用产品检测和销售许可证管理办法》,《网络安全法》第二十三条。

第三章　安 全 监 督

第十七条　公安机关对计算机信息系统安全保护工作行使下列监督职权：

（一）监督、检查、指导计算机信息系统安全保护工作；

（二）查处危害计算机信息系统安全的违法犯罪案件；

（三）履行计算机信息系统安全保护工作的其他监督职责。

第十八条　公安机关发现影响计算机信息系统安全的隐患时，应当及时通知使用单位采取安全保护措施。

第十九条　公安部在紧急情况下，可以就涉及计算机信息系统安全的特定事项发布专项通令。

第四章　法 律 责 任

第二十条　违反本条例的规定，有下列行为之一的，由公安机关处以警告或者停机整顿：

（一）违反计算机信息系统安全等级保护制度，危害计算机信息系统安全的；

（二）违反计算机信息系统国际联网备案制度的；

（三）不按照规定时间报告计算机信息系统中发生的案件的；

（四）接到公安机关要求改进安全状况的通知后，在限期内拒不改进的；

（五）有危害计算机信息系统安全的其他行为的。

【重点法条解读】

本条规定了违反本条例处以警告或者停机整顿的情形，主要包括五种情形："违反计算机信息系统安全等级保护制度""违反计算机信息系统国际联网备案制度""计算机信息系统发生案件不报""拒不改进计算机信息系统安全状况""其他危害计算机信息系统安全行为"。

需要注意的是，对于违反安全等级保护制度的规定，《网络安全法》第二十一条、第五十九条进行了法律层面规定。对于违反网络安全等级保护制度的行为，该法进行了专门规定，应依据该法相关规定处罚，具体参见该法相关条文的解读。

【难点问题解析】

关于停机整顿的具体执行措施是什么？

对于停机整顿可采取的执行措施，公安部在《关于执行〈计算机信息网络国际联网安全保护管理办法〉中有关问题的通知》中规定，"停机整顿"的处罚决定，可采取的执行措施包括：（1）停止计算机信息系统运行；（2）停止部分计算机信息系统功能；（3）冻结用户联网账号；（4）其他有效执行措施。

【法律法规衔接问题】

《网络安全法》第二十一条和第五十九条。

第二十一条　计算机机房不符合国家标准和国家其他有关规定的，或者在计算机机房附近施工危害计算机信息系统安全的，由公安机关会同有关单位进行处理。

【重点法条解读】

本条对违反本法第十条的规定的处理措施进行了规定。

第二十二条 运输、携带、邮寄计算机信息媒体进出境,不如实向海关申报的,由海关依照《中华人民共和国海关法》和本条例以及其他有关法律、法规的规定处理。

【重点法条解读】

本条对违反本法第十二条的规定的处理措施进行了规定。根据《中华人民共和国海关关于对计算机信息媒体进出境管理的公告》和《中华人民共和国海关法》第四十七条至第五十一条的规定,运输、携带、邮寄计算机信息媒体进出境,不如实向海关申报可能涉及补缴关税、罚款处罚措施,特殊情形下(根据信息媒体的内容、性质和数量不同)可能涉及走私罪。

第二十三条 故意输入计算机病毒以及其他有害数据危害计算机信息系统安全的,或者未经许可出售计算机信息系统安全专用产品的,由公安机关处以警告或者对个人处以5000元以下的罚款、对单位处以15 000元以下的罚款;有违法所得的,除予以没收外,可以处以违法所得1至3倍的罚款。

【重点法条解读】

本条规定了故意输入计算机病毒以及其他有害数据危害计算机信息系统安全的,或者未经许可出售计算机信息系统安全专用产品的两种情形的处罚措施。需要注意的是,故意输入计算机病毒以及其他有害数据危害计算机信息系统安全的处罚措施,本条仅规定了警告、罚款、没收违法所得等处罚措施,实际还包括治安管理处罚和刑事处罚等措施,且法条规定之间存在冲突问题。

【难点问题解析】

未经许可出售计算机信息系统安全专用产品的处罚措施。对于个人,包括警告、处以5000元以下罚款、没收违法所得、可以并处违法所得1至3倍的罚款等几种处罚形式;对于单位,包括警告、处以15 000元以下罚款、没收违法所得、可以并处违法所得1至3倍的罚款等几种处罚形式。

实践中未经许可出售计算机信息系统安全专用产品的主体主要为单位。根据《计算机信息系统安全专用产品检测和销售许可证管理办法》的规定,未经许可出售安全专用产品的情形有:(一)没有申领销售许可证而将生产的安全专用产品进入市场销售的;(二)安全专用产品的功能发生改变,而没有重新申领销售许可证进行销售的;(三)销售许可证有效期满,未办理延期申领手续而继续销售的;(四)提供虚假的安全专用产品检测报告或者虚假的计算机病毒防治研究的备案证明,骗取销售许可证的;(五)销售的安全专用产品与送检样品安全功能不一致的;(六)未在安全专用产品上标明"销售许可"标记而销售的;(七)伪造、变造销售许可证和"销售许可"标记的。

根据本条规定,故意输入计算机病毒以及其他有害数据危害计算机信息系统安全的,对于个人,包括警告、处以5000元以下罚款、没收违法所得、可以并处违法所得1至3倍的罚款等几种处罚形式;对于单位,包括警告、处以15 000元以下罚款、没收违法所得、可以并处违法所得1至3倍的罚款等几种处罚形式。然而,在《治安管理处罚法》中对该行为亦有规定,"对于故意制作、传播计算机病毒等破坏性程序,影响计算机信息系统正常运行的，处五日以下拘留；情节较重的，处五日以上十日以下拘留。"另外，《刑法》第二百八十六条第三款规定，"违反国家规定，故意制作、传播计算机病毒等破坏性程序，影响计算机系统正常运行，后果严重的，处五年以下有期徒刑或者拘役；后果特别严重的，处五年以上有期徒刑。"因而该行为可能涉及行政处罚、治安处罚、刑事处罚。在处理时若涉嫌犯罪，依法追究刑事责任；若不构成犯罪但违反治安管理行为的，应依照治安管理处罚法有关规定处罚。

需要注意的是，《网络安全法》第二十二条第一款规定，"网络产品、服务应当符合相关国家标准的强制性要求。网络产品、服务的提供者不得设置恶意程序；发现其网络产品、服务存在安全缺陷、漏洞等风险时，应当立即采取补救措施，按照规定及时告知用户并向有关主管部门报告。"《网络安全法》第六十条对网络产品、服务提供者设置恶意程序的处罚措施进行了特别规定，其处罚措施包括"由有关主管部门责令改正，给予警告；拒不改正或者导致危害网络安全等后果的，处五万元以上五十万元以下罚款，对直接负责的主管人员处一万元以上十万元以下罚款"。当符合该法特别规定时，应优先依据该法实施处罚。

【法律法规衔接问题】

《计算机信息系统安全专用产品检测和销售许可证管理办法》第二十二条，《计算机病毒防治办法》第六条和第十六条，《网络安全法》第二十二条、第二十七条、第六十条和第六十三条，《治安管理处罚法》第二十九条。

第二十四条　违反本条例的规定，构成违反治安管理行为的，依照《中华人民共和国治安管理处罚法》的有关规定处罚；构成犯罪的，依法追究刑事责任。

【重点法条解读】

本条规定了违反本条例的治安管理责任和刑事责任，具体需结合治安管理处罚法和刑法部分分析。

第二十五条　任何组织或者个人违反本条例的规定，给国家、集体或者他人财产造成损失的，应当依法承担民事责任。

【重点法条解读】

本条规定了违反本条例的民事责任。

第二十六条　当事人对公安机关依照本条例所作出的具体行政行为不服的，可以依法申请行政复议或者提起行政诉讼。

第二十七条　执行本条例的国家公务员利用职权，索取、收受贿赂或者有其他违法、失职行为，构成犯罪的，依法追究刑事责任；尚不构成犯罪的，给予行政处分。

第五章　附　　则

第二十八条　本条例下列用语的含义：

计算机病毒，是指编制或者在计算机程序中插入的破坏计算机功能或者毁坏数据，影响计算机使用，并能自我复制的一组计算机指令或者程序代码。

计算机信息系统安全专用产品，是指用于保护计算机信息系统安全的专用硬件和软件产品。

第二十九条　军队的计算机信息系统安全保护工作，按照军队的有关法规执行。

第三十条　公安部可以根据本条例制定实施办法。

第三十一条　本条例自发布之日起施行。

2.4　计算机信息网络国际联网安全保护管理办法解读

计算机信息网络国际联网安全保护管理办法

(1997 年 12 月 11 日国务院批准 1997 年 12 月 16 日公安部令第 33 号发布，根据 2011 年 1 月 8 日国务院令第 588 号《国务院关于废止和修改部分行政法规的决定》修订)

第一章　总　　则

第一条　为了加强对计算机信息网络国际联网的安全保护，维护公共秩序和社会稳定，根据《中华人民共和国计算机信息系统安全保护条例》、《中华人民共和国计算机信息网络国际联网管理暂行规定》和其他法律、行政法规的规定，制定本办法。

第二条　中华人民共和国境内的计算机信息网络国际联网安全保护管理，适用本办法。

第三条　公安部计算机管理监察机构负责计算机信息网络国际联网的安全保护管理工作。公安机关计算机管理监察机构应当保护计算机信息网络国际联网的公共安全，维护从事国际联网业务的单位和个人的合法权益和公众利益。

第四条　任何单位和个人不得利用国际联网危害国家安全、泄露国家秘密，不得侵犯国家的、社会的、集体的利益和公民的合法权益，不得从事违法犯罪活动。

【重点法条解读】

本条为原则性规定。利用国际联网危害国家安全、泄露国家秘密、侵犯国家、社会、集体和公民合法权益的具体规定分别在《刑法》《治安管理处罚法》《网络安全法》《侵权责任法》等法律、行政法规、司法解释中体现，具体参见相关章节的解读。

第五条　任何单位和个人不得利用国际联网制作、复制、查阅和传播下列信息：

(一)煽动抗拒、破坏宪法和法律、行政法规实施的；

(二)煽动颠覆国家政权，推翻社会主义制度的；

(三)煽动分裂国家、破坏国家统一的；

(四)煽动民族仇恨、民族歧视，破坏民族团结的；

(五)捏造或者歪曲事实，散布谣言，扰乱社会秩序的；

(六)宣扬封建迷信、淫秽、色情、赌博、暴力、凶杀、恐怖，教唆犯罪的；

(七)公然侮辱他人或者捏造事实诽谤他人的；

(八)损害国家机关信誉的；

(九)其他违反宪法和法律、行政法规的。

【重点法条解读】

本条对利用国际联网制作、复制、传播违法信息进行了规定，涉及治安处罚和刑事处罚的具体规定分别在《刑法》《治安管理处罚法》等法律、行政法规、司法解释中体现，具体参见相关章节的解读。

【法律法规衔接问题】

《全国人大常委会关于维护互联网安全的决定》第二条、《网络安全法》第十二条、《互联网信息服务管理办法》第十五条、《电信条例》第五十六条、《互联网上网服务营业场所管理条例》第十四条、《互联网域名管理办法》第二十八条。

第六条 任何单位和个人不得从事下列危害计算机信息网络安全的活动：

（一）未经允许，进入计算机信息网络或者使用计算机信息网络资源的；

（二）未经允许，对计算机信息网络功能进行删除、修改或者增加的；

（三）未经允许，对计算机信息网络中存储、处理或者传输的数据和应用程序进行删除、修改或者增加的；

（四）故意制作、传播计算机病毒等破坏性程序的；

（五）其他危害计算机信息网络安全的。

【重点法条解读】

本条对入侵计算机信息系统、破坏计算机信息系统等危害计算机信息网络安全的违法行为进行了规定，具体包括"擅自进入计算机网络""擅自使用计算机网络资源""擅自改变计算机信息网络功能""擅自改变计算机信息网络数据""故意制作、传播计算机破坏性程序"等几种违法行为。涉及治安处罚和刑事处罚的具体规定分别在《刑法》《治安管理处罚法》等法律、行政法规、司法解释中体现，可见有关章节的解读。

【法律法规衔接问题】

《全国人大常委会关于维护互联网安全的决定》第一条，《网络安全法》第二十二条、第二十七条、第六十条、第六十三条，《治安管理处罚法》第二十九条，《计算机信息系统安全保护条例》第二十三条，《电信条例》第五十七条，《互联网上网服务营业场所管理条例》第十五条，《计算机病毒防治办法》第六条和第十六条。

第七条 用户的通信自由和通信秘密受法律保护。任何单位和个人不得违反法律规定，利用国际联网侵犯用户的通信自由和通信秘密。

第二章 安全保护责任

第八条 从事国际联网业务的单位和个人应当接受公安机关的安全监督、检查和指导，如实向公安机关提供有关安全保护的信息、资料及数据文件，协助公安机关查处通过国际联网的计算机信息网络的违法犯罪行为。

【重点法条解读】

本条对从事国际联网业务的单位和个人规定了三项安全保护职责：接受公安机关的安全监督、检查和指导；如实向公安机关提供有关安全保护的信息、资料及数据文件；协助公安机关查处通过国际联网的计算机信息网络的违法犯罪行为。

第九条 国际出入口信道提供单位、互联单位的主管部门或者主管单位，应当依照法律和国家有关规定负责国际出入口信道、所属互联网络的安全保护管理工作。

第十条 互联单位、接入单位及使用计算机信息网络国际联网的法人和其他组织应当履行下列安全保护职责：

（一）负责本网络的安全保护管理工作，建立健全安全保护管理制度；

（二）落实安全保护技术措施，保障本网络的运行安全和信息安全；

（三）负责对本网络用户的安全教育和培训；

（四）对委托发布信息的单位和个人进行登记，并对所提供的信息内容按照本办法第五条进行审核；

（五）建立计算机信息网络电子公告系统的用户登记和信息管理制度；

（六）发现有本办法第四条、第五条、第六条、第七条所列情形之一的，应当保留有关原始记录，并在二十四小时内向当地公安机关报告；

（七）按照国家有关规定，删除本网络中含有本办法第五条内容的地址、目录或者关闭服务器。

【重点法条解读】

本条对互联单位、接入单位及使用计算机信息网络国际联网的法人和其他组织的安全保护职责进行了规定。

第十一条 用户在接入单位办理入网手续时，应当填写用户备案表。备案表由公安部监制。

【重点法条解读】

本条规定了用户入网备案制度。

第十二条 互联单位、接入单位、使用计算机信息网络国际联网的法人和其他组织（包括跨省、自治区、直辖市联网的单位和所属的分支机构），应当自网络正式联通之日起三十日内，到所在地的省、自治区、直辖市人民政府公安机关指定的受理机关办理备案手续。

前款所列单位应当负责将接入本网络的接入单位和用户情况报当地公安机关备案，并及时报告本网络中接入单位和用户的变更情况。

第十三条 使用公用账号的注册者应当加强对公用账号的管理，建立账号使用登记制度。用户账号不得转借、转让。

第十四条 涉及国家事务、经济建设、国防建设、尖端科学技术等重要领域的单位办理备案手续时，应当出具其行政主管部门的审批证明。前款所列单位的计算机信息网络与国际联网，应当采取相应的安全保护措施。

第三章 安全监督

第十五条 省、自治区、直辖市公安厅（局），地（市）、县（市）公安局，应当有相应机构负责国际联网的安全保护管理工作。

第十六条　公安机关计算机管理监察机构应当掌握互联单位、接入单位和用户的备案情况，建立备案档案，进行备案统计，并按照国家有关规定逐级上报。

第十七条　公安机关计算机管理监察机构应当督促互联单位、接入单位及有关用户建立健全安全保护管理制度。监督、检查网络安全保护管理以及技术措施的落实情况。

公安机关计算机管理监察机构在组织安全检查时，有关单位应当派人参加。公安机关计算机管理监察机构对安全检查发现的问题，应当提出改进意见，作出详细记录，存档备查。

第十八条　公安机关计算机管理监察机构发现含有本办法第五条所列内容的地址、目录或者服务器时，应当通知有关单位关闭或者删除。

第十九条　公安机关计算机管理监察机构应当负责追踪和查处通过计算机信息网络的违法行为和针对计算机信息网络的犯罪案件，对违反本办法第四条、第七条规定的违法犯罪行为，应当按照国家有关规定移送有关部门或者司法机关处理。

第四章　法律责任

第二十条　违反法律、行政法规，有本办法第五条、第六条所列行为之一的，由公安机关给予警告，有违法所得的，没收违法所得，对个人可以并处五千元以下的罚款，对单位可以并处一万五千元以下的罚款，情节严重的，并可以给予六个月以内停止联网、停机整顿的处罚，必要时可以建议原发证、审批机构吊销经营许可证或者取消联网资格；构成违反治安管理行为的，依照治安管理处罚法的规定处罚；构成犯罪的，依法追究刑事责任。

【重点法条解读】

本条对违反第五条、第六条行为规定了行政处罚措施，以及可能予以治安管理处罚和追究刑事责任。

第二十一条　有下列行为之一的，由公安机关责令限期改正，给予警告，有违法所得的，没收违法所得；在规定的限期内未改正的，对单位的主管负责人员和其他直接责任人员可以并处五千元以下的罚款，对单位可以并处一万五千元以下的罚款；情节严重的，并可以给予六个月以内的停止联网、停机整顿的处罚，必要时可以建议原发证、审批机构吊销经营许可证或者取消联网资格。

（一）未建立安全保护管理制度的；

（二）未采取安全技术保护措施的；

（三）未对网络用户进行安全教育和培训的；

（四）未提供安全保护管理所需信息、资料及数据文件，或者所提供内容不真实的；

（五）对委托其发布的信息内容未进行审核或者对委托单位和个人未进行登记的；

（六）未建立电子公告系统的用户登记和信息管理制度的；

（七）未按照国家有关规定，删除网络地址、目录或者关闭服务器的；

（八）未建立公用账号使用登记制度的；

（九）转借、转让用户账号的。

【重点法条解读】

本条对从事国际联网业务的单位和个人规定了三项安全保护责任：接受公安机关的安全监督、检查和指导；如实向公安机关提供有关安全保护的信息、资料及数据文件；协助公安机关查处通过国际联网的计算机信息网络的违法犯罪行为。

另外，本条规定的"停机整顿"的处罚决定，可采取的执行措施包括：(1)停止计算机信息系统运行；(2)停止部分计算机信息系统功能；(3)冻结用户联网账号；(4)其他有效执行措施。

【法律法规衔接问题】

《网络安全法》第五十九条、第六十八条、第六十九条。

第二十二条　违反本办法第四条、第七条规定的，依照有关法律、法规予以处罚。

第二十三条　违反本办法第十一条、第十二条规定，不履行备案职责的，由公安机关给予警告或者停机整顿不超过六个月的处罚。

第五章　附　　则

第二十四条　与香港特别行政区和台湾、澳门地区联网的计算机信息网络的安全保护管理，参照本办法执行。

第二十五条　本办法自发布之日起施行。

2.5　互联网信息服务管理办法解读

互联网信息服务管理办法(节选)

(2000年9月25日中华人民共和国国务院令第292号公布，根据2011年1月8日国务院令第588号《国务院关于废止和修改部分行政法规的决定》修订)①

第一条　为了规范互联网信息服务活动，促进互联网信息服务健康有序发展，制定本办法。

第二条　在中华人民共和国境内从事互联网信息服务活动，必须遵守本办法。

本办法所称互联网信息服务，是指通过互联网向上网用户提供信息的服务活动。

第三条　互联网信息服务分为经营性和非经营性两类。

经营性互联网信息服务，是指通过互联网向上网用户有偿提供信息或者网页制作等服务活动。

非经营性互联网信息服务，是指通过互联网向上网用户无偿提供具有公开性、共享性信息的服务活动。

【重点法条解读】

本条将互联网信息服务分为经营性和非经营性两类，两类的具体管理方法有一定差异。

第四条　国家对经营性互联网信息服务实行许可制度；对非经营性互联网信息服务实

①《互联网信息服务管理办法》2021年有关部门起草的修订草案征求意见稿与现有规定差异较大。

行备案制度。

未取得许可或者未履行备案手续的，不得从事互联网信息服务。

【重点法条解读】

本条规定了经营性互联网信息服务实行许可制度和非经营性互联网信息服务实行备案制度。

第五条　从事新闻、出版、教育、医疗保健、药品和医疗器械等互联网信息服务，依照法律、行政法规以及国家有关规定须经有关主管部门审核同意的，在申请经营许可或者履行备案手续前，应当依法经有关主管部门审核同意。

【重点法条解读】

特殊互联网信息服务除了取得本许可或备案之外，还需按照其他法律法规取得其他许可或依法履行审批等手续。以从事新闻信息服务为例，2017年6月1日起施行的《互联网新闻信息服务管理规定》第五条第一款的规定，"通过互联网站、应用程序、论坛、博客、微博客、公众账号、即时通信工具、网络直播等形式向社会公众提供互联网新闻信息服务，应当取得互联网新闻信息服务许可，禁止未经许可或超越许可范围开展互联网新闻信息服务活动"，还必须取得互联网新闻信息服务许可。

【法律法规衔接问题】

《国务院关于授权国家互联网信息办公室负责互联网信息内容管理工作的通知》《互联网新闻信息服务管理规定》《互联网直播服务管理规定》《互联网群组信息服务管理规定》《互联网用户公众账号信息服务管理规定》《互联网论坛社区服务管理规定》《互联网跟帖评论服务管理规定》《互联网文化管理暂行规定》。

第六条　从事经营性互联网信息服务，除应当符合《中华人民共和国电信条例》规定的要求外，还应当具备下列条件：

（一）有业务发展计划及相关技术方案；

（二）有健全的网络与信息安全保障措施，包括网站安全保障措施、信息安全保密管理制度、用户信息安全管理制度；

（三）服务项目属于本办法第五条规定范围的，已取得有关主管部门同意的文件。

第十条　省、自治区、直辖市电信管理机构和国务院信息产业主管部门应当公布取得经营许可证或者已履行备案手续的互联网信息服务提供者名单。

第十一条　互联网信息服务提供者应当按照经许可或者备案的项目提供服务，不得超出经许可或者备案的项目提供服务。

非经营性互联网信息服务提供者不得从事有偿服务。

互联网信息服务提供者变更服务项目、网站网址等事项的，应当提前30日向原审核、发证或者备案机关办理变更手续。

第十二条　互联网信息服务提供者应当在其网站主页的显著位置标明其经营许可证编号或者备案编号。

【重点法条解读】

本条规定了互联网信息服务提供者在网站主页标明经营许可证编号或备案编号的义务。

第十三条　互联网信息服务提供者应当向上网用户提供良好的服务，并保证所提供的信息内容合法。

第十四条　从事新闻、出版以及电子公告等服务项目的互联网信息服务提供者，应当记录提供的信息内容及其发布时间、互联网地址或者域名；互联网接入服务提供者应当记录上网用户的上网时间、用户账号、互联网地址或者域名、主叫电话号码等信息。

互联网信息服务提供者和互联网接入服务提供者的记录备份应当保存 60 日，并在国家有关机关依法查询时，予以提供。

【重点法条解读】

本条规定了从事新闻、出版以及电子公告等服务项目的互联网信息服务提供者的信息记录和保存义务。

【法律法规衔接问题】

《互联网群组信息服务管理规定》第十三条规定，"互联网群组信息服务提供者应当配合有关主管部门依法进行的监督检查，并提供必要的技术支持和协助。互联网群组信息服务提供者应当按规定留存网络日志不少于六个月。"

《互联网文化管理暂行规定》第二十条规定，"互联网文化单位应当记录备份所提供的文化产品内容及其时间、互联网地址或者域名；记录备份应当保存 60 日，并在国家有关部门依法查询时予以提供。"

第十五条　互联网信息服务提供者不得制作、复制、发布、传播含有下列内容的信息：

（一）反对宪法所确定的基本原则的；

（二）危害国家安全，泄露国家秘密，颠覆国家政权，破坏国家统一的；

（三）损害国家荣誉和利益的；

（四）煽动民族仇恨、民族歧视，破坏民族团结的；

（五）破坏国家宗教政策，宣扬邪教和封建迷信的；

（六）散布谣言，扰乱社会秩序，破坏社会稳定的；

（七）散布淫秽、色情、赌博、暴力、凶杀、恐怖或者教唆犯罪的；

（八）侮辱或者诽谤他人，侵害他人合法权益的；

（九）含有法律、行政法规禁止的其他内容的。

【法律法规衔接问题】

《全国人大常委会关于维护互联网安全的决定》第二条、《网络安全法》第十二条、《计算机信息网络国际联网安全保护管理办法》第五条、《电信条例》第五十六条、《互联网上网服务营业场所管理条例》第十四条、《互联网域名管理办法》第二十八条、《互联网文化管理暂行规定》第十六条。

第十八条 国务院信息产业主管部门和省、自治区、直辖市电信管理机构,依法对互联网信息服务实施监督管理。

新闻、出版、教育、卫生、药品监督管理、工商行政管理和公安、国家安全等有关主管部门,在各自职责范围内依法对互联网信息内容实施监督管理。

【重点法条解读】

本条规定了网络信息服务实施监督管理的主体。

需要注意的是,根据《国务院关于授权国家互联网信息办公室负责互联网信息内容管理工作的通知》(国发[2014]33号),为促进互联网信息服务健康有序发展,保护公民、法人和其他组织的合法权益,维护国家安全和公共利益,授权重新组建的国家互联网信息办公室负责全国互联网信息内容管理工作,并负责监督管理执法。

【法律法规衔接问题】

《国务院关于授权国家互联网信息办公室负责互联网信息内容管理工作的通知》。

《互联网新闻信息服务管理规定》第四条规定,"国家互联网信息办公室负责全国互联网新闻信息服务的监督管理执法工作。地方互联网信息办公室依据职责负责本行政区域内互联网新闻信息服务的监督管理执法工作。"

《互联网直播服务管理规定》第四条规定,"国家互联网信息办公室负责全国互联网直播服务信息内容的监督管理执法工作。地方互联网信息办公室依据职责负责本行政区域内的互联网直播服务信息内容的监督管理执法工作。国务院相关管理部门依据职责对互联网直播服务实施相应监督管理。各级互联网信息办公室应当建立日常监督检查和定期检查相结合的监督管理制度,指导督促互联网直播服务提供者依据法律法规和服务协议规范互联网直播服务行为。"

第十九条 违反本办法的规定,未取得经营许可证,擅自从事经营性互联网信息服务,或者超出许可的项目提供服务的,由省、自治区、直辖市电信管理机构责令限期改正,有违法所得的,没收违法所得,处违法所得3倍以上5倍以下的罚款;没有违法所得或者违法所得不足5万元的,处10万元以上100万元以下的罚款;情节严重的,责令关闭网站。

违反本办法的规定,未履行备案手续,擅自从事非经营性互联网信息服务,或者超出备案的项目提供服务的,由省、自治区、直辖市电信管理机构责令限期改正;拒不改正的,责令关闭网站。

【重点法条解读】

本条第一款规定了未取得经营许可证擅自从事经营性互联网信息服务或超出许可项目提供服务的行为的行政处罚措施,包括责令限期改正、没收违法所得、罚款和责令关闭网站措施。

本条第二款规定了未履行备案手续擅自从事非经营性互联网信息服务或超出备案项目提供服务的行为的行政处罚措施,包括责令限期改正、关闭网站措施。

第二十条 制作、复制、发布、传播本办法第十五条所列内容之一的信息,构成犯罪的,依法追究刑事责任;尚不构成犯罪的,由公安机关、国家安全机关依照《中华人民共和国治安管理处罚法》《计算机信息网络国际联网安全保护管理办法》等有关法律、行政法规的规定予以处罚;对经营性互联网信息服务提供者,并由发证机关责令停业整顿直至吊销经营许可证，通知企业登记机关；对非经营性互联网信息服务提供者，并由备案机关责令暂时关闭网站直至关闭网站。

【重点法条解读】

本条对利用国际联网制作、复制、传播违法信息进行了规定。

构成犯罪的，根据刑法进行刑事处罚；治安管理违法的按照治安管理处罚法进行处罚；另增加了行政处罚措施，对经营性互联网信息服务提供者，并由发证机关责令停业整顿直至吊销经营许可证，通知企业登记机关；对非经营性互联网信息服务提供者，并由备案机关责令暂时关闭网站直至关闭网站。

第二十一条　未履行本办法第十四条规定的义务的，由省、自治区、直辖市电信管理机构责令改正；情节严重的，责令停业整顿或者暂时关闭网站。

【重点法条解读】

本条规定了未履行网络信息记录和保存义务的行政处罚措施。

第二十二条　违反本办法的规定，未在其网站主页上标明其经营许可证编号或者备案编号的，由省、自治区、直辖市电信管理机构责令改正，处 5000 元以上 5 万元以下的罚款。

【重点法条解读】

本条对未履行在网站主页标明经营许可证编号或备案编号的义务的行政处罚措施。

第二十五条　电信管理机构和其他有关主管部门及其工作人员，玩忽职守、滥用职权、徇私舞弊，疏于对互联网信息服务的监督管理，造成严重后果，构成犯罪的，依法追究刑事责任；尚不构成犯罪的，对直接负责的主管人员和其他直接责任人员依法给予降级、撤职直至开除的行政处分。

【重点法条解读】

本条规定了对监督管理部门或工作人员违法的处罚措施。

2.6　其他相关行政法规与规章解读

中华人民共和国电信条例（节选）

（2000 年 9 月 25 日中华人民共和国国务院令第 291 号公布，根据 2014 年 7 月 29 日《国务院关于修改部分行政法规的决定》（国务院令第 653 号）第一次修订，根据 2016 年 2 月 6 日《国务院关于修改部分行政法规的决定》（国务院令第 666 号）第二次修订）

第二章　电信市场

第一节　电信业务许可

第七条　国家对电信业务经营按照电信业务分类，实行许可制度。

经营电信业务，必须依照本条例的规定取得国务院信息产业主管部门或者省、自治区、直辖市电信管理机构颁发的电信业务经营许可证。

未取得电信业务经营许可证，任何组织或者个人不得从事电信业务经营活动。

第三章　电　信　服　务

第三十三条　电信业务经营者应当为电信用户交费和查询提供方便。电信用户要求提供国内长途通信、国际通信、移动通信和信息服务等收费清单的，电信业务经营者应当免费提供。

电信用户出现异常的巨额电信费用时，电信业务经营者一经发现，应当尽可能迅速告知电信用户，并采取相应的措施。

前款所称巨额电信费用，是指突然出现超过电信用户此前 3 个月平均电信费用 5 倍以上的费用。

第四十条　电信业务经营者在电信服务中，不得有下列行为：

（一）以任何方式限定电信用户使用其指定的业务；

（二）限定电信用户购买其指定的电信终端设备或者拒绝电信用户使用自备的已经取得入网许可的电信终端设备；

（三）无正当理由拒绝、拖延或者中止对电信用户的电信服务；

（四）对电信用户不履行公开作出的承诺或者作容易引起误解的虚假宣传；

（五）以不正当手段刁难电信用户或者对投诉的电信用户打击报复。

第四十一条　电信业务经营者在电信业务经营活动中，不得有下列行为：

（一）以任何方式限制电信用户选择其他电信业务经营者依法开办的电信服务；

（二）对其经营的不同业务进行不合理的交叉补贴；

（三）以排挤竞争对手为目的，低于成本提供电信业务或者服务，进行不正当竞争。

第四章　电　信　建　设

第一节　电信设施建设

第四十四条　公用电信网、专用电信网、广播电视传输网的建设应当接受国务院信息产业主管部门的统筹规划和行业管理。

属于全国性信息网络工程或者国家规定限额以上建设项目的公用电信网、专用电信网、广播电视传输网建设，在按照国家基本建设项目审批程序报批前，应当征得国务院信息产业主管部门同意。

基础电信建设项目应当纳入地方各级人民政府城市建设总体规划和村镇、集镇建设总体规划。

第五章　电　信　安　全

第五十六条　任何组织或者个人不得利用电信网络制作、复制、发布、传播含有下列内容的信息：

（一）反对宪法所确定的基本原则的；

（二）危害国家安全，泄露国家秘密，颠覆国家政权，破坏国家统一的；

（三）损害国家荣誉和利益的；

（四）煽动民族仇恨、民族歧视，破坏民族团结的；

（五）破坏国家宗教政策，宣扬邪教和封建迷信的；

（六）散布谣言，扰乱社会秩序，破坏社会稳定的；

（七）散布淫秽、色情、赌博、暴力、凶杀、恐怖或者教唆犯罪的；

（八）侮辱或者诽谤他人，侵害他人合法权益的；

（九）含有法律、行政法规禁止的其他内容的。

【重点法条解读】

本条对利用电信网络制作、复制、发布、传播违法信息进行了规定。

【法律法规衔接问题】

《全国人大常委会关于维护互联网安全的决定》第二条、《网络安全法》第十二条、《计算机信息网络国际联网安全保护管理办法》第五条、《互联网信息服务管理办法》第十五条、《互联网上网服务营业场所管理条例》第十四条、《互联网域名管理办法》第二十八条。

第五十七条　任何组织或者个人不得有下列危害电信网络安全和信息安全的行为：

（一）对电信网的功能或者存储、处理、传输的数据和应用程序进行删除或者修改；

（二）利用电信网从事窃取或者破坏他人信息、损害他人合法权益的活动；

（三）故意制作、复制、传播计算机病毒或者以其他方式攻击他人电信网络等电信设施；

（四）危害电信网络安全和信息安全的其他行为。

【重点法条解读】

本条对危害电信网络安全和信息安全的违法行为进行了规定。

【法律法规衔接问题】

《全国人大常委会关于维护互联网安全的决定》第一条，《网络安全法》第二十二条、第二十七条、第六十条、第六十三条，《中华人民共和国治安管理处罚法》第二十九条，《中华人民共和国计算机信息系统安全保护条例》第二十三条，《计算机信息网络国际联网安全保护管理办法》第六条，《互联网上网服务营业场所管理条例》第十五条，《计算机病毒防治办法》第六条、第十六条。

第五十八条　任何组织或者个人不得有下列扰乱电信市场秩序的行为：

（一）采取租用电信国际专线、私设转接设备或者其他方法，擅自经营国际或者香港特别行政区、澳门特别行政区和台湾地区电信业务；

（二）盗接他人电信线路，复制他人电信码号，使用明知是盗接、复制的电信设施或者码号；

（三）伪造、变造电话卡及其他各种电信服务有价凭证；

（四）以虚假、冒用的身份证件办理入网手续并使用移动电话。

第六章　罚　则

第六十六条　违反本条例第五十六条、第五十七条的规定，构成犯罪的，依法追究刑事责任；尚不构成犯罪的，由公安机关、国家安全机关依照有关法律、行政法规的规定予以处罚。

【重点法条解读】

本条对利用电信网络制作、复制、发布、传播违法信息，危害电信网络安全和信息安全的违法行为的处罚进行了规定，具体解读参见治安管理处罚法和刑法相关条文的解读。

第六十七条　有本条例第五十八条第（二）、（三）、（四）项所列行为之一，扰乱电信市场秩序，构成犯罪的，依法追究刑事责任；尚不构成犯罪的，由国务院信息产业主管部门或者省、自治区、直辖市电信管理机构依据职权责令改正，没收违法所得，处违法所得 3 倍以上 5 倍以下罚款；没有违法所得或者违法所得不足 1 万元的，处 1 万元以上 10 万元以下罚款。

【重点法条解读】

本条规定了盗接他人电信线路，复制他人电信码号，使用明知是盗接、复制的电信设施或者码号，伪造、变造电话卡及其他各种电信服务有价凭证，以虚假、冒用的身份证件办理入网手续并使用移动电话等行为的处罚措施。

第六十八条　违反本条例的规定，伪造、冒用、转让电信业务经营许可证、电信设备进网许可证或者编造在电信设备上标注的进网许可证编号的，由国务院信息产业主管部门或者省、自治区、直辖市电信管理机构依据职权没收违法所得，处违法所得 3 倍以上 5 倍以下罚款；没有违法所得或者违法所得不足 1 万元的，处 1 万元以上 10 万元以下罚款。

第六十九条　违反本条例规定，有下列行为之一的，由国务院信息产业主管部门或者省、自治区、直辖市电信管理机构依据职权责令改正，没收违法所得，处违法所得 3 倍以上 5 倍以下罚款；没有违法所得或者违法所得不足 5 万元的，处 10 万元以上 100 万元以下罚款；情节严重的，责令停业整顿：

（一）违反本条例第七条第三款的规定或者有本条例第五十八条第（一）项所列行为，擅自经营电信业务的，或者超范围经营电信业务的；

（二）未通过国务院信息产业主管部门批准，设立国际通信出入口进行国际通信的；

（三）擅自使用、转让、出租电信资源或者改变电信资源用途的；

（四）擅自中断网间互联互通或者接入服务的；

（五）拒不履行普遍服务义务的。

第七十条　违反本条例的规定，有下列行为之一的，由国务院信息产业主管部门或者省、自治区、直辖市电信管理机构依据职权责令改正，没收违法所得，处违法所得 1 倍以上 3 倍以下罚款；没有违法所得或者违法所得不足 1 万元的，处 1 万元以上 10 万元以下罚款；情节严重的，责令停业整顿：

（一）在电信网间互联中违反规定加收费用的；

（二）遇有网间通信技术障碍，不采取有效措施予以消除的；

（三）擅自向他人提供电信用户使用电信网络所传输信息的内容的；

（四）拒不按照规定缴纳电信资源使用费的。

第七十一条　违反本条例第四十一条的规定，在电信业务经营活动中进行不正当竞争的，由国务院信息产业主管部门或者省、自治区、直辖市电信管理机构依据职权责令改正，处 10 万元以上 100 万元以下罚款；情节严重的，责令停业整顿。

第七十二条　违反本条例的规定，有下列行为之一的，由国务院信息产业主管部门或者省、自治区、直辖市电信管理机构依据职权责令改正，处 5 万元以上 50 万元以下罚款；情节严重的，责令停业整顿：

（一）拒绝其他电信业务经营者提出的互联互通要求的；

（二）拒不执行国务院信息产业主管部门或者省、自治区、直辖市电信管理机构依法作出的互联互通决定的；

（三）向其他电信业务经营者提供网间互联的服务质量低于本网及其子公司或者分支机构的。

第七十七条　有本条例第五十六条、第五十七条和第五十八条所列禁止行为之一，情节严重的，由原发证机关吊销电信业务经营许可证。

国务院信息产业主管部门或者省、自治区、直辖市电信管理机构吊销电信业务经营许可证后，应当通知企业登记机关。

【重点法条解读】

本条规定了对利用电信网络制作、复制、发布、传播违法信息，危害电信网络安全和信息安全的违法行为以及第五十八条规定的违法行为适用"吊销电信业务经营许可证"的行政处罚。

第七十八条　国务院信息产业主管部门或者省、自治区、直辖市电信管理机构工作人员玩忽职守、滥用职权、徇私舞弊，构成犯罪的，依法追究刑事责任；尚不构成犯罪的，依法给予行政处分。

互联网上网服务营业场所管理条例(节选)

（2002 年 9 月 29 日中华人民共和国国务院令第 363 号公布，根据 2011 年 1 月 8 日《国务院关于废止和修改部分行政法规的决定》(国务院令第 588 号)第一次修订，根据 2016 年 2 月 6 日《国务院关于修改部分行政法规的决定》(国务院令第 666 号)第二次修订，根据 2019 年 3 月 24 日《国务院关于修改部分行政法规的决定》第三次修订）

第一章　总　则

第二条　本条例所称互联网上网服务营业场所，是指通过计算机等装置向公众提供互联网上网服务的网吧、电脑休闲室等营业性场所。

学校、图书馆等单位内部附设的为特定对象获取资料、信息提供上网服务的场所，应当遵守有关法律、法规，不适用本条例。

第四条　县级以上人民政府文化行政部门负责互联网上网服务营业场所经营单位的设立审批，并负责对依法设立的互联网上网服务营业场所经营单位经营活动的监督管理；公安机关负责对互联网上网服务营业场所经营单位的信息网络安全、治安及消防安全的监督管理；工商行政管理部门负责对互联网上网服务营业场所经营单位登记注册和营业执照的管理，并依法查处无照经营活动；电信管理等其他有关部门在各自职责范围内，依照本条例和有关法律、行政法规的规定，对互联网上网服务营业场所经营单位分别实施有关监督管理。

第五条 文化行政部门、公安机关、工商行政管理部门和其他有关部门及其工作人员不得从事或者变相从事互联网上网服务经营活动，也不得参与或者变相参与互联网上网服务营业场所经营单位的经营活动。

第二章 设 立

第七条 国家对互联网上网服务营业场所经营单位的经营活动实行许可制度。未经许可，任何组织和个人不得从事互联网上网服务经营活动。

第十二条 互联网上网服务营业场所经营单位不得涂改、出租、出借或者以其他方式转让《网络文化经营许可证》。

第三章 经 营

第十四条 互联网上网服务营业场所经营单位和上网消费者不得利用互联网上网服务营业场所制作、下载、复制、查阅、发布、传播或者以其他方式使用含有下列内容的信息：

（一）反对宪法确定的基本原则的；

（二）危害国家统一、主权和领土完整的；

（三）泄露国家秘密，危害国家安全或者损害国家荣誉和利益的；

（四）煽动民族仇恨、民族歧视，破坏民族团结，或者侵害民族风俗、习惯的；

（五）破坏国家宗教政策，宣扬邪教、迷信的；

（六）散布谣言，扰乱社会秩序，破坏社会稳定的；

（七）宣传淫秽、赌博、暴力或者教唆犯罪的；

（八）侮辱或者诽谤他人，侵害他人合法权益的；

（九）危害社会公德或者民族优秀文化传统的；

（十）含有法律、行政法规禁止的其他内容的。

【重点法条解读】

本条对利用互联网上网服务营业场所制作、下载、复制、查阅、发布、传播违法信息的行为进行了规定。

【法律法规衔接问题】

《全国人大常委会关于维护互联网安全的决定》第二条、《网络安全法》第十二条、《计算机信息网络国际联网安全保护管理办法》第五条、《互联网信息服务管理办法》第十五条、《中华人民共和国电信条例》第五十六条、《互联网域名管理办法》第二十八条。

第十五条 互联网上网服务营业场所经营单位和上网消费者不得进行下列危害信息网络安全的活动：

（一）故意制作或者传播计算机病毒以及其他破坏性程序的；

（二）非法侵入计算机信息系统或者破坏计算机信息系统功能、数据和应用程序的；

（三）进行法律、行政法规禁止的其他活动的。

【重点法条解读】

本条对危害信息网络安全行为进行规定。

【法律法规衔接问题】

《全国人大常委会关于维护互联网安全的决定》第一条,《网络安全法》第二十二条、第二十七条、第六十条、第六十三条,《中华人民共和国治安管理处罚法》第二十九条,《中华人民共和国计算机信息系统安全保护条例》第二十三条,《计算机信息网络国际联网安全保护管理办法》第六条,《中华人民共和国电信条例》第五十七条,《计算机病毒防治办法》第六条、第十六条。

第十六条 互联网上网服务营业场所经营单位应当通过依法取得经营许可证的互联网接入服务提供者接入互联网,不得采取其他方式接入互联网。

互联网上网服务营业场所经营单位提供上网消费者使用的计算机必须通过局域网的方式接入互联网,不得直接接入互联网。

【重点法条解读】

本条规定了互联网上网服务营业场所经营单位及其提供上网消费者的计算机接入网络的合法方式。

第十八条 互联网上网服务营业场所经营单位和上网消费者不得利用网络游戏或者其他方式进行赌博或者变相赌博活动。

第二十三条 互联网上网服务营业场所经营单位应当对上网消费者的身份证等有效证件进行核对、登记,并记录有关上网信息。登记内容和记录备份保存时间不得少于60日,并在文化行政部门、公安机关依法查询时予以提供。登记内容和记录备份在保存期内不得修改或者删除。

【重点法条解读】

本条规定了互联网上网服务营业场所经营单位的核对登记上网消费者身份证义务、记录备份上网信息义务。

第四章 罚 则

第二十七条 违反本条例的规定,擅自从事互联网上网服务经营活动的,由文化行政部门或者由文化行政部门会同公安机关依法予以取缔,查封其从事违法经营活动的场所,扣押从事违法经营活动的专用工具、设备;触犯刑律的,依照刑法关于非法经营罪的规定,依法追究刑事责任;尚不够刑事处罚的,由文化行政部门没收违法所得及其从事违法经营活动的专用工具、设备;违法经营额1万元以上的,并处违法经营额5倍以上10倍以下的罚款;违法经营额不足1万元的,并处1万元以上5万元以下的罚款。

【重点法条解读】

本条规定了擅自从事互联网上网服务经营活动的处罚措施,包括刑事处罚和行政处罚措施。

第二十九条 互联网上网服务营业场所经营单位违反本条例的规定，涂改、出租、出借或者以其他方式转让《网络文化经营许可证》，触犯刑律的，依照刑法关于伪造、变造、买卖国家机关公文、证件、印章罪的规定，依法追究刑事责任；尚不够刑事处罚的，由文化行政部门吊销《网络文化经营许可证》，没收违法所得；违法经营额 5000 元以上的，并处违法经营额 2 倍以上 5 倍以下的罚款；违法经营额不足 5000 元的，并处 5000 元以上 1 万元以下的罚款。

第三十条 互联网上网服务营业场所经营单位违反本条例的规定，利用营业场所制作、下载、复制、查阅、发布、传播或者以其他方式使用含有本条例第十四条规定禁止含有的内容的信息，触犯刑律的，依法追究刑事责任；尚不够刑事处罚的，由公安机关给予警告，没收违法所得；违法经营额 1 万元以上的，并处违法经营额 2 倍以上 5 倍以下的罚款；违法经营额不足 1 万元的，并处 1 万元以上 2 万元以下的罚款；情节严重的，责令停业整顿，直至由文化行政部门吊销《网络文化经营许可证》。

上网消费者有前款违法行为，触犯刑律的，依法追究刑事责任；尚不够刑事处罚的，由公安机关依照治安管理处罚条例的规定给予处罚。

【重点法条解读】

本条规定了利用上网服务营业场所制作、下载、复制、查阅、发布、传播、使用违法信息的处罚措施。需要注意的是，由于法条竞合原因，对于上网消费者制作、下载、复制、查阅、发布、传播、使用违法信息的处罚应根据《治安管理处罚法》中的规定处理。具体参见该部分的解读。

第三十一条 互联网上网服务营业场所经营单位违反本条例的规定，有下列行为之一的，由文化行政部门给予警告，可以并处 15 000 元以下的罚款；情节严重的，责令停业整顿，直至吊销《网络文化经营许可证》：

（一）在规定的营业时间以外营业的；

（二）接纳未成年人进入营业场所的；

（三）经营非网络游戏的；

（四）擅自停止实施经营管理技术措施的；

（五）未悬挂《网络文化经营许可证》或者未成年人禁入标志的。

第三十二条 互联网上网服务营业场所经营单位违反本条例的规定，有下列行为之一的，由文化行政部门、公安机关依据各自职权给予警告，可以并处 15 000 元以下的罚款；情节严重的，责令停业整顿，直至由文化行政部门吊销《网络文化经营许可证》：

（一）向上网消费者提供的计算机未通过局域网的方式接入互联网的；

（二）未建立场内巡查制度，或者发现上网消费者的违法行为未予制止并向文化行政部门、公安机关举报的；

（三）未按规定核对、登记上网消费者的有效身份证件或者记录有关上网信息的；

（四）未按规定时间保存登记内容、记录备份，或者在保存期内修改、删除登记内容、记录备份的；

(五)变更名称、住所、法定代表人或者主要负责人、注册资本、网络地址或者终止经营活动,未向文化行政部门、公安机关办理有关手续或者备案的。

【重点法条解读】

本条规定了"向上网消费者提供直接接入互联网的计算机""未建立互联网上网服务营业场所巡查制度""不制止、不举报上网消费者的违法行为""未按规定核对、登记上网消费者有效身份证件""未按规定记录上网信息""未按规定保存上网消费者登记内容、记录备份""擅自修改、删除上网消费者登记内容、记录备份""上网服务经营单位未依法办理变更登记注册事项、终止经营手续、备案"等违法行为的处罚措施。

第三十四条　违反国家有关信息网络安全、治安管理、消防管理、工商行政管理、电信管理等规定,触犯刑律的,依法追究刑事责任;尚不够刑事处罚的,由公安机关、工商行政管理部门、电信管理机构依法给予处罚;情节严重的,由原发证机关吊销许可证件。

第三十五条　互联网上网服务营业场所经营单位违反本条例的规定,被吊销《网络文化经营许可证》的,自被吊销《网络文化经营许可证》之日起5年内,其法定代表人或者主要负责人不得担任互联网上网服务营业场所经营单位的法定代表人或者主要负责人。

擅自设立的互联网上网服务营业场所经营单位被依法取缔的,自被取缔之日起5年内,其主要负责人不得担任互联网上网服务营业场所经营单位的法定代表人或者主要负责人。

第三十六条　依照本条例的规定实施罚款的行政处罚,应当依照有关法律、行政法规的规定,实行罚款决定与罚款收缴分离;收缴的罚款和违法所得必须全部上缴国库。

互联网视听节目服务管理规定(节选)

(2007年12月20日广电总局、信息产业部令第56号公布,根据2015年8月28日国家新闻出版广电总局令第3号公布的《关于修订部分规章和规范性文件的决定》修订)

第二条　在中华人民共和国境内向公众提供互联网(含移动互联网,以下简称互联网)视听节目服务活动,适用本规定。

本规定所称互联网视听节目服务,是指制作、编辑、集成并通过互联网向公众提供视音频节目,以及为他人提供上载传播视听节目服务的活动。

第七条　从事互联网视听节目服务,应当依照本规定取得广播电影电视主管部门颁发的《信息网络传播视听节目许可证》(以下简称《许可证》)或履行备案手续。

未按照本规定取得广播电影电视主管部门颁发的《许可证》或履行备案手续,任何单位和个人不得从事互联网视听节目服务。

互联网视听节目服务业务指导目录由国务院广播电影电视主管部门商国务院信息产业主管部门制定。

第十六条　互联网视听节目服务单位提供的、网络运营单位接入的视听节目应当符合法律、行政法规、部门规章的规定。已播出的视听节目应至少完整保留60日。视听节目不得含有以下内容:

（一）反对宪法确定的基本原则的；

（二）危害国家统一、主权和领土完整的；

（三）泄露国家秘密、危害国家安全或者损害国家荣誉和利益的；

（四）煽动民族仇恨、民族歧视，破坏民族团结，或者侵害民族风俗、习惯的；

（五）宣扬邪教、迷信的；

（六）扰乱社会秩序，破坏社会稳定的；

（七）诱导未成年人违法犯罪和渲染暴力、色情、赌博、恐怖活动的；

（八）侮辱或者诽谤他人，侵害公民个人隐私等他人合法权益的；

（九）危害社会公德，损害民族优秀文化传统的；

（十）有关法律、行政法规和国家规定禁止的其他内容。

【重点法条解读】

本条列举了几种互联网视听节目不得含有的内容。

电子认证服务管理办法（节选）

（2009 年 2 月 18 日中华人民共和国工业和信息化部令第 1 号公布，根据
2015 年 4 月 29 日中华人民共和国工业和信息化部令第 29 号公布的
《工业和信息化部关于修改部分规章的决定》修订）

第一章　总　则

第二条　本办法所称电子认证服务，是指为电子签名相关各方提供真实性、可靠性验证的活动。

本办法所称电子认证服务提供者，是指为需要第三方认证的电子签名提供认证服务的机构（以下称为"电子认证服务机构"）。

向社会公众提供服务的电子认证服务机构应当依法设立。

第四条　中华人民共和国工业和信息化部（以下简称"工业和信息化部"）依法对电子认证服务机构和电子认证服务实施监督管理。

【重点法条解读】

本条规定了电子认证服务机构的和电子认证服务监督管理主体为工业和信息化部。

第二章　电子认证服务机构

第十三条　电子认证服务机构在《电子认证服务许可证》的有效期内变更公司名称、住所、法定代表人、注册资本的，应当在完成工商变更登记之日起 15 日内办理《电子认证服务许可证》变更手续。

【重点法条解读】

本条规定了电子认证服务机构《电子认证服务许可证》变更程序。

第三章　电子认证服务

第十五条　电子认证服务机构应当按照工业和信息化部公布的《电子认证业务规则规

范》等要求,制定本机构的电子认证业务规则和相应的证书策略,在提供电子认证服务前予以公布,并向工业和信息化部备案。

【重点法条解读】

本条规定了电子认证服务机构的电子认证业务规则和相应的证书策略的制定、公布和备案义务。

第十七条　电子认证服务机构应当保证提供下列服务:

(一)制作、签发、管理电子签名认证证书。

(二)确认签发的电子签名认证证书的真实性。

(三)提供电子签名认证证书目录信息查询服务。

(四)提供电子签名认证证书状态信息查询服务。

第十八条　电子认证服务机构应当履行下列义务:

(一)保证电子签名认证证书内容在有效期内完整、准确。

(二)保证电子签名依赖方能够证实或者了解电子签名认证证书所载内容及其他有关事项。

(三)妥善保存与电子认证服务相关的信息。

第四章　电子认证服务的暂停、终止

第二十七条　电子认证服务机构有根据工业和信息化部的安排承接其他机构开展的电子认证服务业务的义务。

【重点法条解读】

本条规定了电子认证服务机构的承接义务。电子认证服务机构暂停或终止服务后,应当在暂停或终止服务前主动与其他电子认证服务机构、电子签名依赖方协商,就业务承接事项做出安排。拟暂停或终止服务的电子认证服务机构未能就业务承接事项与其他电子认证服务机构达成一致的,应当申请工业和信息化部作出安排。本条通过设定电子认证服务机构的承接义务,这样按照工业和信息化部的指定和安排,电子认证服务机构有义务承接其他电子认证服务机构的服务业务。

【法律法规衔接问题】

本条与《电子签名法》第二十三条对应。该条规定,"电子认证服务提供者拟暂停或者终止电子认证服务的,应当在暂停或者终止服务九十日前,就业务承接及其他有关事项通知有关各方。电子认证服务提供者拟暂停或者终止电子认证服务的,应当在暂停或者终止服务六十日前向国务院信息产业主管部门报告,并与其他电子认证服务提供者就业务承接进行协商,作出妥善安排。电子认证服务提供者未能就业务承接事项与其他电子认证服务提供者达成协议的,应当申请国务院信息产业主管部门安排其他电子认证服务提供者承接其业务。电子认证服务提供者被依法吊销电子认证许可证书的,其业务承接事项的处理按照国务院信息产业主管部门的规定执行。"

第六章　监督管理

第三十三条　取得电子认证服务许可的电子认证服务机构,在电子认证服务许可的有效期内不得降低其设立时所应具备的条件。

【重点法条解读】

本条规定了电子认证服务机构在许可有效期内不得降低其设立时所应具备的条件。

第七章　罚　　则

第三十八条　电子认证服务机构向工业和信息化部隐瞒有关情况、提供虚假材料或者拒绝提供反映其活动的真实材料的，由工业和信息化部责令改正，给予警告或者处以 5000元以上 1 万元以下的罚款。

【重点法条解读】

本条规定了监督管理中电子认证服务机构隐瞒有关情况、不提供真实材料的行政处罚措施，包括责令改正、警告、罚款措施。

【难点问题解析】

关于未经许可提供电子认证服务的处罚。

本规章并未对未经许可提供电子认证服务的行为进行规定，但在《中华人民共和国电子签名法》第二十九条规定，"未经许可提供电子认证服务的，由国务院信息产业主管部门责令停止违法行为；有违法所得的，没收违法所得；违法所得三十万元以上的，处违法所得一倍以上三倍以下的罚款；没有违法所得或者违法所得不足三十万元的，处十万元以上三十万元以下的罚款。"处罚措施包括责令停止违法行为、没收违法所得、罚款等。

【法律法规衔接问题】

《电子签名法》第二十九条。

第四十条　电子认证服务机构违反本办法第十三条、第十五条、第二十七条的规定的，由工业和信息化部依据职权责令限期改正，处以警告，可以并处 1 万元以下的罚款。

【重点法条解读】

本条规定了未依法履行电子认证服务许可证变更手续、违反电子认证业务规则和相应的证书策略的制定、公布和备案义务、未依法履行电子认证服务机构承接义务的处罚措施。包括责令改正、警告、罚款措施。

【法律法规衔接问题】

关于电子认证服务提供者未按要求暂停或者终止电子认证服务，不遵守认证业务规则、未妥善保存与认证相关的信息的行政处罚，本办法未进行具体规定，对违反这些义务的，在《中华人民共和国电子签名法》第三十条和第三十一条规定了处罚措施。第三十条规定，"电子认证服务提供者暂停或者终止电子认证服务，未在暂停或者终止服务六十日前向国务院信息产业主管部门报告的，由国务院信息产业主管部门对其直接负责的主管人员处一万元以上五万元以下的罚款。"第三十一条规定，"电子认证服务提供者不遵守认证业务规则、未妥善保存与认证相关的信息，或者有其他违法行为的，由国务院信息产业主管部门责令限期改正；逾期未改正的，吊销电子认证许可证书，其直接负责的主管人员和其他直接责任人员十年内不得从事电子认证服务。吊销电子认证许可证书的，应当予以公告并通知工商行政管理部门。"

第四十一条　电子认证服务机构违反本办法第三十三条的规定的，由工业和信息化部依据职权责令限期改正，处以3万元以下的罚款，并将上述情况向社会公告。

互联网域名管理办法（节选）
（工业和信息化部令第43号）

第二章　域　名　管　理

第九条　在境内设立域名根服务器及域名根服务器运行机构、域名注册管理机构和域名注册服务机构的，应当依据本办法取得工业和信息化部或者省、自治区、直辖市通信管理局(以下统称电信管理机构)的相应许可。

第二十八条　任何组织或者个人注册、使用的域名中，不得含有下列内容：
（一）反对宪法所确定的基本原则的；
（二）危害国家安全，泄露国家秘密，颠覆国家政权，破坏国家统一的；
（三）损害国家荣誉和利益的；
（四）煽动民族仇恨、民族歧视，破坏民族团结的；
（五）破坏国家宗教政策，宣扬邪教和封建迷信的；
（六）散布谣言，扰乱社会秩序，破坏社会稳定的；
（七）散布淫秽、色情、赌博、暴力、凶杀、恐怖或者教唆犯罪的；
（八）侮辱或者诽谤他人，侵害他人合法权益的；
（九）含有法律、行政法规禁止的其他内容的。
域名注册管理机构、域名注册服务机构不得为含有前款所列内容的域名提供服务。

【重点法条解读】
本条明确注册、使用域名中不得提供违法网络服务，不得为提供违法网络服务的域名提供解析。

【法律法规衔接问题】
《全国人大常委会关于维护互联网安全的决定》第二条、《网络安全法》第十二条、《计算机信息网络国际联网安全保护管理办法》第五条、《互联网信息服务管理办法》第十五条、《电信条例》第五十六条、《互联网上网服务营业场所管理条例》第十四条。

第三十七条　提供域名解析服务，不得擅自篡改解析信息。
任何组织或者个人不得恶意将域名解析指向他人的IP地址。

【重点法条解读】
域名解析信息不真实，不仅影响网络使用，还会造成极大的网络安全威胁。一些通过网络域名劫持手法实施网络诈骗、网络攻击的案件时有发生。因此，要确保解析信息真实可靠，提供域名解析服务，不得擅自篡改解析信息，任何组织或个人也不得恶意将域名解析指向他人的IP地址，违者除可能受到行政处罚外，还有可能在某些情况下涉嫌犯罪受到刑事处罚。

第五章　罚　　则

第四十九条　违反本办法第九条规定，未经许可擅自设立域名根服务器及域名根服务器运行机构、域名注册管理机构、域名注册服务机构的，电信管理机构应当根据《中华人民共和国行政许可法》第八十一条的规定，采取措施予以制止，并视情节轻重，予以警告或者处一万元以上三万元以下罚款。

【重点法条解读】

在境内设立域名根服务器及域名根服务器运行机构、域名注册管理机构和域名注册服务机构属于行政许可事项，根据《行政许可法》第八十一条规定，"公民、法人或者其他组织未经行政许可，擅自从事依法应当取得行政许可的活动的，行政机关应当依法采取措施予以制止，并依法给予行政处罚；构成犯罪的，依法追究刑事责任。"本条对具体的行政处罚主体和措施进行了明确规定。

【法律法规衔接问题】

《行政许可法》第八十一条。

第五十条　违反本办法规定，域名注册管理机构或者域名注册服务机构有下列行为之一的，由电信管理机构依据职权责令限期改正，并视情节轻重，处一万元以上三万元以下罚款，向社会公告：

（一）为未经许可的域名注册管理机构提供域名注册服务，或者通过未经许可的域名注册服务机构开展域名注册服务的；

（二）未按照许可的域名注册服务项目提供服务的；

（三）未对域名注册信息的真实性、完整性进行核验的；

（四）无正当理由阻止域名持有者变更域名注册服务机构的。

【重点法条解读】

本条明确了域名注册管理机构、注册服务机构违法开展域名注册服务、未对域名注册信息的真实性进行核验、无正当理由阻止域名持有者变更域名注册服务机构等违法行为的处罚措施。

【法律法规衔接问题】

《网络安全法》第二十四条和第六十一条。

第五十一条　违反本办法规定，提供域名解析服务，有下列行为之一的，由电信管理机构责令限期改正，可以视情节轻重处一万元以上三万元以下罚款，向社会公告：

（一）擅自篡改域名解析信息或者恶意将域名解析指向他人 IP 地址的；

（二）为含有本办法第二十八条第一款所列内容的域名提供域名跳转的；

（三）未落实网络与信息安全保障措施的；

（四）未依法记录并留存域名解析日志、维护日志和变更记录的；

（五）未按照要求对存在违法行为的域名进行处置的。

【重点法条解读】

本条规定了域名解析服务的五种违法情形的行政处罚：擅自篡改域名解析信息或恶意将域名信息指向他人 IP 地址；为违法网络服务提供域名跳转；未落实网络与信息安全保障措施的；未依法记录并留存域名解析日志、维护日志和变更记录；未按照要求对存在违法行为的域名进行处置。处罚措施包括：责令限期改正、处一万元以上三万元以下罚款和向社会公告。

【法律法规衔接问题】

需要注意的是，在特定条件下，本条所列行为有可能构成犯罪，若构成犯罪应按照刑法中规定进行处罚。

第五十三条　法律、行政法规对有关违法行为的处罚另有规定的，依照有关法律、行政法规的规定执行。

【重点法条解读】

当违法行为处罚措施的规定发生冲突时，依次执行优先适用的法律、行政法规。

第五十四条　任何组织或者个人违反本办法第二十八条第一款规定注册、使用域名，构成犯罪的，依法追究刑事责任；尚不构成犯罪的，由有关部门依法予以处罚。

【重点法条解读】

本条规定了违法注册、使用域名行为处罚方法。

计算机病毒防治管理办法（节选）
（中华人民共和国公安部令第 51 号）

第五条　任何单位和个人不得制作计算机病毒。

【重点法条解读】

本条明确了制作计算机病毒行为属于违法行为。

第六条　任何单位和个人不得有下列传播计算机病毒的行为：

（一）故意输入计算机病毒，危害计算机信息系统安全；

（二）向他人提供含有计算机病毒的文件、软件、媒体；

（三）销售、出租、附赠含有计算机病毒的媒体；

（四）其他传播计算机病毒的行为。

【重点法条解读】

本条规定了传播计算机病毒行为属于违法行为，并列举了四种情形。

【法律法规衔接问题】

《全国人大常委会关于维护互联网安全的决定》第一条，《网络安全法》第二十二条、第二十七条、第六十条、第六十三条，《治安管理处罚法》第二十九条，《计算机信息系统安全保护条例》第二十三条，《计算机信息网络国际联网安全保护管理办法》第六条，《电信条例》第五十七条，《互联网上网服务营业场所管理条例》第十五条。

第七条　任何单位和个人不得向社会发布虚假的计算机病毒疫情。

第八条　从事计算机病毒防治产品生产的单位，应当及时向公安部公共信息网络安全监察部门批准的计算机病毒防治产品检测机构提交病毒样本。

第九条　计算机病毒防治产品检测机构应当对提交的病毒样本及时进行分析、确认，并将确认结果上报公安部公共信息网络安全监察部门。

第十四条　从事计算机设备或者媒体生产、销售、出租、维修行业的单位和个人，应当对计算机设备或者媒体进行计算机病毒检测、清除工作，并备有检测、清除的记录。

【重点法条解读】

本条规定了从事计算机设备或者媒体生产、销售、出租、维修行业的单位和个人的计算机病毒防治义务。

第十六条　在非经营活动中有违反本办法第五条、第六条第(二)、(三)、(四)项规定行为之一的，由公安机关处以一千元以下罚款。

在经营活动中有违反本办法第五条、第六条第(二)、(三)、(四)项规定行为之一，没有违法所得的，由公安机关对单位处以一万元以下罚款，对个人处以五千元以下罚款；有违法所得的，处以违法所得三倍以下罚款，但是最高不得超过三万元。

违反本办法第六条第一项规定的，依照《中华人民共和国计算机信息系统安全保护条例》第二十三条的规定处罚。

【重点法条解读】

本条规定了制作、传播计算机病毒行为的行政处罚。

【难点问题分析】

对于制作、传播计算机病毒行为的处罚方式有哪些形式？

根据现有法律规定，对其处罚分为三种形式：刑事处罚、治安处罚、行政处罚。

其一，刑事处罚。《刑法》第二百八十六条第三款规定，"违反国家规定，故意制作、传播计算机病毒等破坏性程序，影响计算机系统正常运行，后果严重的，处五年以下有期徒刑或者拘役；后果特别严重的，处五年以上有期徒刑。"

其二，治安处罚。根据治安管理处罚法的规定，"故意制作、传播计算机病毒等破坏性程序，影响计算机信息系统正常运行的，处五日以下拘留；情节较重的，处五日以上十日以下拘留。"

其三，行政处罚。此处又分三种情形：

故意输入计算机病毒以及其他有害数据危害计算机信息系统安全的，对于个人，包括警告、处以 5000 元以下罚款、没收违法所得、可以并处违法所得 1 至 3 倍的罚款等几种处罚形式；对于单位，包括警告、处以 15 000 元以下罚款、没收违法所得、可以并处违法所得 1 至 3 倍的罚款等几种处罚形式。

对于非经营活动中制作计算机病毒，向他人提供含有计算机病毒的文件、软件、媒体，销售、出租、附赠含有计算机病毒的媒体，其他传播计算机病毒的行为，处以一千元以下罚款。

对于经营活动中制作计算机病毒，向他人提供含有计算机病毒的文件、软件、媒体，销售、出租、附赠含有计算机病毒的媒体，其他传播计算机病毒的行为，没有违法所得的，由公安机关对单位处以一万元以下罚款，对个人处以五千元以下罚款；有违法所得的，处以违法所得三倍以下罚款，但是最高不得超过三万元。

需要注意的是，制作、传播计算机病毒，尚未影响计算机信息系统正常运行，即尚未构成违反治安管理行为的,法律依据适用《计算机病毒防治管理办法》第五条、第六条第(二)、(三)、(四)项和第十六条第一、二款。制作、传播计算机病毒,构成违反治安管理行为的,法律依据适用《中华人民共和国治安管理处罚法》第二十九条第(四)项。单位"故意制作、传播计算机破坏性程序",对单位处罚的法律依据适用《计算机病毒防治管理办法》第五条、第六条第(二)、(三)、(四)项和第十六条第二款,对其直接负责的主管人员和其他直接责任人员处罚的法律依据适用《治安管理处罚法》第十八条和第二十九条第(四)项。

需要注意的是,《网络安全法》第二十二条和第六十条对网络产品、服务提供者设置恶意程序的行为和处罚措施进行了特别规定,且属于法律层面规定,当符合该法规定时应优先适用。

【法律法规衔接问题】

《网络安全法》第二十二条、第二十七条、第六十条、第六十三条,《治安管理处罚法》第二十九条,《计算机信息系统安全保护条例》第二十三条。

第十七条 违反本办法第七条、第八条规定行为之一的,由公安机关对单位处以一千元以下罚款,对单位直接负责的主管人员和直接责任人员处以五百元以下罚款;对个人处以五百元以下罚款。

第十八条 违反本办法第九条规定的,由公安机关处以警告,并责令其限期改正;逾期不改正的,取消其计算机病毒防治产品检测机构的检测资格。

第十九条 计算机信息系统的使用单位有下列行为之一的,由公安机关处以警告,并根据情况责令其限期改正;逾期不改正的,对单位处以一千元以下罚款,对单位直接负责的主管人员和直接责任人员处以五百元以下罚款:

(一)未建立本单位计算机病毒防治管理制度的;

(二)未采取计算机病毒安全技术防治措施的;

(三)未对本单位计算机信息系统使用人员进行计算机病毒防治教育和培训的;

(四)未及时检测、清除计算机信息系统中的计算机病毒,对计算机信息系统造成危害的;

(五)未使用具有计算机信息系统安全专用产品销售许可证的计算机病毒防治产品,对计算机信息系统造成危害的。

【重点法条解读】

本条规定了计算机信息系统的使用单位未履行计算机病毒防治义务(包括法条所列的五种情形)的处罚措施,包括警告、责令限期改正、罚款等处罚措施。

第二十条 违反本办法第十四条规定,没有违法所得的,由公安机关对单位处以一万元以下罚款,对个人处以五千元以下罚款;有违法所得的,处以违法所得三倍以下罚款,但是最高不得超过三万元。

【重点法条解读】

本条规定了从事计算机设备或者媒体生产、销售、出租、维修行业的单位和个人未履行计算机病毒防治义务的行政处罚措施,包括没收违法所得、罚款等处罚措施。

关键信息基础设施安全保护条例(节选)

(2021 年 4 月 27 日国务院第 133 次常务会议通过,自 2021 年 9 月 1 日起施行)

第一章 总 则

第二条 本条例所称关键信息基础设施,是指公共通信和信息服务、能源、交通、水利、金融、公共服务、电子政务、国防科技工业等重要行业和领域的,以及其他一旦遭到破坏、丧失功能或者数据泄露,可能严重危害国家安全、国计民生、公共利益的重要网络设施、信息系统等。

第三条 在国家网信部门统筹协调下,国务院公安部门负责指导监督关键信息基础设施安全保护工作。国务院电信主管部门和其他有关部门依照本条例和有关法律、行政法规的规定,在各自职责范围内负责关键信息基础设施安全保护和监督管理工作。

省级人民政府有关部门依据各自职责对关键信息基础设施实施安全保护和监督管理。

第二章 关键信息基础设施认定

第八条 本条例第二条涉及的重要行业和领域的主管部门、监督管理部门是负责关键信息基础设施安全保护工作的部门(以下简称保护工作部门)。

第九条 保护工作部门结合本行业、本领域实际,制定关键信息基础设施认定规则,并报国务院公安部门备案。

制定认定规则应当主要考虑下列因素:

(一)网络设施、信息系统等对于本行业、本领域关键核心业务的重要程度;

(二)网络设施、信息系统等一旦遭到破坏、丧失功能或者数据泄露可能带来的危害程度;

(三)对其他行业和领域的关联性影响。

第十条 保护工作部门根据认定规则负责组织认定本行业、本领域的关键信息基础设施,及时将认定结果通知运营者,并通报国务院公安部门。

第十一条 关键信息基础设施发生较大变化,可能影响其认定结果的,运营者应当及时将相关情况报告保护工作部门。保护工作部门自收到报告之日起 3 个月内完成重新认定,将认定结果通知运营者,并通报国务院公安部门。

第三章 运营者责任义务

第十三条 运营者应当建立健全网络安全保护制度和责任制,保障人力、财力、物力投入。运营者的主要负责人对关键信息基础设施安全保护负总责,领导关键信息基础设施安全保护和重大网络安全事件处置工作,组织研究解决重大网络安全问题。

第十四条 运营者应当设置专门安全管理机构,并对专门安全管理机构负责人和关键岗位人员进行安全背景审查。审查时,公安机关、国家安全机关应当予以协助。

第十五条 专门安全管理机构具体负责本单位的关键信息基础设施安全保护工作,履行下列职责:

(一)建立健全网络安全管理、评价考核制度,拟订关键信息基础设施安全保护计划;

（二）组织推动网络安全防护能力建设，开展网络安全监测、检测和风险评估；

（三）按照国家及行业网络安全事件应急预案，制定本单位应急预案，定期开展应急演练，处置网络安全事件；

（四）认定网络安全关键岗位，组织开展网络安全工作考核，提出奖励和惩处建议；

（五）组织网络安全教育、培训；

（六）履行个人信息和数据安全保护责任，建立健全个人信息和数据安全保护制度；

（七）对关键信息基础设施设计、建设、运行、维护等服务实施安全管理；

（八）按照规定报告网络安全事件和重要事项。

第十七条　运营者应当自行或者委托网络安全服务机构对关键信息基础设施每年至少进行一次网络安全检测和风险评估，对发现的安全问题及时整改，并按照保护工作部门要求报送情况。

第十八条　关键信息基础设施发生重大网络安全事件或者发现重大网络安全威胁时，运营者应当按照有关规定向保护工作部门、公安机关报告。

发生关键信息基础设施整体中断运行或者主要功能故障、国家基础信息以及其他重要数据泄露、较大规模个人信息泄露、造成较大经济损失、违法信息较大范围传播等特别重大网络安全事件或者发现特别重大网络安全威胁时，保护工作部门应当在收到报告后，及时向国家网信部门、国务院公安部门报告。

第十九条　运营者应当优先采购安全可信的网络产品和服务；采购网络产品和服务可能影响国家安全的，应当按照国家网络安全规定通过安全审查。

第二十条　运营者采购网络产品和服务，应当按照国家有关规定与网络产品和服务提供者签订安全保密协议，明确提供者的技术支持和安全保密义务与责任，并对义务与责任履行情况进行监督。

第二十一条　运营者发生合并、分立、解散等情况，应当及时报告保护工作部门，并按照保护工作部门的要求对关键信息基础设施进行处置，确保安全。

第五章　法律责任

第三十九条　运营者有下列情形之一的，由有关主管部门依据职责责令改正，给予警告；拒不改正或者导致危害网络安全等后果的，处 10 万元以上 100 万元以下罚款，对直接负责的主管人员处 1 万元以上 10 万元以下罚款：

（一）在关键信息基础设施发生较大变化，可能影响其认定结果时未及时将相关情况报告保护工作部门的；

（二）安全保护措施未与关键信息基础设施同步规划、同步建设、同步使用的；

（三）未建立健全网络安全保护制度和责任制的；

（四）未设置专门安全管理机构的；

（五）未对专门安全管理机构负责人和关键岗位人员进行安全背景审查的；

（六）开展与网络安全和信息化有关的决策没有专门安全管理机构人员参与的；

（七）专门安全管理机构未履行本条例第十五条规定的职责的；

（八）未对关键信息基础设施每年至少进行一次网络安全检测和风险评估，未对发现的安全问题及时整改，或者未按照保护工作部门要求报送情况的；

（九）采购网络产品和服务，未按照国家有关规定与网络产品和服务提供者签订安全保密协议的；

（十）发生合并、分立、解散等情况，未及时报告保护工作部门，或者未按照保护工作部门的要求对关键信息基础设施进行处置的。

第四十条　运营者在关键信息基础设施发生重大网络安全事件或者发现重大网络安全威胁时，未按照有关规定向保护工作部门、公安机关报告的，由保护工作部门、公安机关依据职责责令改正，给予警告；拒不改正或者导致危害网络安全等后果的，处 10 万元以上 100 万元以下罚款，对直接负责的主管人员处 1 万元以上 10 万元以下罚款。

第四十一条　运营者采购可能影响国家安全的网络产品和服务，未按照国家网络安全规定进行安全审查的，由国家网信部门等有关主管部门依据职责责令改正，处采购金额 1 倍以上 10 倍以下罚款，对直接负责的主管人员和其他直接责任人员处 1 万元以上 10 万元以下罚款。

第四十二条　运营者对保护工作部门开展的关键信息基础设施网络安全检查检测工作，以及公安、国家安全、保密行政管理、密码管理等有关部门依法开展的关键信息基础设施网络安全检查工作不予配合的，由有关主管部门责令改正；拒不改正的，处 5 万元以上 50 万元以下罚款，对直接负责的主管人员和其他直接责任人员处 1 万元以上 10 万元以下罚款；情节严重的，依法追究相应法律责任。

第四十三条　实施非法侵入、干扰、破坏关键信息基础设施，危害其安全的活动尚不构成犯罪的，依照《中华人民共和国网络安全法》有关规定，由公安机关没收违法所得，处 5 日以下拘留，可以并处 5 万元以上 50 万元以下罚款；情节较重的，处 5 日以上 15 日以下拘留，可以并处 10 万元以上 100 万元以下罚款。

单位有前款行为的，由公安机关没收违法所得，处 10 万元以上 100 万元以下罚款，并对直接负责的主管人员和其他直接责任人员依照前款规定处罚。

违反本条例第五条第二款和第三十一条规定，受到治安管理处罚的人员，5 年内不得从事网络安全管理和网络运营关键岗位的工作；受到刑事处罚的人员，终身不得从事网络安全管理和网络运营关键岗位的工作。

第四十七条　关键信息基础设施发生重大和特别重大网络安全事件，经调查确定为责任事故的，除应当查明运营者责任并依法予以追究外，还应查明相关网络安全服务机构及有关部门的责任，对有失职、渎职及其他违法行为的，依法追究责任。

第四十八条　电子政务关键信息基础设施的运营者不履行本条例规定的网络安全保护义务的，依照《中华人民共和国网络安全法》有关规定予以处理。

第四十九条　违反本条例规定，给他人造成损害的，依法承担民事责任。

违反本条例规定，构成违反治安管理行为的，依法给予治安管理处罚；构成犯罪的，依法追究刑事责任。

第六章　附　　则

第五十条　存储、处理涉及国家秘密信息的关键信息基础设施的安全保护，还应当遵守保密法律、行政法规的规定。

关键信息基础设施中的密码使用和管理，还应当遵守相关法律、行政法规的规定。

网络安全审查办法（节选）

（国家互联网信息办公室、中华人民共和国国家发展和改革委员会、中华人民共和国工业和信息化部、中华人民共和国公安部、中华人民共和国国家安全部、中华人民共和国财政部、中华人民共和国商务部、中国人民银行、国家市场监督管理总局、国家广播电视总局、中国证券监督管理委员会、国家保密局、国家密码管理局令＜第8号＞）

第一条 为了确保关键信息基础设施供应链安全，保障网络安全和数据安全，维护国家安全，根据《中华人民共和国国家安全法》、《中华人民共和国网络安全法》、《中华人民共和国数据安全法》、《关键信息基础设施安全保护条例》，制定本办法。

第二条 关键信息基础设施运营者采购网络产品和服务，网络平台运营者开展数据处理活动，影响或者可能影响国家安全的，应当按照本办法进行网络安全审查。

前款规定的关键信息基础设施运营者、网络平台运营者统称为当事人。

第三条 网络安全审查坚持防范网络安全风险与促进先进技术应用相结合、过程公正透明与知识产权保护相结合、事前审查与持续监管相结合、企业承诺与社会监督相结合，从产品和服务以及数据处理活动安全性、可能带来的国家安全风险等方面进行审查。

第四条 在中央网络安全和信息化委员会领导下，国家互联网信息办公室会同中华人民共和国国家发展和改革委员会、中华人民共和国工业和信息化部、中华人民共和国公安部、中华人民共和国国家安全部、中华人民共和国财政部、中华人民共和国商务部、中国人民银行、国家市场监督管理总局、国家广播电视总局、中国证券监督管理委员会、国家保密局、国家密码管理局建立国家网络安全审查工作机制。

网络安全审查办公室设在国家互联网信息办公室，负责制定网络安全审查相关制度规范，组织网络安全审查。

第五条 关键信息基础设施运营者采购网络产品和服务的，应当预判该产品和服务投入使用后可能带来的国家安全风险。影响或者可能影响国家安全的，应当向网络安全审查办公室申报网络安全审查。

关键信息基础设施安全保护工作部门可以制定本行业、本领域预判指南。

第六条 对于申报网络安全审查的采购活动，关键信息基础设施运营者应当通过采购文件、协议等要求产品和服务提供者配合网络安全审查，包括承诺不利用提供产品和服务的便利条件非法获取用户数据、非法控制和操纵用户设备，无正当理由不中断产品供应或者必要的技术支持服务等。

第七条 掌握超过100万用户个人信息的网络平台运营者赴国外上市，必须向网络安全审查办公室申报网络安全审查。

第八条 当事人申报网络安全审查，应当提交以下材料：

（一）申报书；

（二）关于影响或者可能影响国家安全的分析报告；

（三）采购文件、协议、拟签订的合同或者拟提交的首次公开募股（IPO）等上市申请文件；

（四）网络安全审查工作需要的其他材料。

第九条　网络安全审查办公室应当自收到符合本办法第八条规定的审查申报材料起 10 个工作日内，确定是否需要审查并书面通知当事人。

第十条　网络安全审查重点评估相关对象或者情形的以下国家安全风险因素：

（一）产品和服务使用后带来的关键信息基础设施被非法控制、遭受干扰或者破坏的风险；

（二）产品和服务供应中断对关键信息基础设施业务连续性的危害；

（三）产品和服务的安全性、开放性、透明性、来源的多样性，供应渠道的可靠性以及因为政治、外交、贸易等因素导致供应中断的风险；

（四）产品和服务提供者遵守中国法律、行政法规、部门规章情况；

（五）核心数据、重要数据或者大量个人信息被窃取、泄露、毁损以及非法利用、非法出境的风险；

（六）上市存在关键信息基础设施、核心数据、重要数据或者大量个人信息被外国政府影响、控制、恶意利用的风险，以及网络信息安全风险；

（七）其他可能危害关键信息基础设施安全、网络安全和数据安全的因素。

第十六条　网络安全审查工作机制成员单位认为影响或者可能影响国家安全的网络产品和服务以及数据处理活动，由网络安全审查办公室按程序报中央网络安全和信息化委员会批准后，依照本办法的规定进行审查。

为了防范风险，当事人应当在审查期间按照网络安全审查要求采取预防和消减风险的措施。

第十七条　参与网络安全审查的相关机构和人员应当严格保护知识产权，对在审查工作中知悉的商业秘密、个人信息，当事人、产品和服务提供者提交的未公开材料，以及其他未公开信息承担保密义务；未经信息提供方同意，不得向无关方披露或者用于审查以外的目的。

第十八条　当事人或者网络产品和服务提供者认为审查人员有失客观公正，或者未能对审查工作中知悉的信息承担保密义务的，可以向网络安全审查办公室或者有关部门举报。

第十九条　当事人应当督促产品和服务提供者履行网络安全审查中作出的承诺。

网络安全审查办公室通过接受举报等形式加强事前事中事后监督。

第二十条　当事人违反本办法规定的，依照《中华人民共和国网络安全法》、《中华人民共和国数据安全法》的规定处理。

第二十一条　本办法所称网络产品和服务主要指核心网络设备、重要通信产品、高性能计算机和服务器、大容量存储设备、大型数据库和应用软件、网络安全设备、云计算服务，以及其他对关键信息基础设施安全、网络安全和数据安全有重要影响的网络产品和服务。

第二十二条　涉及国家秘密信息的，依照国家有关保密规定执行。

国家对数据安全审查、外商投资安全审查另有规定的，应当同时符合其规定。

互联网新闻信息服务管理规定(节选)
（经国家互联网信息办公室室务会议审议通过，自 2017 年 6 月 1 日起施行）

第一章　总　　则

第二条　在中华人民共和国境内提供互联网新闻信息服务，适用本规定。

本规定所称新闻信息,包括有关政治、经济、军事、外交等社会公共事务的报道、评论,以及有关社会突发事件的报道、评论。

第三条　提供互联网新闻信息服务,应当遵守宪法、法律和行政法规,坚持为人民服务、为社会主义服务的方向,坚持正确舆论导向,发挥舆论监督作用,促进形成积极健康、向上向善的网络文化,维护国家利益和公共利益。

第四条　国家互联网信息办公室负责全国互联网新闻信息服务的监督管理执法工作。地方互联网信息办公室依据职责负责本行政区域内互联网新闻信息服务的监督管理执法工作。

第二章　许　　可

第五条　通过互联网站、应用程序、论坛、博客、微博客、公众账号、即时通信工具、网络直播等形式向社会公众提供互联网新闻信息服务,应当取得互联网新闻信息服务许可,禁止未经许可或超越许可范围开展互联网新闻信息服务活动。

前款所称互联网新闻信息服务,包括互联网新闻信息采编发布服务、转载服务、传播平台服务。

第六条　申请互联网新闻信息服务许可,应当具备下列条件:

(一)在中华人民共和国境内依法设立的法人;

(二)主要负责人、总编辑是中国公民;

(三)有与服务相适应的专职新闻编辑人员、内容审核人员和技术保障人员;

(四)有健全的互联网新闻信息服务管理制度;

(五)有健全的信息安全管理制度和安全可控的技术保障措施;

(六)有与服务相适应的场所、设施和资金。

申请互联网新闻信息采编发布服务许可的,应当是新闻单位(含其控股的单位)或新闻宣传部门主管的单位。

符合条件的互联网新闻信息服务提供者实行特殊管理股制度,具体实施办法由国家互联网信息办公室另行制定。

提供互联网新闻信息服务,还应当依法向电信主管部门办理互联网信息服务许可或备案手续。

第七条　任何组织不得设立中外合资经营、中外合作经营和外资经营的互联网新闻信息服务单位。

互联网新闻信息服务单位与境内外中外合资经营、中外合作经营和外资经营的企业进行涉及互联网新闻信息服务业务的合作,应当报经国家互联网信息办公室进行安全评估。

第八条　互联网新闻信息服务提供者的采编业务和经营业务应当分开,非公有资本不得介入互联网新闻信息采编业务。

第三章　运　　行

第十一条　互联网新闻信息服务提供者应当设立总编辑,总编辑对互联网新闻信息内容负总责。总编辑人选应当具有相关从业经验,符合相关条件,并报国家或省、自治区、直辖市互联网信息办公室备案。

互联网新闻信息服务相关从业人员应当依法取得相应资质,接受专业培训、考核。互联网新闻信息服务相关从业人员从事新闻采编活动,应当具备新闻采编人员职业资格,持有国家新闻出版广电总局统一颁发的新闻记者证。

第十二条　互联网新闻信息服务提供者应当健全信息发布审核、公共信息巡查、应急处置等信息安全管理制度,具有安全可控的技术保障措施。

第十三条　互联网新闻信息服务提供者为用户提供互联网新闻信息传播平台服务,应当按照《中华人民共和国网络安全法》的规定,要求用户提供真实身份信息。用户不提供真实身份信息的,互联网新闻信息服务提供者不得为其提供相关服务。

互联网新闻信息服务提供者对用户身份信息和日志信息负有保密的义务,不得泄露、篡改、毁损,不得出售或非法向他人提供。

互联网新闻信息服务提供者及其从业人员不得通过采编、发布、转载、删除新闻信息,干预新闻信息呈现或搜索结果等手段谋取不正当利益。

第十四条　互联网新闻信息服务提供者提供互联网新闻信息传播平台服务,应当与在其平台上注册的用户签订协议,明确双方权利义务。

对用户开设公众账号的,互联网新闻信息服务提供者应当审核其账号信息、服务资质、服务范围等信息,并向所在地省、自治区、直辖市互联网信息办公室分类备案。

第十五条　互联网新闻信息服务提供者转载新闻信息,应当转载中央新闻单位或省、自治区、直辖市直属新闻单位等国家规定范围内的单位发布的新闻信息,注明新闻信息来源、原作者、原标题、编辑真实姓名等,不得歪曲、篡改标题原意和新闻信息内容,并保证新闻信息来源可追溯。

互联网新闻信息服务提供者转载新闻信息,应当遵守著作权相关法律法规的规定,保护著作权人的合法权益。

第十六条　互联网新闻信息服务提供者和用户不得制作、复制、发布、传播法律、行政法规禁止的信息内容。

互联网新闻信息服务提供者提供服务过程中发现含有违反本规定第三条或前款规定内容的,应当依法立即停止传输该信息、采取消除等处置措施,保存有关记录,并向有关主管部门报告。

第十七条　互联网新闻信息服务提供者变更主要负责人、总编辑、主管单位、股权结构等影响许可条件的重大事项,应当向原许可机关办理变更手续。

互联网新闻信息服务提供者应用新技术、调整增设具有新闻舆论属性或社会动员能力的应用功能,应当报国家或省、自治区、直辖市互联网信息办公室进行互联网新闻信息服务安全评估。

第十八条　互联网新闻信息服务提供者应当在明显位置明示互联网新闻信息服务许可证编号。

互联网新闻信息服务提供者应当自觉接受社会监督,建立社会投诉举报渠道,设置便捷的投诉举报入口,及时处理公众投诉举报。

第六章　附　　则

第二十七条　本规定所称新闻单位,是指依法设立的报刊社、广播电台、电视台、通讯社和新闻电影制片厂。

第二十八条 违反本规定,同时违反互联网信息服务管理规定的,由国家和地方互联网信息办公室根据本规定处理后,转由电信主管部门依法处置。

国家对互联网视听节目服务、网络出版服务等另有规定的,应当同时符合其规定。

网络信息内容生态治理规定(节选)

(经国家互联网信息办公室室务会议审议通过,自2020年3月1日起施行)

第一章 总 则

第二条 中华人民共和国境内的网络信息内容生态治理活动,适用本规定。

本规定所称网络信息内容生态治理,是指政府、企业、社会、网民等主体,以培育和践行社会主义核心价值观为根本,以网络信息内容为主要治理对象,以建立健全网络综合治理体系、营造清朗的网络空间、建设良好的网络生态为目标,开展的弘扬正能量、处置违法和不良信息等相关活动。

第三条 国家网信部门负责统筹协调全国网络信息内容生态治理和相关监督管理工作,各有关主管部门依据各自职责做好网络信息内容生态治理工作。

地方网信部门负责统筹协调本行政区域内网络信息内容生态治理和相关监督管理工作,地方各有关主管部门依据各自职责做好本行政区域内网络信息内容生态治理工作。

第二章 网络信息内容生产者

第四条 网络信息内容生产者应当遵守法律法规,遵循公序良俗,不得损害国家利益、公共利益和他人合法权益。

第六条 网络信息内容生产者不得制作、复制、发布含有下列内容的违法信息:

(一)反对宪法所确定的基本原则的;

(二)危害国家安全,泄露国家秘密,颠覆国家政权,破坏国家统一的;

(三)损害国家荣誉和利益的;

(四)歪曲、丑化、亵渎、否定英雄烈士事迹和精神,以侮辱、诽谤或者其他方式侵害英雄烈士的姓名、肖像、名誉、荣誉的;

(五)宣扬恐怖主义、极端主义或者煽动实施恐怖活动、极端主义活动的;

(六)煽动民族仇恨、民族歧视,破坏民族团结的;

(七)破坏国家宗教政策,宣扬邪教和封建迷信的;

(八)散布谣言,扰乱经济秩序和社会秩序的;

(九)散布淫秽、色情、赌博、暴力、凶杀、恐怖或者教唆犯罪的;

(十)侮辱或者诽谤他人,侵害他人名誉、隐私和其他合法权益的;

(十一)法律、行政法规禁止的其他内容。

第七条 网络信息内容生产者应当采取措施,防范和抵制制作、复制、发布含有下列内容的不良信息:

(一)使用夸张标题,内容与标题严重不符的;

(二)炒作绯闻、丑闻、劣迹等的;

（三）不当评述自然灾害、重大事故等灾难的；

（四）带有性暗示、性挑逗等易使人产生性联想的；

（五）展现血腥、惊悚、残忍等致人身心不适的；

（六）煽动人群歧视、地域歧视等的；

（七）宣扬低俗、庸俗、媚俗内容的；

（八）可能引发未成年人模仿不安全行为和违反社会公德行为、诱导未成年人不良嗜好等的；

（九）其他对网络生态造成不良影响的内容。

第三章　网络信息内容服务平台

第九条　网络信息内容服务平台应当建立网络信息内容生态治理机制，制定本平台网络信息内容生态治理细则，健全用户注册、账号管理、信息发布审核、跟帖评论审核、版面页面生态管理、实时巡查、应急处置和网络谣言、黑色产业链信息处置等制度。

网络信息内容服务平台应当设立网络信息内容生态治理负责人，配备与业务范围和服务规模相适应的专业人员，加强培训考核，提升从业人员素质。

第十条　网络信息内容服务平台不得传播本规定第六条规定的信息，应当防范和抵制传播本规定第七条规定的信息。

网络信息内容服务平台应当加强信息内容的管理，发现本规定第六条、第七条规定的信息的，应当依法立即采取处置措施，保存有关记录，并向有关主管部门报告。

第十四条　网络信息内容服务平台应当加强对本平台设置的广告位和在本平台展示的广告内容的审核巡查，对发布违法广告的，应当依法予以处理。

第十五条　网络信息内容服务平台应当制定并公开管理规则和平台公约，完善用户协议，明确用户相关权利义务，并依法依约履行相应管理职责。

网络信息内容服务平台应当建立用户账号信用管理制度，根据用户账号的信用情况提供相应服务。

第十六条　网络信息内容服务平台应当在显著位置设置便捷的投诉举报入口，公布投诉举报方式，及时受理处置公众投诉举报并反馈处理结果。

第十七条　网络信息内容服务平台应当编制网络信息内容生态治理工作年度报告，年度报告应当包括网络信息内容生态治理工作情况、网络信息内容生态治理负责人履职情况、社会评价情况等内容。

第四章　网络信息内容服务使用者

第十八条　网络信息内容服务使用者应当文明健康使用网络，按照法律法规的要求和用户协议约定，切实履行相应义务，在以发帖、回复、留言、弹幕等形式参与网络活动时，文明互动，理性表达，不得发布本规定第六条规定的信息，防范和抵制本规定第七条规定的信息。

第二十三条　网络信息内容服务使用者和网络信息内容生产者、网络信息内容服务平台不得利用深度学习、虚拟现实等新技术新应用从事法律、行政法规禁止的活动。

第二十四条　网络信息内容服务使用者和网络信息内容生产者、网络信息内容服务平台不得通过人工方式或者技术手段实施流量造假、流量劫持以及虚假注册账号、非法交易账号、操纵用户账号等行为，破坏网络生态秩序。

第二十五条　网络信息内容服务使用者和网络信息内容生产者、网络信息内容服务平台不得利用党旗、党徽、国旗、国徽、国歌等代表党和国家形象的标识及内容，或者借国家重大活动、重大纪念日和国家机关及其工作人员名义等，违法违规开展网络商业营销活动。

第七章　法律责任

第三十四条　网络信息内容生产者违反本规定第六条规定的，网络信息内容服务平台应当依法依约采取警示整改、限制功能、暂停更新、关闭账号等处置措施，及时消除违法信息内容，保存记录并向有关主管部门报告。

第三十六条　网络信息内容服务平台违反本规定第十一条第二款规定的，由设区的市级以上网信部门依据职责进行约谈，给予警告，责令限期改正；拒不改正或者情节严重的，责令暂停信息更新，按照有关法律、行政法规的规定予以处理。

第三十七条　网络信息内容服务平台违反本规定第九条、第十二条、第十五条、第十六条、第十七条规定的，由设区的市级以上网信部门依据职责进行约谈，给予警告，责令限期改正；拒不改正或者情节严重的，责令暂停信息更新，按照有关法律、行政法规的规定予以处理。

第三十九条　网信部门根据法律、行政法规和国家有关规定，会同有关主管部门建立健全网络信息内容服务严重失信联合惩戒机制，对严重违反本规定的网络信息内容服务平台、网络信息内容生产者和网络信息内容使用者依法依规实施限制从事网络信息服务、网上行为限制、行业禁入等惩戒措施。

第四十条　违反本规定，给他人造成损害的，依法承担民事责任；构成犯罪的，依法追究刑事责任；尚不构成犯罪的，由有关主管部门依照有关法律、行政法规的规定予以处罚。

第八章　附　　则

第四十一条　本规定所称网络信息内容生产者，是指制作、复制、发布网络信息内容的组织或者个人。

本规定所称网络信息内容服务平台，是指提供网络信息内容传播服务的网络信息服务提供者。

本规定所称网络信息内容服务使用者，是指使用网络信息内容服务的组织或者个人。

区块链信息服务管理规定（节选）

（经国家互联网信息办公室室务会议审议通过，自2019年2月15日起施行）

第二条　在中华人民共和国境内从事区块链信息服务，应当遵守本规定。法律、行政法规另有规定的，遵照其规定。

本规定所称区块链信息服务，是指基于区块链技术或者系统，通过互联网站、应用程序等形式，向社会公众提供信息服务。

本规定所称区块链信息服务提供者，是指向社会公众提供区块链信息服务的主体或者节点，以及为区块链信息服务的主体提供技术支持的机构或者组织；本规定所称区块链信息服务使用者，是指使用区块链信息服务的组织或者个人。

第三条　国家互联网信息办公室依据职责负责全国区块链信息服务的监督管理执法工作。省、自治区、直辖市互联网信息办公室依据职责负责本行政区域内区块链信息服务的监督管理执法工作。

第五条　区块链信息服务提供者应当落实信息内容安全管理责任，建立健全用户注册、信息审核、应急处置、安全防护等管理制度。

第六条　区块链信息服务提供者应当具备与其服务相适应的技术条件，对于法律、行政法规禁止的信息内容，应当具备对其发布、记录、存储、传播的即时和应急处置能力，技术方案应当符合国家相关标准规范。

第七条　区块链信息服务提供者应当制定并公开管理规则和平台公约，与区块链信息服务使用者签订服务协议，明确双方权利义务，要求其承诺遵守法律规定和平台公约。

第八条　区块链信息服务提供者应当按照《中华人民共和国网络安全法》的规定，对区块链信息服务使用者进行基于组织机构代码、身份证件号码或者移动电话号码等方式的真实身份信息认证。用户不进行真实身份信息认证的，区块链信息服务提供者不得为其提供相关服务。

第九条　区块链信息服务提供者开发上线新产品、新应用、新功能的，应当按照有关规定报国家和省、自治区、直辖市互联网信息办公室进行安全评估。

第十条　区块链信息服务提供者和使用者不得利用区块链信息服务从事危害国家安全、扰乱社会秩序、侵犯他人合法权益等法律、行政法规禁止的活动，不得利用区块链信息服务制作、复制、发布、传播法律、行政法规禁止的信息内容。

第十一条　区块链信息服务提供者应当在提供服务之日起十个工作日内通过国家互联网信息办公室区块链信息服务备案管理系统填报服务提供者的名称、服务类别、服务形式、应用领域、服务器地址等信息，履行备案手续。

区块链信息服务提供者变更服务项目、平台网址等事项的，应当在变更之日起五个工作日内办理变更手续。

区块链信息服务提供者终止服务的，应当在终止服务三十个工作日前办理注销手续，并作出妥善安排。

第十五条　区块链信息服务提供者提供的区块链信息服务存在信息安全隐患的，应当进行整改，符合法律、行政法规等相关规定和国家相关标准规范后方可继续提供信息服务。

第十六条　区块链信息服务提供者应当对违反法律、行政法规规定和服务协议的区块链信息服务使用者，依法依约采取警示、限制功能、关闭账号等处置措施，对违法信息内容及时采取相应的处理措施，防止信息扩散，保存有关记录，并向有关主管部门报告。

第十七条　区块链信息服务提供者应当记录区块链信息服务使用者发布内容和日志等信息，记录备份应当保存不少于六个月，并在相关执法部门依法查询时予以提供。

第十八条　区块链信息服务提供者应当配合网信部门依法实施的监督检查，并提供必要的技术支持和协助。

区块链信息服务提供者应当接受社会监督，设置便捷的投诉举报入口，及时处理公众投诉举报。

第十九条 区块链信息服务提供者违反本规定第五条、第六条、第七条、第九条、第十一条第二款、第十三条、第十五条、第十七条、第十八条规定的,由国家和省、自治区、直辖市互联网信息办公室依据职责给予警告,责令限期改正,改正前应当暂停相关业务;拒不改正或者情节严重的,并处五千元以上三万元以下罚款;构成犯罪的,依法追究刑事责任。

第二十条 区块链信息服务提供者违反本规定第八条、第十六条规定的,由国家和省、自治区、直辖市互联网信息办公室依据职责,按照《中华人民共和国网络安全法》的规定予以处理。

第二十一条 区块链信息服务提供者违反本规定第十条的规定,制作、复制、发布、传播法律、行政法规禁止的信息内容的,由国家和省、自治区、直辖市互联网信息办公室依据职责给予警告,责令限期改正,改正前应当暂停相关业务;拒不改正或者情节严重的,并处二万元以上三万元以下罚款;构成犯罪的,依法追究刑事责任。

区块链信息服务使用者违反本规定第十条的规定,制作、复制、发布、传播法律、行政法规禁止的信息内容的,由国家和省、自治区、直辖市互联网信息办公室依照有关法律、行政法规的规定予以处理。

第二十二条 区块链信息服务提供者违反本规定第十一条第一款的规定,未按照本规定履行备案手续或者填报虚假备案信息的,由国家和省、自治区、直辖市互联网信息办公室依据职责责令限期改正;拒不改正或者情节严重的,给予警告,并处一万元以上三万元以下罚款。

金融信息服务管理规定(节选)

(国家互联网信息办公室 2018 年 12 月 26 日公布)

第二条 在中华人民共和国境内从事金融信息服务,应当遵守本规定。

本规定所称金融信息服务,是指向从事金融分析、金融交易、金融决策或者其他金融活动的用户提供可能影响金融市场的信息和/或者金融数据的服务。该服务不同于通讯社服务。

第四条 金融信息服务提供者从事互联网新闻信息服务、法定特许或者应予以备案的金融业务应当取得相应资质,并接受有关主管部门的监督管理。

第六条 金融信息服务提供者应当在显著位置准确无误注明信息来源,并确保文字、图像、视频、音频等形式的金融信息来源可追溯。

第七条 金融信息服务提供者应当配备相关专业人员,负责金融信息内容的审核,确保金融信息真实、客观、合法。

第八条 金融信息服务提供者不得制作、复制、发布、传播含有下列内容的信息:

(一)散布虚假金融信息,危害国家金融安全以及社会稳定的;

(二)歪曲国家财政货币政策、金融管理政策,扰乱经济秩序、损害国家利益的;

(三)教唆他人商业欺诈或经济犯罪,造成社会影响的;

(四)虚构证券、基金、期货、外汇等金融市场事件或新闻的;

(五)宣传有关主管部门禁止的金融产品与服务的;

(六)法律、法规和规章禁止的其他内容。

第九条 金融信息服务提供者应当自觉接受用户监督,设置便捷投诉窗口,及时妥善处理投诉事宜,并保存有关记录。

第十一条　金融信息服务提供者发现含有本规定第八条所列信息内容的,应当立即终止传输、禁止使用和停止传播该信息内容,及时采取处置措施,消除相关信息内容,保存完整记录并向国家或地方互联网信息办公室报告。

公安机关互联网安全监督检查规定(节选)

(经 2018 年 9 月 5 日公安部部长办公会议通过,自 2018 年 11 月 1 日起施行)

第一章　总　　则

第五条　公安机关及其工作人员对履行互联网安全监督检查职责中知悉的个人信息、隐私、商业秘密和国家秘密,应当严格保密,不得泄露、出售或者非法向他人提供。公安机关及其工作人员在履行互联网安全监督检查职责中获取的信息,只能用于维护网络安全的需要,不得用于其他用途。

第六条　公安机关对互联网安全监督检查工作中发现的可能危害国家安全、公共安全、社会秩序的网络安全风险,应当及时通报有关主管部门和单位。

第七条　公安机关应当建立并落实互联网安全监督检查工作制度,自觉接受检查对象和人民群众的监督。

第二章　监督检查对象和内容

第八条　互联网安全监督检查由互联网服务提供者的网络服务运营机构和联网使用单位的网络管理机构所在地公安机关实施。互联网服务提供者为个人的,可以由其经常居住地公安机关实施。

第九条　公安机关应当根据网络安全防范需要和网络安全风险隐患的具体情况,对下列互联网服务提供者和联网使用单位开展监督检查:

(一)提供互联网接入、互联网数据中心、内容分发、域名服务的;

(二)提供互联网信息服务的;

(三)提供公共上网服务的;

(四)提供其他互联网服务的;

对开展前款规定的服务未满一年的,两年内曾发生过网络安全事件、违法犯罪案件的,或者因未履行法定网络安全义务被公安机关予以行政处罚的,应当开展重点监督检查。

第十条　公安机关应当根据互联网服务提供者和联网使用单位履行法定网络安全义务的实际情况,依照国家有关规定和标准,对下列内容进行监督检查:

(一)是否办理联网单位备案手续,并报送接入单位和用户基本信息及其变更情况;

(二)是否制定并落实网络安全管理制度和操作规程,确定网络安全负责人;

(三)是否依法采取记录并留存用户注册信息和上网日志信息的技术措施;

(四)是否采取防范计算机病毒和网络攻击、网络侵入等技术措施;

(五)是否在公共信息服务中对法律、行政法规禁止发布或者传输的信息依法采取相关防范措施;

(六)是否按照法律规定的要求为公安机关依法维护国家安全、防范调查恐怖活动、侦查犯罪提供技术支持和协助；

（七）是否履行法律、行政法规规定的网络安全等级保护等义务。

第十一条　除本规定第十条所列内容外，公安机关还应当根据提供互联网服务的类型，对下列内容进行监督检查：

（一）对提供互联网接入服务的，监督检查是否记录并留存网络地址及分配使用情况；

（二）对提供互联网数据中心服务的，监督检查是否记录所提供的主机托管、主机租用和虚拟空间租用的用户信息；

（三）对提供互联网域名服务的，监督检查是否记录网络域名申请、变动信息，是否对违法域名依法采取处置措施；

（四）对提供互联网信息服务的，监督检查是否依法采取用户发布信息管理措施，是否对已发布或者传输的法律、行政法规禁止发布或者传输的信息依法采取处置措施，并保存相关记录；

（五）对提供互联网内容分发服务的，监督检查是否记录内容分发网络与内容源网络链接对应情况；

（六）对提供互联网公共上网服务的，监督检查是否采取符合国家标准的网络与信息安全保护技术措施。

第十二条　在国家重大网络安全保卫任务期间，对与国家重大网络安全保卫任务相关的互联网服务提供者和联网使用单位，公安机关可以对下列内容开展专项安全监督检查：

（一）是否制定重大网络安全保卫任务所要求的工作方案、明确网络安全责任分工并确定网络安全管理人员；

（二）是否组织开展网络安全风险评估，并采取相应风险管控措施堵塞网络安全漏洞隐患；

（三）是否制定网络安全应急处置预案并组织开展应急演练，应急处置相关设施是否完备有效；

（四）是否依法采取重大网络安全保卫任务所需要的其他网络安全防范措施；

（五）是否按照要求向公安机关报告网络安全防范措施及落实情况。

对防范恐怖袭击的重点目标的互联网安全监督检查，按照前款规定的内容执行。

第三章　监督检查程序

第十七条　公安机关开展现场监督检查或者远程检测，可以委托具有相应技术能力的网络安全服务机构提供技术支持。

网络安全服务机构及其工作人员对工作中知悉的个人信息、隐私、商业秘密和国家秘密，应当严格保密，不得泄露、出售或者非法向他人提供。公安机关应当严格监督网络安全服务机构落实网络安全管理与保密责任。

第十九条　公安机关在互联网安全监督检查中，发现互联网服务提供者和联网使用单位存在网络安全风险隐患，应当督促指导其采取措施消除风险隐患，并在监督检查记录上注明；发现有违法行为，但情节轻微或者未造成后果的，应当责令其限期整改。

监督检查对象在整改期限届满前认为已经整改完毕的，可以向公安机关书面提出提前复查申请。

公安机关应当自整改期限届满或者收到监督检查对象提前复查申请之日起三个工作日内，对整改情况进行复查，并在复查结束后三个工作日内反馈复查结果。

互联网文化管理暂行规定(节选)

(2011 年 2 月 11 日文化部部务会议审议通过，自 2011 年 4 月 1 日起施行。

根据 2017 年 12 月 15 日发布的《文化部关于废止和修改部分部门规章的决定》

(文化部令第 57 号)修订)

第二条　本规定所称互联网文化产品是指通过互联网生产、传播和流通的文化产品，主要包括：

(一)专门为互联网而生产的网络音乐娱乐、网络游戏、网络演出剧(节)目、网络表演、网络艺术品、网络动漫等互联网文化产品；

(二)将音乐娱乐、游戏、演出剧(节)目、表演、艺术品、动漫等文化产品以一定的技术手段制作、复制到互联网上传播的互联网文化产品。

第三条　本规定所称互联网文化活动是指提供互联网文化产品及其服务的活动，主要包括：

(一)互联网文化产品的制作、复制、进口、发行、播放等活动；

(二)将文化产品登载在互联网上，或者通过互联网、移动通信网等信息网络发送到计算机、固定电话机、移动电话机、电视机、游戏机等用户端以及网吧等互联网上网服务营业场所，供用户浏览、欣赏、使用或者下载的在线传播行为；

(三)互联网文化产品的展览、比赛等活动。

互联网文化活动分为经营性和非经营性两类。经营性互联网文化活动是指以营利为目的，通过向上网用户收费或者以电子商务、广告、赞助等方式获取利益，提供互联网文化产品及其服务的活动。非经营性互联网文化活动是指不以营利为目的向上网用户提供互联网文化产品及其服务的活动。

第七条　申请从事经营性互联网文化活动，应当符合《互联网信息服务管理办法》的有关规定，并具备以下条件：

(一)有单位的名称、住所、组织机构和章程；

(二)有确定的互联网文化活动范围；

(三)有适应互联网文化活动需要的专业人员、设备、工作场所以及相应的经营管理技术措施；

(四)有确定的域名；

(五)符合法律、行政法规和国家有关规定的条件。

审批设立经营性互联网文件单位、除依照前款所列条件外，还应当符合互联网文化单位总量、结构和布局的规划。

第十条　非经营性互联网文化单位，应当自设立之日起 60 日内向所在地省、自治区、直辖市人民政府文化行政部门备案，并提交下列文件：

(一)备案表；

(二)章程；

（三）法定代表人或者主要负责人的身份证明文件；

（四）域名登记证明；

（五）依法需要提交的其他文件。

第十一条　申请从事经营性互联网文化活动经批准后，应当持《网络文化经营许可证》，按照《互联网信息服务管理办法》的有关规定，到所在地电信管理机构或者国务院信息产业主管部门办理相关手续。

第十二条　互联网文化单位应当在其网站主页的显著位置标明文化行政部门颁发的《网络文化经营许可证》编号或者备案编号，标明国务院信息产业主管部门或者省、自治区、直辖市电信管理机构颁发的经营许可证编号或者备案编号。

第十五条　经营进口互联网文化产品的活动应当由取得文化行政部门核发的《网络文化经营许可证》的经营性互联网文化单位实施，进口互联网文化产品应当报文化部进行内容审查。

文化部应当自受理内容审查申请之日起 20 日内（不包括专家评审所需时间）做出批准或者不批准的决定。批准的，发给批准文件；不批准的，应当说明理由。

经批准的进口互联网文化产品应当在其显著位置标明文化部的批准文号，不得擅自变更产品名称或者增删产品内容。自批准之日起一年内未在国内经营的，进口单位应当报文化部备案并说明原因；决定终止进口的，文化部撤销其批准文号。

经营性互联网文化单位经营的国产互联网文化产品应当自正式经营起 30 日内报省级以上文化行政部门备案，并在其显著位置标明文化部备案编号，具体办法另行规定。

第十六条　互联网文化单位不得提供载有以下内容的文化产品：

（一）反对宪法确定的基本原则的；

（二）危害国家统一、主权和领土完整的；

（三）泄露国家秘密、危害国家安全或者损害国家荣誉和利益的；

（四）煽动民族仇恨、民族歧视，破坏民族团结，或者侵害民族风俗、习惯的；

（五）宣扬邪教、迷信的；

（六）散布谣言，扰乱社会秩序，破坏社会稳定的；

（七）宣扬淫秽、赌博、暴力或者教唆犯罪的；

（八）侮辱或者诽谤他人，侵害他人合法权益的；

（九）危害社会公德或者民族优秀文化传统的；

（十）有法律、行政法规和国家规定禁止的其他内容的。

第二十条　互联网文化单位应当记录备份所提供的文化产品内容及其时间、互联网地址或者域名；记录备份应当保存 60 日，并在国家有关部门依法查询时予以提供。

互联网用户公众账号信息服务管理规定（节选）

（国家互联网信息办公室发布，自 2021 年 01 月 22 日起施行）

第一章　总　　则

第二条　在中华人民共和国境内提供、从事互联网用户公众账号信息服务，应当遵守本规定。

第三条　国家网信部门负责全国互联网用户公众账号信息服务的监督管理执法工作。地方网信部门依据职责负责本行政区域内互联网用户公众账号信息服务的监督管理执法工作。

第五条　公众账号信息服务平台提供互联网用户公众账号信息服务，应当取得国家法律、行政法规规定的相关资质。

公众账号信息服务平台和公众账号生产运营者向社会公众提供互联网新闻信息服务，应当取得互联网新闻信息服务许可。

第二章　公众账号信息服务平台

第六条　公众账号信息服务平台应当履行信息内容和公众账号管理主体责任，配备与业务规模相适应的管理人员和技术能力，设置内容安全负责人岗位，建立健全并严格落实账号注册、信息内容安全、生态治理、应急处置、网络安全、数据安全、个人信息保护、知识产权保护、信用评价等管理制度。

公众账号信息服务平台应当依据法律法规和国家有关规定，制定并公开信息内容生产、公众账号运营等管理规则、平台公约，与公众账号生产运营者签订服务协议，明确双方内容发布权限、账号管理责任等权利义务。

第八条　公众账号信息服务平台应当采取复合验证等措施，对申请注册公众账号的互联网用户进行基于移动电话号码、居民身份证号码或者统一社会信用代码等方式的真实身份信息认证，提高认证准确率。用户不提供真实身份信息的，或者冒用组织机构、他人真实身份信息进行虚假注册的，不得为其提供相关服务。

公众账号信息服务平台应当对互联网用户注册的公众账号名称、头像和简介等进行合法合规性核验，发现账号名称、头像和简介与注册主体真实身份信息不相符的，特别是擅自使用或者关联党政机关、企事业单位等组织机构或者社会知名人士名义的，应当暂停提供服务并通知用户限期改正，拒不改正的，应当终止提供服务；发现相关注册信息含有违法和不良信息的，应当依法及时处置。

公众账号信息服务平台应当禁止被依法依约关闭的公众账号以相同账号名称重新注册；对注册与其关联度高的账号名称，还应当对账号主体真实身份信息、服务资质等进行必要核验。

第十条　公众账号信息服务平台应当对同一主体在本平台注册公众账号的数量合理设定上限。对申请注册多个公众账号的用户，还应当对其主体性质、服务资质、业务范围、信用评价等进行必要核验。

公众账号信息服务平台对互联网用户注册后超过六个月不登录、不使用的公众账号，可以根据服务协议暂停或者终止提供服务。

公众账号信息服务平台应当健全技术手段，防范和处置互联网用户超限量注册、恶意注册、虚假注册等违规注册行为。

第十一条　公众账号信息服务平台应当依法依约禁止公众账号生产运营者违规转让公众账号。

公众账号生产运营者向其他用户转让公众账号使用权的，应当向平台提出申请。平台应当依据前款规定对受让方用户进行认证核验，并公示主体变更信息。平台发现生产运营者未经审核擅自转让公众账号的，应当及时暂停或者终止提供服务。

公众账号生产运营者自行停止账号运营，可以向平台申请暂停或者终止使用。平台应当按照服务协议暂停或者终止提供服务。

第十二条　公众账号信息服务平台应当建立公众账号监测评估机制，防范账号订阅数、用户关注度、内容点击率、转发评论量等数据造假行为。

公众账号信息服务平台应当规范公众账号推荐订阅关注机制，健全技术手段，及时发现、处置公众账号订阅关注数量的异常变动情况。未经互联网用户知情同意，不得以任何方式强制或者变相强制订阅关注其他用户公众账号。

第十四条　公众账号信息服务平台与生产运营者开展内容供给与账号推广合作，应当规范管理电商销售、广告发布、知识付费、用户打赏等经营行为，不得发布虚假广告、进行夸大宣传、实施商业欺诈及商业诋毁等，防止违法违规运营。

公众账号信息服务平台应当加强对原创信息内容的著作权保护，防范盗版侵权行为。

平台不得利用优势地位干扰生产运营者合法合规运营、侵犯用户合法权益。

第三章　公众账号生产运营者

第十八条　公众账号生产运营者不得有下列违法违规行为：

（一）不以真实身份信息注册，或者注册与自身真实身份信息不相符的公众账号名称、头像、简介等；

（二）恶意假冒、仿冒或者盗用组织机构及他人公众账号生产发布信息内容；

（三）未经许可或者超越许可范围提供互联网新闻信息采编发布等服务；

（四）操纵利用多个平台账号，批量发布雷同低质信息内容，生成虚假流量数据，制造虚假舆论热点；

（五）利用突发事件煽动极端情绪，或者实施网络暴力损害他人和组织机构名誉，干扰组织机构正常运营，影响社会和谐稳定；

（六）编造虚假信息，伪造原创属性，标注不实信息来源，歪曲事实真相，误导社会公众；

（七）以有偿发布、删除信息等手段，实施非法网络监督、营销诈骗、敲诈勒索，谋取非法利益；

（八）违规批量注册、囤积或者非法交易买卖公众账号；

（九）制作、复制、发布违法信息，或者未采取措施防范和抵制制作、复制、发布不良信息；

（十）法律、行政法规禁止的其他行为。

第四章　监督管理

第十九条　公众账号信息服务平台应当加强对本平台公众账号信息服务活动的监督管理，及时发现和处置违法违规信息或者行为。

公众账号信息服务平台应当对违反本规定及相关法律法规的公众账号，依法依约采取警示提醒、限制账号功能、暂停信息更新、停止广告发布、关闭注销账号、列入黑名单、禁止重新注册等处置措施，保存有关记录，并及时向网信等有关主管部门报告。

第二十一条 各级网信部门会同有关主管部门建立健全协作监管等工作机制,监督指导公众账号信息服务平台和生产运营者依法依规从事相关信息服务活动。

公众账号信息服务平台和生产运营者应当配合有关主管部门依法实施监督检查,并提供必要的技术支持和协助。

公众账号信息服务平台和生产运营者违反本规定的,由网信部门和有关主管部门在职责范围内依照相关法律法规处理。

第五章 附 则

第二十二条 本规定所称互联网用户公众账号,是指互联网用户在互联网站、应用程序等网络平台注册运营,面向社会公众生产发布文字、图片、音视频等信息内容的网络账号。

本规定所称公众账号信息服务平台,是指为互联网用户提供公众账号注册运营、信息内容发布与技术保障服务的网络信息服务提供者。

本规定所称公众账号生产运营者,是指注册运营公众账号从事内容生产发布的自然人、法人或者非法人组织。

2.7 案 例 分 析

【案情介绍】长乐市星宇网吧与长乐市公安局处罚上诉案①

福建省福州市中级人民法院
行政判决书

(2017)闽 01 行终 241 号

上诉人(一审原告):长乐市星宇网吧

投资人:陈勇,经理

被上诉人(一审被告):长乐市公安局

法定代表人:吴山,局长

上诉人长乐市星宇网吧因诉长乐市公安局互联网管理行政处罚一案,不服福州市晋安区人民法院(2016)闽 0111 行初 127 号行政判决,向本院提起上诉。本院受理后,依法组成合议庭,对本案进行了审理,现已审理终结。

一审法院经审理查明,2016 年 3 月 2 日 20 时 40 分许,被告江田边防派出所民警到原告所在地进行检查时,发现网吧未按规定对正在上网的吴仕松核对、登记身份证件,网吧未登记消费者的有效证件而用临时卡为其开机消费。3 月 3 日,被告进行了受案登记,并传唤陈勇进行了调查。被告经调查询问,书面告知陈勇拟作出行政处罚决定的事实、理由及依据,给予原告陈述、申辩的权利,原告不提出陈述和申辩。被告经内部审批后,3 月 4 日作出长公(江边)行罚决字[2016]00038 号《行政处罚决定书》(以下简称 2016-38 号处罚决定),决定对原告处以罚款 8000 元。2016 年 8 月 16 日,原告向一审法院提起行政诉讼。

---

① 本案例来源于北大法宝案例数据库 http://www.pkulaw.cn/,【法宝引证码】CLI.C.9661230。

2016 年 12 月 22 日，被告对 2016 - 38 号处罚决定适用法律依据向原告送达了补证说明。

一审法院认为，国务院《互联网上网服务营业场所管理条例》(以下简称《互联网管理条例》)第四条规定，公安机关具有对互联网上网服务营业场所经营单位的信息网络安全进行行政检查监督和处罚的行政管理职责;《互联网管理条例》第二十三条规定，互联网上网服务营业场所经营单位应当对上网消费者的身份证等有效证件进行核对、登记，并记录有关上网信息，登记内容和记录备份保存时间不得少于 60 日，并在文化部门、公安机关依法查询时予以提供;《互联网管理条例》第三十二条规定，互联网上网服务营业场所经营单位违反本条例的规定，未按规定核对、登记上网消费者的有效身份证件或者记录有关上网信息的，由文化行政部门、公安机关依据各自职权给予警告，可以并处 15000 元以下的罚款，情节严重的，责令停业整顿，直至由文化行政部门吊销《网络文化经营许可证》。作为安全防护技术措施的组成部分，对上网消费者的入场实名登记内容进行检查属于公安机关的行政职权范畴。故根据《互联网管理条例》第四条、第二十三条、第三十二条的规定，公安机关有权查询上网消费者的身份证件等有效证件的登记情况，并有权对经营者未按规定核对、登记上网消费者的有效证件予以行政处罚。原告提出被告主体不合法，与法律不符，不予支持。

2016 年 3 月 2 日 20 时 40 分许，被告江田边防派出所民警到原告星宇网吧进行检查时，发现网吧对正在上网的消费者未按规定核对、登记身份证件，该事实有陈勇、陆晓风及吴仕松的询问笔录予以证实，证据充分。

被告作出被诉处罚决定前已履行受案、询问、告知、审批等行政程序，并给予原告陈述、申辩的权利。《公安机关办理行政案件程序规定》第九十九条规定对单位罚款 10 000 元以上的，应当告知违法犯罪嫌疑人有要求举行听证的权利。被告在作出处罚决定前履行了告知程序，原告不属于应当告知听证的对象。被告在作出处罚决定前告知了原告经营者陈勇享有依法陈述及申辩的权利，陈勇明确表示不提出陈述和申辩，并在告知笔录上签名认可，故原告提出该处罚决定没有给原告提供听证的机会，违反法定程序，缺乏依据，一审法院不予采纳。综上，被诉处罚决定证据确凿，适用法律正确，符合法定程序，原告的诉讼请求，缺乏事实及法律依据，依法应予驳回。依照《中华人民共和国行政诉讼法》第六十九条的规定，判决驳回原告长乐市星宇网吧的诉讼请求。

上诉人长乐市星宇网吧不服一审判决，向本院提起上诉称:一、被上诉人主体不合法。(1)《互联网管理条例》第四条并非赋予被上诉人对上诉人网吧日常经营全方位运作的监管职权及所谓的"行政检查权"。该条文明确规定文化部门是网吧行业的主管部门。被上诉人与上诉人之间不存在管理与被管理之关系。(2)《互联网管理条例》第二十三条规定的"依法查询"的方式是由网吧经营者"提供"(不允许执法人员自行查询获取)，"依法查询"的法律后果是文化或者公安机关的执法人员获得特定上网消费者的个人信息。"依法查询"与本案所审查的被上诉人是否具有对上诉人"依法监督检查处罚"的主体资格，属于两个完全不同的行为。(3)《互联网管理条例》第三十二条足以证明检查"上网消费者身份登记事项"属于文化部门监管处罚的法定职权范围，排除公安机关的职权。(4)公安机关实施行政处罚的法律依据是公安法律法规，就本案而言，《互联网管理条例》不是公安行政法律、法规，被上诉人对上诉人无处罚主体资格。二、被上诉人程序违法。(1)检查程序违法。被上诉人对上诉人的日常工作检查，属于非法检查，主体、程序、适用法律、检查内容，均属违法，在违法检查中所取得的任何证据，均属非法证据，不能作为案件事实、作出行政处罚的依据。

（2）处罚程序违法。被上诉人未经领导研究审批，即由派出所告知，先告知后审批，程序严重违法；且告知无具体内容（处罚种类金额等），剥夺了上诉人的知情权。三、上诉人无违法事实。《消费者权益保护法》第二十九条明确规定经营者搜集消费者的个人信息，必须履行公开收集使用规则、保密等多达五大项法定义务。不履行法定义务的行为才是违法行为，上诉人并没有侵犯上网消费者受法律保护的个人信息的违法行为。核对、登记上网消费者的身份证行为，民事权利义务法律关系的范畴，不适用行政法律法规调整。四、被上诉人滥用职权。上诉人行为并没有也不可能产生任何危害后果，但被上诉人竟对上诉人处以 8000 元巨额罚款，属于滥用职权。综上所述，请求撤销一审判决并依法改判。

被上诉人长乐市公安局未提交书面答辩意见。

一审中各方当事人提交的证据和法律依据均已随案移送本院。经审查，相关证据均经原审开庭质证，对于一审判决认定的证据和事实，本院予以确认。

本院认为，根据《互联网上网服务营业场所管理条例》的授权，公安机关对互联网上网服务营业场所经营单位的信息网络安全、治安及消防安全负有监督管理职权。互联网上网服务营业场所经营单位是否按照条例的规定对上网消费者的身份证等有效证件进行核对、登记并记录有关上网信息，已涉及信息网络安全、治安等问题。被上诉人作为公安机关，有权对辖区范围内互联网上网服务营业场所经营单位的违法行为进行处罚。被上诉人向一审法院提供的陈勇、陆晓风、吴仕松等人的询问笔录可以证实上诉人未按规定对上网消费者的有效身份证件进行核对、登记的事实。被上诉人据此依照《互联网上网服务营业场所管理条例》第三十一条的规定，对上诉人处以警告并处罚款 8000 元，事实清楚，适用法规正确，且处罚未超过法定幅度。行政程序方面，被上诉人履行了受案登记、调查询问、告知处罚事实和依据、集体研究等法定程序，行政程序合法。综上所述，一审判决认定事实清楚，程序合法，适用法律法规正确。上诉人的上诉理由不能成立，本院不予支持。据此，依照《中华人民共和国行政诉讼法》第八十九条第一款第（一）项的规定，判决如下：

驳回上诉，维持原判。

本案二审案件受理费 50 元由上诉人长乐市星宇网吧负担。

本判决为终审判决。

审　判　长　　谢红波

审　判　员　　郑　銮

审　判　员　　曾　莹

二〇一七年七月十七日

法官助理　　张厚磊

书　记　员　　李金土

附注：本判决书引用的主要法律条文。

《中华人民共和国行政诉讼法》第八十九条人民法院审理上诉案件，按照下列情形，分别处理：（一）原判决、裁定认定事实清楚，适用法律、法规正确的，判决或者裁定驳回上诉，维持原判决、裁定；（二）原判决、裁定认定事实错误或者适用法律、法规错误的，依法改判、撤销或者变更；（三）原判决认定基本事实不清、证据不足的，发回原审人民法院重审，或者查清事实后改判；（四）原判决遗漏当事人或者违法缺席判决等严重违反法定程序的，裁定撤销原判决，发回原审人民法院重审。原审人民法院对发回重审的案件作出判决后，当事人提起上诉的，第二审人民法院不得再次发回重审。

人民法院审理上诉案件，需要改变原审判决的，应当同时对被诉行政行为作出判决。

【主要法律问题分析】

《互联网上网服务营业场所管理条例》，2002年9月29日中华人民共和国国务院令第363号公布，2011年1月8日《国务院关于废止和修改部分行政法规的决定》(国务院令第588号)第一次修订，2016年2月6日《国务院关于修改部分行政法规的决定》(国务院令第666号)第二次修订，属于行政法规。根据该条例第四条的规定，县级以上人民政府文化行政部门负责互联网上网服务营业场所经营单位的设立审批，并负责对依法设立的互联网上网服务营业场所经营单位经营活动的监督管理；公安机关负责对互联网上网服务营业场所经营单位的信息网络安全、治安及消防安全的监督管理；工商行政管理部门负责对互联网上网服务营业场所经营单位登记注册和营业执照的管理，并依法查处无照经营活动；电信管理等其他有关部门在各自职责范围内，依照本条例和有关法律、行政法规的规定，对互联网上网服务营业场所经营单位分别实施有关监督管理。因而对互联网上网服务场所的监督管理涉及人民政府文化行政部门、公安机关、工商行政管理部门、电信管理部门等。它们各自在自己的职责范围内监督管理，其中公安机关对互联网上网服务营业场所经营单位的信息网络安全、治安及消防安全负有监督管理职权。互联网上网服务营业场所经营单位是否按照条例的规定对上网消费者的身份证等有效证件进行核对、登记并记录有关上网信息，涉及信息网络安全、治安等问题，属于公安机关的管理职权范围。根据《互联网管理条例》第三十二条第一款第三项规定，互联网上网服务营业场所经营单位未按规定核对、登记上网消费者的有效身份证件或者记录有关上网信息的，由文化行政部门、公安机关依据各自职权给予警告，可以并处15 000元以下的罚款，情节严重的，责令停业整顿，直至由文化行政部门吊销《网络文化经营许可证》。其中除吊销《网络文化经营许可证》只能由文化行政部门作出外，公安机关可以进行警告、罚款和责令停业整顿。因而，从合法性角度看，处罚主体是适格的，处罚范围在15 000以下也是合法的；从合理性角度看，人民法院原则上不审查具体行政行为的合理性。从程序的角度看，根据行政处罚法规定，行政机关作出责令停产停业、吊销许可证或者执照、较大数额罚款等行政处罚决定之前，应当告知当事人有要求举行听证的权利；当事人要求听证的，行政机关应当组织听证。本案中上诉人主动放弃了陈述和申辩权、听证权以及申请行政复议的权利，因此，从材料看处罚程序上亦无不妥之处。

第3章　网络空间安全刑事处罚法律法规

3.1　中华人民共和国刑法相关法条解读

中华人民共和国刑法（节选）

（1979 年 7 月 1 日第五届全国人民代表大会第二次会议通过，1997 年 3 月 14 日第八届全国人民代表大会第五次会议修订，根据 1999 年 12 月 25 日《中华人民共和国刑法修正案》、2001 年 8 月 31 日《中华人民共和国刑法修正案（二）》、2001 年 12 月 29 日《中华人民共和国刑法修正案（三）》、2002 年 12 月 28 日《中华人民共和国刑法修正案（四）》、2005 年 2 月 28 日《中华人民共和国刑法修正案（五）》、2006 年 6 月 29 日《中华人民共和国刑法修正案（六）》、2009 年 2 月 28 日《中华人民共和国刑法修正案（七）》、2011 年 2 月 25 日《中华人民共和国刑法修正案（八）》、2015 年 8 月 29 日《中华人民共和国刑法修正案（九）》、2017 年 11 月 4 日《中华人民共和国刑法修正案（十）》，2020 年 12 月 26 日《中华人民共和国刑法修正案（十一）》修正）

第一编　总　　则

第三章　刑　　罚

第一节　刑罚的种类

第三十三条　主刑的种类如下：

（一）管制；

（二）拘役；

（三）有期徒刑；

（四）无期徒刑；

（五）死刑。

【重点法条解读】

根据我国《刑法》第三十二条的规定，我国的刑罚分为主刑和附加刑，本条所规定的是主刑的种类，包括管制、拘役、有期徒刑、无期徒刑和死刑五种类型。所谓"管制"是指对犯罪分子不实行关押，但限制其一定人身自由，依靠群众监督执行的刑罚方法。"拘役"指对犯罪分子短期剥夺人身自由，实行就近关押改造的刑罚方法，适用罪行较轻的犯罪分子。"有期徒刑"指对犯罪分子剥夺一定时期人身自由，并实行教育改造的刑罚方法。"无期徒刑"指剥夺犯罪分子终身自由的刑罚方法，适用于严重的犯罪。"死刑"是最为严厉的一种刑罚方式，指剥夺犯罪分子生命的刑罚，只适用于极其严重的犯罪。在计算机信息网络犯罪中，涉及较多的主刑刑罚种类有管制、拘役和有期徒刑，如果行为人利用计算机信息网络犯罪作为犯罪工具实施其他犯罪行为的，其行为若构成其他犯罪则还可能涉及无期徒刑和死刑两种更为严厉的刑罚种类。

第三十四条　附件刑的种类如下：

（一）罚金；

（二）剥夺政治权利；

（三）没收财产。

附加刑也可独立适用。

【重点法条解读】

本条所规定的附加刑的种类，包括罚金、剥夺政治权利和没收财产三种类型。所谓"罚金"是指强制犯罪分子向国家缴纳一定数额金钱，对罪犯进行经济制裁的一种刑罚方法。"剥夺政治权利"是指依法剥夺犯罪分子一定期限参与国家管理和政治活动权利的刑罚方法。"没收财产"是指将犯罪分子个人所有的财产的一部分或全部强行无偿地收归国有的一种刑罚方法。本条第二款规定了本条所指的附加刑种类可以在主刑适用的同时附加适用，也可以独立适用。与计算机信息网络相关的犯罪中，根据刑法的规定，常见的附加刑有罚金，并且既可以附加适用也可以单独适用。当然，如果行为人利用计算机信息网络犯罪作为犯罪工具实施其他犯罪行为的，其行为若构成其他犯罪则还可能涉及剥夺政治权利、没收财产这两种附加刑的适用。

需要指出的是，我国刑法的附加刑中并没有规定剥夺相关职业资格的资格刑。但《刑法》第三十七条之一规定了从业禁止，该条虽未就网络安全犯罪规定具全的从业禁止规定，但规定，"其他法律、行政法规对其从事相关职业另有禁止或者限制性规定的从其规定。"我国《网络安全法》第六十三条规定，"……违反本法第二十七条规定，受到治安管理处罚的人员，五年内不得从事网络安全管理和网络运营关键岗位的工作；受到刑事处罚的人员，终身不得从事网络安全管理和网络运营关键岗位的工作。"该条作出了从业禁止的相关规定，这一从业禁止的规定不属于刑罚种类，而应当是行政处罚的类型。

第二编　分　　则

第三章　破坏社会主义市场经济秩序罪

第七节　侵犯知识产权罪

第二百一十七条　以营利为目的，有下列侵犯著作权或者与著作权有关的权利的情形之一，违法所得数额较大或者有其他严重情节的，处三年以下有期徒刑，并处或者单处罚金；违法所得数额巨大或者有其他特别严重情节的，处三年以上十年以下有期徒刑，并处罚金：

（一）未经著作权人许可，复制发行、通过信息网络向公众传播其文字作品、音乐、美术、视听作品、计算机软件及法律、行政法规规定的其他作品的；

（二）出版他人享有专有出版权的图书的；

（三）未经录音录像制作者许可，复制发行、通过信息网络向公众传播其制作的录音录像的；

（四）未经表演者许可，复制发行录有其表演的录音录像制品，或者通过信息网络向公众传播其表演的；

（五）制作、出售假冒他人署名的美术作品的；

（六）未经著作权人或者与著作权有关的权利人许可，故意避开或者破坏权利人为其作品、录音录像制品等采取的保护著作权或者与著作权有关的权利的技术措施的。

【立法背景与目的】

本条所规定的是侵犯著作权罪，该条由《刑法修正案（十一）》进行了修订。随着当下信息网络技术的发展及应用的普及，不断出现在未经著作权人许可的情形下利用信息网络向公众传播复制的录音录像等作品。《刑法修正案（十一）》通过对本条条文的修改，明确了未经许可通过信息网络向公众传播作品、录音录像制品、表演的行为构成《刑法》第二百一十七条所规定的侵犯著作权罪。

【重点法条解读】

《刑法修正案（十一）》对侵犯著作权罪作了相应的修改，将以营利为目的，未经许可通过信息网络向公众传播作品、录音录像制品、表演的行为增加规定为侵犯著作权罪的表现形式。构成本罪要求行为人主观上有营利的目的，如果行为人以刊登收费广告等方式直接或者间接收取费用的，也属于《刑法》第二百一十七条所规定的"以营利为目的"。"未经著作权人许可"是指没有得到著作权人授权或者伪造、涂改著作权人授权许可文件或者超出授权许可范围的情形。在本罪中行为人的行为主要体现为复制发行他人作品，所谓"复制发行"包括复制、发行或者既复制又发行的行为。通过信息网络向公众传播他人文字作品、音乐、电影、电视、录像作品、计算机软件及其他作品，或者通过信息网络传播他人制作的录音录像制品的行为，应当视为本条规定的"复制发行"。根据 2008 年 6 月 25 日最高人民检察院、公安部《关于公安机关管辖的刑事案件立案追诉标准的规定（一）》第二十六条规定，"涉嫌下列情形之一的，应予立案追诉：（一）违法所得数额三万元以上的；（二）非法经营数额五万元以上的；（三）未经著作权人许可，复制发行其文字作品、音乐、电影、电视、录像作品、计算机软件及其他作品，复制品数量合计五百张（份）以上的；（四）未经录音录像制作者许可，复制发行其制作的录音录像制品，复制品数量合计五百张（份）以上的；（五）其他情节严重的情形。"本条规定的"非法经营数额"，是指行为人在实施侵犯知识产权行为过程中，制造、储存、运输、销售侵权产品的价值。

【法律法规衔接问题】

我国《著作权法》第四十八条规定了 8 种侵犯著作权的行为，其中也包括未经许可通过信息网络向公众传播作品、录音录像制品、表演的行为。《著作权法》所规定的是一般的违法行为，行为人违反《著作权法》的规定应当承担相应的行政责任，而如果行为人侵犯著作权的行为达到了违法所得数额较大或者有其他严重情节的，也即达到上述立案标准所规定的情形就构成犯罪，应当承担刑事责任，否则属于一般违法行为，不以犯罪论处。

第六章 妨害社会管理秩序罪

第一节 扰乱公共秩序罪

第二百八十五条 违反国家规定，侵入国家事务、国防建设、尖端科学技术领域的计算机信息系统的，处三年以下有期徒刑或者拘役。

违反国家规定，侵入前款规定以外的计算机信息系统或者采用其他技术手段，获取该计算机信息系统中存储、处理或者传输的数据，或者对该计算机信息系统实施非法控制，情节严重的，处三年以下有期徒刑或者拘役，并处或者单处罚金；情节特别严重的，处三年以上七年以下有期徒刑，并处罚金。

提供专门用于侵入、非法控制计算机信息系统的程序、工具，或者明知他人实施侵入、非法控制计算机信息系统的违法犯罪行为而为其提供程序、工具，情节严重的，依照前款的规定处罚。

单位犯前三款罪的，对单位判处罚金，并对其直接负责的主管人员和其他直接责任人员，依照各该款的规定处罚。

【重点法条解读】

本条共四款，分别规定了三个罪名，第一款规定了非法侵入计算机信息系统罪，第二款规定了非法获取计算机信息系统数据、非法控制计算机信息系统罪，第三款规定了提供侵入、非法控制计算机信息系统的程序、工具罪，此外，本条第四款特别规定了单位也可成为本条所规定犯罪的主体。

本条第一款所规定的犯罪是非法侵入计算机信息系统罪，指的是行为人违反国家规定，侵入国家事务、国防建设、尖端科学技术领域的计算机信息系统的行为。本罪在主观方面表现为故意，不包括过失。本罪的主体是一般主体，凡已满16周岁、具有刑事责任能力的人都可以构成本罪，单位也能构成本罪。本罪所侵犯的对象必须是国家事务、国防建设、尖端科学技术领域的计算机信息系统。"国家事务"计算机信息，是指涉及国家政治、外交等重大事项的计算机信息系统；"国防建设"计算机信息系统，是指由军事部门建设的，涉及国家安全和军事机密的所有计算机信息系统；"尖端科学技术领域"计算机信息系统一般指国务院、国家科委、国防科工委等确定的居世界领先地位的科技项目的计算机信息系统。本罪在客观方面常见行为方式包括：（1）无权访问特定信息系统的人侵入该信息系统；（2）有权访问特定信息系统的用户未经批准、授权或者未办理手续而擅自越权访问该信息系统或者调取系统的内部资源。关于本罪的刑罚，本款规定构成本罪的处3年以下有期徒刑或者拘役。

根据《刑法》第九十六条的规定，本款所指"违反国家规定"是指违反全国人民代表大会及其常务委员会制定的法律和决定，国务院制定的行政法规、规定的行政措施、发布的决定和命令。与非法侵入计算机信息系统罪相关的国家规定主要有《网络安全法》《治安管理处罚法》等。根据《计算机信息系统安全保护条例》第二条的规定，本款所指"计算机信息系统"是指由计算机及其相关的和配套的设备、设施（含网络）构成的，按照一定的应用目标和规则对信息进行采集、加工、存储、传输、检索等处理的人机系统。

我国《计算机信息系统安全保护条例》第四条规定，"计算机信息系统的安全保护工作，重点维护国家事务、经济建设、国防建设、尖端科学技术等重要领域的计算机信息系统的安全。"因此，刑法对国家事务、国防建设、尖端科学技术领域的计算机信息系统予以特别的保护，行为人只要实施了侵入国家事务、国防建设、尖端科学技术领域的计算机信息系统的行为，不管其行为的动机和目的如何，也不管其侵入后是否实际窃取到相关的信息，其侵入行为本身就构成犯罪。这一点与本条第二款和第三款所规定的犯罪有所不同，第一款规定的非法侵入计算机信息系统罪的入罪门槛比第二款规定的非法获取计算机信息系统数据、非法控制计算机信息系统罪和第三款规定提供侵入、非法控制计算机信息系统的程序、工具罪的入罪门槛更低。

本条第二款规定的是非法获取计算机信息系统数据、非法控制计算机信息系统罪，指的是行为人违反国家规定，侵入国家事务、国防建设、尖端科学技术领域以外的计算机信息系统或者采用其他技术手段，获取该计算机信息系统中存储、处理或者传输的数据，或者对该计算机信息系统实施非法控制，情节严重的行为。本罪在主观方面表现为故意，不包括过失。本罪的主体是一般主体，凡是已满 16 周岁、具有刑事责任能力的人都可以构成本罪，单位也可以构成本罪。本罪的对象必须是国家事务、国防建设、尖端科学技术领域以外的计算机信息系统，本罪所保护的对象比非法侵入计算机信息系统罪所保护的对象更为广泛，扩大的刑法对计算机信息系统的保护范围，即扩大到国家事务、国防建设、尖端科学技术领域之外的普通计算机信息系统。

本罪客观方面表现为违反国家规定，侵入国家事务、国防建设、尖端科学技术领域以外的计算机信息系统或者采用其他技术手段，获取该计算机信息系统中存储、处理或者传输的数据，或者对该计算机信息系统实施非法控制的行为，并且这些行为以达到情节严重为必要。关于"违反国家规定"的理解与非法侵入计算机信息系统罪中的相关规定一致，此处不再赘述。所谓"侵入"计算机信息系统，即通过非法手段进入计算机信息系统，常见的行为方式有：通过技术手段突破他人计算机信息系统的安全防护措施，进入他人的计算机信息系统；入侵他人的网站并植入"木马程序"，在用户访问该网页时侵入用户计算机信息系统；或者建立色情、免费下载等网站，吸引用户访问并在用户计算机信息系统中植入事先"挂"好的"木马程序"等。在非法获取他人计算机信息系统中存储、处理或者传输的数据行为中的非法获取既包括窃取又包括骗取，其中窃取即直接侵入他人计算机信息系统，秘密复制他人所存储的数据；骗取即以虚构事实或隐瞒真相的方法获得权限进入他人计算机信息系统并获得相关数据。不论行为人采用何种行为方式，其本质在于行为人违背他人的意愿，进入他人的计算机信息系统。所谓计算机信息系统中"存储"的数据是指在计算机信息系统中的硬盘或其他存储介质中保存的信息；所谓"处理"的数据是指计算机信息系统中正在运算中的信息；所谓"传输"的数据则指计算机信息系统各设备、设施之间，或者与其他计算机信息系统之间正在交换、输送中的信息。存储、处理与传输三种形态包含了计算机信息系统中所有的数据形态，行为人非法获取任何形态的数据都可能构成本款所规定的犯罪。关于对他人计算机系统实施非法控制中的"非法控制"的理解是本罪中的一个难点问题，将在下文的难点问题解析中重点作出解释。

本罪与非法侵入计算机信息系统罪不同，不是行为犯，行为人不仅要实施危害行为，还要达到情节严重以上才能构成犯罪，即本罪是情节犯。2011 年 8 月，最高人民法院、最高人民检察院公布的《关于办理危害计算机信息系统安全刑事案件应用法律若干问题的解释》第一条第一款对于构成本罪的严重情节进行了规定，"非法获取计算机信息系统数据或者非法控制计算机信息系统，具有下列情形之一的，应当认定为《刑法》第二百八十五条第二款规定的'情节严重'：（一）获取支付结算、证券交易、期货交易等网络金融服务的身份认证信息十组以上的；（二）获取第（一）项以外的身份认证信息五百组以上的；（三）非法控制计算机信息系统二十台以上的；（四）违法所得五千元以上或者造成经济损失一万元以上的；（五）其他情节严重的情形。"

关于本罪的刑罚，本款规定了两个量刑幅度，一个是基本犯罪的量刑幅度，即达到情节严重，构成犯罪的量刑幅度：处三年以下有期徒刑或者拘役，并处或者单处罚金；另一个是在情节特别严重情形下的量刑幅度：处三年以上七年以下有期徒刑，并处罚金。对于何谓"情节特别严重"，最高人民法院、最高人民检察院公布的《关于办理危害计算机信息系统安全刑事案件应用法律若干问题的解释》第一条第二款作出了规定，以该条第一款规定的情节严重为基准，数量或数额达到情节严重标准的五倍以上的则认定为情节特别严重，此外还规定了其他情节特别严重的情形。

本条第三款规定了提供侵入、非法控制计算机信息系统的程序、工具罪，指行为人提供专门用于侵入、非法控制计算机信息系统的程序、工具，或者明知他人实施侵入、非法控制计算机信息系统的违法犯罪行为而为其提供程序、工具，情节严重的行为。本罪主观方面表现为故意。主体为一般主体，凡是已满16周岁，具有刑事责任能力的人都可以构成本罪，单位也可以构成本罪。本罪在客观方面表现为提供专门用于侵入、非法控制计算机信息系统的程序、工具，或者明知他人实施侵入、非法控制计算机信息系统的违法犯罪行为而为其提供程序、工具。在行为的表现形式上有两个方面的内容，一种情形是行为人提供专用程序、工具，在这种情形下要求行为人所提供的程序或工具是专门用于（也即只能用于）实施非法侵入计算机信息系统或非法控制计算机信息系统。例如，在实践中行为人有为他人提供专门用于窃取网上银行账号的木马程序。另一种情形是明知他人实施侵入、非法控制计算机信息系统的违法犯罪行为而为其提供程序、工具，在这种情形中对于所提供的程序和工具没有专门用于非法用途的要求，即所提供的程序、工具可以用于非法用途，也可以用于合法用途，这一点与第一种情形中的程序、工具要求所有不同。关于第一种情形中的专用程序与工具，最高人民法院、最高人民检察院《关于办理危害计算机信息系统安全刑事案件应用法律若干问题的解释》第二条作了进一步的规定，"具有下列情形之一的程序、工具，应当认定为《刑法》第二百八十五条第三款规定的'专门用于侵入、非法控制计算机信息系统的程序、工具'：（一）具有避开或者突破计算机信息系统安全保护措施，未经授权或者超越授权获取计算机信息系统数据的功能的；（二）具有避开或者突破计算机信息系统安全保护措施，未经授权或者超越授权对计算机信息系统实施控制的功能的；（三）其他专门设计用于侵入、非法控制计算机信息系统、非法获取计算机信息系统数据的程序、工具。"

提供侵入、非法控制计算机信息系统的程序、工具罪也是情节犯，行为人必须达到情节严重才构成犯罪。最高人民法院、最高人民检察院《关于办理危害计算机信息系统安全刑事案件应用法律若干问题的解释》第三条第一款规定，"提供侵入、非法控制计算机信息系统的程序、工具，具有下列情形之一的，应当认定为刑法第二百八十五条第三款规定的'情节严重'：（一）提供能够用于非法获取支付结算、证券交易、期货交易等网络金融服务身份认证信息的专门性程序、工具5人次以上的；（二）提供第（一）项以外的专门用于侵入、非法控制计算机信息系统的程序、工具 20 人次以上的；（三）明知他人实施非法获取支付结算、证券交易、期货交易等网络金融服务身份认证信息的违法犯罪行为而为其提供程序、工具 5 人次以上的；（四）明知他人实施第（三）项规定以外的侵入、非法控制计算机信息系统的违法犯罪行为而为其提供程序、工具 20 人次以上的；（五）违法所得 5000 元以上或者造成经济损失 1 万元以上的；（六）其他情节严重的情形。"

关于本罪的刑罚，本款规定了两个量刑幅度，一个是基本犯罪的量刑幅度，即达到情节严重，构成犯罪的量刑幅度：处三年以下有期徒刑或者拘役，并处或者单处罚金；另一个是在情节特别严重情形下的量刑幅度：处三年以上七年以下有期徒刑，并处罚金。对于何谓"情节特别严重"，最高人民法院、最高人民检察院公布的《关于办理危害计算机信息系统安全刑事案件应用法律若干问题的解释》第三条第二款作出了规定，以该条第一款规定的情节严重为基准，数量或数额达到情节严重标准的五倍以上的则认定为情节特别严重，此外还规定了其他情节特别严重的情形。

本条第四款特别规定了单位也可以成为本条所规定的 3 个犯罪的主体，这一规定是 2015 年《刑法修正案（九）》所增加的内容。以前，本条所规定的 3 个罪名只有自然人才能构成犯罪，单位是不构成犯罪的。但在社会实践中，确实存在单位实施本条所规定的犯罪的情况，并且单位犯罪比自然人犯罪引起的危害更加严重，因此《刑法修正案（九）》特别增加了关于单位犯罪的规定，单位构成本条所规定的犯罪的，除了对单位直接负责的主管人员和其他直接责任人员判处刑罚之外，还要对单位判处罚金。所谓"单位直接负责的主管人员"是指在单位实施的犯罪中起决定、批准、授意、纵容、指挥等作用的人员，一般是单位的主管负责人，包括法定代表人。所谓"其他责任人员"是指在单位犯罪中具体实施犯罪并起较大作用的人员，即可以是单位的经营管理人员，也可以是单位的职工，包括聘任、雇佣的人员。

【难点问题解析】

1. 本条第一款非法侵入计算机信息系统罪中的难点问题主要在于以下两个方面：

（1）"侵入"行为的认定问题。关于本罪的"侵入"，是指未经国家有关主管部门合法授权和批准，通过计算机终端或网络"非法"或者"越权"访问国家重要计算机信息系统。例如，通过冒充合法用户、技术攻击、后门、陷阱门等手段侵入国家重要计算机信息系统。关于侵入行为通常分为两种形式，一种是非法用户的非法侵入，另一种是合法用户的越权访问。

对于非法用户的非法侵入行为主要有以下四种行为方式[①]：

第一，冒充合法用户侵入计算机信息系统，即不具有合法用户身份者冒充合法用户而进入计算机信息系统。常见的冒充方式有以下几种：一是使用别人的访问代码冒充合法用户进入计算机信息系统，无论其所使用的他人的访问代码是偷窃来的，还是以其他非法方法获得的（如通过设立陷阱程序骗取合法用户的代码等）；二是"乘机而入"，即"侵入者"利用合法用户输入口令之机获取访问，或合法用户结束使用但未退出联机之前获得访问的一种方法；三是利用非法程序或方法蒙骗正在向计算机登录的合法用户以进入系统，如随其他用户的合法访问操作混入计算机信息系统。

---

① 胡国平：《关于四种计算机犯罪的认定》，载《法律科学》1997 年第 4 期。

第二，采用计算机技术进行技术攻击。也即，非法用户针对计算机信息系统的身份识别机制采用计算机技术进行攻击，以图达到绕过或突破此类硬件及软件访问、存取控制机制以进入系统。技术攻击的方法一般有两种：一是技术突破，即通过猜想口令等方法硬性闯过安全防卫机制；二是绕过，即避开安全防卫机制进入计算机信息系统。

第三，通过"后门"进行非法侵入，"后门"一般是由软件作者出于维护或其他理由而设置的一个隐藏或伪装的程序或系统的一个入口。

第四，通过"陷阱门"进行非法侵入。陷阱门也叫活门，是指为了调试程序或处理计算机内部意外事件而预先设计的自动转移条件。陷阱一般只有制造商知道，不告诉用户。程序调试好后中应关闭陷阱。如果厂商交货时忘记关闭陷阱，就会被人利用而绕过保护机制，然后进入系统。

非法侵入的第二种形式是合法用户的越权访问，有些合法用户的访问权是有限制的，如只能访问该计算机信息系统的某些部分或者只能调取该计算机信息系统的部分内部资源信息等。对于国家事务、国防建设、尖端科学技术这些重要的计算机信息领域，合法访问者的访问权极少有不受限制的，这些合法访问者只能在其所拥有的访问权限之内对计算机信息系统进行访问，任何未经批准、授权的越级、越权访问或调取信息资源，均属于非法侵入行为。

（2）侵入之后还有后续其他行为应当如何定罪的问题。非法侵入计算机信息系统罪是行为犯，行为人只要实施的非法侵入行为即构成犯罪，不以行为人进入计算机信息系统后产生的后果作为构成要件。单纯地进入计算机信息系统后什么都不做的情况极为少见，一般情况下侵入计算机信息系统构成非法侵入计算机信息系统罪后还会有一些后续的其他行为，如还有一些后续的破坏行为或者后续的涉密行为，这些后续的行为一般也应当以犯罪论处。对于在侵入计算机信息系统后又存在后续犯罪行为的应当如何定罪，有学者已进行了分析，对于以侵入计算机信息系统为手段进一步实施窃取国家机密、破坏信息系统等目的行为的，目的行为也构成犯罪的，应当构成刑法上的牵连犯从一重罪处断，即以其中较重之罪从重处罚。如果行为人是在侵入计算机信息系统之后另起犯意实施了后续的犯罪行为的，则应当两个罪名数罪并罚。[①] 例如，根据 2007 年 6 月 26 日最高人民法院《关于审理危害军事通信刑事案件具体应用法律若干问题的解释》第六条第三款的规定，违反国家规定，侵入国防建设、尖端科学技术领域的军事通信计算机信息系统，尚未对军事通信造成破坏的，依照《刑法》第二百八十五条的规定定罪处罚；对军事通信造成破坏，同时构成《刑法》第二百八十五条、第二百八十六条、第三百六十九条第一款规定的犯罪的，依照处罚较重的规定定罪处罚。

2. 本条第二款非法获取计算机信息系统数据、非法控制计算机信息系统罪中的难点问题在于"非法控制"行为的理解与认定。

"非法控制"的理解与认定是本罪客观方面认定的关键之处，也是难点所在。所谓"非法控制"是指违反法律的规定，通过各种技术手段，将他人的计算机信息系统置于自己的控制之中，能够对他人的计算机信息系统发出指令并完成相应的操作活动。本罪所指的非法控制并不要求对他人计算机信息系统实行全部的、排他的控制，行为人对计算机信息系统的

[①] 赵秉志、于志刚：《计算机犯罪比较研究》，法律出版社 2004 年版，第 209 页。

非法控制既可以是完全的控制也可以是部分的控制，不论控制程度如何，只要能够使他人的计算机信息系统执行行为人所发出的指令即认为属于非法控制他人计算机信息系统。

一般情形下，行为人对他人计算机信息系统进行控制后，往往会伴有一些后续的行为，如对他人计算机信息系统进行控制后再实施诸如窃取他人网上银行账号、密码或者利用所控制的计算机信息系统实施危害公共安全的行为等其他危害社会的行为。在这些情形中，非法控制计算机信息系统罪的构成不以行为人进一步实施非法后续行为为必要，只要行为人实施了对他人计算机信息系统进行控制的行为达到情节严重即可构成本罪。其原因在于，非法控制他人计算机信息系统，通常是为了进一步实施其他危害行为做准备的，具有很大的危险性，如果行为人操纵着一定数量的计算机信息系统并利用这些信息系统进行网络破坏活动或其他的危害行为的话，后果将十分严重，因此，只要行为人实施了控制他人计算机信息系统的行为达到情节严重的情形，不管其后续是否实施犯罪活动，都构成本罪。如果行为人在非法控制他人计算机信息系统后又针对所控制的计算机信息系统进一步实施其他危害行为，后续行为也构成犯罪的话，则应当根据案件的具体情况根据刑法的规定定罪量刑，对于以实施其他犯罪行为为目的，以非法控制他人计算机信息系统为手段的，应当构成刑法上的牵连犯从一重罪处断，即以其中较重之罪从重处罚。如果行为人是在非法控制他人计算机信息系统之后另起犯意实施了后续的犯罪行为的，则应当对两个罪名实施数罪并罚。

3. 关于本条第三款提供侵入、非法控制计算机信息系统的程序、工具罪的难点问题主要在于"专用程序、工具"和"明知"的理解与认定。

（1）"专用程序、工具"的理解与认定问题。本罪中的第一种表现形式，为他人提供专门用于侵入、非法控制计算机信息系统的程序、工具。由于所提供的程序和工具的用途本身足以表明其违法性，所以行为人主观上对其所提供的程序与工具用于侵入、非法控制计算机信息系统是明知的，因此其提供只具有侵入或非法控制计算机信息系统单一功能而没有其他功能和价值的程序与工具，就可以直接认定构成本罪，无需其他方面的判断。但在现实生活中，由于电脑程序的复杂性，多数电脑程序与工具往往具有多种功能或用途，如果行为人所提供的是多种功能的程序或工具，则所提供的程序、工具是否专用于侵入、非法控制计算机信息系统就需要结合提供者是否明知被提供者将所提供的工具专门用于侵入、非法控制计算机信息系统。如果行为人是明知被提供者使用该程序、工具是实施侵入、非法控制计算机信息系统行为，就可以认定他提供的程序、工具被"专用于"非法侵入、非控制计算机信息系统，从而应当构成本罪。

（2）"明知"的理解与认定问题。本罪中的第二种表现形式，要求行为人必须是"明知"他人实施侵入、非法控制计算机信息系统的是违法犯罪行为而为其提供程序、工具，其中何谓"明知"刑法并没有作出明确的规定，即行为人应当明知的内容为何没有作出详细规定。关于"明知"的主观方面的认定，只需要行为人对于他人有实施侵入、非法控制计算机信息系统的某种犯罪行业有概括性认识，不需要对于特定犯罪行为的具体内容和后果有认识。①

【法律法规衔接问题】

---

① 于志刚、于冲：《网络犯罪的裁判经验与学理思辨》，中国法制出版社 2013 年版，第 84 页。

本条第一款和第二款均规定了以"违反国家规定"为前提，即行为人的犯罪行为是以违反国家相关规定为前提的，根据前述相关论述可知，与非法侵入计算机信息系统罪相关的国家规定主要有《计算机信息系统安全保护条例》《计算机软件保护条例》《网络安全法》《治安管理处罚法》等。在法律的适用过程中要注意相关法律法规之间的衔接问题。本条第二款、第三款所规定的非法获取计算机信息系统数据、非法控制计算机信息系统罪和提供侵入、非法控制计算机信息系统的程序、工具罪都是情节犯，以达到情节严重为定罪要件，如果危害结果未达到情节严重标准，则不构成犯罪，但其违法行为可能会受到《网络安全法》《治安管理处罚法》等相关法律法规的规定予以行政处罚。例如，我国《我国计算机信息系统安全保护条例》第二十三条规定，"故意输入计算机病毒以及其他有害数据危害计算机信息系统安全的，或者未经许可出售计算机信息系统安全专用产品的，由公安机关处以警告或者对个人处以 5000 元以下的罚款、对单位处以 15 000 元以下的罚款；有违法所得的，除予以没收外，可以处以违法所得 1 至 3 倍的罚款。"这是行为人的行为不构成情节严重的情况下，根据《我国计算机信息系统安全保护条例》的规定应当受到的行政处罚。如果行为人的行为没有达到情节严重的情况，但属于违反治安管理行为的，则可以依《治安管理处罚法》进行相应的处罚。

《网络安全法》第六十三条规定，"违反该法受到刑事处罚的人员，终身不得从事网络安全管理和网络运营关键岗位的工作。"因此，当行为人的行为构成犯罪的情况下，应当结合《刑法》第二百八十五条和《网络安全法》第六十三条的规定，在判处行为人相应刑罚的情况下，禁止其终身不得从事网络安全管理和网络运营关键岗位的工作。

第二百八十六条　违反国家规定，对计算机信息系统功能进行删除、修改、增加、干扰，造成计算机信息系统不能正常运行，后果严重的，处五年以下有期徒刑或者拘役；后果特别严重的，处五年以上有期徒刑。

违反国家规定，对计算机信息系统中存储、处理或者传输的数据和应用程序进行删除、修改、增加的操作，后果严重的，依照前款的规定处罚。

故意制作、传播计算机病毒等破坏性程序，影响计算机系统正常运行，后果严重的，依照第一款的规定处罚。

单位犯前三款罪的，对单位判处罚金，并对其直接负责的主管人员和其他直接责任人员，依照第一款的规定处罚。

【重点法条解读】

本条规定的是破坏计算机信息系统罪，指违反国家规定，对计算机信息系统功能进行删除、修改、增加、干扰，造成计算机信息系统不能正常运行的行为。本罪的主体是一般主体，已满 16 周岁且具刑事责任能力的人都能构成本罪。本罪方观方面是出于故意，不包括过失。本罪客观方面也同《刑法》第二百八十五条所规定的犯罪一样，以行为人违反国家规定为前提，其中所谓"违反国家规定"原则上应当与《刑法》第二百八十五条所规定的相一致，但 1998 年 11 月 25 日公安部《关于对破坏未联网的微型计算机信息系统是否适用〈刑法〉第二百八十六条的请示批复》规定，《刑法》第二百八十六条中的"违反国家规定"是指包括《计算机信息系统安全保护条例》在内的有关行政法规、部门规章的规定，这一规定与我国《刑法》第九十六条对"违反国家规定"存在差异。也即，在本罪中的"违反国家规定"既包括相应的法律、法规的规定，还包括《计算机信息系统安全保护条例》在内的相关行政部门规章的规定，并且主要是指违反《计算机信息系统安全保护条例》的规定。

　　本条前三款分别表述了本罪在客观方面的三种表现形式：一是违反国家规定，对计算机信息系统功能进行删除、修改、增加、干扰，造成计算机信息系统不能正常运行。其中所谓"删除"是指将原有的计算机信系统功能除去，使之不能正常运转。"修改"是指将原有的计算机信息系统功能进行改动，使之不能正常运转。"增加"是指在计算机系统里增加某种功能，致使原有的功能受到影响或破坏，无法正常运转。"干扰"是指用删除、修改、增加以外的其他方法，破坏计算机信息系统功能，使其不能正常运行。所谓"不能正常运行"是指计算机信息系统失去功能，不能运行或者计算机信息系统功能不能按原来设计的要求运行。二是违反国家规定，对计算机信息系统中存储、处理或者传输的数据和应用程序进行删除、修改、增加的操作。"删除操作"是指将计算机信息系统中存储、处理或者传输的数据和应用程序的全部或者一部分删去。"修改操作"是指对计算机信息系统中存储、处理或者传输的数据和应用程序进行改动。"增加操作"是指在计算机信息系统中增加新的数据或者应用系统。三是故意制作、传播计算机病毒等破坏性程序，影响计算机系统正常运行。"故意制作"是指通过计算机，编制、设计针对计算机信息系统的破坏性程序的行为。"故意传播"是指通过计算机信息系统，直接输入、输出破坏性程序，或者将已输入破坏性程序的软件加以派送、散发、销售的行为。"计算机病毒"指在计算机编制的或者在计算机程序中插入的破坏计算机功能或者毁坏数据，影响计算机使用，并能自我复制的一组计算机指令或者程序代码。"计算机破坏性程序"是指隐藏在可执行程序中或数据文件中，在计算机内部运行的一种干扰程序，破坏性程序的典型是计算机病毒。最高人民法院、最高人民检察院《关于办理危害计算机信息系统安全刑事案件应用法律若干问题的解释》第五条对计算机病毒等破坏性程序作了明确的规定："具有下列情形之一的程序，应当认定为刑法第二百八十六条第三款规定的'计算机病毒等破坏性程序'：（一）能够通过网络、存储介质、文件等媒介，将自身的部分、全部或者变种进行复制、传播，并破坏计算机系统功能、数据或者应用程序的；（二）能够在预先设定条件下自动触发，并破坏计算机系统功能、数据或者应用程序的；（三）其他专门设计用于破坏计算机系统功能、数据或者应用程序的程序。"

　　本罪是结果犯，必须要达到造成严重结果的情形下才能构成犯罪，所谓"后果严重"，最高人民法院、最高人民检察院《关于办理危害计算机信息系统安全刑事案件应用法律若干问题的解释》第四条规定，"破坏计算机信息系统功能、数据或者应用程序，具有下列情形之一的，应当认定为刑法第二百八十六条第一款和第二款规定的'后果严重'：（一）造成十台以上计算机信息系统的主要软件或者硬件不能正常运行的；（二）对二十台以上计算机信息系统中存储、处理或者传输的数据进行删除、修改、增加操作的；（三）违法所得五千元以上或者造成经济损失一万元以上的；（四）造成为一百台以上计算机信息系统提供域名解析、身份认证、计费等基础服务或者为一万以上用户提供服务的计算机信息系统不能正常运行累计一小时以上的；（五）造成其他严重后果的。实施前款规定行为，具有下列情形之一的，应当认定为破坏计算机信息系统'后果特别严重'：（一）数量或者数额达到前款第（一）项至第（三）项规定标准五倍以上的；（二）造成为五百台以上计算机信息系统提供域名解析、身份认证、计费等基础服务或者为五万以上用户提供服务的计算机信息系统不能正常运行累计一小时以上的；（三）破坏国家机关或者金融、电信、交通、教育、医疗、能源等领域提供公共服务的计算机信息系统的功能、数据或者应用程序，致使生产、生活受到严重影响或者造成恶劣社会影响的；（四）造成其他特别严重后果的。"该司法解释第六条规定："故意制作、传播计算机病毒等破坏性程序，影响计算机系统正常运行，具有下列情形之一的，应当认定为刑法第二百八十六条第三款规定的'后果严重'：（一）制作、提供、传输第五条第（一）项规定的程序，导致该程序通过网络、存储介质、文件等媒介传播的；（二）造成二十台以上计算机系统被植入第五条第（二）、（三）项规定的程序的；（三）提供计算机病毒等破坏性程序十人次以上的；（四）违法所得五千元以上或者造成经济损失一万元以上的；（五）造成其他严重后果的。实施前款规定行为，具有下列情形之一的，应当认定为破坏计算机信息系统'后果特别严重'：（一）制作、提供、传输第五条第（一）项规定的程序，导致该程序通过网络、存储介质、文件等媒介传播，致使生产、生活受到严重影响或者造成恶劣社会影响的；（二）数量或者数额达到前款第（二）项至第（四）项规定标准五倍以上的；（三）造成其他特别严重后果的。"

关于本罪的刑罚，刑法规定两个量刑阶段。第一个是基本犯的量刑阶段，即行为人的行为达到后果严重的，处5年以下有期徒刑或者拘役。第二个量刑阶段是行为人的行为造成特别严重后果的，处5年以上有期徒刑。

本罪第四款关于单位可以成为本罪的犯罪主体的规定是《刑法修正案（九）》所增加的内容，因为，司法实践中确实存在单位实施本条所规定的犯罪的情形，因此，2015年通过的《刑法修正案（九）》对于本罪的单位犯罪作出了补充规定，对于单位犯罪的处罚方法以及相关认定问题在上文关于《刑法》第二百八十五条第四款的解读中已作出解释，在此不再赘述。

【难点问题解析】

关于破坏计算机信息系统罪的难点问题主要在于"计算机信息系统"与"计算机系统"的认定问题。

在本条的规定中，第一款和第二款中使用的是"计算机信息系统"的概念，而在第三款中则使用的是"计算机系统"的概念，这种表述上的不同使得"计算机信息系统"与"计算机系统"两者的概念是相同还是有所差异产生了争议。目前，随着计算机与网络技术的发展，计算机操作系统与信息系统越来越密不可分，一些操作系统自身也能提供网络服务，对操作系统的破坏也就能实现对操作系统上提供信息服务的系统的控制，也即从技术的角度来看，提供信息服务的系统和操作系统越来越难以作出划分，因此最高司法机关以司法解释的形式对这两个概念作了统一的界定。最高人民法院、最高人民检察院《关于办理危害计算机信息系统安全刑事案件应用法律若干问题的解释》第十一条规定，"本解释所称'计算机信息系统'和'计算机系统'，是指具备自动处理数据功能的系统，包括计算机、网络设备、通信设备、自动化控制设备等。"司法解释的这一统一规定将计算机信息系统扩张解释为所有具备自动处理数据功能的系统，使得现有立法体系下移动终端设备、平板电脑等任何具备处理数字功能的内置操作系统都能得到刑法的保护。

根据公安部《关于对破坏未联网的微型计算机信息系统是否适用〈刑法〉第二百八十六条的请示的批复》规定，未联网的计算机信息系统也属于计算机信息系统，因此破坏未联网的微型计算机信息系统适用《刑法》第二百八十六条的规定。也即，本罪的犯罪对象计算机信息系统既包括联网的计算机信息系统也包括未联网的计算信息系统。

【法律法规衔接问题】

本条所规定的犯罪，均是以"违反国家规定"为前提，即行为人的犯罪行为是以违反国家相关规定为前提的，根据前述相关论述可知，与非法侵入计算机信息系统罪相关的国家规定主要有《计算机信息系统安全保护条例》《网络安全法》《治安管理处罚法》等。在法律的适用过程中要注意相关法律法规之间的衔接问题。本条所规定的犯罪是结果犯，必须以造成严重后果为犯罪构成要件，如果行为人的行为没有达到最高人民法院、最高人民检察院《关于办理危害计算机信息系统安全刑事案件应用法律若干问题的解释》所规定的"后果严重"或"后果特别严重"的情形则不构成犯罪，但其违法行为可能会受到《计算机信息系统安全保护条例》《网络安全法》《治安管理处罚法》等相关法律法规规定的行政处罚。

第二百八十六条之一　网络服务提供者不履行法律、行政法规规定的信息网络安全管理义务，经监管部门责令采取改正措施而拒不改正，有下列情形之一的，处三年以下有期徒刑、拘役或者管制，并处或者单处罚金：

（一）致使违法信息大量传播的；

（二）致使用户信息泄露，造成严重后果的；

（三）致使刑事案件证据灭失，情节严重的；

（四）有其他严重情节的。

单位犯前款罪的，对单位判处罚金，并对其直接负责的主管人员和其他直接责任人员，依照前款的规定处罚。

有前两款行为，同时构成其他犯罪的，依照处罚较重的规定定罪处罚。

【立法背景与目的】

本条是《刑法修正案（九）》新增的犯罪。随着网络信息技术的不断发展与广泛使用，信息网络给人们带来生活便利的同时，也越来越多地被不法分子所利用，网络信息安全问题日益突出。为了加强和规范网络安全技术防范工作，保障网络系统安全和网络信息安全，有关法律、法规对网络服务提供者规定了相应的网络安全管理义务。但在司法实践中，不少网络服务提供者经常见到不履行或者不认真履行网络安全管理义务的情形，甚至有时还因此产生严重的社会影响与危害后果。为此，《刑法修正案（九）》增加了本条规定，将网络服务提供者不履行与不认真履行网络安全管理义务的行为规定为犯罪，以促使网络服务提供者切实履行安全管理义务，保障网络安全和网络服务业的健康、有序发展。

【重点法条解读】

本条所规定的是拒不履行信息网络安全管理义务罪，本罪是为了加强和规范网络安全技术防范工作，促使网络服务提供者履行安全管理义务，保障网络安全的目的，《刑法修正案（九）》所增加规定的一个罪名。本罪的主体是特殊主体，限于网络服务的提供者，包括通过计算机互联网、广播电视网、固定通信网、移动通信网等信息网络，向公众提供网络服务的机构和个人。根据所提供的服务内容的不同，可以分为互联网接入服务提供者和互联网内容服务提供者。本条第二款特别规定了单位也可以成为本罪的主体。本罪在主观方面表现为故意，不存在过失的情形。本罪在客观方面，行为人的行为必须具备以下三个方面的特征才构成犯罪：

第一，行为人不履行法律、行政法规规定的信息网络安全管理义务。所谓"不履行信息网络安全管理义务"是指行为人不履行法律法规所规定的网络安全管理义务，这些管理义务主要来源于《全国人民代表大会常务委员会关于加强网络信息保护的决定》、国务院《互联网信息服务管理办法》《计算机信息网络国际联网安全保护管理办法》《电信条例》等规定。根据这些法律、法规及部门规章的规定，网络服务提供者的管理义务主要包括以下几个方面的内容：（1）落实信息网络安全管理制度和安全保护技术措施。网络服务提供者应当建立相应的管理制度，包括网站安全保障制度、信息安全保密管理制度、用户信息安全管理制度等；（2）及时发现、处置违法信息。网络服务提供者应当向上网用户提供良好的服务，并保证所提供的信息内容合法，并在发现有单位或个人制作、复制、查阅或传播违法信息时，应当采取措施予以制止，同时保留有关原始记录，并向主管部门报告；（3）网络服务提供者在提供服务过程中应当对网上信息和网络日志信息记录进行备份和留存。

第二，行为人经监管部门责令采取改正措施而拒不改正。此处"监管部门"指的是依据法律、行政法规的规定对网络服务提供者负有监管职责的各个部门，主要有国务院信息产业主管部门，省、自治区、直辖市电信管理机构，公安部计算机管理监察机构等涉及互联网信息内容的其他监督管理部门。所谓"责令采取改正措施"，是监管部门根据相关网络服务提供者在安全管理方面存在的问题，依法提出的改正错误、堵塞漏洞、加强防范等要求。其中责令的主体、责令的方式和责令的程序都必须符合相关法律、法规的规定。关于何谓"拒不改正"及其认定问题在难点问题解析中将予以解读。

第三，行为人拒不改正的行为具有导致特定危害后果发生的情形。根据本条的规定，网络服务提供者据不采取改正措施，必须导致了以下危害后果的，才构成犯罪：（1）致使违法信息大量传播的。其中所谓"违法信息"，根据《电信条例》的规定，是指含有反对宪法所确定的基本原则；危害国家安全，泄露国家秘密，颠覆国家政权，破坏国家统一；损害国家荣誉和利益；煽动民族仇恨、民族歧视，破坏民族团结；破坏国家宗教政策，宣扬邪教和封建迷信；散布谣言，扰乱社会秩序，破坏社会稳定；散布淫秽、色情、赌博、暴力、凶杀、恐怖或者教唆犯罪；侮辱或者诽谤他人，侵害他人合法权益；含有法律、行政法规禁止的其他内容等的信息。（2）致使用户信息泄露，造成严重后果的。"用户信息"主要包括以下内容：一是关于用户基本情况的信息，如个人用户的姓名、出生日期、住址、身份证信息、电话号码等，以及企业用户的商业信息等；二是用户的行为类信息，如用户的消费行为、偏好、生活方式等相关信息；三是与用户行为有关的，反映和影响用户行为和心理的相关信息，如用户的满意度、忠诚度、对产品中服务的偏好信息等。所谓"造成严重后果"主要包括以下情形：导致用户遭到人身伤害、名誉受到严重损害、受到较大经济损失、正常生活或生产经营受到严重损害等。（3）致使刑事案件证据灭失，情节严重的。此处的"情节严重"主要可以根据所涉及的案件程度、灭失的证据的重要性、证据灭失是否可以补救、对刑事追诉活动的影响等因素综合考量。（4）有其他严重情节的。这一兜底性规定是为了应对实践中可能出现的各种复杂的危害情形。

关于本罪的刑罚，根据本条的规定，构成本罪的可以处三年以下有期徒刑、拘役或者管制，并处或者单处罚金。对于单位构成犯罪的采取双罚制，除了要对单位判处罚金，还要对其直接负责的主管人员和其他直接责任人员予以处罚。

【难点问题解析】
本罪的难点主要在于"拒不改正"的认定问题。

所谓"拒不改正"，是指行为人明知而故意加以拒绝，实践中对于拒不改正的认定必须要采取审慎的态度，不能因为行为人没有达到改正标准就认定行为人构成拒不改正。应当主客观相结合，对其行为是否构成拒不改正予以准确的认定。只有行为人的行为同时符合以下主客观两方面的要求才能认定构成"拒不改正"。从主观方面看，要求行为人必须明知监管部门对其提出责令采取改正措施的要求，并且主观方面具有拖延或者拒绝执行的故意。从客观方面看，行为人具有采取改正措施的能力，并且没有依照监管部门提出的要求采取改正措施。如果行为人主观方面并非出于故意，或者由于因为监管部门的改正要求不明确、具体，无法采取正确的改正行为，或者行为人因为资源、技术等条件的限制，难以达到监管部门要求的，不应认定为"拒不改正"。

【法律法规衔接问题】

本条所规定的犯罪要求行为人不履行法律、法规等其他法律文件所要求的信息网络安全管理义务，相关的义务主要来源于网络信息安全相关的行政法规或部门规章等其他法律文件的具体规定，与本条相关的规定主要有《电信条例》《全国人民代表大会常务委员会关于加强网络信息保护的决定》《计算机信息国际联网安全保护管理办法》《互联网信息服务管理办法》等的相关规定，在本条的法律适用过程中要注意和这些相关法条的衔接。

本条第三款规定构成本罪的同时又构成其他犯罪的，依照处罚较重的规定定罪处罚。这一规定是针对本条的专门规定，因为在司法实践中，一般构成本罪的同时，根据具体情况，行为人的行为还可能构成刑法所规定的其他犯罪。例如，《刑法》第一百二十条之（三）宣扬恐怖主义、极端主义的犯罪，第三百六十四条传播淫秽物品罪，第三百九十八条故意或过失泄露国家秘密罪等。因此，在这些情形下，应当根据本条第三款的规定，结合其他犯罪所规定的刑罚，对本罪与相关其他犯罪的刑罚进行比较后，选择处罚较重的规定定罪处罚。

第二百八十七条　利用计算机实施金融诈骗、盗窃、贪污、挪用公款、窃取国家秘密或者其他犯罪的，依照本法有关规定定罪处罚。

【重点法条解读】

本条所规定的是利用计算机作为犯罪工具和手段，直接或者通过他人向计算机输入非法指令，进行金融诈骗、盗窃、贪污、挪用公款、窃取国家秘密等犯罪活动的，依本条的规定，应当依照《刑法》有关金融诈骗、盗窃、贪污、挪用公款、窃取国家秘密或者其他犯罪的规定处罚。行为人具体实施了什么犯罪行为，就以该罪定罪处罚。例如，行为人利用计算机进行盗窃犯罪的，应根据《刑法》第二百六十四条的规定以盗窃罪定罪处罚。此外，除了规定了金融诈骗、盗窃、贪污、挪用公款以及窃取国家秘密犯罪这几种犯罪以外，本条还规定了"其他犯罪"，即不限于列举的这几种犯罪，还包括这几种犯罪以外的其他犯罪。常见的利用计算机或网络作为犯罪工具而实施的犯罪还有利用互联网颠覆国家政权，通过破坏计算机信息系统操纵证券交易价格，进行网络诽谤，以及利用网络实施侵占、挪用公司资金、间谍、侮辱、窃取商业秘密、制作淫秽物品、传播淫秽物品等犯罪。

第二百八十七条之一　利用信息网络实施下列行为之一，情节严重的，处三年以下有期徒刑或者拘役，并处或者单处罚金：

（一）设立用于实施诈骗、传授犯罪方法、制作或者销售违禁物品、管制物品等违法犯罪活动的网站、通讯群组的；

（二）发布有关制作或者销售毒品、枪支、淫秽物品等违禁物品、管制物品或者其他违法犯罪信息的；

（三）为实施诈骗等违法犯罪活动发布信息的。

单位犯前款罪的，对单位判处罚金，并对其直接负责的主管人员和其他直接责任人员，依照第一款的规定处罚。

有前两款行为，同时构成其他犯罪的，依照处罚较重的规定定罪处罚。

【立法背景与目的】

本条是《刑法修正案（九）》新增的一个罪名。随着网络技术的发展以及互联网应用的普及，越来越多的犯罪以网络作为犯罪工具，使得不少犯罪由于利用了互联网这一工具而危害性更大，因为互联网犯罪的跨地域性，行为人很容易在短期内组织不特定人共同实施违法犯罪，或者针对不特定人群实施违法犯罪行为。在司法实践中，一般只能查实行为人在网络上实施联络或其他活动，对于分布在不同地域的犯罪人员以及其在网络下所实施的各种危害行为，却很难查实与查证。由于对于网络犯罪打击中的证据提取、事实认定以及法律认定等都面临着新的问题和困难，实践中不少实施此类犯罪的行为人无法得到应有的刑事追究。因此，从网络违法犯罪的实际情况看，有必要将这类违法行为的刑法规制环节前移，以适应惩治犯罪的需要。为此，《刑法修正案（九）》增设了第二百八十七条之一，对为实施犯罪设立网站、发布信息等行为作出以犯罪论处的规定。

【重点法条解读】

本条所规定的是非法利用信息网络罪，指行为人为了实施违法犯罪而利用信息网络设立网站、通讯群组、发布信息，情节严重的行为。本罪的主体是一般主体，已满16周岁具有刑事责任能力的人都能构成本罪，单位也可以成为本罪的犯罪主体。本罪主观方面是出于故意。本罪在客观方面主要有以下三个方面的表现形式：

一是设立用于实施诈骗、传授犯罪方法、制作或者销售违禁物品、管制物品等违法犯罪活动的网站、通讯群组。在法条所规定的这一行为方式中，在认定时需要注意以下两个方面的问题。首先，行为人设立网站、通讯群组的主观目的是实施违法犯罪活动，如果行为人设立网站、通讯群组时的目的是出于合法的目的，事后被他人用于实施违法犯罪行为的，行为人设立网站、通讯群组的行为不属于本条所规定的设立用于违法犯罪活动的网站、通讯群组。但是，如果行为人设立网站、通讯群组时的目的是合法的，但事后逐渐转变为用以实施违法犯罪活动的网站、通讯群组的，可以认定为属于本条所规定的设立用于违法犯罪活动的网站、通讯群组。其次，行为人设立网站、通讯群组，主要是从事诈骗、传授犯罪方法、制作或销售违禁物品、管制物品，但并不限于法条所列举的这几种违法犯罪行为，司法实践中行为人如果设立网站、通讯群组是为了实施其他违法犯罪活动，也可以构成本罪。在本罪中，所谓"网站"是指设立者或维护者制作的用于展示特定内容的相关网页的集合，便于使用者在其上发布信息或者获取信息。所谓"通讯群组"是指网上供具有相同需求的人群集合在一起进行交流的平台工具，常见的有 QQ、微信等。

二是发布有关制作或者销售毒品、枪支、淫秽物品等违禁物品、管制物品或者其他违法犯罪信息。此处所指"违法犯罪信息"主要指制作、销售毒品、枪支、淫秽物品等违禁物品、管制物品的信息，当然也包括这些违法犯罪信息以外的其他违法犯罪信息，如招嫖、赌博、传销、销售假发票的信息等。需要注意的是，在这种行为方式中，行为人发布违法犯罪信息的途径不限于使用网站、通讯群组进行发布，还包括使用广播、电视等其他信息网络发布信息。

三是为实施诈骗等违法犯罪活动发布信息。这一行为方式与前述第二种行为方式都是发布信息的行为，但之所以要特别作出规定是因为该项所规定的行为方式与第二种行为方式中的发布有所不同，在第二种行为方式中所发布的信息本身具有明显的违法犯罪性质，如制作、销售毒品、淫秽物品等的信息。但是本项所规定的行为人为实施诈骗等违法犯罪活动所发布的信息，从表面上看通常不具有违法性，但行为人发布信息的目的是吸引他人的注意，借以实施诈骗等违法犯罪活动，所发布的相关信息只是其从事犯罪的幌子。例如，通过发布保健产品、低价商品等信息，吸引他人购买，进而实施诈骗、传销等违法犯罪活动。

以上三种犯罪表现形式都必须达到"情节严重"才构成犯罪。对于本罪的情节严重如何认定，法条并没有作出具体规定，也没有相关的司法解释作进一步的明确，因此，在司法实践中，应当结合行为人为实施违法犯罪行为所设立的网站、通讯群组所造成的社会影响、获取非法利益的数额、受害人的数量或者行为人所发布的信息具体内容、数量、扩散的范围、获取非法利益的数额、受害人的数量、造成的社会影响等因素进行综合的考量与判断。

关于本罪的刑罚，根据本条第一款的规定，行为人的行为构成非法利用信息网络罪的，处三年以下有期徒刑或者拘役，并处或单处罚金。

【法律法规衔接问题】

本条第三款规定，行为人的行为构成本罪的同时又构成其他犯罪的，依照处罚较重的规定定罪处罚。最高人民法院《关于审理毒品犯罪案件适用法律若干问题的解释》第十四条第二款规定，"实施刑法第二百八十七条之一、第二百八十七条之二规定的行为，同时构成贩卖毒品罪、非法买卖制毒物品罪、传授犯罪方法罪等犯罪的，依照处罚较重的规定定罪处罚。"可见，行为人的行为既构成非法利用信息网络罪又构成贩卖毒品、非法买卖制毒物品罪、传授犯罪方法罪等犯罪时，结合刑法关于其他犯罪的规定，对本罪与相关其他犯罪的刑罚进行比较后，选择处罚较重的规定定罪处罚。

第二百八十七条之二　明知他人利用信息网络实施犯罪，为其犯罪提供互联网接入、服务器托管、网络存储、通讯传输等技术支持，或者提供广告推广、支付结算等帮助，情节严重的，处三年以下有期徒刑或者拘役，并处或者单处罚金。

单位犯前款罪的，对单位判处罚金，并对其直接负责的主管人员和其他直接责任人员，依照第一款的规定处罚。

有前两款行为，同时构成其他犯罪的，依照处罚较重的规定定罪处罚。

【立法背景与目的】

本条是《刑法修正案（九）》新增的一个罪名。随着网络技术的发展及网络技术应用的普及，犯罪分子利用信息网络实施犯罪的情形越来越多，造成的社会危害也比传统犯罪手段更加严重。从犯罪的组织结构来看，网络犯罪的帮助行为比传统犯罪的帮助行为对社会危害性更大，往往在网络犯罪中起着至关重要的作用。例如，在网络诈骗犯罪中，以互联网为工具，无论是域名的注册、服务器的租用，还是网站的制作与推广都起着至关重要的作用。可见，为网络犯罪提供技术支持等各种帮助的行为对社会危害性极大，针对这一问题，最高人民法院、最高人民检察院曾出台过相关司法解释，在网络赌博犯罪、网络传播淫秽物品罪以及网络诈骗犯罪等方面对网络犯罪的帮助行为的定罪量刑问题进行规定，但是这些规定虽解决了帮助行为的定性问题，但在具体犯罪情节的认定、主犯的认定等问题上还存在一定的困难。因此《刑法修正案（九）》新增了《刑法》第二百八十七条之二，对各种网络犯罪帮助行为作出专门规定，以更准确、有效地打击各种网络犯罪帮助行为，保护公民人身权利、财产权利和社会公共利益，维护信息网络秩序，保障信息网络健康发展。

【重点法条解读】

本条所规定的是帮助信息网络犯罪活动罪，指行为人明知他人利用网络实施犯罪，而为其提供帮助技术支持、广告推广、支付结算等帮助，情节严重的行为。本罪主体为一般主体，已满 16 周岁，具有刑事责任能力的人都可以构成本罪，单位也可以成为本罪的犯罪主体。本罪主观方面表面为故意，并要求行为人明知他人利用信息网络实施犯罪而为其提供相应帮助。关于"明知"，一般可以根据行为人对他人所从事的违法犯罪活动的认知情况，之间往来、联络的情况，以及收取费用的情况进行综合考量与判断。例如，最高人民法院、最高人民检察院、公安部《关于办理网络赌博犯罪案件适宜和法律若干问题的意见》第二条第二款规定，"具有下列情形之一的，应当认定行为人'明知'，但是有证据证明确实不知道的除外：（一）收到行政主管机关书面等方式的告知后，仍然实施上述行为的；（二）为赌博网站提供互联网接入、服务器托管、网络存储空间、通讯传输通道、投放广告、软件开发、技术支持、资金支付结算等服务，收取服务费明显异常的；（三）在执法人员调查时，通过销毁、修改数据、账本等方式故意规避调查或者向犯罪嫌疑人通风报信的；（四）其他有证据证明行为人明知的。"

本罪客观方面表现为行为人为他人实施犯罪行为提供互联网接入、服务器托管、网络存储、通讯传输等技术支持，或者提供广告推广、支付结算等帮助的行为。其中"互联网接入"是指为他人提供访问互联网或者在互联网发布信息的通路。例如，提供电话线拨号接入、ADSL 接入、光纤宽带接入、无线网络等。"服务器托管"是指将服务器及相关设备托管到具有专门数据中心的机房。"网络存储"是指通过网络存储、管理数据的载体空间，如常见的百度网盘、QQ 中转站等。"通讯传输"是指用户之间传输信息的通路，如常用的通讯传输通道有 VPN（虚拟专用网络），该技术能在公用网络上建立专用网络，进行加密通讯。此外，本罪客观方面的行为并不限于法条所列举的以上几种提供技术支持的方式，常见提供技术支持的方式还有销售赌博网站代码，为病毒、木马程序提供免杀服务，为网络盗窃、QQ 视频诈骗制作专用木马程序等技术支持方式。所谓"广告推广"的行为方式主要有两种情形：一是为利用网络实施犯罪的人做广告、拉客户；二是为他人设立的犯罪网站拉广告客户，帮助该犯罪网站获得广告收入，对支持犯罪网站的运营。所谓"支付结算帮助"即为网络犯罪人或者集团提供收付款、转账、结算、现金提取服务等帮助。由于网络自身的特点，网络犯罪行为人要获得犯罪收益，往往需要借助第三方支付等各种网络支付结算服务提供者，以完成其收款、转账以及取现等活动，本款所规定的提供支付结算帮助即是针对这种情形，以利于切断网络犯罪的资金流动，更好地打击网络犯罪。

本罪也是情节犯，行为人提供帮助的行为必须达到"情节严重"才构成犯罪，对于情节严重的认定，本条并没有作出具体的规定，也没有相关司法解释作出进一步的明确，因此，在司法实践中对于情节严重的认定有必要结合行为人所帮助的具体网络犯罪的性质、危害结果，以及其帮助行为在相关网络犯罪中所起到的实际作用，帮助行为非法获利的数额等情况进行综合考量与判断。

关于本罪的刑罚，本条规定，构成犯罪的处三年以下有期徒刑或者拘役，并处或者单处罚金。

【法律法规衔接问题】

本条第三款规定行为人的行为构成本罪，又同时构成其他犯罪的，依照处罚较重的规定定罪处罚。在司法实践中，一般行为人为他人实施网络违法犯罪提供帮助的行为，可能构成相关犯罪的共同犯罪，此时，对于行为人同时构成两个以上犯罪的，应当结合将本条与其他犯罪的相关规定，比较其刑罚轻重，依照处罚较重的规定定罪处罚，即按照从一重罪论处的原则处理。另外，本条所规定的行为方式包括为他人实施网络违法犯罪提供技术支持、广告推广或者支付结算等帮助，这些帮助行为还可能构成《刑法》第二百八十五条规定的提供侵入、非法控制计算机信息系统程序、工具罪或者《刑法》第一百九十一条规定的洗钱罪等犯罪。这种情形下，根据本条第三款的规定，也应当结合将本条与其他犯罪的相关规定，比较其刑罚轻重，依照处罚较重的规定定罪处罚，即按照从一重罪论处的原则处理。

本条所规定的帮助信息网络犯罪活动罪也属于情节犯，行为人必须达到情节严重的情形才构成犯罪，在未达到情节严重情形时，其违法行为不构成犯罪，但可能会受到《治安管理处罚法》等法律法规所规定的行政处罚。

3.2　与防范和打击电信网络诈骗犯罪相关规定解读

最高人民法院、最高人民检察院、公安部、工业和信息化部、中国人民银行、中国银行业监督管理委员会关于防范和打击电信网络诈骗犯罪的通告(节选)

(2016 年 09 月 23 日)

一、凡是实施电信网络诈骗犯罪的人员，必须立即停止一切违法犯罪活动。自本通告发布之日起至 2016 年 10 月 31 日，主动投案、如实供述自己罪行的，依法从轻或者减轻处罚，在此规定期限内拒不投案自首的，将依法从严惩处。

【重点法条解读】

本条规定了关于实施电信网络诈骗犯罪人员的自首问题。根据本条的规定，行为人若能主动投案、如实供述自己的罪行的，构成自首。根据《刑法》第六十七条的规定，构成自首的，可以从轻或者减轻处罚。所谓"主动投案"是指行为人犯罪以后，犯罪事实未被司法机关发现以前；或者犯罪事实虽然被发现，但不知何人所为；或者犯罪事实和犯罪分子均已被发现，但是尚未受到司法机关的传唤、讯问或者尚未采取强制措施之前，主动到司法机关或者所在单位、基层组织等投案，接受审查和追诉。自动投案要具备以下四个方面的要求：一是投案行为必须发生在犯罪人归案之前，即自动投案的时间要求；二是投案行为是由犯罪人的主观意志决定的，即自动投案的主观要求；三是投案行为是犯罪人向司法机关或者有关单位、组织承认自己实施了犯罪行为,即自动投案的实质要求;四是投案以后,犯罪人应当自愿将自己置于司法机关或者有关单位、组织的控制之下,等待进一步对犯罪事实核实查证,即自动投案的自然要求。[①]"如实供述自己的罪行"是指犯罪分子投案以后,对于自己所犯的罪行,不管司法机关是否掌握,都必须如实地全部向司法机关供述,不能有所隐瞒。根据刑法对自首的规定,行为人的行为构成自首的,其法律后果是可以从轻或减轻处罚,其中犯罪较轻的,可以免除处罚。

六、严禁任何单位和个人非法获取、非法出售、非法向他人提供公民个人信息。对泄露、买卖个人信息的违法犯罪行为,坚决依法打击。对互联网上发布的贩卖信息、软件、木马病毒等要及时监控、封堵、删除,对相关网站和网络账号要依法关停,构成犯罪的依法追究刑事责任。

【重点法条解读】

本条规定,任何单位和个人非法获取、非法出售、非法向他人提供公民个人信息,或者泄露、买卖个人信息,或者在互联网上发布贩卖信息、软件、木马病毒等,构成犯罪的应以犯罪论处,并处以相应的刑罚。我国《刑法》第二百五十三条规定,"违反国家有关规定,向他人出售或者提供公民个人信息,情节严重的,处三年以下有期徒刑中者拘役,并处或者单处罚金;情节特别严重的,处三年以上七年以下有期徒刑,并处罚金。违反国家有关规定,将在履行职责或者提供服务过程中获得的公民个人信息,出售或者提供给他人的,依照前款规定从重处罚。窃取或者以其他方法非法获取公民个人信息的,依照第一款的规定处罚。单位犯前款罪的,对单位判处罚金,并对其直接负责的主管人员和其他直接责任人员,依照各该款的规定处罚。"根据《刑法》的这一规定,行为人如果利用网络技术非法获取公民个人信息,情节严重的应以侵犯公民个人信息罪定罪处罚,同时对于一些在履行职责或提供服务过程中获得的公民个人信息,出售或者提供给他人的,依侵犯公民个人信息罪从重处罚。此处需要指出的是,如果网络服务的提供者将其提供服务所获取的公民个人信息出售或者提供给他人,可以侵犯公民个人信息罪论处,并从重处罚。

本条还规定,对互联网上发布贩卖信息、软件、木马病毒等构成犯罪的要依法追究刑事责任。与这一行为相关的犯罪是《刑法》第二百八十七条所规定的非法利用信息网络罪,根据《刑法》关于非法利用信息网络罪的规定,行为人发布违法犯罪信息,情节严重的以非法利用信息网络罪论处。关于情节严重的认定,非法利用信息网络犯罪的解读中已作出论述,在此不再赘述。

关于新冠肺炎疫情期间依法严厉打击跨境赌博和电信网络诈骗犯罪的通告(节选)

一、凡是在境内外实施跨境赌博和电信网络诈骗犯罪,以及为犯罪分子传授作案方法、提供网络技术支持及资金支付结算等帮助的,都将受到依法严厉打击。

【重点法条解读】

本通告是 2020 年 4 月 9 日由我国公安部发布的,该通告第一条规定了,凡是在境内外

[①] 刘宪权:《刑法学名师讲演录·总论》,上海人民出版社 2016 年版,第 340 页。

实施跨境赌博和电信网络诈骗犯罪的，都将受到依法严厉打击，同时还强调了凡是为境内外实施跨境赌博和电信网络诈骗犯罪分子传授作案方法、提供网络技术支持及资金支付结算等帮助的，也将依法受到严厉打击。对于为境内外实施跨境赌博和电信网络诈骗犯罪传授作案方法、提供网络技术支持及资金支付结算等帮助行为的，可能构成《刑法》第二百八十七条之二的帮助信息网络犯罪活动罪。关于帮助信息网络犯罪活动罪的具体成立标准参见关于《刑法》第二百八十七条之二的法条解读。

3.3　与危害计算机信息系统安全刑事案件相关司法解释解读

**最高人民法院、最高人民检察院关于办理危害计算机信息系统安全刑事案件应用法律
若干问题的解释（节选）**

（法释〔2011〕19 号）

第一条　非法获取计算机信息系统数据或者非法控制计算机信息系统，具有下列情形之一的，应当认定为刑法第二百八十五条第二款规定的"情节严重"：

（一）获取支付结算、证券交易、期货交易等网络金融服务的身份认证信息十组以上的；

（二）获取第（一）项以外的身份认证信息五百组以上的；

（三）非法控制计算机信息系统二十台以上的；

（四）违法所得五千元以上或者造成经济损失一万元以上的；

（五）其他情节严重的情形。

实施前款规定行为，具有下列情形之一的，应当认定为刑法第二百八十五条第二款规定的"情节特别严重"：

（一）数量或者数额达到前款第（一）项至第（四）项规定标准五倍以上的；

（二）其他情节特别严重的情形。

明知是他人非法控制的计算机信息系统，而对该计算机信息系统的控制权加以利用的，依照前两款的规定定罪处罚。

【重点法条解读】

本条第一款的规定主要在于明确《刑法》第二百八十五条第二款所规定的非法获取计算机信息系统数据、非法控制计算机信息系统罪的罪与非罪以及罪轻罪重的认定问题。刑法关于非法获取计算机信息系统数据、非法控制计算机信息系统罪，规定情节严重的才构成犯罪，未达到情节严重的则不构成犯罪，本条明确了"情节严重"的一些常见情形，对于行为人是否构成犯罪提供的认定依据。关于罪轻与罪重的认定，本条还对"情节特别严重"的认定作出了明确，达到情节严重规定标准五倍以上的，可以认定为情节特别严重，属于罪

重的范围，刑法规定了更为严厉的刑罚①。

本条第二款规定，行为人如果明知是他人非法控制的计算机信息系统，而对该计算机信息系统的控制权加以利用的，应以非法控制计算机信息系统罪定罪处罚。从行为方式上看，这种情形下行为人的行为并非是非法控制的行为，而是对被控制的计算机信息系统加以使用的行为。一般情形下，非法控制计算机信息系统的行为人与利用被非法控制的计算机信息系统的行为人之间存在共同犯罪的情形，但也有一些情形二者之间并没有共同犯罪的故意，所以对于计算机信息系统的最终使用者以共犯的形式判处非法控制计算机信息系统罪比较牵强。例如，在僵尸网络（被黑客控制的网络）多次转手的情形下，僵尸网络的最终使用者与初始控制者之间通常就没有共同犯罪的关系。因此本条第二款对此作出专门规定，明知是他人非法控制的计算机信息系统，而对该计算机信息系统的控制权加以利用的，以非法控制计算机信息系统罪定罪处罚。也即，对于这种情形，对于被非法控制的计算机信息系统加以使用者直接以非法控制计算机信息系统罪定罪即可，不必拘泥于是否构成共同犯罪这一问题。

第七条　明知是非法获取计算机信息系统数据犯罪所获取的数据、非法控制计算机信息系统犯罪所获取的计算机信息系统控制权，而予以转移、收购、代为销售或者以其他方法掩饰、隐瞒，违法所得五千元以上的，应当依照刑法第三百一十二条第一款的规定，以掩饰、隐瞒犯罪所得罪定罪处罚。

实施前款规定行为，违法所得五万元以上的，应当认定为刑法第三百一十二条第一款规定的"情节严重"。

单位实施第一款规定行为的，定罪量刑标准依照第一款、第二款的规定执行。

【重点法条解读】

本条所规定的是与计算机信息系统犯罪有关的掩饰、隐瞒犯罪所得、犯罪所得收益罪。根据本条的规定，行为人明知是非法获取计算机信息系统数据犯罪所获取的数据、非法控制计算机信息系统犯罪所获取的计算机信息系统控制权，而予以转移、收购、代为销售或者以其他方法掩饰、隐瞒的，应构成《刑法》第三百一十二条所规定的掩饰、隐瞒犯罪所得、犯罪所得收益罪。在这一犯罪的认定中要行为人是故意犯罪，并且明知行为的对象是非法获取计算机信息系统数据犯罪所获取的数据或者非法控制计算机信息系统犯罪所获取的计算机信息系统控制权。所谓"转移"是指将犯罪对象转移至他处，使侦查机关不能查获；"收

---

① 关于罪与非罪、罪轻与罪重的具体认定标准与依据，最高人民法院、最高人民检察院《关于办理危害计算机信息系统安全刑事案件应用法律若干问题的解释》中还有不少条文对相关犯罪中的"情节严重""情节特别严重"或者"严重后果""后果极其严重"作出相应的规定。例如，本解释第三条对《刑法》第二百八十五条第二款规定的提供侵入、非法控制计算机信息系统程序、工具罪中的"情节严重"与"情节特别严重"作出了明确规定。第四条对《刑法》第二百八十六条规定的破坏计算机信息系统罪第一款和第二款中的"后果严重"和"后果特别严重"作出了明确规定，第六条对《刑法》第二百八十六条规定的破坏计算机信息系统罪第三款中的"后果严重"和"后果特别严重"作出了明确规定。相关规定在具体罪名解读有关罪与非罪、罪轻与罪重的问题中均已作出相应解释，因此本解释中类似条文在此不再重复作出解释。此外，本司法解释还有一些重点条文，如第二条、第五条等重点法条对相关罪名刑法条文中的具体名词进行了解释与明确，由于前文具体罪名的刑法条文解读中已作出相应解释，此处也不再重复。

购"是指以出卖为目的而收买犯罪对象;"代为销售"是指代替犯罪分子将犯罪对象予以卖出的行为;"其他方法掩饰、隐瞒"是指以转移、收购、代为销售以外的各种方法进行掩饰、隐瞒。

关于掩饰、隐瞒犯罪所得、犯罪所得收益罪,刑法规定了两个量刑档次,违法所得达到五千元以上五万元以下的,属于第一个量刑档次,处三年以下有期徒刑、拘役或者管制,并处或单处罚金。违法所得达到五万元以上的,属于情节严重,适用第二个量刑档次,处三年以上七年以下有期徒刑,并处罚金。

第八条　以单位名义或者单位形式实施危害计算机信息系统安全犯罪,达到本解释规定的定罪量刑标准的,应当依照刑法第二百八十五条、第二百八十六条的规定追究直接负责的主管人员和其他直接责任人员的刑事责任。

【重点法条解读】

本条所规定的是以单位名义实施《刑法》第二百八十五条和第二百八十六条所规定的犯罪的情形。本司法解释是 2011 年制定并施行的,当时《刑法》第二百八十五条和第二百八十六条并未规定单位可以构成犯罪,因此,对于以单位名义实施的相关犯罪,本条规定应追究直接负责的主管人员和其他直接责任人员的刑事责任。而 2015 年《刑法修正案(九)》增加规定了《刑法》第二百八十五条和第二百八十六条所规定的犯罪可以由单位构成,如果以单位名义,并且为谋取单位利益而实施危害计算机信息系统安全犯罪的,可以构成单位犯罪。所谓"单位犯罪"是指公司、企业、事业单位、机关、团体以单位名义实施的按照刑法规定应当承担刑事责任的危害社会的行为。单位犯罪的特征有:一是单位犯罪是指由公司、企业、事业单位、机关、团体犯罪,这里的公司、企业包括私营公司、企业;二是必须是以单位名义实施的;三是必须是为谋取单位利益而实施的;四是必须有刑法分则的明文规定。[①]因此,根据《刑法修正案(九)》增加的新规定,以单位名义实施的,为单位谋取利益而实施的犯罪,应以单位犯罪论处。

关于单位犯罪的刑罚,我国采取的是双罚制,即单位犯罪的,既要对单位判处罚金,同时对单位直接负责的主管人员和其他直接责任人员判处刑罚。也即,本条仅规定了直接负责的主管人员和其他直接责任人员的刑事责任。

3.4　与淫秽电子信息相关刑事案件司法解释解读

最高人民法院、最高人民检察院关于办理利用互联网、移动通讯终端、声讯台制作、复制、出版、贩卖、传播淫秽电子信息刑事案件具体应用法律若干问题的解释(一)(节选)

(法释[2004]11 号)

第一条　以牟利为目的,利用互联网、移动通讯终端制作、复制、出版、贩卖、传播淫秽电子信息,具有下列情形之一的,依照刑法第三百六十三条第一款的规定,以制作、复制、出版、贩卖、传播淫秽物品牟利罪定罪处罚。

---

① 刘宪权:《刑法学名师讲演录·总论》,上海人民出版社 2016 年版,第 181 页。

（一）制作、复制、出版、贩卖、传播淫秽电影、表演、动画等视频文件二十个以上的；

（二）制作、复制、出版、贩卖、传播淫秽音频文件一百个以上的；

（三）制作、复制、出版、贩卖、传播淫秽电子刊物、图片、文章、短信息等二百件以上的；

（四）制作、复制、出版、贩卖、传播的淫秽电子信息，实际被点击数达到一万次以上的；

（五）以会员制方式出版、贩卖、传播淫秽电子信息，注册会员达二百人以上的；

（六）利用淫秽电子信息收取广告费、会员注册费或者其他费用，违法所得一万元以上的；

（七）数量或者数额虽未达到第（一）项至第（六）项规定标准，但分别达到其中两项以上标准一半以上的；

（八）造成严重后果的。

利用聊天室、论坛、即时通信软件、电子邮件等方式，实施第一款规定行为的，依照刑法第三百六十三条第一款的规定，以制作、复制、出版、贩卖、传播淫秽物品牟利罪定罪处罚。

【重点法条解读】

本条所规定的是以牟利为目的，行为人利用互联网、移动通讯终端作为犯罪工具或者利用聊天室、论坛、即时通信软件、电子邮件等方式制作、复制、出版、贩卖、传播淫秽电子信息行为的定性问题。根据本条的规定，实施上述行为，符合本条所规定的八种情形的，应当以制作、复制、出版、贩卖、传播淫秽物品牟利罪定罪处罚。本条具体规定了七种情形，符合这七种情形的都应构成犯罪，第八种情形笼统地规定了造成严重后果应以犯罪论处，至于严重后果如何判断并没有具体的规定，在司法实践中应综合行为人所发布的信息的具体内容、数量、扩散的范围、获取非法利益的数额、受害人的数量、造成的社会影响等因素进行综合的考量与判断。

本条所规定的犯罪要求行为人主观上以牟利为目的，不以牟利为目的的则不构成制作、复制、出版、贩卖、传播淫秽电子信息牟利罪。本司法解释第三条规定不以牟利为目的，实施本条所规定的相关犯罪行为的，应构成《刑法》第三百六十四条第一款规定的传播淫秽物品罪。根据本条的规定，行为人构成犯罪的，在客观方面表现为以互联网、移动通讯终端作为犯罪工具，或者以聊天室、论坛、即时通信软件、电子邮件作为犯罪平台或行为方式，制作、复制、出版、贩卖、传播淫秽物品。"制作"是指录制、摄制淫秽电子信息等行为。"复制"是指对已有的淫秽电子信息进行重复制作的行为。"出版"是指编辑、出版和发行淫秽电子信息产品等行为。"贩卖"是指销售淫秽电子信息的行为。"传播"是指通过播放、出租、出借等行为方式使淫秽电子信息流传的行为。

第二条　实施第一条规定的行为，数量或者数额达到第一条第一款第（一）项至第（六）项规定标准五倍以上的，应当认定为刑法第三百六十三条第一款规定的"情节严重"；达到规定标准二十五倍以上的，应当认定为"情节特别严重"。

【重点法条解读】

根据本司法解释第一条的规定，以牟利为目的，行为人利用互联网、移动通讯终端作为犯罪工具或者利用聊天室、论坛、即时通信软件、电子邮件等方式制作、复制、出版、贩卖、传播淫秽电子信息的行为，应以制作、复制、出版、贩卖、传播淫秽物品牟利罪定罪处罚。关于制作、复制、出版、贩卖、传播淫秽物品牟利罪刑法规定了三个量刑层次，对于构成基本犯罪的，处三年以下有期徒刑、拘役或者管制，并处罚金；对于情节严重的，处三年以上十年以下有期徒刑，并处罚金；对于情节特别严重的，处十年以上有期徒刑或无期徒刑，并处罚金或者没收财产。本条规定行为人以牟利为目的，行为人利用互联网、移动通讯终端作为犯罪工具或者利用聊天室、论坛、即时通信软件、电子邮件等方式制作、复制、出版、贩卖、传播淫秽电子信息的行为时，数量或者数额达到第一条第一款第（一）项至第（六）项规定标准 5 倍以上的，应当认定为"情节严重"，对应《刑法》第三百六十三条第一款规定的情节严重的量刑档次；达到规定标准 25 倍以上的，应当认定为"情节特别严重"，对应《刑法》第三百六十三条第一款规定的情节特别严重的量刑档次。

最高人民法院、最高人民检察院关于办理利用互联网、移动通讯终端、声讯台制作、复制、出版、贩卖、传播淫秽电子信息刑事案件具体应用法律若干问题的解释(二)(节选)

(法释[2010]3 号)

第一条　以牟利为目的，利用互联网、移动通讯终端制作、复制、出版、贩卖、传播淫秽电子信息的，依照《最高人民法院、最高人民检察院关于办理利用互联网、移动通讯终端、声讯台制作、复制、出版、贩卖、传播淫秽电子信息刑事案件具体应用法律若干问题的解释》第一条、第二条的规定定罪处罚。

以牟利为目的，利用互联网、移动通讯终端制作、复制、出版、贩卖、传播内容含有不满十四周岁未成年人的淫秽电子信息，具有下列情形之一的，依照刑法第三百六十三条第一款的规定，以制作、复制、出版、贩卖、传播淫秽物品牟利罪定罪处罚：

（一）制作、复制、出版、贩卖、传播淫秽电影、表演、动画等视频文件十个以上的；

（二）制作、复制、出版、贩卖、传播淫秽音频文件五十个以上的；

（三）制作、复制、出版、贩卖、传播淫秽电子刊物、图片、文章等一百件以上的；

（四）制作、复制、出版、贩卖、传播的淫秽电子信息，实际被点击数达到五千次以上的；

（五）以会员制方式出版、贩卖、传播淫秽电子信息，注册会员达一百人以上的；

（六）利用淫秽电子信息收取广告费、会员注册费或者其他费用，违法所得五千元以上的；

（七）数量或者数额虽未达到第（一）项至第（六）项规定标准，但分别达到其中两项以上标准一半以上的；

（八）造成严重后果的。

实施第二款规定的行为，数量或者数额达到第二款第（一）项至第（七）项规定标准五倍以上的，应当认定为刑法第三百六十三条第一款规定的"情节严重"；达到规定标准二十五倍以上的，应当认定为"情节特别严重"。

【重点法条解读】

本条是对最高人民法院、最高人民检察院《关于办理利用互联网、移动通讯终端、声讯台制作、复制、出版、贩卖、传播淫秽电子信息刑事案件具体应用法律若干问题的解释》第一条作出的补充性规定，本条补充规定了利用互联网、移动通讯终端制作、复制、出版、贩卖、传播内容含有不满 14 周岁未成年人的淫秽电子信息行为构罪的标准。因为制作、复制、出版、贩卖、传播内容含有不满 14 周岁未成年人的淫秽电子信息行为的社会危害明显更大,造成的危害后果也更为恶劣,因此本条对利用互联网、移动通讯终端制作、复制、出版、贩卖、传播内容含有不满 14 周岁未成年人的淫秽电子信息构成犯罪的门槛重新作出规定,与最高人民法院、最高人民检察院《关于办理利用互联网、移动通讯终端、声讯台制作、复制、出版、贩卖、传播淫秽电子信息刑事案件具体应用法律若干问题的解释》第一条所规定的构罪门槛相比,降低了相应的标准,如制作、复制、出版、贩卖、传播普通的淫秽电影、表演、动画等视频文件二十个以上才构成制作、复制、出版、贩卖、传播淫秽物品牟利罪,而制作、复制、出版、贩卖、传播包含未满 14 周岁未成年人的淫秽电影、表演、动画等视频文件十个以上就可以构成制作、复制、出版、贩卖、传播淫秽物品牟利罪。基于此,在利用互联网、移动通讯终端制作、复制、出版、贩卖、传播内容含有不满 14 周岁未成年人的淫秽电子信息行为中,"情节严重""情节特别严重"的认定标准也相应地降低了。

同时本解释第二条也同样针对最高人民法院、最高人民检察院《关于办理利用互联网、移动通讯终端、声讯台制作、复制、出版、贩卖、传播淫秽电子信息刑事案件具体应用法律若干问题的解释》第二条作了补充规定,相应地降低了利用互联网、移动通讯终端传播内容含有不满 14 周岁未成年人的淫秽电子信息行为在构成传播淫秽物品罪时的定罪标准,并且相应的"情节严重""情节特别严重"的认定标准也有所降低。

第三条 利用互联网建立主要用于传播淫秽电子信息的群组,成员达三十人以上或者造成严重后果的,对建立者、管理者和主要传播者,依照刑法第三百六十四条第一款的规定,以传播淫秽物品罪定罪处罚。

【重点法条解读】

本条所规定的是利用互联网建立主要用于传播淫秽电子信息的群组的行为,在达到法定要求的情形下应以传播淫秽物品罪定罪处罚。其中所谓的法定情形即行为人建立群组的目的在于主要用于传播淫秽电子信息,所建立的群组其成员要达到三十人以上,或者其行为造成了严重的后果,其中严重后果可以根据犯罪的违法所得、社会危害性等进行综合判断。本条所规定的处罚对象是建立主要用于传播淫秽电子信息的群组的建立者、管理者和主要传播者。其中建立者和管理者也许并没有实施具体的传播行为,但根据本条的规定,对于建立者、管理者只要其建立群组时具有主要用于传播淫秽电子信息的目的,且实施了建立和管理的行为,都以传播淫秽物品罪定罪处罚。对于传播者的处罚则只处罚主要传播者,不是对所有的传播者都以传播淫秽物品罪定罪处罚。

第九条 一年内多次实施制作、复制、出版、贩卖、传播淫秽电子信息行为未经处理,数量或者数额累计计算构成犯罪的,应当依法定罪处罚。

【重点法条解读】

本条所规定的是一年内多次实施制作、复制、出版、贩卖、传播淫秽电子信息犯罪数量或数额是否可以累计计算的情形。在制作、复制、出版、贩卖、传播淫秽物品牟利罪和传播淫秽物品罪的认定中,都是以行为人所制作、复制、出版、贩卖、传播淫秽物品的数量或者违法所得的数额作为认定的标准的,如果行为人在每次的具体行为中其所制作、复制、出版、贩卖、传播淫秽物品的数量或者违法所得的数额没有达到法定的标准,不能以犯罪论处;

或者其行为未经处理的，其一年内多次实施相关违法行为所涉及的淫秽物品数量或者违法所得数额可以累计计算，累计后的数量或数额达到了法定的标准，则以相应的犯罪论处。

3.5　其他利用信息网络实施犯罪案件司法解释解读

最高人民法院、最高人民检察院关于办理利用信息网络实施诽谤等刑事案件适用法律若干问题的解释（节选）

（法释〔2013〕21 号）

第二条　利用信息网络诽谤他人，具有下列情形之一的，应当认定为刑法第二百四十六条第一款规定的"情节严重"：

（一）同一诽谤信息实际被点击、浏览次数达到五千次以上，或者被转发次数达到五百次以上的；

（二）造成被害人或者其近亲属精神失常、自残、自杀等严重后果的；

（三）二年内曾因诽谤受过行政处罚，又诽谤他人的；

（四）其他情节严重的情形。

【重点法条解读】

本条所规定的是行为人利用信息网络诽谤他人构成犯罪的情形。所谓"诽谤"是指故意捏造事实，并进行散播，公然损害他人人格和名誉的行为，情节严重的构成诽谤罪。本条规定了利用信息网络诽谤他人行为情节严重的情形：（1）同一诽谤信息实际被点击、浏览次数达到五千次以上，或者被转发次数达到五百次以上的；（2）造成被害人或者其近亲属精神失常、自残、自杀等严重后果的；（3）二年内曾因诽谤受过行政处罚，又诽谤他人的。此外，还规定具有其他严重的情形作为兜底条款，其他严重情形可以依据行为人诽谤行为所造成的社会危害和社会影响的程度进行综合考量与判断。

根据《刑法》第二百四十六条的规定，构成诽谤罪的，处三年以下有期徒刑、拘役、管制或者剥夺政治权利。

第三条　利用信息网络诽谤他人，具有下列情形之一的，应当认定为刑法第二百四十六条第二款规定的"严重危害社会秩序和国家利益"：

（一）引发群体性事件的；

（二）引发公共秩序混乱的；

（三）引发民族、宗教冲突的；

（四）诽谤多人，造成恶劣社会影响的；

（五）损害国家形象，严重危害国家利益的；

（六）造成恶劣国际影响的；

（七）其他严重危害社会秩序和国家利益的情形。

【重点法条解读】

本条所规定的是利用信息网络诽谤他人属于严重危害社会秩序和国家利益的情形。根据《刑法》第二百四十六条第二款的规定，诽谤罪属于自诉罪，即如果被诽谤人不控告的，司法机关则不能主动追究诽谤行为人的刑事责任,但是行为人的行为严重危害社会秩序和国家利益的除外。即如果行为人的诽谤行为具有严重危害社会秩序和国家利益的情形,则应作为公诉案件处理,即便被诽谤人不控告的,人民检察院也会提起公诉。本条即规定了在利用信息网络诽谤他人行为中的七种严重危害社会秩序和国家利益的情形,具备这七种情形之一的,即属于公诉罪,由人民检察院提起公诉。

第五条 利用信息网络辱骂、恐吓他人,情节恶劣,破坏社会秩序的,依照刑法第二百九十三条第一款第(二)项的规定,以寻衅滋事罪定罪处罚。

编造虚假信息,或者明知是编造的虚假信息,在信息网络上散布,或者组织、指使人员在信息网络上散布,起哄闹事,造成公共秩序严重混乱的,依照刑法第二百九十三条第一款第(四)项的规定,以寻衅滋事罪定罪处罚。

【重点法条解读】

本条所规定的是行为人利用信息网络实施违法犯罪行为,构成寻衅滋事罪的情形。根据本条第一款的规定,行为人利用信息网络辱骂、恐吓他人,情节恶劣,破坏社会秩序的,应以寻衅滋事罪定罪处罚。其中所谓"辱骂"是指出于取乐、耍威风、寻求精神刺激等目的,侮辱、谩骂他人的行为。"恐吓"是指以威胁的语言、行为吓唬他人的行为。关于"情节恶劣"并没有相关条文作出明确规定,一般根据行为人行为是否经常利用信息网络辱骂、恐吓他人,是否造成恶劣影响或激起民愤,或者是否造成其他严重后果等进行综合考量与判断。

本条第二款规定了行为人编造虚假信息,或者明知是编造的虚假信息,在信息网络上散布,或者组织、指使人员在信息网络上散布,起哄闹事,造成公共秩序严重混乱的,应以寻衅滋事罪定罪处罚。其中所谓"起哄闹事"是指出于取乐、寻求精神刺激等目的,在网络上无事生非、制造事端,扰乱公共秩序的行为,并且造成了"公共秩序严重混乱"的结果。"公共秩序严重混乱"是指公共秩序受到破坏,引起群众恐慌、逃离等混乱局面。

根据《刑法》第二百九十三条的规定,行为人的行为构成寻衅滋事罪的,处五年以上十年以下有期徒刑,可以并处罚金。

第六条 以在信息网络上发布、删除等方式处理网络信息为由,威胁、要挟他人,索取公私财物,数额较大,或者多次实施上述行为的,依照刑法第二百七十四条的规定,以敲诈勒索罪定罪处罚。

【重点法条解读】

本条所规定的是行为人以在信息网络上发布、删除等方式处理网络信息为由,威胁、要挟他人,索取公私财物行为的定性问题。根据本条的规定,行为以在信息网络上发布、删除等方式处理网络信息为由,威胁、要挟他人,索取公私财物,数额较大,或者多次实施上述行为的,应以《刑法》第二百七十四条所规定的敲诈勒索罪定罪处罚。本罪的主体是一般主体,已满16周岁具有刑事责任能力的人都能构成本罪。本罪主观方面要求行为人有非法占有的目的。客观方面要求行为人的行为具备以下特征。一是行为人以在信息网络上发布、删除等方式处理网络信息为由,实施了威胁、要挟他人,索取公私财物的行为。其中的威胁与要挟行为形式和方法多种多样,可以是明示也可以是暗示,可以是口头的也可以是书面的，只要是以在信息网络上发布、删除等方式处理网络信息为由，使被害人产生恐惧、畏惧心理，不得已而交出财物即可。二是行为人敲诈勒索的财物数额较大或者多次敲诈勒索。根据最高人民法院《关于敲诈勒索罪数额认定标准问题的规定》，敲诈勒索公私财物"数额较大"，以 1000 元至 3000 元为起点；"数额巨大"以 1 万元至 3 万元为起点。各省、自治区、直辖市高级人民法院可以根据本地区实际情况，在上述数额幅度内，研究确定本地区执行的敲诈勒索罪"数额较大""数额巨大"的具体数额标准，并报最高人民法院备案。"多次敲诈勒索"指行为人多次、频繁地实施敲诈勒索行为，具有严重社会危害性的情形，对于多次敲诈勒索的，即使敲诈勒索的财物数额没有达到数额较大的标准，也应以敲诈勒索罪定罪处罚。

根据《刑法》第二百七十四条的规定，构成敲诈勒索罪的，处三年以下有期徒刑、拘役或者管制，并处或者单处罚金；数额巨大或者有其他严重情节的，处三年以上十年以下有期徒刑，并处罚金；数额特别巨大或者有其他特别严重情节的，处十年以上有期徒刑，并处罚金。

第七条　违反国家规定，以营利为目的，通过信息网络有偿提供删除信息服务，或者明知是虚假信息，通过信息网络有偿提供发布信息等服务，扰乱市场秩序，具有下列情形之一的，属于非法经营行为"情节严重"，依照刑法第二百二十五条第（四）项的规定，以非法经营罪定罪处罚：

（一）个人非法经营数额在五万元以上，或者违法所得数额在二万元以上的；

（二）单位非法经营数额在十五万元以上，或者违法所得数额在五万元以上的。

实施前款规定的行为，数额达到前款规定的数额五倍以上的，应当认定为刑法第二百二十五条规定的"情节特别严重"。

【重点法条解读】

本条所规定的是违反国家规定，以营利为目的，通过信息网络有偿提供删除信息服务，或者明知是虚假信息，通过信息网络有偿提供发布信息等服务，扰乱市场秩序的行为的定性问题。根据本条规定，行为人实施以上行为，并且具有"情节严重"情形的，以《刑法》第二百二十五条规定的非法经营罪定罪处罚。所谓非法经营罪是指行为人违反国家的法律、法规，非法进行经营活动，扰乱市场秩序，情节严重的行为。非法经营罪是以情节严重为犯罪构成要件的，只有行为具有情节严重的特征才构成犯罪，因此本条具体规定了行为人违反国家规定，以营利为目的，通过信息网络有偿提供删除信息服务，或者明知是虚假信息，通过信息网络有偿提供发布信息等服务，扰乱市场秩序行为情节严重的和情节特别严重的情形。行为人的行为达到本条所规定的情节严重的情形的，以非法经营罪论处。

关于非法经营罪，《刑法》第二百二十五条规定了两个档次的量刑标准：对于情节严重的，处五年以下有期徒刑或者拘役，并处或单处违法所得一倍以上五倍以下罚金；对于情节特别严重的，处五年以上有期徒刑，并处违法所得一倍以上五倍以下罚金或者没收财产。本条对于情节特别严重也作出了明确的规定，即数额达到情节严重所规定数额五倍以上的为情节特别严重。

关于办理利用信息网络实施黑恶势力犯罪刑事案件若干问题的意见(节选)

1. 各级人民法院人民检察院、公安机关及司法行政机关应当统一执法思想、提高执法效能，坚持"打早打小"，坚决依法严厉惩处利用信息网络实施的黑恶势力犯罪，有效维护网络安全和经济、社会生活秩序。

【重点法条解读】

为了依法严厉惩处利用信息网络实施的黑恶势力犯罪，有效维护网络安全和经济、社会生活秩序，最高人民法院、最高人民检察院、公安部、司法部于 2019 年 7 月 23 日联合发布了这一司法解释。本条规定强调了要依法严惩利用信息网络实施的黑恶势力犯罪，并且具体规定了对通过发布、删除负面或虚假信息，发送侮辱性信息、图片，以及利用信息、电话骚扰等方式，威胁、要挟、恐吓、滋扰他人等常见方式实施黑恶势力违法犯罪行为的应当如何定罪处罚。

5. 利用信息网络威胁他人，强迫交易，情节严重的，依照《刑法》第二百二十六条的规定，以强迫交易罪定罪处罚。

【重点法条解读】

根据本条规定，利用信息网络威胁他人，强迫交易，情形严重的，应以强迫交易罪论处。强迫交易罪是《刑法》第二百二十六条规定，强迫交易罪是指以暴力、威胁手段强迫他人交易，或者强迫他人参与或者退出投标、拍卖、特定的经营活动，情节严重的行为。强迫交易罪的行为上体现为以暴力、威胁手段，实施下列行为之一：（一）强买强卖商品的；（二）强迫他人提供或者接受服务的；（三）强迫他人参与或者退出投标、拍卖的；（四）强迫他人转让或者收购公司、企业的股份、债券或者其他资产的；（五）强迫他人参与或者退出特定的经营活动的。根据这一司法解释的规定，行为人若利用网络信息实施上述几种行为，情节严重的也一样构成强迫交易罪。根据 2017 年 4 月 27 日最高检、公安部《关于公安机关管辖的刑事案件立案追诉标准的规定(一)的补充规定》第五条规定，"以暴力、威胁手段强买强卖商品，强迫他人提供服务或者接受服务，涉嫌下列情形之一的，应予立案追诉：（一）造成被害人轻微伤的；（二)造成直接经济损失 2000 元以上的；（三)强迫交易 3 次以上或者强迫 3 人以上交易的；（四)强迫交易数额 1 万元以上，或者违法所得数额 2000 元以上的；（五)强迫他人购买伪劣商品数额 5000 元以上，或者违法所得数额 1000 元以上的；（六)其他情节严重的情形。"

根据《刑法》第二百二十六条的规定，"情节严重的，处三年以下有期徒刑或者拘役，并处或者单处罚金；情节特别严重的，处三年以上七年以下有期徒刑，并处罚金。"

6. 利用信息网络威胁、要挟他人，索取公私财物，数额较大，或者多次实施上述行为的，依照刑法第二百七十四条的规定，以敲诈勒索罪定罪处罚。

【重点法条解读】

根据本条规定，利用信息网络威胁、要挟他人，索取公私财物，数额较大，或者多次实施上述行为的，依照《刑法》第二百七十四条的规定，以敲诈勒索罪定罪处罚。敲诈勒索罪是指以非法占有为目的，对被害人实施威胁或者要挟的方法，强索数额较大的公私财物或者多次敲诈勒索的行为。敲诈勒索罪表现为行为人采取威胁、要挟的方法，迫使被害人交付财物或提供财产性利益的行为。威胁、要挟的内容既可以是暴力威胁，如以对被害人或其亲属的人身实施暴力伤害或杀害相威胁，但这种暴力威胁不具有当场发生的可能性；威胁、要挟的内容也可以是非暴力威胁，如以揭发、张扬被害人的生活隐私相威胁，以损害被害人的人格、名誉相威胁，以栽赃陷害相威胁。威胁内容实现不必具有违法性，例如，行为人得知他人的犯罪事实后，以向司法机关告发相要挟而索取财物的，也可以构成敲诈勒索罪。威胁、要挟的方式各种各样，既可以是口头向被害人提出，也可以用书面形式，如投寄恐吓信向被害人提出。本条明确规定利用信息网络实施威胁、要挟行为也同样构成敲诈勒索罪。

根据《刑法》第二百七十四条规定，"敲诈勒索公私财物，数额较大或者多次敲诈勒索的，处三年以下有期徒刑、拘役或者管制，并处或者单处罚金；数额巨大或者有其他严重情节的，处三年以上十年以下有期徒刑，并处罚金；数额特别巨大或者有其他特别严重情节的，处十年以上有期徒刑，并处罚金。"

7. 利用信息网络辱骂、恐吓他人，情节恶劣，破坏社会秩序的，依照刑法第二百九十三条第一款第二项的规定，以寻衅滋事罪定罪处罚。

编造虚假信息，或者明知是编造的虚假信息，在信息网络上散布，或者组织、指使人员在信息网络上散布，起哄闹事，造成公共秩序严重混乱的，依照刑法第二百九十三条第一款第四项的规定，以寻衅滋事罪定罪处罚。

【重点法条解读】

本条规定，利用信息网络辱骂、恐吓他人，情节恶劣，破坏社会秩序的；编造虚假信息，或者明知是编造的虚假信息，在信息网络上散布，或者组织、指使人员在信息网络上散布，起哄闹事，造成公共秩序严重混乱的，都可以根据《刑法》第二百九十三第一款第二项的规定以寻衅滋事罪论处。寻衅滋事包括下列几种情形：（1）随意殴打他人，情节恶劣的；（2）追逐、拦截、辱骂、恐吓他人，情节恶劣的；（3）强拿硬要或者任意损毁、占用公私财物，情节严重的；（4）在公共场所起哄闹事，造成公共场所秩序严重混乱的。在这种情形下，要达到情节恶劣才能构成犯罪。

根据 2017 年 4 月 27 日《最高人民检察院、公安部关于公安机关管辖的刑事案件立案追诉标准的规定（一）的补充规定》第八条的规定，"追逐、拦截、辱骂、恐吓他人，破坏社会秩序，涉嫌下列情形之一的，应予立案追诉：（一）多次追逐、拦截、辱骂、恐吓他人，造成恶劣社会影响的；（二）持凶器追逐、拦截、辱骂、恐吓他人的；（三）追逐、拦截、辱骂、恐吓精神病人、残疾人、流浪乞讨人员、老年人、孕妇、未成年人，造成恶劣社会影响的；（四）引起他人精神失常、自杀等严重后果的；（五）严重影响他人的工作、生活、生产、经营的；（六）其他情节恶劣的情形。"

本条还规定，编造虚假信息，或者明知是编造的虚假信息，在信息网络上散布，或者组织、指使人员在信息网络上散布，起哄闹事，造成公共秩序严重混乱的，依照《刑法》第二百九十三条规定，"有下列寻衅滋事行为之一，破坏社会秩序的，处五年以下有期徒刑、拘役或者管制：（一）随意殴打他人，情节恶劣的；（二）追逐、拦截、辱骂、恐吓他人，情节严重的；（三）在公共场所起哄闹事，造成公共场所秩序严重混乱的。纠集他人多次实施前款行为，严重破坏社会秩序的，处五年以上十年以下有期徒刑，可以并处罚金。"

3.6　案例分析

【案情介绍】

行为人甲某身为证券行业的计算机技术人员，长期购买股票，并擅长证券行业计算机信息系统的操作技术。某日甲某为使本人所持有的某支股票得以高价抛售营利，便产生了通过计算机信息系统拉高该股票价格的想法。于是甲某当日便窜至A证券交易营业部营业厅，乘股市午间休市之机，通过证券交易营业厅内的电脑终端非法侵入该证券营业部的计算机信息系统，利用所掌握的证券行为电脑操作技术，对待发送的委托数据记录进行修改，将部分内容修改为以当日的涨停价位买入其所打算抛售的股票100万股。在数据修改完毕后，甲某立即电话委托抛售其本人所持有的8000股股票。当日13时股市开盘，经甲某修改过的委托数据被发送至证券交易所，造成甲某所意欲抛售的股票价格被拉至涨停价位，甲某抛售的股票也以涨停价成交。由于甲某修改了相关委托数据，使得A证券交易营业部遭受损失200万余元。对于甲某的行为应当如何定性？

【主要法律问题解析】

在本案中行为人实施了利用网络操纵证券交易价格的行为，其行为主要涉及两个罪名：一是破坏计算机信息系统罪，二是操纵证券价格交易罪。在本案中，行为人的行为最终应以哪一罪名定罪处罚，或者以两罪并罚是本案的难点所在。

首先，行为人的行为可以构成破坏计算机信息系统罪。本罪的主体是一般主体，已满16周岁具有刑事责任能力的人都能构成本罪，本案中甲某符合本罪的主体特征，能够构成本罪。本罪主观方面是故意，本案中甲某是为了使其所持有的某支股票得以高价抛售营利，可见其实施犯罪行为时主观方面具有故意的特征。本案中甲某侵入证券营业部修改计算机存储数据的行为，致使证券营业部计算机信息系统的数据遭到破坏，并造成本案中行为人甲某通过网络侵入证券公司计算机信息系统修改系统数据记录，属于《刑法》第二百八十六条第二款中所规定的犯罪行为中的违反国家规定，对计算机信息和系统中存储、处理或传输的数据进行修改操作的行为，即对计算机信息系统中存储、处理或者传输的数据和应用程序进行改动。同时甲某侵入证券营业部修改计算机存储数据的行为，致使证券营业部计算机信息系统的数据遭到破坏，并造成有关股票价格异常波动，最终使得A证券交易营业部遭受损失200万余元，应当属于造成了严重的危害后果。可见甲某的行为符合破坏计算机信息系统的构成要件，构成了破坏计算机信息系统罪。

其次，行为人的行为也可以构成操纵证券、期货市场罪。本罪的主体是一般主体，本案中甲某符合本罪的主体特征，能够成为本罪的主体。本罪主观方面是出于故意，本案中甲某是为了使其所持有的某支股票得以高价抛售营利，可见其实施犯罪行为时主观方面具有故意的特征。本案中甲某的行为属于《刑法》第一百八十二条规定的操纵证券、期货市场罪中的操纵证券交易价格的行为，并且造成严重的危害后果，属于情节严重的情形。可见甲某的行为同时也符合操纵证券、期货市场罪的构成要件，构成操纵证券、期货市场罪。

同时，我国《刑法》第二百八十七条规定，"利用计算机金融诈骗、盗窃、贪污、挪用公款、窃取国家秘密或者其他犯罪的，依照本法有关规定定罪处罚。"根据这一规定可知，如果行为人以计算机为犯罪工具和手段，直接向计算机输入非法指令，进行犯罪活动的，应当以相关犯罪活动所涉及的罪名进行定罪处罚。在本案中，行为人的行为虽然同时构成破坏计算机信息系统罪和操纵证券、期货市场罪，但根据《刑法》第二百八十七条的规定，本案中行为人甲某的行为应以操纵证券、期货市场罪定罪处罚，而不以破坏计算机信息系统罪定罪处罚。

第4章 网络空间安全知识产权保护法律法规

4.1 计算机软件保护条例解读

计算机软件保护条例

(2001年12月20日中华人民共和国国务院令第339号公布,根据2011年1月8日《国务院关于废止和修改部分行政法规的决定》第一次修订,根据2013年1月30日《国务院关于修改〈计算机软件保护条例〉的决定》第二次修订)

第一章 总 则

第一条 为了保护计算机软件著作权人的权益,调整计算机软件在开发、传播和使用中发生的利益关系,鼓励计算机软件的开发与应用,促进软件产业和国民经济信息化的发展,根据《中华人民共和国著作权法》,制定本条例。

【重点法条解读】

本条是关于计算机软件保护条例立法目的与立法根据的规定。

人类已经步入信息社会,信息社会的主要特征就是政务、商务的信息化,国民经济各部门、社会生活的信息化。而信息化的主要技术基础就是计算机软件,例如,人工智能、云计算、大数据、移动互联、高端存储、虚拟现实、增强现实等技术进化与产业革新,都离不开软件的支持与应用。我国《软件和信息技术服务业发展规划(2016—2020年)》指出:"软件是新一代信息技术产业的灵魂,'软件定义'是信息革命的新标志和新特征。软件和信息技术服务业是引领科技创新、驱动经济社会转型发展的核心力量,是建设制造强国和网络强国的核心支撑。"因此,本条明确了条例的立法目的,不仅是为了保护软件权利人的人身权与财产权,激励软件技术创新的需要,也体现了为促进软件产业发展,建设信息强国的要求。

本条明确了条例的立法根据是《著作权法》(根据2020年11月11日第十三届全国人民代表大会常务委员会第二十三次会议《关于修改〈中华人民共和国著作权法〉的决定》第三次修正,该决定自2021年6月1日起施行,以下简称《著作权法》或2021年《著作权法》)。《著作权法》第六十四条规定,"计算机软件、信息网络传播权的保护办法由国务院另行规定。"条例在遵循著作权法原则、规定的基础上制定,既贯彻了著作权法的一般原理,也体现了计算机软件作为实用功能性作品的特点。

【难点问题解析】

条例为计算机软件提供的是什么类型的权利保护？计算机软件除了著作权保护，还能不能取得专利、商业秘密等类型的知识产权保护？

计算机软件保护条例是根据《著作权法》制定的，实质上为软件提供的是著作权保护。

计算机软件的知识产权保护不仅包括作为作品的著作权保护，还包括作为发明的专利权保护，作为技术秘密的商业秘密保护，以及作为软件的图形用户界面（graphical user interface，GUI）的外观设计专利权保护等，已经形成了一个全面的法律保护体系。一般来说，计算机程序的高层逻辑设计（如为解决法律案例大数据分析精确性的技术问题，而做的一项包括深度学习算法在内的功能性能设计），如果构成发明创造，可以受专利法保护；软件具有独创性的源代码、目标码则受著作权法保护；在具备非公知性的条件下，源程序还可以作为技术秘密来保护。如果 GUI 具有识别商品或服务来源的显著性，可以获得商标法或者反不正当竞争法的保护。而一些软件（如网络游戏等）的 GUI 还有可能作为美术作品享有著作权保护。

国家知识产权局《专利审查指南》（以下简称《指南》）指明了计算机程序的著作权保护与专利权保护在客体范围上的不同。《指南》第二部分第九章规定，"（1）如果一项权利要求仅仅涉及一种算法或数学计算规则，或者计算机程序本身或仅仅记录在载体（如磁带、磁盘、光盘、磁光盘、ROM、PROM、VCD、DVD 或者其他的计算机可读介质）上的计算机程序本身，或者游戏的规则和方法等，则该权利要求属于智力活动的规则和方法，不属于专利保护的客体。"《指南》中的"计算机程序本身"是指"为了能够得到某种结果而可以由计算机等具有信息处理能力的装置执行的代码化指令序列，或者可被自动转换成代码化指令序列的符号化指令序列或者符号化语句序列。计算机程序本身包括源程序和目标程序。"笔者认为是指软件中属于著作权法保护的部分，即思想表达两分法意义上的表达，包括"字面"与"非字面"的表达内容。例如，源代码文本、目标代码文本、具备美术作品要件的软件界面等。

而计算机程序相关的发明，本质上属于技术方案，涉及的是软件的实用功能性能，这往往是权利人的核心开发内容，也是软件财产价值的重要组成部分。例如，一个软件开发项目，包含人工智能、大数据算法创新的技术方案，可以提升硬件运算效率或执行效果，比如能够减少数据存储量、减少数据传输量、提高硬件处理速度等。由于《著作权法》只保护软件的非技术部分的表达，并不能为该项目的这一技术方案提供保护。因此，软件开发者如果想对该技术方案获得专有权利，就需要申请专利保护。正如《指南》中"涉及计算机程序的发明专利申请的审查基准"规定，"如果涉及计算机程序的发明专利申请的解决方案执行计算机程序的目的是解决技术问题，在计算机上运行计算机程序从而对外部或内部对象进行控制或处理所反映的是遵循自然规律的技术手段，并且由此获得符合自然规律的技术效果，则这种解决方案属于专利法第二条第二款所说的技术方案，属于专利保护的客体。"

【法律法规衔接问题】

《计算机软件保护条例》是《著作权法》的特别规定，对于条例没有规定的，可以适用《著作权法》的一般规定。

第二条　本条例所称计算机软件（以下简称软件），是指计算机程序及其有关文档。

【重点法条解读】

本条是关于计算机软件著作权客体的规定。

2021年《著作权法》第三条规定,"本法所称的作品,是指文学、艺术和科学领域内具有独创性并能以一定形式表现的智力成果,包括:⋯⋯(八)计算机软件;(九)符合作品特征的其他智力成果。"将计算机软件作为一个独立类型的作品进行保护。本条明确了作为著作权法上的一种作品,计算机软件包括计算机程序及其有关文档。这是《著作权法》作品类型化的结果,有些国家的著作权法(如美国著作权法)将计算机程序列为文字作品,实际上在权利保护范围确定的条件下,作品的类型或者名称并不会妨碍软件获得著作权保护。

【难点问题解析】

怎样理解文档也是计算机软件?能否作为文字作品保护?

一般用户认为,软件是指能够运行的代码序列,而非用户手册、流程图等软件相关文档。从《著作权法》对作品类型化规定来看,文档也更接近于文字作品。将文档作为软件的一部分,主要是因为计算机软件作为功能性作品,工具的用途往往使程序与程序相关文档在实用上是一个整体。笔者认为文档完全可以作为《著作权法》上的文字作品进行保护,如果发生文档侵权,既可以主张软件保护,也可以主张文字作品保护。

需要指出的是,2021年《著作权法》出台前,修订草案送审稿不再使用"计算机软件"这一作品名称,而是直接规定了"计算机程序"。但2021年《著作权法》正式文本并没有采纳这一修改,如果采纳这一修改的话,那么文档一般只能作为文字作品保护,这对于作品类型化保护更有好处。

【法律法规衔接问题】

本条例第三条规定了计算机程序与文档的具体含义。

第三条　本条例下列用语的含义:

(一)计算机程序,是指为了得到某种结果而可以由计算机等具有信息处理能力的装置执行的代码化指令序列,或者可以被自动转换成代码化指令序列的符号化指令序列或者符号化语句序列。同一计算机程序的源程序和目标程序为同一作品。

(二)文档,是指用来描述程序的内容、组成、设计、功能规格、开发情况、测试结果及使用方法的文字资料和图表等,如程序设计说明书、流程图、用户手册等。

(三)软件开发者,是指实际组织开发、直接进行开发,并对开发完成的软件承担责任的法人或者其他组织;或者依靠自己具有的条件独立完成软件开发,并对软件承担责任的自然人。

(四)软件著作权人,是指依照本条例的规定,对软件享有著作权的自然人、法人或者其他组织。

【重点法条解读】

本条是关于条例主要用语的规定。

本条第(一)、(二)项分别规定了软件的两个组成部分"计算机程序""文档"的含义。

本条第(三)项规定了计算机软件的一般主体"软件开发者"的含义。

本条第(四)项规定了软件著作权主体"软件著作权人"的种类。

【难点问题解析】

1. 计算机程序是否仅指源程序与目标程序表现的指令？

软件技术的演进促使计算机程序不断发生变化，目前，程序实用功能的技术实现一般需要指令与数据的共同作用。因此，有观点认为，计算机程序的定义应修改为，以源程序或者目标程序表现的、用于电子计算机或者其他信息处理装置运行的指令和数据的总和，计算机程序的源程序和目标程序为同一作品。如果这一建议成为法律，在实践中怎样认定数据的独创性，会成为一个难点热点问题。

2. 条例上的"软件开发者"是否为著作权法上的"作者"？

《著作权法》第九条规定，"著作权人包括：（一）作者；（二）其他依照本法享有著作权的公民、法人或者非法人组织[①]。"第十一条第一款规定，"著作权属于作者，本法另有规定的除外。"而条例第九条第一款规定，"软件著作权属于软件开发者，本条例另有规定的除外。"法条行文上采用了相同的表达，因此，有观点认为条例上的"软件开发者"即为《著作权法》上的"作者"，是计算机软件的创作者。但由于"作者"的概念在公众观念上一般对应的是小说、戏剧等文学艺术作品，而软件系实用的功能性作品，采用"开发者"这一概念更容易为公众理解。另有观点认为，软件开发并非著作权法意义上的创作，"开发者"也就不是著作权法意义上的"作者"。2021年《著作权法》第十八条第二款第一项规定，"有下列情形之一的职务作品，作者享有署名权，著作权的其他权利由法人或者非法人组织享有，法人或者非法人组织可以给予作者奖励：（一）主要是利用法人或者非法人组织的物质技术条件创作，并由法人或者非法人组织承担责任的……计算机软件等职务作品"，采用的是"作者"这一概念。《软件保护条例》在未来修订时，如果用"作者"取代"开发者"，这有利于著作权法体系内法的概念等要素的统一。

第四条　受本条例保护的软件必须由开发者独立开发，并已固定在某种有形物体上。

【重点法条解读】

本条是关于软件著作权保护的原创性条件与固定条件的规定。

思想表达两分法、原创性与可复制性这三个条件，构成了著作权保护的标准。著作权的客体是作品，软件是否构成著作权法意义上的作品，应以这三个条件作为判断的标准。2013年《著作权法实施条例》第二条规定，"著作权法所称作品，是指文学、艺术和科学领域内具有独创性并能以某种有形形式复制的智力成果。"2021年《著作权法》第三条规定，"本法所称的作品，是指文学、艺术和科学领域内具有独创性并能以一定形式表现的智力成果。"这些规定都体现了以上三个条件。对于"思想表达两分法"参见第六条解读。

"独立开发"体现了软件著作权保护的原创性条件，是指软件应由开发者独立完成，是开发者投入劳动创造的智力成果。但原创性是表达层面的要求，只需达到独立完成的要求，并不要求开发完成的软件是全新的、首创的。因此，不同开发者开发的软件即使相同或者

[①] 2021年《著作权法》将原著作权法规定的"其他组织"修改为"非法人组织"，以与《民法典》的规定相一致。但《计算机软件保护条例》以及本章包含的其他条例（如《信息网络传播权保护条例》《计算机软件著作权登记办法》等），修订文本还有待出台，仍然使用的是"其他组织"，特此说明，请读者注意。

相似,只要是各自独立完成的,均不妨碍各自软件的原创性,也不影响各自受到著作权保护。当然,在开发者各自独立完成的条件下,开发出的软件构成相同或者实质性相似的情况并不常见。软件著作权保护的原创性条件,显著区别于《专利法》中的新颖性,新颖性要求的是软件技术应用上涉及计算机程序的技术方案应当是首创的、前所未有的,具有强烈的排他性,这就类似于要求软件(《著作权法》意义上的)在思想层面的原创。软件著作权保护的原创性一般还包括最低限度创造性的要求,将一些过于简单的程序代码编写排除在法律保护之外。例如,"PRINT Welcome to China　END"。

"已固定在某种有形物体上"体现了软件著作权保护的固定条件,是指开发出来的计算机软件应当已经存储在某种载体上。例如,编写的源代码打印出来,或者保存在硬盘里。软件是具有实用目的的功能性作品,如果没有固定下来,就无法被感知、使用、复制、传播,无从判断是否具有原创性,也就谈不上著作权保护。

【难点问题解析】

值得注意的是,可复制性条件。虽然 2021 年《著作权法》第三条对"作品"的定义,使用了"能以一定形式表现"来取代"能以某种有形形式复制",但这并不意味着可复制性条件已被取消。首先,著作权或称版权[①](copyright)表明了其初始的含义,即"复制之权"。世界上第一部著作权法是英国的《安娜女王法》(全称叫做《为鼓励知识创作而授予作者及购买者就其已印刷成册的图书在一定时期内之权利的法》[②]),其保护的就是复制的权利。时至今日,技术的进步虽然大大拓展了著作权的权利范围,但"复制"仍然是其核心。不管是古老的印刷、拓印,或是近代的复印、录音、录像、翻拍,还是现代的数字化制作,都体现的是"复制"形式或方式的变化。而广播权、表演权、信息网络传播权、展览权等著作权其他权利的行使,往往也需要直接或间接地通过"复制"来实现。其次,著作权法调整的是信息传播的市场,如果没有"可复制性",公众便无法获得作品,著作权法的宗旨也无从落地。美国知识产权法学者 Paul Goldsten 精辟地指出:"著作权涉及的是作品的复制,而非原件……当一个东西的价值取决于其独特性与真实性时,例如,一幅画或者作家亲笔撰写的原始手稿,著作权对于其市场价值而言,其实影响甚微。"[③]最后,可复制性条件并不意味着提出了必须已经被复制的要求,而是对于需要提供著作权保护的东西,提出了可以被复制的要求。因此"能以一定形式表现"是可复制条件的前提,但可复制性条件合理地限缩了"能以一定形式表现",这使得著作权保护的客体条件既与科学技术的演化相符,也与民法、著作权法的原理一致。例如,中微子、暗能量都能以一定形式表现,但人类还没有能力对其进行利用,包括不能进行复制,甚至无法观测。等到人类可以对之进行利用时,特别是能够进行复制的时候,就可以用来进行文娱创作或信息表达。

第五条　中国公民、法人或者其他组织对其所开发的软件,不论是否发表,依照本条例享有著作权。

---

① 2021 年《著作权法》第六十二条规定,本法所称的著作权即版权。

② 世界上第一部著作权法——《安娜女王法》,北京法院网 https://bjgy.chinacourt.gov.cn/article/detail/2003/04/id/819643.shtml,2021 年 8 月 26 日最近一次访问。

③ [美]Paul Goldstein 著:《著作权之道》,北京大学出版社 2008 年版,第 5 页。

外国人、无国籍人的软件首先在中国境内发行的，依照本条例享有著作权。

外国人、无国籍人的软件，依照其开发者所属国或者经常居住地国同中国签订的协议或者依照中国参加的国际条约享有的著作权，受本条例保护。

【重点法条解读】

本条是关于计算机软件保护条例适用范围的规定。

本条第一款规定了按照主体的国籍给予其软件著作权保护，即凡具有中国国籍的公民，或者在中华人民共和国境内依法成立的法人或者其他组织开发的计算机软件，不论是否发表，从开发完成之日起，依照本条例的规定享有著作权。

本条第二款规定了按照计算机软件的首次发行地确定著作权保护，即外国人、无国籍人开发的软件，如果第一次发行地位于中国境内的，中国作为软件作品的起源国给予著作权保护。

本条第三款规定了按照国际法上的双边或多边条约给予软件著作权保护，即对于外国人、无国籍人开发的软件，如果其所属国或者经常居住地国同中国签订的协议或者中国参加的国际条约，承认其软件享有著作权的，那么，中国依照协议或者国际条约的要求给予软件著作权保护。

本条第一款及第三款规定的"受本条例保护"表明了国民待遇原则，即我国对于第三款规定的外国人软件给予的著作权保护水平，与按照第一款规定给予中国公民、法人或者非法人组织开发的软件的著作权保护相同。且第三款规定的"受本条例保护"还表明了独立保护原则，即我国依据本国的法律而非外国的，对于本条第三款规定的外国人软件给予著作权保护。

例如，在西门子工业软件有限公司与沃福公司侵害计算机软件著作权纠纷一案[1]里，西门子工业软件有限公司住所地位于美利坚合众国德克萨斯州普莱诺市格拉尼特大道，属于外国法人。法院根据西门子工业软件公司提交的美国版权局登记证书、官网信息，在沃福公司未提交相反证据的情况下，认定西门子工业软件公司在美国就 NX8、10、11、12 软件作品享有著作权。根据《中华人民共和国著作权法》（以下简称《著作权法》）第二条规定，"外国人、无国籍人的作品根据其作者所属国或者经常居住地国同中国签订的协议或者共同参加的国际条约享有的著作权，受本法保护。"中、美两国均是《伯尔尼保护文学和艺术作品公约》及《与贸易有关的知识产权协定（TRIPS）》的成员国。故西门子工业软件公司就涉案软件作品享有的著作权，也应受到我国《著作权法》的保护。

第六条　本条例对软件著作权的保护不延及开发软件所用的思想、处理过程、操作方法或者数学概念等。

【重点法条解读】

本条是关于软件著作权保护范围的规定。

本条体现了思想表达两分法（Idea Expression Dichotomy）的著作权法理，这里的思想的内涵比人们通常所理解的"思想"的概念丰富得多。按照本条的规定，开发软件所用的思想、处理过程、操作方法或者数学概念等都属于思想表达两分法意义上的思想，应当排除

---

[1] 最高人民法院(2020)最高法知民终 155 号民事判决书。

在软件著作权保护之外,而思想的表达,如源代码、目标代码则应享有著作权保护。在计算机国际联合公司诉阿尔塔公司判例中,美国联邦第二巡回上诉法院认为,一个计算机程序包括许多子程序,每个子程序体现各自的思想和方法,因此程序的结构、顺序和组织本身是一种思想,不应给予版权保护①。不保护思想而保护思想的表达是著作权的国际法及各国立法的普遍原则。《与贸易有关的知识产权协议》(Agreement on Trade-Related Aspects of Intellectual Property Rights)第九条第二款规定,"版权保护应延及表达,而不延及思想、工艺、操作方法或数学概念之类。"《世界知识产权组织版权条约》(WIPO Copyright Treaty)第二条规定,"版权保护延及表达,而不延及思想、过程、操作方法或数学概念本身。"《美国著作权法》也规定,"在任何情况下,对作者的独创作品的软件著作权保护,均不延及思想、程序、工艺、系统、操作方法、概念、原理或发现,不论在这种作品中这些是以什么形式描述、说明、图示或体现的。"

【难点问题解析】

为什么条例不给予软件开发所使用的"思想""操作方法"以著作权保护?

条例提供给软件的著作权保护是在表达层面,而非思想层面。例如,开发一个期货交易软件以排除情绪波动对交易决策的影响,这属于一个抽象的思想,并不享有著作权保护。每家金融软件公司都可以根据这一思想去开发出一套期货交易软件,每一套独立开发出来的软件均是著作权保护的客体。如果给软件开发所使用的思想、概念以著作权保护,无疑是授予软件开发者通过著作权来独占思想的权利,这与著作权法原理不符。根据"著作权排除对功能性(functionality)的保护"②原理,不仅抽象的概念属于思想,软件开发所使用的具体技术方案、操作方法也属于思想表达两分法意义上的"思想",无法获得著作权保护。

较早确立"思想表达两分法"的判例是"贝克诉塞尔登案"③,美国联邦最高法院在该案判决里认为,使用该案原告 Charles Selden 享有著作权的书中介绍的记账方法、以及书中反映出的编排思想设计出的账簿,并不构成著作权侵权。在经典的计算机软件著作权判例——"莲花公司诉宝兰公司案"④里,美国联邦第一巡回上诉法院认为,Lotus 软件的命令菜单是不受著作权保护的"操作方法",开发者对 Lotus 软件的菜单命令及其层次结构的选择、排列,仍然属于思想而不是表达。该法院指出,思想不仅仅指抽象的概念,还包括具体的实用性方法,Lotus 软件的命令菜单本质上是用户操作该软件的方法,无论这类方法有多少种,都无法使其成为著作权法保护的表达。美国知识产权法学者认为:"传统上所采用的著作权并不保护有关操作的思想,而这正是计算机程序中最有价值的部分。美国法院自1879 年以来就已经将著作权保护排除在实用性方法之外。"⑤

虽然"技术方案"属于著作权法不保护的思想,但如果具备《专利法》规定的授权条件,可以申请获得软件专利权保护。例如,一种用于适配神经网络参数的方法、一种知识图谱推理方法或者一种去除图像噪声的方法等,这些包含创新算法特征的软件开发如果构成

---

① Computer Associates International,Inc. v. Altai,Inc.,,982 F.2d 693 (2nd Cir. 1992).

② [美]Paul Goldstein 著:《著作权之道》,北京大学出版社 2008 年版,第 193 页。

③ Baker v. Selden ,101 U. S. 99(1879).

④ Lotus Development Corp. v. Borland International,Inc.,,49 F.3d 807(1st Cir. 1995).

⑤ [美]Paul Goldstein 著:《著作权之道》,北京大学出版社 2008 年版,第 191 页。

《专利法》第二条第二款所述的技术方案，并且具备新颖性、创造性、实用性，开发者就可能获得软件专利权保护。

应当指出的是，即使按照思想表达两分法可以认定为"表达"，但如果一个思想只有一种或几种有限的表达，这种表达也不能得到著作权保护。思想表达两分法的一个具体判断指标为：思想与表达的"合并"，具体内容详见条例第二十九条解读。

第七条　软件著作权人可以向国务院著作权行政管理部门认定的软件登记机构办理登记。软件登记机构发放的登记证明文件是登记事项的初步证明。

办理软件登记应当缴纳费用。软件登记的收费标准由国务院著作权行政管理部门会同国务院价格主管部门规定。

【重点法条解读】

本条是关于软件著作权登记的规定。

本条第一款规定了软件著作权登记机构以及登记证明文件对登记事项的初步证明效力。一般来说，软件著作权登记证书作为初步证明，有利于在诉讼、仲裁等法律事务中权利人的举证；北京市高级人民法院《侵害著作权案件审理指南》3.1 规定，"当事人提供的……著作权登记证书……可以作为证明权利归属的初步证据。"例如，在石鸿林与华仁公司侵害计算机软件著作权纠纷案①里，石鸿林就其开发完成的 S 型线切割机床单片机控制器系统软件，向法院提供了软著登字第 035260 号计算机软件著作权登记证书，将其作为其享有涉案软件著作权的证据。根据国务院颁发的《鼓励软件产业和集成电路产业发展的若干政策》的有关规定，软件著作权登记证书还可以作为软件企业申请减免税收的证明。

本条第二款规定了软件著作权登记应缴纳费用。需要注意的是，按照财政部《关于清理规范一批行政事业性收费有关政策的通知》（财税〔2017〕20 号），自 2017 年 4 月 1 日起停止执收软件著作权登记费。软件著作权登记费包括：软件著作权登记申请费（含申请例外交存手续费）、软件著作权登记证书费、软件著作权合同登记费、变更或补充登记费、软件源程序封存保管费、查询费。

【法律法规衔接问题】

登记手续按照《计算机软件著作权登记办法》办理。

第二章　软件著作权

第八条　软件著作权人享有下列各项权利：

（一）发表权，即决定软件是否公之于众的权利；

（二）署名权，即表明开发者身份，在软件上署名的权利；

（三）修改权，即对软件进行增补、删节，或者改变指令、语句顺序的权利；

（四）复制权，即将软件制作一份或者多份的权利；

（五）发行权，即以出售或者赠与方式向公众提供软件的原件或者复制件的权利；

（六）出租权，即有偿许可他人临时使用软件的权利，但是软件不是出租的主要标的的除外；

---

① 江苏省高级人民法院（2007）苏民三终字第 0018 号民事判决书。

（七）信息网络传播权，即以有线或者无线方式向公众提供软件，使公众可以在其个人选定的时间和地点获得软件的权利；

（八）翻译权，即将原软件从一种自然语言文字转换成另一种自然语言文字的权利；

（九）应当由软件著作权人享有的其他权利。

软件著作权人可以许可他人行使其软件著作权，并有权获得报酬。

软件著作权人可以全部或者部分转让其软件著作权，并有权获得报酬。

【重点法条解读】

本条是关于软件著作权内容的规定。

软件著作权的内容包括人身权与财产权，表明著作权人对其软件享有哪些专有的权利。

本条第一款规定了软件著作权的九项权利，其中第（一）项发表权、第（二）项署名权是人身权，第（三）至第（九）项是财产权。

发表权是软件著作权人一项重要的精神权利，是指软件著作权人对是否发表软件，以及在什么时间、什么地点以什么方式将软件公之于众的专有权利。"公之于众"的含义，按照最高人民法院 2002 年《关于审理著作权民事纠纷案件适用法律若干问题的解释》（根据 2020 年 12 月 23 日最高人民法院审判委员会第 1823 次会议通过的《最高人民法院关于修改〈最高人民法院关于审理侵犯专利权纠纷案件应用法律若干问题的解释（二）〉等十八件知识产权类司法解释的决定》修改，自 2021 年 1 月 1 日起施行，以下称 2021 年《关于审理著作权民事纠纷案件适用法律若干问题的解释》）第九条的规定，"著作权人自行或者经著作权人许可将作品向不特定的人公开，但不以公众知晓为构成条件"，公开方式可以是出售软件复制品、上传网络供下载等。应当注意的是，即使作品的发表未经软件著作权人同意，软件已经在事实上处于公之于众的"发表"状态，只是这种情况侵害了软件著作权人的发表权，但此后他人再利用该软件的情况，著作权人就不能再主张侵害其发表权。发表权只能行使一次，本质上在于软件著作权人可以禁止未经许可将软件公之于众的行为，但如果软件著作权人将未发表的软件的财产权的部分或者全部转让或者许可，或者软件著作权人是受托开发人的，一般情况下应视为软件著作权人默示同意发表。

署名权是软件开发者的一项重要的精神权利，是指软件开发者对是否表明作者身份，以及以什么方式表明身份的专有权利。需要明确的是，署名权由开发者享有，功能在于保障开发者与其开发的软件之间在作品创作开发上的联系，防止公众对软件智力成果开发事实的混淆；署名可以体现在软件原件或复制件上。应当注意的是，署名权建立的联系体现在开发者与作为无形信息财产的软件之间，而非表明开发者与软件物质载体的联系。

修改权是指软件著作权人对改编软件的专有权利。计算机程序是实用的功能性作品，开发完成后时常需要更新，包括修正错误、增强功能、适应环境等，推出新的软件版本。纠错型版本，如果对原有软件的表达没有大的改动，应视为同一软件，而增强型、适应性版本往往形成了新的表达，可以视为软件的修改。但将一种计算机语言编写的程序转换为另一种计算机语言的程序，是否落入修改权的保护范围还存在一定的争议。除本条例另有规定外，这些软件修改行为均应取得权利人的许可。

复制权是指软件著作权人对是否复制，以及以什么形式将软件制作在一份或者多份物质载体上的专有权利，包括对程序的复制与对文档的复制，全部复制与部分复制。在信息网络环境中,特别是在 SaaS 等云计算条件下,临时性复制行为是否落入复制权范围还存在一定的争议。

发行权是指软件著作权人对以出售或者赠与软件物质载体的所有权方式向公众提供软件,这是发行权与出租权、信息网络传播权的重要区别。用户在购买软件光盘后是否能够转让,即发行权穷竭原则是否适用还存在一定的争议。

出租权是指软件著作权人对以物质载体形式有偿许可临时使用软件的专有权利。应当注意的是,本条的规定与 2021 年《著作权法》的规定不同,适用时应以后者的规定为准。2021 年《著作权法》对原著作权法的"出租权"作了修改。对于出租权,原《著作权法》规定的"即有偿许可他人临时使用电影作品和以类似摄制电影的方法创作的作品、计算机软件的权利,计算机软件不是出租的主要标的的除外",这与本条对软件著作权人的出租权规定是一样的。但 2021 年《著作权法》改为"即有偿许可他人临时使用视听作品、计算机软件的原件或者复制件的权利,计算机软件不是出租的主要标的的除外"。此规定增添了"原件或者复制件",这就与国际公约对"出租权"的规定原义相一致。《世界知识产权组织版权条约》第七条规定,"计算机程序……的作者,应享有授权将其作品的原件或复制品向公众进行商业性出租的专有权"。这表明了出租权的主旨在于计算机软件等作品的物质载体的转移占有。例如,HyperMesh 软件是一款应用于航空航天以及汽车领域的仿真前处理器软件,该软件具备较好的数学图形处理、网络划分、装配及边界定义功能,可以利用图形驱动来处理大模型。某飞机设计公司因业务需要,通过租赁专门计算机,在租赁期间内使用机器上已安装的 HyperMesh 软件完成特定设计,这就属于软件出租权的权利范围。但如果该公司为完成特定设计任务,而需要在一定期间内使用 HyperMesh 软件,使用方式是通过网络下载或在线使用,这种使用方式就不属于《著作权法》及条例规定的"出租",不会落入出租权的权利范围。无偿出借不属于出租权范围之内。如果出租的主要标的不是计算机软件不在出租权范围之内。例如,汽车租赁服务涉及汽车上配载的软件使用,不在出租权范围之内。

信息网络传播权,详见本章的信息网络传播权保护条例解读。

翻译权是指软件著作权人对将软件从一种自然语言版本转换成另一种自然语言版本的专有权利。例如,将软件的中文版转换成英文版,但将源代码转换成目标码,或者将一种计算机语言编写的程序转换成另一种计算机语言编写的程序均不落入翻译权的保护范围。应当注意的是,信息技术带来的翻译权的新问题。例如,自动翻译程序对软件的翻译是否落入了翻译权的保护范围?

应当由软件著作权人享有的其他权利。计算机软件作品的使用方式层出不穷,条例无法全面地进行规定,因此,立法者设置了这一权利兜底条款,有利于软件著作权人的权益保护。

本条第二款规定了软件著作权人可以对其享有的著作权进行许可使用并有权获得报酬。

本条第三款规定了软件著作权人可以对其享有的著作权进行全部或部分转让并有权获得报酬。

【难点问题解析】

1. 软件的修改权是否与《著作权法》上的"修改权"一致？

由于条例给予软件的是著作权保护，条例上关于软件的著作权内容与《著作权法》上的规定并不存在实质性差异。例如，条例规定的发表权、署名权、发行权、出租权、翻译权、信息网络传播权等，与《著作权法》在权利的名称、含义上均是一致的。因此，条例规定的软件修改权被误以为就是《著作权法》中的修改权的混淆情况时有发生。

《著作权法》第十条第一款第三项规定，"修改权，即修改或者授权他人修改作品的权利"，修改权属于人身权的范畴。关于著作权法上修改权的含义及存废，理论与实务界存在争论，主要的观点认为"这里讲的修改，是对作品内容作局部的变更以及文字、用语的修正"[①]，也有观点认为修改权类似于收回权。但在现行的《著作权法》中，修改权仍然是作者的法定权利，具有精神权利性质。而条例上的修改权，等同于《著作权法》中的改编权，属于财产权，具有经济权利性质。这在《著作权法》第三次修改的修订草案送审稿的规定中充分体现出来，修订草案送审稿规定，"改编权，即将作品改变成其他体裁和种类的新作品，或者将文字、音乐、戏剧等作品制作成视听作品，以及对计算机程序进行增补、删节，改变指令、语句顺序或者其他变动的权利。"因此，软件的修改权与《著作权法》中的"修改权"，虽然名称相同，但却属于完全不同的两个著作权专有权利。

2. 软件的修改权范围是否包括动态修改行为？

修改权是软件著作权人重要的经济权利。软件技术的演进使软件修改行为不断发生变化，传统的软件修改往往是对源代码进行修改，产生软件的更新，但在 SaaS 等云计算条件下软件的更新还涉及对内存中运行的代码进行动态修改。将动态修改纳入修改权的范围，有利于软件著作权的保护。在北京百度网讯科技有限公司诉北京珠穆朗玛网络技术有限公司等不正当竞争和侵犯著作权纠纷案[②]中，法院给予网页作品动态修改保护的做法，值得软件著作权立法与实践借鉴。法院认为："在互联网环境下，修改他人作品的方式既可以静态修改，也可以动态修改，既可以本地修改，也可以异地修改。同时，既可以直接修改，也可以间接修改，网络页面的著作权与对应的计算机软件著作权，在通常情况下，并非为同一著作权，权利人既可以同时主张，也可以分别主张其著作权。在本案中，原告主张的是其网络页面的著作权。即使被告没有直接修改原告的源程序，也不影响其侵犯原告搜索页面的著作权的成立。因此，被告的行为侵犯了原告搜索页面的著作权，应当承担停止侵权、赔礼道歉、赔偿经济损失的民事责任。关于被告称其没有修改原告的源程序，即没有侵犯原告搜索页面的著作权一节的抗辩理由，不能成立，本院不予支持。"

【法律法规衔接问题】

软件的信息网络传播权，还应适用《信息网络传播权保护条例》。

第九条　软件著作权属于软件开发者，本条例另有规定的除外。

如无相反证明，在软件上署名的自然人、法人或者其他组织为开发者。

[①] 胡康生主编：《中华人民共和国著作权法释义》，法律出版社 2002 年版，第 43 页。

[②] 北京市第一中级人民法院(2005)一中民初字第 5456 号民事判决书。

【重点法条解读】

本条是关于软件著作权归属一般规则的规定。

本条第一款规定软件著作权的原始主体为软件开发者，但条例有关于软件著作权归属特别规定的除外。

本条第二款规定软件著作权归属的推定证明规则。"在软件上署名"不应作狭义理解，可以包括在软件源程序、目标程序或者其他足以表明开发者身份的载体上署名的方式。本款规定有利于软件著作权维权中的举证，除本款规定的证明方式外，本条例第七条第一款规定了软件著作权登记。最高人民法院 2021 年《关于审理著作权民事纠纷案件适用法律若干问题的解释》第七条规定，"当事人提供的涉及著作权的底稿、原件、合法出版物、著作权登记证书、认证机构出具的证明、取得权利的合同等，可以作为证据。在作品或者制品上署名的自然人、法人或非法人组织视为著作权、与著作权有关权益的权利人，但有相反证明的除外。"

第十条　由两个以上的自然人、法人或者其他组织合作开发的软件，其著作权的归属由合作开发者签订书面合同约定。无书面合同或者合同未作明确约定，合作开发的软件可以分割使用的，开发者对各自开发的部分可以单独享有著作权；但是，行使著作权时，不得扩展到合作开发的软件整体的著作权。合作开发的软件不能分割使用的，其著作权由各合作开发者共同享有，通过协商一致行使；既不能协商一致，又无正当理由的，任何一方不得阻止他方行使除转让权以外的其他权利，但是所得收益应当合理分配给所有合作开发者。

【重点法条解读】

本条是关于合作开发的软件作品著作权归属以及权利行使规则的特别规定。

本条应当注意的有两点：第一，条例对于合作软件作品的著作权的权利行使及收益分配，采用合同优先原则，如果各个合作者之间没有约定或者约定不明确的，适用条例的规定；第二，条例将合作软件作品分为可以分割使用与不能分割使用两种类型，并规定了不同的权利行使规则。

本条的规定与原《著作权法》的不同之处在于，合作开发软件的著作权由谁享有，首先取决于合作开发者之间的约定。而原《著作权法》直接规定由各合作作者共同享有，这一点与 2021 年《著作权法》是一致的。在适用时，由于条例是原《著作权法》的授权立法，因此应以本条的规定为准。

2021 年《著作权法》对于"不能分割的合作作品的著作权行使"作出了修改，即"合作作品的著作权由合作作者通过协商一致行使；不能协商一致，又无正当理由的，任何一方不得阻止他方行使除转让、许可他人专有使用、出质以外的其他权利"，而本条与 2013 年《著作权法实施条例》的规定一样，仅排除了"转让权"。因此在适用时，应以 2021 年《著作权法》的新规定为准，而不应再援引本条的规定。应当注意的是，如果条例根据 2021 年《著作权法》作出修订后，仍与之不同的，则应以将来的新条例为准。

【难点问题解析】

怎样认定合作软件作品的成立条件？

一般认为，构成合作软件作品应具备两个条件。第一，各方均有共同研发软件并成为合作开发者的合意。如果未经对方同意，就将对方的软件合成到一方的软件之中，不构成合作开发，还可能承担著作权侵权责任。如经对方同意，将对方已开发完成的软件合成到一方的软件之中，由于双方缺乏共同研发的合意，虽然不构成侵权，但是一般也不认为属于合作软件。第二，各方均有共同研发软件的行为。一般情况下，只有各方均对软件的独创性表达作出了贡献，才能成为合作软件的权利人。仅仅提供一些测试数据、咨询意见、机器设备的，不能成为软件的开发者。

第十一条　接受他人委托开发的软件，其著作权的归属由委托人与受托人签订书面合同约定；无书面合同或者合同未作明确约定的，其著作权由受托人享有。

【重点法条解读】

本条是关于委托开发的软件作品著作权归属的特别规定。

应当注意的是，条例对于委托软件作品著作权的归属，采用合同优先原则，如果委托人与受托人之间没有约定或者约定不明确的，适用条例的规定由受托人享有。但是，在受托人享有委托软件著作权的情况下，委托人是否可以使用委托开发的软件？根据最高人民法院2021年《关于审理著作权民事纠纷案件适用法律若干问题的解释》第十二条规定，"按照著作权法第十七条规定委托作品著作权属于受托人的情形，委托人在约定的使用范围内享有使用作品的权利；双方没有约定使用作品范围的，委托人可以在委托创作的特定目的范围内免费使用该作品。"因此，委托人可以按照合同约定，或者在约定不明确时，在委托开发的特定目的范围内免费使用委托开发的软件。

第十二条　由国家机关下达任务开发的软件，著作权的归属与行使由项目任务书或者合同规定；项目任务书或者合同中未作明确规定的，软件著作权由接受任务的法人或者其他组织享有。

【重点法条解读】

本条是关于由国家机关下达任务开发的软件作品著作权归属的特别规定。

第十三条　自然人在法人或者其他组织中任职期间所开发的软件有下列情形之一的，该软件著作权由该法人或者其他组织享有，该法人或者其他组织可以对开发软件的自然人进行奖励：

（一）针对本职工作中明确指定的开发目标所开发的软件；

（二）开发的软件是从事本职工作活动所预见的结果或者自然的结果；

（三）主要使用了法人或者其他组织的资金、专用设备、未公开的专门信息等物质技术条件所开发并由法人或者其他组织承担责任的软件。

【重点法条解读】

本条是关于职务软件作品著作权归属的特别规定。

第十四条　软件著作权自软件开发完成之日起产生。

自然人的软件著作权，保护期为自然人终生及其死亡后50年，截止于自然人死亡后第50年的12月31日；软件是合作开发的，截止于最后死亡的自然人死亡后第50年的12月31日。

法人或者其他组织的软件著作权，保护期为 50 年，截止于软件首次发表后第 50 年的 12 月 31 日，但软件自开发完成之日起 50 年内未发表的，本条例不再保护。、

【重点法条解读】

本条是关于软件著作权保护期的规定。

本条第一款明确了软件著作权自软件开发完成之日起产生，这意味着软件著作权的取得，源自软件开发完成这一事实行为，不需要进行登记，也不需要审批。但如果需要将开发完成的软件申请涉及计算机程序的发明专利权的，则应经过审查是否具备授予专利权的条件，经批准获得专利权的，保护期自申请日起计算。

本条第二款明确了自然人的软件著作权保护期限。

本条第三款明确了法人或者非法人组织的软件著作权保护期限。

第十五条　软件著作权属于自然人的，该自然人死亡后，在软件著作权的保护期内，软件著作权的继承人可以依照《继承法》的有关规定，继承本条例第八条规定的除署名权以外的其他权利。

软件著作权属于法人或者其他组织的，法人或者其他组织变更、终止后，其著作权在本条例规定的保护期内由承受其权利义务的法人或者其他组织享有；没有承受其权利义务的法人或者其他组织的，由国家享有。

【重点法条解读】

本条是关于软件著作权继受的规定。

应当注意的是，根据《民法典》第一千二百六十条的规定，自 2021 年 1 月 1 日起，《继承法》已废止。

第十六条　软件的合法复制品所有人享有下列权利：

（一）根据使用的需要把该软件装入计算机等具有信息处理能力的装置内；

（二）为了防止复制品损坏而制作备份复制品，这些备份复制品不得通过任何方式提供给他人使用，并在所有人丧失该合法复制品的所有权时，负责将备份复制品销毁；

（三）为了把该软件用于实际的计算机应用环境或者改进其功能、性能而进行必要的修改；但是，除合同另有约定外，未经该软件著作权人许可，不得向任何第三方提供修改后的软件。

【重点法条解读】

本条是关于软件的合法复制品所有人权利的规定。

软件是实用的功能性作品，与传统的著作权法上的小说、油画、歌剧、舞蹈、歌曲、电影等作品主要用于赏析的目的不同。软件主要是作为数字技术工具使用的，为了使软件的合法复制品所有人能够有效实现软件的功能用途，有必要对软件著作权作出一定的限制。本条规定了软件的合法复制品所有人可以从事的软件安装、备份、修改三种合法情形。

第十七条　为了学习和研究软件内含的设计思想和原理，通过安装、显示、传输或者存储软件等方式使用软件的，可以不经软件著作权人许可，不向其支付报酬。

【重点法条解读】

本条是关于软件著作权合理使用的规定。

软件著作权保护的目的是实现软件著作权人与社会公众之间的利益平衡，既要尊重和保护软件著作权人对其软件享有的权利，也要保护社会公众进行科学研究、学习技术知识的权利。因此，为了促进技术进步，在对软件著作权进行保护的同时，本条规定了适当的限制，针对软件本身进行科学研究与实验，可以合法地不经软件著作权人许可，不向其支付报酬而使用软件著作权。

第三章　软件著作权的许可使用和转让

第十八条　许可他人行使软件著作权的，应当订立许可使用合同。

许可使用合同中软件著作权人未明确许可的权利，被许可人不得行使。

【重点法条解读】

本条是关于软件著作权许可使用应订立合同的规定。

本条例第八条第一款规定了软件著作权的内容，第二款规定了软件著作权人可以许可他人行使其软件著作权，并有权获得报酬。软件许可使用是著作权人获得收益的主要形式，商业机构购买 Rhino、SAS 软件用于设计、统计业务，通常就是获得软件著作权的许可使用权，法律性质属于软件著作权许可使用合同。软件著作权是权利人的专有权利，因此，本条第二款规定未明确许可的权利，被许可人不得使用。例如，如果许可的是复制、发行权，被许可人就不得行使信息网络传播权等其他权利，否则构成侵权。

【难点问题解析】

软件许可使用合同的主要作用是什么？

法谚有云："财富的一半来自合同。"我们谈及软件著作权时，关注点往往在于如何保护权利，如是否属于软件作品，什么行为构成软件著作权侵权，如何判断合理使用，怎样认定权利的限制与例外，等等。著作权保护是软件著作权制度的主要内容，固然重要，软件著作权的复杂性也决定了对这项创造性智力成果权法理问题讨论的必要性。但是，软件著作权更是一项现实的权利，权利人利益的实现是《著作权法》以及本条例的目标之一。因此，软件著作权利用是更应值得重视的软件著作权制度的主要内容。软件著作权归属、软件著作权保护等无一不是为了软件著作权更好的使用、收益服务。软件著作权只有在各种利用形式中才能体现法律保护的价值，智力成果才能利于产业，软件著作权人才能获得创作收益。软件作品作为著作权的客体，与房屋、设备等有形财产的本质不同在于其非物质形态，无法对作品进行有形的占有、使用和处分，因此，对软件著作权的许可使用、转让是实现软件著作权人合法权益，促进作品广泛传播的基本途径。软件著作权权利的许可使用、转让等软件著作权利用方式主要通过合同来进行。软件著作权利用合同是软件商业化流通的法律形式，可以有效配置软件资源，按照市场规律调整人们在软件的创造、生产、传播以及消费过程中产生的利益关系，激励软件技术创新，推动软件产业进步。

第十九条　许可他人专有行使软件著作权的，当事人应当订立书面合同。

没有订立书面合同或者合同中未明确约定为专有许可的，被许可行使的权利应当视为非专有权利。

【重点法条解读】

本条是关于软件著作权专有许可使用应订立书面合同以及未明确专有许可性质时视为非专有许可的处理规则。

【难点问题解析】

专有许可与非专有许可的区别。

软件著作权许可使用性质分为专有与非专有。非专有许可又称为普通许可，在作出软件著作权非专有许可后，在许可的期间、地域及许可的权利内容范围内，著作权人仍然可以自己使用以及许可其他人使用。例如，Rhino 软件的权利人许可一家建筑设计公司使用其软件后，还可以许可其他建筑设计公司使用其软件。专有许可的内容根据合同约定确定，依照《著作权法实施条例》第二十四条的规定，"合同没有约定或者约定不明的，视为被许可人有权排除包括著作权人在内的任何人以同样的方式使用作品"，即在许可的期间、地域及权利使用方式内，被许可人获得的是独占许可。如果不排除著作权人使用的，则被许可人获得的是排他许可。专有许可与非专有许可的不同还在于：发生软件著作权侵权时，专有许可的被许可人可以以自己名义单独提起民事诉讼。

许可的权利内容，可以是本条例第八条规定的可以许可使用的全部权利，也可以是其中的部分权利。

第二十条　转让软件著作权的，当事人应当订立书面合同。

【重点法条解读】

本条是关于转让软件著作权应当订立书面合同的规定。

条例第八条的第一款规定了软件著作权的内容，第三款规定了软件著作权人可以全部或者部分转让其软件著作权，并有权获得报酬。软件著作权转让，包括部分或者全部转让。本条规定转让应订立书面形式的合同，《民法典》第四百六十九条规定，"当事人订立合同，可以采用书面形式、口头形式或者其他形式。以电子数据交换、电子邮件等方式能够有形地表现所载内容，并可以随时调取查用的数据电文，视为书面形式。"因此，如果著作权转让未订立书面合同的，可按照 2021 年《关于审理著作权民事纠纷案件适用法律若干问题的解释》第二十二条的规定，"著作权转让合同未采取书面形式的，人民法院依据民法典第四百九十条的规定审查合同是否成立。"如经审查符合法定情形的，即使当事人未订立书面合同也不影响合同的成立。

第二十一条　订立许可他人专有行使软件著作权的许可合同，或者订立转让软件著作权合同，可以向国务院著作权行政管理部门认定的软件登记机构登记。

【重点法条解读】

本条是关于软件著作权合同登记的规定。

需要注意的是，按照财政部《关于清理规范一批行政事业性收费有关政策的通知》（财税〔2017〕20 号），自 2017 年 4 月 1 日起停止执收软件著作权登记费。软件著作权登记费包括：软件著作权登记申请费（含申请例外交存手续费）、软件著作权登记证书费、软件著作权合同登记费、变更或补充登记费、软件源程序封存保管费、查询费。

【法律法规衔接问题】

登记手续按照《计算机软件著作权登记办法》办理。

第二十二条　中国公民、法人或者其他组织向外国人许可或者转让软件著作权的,应当遵守《中华人民共和国技术进出口管理条例》的有关规定。

【重点法条解读】

本条是关于向外国人许可或者转让软件著作权的规定。

【法律法规衔接问题】

《中华人民共和国技术进出口管理条例》。

第四章　法律责任

第二十三条　除《中华人民共和国著作权法》或者本条例另有规定外,有下列侵权行为的,应当根据情况,承担停止侵害、消除影响、赔礼道歉、赔偿损失等民事责任:

(一)未经软件著作权人许可,发表或者登记其软件的;

(二)将他人软件作为自己的软件发表或者登记的;

(三)未经合作者许可,将与他人合作开发的软件作为自己单独完成的软件发表或者登记的;

(四)在他人软件上署名或者更改他人软件上的署名的;

(五)未经软件著作权人许可,修改、翻译其软件的;

(六)其他侵犯软件著作权的行为。

【重点法条解读】

本条是关于侵犯软件著作权应当承担民事责任的规定。

第二十四条　除《中华人民共和国著作权法》、本条例或者其他法律、行政法规另有规定外,未经软件著作权人许可,有下列侵权行为的,应当根据情况,承担停止侵害、消除影响、赔礼道歉、赔偿损失等民事责任;同时损害社会公共利益的,由著作权行政管理部门责令停止侵权行为,没收违法所得,没收、销毁侵权复制品,可以并处罚款;情节严重的,著作权行政管理部门并可以没收主要用于制作侵权复制品的材料、工具、设备等;触犯刑律的,依照刑法关于侵犯著作权罪、销售侵权复制品罪的规定,依法追究刑事责任:

(一)复制或者部分复制著作权人的软件的;

(二)向公众发行、出租、通过信息网络传播著作权人的软件的;

(三)故意避开或者破坏著作权人为保护其软件著作权而采取的技术措施的;

(四)故意删除或者改变软件权利管理电子信息的;

(五)转让或者许可他人行使著作权人的软件著作权的。

有前款第(一)项或者第(二)项行为的,可以并处每件100元或者货值金额1倍以上5倍以下的罚款;有前款第(三)项、第(四)项或者第(五)项行为的,可以并处20万元以下的罚款。

【重点法条解读】

本条是关于侵犯软件著作权应当承担民事责任以及应当承担行政责任、刑事责任的规定。

本条第(三)项、第(四)项可以参考《信息网络传播权保护条例》相关条款。

【难点问题解析】

目标代码实质相同的，是否可以认定软件著作权侵权成立？

"接触＋实质性相似"是计算机软件著作权侵权成立的常见认定方法。"接触"是指被控侵权人存在接触涉案软件的机会或者条件。"实质性相似"是指经过比对，被控侵权软件对涉案软件独创性表达的复制达到了侵权的程度。"相似"是一个事实问题，也是一个法律问题。这既包括软件的整体相似，也包括软件模块相似；既包括源代码文本直接复制的相似，也包括源代码跨编程语言的自动修改或转换的相似等。

司法实践当中，通常采用"抽象—过滤—比对"的方法，来认定被控侵权软件与涉案软件之间是否构成实质性相似。这种方法要求将下列因素找出来，并排除在比对的范围之外，如算法、功能、性能、因效率或者兼容而表达有限的代码、公开的通用代码等。以上这些因素都属于不受著作权保护的思想或者公有领域的内容。这种方法的关键在于排除软件中的技术方案及功能性部分，从而过滤出软件的著作权法意义上的独创性表达，与被控侵权软件进行比对。比对的过程往往包括软件技术领域的"专家观察者"认为的事实上相似与否，以及法官据此经过综合分析，整体认定是否构成法律上的实质性相似。如果被控侵权软件与涉案软件构成实质性相似，被控侵权人又不能提出不侵权抗辩的，一般就可以认定软件著作权侵权行为成立，依法应当承担侵权责任。

需要注意的是，法院也可能采用软件界面是否相似等方法认定侵权。例如，在上海千美健康管理咨询有限公司与纤姿公司侵害计算机软件著作权纠纷一案[1]里，上海千美公司请求保护的 KC 检测仪软件版本为 V1.2.4.2，该软件与 KC 检测仪配套销售。纤姿公司在展会上销售了带有被诉侵权软件的"三光谱智能检测仪"。一审法院认为："千美公司、纤姿公司均未申请源代码比对，经庭审运行，被诉侵权软件的运行界面、目标文件及注册表信息除一些细节改动及删除案涉 KC 检测仪软件标识外，大部分与案涉 KC 检测仪软件相同或近似，且相同及近似比例极高，甚至，被诉侵权软件还保留了 KC 公司的标识和痕迹，抄袭的迹象明显。根据民事诉讼高度盖然性的证据认定标准，原审法院认为，即便不进行源代码比对，也可以认定被诉侵权软件与案涉 KC 检测仪软件构成实质性相似。"二审法院认为："原审法院经比对，被诉侵权产品与千美公司请求保护的权利软件构成实质性相似。原审法院据此认定纤姿公司未经许可制作销售被诉侵权产品的行为，侵害了千美公司对权利软件享有的复制权、发行权，纤姿公司应承担停止侵权并赔偿损失责任，事实清楚，合法适当，本院予以确认。"

在软件著作权纠纷案件中，实质性相似的认定，尤其是涉案软件与被控侵权软件的比对往往是案件处理的难点，特别是能否就涉案软件与被控侵权软件的二进制目标码进行比对，进而判定侵权呢？在上诉人南京因泰莱电器股份有限公司(以下简称因泰莱公司)因与上诉人远征科技有限公司(以下简称远征科技公司)、远征智能软件有限公司(以下简称远征软件公司)，原审被告南京友成电力工程有限公司(以下简称友成公司)软件著作权侵权纠纷一案做出了有益的探索，法院认为："著作权侵权判定一般采用'实质性相同加接触'规则，即在被控侵权作品与原告作品构成相同或实质性相同，且被告具备接触原告作品条件

---

[1] 最高人民法院(2020)最高法知民终 319 号民事判决书。

的情形下，如果被告不能证明被控侵权作品系其独立创作，或具有其他合法来源，则应当认定被告行为构成侵权，并承担相应赔偿责任。

首先，鉴定机构采用二进制代码对比方法应属合理。关于这一问题，二审鉴定报告中进行了专门说明，相关鉴定专家也出庭进行了解释。本案中，由于从涉案产品芯片中只能读出二进制代码，与电子版源程序分属不同表达方式，无法进行直接对比。而在对比两者一致性的问题上，理论上存在三种方法：第一种方法是 C 源程序的直接对比。因泰莱公司 PA100、PA200 电子版源程序采用的编写语言是 C 语言，而通过涉案产品芯片只能读出二进制代码，因此需要将涉案产品芯片中的二进制代码翻译成 C 源程序，之后方能进行直接的 C 源程序对比。但目前尚无编译工具可以将二进制代码翻译成 C 源程序，因此实际不具备该种对比的技术条件。第二种方法是汇编语言程序的对比。即分别将电子版源程序和涉案产品芯片中的二进制代码均翻译成汇编语言程序，再就汇编语言的一致性进行对比。但由于涉及编译工具、参数配置、优化策略等多方面因素，即使是同一软件程序，从 C 源程序编译成的汇编程序，与利用反汇编工具从二进制代码翻译出的汇编程序，也存在不相同的可能性。因此，本案中通过汇编语言程序进行对比也不具备技术条件。第三种方法是二进制代码的对比。即将电子版源程序编译成二进制代码，再与涉案产品芯片中的二进制代码进行对比。目前，具备将电子版源程序编译成二进制代码的技术条件。同时，一般情形下，根据编译器或者编译参数的不同，同样的 C 源程序可能生成不同的二进制代码，但是不同的 C 源程序不可能生成相同的二进制代码。因此，本案二审鉴定机构采用二进制代码对比方法，确定电子版源程序与涉案产品芯片中程序的一致性具备事实和科学依据，本院予以采信。远征科技公司、远征软件公司关于直接对比源程序的诉讼主张缺乏可行性条件，本院不予采纳。

一审鉴定在确定两软件相关核心代码一致的基础上，结合双方软件产品文档资料相同度较高等相关佐证，得出软件实质相同的结论并无不当。远征科技公司、远征软件公司虽对此提出异议，但并未提供足以推翻鉴定结论的相反证据和理由，且一审鉴定机构在二审中亦就相关争议问题进行了专门说明。据此，根据一审鉴定报告及补充说明，并结合被控侵权 YZ300－CX 产品与因泰莱公司 PA200 产品的软件说明书多处相同等事实，本院认为，被控侵权产品 YZ300－CX 软件与因泰莱公司 PA200 产品软件构成实质性相同，远征科技公司、远征软件公司所提异议缺乏事实和法律依据，本院不予采纳。"因此，一审法院作出了判令"远征科技公司和远征软件公司自判决生效后立即停止复制因泰莱公司的 PA100 系列综合数字继电器嵌入软件 V3.4 和 PA200 系列综合数字继电器嵌入软件 V3.1 的行为"等的判决，二审维持了原判[①]。

【法律法规衔接问题】

侵犯软件著作权，构成侵犯著作权罪、销售侵权复制品罪的，适用《刑法》的相关规定。

第二十五条 侵犯软件著作权的赔偿数额，依照《中华人民共和国著作权法》第四十九条的规定确定。

【重点法条解读】

本条是关于软件著作权侵权赔偿标准的规定。

---

① 江苏省高级人民法院(2008)苏民三终字第 0079 号民事判决书。

本条援引的是原《著作权法》第四十九条，本条在 2021 年《著作权法》调整为第五十四条，并作了很大的修改。例如，法定赔偿标准，由原来的"判决给予五十万元以下的赔偿"调整为"权利人的实际损失、侵权人的违法所得、权利使用费难以计算的，由人民法院根据侵权行为的情节，判决给予五百元以上至五百万元以下的赔偿。"再如，2021 年《著作权法》新增了责令销毁等处置侵权复制品、主要用于制造侵权复制品的材料、工具、设备的规定。

【法律法规衔接问题】

本条适用《著作权法》第五十四条的规定。

第二十六条　软件著作权人有证据证明他人正在实施或者即将实施侵犯其权利的行为，如不及时制止，将会使其合法权益受到难以弥补的损害的，可以依照《中华人民共和国著作权法》第五十条的规定，在提起诉讼前向人民法院申请采取责令停止有关行为和财产保全的措施。

【重点法条解读】

本条是关于诉前财产保全与行为保全的规定。

本条援引的是原《著作权法》第五十条，2021 年《著作权法》调整为第五十六条，并作了修改："著作权人或者与著作权有关的权利人有证据证明他人正在实施或者即将实施侵犯其权利、妨碍其实现权利的行为，如不及时制止将会使其合法权益受到难以弥补的损害的，可以在起诉前依法向人民法院申请采取财产保全、责令作出一定行为或者禁止作出一定行为等措施。"

【法律法规衔接问题】

本条适用《著作权法》第五十六条以及《民事诉讼法》的相关规定。

第二十七条　为了制止侵权行为，在证据可能灭失或者以后难以取得的情况下，软件著作权人可以依照《中华人民共和国著作权法》第五十一条的规定，在提起诉讼前向人民法院申请保全证据。

【重点法条解读】

本条是关于诉前证据保全的规定。本条援引的是原《著作权法》第五十一条，2021 年《著作权法》调整为第五十七条，并作了修改。本条及《民事诉讼法》的规定为证据保全提供了法律依据，阻碍法院的保全行动可能会导致不利的后果。例如，在西门子工业软件有限公司与沃福公司侵害计算机软件著作权纠纷一案[①]里，一审法院根据西门子工业软件公司的申请，到沃福公司住所进行证据保全。一审法院送达保全裁定时，向沃福公司经理、股东吴某某详细说明了将采取的保全措施以及拒不配合法院保全的法律后果。由于沃福公司的阻挠，一审法院只完成其中 17 台计算机的保全，尚有 9 台计算机未能保全。

二审法院在终审判决里"推定原审法院未能保全的 9 台计算机亦安装了涉案软件"，并认为"确定本案侵权损害赔偿时应当对 9 台未能保全计算机一并予以考量。原审法院仅依据已保全计算机所安装的涉案软件确定本案赔偿数额有所不当，本院予以纠正。"在计算关于具体的赔偿数额时，二审法院重点考虑了以下因素："1. 侵权数量。推定 9 台未能保全的

---

① 最高人民法院（2020）最高法知民终 155 号民事判决书。

计算机上均安装了涉案软件，故沃福公司至少复制了 22 套涉案软件，侵权数量较大。2. 涉案软件的价格……3. 沃福公司的侵权情节。沃福公司在本案中具有无正当理由阻碍法院证据保全的行为，情节较为严重。最终，二审法院将一审判决的赔偿额"50 万元及维权合理费用 10 万元"，改判为沃福公司"于本判决生效之日起十日内赔偿西门子工业软件有限公司经济损失 2612827 元及维权合理开支 10 万元。"

2020 年 11 月 18 日开始施行的《最高人民法院关于知识产权民事诉讼证据的若干规定》第十三条、第十四条规定了当事人伤害证据保全行为的不利后果。

【法律法规衔接问题】

本条适用《著作权法》第五十七条以及《民事诉讼法》的相关规定。

第二十八条 软件复制品的出版者、制作者不能证明其出版、制作有合法授权的，或者软件复制品的发行者、出租者不能证明其发行、出租的复制品有合法来源的，应当承担法律责任。

【重点法条解读】

本条是关于软件复制品的出版者、制作者、发行者、出租者过错推定而承担法律责任的规定。

《民法典》第一千一百六十五条规定，"行为人因过错侵害他人民事权益造成损害的，应当承担侵权责任。依照法律规定推定行为人有过错，其不能证明自己没有过错的，应当承担侵权责任。"

依照本条的规定，软件复制品的出版者、制作者、发行者、出租者不能证明无过错的，一般应承担软件著作权侵权责任。

同时，本条还可以为不侵权抗辩提供依据，包括软件复制品的出版者、制作者的"合法授权抗辩"以及发行者、出租者的"合法来源抗辩"。对于"合法来源"，根据《最高人民法院关于知识产权民事诉讼证据的若干规定》第四条规定，应当提供合法的购货渠道、合理的价格、直接的供货方等证据加以证明。

判断行为人是否有过错，主要依据客观标准。第一，行为人是否违反了法律、行政法规明确规定的义务；第二，行为人是否违反了一个合理人的注意义务。[1] 条例根据软件复制品相关主体的行业特点与预知能力，确定其合理注意义务范围。通常软件复制品出版者、制作者的专业程度与技术水平比发行者、出租者要高，相应地要承担较高的注意义务。因此，软件复制品的出版者、制作者不能证明出版、制作取得权利人许可的，推定其有过错应承担赔偿责任。而发行者、出租者销售、出租侵权软件复制品时，如果不知道或者没有合理理由应当知道其所销售、出租侵权软件复制品侵犯著作权，却也要承担侵权责任，则属于超出其能力范围内承担责任，这不仅与侵权责任法归责原理不符，也会严重妨碍整个软件交易行业。因此，软件复制品的发行者、出租者能够说明软件复制品为合法途径取得的，就不具有过错，无须承担赔偿责任。

第二十九条 软件开发者开发的软件，由于可供选用的表达方式有限而与已经存在的

---

[1] 王胜明主编：《中华人民共和国侵权责任释义》，法律出版社 2010 年版，第 41 页。

软件相似的，不构成对已经存在的软件的著作权的侵犯。

【重点法条解读】

本条是关于开发的软件由于表达方式有限不构成著作权侵权的规定。

本条体现了思想表达两分法(Idea Expression Dichotomy)的著作权法理的一个具体判断指标，即"思想表达合并"原理，"又称为思想观念的'惟一表达'或'有限表述'"[①]。软件开发工程为了实现安全、易用等目标，追求的是有效的表达，而非一般文学艺术创作追求的是丰富的表达，有效的要求往往导致软件开发中存在编写、选择的方式与范围只有几种有限的情形，这时有限的几种表达方式就视同思想范畴。已经存在的软件如果使用了这种表达方式，则并不能禁止其在以后的软件开发中使用。

例如，美国的甲骨文(Oracle)公司诉谷歌(Google)公司软件侵权系列案，就是一件有关"思想表达合并"原理的典型案例。谷歌公司在其开发的 Android 智能手机操作系统时，从甲骨文的 Java SE 里直接复制了 37 个 API 包里的大约 11,500 行"声明代码"(declaring code)。甲骨文公司认为谷歌公司的行为侵害了其对这些 API 代码及相关的 SSO(代码的结构、顺序、组织)享有的版权，于 2010 年向美国联邦旧金山地方法院起诉谷歌侵权，包括版权侵权与专利侵权。

本条涉及的法律原理是著作权法的"思想表达合并"规则，因此该案专利侵权部分，简单说明一下结果：联邦地区法院判决不构成专利侵权，而甲骨文公司也未就专利侵权一节继续上诉。

图 4-1 为涉案 Sun Java API 的运行示意图(图片来源：美国联邦最高法院网站)，图中 API 是"应用程序编程接口"的英文缩写，读者如果想进一步了解相关知识，可以查询软件编程工具书。

联邦地方法院 2012 年作出的判决[②]认为谷歌公司没有侵权。从该判决可以分析出的裁判逻辑是，API 是接口程序，其 SSO 属于不受版权保护的"操作方法"，而涉案的 API 程序里的"声明代码"部分，属于版权法上的表达。但是为了实现软件之间兼容目的，如果仅能采用一种或有限的方式来写 API 程序的"声明代码"，那么程序的代码表达就与程序的功能或操作方法在法律意义上合并了，也就不能受到版权法保护。

谷歌公司不服上述判决提起上诉，美国联邦巡回上诉法院 2014 年作出的二审判决[③]认为，甲骨文公司的涉案 Java API"声明代码"，及其 SSO 均可以受版权保护，谷歌公司构成版权侵权。上诉法院的逻辑显然在于否定了"思想表达合并"规则在本案的适用，其认为表达方式有限的判断不在使用或调用之时，而在写代码之时。谷歌公司完全可以像自己编写 API 的"执行代码"(implementing code)一样来自己编写"声明代码"，而且大体上，谷歌公司本可能建立了一整套全新的任务划分与标记系统，用来让程序员调用，因此 Java API 的"声明代码"及其系统"是受版权保护的。

需要说明的是，甲骨文公司与谷歌公司围绕 Android 使用 Java API(应用程序编程接口)的法律问题，从 2010 年开始双方发起了一系列的诉讼，第一轮诉讼大战主要围绕版权

---

① 李明德，许超著：《著作权法》，法律出版社 2003 年版，第 29 页。

② Oracle America, Inc. v. Google Inc., 872 F. Supp. 2d 974 (ND Cal. 2012).

③ Oracle America, Inc. v. Google Inc., 750 F. 3d 1339(Fed. cir. 2014).

法是否保护 Java API"声明代码"及 SSO 展开,第二轮争议的焦点在于谷歌公司对"声明代码"的复制是否属于版权法上的"合理使用"。2021 年 4 月 5 日,美国联邦最高法院的裁决[①]出台,才宣告这一持续了 10 年的软件版权大战的结束。美国联邦最高法院最终认定:谷歌公司虽然直接复制了 Java API 的一些"声明代码",但属于美国版权法上的"合理使用",不构成版权侵权。

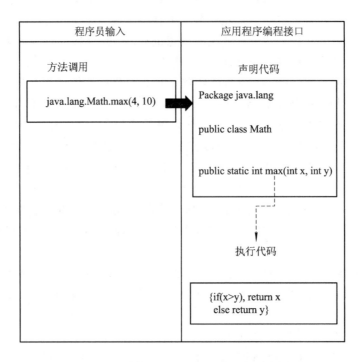

图 4-1 涉案 Sun Java API 的运行示意图

第三十条 软件的复制品持有人不知道也没有合理理由应当知道该软件是侵权复制品的,不承担赔偿责任;但是,应当停止使用、销毁该侵权复制品。如果停止使用并销毁该侵权复制品将给复制品使用人造成重大损失的,复制品使用人可以在向软件著作权人支付合理费用后继续使用。

【重点法条解读】

本条是关于侵权的软件复制品无过错持有人免于赔偿责任以及持有的软件复制品处理的规定。

本条涉及计算机软件最终用户责任的问题,用户免于承担赔偿责任的条件是"不知道也没有合理理由应当知道该软件是侵权复制品",即没有过错。

【难点问题解析】

计算机软件最终用户在什么情况下应承担赔偿等侵权责任?

计算机软件用户(Computer Software End-User)未经许可或者超过许可范围使用软件是个困扰权利人及软件产业的问题,俗称使用盗版软件。计算机软件是典型的工业版权

---

① Google LLC v. Oracle Am., Inc., No. 18-956, 2021 U.S.

客体，具有研发投入大、市场风险高、容易被复制等特点。作为文字作品保护，计算机软件并不是用于供人欣赏或者阅读的，其使用方式是将其安装到存储介质内，运行之后进行信息处理，具有很强的实用性和工具性。因此，软件用户使用未经授权的软件的行为，使得软件开发者无法获得合理的收入和回报，极大损害了权利人的合法权益。与计算机软件用户责任相关的概念有：计算机软件用户、侵权计算机软件用户和承担侵权责任（主要是指承担赔偿责任）的计算机软件用户三个概念。计算机软件用户（以下简称"软件用户"），是指以运行使用为目的持有软件而不以转让该软件牟取利益的单位或者个人，即运行软件，使用软件功能的消费者。侵权计算机软件用户（以下称"侵权软件用户"），是指未经权利人许可，运行使用计算机软件的单位或者个人。承担法律责任的计算机软件用户（以下称"承责软件用户"），是指未经权利人许可或者超出许可范围，自己运行使用计算机软件，并依法应当承担侵权赔偿等法律责任的单位或者个人。这三个概念是包容和被包容的关系，软件用户是三者之中最大的概念，既包括经权利人许可而运行使用软件者，也包括未经许可的运行使用者即侵权软件用户。侵权软件用户既包含承责软件用户，还包括善意的侵权软件用户，本条免除的是后者的赔偿责任。

计算机软件用户责任即承责软件用户所应承担的法律责任，根据条例第二十四条的规定，侵权责任包括停止侵害、消除影响、赔礼道歉、赔偿损失等。根据该条规定，侵权行为同时损害公共利益的，承责软件用户还应当承担行政责任等法律责任。明确计算机软件用户责任的含义，还应当了解承责软件用户的范围，即哪些用户应对其运行使用侵权软件的行为承担法律责任。主要有两种观点：第一种观点认为，根据《计算机软件保护条例》的规定，未经权利人许可或者超过许可范围，商业使用还是非商业使用软件的单位或者个人都属于承责软件用户，属于法定合理使用情形的除外；第二种观点认为，根据最高人民法院2021年《关于审理著作权民事纠纷案件适用法律若干问题的解释》第二十一条的规定，"计算机软件用户未经许可或者超过许可范围商业使用计算机软件的，依据《著作权法》第五十三条第（一）项、《计算机软件保护条例》第二十四条第（一）项的规定承担民事责任。"这里将承责软件用户的范围限定在商业使用。目前，在中国的计算机保护实务当中大多赞同第二种观点。笔者认为中国法上的计算机软件用户责任的含义包括以下四个方面：一是未经软件权利人许可或者超过许可范围，且不存在法定合理使用情形；二是商业性使用计算机软件；三是主观上有过错，善意的侵权软件用户适用《计算机软件保护条例》第三十条的规定；四是民事侵权责任，同时损害公共利益的，还包括行政责任等法律责任。

软件最终用户承担侵权责任的理论依据，主要有两种观点：一种是"复制侵权说"；另一种是"拟制侵权说"。作为工业版权的客体，对计算机软件这一作品的使用主要是以实用为目的的工具性使用，使用软件功能需要将软件程序复制到计算机储存介质之中，如硬盘、内存等，这些方式都涉及复制。"复制侵权说"认为，如果未经权利人许可，软件用户的运行使用行为就侵犯了权利人的复制权。这种观点的主要依据是《计算机软件保护条例》第二十四条。"复制侵权说"有充分的法律依据，而且最高人民法院2021年《关于审理著作权民事纠纷案件适用法律若干问题的解释》也将该条作为计算机用户责任的依据。但是，著作权的权域止于作品的最终用户，复制权当然包括其中，"复制侵权说"有违传统著作权法的原理。"拟制侵权说"认为，《著作权法》只调整著作权使用过程中发生的法律关系，不涉及最终用户对作品的使用行为，包括阅读小说、观看表演、欣赏电影等。编者认为，这一观点与著作权法原理相符,在传统著作权法上,对作品的阅读、欣赏等最终用户使用行为,无论作品复制件本身是否属于侵权复制品,均不属于对著作权权利的使用,未落入著作权的权域。但计算机软件作为实用的功能性作品,如果不控制软件用户未经权利人许可,商业性运行使用软件的行为,将实质性地损害软件权利人的利益。因此,考虑到软件的特殊性,立法才将本应是合法的用户使用行为视为侵权行为,以达到软件权利人与软件最终用户之间的利益平衡。"拟制侵权说"针对计算机软件作为工业版权客体的特点,明晰了传统著作权法中用户使用行为与计算机软件使用之间的区别,是对计算机软件用户责任比较好的一种理论说明。

第三十一条　软件著作权侵权纠纷可以调解。

软件著作权合同纠纷可以依据合同中的仲裁条款或者事后达成的书面仲裁协议,向仲裁机构申请仲裁。

当事人没有在合同中订立仲裁条款,事后又没有书面仲裁协议的,可以直接向人民法院提起诉讼。

【重点法条解读】

本条是关于软件著作权纠纷解决方式的规定。

第五章　附　　则

第三十二条　本条例施行前发生的侵权行为,依照侵权行为发生时的国家有关规定处理。

【重点法条解读】

本条是关于本条例施行前发生的侵权行为无溯及力的规定。

第三十三条　本条例自 2002 年 1 月 1 日起施行。1991 年 6 月 4 日国务院发布的《计算机软件保护条例》同时废止。

【重点法条解读】

本条是关于本条例施行日期的规定。

根据《国务院关于修改计算机软件保护条例的决定》,国务院决定对《计算机软件保护条例》作如下修改:将第二十四条第二款修改为:"有前款第一项或者第二项行为的,可以并处每件 100 元或者货值金额 1 倍以上 5 倍以下的罚款;有前款第三项、第四项或者第五项行为的,可以并处 20 万元以下的罚款。"本决定自 2013 年 3 月 1 日起施行。《计算机软件保护条例》根据本决定作相应修改,重新公布。

上述经修改条文的生效时间应为决定所指明的日期。

4.2　计算机软件著作权登记办法解读

计算机软件著作权登记办法
(2002 年 2 月 20 日国家版权局发布)

第一章　总　　则

第一条　为贯彻《计算机软件保护条例》(以下简称《条例》)制定本办法。

第二条　为促进我国软件产业发展，增强我国信息产业的创新能力和竞争能力，国家著作权行政管理部门鼓励软件登记，并对登记的软件予以重点保护。

【重点法条解读】

本条是关于计算机软件著作权登记办法立法目的的规定。

【难点问题解析】

软件著作权是否必须经登记才产生？

我国法律关于著作权的原始取得，采用的是自动产生原则。《著作权法实施条例》第六条规定，"著作权自作品创作完成之日起产生。"《计算机软件保护条例》第十四条第一款规定，"软件著作权自软件开发完成之日起产生。"可见，软件著作权的原始取得只需要软件在事实上开发完成即可，这也是大多数国家著作权法规定的著作权产生原则。软件著作权自动产生，意味着不需要履行一定的手续，也不需要在软件标注"©"之类的权利标记。软件界面上经常看到的"Copyright 2018　××　Corporation. All rights reserved."之类的著作权标记，这是主要源自美国软件公司根据《美国著作权法》规定的一种做法，我国法律并无强制要求。软件著作权的继受取得，例如，通过签订转让合同购买软件著作权，法律同样不强制要求办理登记手续。应当注意的是，软件保护条例规定的"开发完成"，不是指一个软件全部开发完成，部分完成只要构成著作权法意义上的作品的，就可以受到著作权保护。例如，网络游戏测试版、一个软件中可以运行的模块程序等。还应当注意的是，如果开发完成的软件需要取得"涉及计算机程序的发明专利权"的，应当向国家知识产权局提出申请，符合授予专利权条件的，经审查批准后才能取得专利权。

正因为软件著作权无须登记注册即可取得，因此本条规定的是"鼓励软件登记"。鼓励登记的意义在于，软件属于实用的功能性作品，软件的开发往往需要大量的智力、财力投入，而软件本身的技术性、无体性特征，容易导致权利人权属证明困难，影响软件的市场交易与权利维护。实行软件著作权登记制度，可以达到一定的权利证明效力。根据《计算机软件保护条例》第七条的规定，软件著作权登记证书可以作为登记事项的初步证明，这样既有利于软件许可、转让等商业行为，也有利于权利人在诉讼、仲裁中的举证。根据国务院颁发的《鼓励软件产业和集成电路产业发展的若干政策》的有关规定，软件著作权登记证书还可以作为软件企业申请减免税收的证明。

第三条　本办法适用于软件著作权登记、软件著作权专有许可合同和转让合同登记。

【重点法条解读】

本条是关于本办法适用范围的规定。

本条明确了本办法规定的软件登记的类型，即软件著作权登记与软件合同登记，后者还包括专有许可合同登记与转让合同登记。

【难点问题解析】

软件著作权专有许可、转让合同是否经登记才生效？

《民法典》第五百零二条规定，"依法成立的合同，自成立时生效，但是法律另有规定或者当事人另有约定的除外。依照法律、行政法规的规定，合同应当办理批准等手续的，依照其规定。未办理批准等手续影响合同生效的，不影响合同中履行报批等义务条款以及相关条款的效力。应当办理申请批准等手续的当事人未履行义务的，对方可以请求其承担违反该义务的责任。依照法律、行政法规的规定，合同的变更、转让、解除等情形应当办理批准等手续的，适用前款规定。"《计算机软件保护条例》第二十一条规定，"订立许可他人专有行使软件著作权的许可合同，或者订立转让软件著作权合同，可以向国务院著作权行政管理部门认定的软件登记机构登记。"因此，软件著作权合同自成立时生效，软件保护条例并没有赋予软件著作权合同登记的生效效力，也没有明确登记是否具有对抗善意第三人的效力，对于是否登记没有提出强制要求。应当注意的是，《著作权法》第三次修改的修订草案送审稿规定，"与著作权人订立专有许可合同或者转让合同的，使用者可以向国务院著作权行政管理部门设立的专门登记机构登记。未经登记的权利，不得对抗善意第三人。"这样可以防止软件著作权多重专有许可或多重转让情形的发生，但 2021 年《著作权法》正式文本并未体现这一内容。

【法律法规衔接问题】

本条参考《计算机软件保护条例》第十九条、第二十一条及解读。

第四条　软件著作权登记申请人应当是该软件的著作权人以及通过继承、受让或者承受软件著作权的自然人、法人或者其他组织。

软件著作权合同登记的申请人，应当是软件著作权专有许可合同或者转让合同的当事人。

第五条　申请人或者申请人之一为外国人、无国籍人的，适用本办法。

第六条　国家版权局主管全国软件著作权登记管理工作。

国家版权局认定中国版权保护中心为软件登记机构。

经国家版权局批准，中国版权保护中心可以在地方设立软件登记办事机构。

【重点法条解读】

本条是关于软件著作权登记管理机构与登记机构的规定。

本条明确中国版权保护中心为软件著作权的登记机构，其可以在地方设立软件登记办事机构。

第二章　登 记 申 请

第七条　申请登记的软件应是独立开发的，或者经原著作权人许可对原有软件修改后形成的在功能或者性能方面有重要改进的软件。

第八条　合作开发的软件进行著作权登记的，可以由全体著作权人协商确定一名著作权人作为代表办理。著作权人协商不一致的，任何著作权人均可在不损害其他著作权人利益的前提下申请登记，但应当注明其他著作权人。

第九条　申请软件著作权登记的，应当向中国版权保护中心提交以下材料：

（一）按要求填写的软件著作权登记申请表；

（二）软件的鉴别材料；

（三）相关的证明文件。

【重点法条解读】

本条是关于软件著作权登记应提交的申请材料的规定。

根据登记机构的规定,《软件著作权登记申请表》一般包括:"1. 软件基本信息,2. 著作权人,3. 权利说明,4. 软件鉴别材料,5. 软件功能和技术特点,6. 申请办理方式,7. 申请人信息,8. 代理人信息,9. 申请人签章"等栏目。对于"软件基本信息",登记机构一般要求明确:"软件名称"(全称、简称、分类号、版本号等事项)、"软件作品说明"(明确是原创软件还是修改软件等事项)、"开发完成日期""发表状态""开发方式"(明确一种开发方式:单独开发、合作开发、委托开发、下达任务开发等事项)。

【难点问题解析】

软件的升级版本是否还需登记?

计算机程序属于实用的功能性作品,为了提升功能性能,经常需要修改、更新,而软件版本号一般意义上说明了一款软件各个时期版本的功能、性能、可维护性、安全性等整体技术特征。例如,MODO 202 与 MODO 10 是 Luxology(Foundry)MODO 软件的两个版本。虽然 MODO 10 是 MODO 202 后续系列开发的演绎软件,但在著作权法意义上是两个分别享有著作权的软件,而且软件的不同版本,著作权人有时并不一致。因此,软件的升级版本是新的作品,应进行著作权登记。

第十条　软件的鉴别材料包括程序和文档的鉴别材料。

程序和文档的鉴别材料应当由源程序和任何一种文档前、后各连续 30 页组成。整个程序和文档不到 60 页的,应当提交整个源程序和文档。除特定情况外,程序每页不少于 50 行,文档每页不少于 30 行。

第十一条　申请软件著作权登记的,应当提交以下主要证明文件:

(一) 自然人、法人或者其他组织的身份证明;

(二) 有著作权归属书面合同或者项目任务书的,应当提交合同或者项目任务书;

(三) 经原软件著作权人许可,在原有软件上开发的软件,应当提交原著作权人的许可证明;

(四) 权利继承人、受让人或者承受人,提交权利继承、受让或者承受的证明。

【重点法条解读】

本条是关于软件著作权登记应提交的证明文件的规定。

本条明确了软件著作权登记应提交两方面的证明材料。一是主体身份证明,包括申请人、代理人、联系人的身份证明。根据登记机构的规定,申请人自行办理的,需提交联系人身份证明(身份证、护照、军官证等)复印件;委托代理人办理的,需提交联系人(申请联系人和代理联系人)身份证明复印件。二是软件权属方面的材料。

【难点问题解析】

通过购买方式取得软件著作权的,是办理著作权登记还是合同登记?

如上所述,软件著作权登记虽然不是权利取得的条件,但将受让的软件申请著作权登记,取得的"计算机软件著作权登记证书",可以作为著作权归属的初步证明;而将受让软件著作权所订立的合同申请登记,取得的是"计算机软件著作权合同登记证书",可以作为合同内容的初步证明。但实际中受让软件著作权，一般均采用计算机软件著作权转让合同的形式。因此，登记机构规定，软件著作权人如果是通过受让方式取得的，申请软件著作权登记的方式有两种：（1）A 类，获得"计算机软件著作权登记证书"，即以受让方为申请人填写的"计算机软件著作权登记申请表"；（2）B 类，获得"计算机软件著作权合同登记证书"，即以转让方或受让方为申请人填写的"计算机软件著作权转让合同和专有许可合同登记申请表"。这样就可能存在重复登记的问题，有必要对上述两个登记种类的著录项目、登记方式进行合理设置，以方便权利人申请。

【法律法规衔接问题】

本办法第十四条。

第十二条　申请软件著作权登记的，可以选择以下方式之一对鉴别材料作例外交存：

（一）源程序的前、后各连续的 30 页，其中的机密部分用黑色宽斜线覆盖，但覆盖部分不得超过交存源程序的 50%；

（二）源程序连续的前 10 页，加上源程序的任何部分的连续的 50 页；

（三）目标程序的前、后各连续的 30 页，加上源程序的任何部分的连续的 20 页。

文档作例外交存的，参照前款规定处理。

【重点法条解读】

本条是关于例外交存的规定。

如果申请人对于交存材料有保密的需求，可以选择本条规定的方式对鉴别材料作例外交存。

第十三条　软件著作权登记时，申请人可以申请将源程序、文档或者样品进行封存。除申请人或者司法机关外，任何人不得启封。

第十四条　软件著作权转让合同或者专有许可合同当事人可以向中国版权保护中心申请合同登记。申请合同登记时，应当提交以下材料：

（一）按要求填写的合同登记表；

（二）合同复印件；

（三）申请人身份证明。

【重点法条解读】

本条是关于软件著作权合同登记应提交的材料的规定。

【难点问题解析】

1. 软件著作权转让合同应具备哪些内容？

根据登记机构的要求，转让合同一般应具备以下内容：（一）软件名称及其版本号；（二）转让的权利种类、地域范围；（三）转让价金；（四）交付转让价金的日期和方式；（五）违约责任；（六）双方认为需要约定的其他内容。

2. 软件著作权专有许可合同应具备哪些内容？

根据登记机构的要求，软件专有许可合同一般应具备以下内容：（一）软件名称及其版本号；（二）专有许可的权利种类、地域范围、期限；（三）许可使用费；（四）许可使用费的支付日期和方式；（五）违约责任；（六）双方认为需要约定的其他内容。

第十五条　申请人在登记申请批准之前，可以随时请求撤回申请。

【重点法条解读】

本条是关于撤回登记申请的规定。

本条明确了申请人撤回的情形。根据登记机构的规定，撤回申请的范围是软件著作权登记申请、合同登记申请及变更/补充登记申请。撤回计算机软件著作权登记申请的申请人应当是软件著作权登记申请人、合同登记申请人或者变更/补充登记申请人。

第十六条　软件著作权登记人或者合同登记人可以对已经登记的事项作变更或者补充。申请登记变更或者补充时，申请人应当提交以下材料：

（一）按照要求填写的变更或者补充申请表；

（二）登记证书或者证明的复印件；

（三）有关变更或者补充的材料。

【重点法条解读】

本条是关于软件登记事项变更或补充登记应提交的材料的规定。

本条规定了两类登记。一类是变更登记，即对原著作权登记和合同登记事项的变更。根据登记机构的规定，变更事项一般包括软件名称变更、软件著作权人名称变更。另一类是补充登记，即对原著作权登记和合同登记事项的补充。根据登记机构的规定，补充事项一般包括首次发表日期（即未发表的软件登记后、在软件发表之后、针对发表日期可以办理补充登记）。以下登记事项不允许变更或补充：软件表达（功能的增加或修改）的变化，软件权利发生转移，开发完成日期、首次发表日期等事项的变更。

第十七条　登记申请应当使用中国版权保护中心制定的统一表格，并由申请人盖章（签名）。申请表格应当使用中文填写。提交的各种证件和证明文件是外文的，应当附中文译本。申请登记的文件应当使用国际标准 A4 型 297 mm×210 mm（长×宽）纸张。

第十八条　申请文件可以直接递交或者挂号邮寄。申请人提交有关申请文件时，应当注明申请人、软件的名称，有受理号或登记号的，应当注明受理号或登记号。

第三章　审查和批准

第十九条　对于本办法第九条和第十四条所指的申请，以收到符合本办法第二章规定的材料之日为受理日，并书面通知申请人。

第二十条　中国版权保护中心应当自受理日起 60 日内审查完成所受理的申请，申请符合《条例》和本办法规定的，予以登记，发给相应的登记证书，并予以公告。

【重点法条解读】

本条是关于审批期限的规定。

根据登记机构的规定，登记的办理时限，软件著作权登记申请为受理之日起 30 个工作日，软件著作权转让或专有许可合同登记申请为受理之日起 10 个工作日。

第二十一条　有下列情况之一的，不予登记并书面通知申请人：

（一）表格内容填写不完整、不规范，且未在指定期限内补正的；

（二）提交的鉴别材料不是《条例》规定的软件程序和文档的；

（三）申请文件中出现的软件名称、权利人署名不一致，且未提交证明文件的；

（四）申请登记的软件存在权属争议的。

第二十二条　中国版权保护中心要求申请人补正其他登记材料的，申请人应当在 30 日内补正，逾期未补正的，视为撤回申请。

【重点法条解读】

本条是关于视为撤回登记申请的规定。

第二十三条　国家版权局根据下列情况之一，可以撤销登记：

（一）最终的司法判决；

（二）著作权行政管理部门作出的行政处罚决定。

【重点法条解读】

本条是关于撤销登记的规定。

本条明确了国家版权局对于经申请取得的登记可以撤销的情形。根据登记机构规定，撤销软件登记的范围是软件著作权登记、软件著作权转让及专有许可合同登记。撤销软件登记的申请人应当是与软件著作权有利害关系的人。撤销登记依据一般包括：最终司法判决或著作权行政管理机关处罚决定。

第二十四条　中国版权保护中心可以根据申请人的申请，撤销登记。

【重点法条解读】

本条是关于撤销登记的规定。

本条明确了申请人对于经申请取得的登记可以撤销的情形。根据登记机构规定，撤销软件登记的范围是软件著作权登记与合同登记。撤销软件登记的申请人应当是软件著作权登记人、合同登记人。撤销登记的理由一般包括：原登记者自愿放弃登记；具体事项填报或材料提交错误；原登记者不是著作权人；原登记者重复登记；多方共有软件著作权、原登记者单方登记；登记软件存在权属争议。

第二十五条　登记证书遗失或损坏的，可申请补发或换发。

第四章　软件登记公告

第二十六条　除本办法另有规定外，任何人均可查阅软件登记公告以及可公开的有关登记文件。

第二十七条　软件登记公告的内容如下：

（一）软件著作权的登记；

（二）软件著作权合同登记事项；

（三）软件登记的撤销；

（四）其他事项。

第五章　费　　用

第二十八条　申请软件登记或者办理其他事项，应当交纳下列费用：

（一）软件著作权登记费；

（二）软件著作权合同登记费；

（三）变更或补充登记费；

（四）登记证书费；

（五）封存保管费；

（六）例外交存费；

（七）查询费；

（八）撤销登记申请费；

（九）其他需交纳的费用。

具体收费标准由国家版权局会同国务院价格主管部门规定并公布。

【重点法条解读】

按照财政部《关于清理规范一批行政事业性收费有关政策的通知》（财税［2017］20 号），自 2017 年 4 月 1 日起停止执收软件著作权登记费。软件著作权登记费包括：软件著作权登记申请费（含申请例外交存手续费）；软件著作权登记证书费；软件著作权合同登记费；变更或补充登记费；软件源程序封存保管费；查询费。

第二十九条　申请人自动撤回申请或者登记机关不予登记的，所交费用不予退回。

第三十条　本办法第二十八条规定的各种费用，可以通过邮局或银行汇付，也可以直接向中国版权保护中心交纳。

第六章　附　　则

第三十一条　本办法规定的、中国版权保护中心指定的各种期限，第一日不计算在内。期限以年或者月计算的，以最后一个月的相应日为届满日；该月无相应日的，以该月的最后一日为届满日。届满日是法定节假日的，以节假日后的第一个工作日为届满日。

第三十二条　申请人向中国版权保护中心邮寄的各种文件，以寄出的邮戳日为递交日。信封上寄出的邮戳日不清晰的，除申请人提出证明外，以收到日为递交日。中国版权保护中心邮寄的各种文件，送达地是省会、自治区首府及直辖市的，自文件发出之日满十五日，其他地区满二十一日，推定为收件人收到文件之日。

第三十三条　申请人因不可抗力或其他正当理由，延误了本办法规定或者中国版权保护中心指定的期限，在障碍消除后三十日内，可以请求顺延期限。

第三十四条　本办法由国家版权局负责解释和补充修订。

第三十五条　本办法自发布之日起实施。

4.3 信息网络传播权保护条例解读

信息网络传播权保护条例

(2006年5月18日中华人民共和国国务院令第468号公布,根据2013年1月30日《国务院关于修改〈信息网络传播权保护条例〉的决定》修订)

第一条 为保护著作权人、表演者、录音录像制作者(以下统称权利人)的信息网络传播权,鼓励有益于社会主义精神文明、物质文明建设的作品的创作和传播,根据《中华人民共和国著作权法》(以下简称著作权法),制定本条例。

【重点法条解读】

本条是关于信息网络传播权保护条例立法目的与立法根据的规定。

在信息社会,大数据、智能化深刻改变着人们的生产、生活方式,作品、表演、录音录像制品通过信息网络在全球范围内得以广泛、快速、便捷的传播。数量巨大、不断更新的应用(APP)带来的商业模式与信息科技创新,使得信息网络成为作品、表演、录音录像制品创作、传播的主要承载,也成为人们精神、物质消费的主要方式。因此,保护权利人在信息网络环境中的著作权权益,平衡好权利人、网络服务提供者与消费者之间的关系,是著作权法应肩负的使命。为了解决网络环境下著作权保护问题,1996年12月,世界知识产权组织通过了《世界知识产权组织版权条约》与《世界知识产权组织表演和录音制品条约》,《版权条约》于2002年3月6日生效,《表演和录音制品条约》于2002年5月20日生效,两个条约将传统版权及邻接权保护原则延伸至数字环境(特别是网络环境)下,主要规定了包括网络传播权在内的向公众传播权。两个条约还对计算机程序、数据库、出租权、数字环境下的复制权、技术保护措施、权利管理信息、表演者精神权利的保护以及数字环境下对权利的限制等作出了规定。2007年3月6日,中国政府向世界知识产权组织正式递交加入书,两个条约于2007年6月9日在中国生效。2001年我国修订《著作权法》,规定了信息网络传播权,随后一系列关于信息网络传播权保护的行政法规、司法解释相继出台。例如,2006年7月1日《信息网络传播权保护条例》正式施行,并于2013年1月30日修订。2013年1月1日《最高人民法院关于审理侵害信息网络传播权民事纠纷案件适用法律若干问题的规定》正式施行(根据2020年12月23日最高人民法院审判委员会第1823次会议通过的《最高人民法院关于修改〈最高人民法院关于审理侵犯专利权纠纷案件应用法律若干问题的解释(二)〉等十八件知识产权类司法解释的决定》修改,自2021年1月1日起施行,以下称2021年《关于审理侵害信息网络传播权民事纠纷案件适用法律若干问题的规定》),形成了比较完备的信息网络传播保护体系。

本条明确了条例的立法根据是《著作权法》。《著作权法》第六十四条规定,"计算机软件、信息网络传播权的保护办法由国务院另行规定。"条例在遵循著作权法原则、规定的基础上制定,既贯彻了著作权保护的一般原理,也体现了信息网络传播权作为一项网络技术条件下权利的特点。

【难点问题解析】

条例规定的著作权人的信息网络传播权、表演者的信息网络传播权、录音录像制

作者的信息网络传播权有什么不同?

《著作权法》第十条第一款第(十二)项规定,"信息网络传播权,即以有线或者无线方式向公众提供作品,使公众可以在其个人选定的时间和地点获得作品的权利。"《著作权法》第三十九条第一款第(六)项规定表演者对其表演享有"许可他人通过信息网络向公众传播其表演,并获得报酬"的权利。《著作权法》第四十四条第一款规定,"录音录像制作者对其制作的录音录像制品,享有许可他人……通过信息网络向公众传播并获得报酬的权利。"虽然表述不同,但根据条例第二十六条的规定,这几项信息网络传播权的权利内容是相同且一致的,均是指"以有线或者无线方式向公众提供作品、表演或者录音录像制品,使公众可以在其个人选定的时间和地点获得作品、表演或者录音录像制品的权利"。这几项信息网络传播权的主要区别在于权利客体的不同,即分别为作品、表演、录音录像制品。

"作品"作为著作权的客体,2013 年《著作权法实施条例》第二条规定,"文学、艺术和科学领域内具有独创性并能以某种有形形式复制的智力成果。"2021 年《著作权法》第三条规定将"作品"定义为"文学、艺术和科学领域内具有独创性并能以一定形式表现的智力成果"。作品构成的可复制性条件,以及与"一定形式表现"的关系,参见《计算机软件保护条例》第四条解读。

"表演"作为表演者权的客体,在《著作权法》《著作权法实施条例》上均未有定义,但《著作权法实施条例》第五条将"表演者"定义为"演员、演出单位或者其他表演文学、艺术作品的人",因此可以将"表演"定义为以表演、歌唱、演说、朗诵、演奏等方式表现文学艺术作品。《著作权法》第三次修改的修订草案送审稿对"表演者"定义为"以朗诵、演唱、演奏以及其他方式表演文学艺术作品或者民间文学艺术表达的自然人",新增了对"民间文学艺术表达"的表演,这一修改来源于 2012 年 6 月 24 日通过的《视听表演北京条约》第二条(a)款对"表演者"的规定,"系指演员、歌唱家、音乐家、舞蹈家以及对文学或艺术作品或民间文学艺术表达进行表演、歌唱、演说、朗诵、演奏、表现或以其他方式进行表演的其他人员。"

但 2021 年《著作权法》对"表演"的规定,仍然是"使用他人作品演出,表演者应当取得著作权人许可,并支付报酬。演出组织者组织演出,由该组织者取得著作权人许可,并支付报酬。""表演者对其表演享有下列权利:……"从条文的文义及体系来看,2021 年《著作权法》并未将"民间文学艺术表达"的表演纳入其中。因此,对于"民间文学艺术表达"的表演,如果在信息网络传播的,并不能得到本条例的保护,除非将来的立法赋予其包括信息网络传播权在内的表演者权。

由于我国现有的法律尚未对"民间艺术表达"的含义及保护作出规定,为了便于读者理解,这里举例说明"对作品的表演"与"对民间艺术表达的表演"在法理上的区别。前者的例子有:歌手在电视上演唱歌曲《阿里山的姑娘》,音乐爱好者在音乐 App 上点播苏红演唱的歌曲《小小的我》,播音主持在电台朗诵莎士比亚的《十四行诗》,奥运会体操冠军李宁在春晚上表演舞蹈《鞍马开花》,笑星在剧场说相声《虎年谈虎》等。后者的例子有:中国多地的"赛龙舟"传统体育赛事,春节假期民间流转已久的舞龙仪式,一些少数民族保留的独特婚庆流程等。

"录音录像制品"作为录音录像制作者权的客体,根据 2013 年《著作权法实施条例》第二条的规定,"录音制品"是指"任何对表演的声音和其他声音的录制品";"录像制品"是指"电影作品和以类似摄制电影的方法创作的作品以外的任何有伴音或者无伴音的连续相关形象、图像的录制品"。

第二条　权利人享有的信息网络传播权受著作权法和本条例保护。除法律、行政法规另有规定的外，任何组织或者个人将他人的作品、表演、录音录像制品通过信息网络向公众提供，应当取得权利人许可，并支付报酬。

【重点法条解读】

本条是关于信息网络传播权保护的原则性规定。

本条明确了《著作权法》规定的作为著作权内容之一的信息网络传播权、作为表演者权内容之一的信息网络传播权以及作为录音录像制品者权内容之一的信息网络传播权，均依照《著作权法》及本条例保护。本条还明确了信息网络传播权的具体权能，即权利人享有许可与获得报酬的权利。未经权利人许可，通过信息网络提供作品、表演、录音录像制品，如无法定免责事由的，构成信息网络传播权侵权。当然，权利人还享有全部或者部分转让其信息网络传播权并获得报酬的权利。应当注意的是，并非所有通过信息网络提供作品、表演、录音录像制品的行为都落入信息网络传播权的范围，详见本条例第二十六条关于"信息网络传播权"的定义及其解读。

2021年《著作权法》新增了一个信息网络传播权的客体——广播电视[①]。《著作权法》第四十七条第一款规定，"广播电台、电视台有权禁止未经其许可的下列行为……(三)将其播放的广播、电视通过信息网络向公众传播。"由此，《信息网络传播权保护条例》也即本条例在将来修订时，有可能将电台电视台的信息网络传播权纳入其中(本条例其他条款也涉及这一问题，编者不再赘述)。

【法律法规衔接问题】

信息网络传播权的保护，还应适用《著作权法》的规定。

第三条　依法禁止提供的作品、表演、录音录像制品，不受本条例保护。

权利人行使信息网络传播权，不得违反宪法和法律、行政法规，不得损害公共利益。

【重点法条解读】

本条是关于不受条例保护的作品、表演、录音录像制品以及权利人不得违法行使信息网络传播权的规定。

第四条　为了保护信息网络传播权，权利人可以采取技术措施。

任何组织或者个人不得故意避开或者破坏技术措施，不得故意制造、进口或者向公众提供主要用于避开或者破坏技术措施的装置或者部件，不得故意为他人避开或者破坏技术措施提供技术服务。但是，法律、行政法规规定可以避开的除外。

【重点法条解读】

本条是关于对技术措施进行保护的规定。

本条第一款明确了权利人采取技术措施保护其信息网络传播权的权利。信息网络条件

---

① 这里是指电台电视台播放的广播电视节目。还有观点认为客体并非是节目，而是承载着节目的信号，但著作权立法并没有采纳这一观点。

下，作品、表演及录音录像制品的数字化传播十分简易、快捷，公众可以方便地获得作品、表演及录音录像制品，而权利人对网络传播其作品、表演及录音录像制品的控制却变得十分困难，单纯依靠法律手段往往难以收到效果而且成本较高。因此，针对网络传播特点，采取合法有效的技术措施，权利人可以控制对作品的访问或使用，有效地保护自己的合法权益。鉴于技术措施在数字环境下对包括信息网络传播权在内的著作权保护的重要意义，《世界知识产权组织版权条约》与《世界知识产权组织表演和录音制品条约》以及有关国家的著作权法都规定了对技术措施保护条款，禁止规避技术措施的违法行为。我国《著作权法》第五十三条第(六)项也规定未经著作权人或者与著作权有关的权利人许可，故意避开或者破坏权利人为其作品、录音录像制品等采取的保护著作权或者与著作权有关的权利的技术措施的等行为属于违法行为，但法律、行政法规另有规定的除外。条例对与信息网络传播权保护有关的技术措施作出了定义，详见本条例第二十六条关于"技术措施"的解读。

本条第二款明确了条例禁止的几种规避技术措施的具体情形，违反本款规定的，应当依照《著作权法》以及条例第十八条、第十九条承担法律责任。规避技术措施的行为分为直接规避与间接规避两种类型。直接规避是指故意避开或者破坏技术措施的行为。间接规避包括两种情形：一种是故意制造、进口或者向公众提供主要用于避开或者破坏技术措施的装置或者部件的行为；另一种是故意为他人避开或者破坏技术措施提供技术服务的行为。无论是直接规避还是间接规避，只有在行为人存在主观故意的情况下，才构成侵害技术措施的违法行为。

在上诉人(原审被告)深圳市迅雷网络技术有限公司与被上诉人(原审原告)飞狐信息技术(天津)有限公司著作权权属、侵权纠纷案[①]中，法院认定："被告在未告知视频播放网站并未取得其许可，亦未取得作品权利人的授权许可的情形下，通过技术手段分析、破解'XX 视频'的相关代码后私自取得涉案影视作品信息，使得公众无需登录'XX 视频'通过被告的'迅雷 HD'软件即可实现涉案作品的在线观看……从被上诉人的举证来看，'迅雷-免费云播和加速下载'软件在播放涉案作品时，画面左上角有'XX 视频''tv.sohu.com'字样，地址栏也出现含有'tv.sohu.com'的 URL 地址。同时，上诉人还进一步举证证明涉案作品在'XX 视频'网站播放第一集时的 URL 地址，与被上诉人公证取证时显示的'迅雷-免费云播和加速下载'软件播放涉案作品第一集的地址完全相同。可见，上诉人的侵权方式……不属于直接提供作品，而是提供搜索链接服务。……被上诉人在本案中还主张其采用了技术保护措施防止未经授权的第三方跳过广告直接抓取视频。《中华人民共和国著作权法》第四十八条第(六)项规定，未经著作权人或者与著作权有关的权利人许可，故意避开或者破坏权利人为其作品、录音录像制品等采取的保护著作权或者与著作权有关的权利的技术措施的，构成侵权。因此，上诉人在本案中故意避开或者破坏被上诉人为涉案作品采取的保护信息网络传播权的技术措施，已构成侵权。至于上诉人的'迅雷-免费云播和加速下载'软件有无构成著作权帮助侵权的问题，由于帮助侵权的成立必须以直接侵权行为为基础，从本案来看，该软件链接的涉案作品来自'XX 视频''XX 视频'作为国内大型影视作品的在线播放平台，设链者有理由相信该平台的作品均已获得合法授权。故上诉人并不具备帮助侵权的主观故意，客观上也并未针对直接侵权行为提供帮助，不构成帮助侵权。综上，上诉人虽

---

① 深圳市中级人民法院(2016)粤 03 民终 4741 号民事判决书。

提供的是搜索链接服务,但其故意避开或破坏了被上诉人为保护涉案作品采取的技术措施,构成侵权。上诉人主张其不应承担侵权责任,本院不予支持。"法院在该案中认定了迅雷公司涉案的深度链接行为属于避开、破坏技术措施的违法行为。

对于以上通过深度链接权利人的网络播放地址,从而实现在侵权人自己界面下观看视听作品的行为,也有法院采用不同的方式进行规制。比较典型的是,将这种类型的深度链接,认定属于作品提供行为,构成对信息网络传播权的直接侵害。例如,北京高院 2018 年发布的《侵害著作权案件审理指南》规定,在侵害信息网络传播权案件中,应当将被诉侵权行为区分提供内容(作品、表演、录音录像制品)行为与提供技术服务行为。对于通过破坏或者避开技术措施设置链接的行为,原告依据著作权法第十条第一款第十二项(即信息网络传播权)主张权利的,可以根据案件情况予以支持。

第五条　　未经权利人许可,任何组织或者个人不得进行下列行为:

(一)故意删除或者改变通过信息网络向公众提供的作品、表演、录音录像制品的权利管理电子信息,但由于技术上的原因无法避免删除或者改变的除外;

(二)通过信息网络向公众提供明知或者应知未经权利人许可被删除或者改变权利管理电子信息的作品、表演、录音录像制品。

【重点法条解读】

本条是关于权利管理电子信息保护的规定。

本条明确了条例禁止的两种侵害权利管理电子信息的情形:一是故意删除或者改变权利管理电子信息的行为,以故意为主观要件;二是通过信息网络向公众提供明知或者应知未经权利人许可被删除或者改变权利管理电子信息的作品、表演、录音录像制品的行为,以明知或者应知为主观要件。违反本条规定的,应当依照条例第十八条承担法律责任。本条还明确了如果是由于技术上的原因无法避免删除或者改变的,则不属于侵害权利管理电子信息的行为。

条例对权利管理电子信息作出了定义,详见本条例第二十六条的解读。

在北京微播视界科技有限公司(以下简称微播公司)与百度在线网络技术(北京)有限公司、北京百度网讯科技有限公司(一起并称"百度公司")侵害作品信息网络传播权纠纷一案[①](以下简称"抖音与百度伙拍案")里,昵称为"黑脸 V"(抖音号为 145651081)的用户,制作并在抖音平台发布了"我想对你说"短视频,整体时长 13 秒,播放页面均有"抖音""ID:145651081"字样的水印。法院对此认为,本案中的水印包含有"我想对你说"短视频的制作者用户 ID 号,表示了制作者的信息,更宜认定为权利管理信息。而水印中标注的"抖音"字样,表示了传播者的信息。

第六条　　通过信息网络提供他人作品,属于下列情形的,可以不经著作权人许可,不向其支付报酬:

(一)为介绍、评论某一作品或者说明某一问题,在向公众提供的作品中适当引用已经发表的作品;

---

① 北京互联网法院(2018)京 0491 民初 1 号民事判决书。

（二）为报道时事新闻，在向公众提供的作品中不可避免地再现或者引用已经发表的作品；

（三）为学校课堂教学或者科学研究，向少数教学、科研人员提供少量已经发表的作品；

（四）国家机关为执行公务，在合理范围内向公众提供已经发表的作品；

（五）将中国公民、法人或者其他组织已经发表的、以汉语言文字创作的作品翻译成的少数民族语言文字作品，向中国境内少数民族提供；

（六）不以营利为目的，以盲人能够感知的独特方式向盲人提供已经发表的文字作品；

（七）向公众提供在信息网络上已经发表的关于政治、经济问题的时事性文章；

（八）向公众提供在公众集会上发表的讲话。

【重点法条解读】

本条是关于合理使用信息网络传播权的规定。

本条以及条例第七条明确了合理使用信息网络传播权的 9 种具体情形。合理使用是指在可以合法地不经权利人许可也不用向其支付报酬而使用作品、表演、录音录像制品的法定情形或制度。合理使用是对包括信息网络传播权在内的著作权权利的一种限制，也有观点认为是一种"积极抗辩"事由（The Authors Guild，Inc. v Google，Inc. 一案美国第二巡回上诉法院 2015 年判决）。[①]

【难点问题解析】

为什么要以合理使用来限制权利人的信息网络传播权？

合理使用制度与《著作权法》以及本条例的立法宗旨是一致的。法律对包括信息网络传播权在内的著作权的保护，既是为了激励创作，增益知识，更是为了大众福祉，社会进步。"奖励作者只是手段，促进大众获取知识才是著作权法的目的。"（The Authors Guild，Inc. v. Google，Inc. 一案美国第二巡回上诉法院 2015 年判决。）为了实现这一目的，著作权法的任务之一就是实现著作权利与大众利益、商业及技术创新之间平衡，合理使用是公益的安全阀，"允许对那些享有著作权的进行复制，只要复制行为出于某种有益之目的——例如用于新闻报道、教学、评论——并且符合法律规定的其他条件"，合理使用也是经济工具[②]，在交易及创作成本过高时，"就会将一种未经许可而使用他人享有著作权作品的行为辩解为一种合理行为……比如 Sony 案与 Williams & Wilkins 案，就家庭录像或者图书馆复印而进行谈判的成本，超过了因使用这些复制件带来的经济价值"[③]。

第七条　图书馆、档案馆、纪念馆、博物馆、美术馆等可以不经著作权人许可，通过信息网络向本馆馆舍内服务对象提供本馆收藏的合法出版的数字作品和依法为陈列或者保存版本的需要以数字化形式复制的作品，不向其支付报酬，但不得直接或者间接获得经济利益。当事人另有约定的除外。

前款规定的为陈列或者保存版本需要以数字化形式复制的作品，应当是已经损毁或者

[①] The Authors Guild，Inc. v Google，Inc.

[②] ［美］Paul Goldstein 著：《著作权之道》，北京大学出版社 2008 年版，第 16 页。

[③] ［美］Paul Goldstein 著：《著作权之道》，北京大学出版社 2008 年版，第 140 页。

濒临损毁、丢失或者失窃,或者其存储格式已经过时,并且在市场上无法购买或者只能以明显高于标定的价格购买的作品。

【重点法条解读】

本条是关于图书馆、档案馆、纪念馆、博物馆、美术馆等大众文化机构合理使用的规定。

第八条 为通过信息网络实施九年制义务教育或者国家教育规划,可以不经著作权人许可,使用其已经发表作品的片断或者短小的文字作品、音乐作品或者单幅的美术作品、摄影作品制作课件,由制作课件或者依法取得课件的远程教育机构通过信息网络向注册学生提供,但应当向著作权人支付报酬。

【重点法条解读】

本条是关于远程教育的法定许可的规定。

法定许可是指合法地不经权利人许可但应向其支付报酬而使用作品、表演、录音录像制品的法定情形或制度。教育是知识普及、社会进步的根本事业,著作权法及本条例的立法宗旨也包括通过激励创作、保护著作权来促进、推动教育事业。本条适应信息化的要求,通过设置远程教育的法定许可,实现信息网络传播权保护与教育事业发展之间的平衡。

应当注意的是,本条适用的目的是在数字网络条件下促进教育事业发展,仅限"通过信息网络实施九年制义务教育或者国家教育规划",营业性的远程培训、辅导等活动需要使用作品的。例如,昂立教育、华尔街英语等牟利机构,仍应经权利人许可并向其支付报酬,否则构成侵权行为。还应注意的是,本条适用的作品范围仅限于"已经发表作品的片断或者短小的文字作品、音乐作品或者单幅的美术作品、摄影作品"。

第九条 为扶助贫困,通过信息网络向农村地区的公众免费提供中国公民、法人或者其他组织已经发表的种植养殖、防病治病、防灾减灾等与扶助贫困有关的作品和适应基本文化需求的作品,网络服务提供者应当在提供前公告拟提供的作品及其作者、拟支付报酬的标准。自公告之日起 30 日内,著作权人不同意提供的,网络服务提供者不得提供其作品;自公告之日起满 30 日,著作权人没有异议的,网络服务提供者可以提供其作品,并按照公告的标准向著作权人支付报酬。网络服务提供者提供著作权人的作品后,著作权人不同意提供的,网络服务提供者应当立即删除著作权人的作品,并按照公告的标准向著作权人支付提供作品期间的报酬。

依照前款规定提供作品的,不得直接或者间接获得经济利益。

【重点法条解读】

本条是关于扶贫公益的特别法定许可的规定。

第十条 依照本条例规定不经著作权人许可、通过信息网络向公众提供其作品的,还应当遵守下列规定:

(一)除本条例第六条第(一)项至第(六)项、第七条规定的情形外,不得提供作者事先声明不许提供的作品;

(二)指明作品的名称和作者的姓名(名称);

（三）依照本条例规定支付报酬；

（四）采取技术措施，防止本条例第七条、第八条、第九条规定的服务对象以外的其他人获得著作权人的作品，并防止本条例第七条规定的服务对象的复制行为对著作权人利益造成实质性损害；

（五）不得侵犯著作权人依法享有的其他权利。

【重点法条解读】

本条是关于信息网络传播权的合理使用、法定许可应符合的具体要求。

本条明确了信息网络传播权法定限制情形下使用者的具体义务，以保护著作权人的精神权利、财产权利，避免相关情形影响权利人正常行使权利，不合理地损害著作权人的合法利益。

第十一条　通过信息网络提供他人表演、录音录像制品的，应当遵守本条例第六条至第十条的规定。

【重点法条解读】

本条是关于作品的合理使用、法定许可的规定适用于表演、录音录像制品的规定。

第十二条　属于下列情形的，可以避开技术措施，但不得向他人提供避开技术措施的技术、装置或者部件，不得侵犯权利人依法享有的其他权利：

（一）为学校课堂教学或者科学研究，通过信息网络向少数教学、科研人员提供已经发表的作品、表演、录音录像制品，而该作品、表演、录音录像制品只能通过信息网络获取；

（二）不以营利为目的，通过信息网络以盲人能够感知的独特方式向盲人提供已经发表的文字作品，而该作品只能通过信息网络获取；

（三）国家机关依照行政、司法程序执行公务；

（四）在信息网络上对计算机及其系统或者网络的安全性能进行测试。

【重点法条解读】

本条是关于可以合法地避开技术措施的具体情形的规定。

第十三条　著作权行政管理部门为了查处侵犯信息网络传播权的行为，可以要求网络服务提供者提供涉嫌侵权的服务对象的姓名（名称）、联系方式、网络地址等资料。

【重点法条解读】

本条是关于网络服务提供者向著作权行政执法部门提供涉嫌侵权服务对象的资料的规定。

本条明确了网络服务提供者在信息网络传播权侵权行为行政执法中的协助义务。数字网络（cyber space）环境中，网络信息浩如烟海，网络用户数以亿计，而且网上身份是数字化的，具有虚拟性特征，常常体现为注册名、ID 等，这就为调查信息网络传播权侵权行为带来了不小的难度，不利于维护权利人的合法权益。而网络用户一般需要通过接入、信息发布等网络技术服务才能进入、使用数字网络，这些服务的提供者往往掌握用户的一定身份识别信息。因此，本条规定了网络服务提供者的行政执法协助义务。

2021 年 8 月 20 日，第十三届全国人大会常务会通过的《个人信息保护法》（以下称 2021

年《个人信息保护法》),也为著作权执法机关在信息网络传播权案件中收集相关信息提供了法律依据。该法第十三条规定,"符合下列情形之一的,个人信息处理者方可处理个人信息……(三)为履行法定职责或者法定义务所必需……"该法自 2021 年 11 月 1 日起施行。

第十四条 对提供信息存储空间或者提供搜索、链接服务的网络服务提供者,权利人认为其服务所涉及的作品、表演、录音录像制品,侵犯自己的信息网络传播权或者被删除、改变了自己的权利管理电子信息的,可以向该网络服务提供者提交书面通知,要求网络服务提供者删除该作品、表演、录音录像制品,或者断开与该作品、表演、录音录像制品的链接。通知书应当包含下列内容:

(一)权利人的姓名(名称)、联系方式和地址;

(二)要求删除或者断开链接的侵权作品、表演、录音录像制品的名称和网络地址;

(三)构成侵权的初步证明材料。

权利人应当对通知书的真实性负责。

【重点法条解读】

本条是关于权利人为了维权目的向相关网络服务提供者发出通知的规定。

本条明确了权利人通知的内容要求。数字网络空间极大改变了以往的创作与商业发布模式,也使得作品、表演、录音录像制品的传播变得快捷、便利。数字网络成为娱乐消费与专业分享的主要载体,使侵权成本大大降低,侵权信息的发布也变得十分容易,而且由于数字网络的虚拟性与全球性,发布侵权信息的网络用户也难以查找,这给权利人维权带来极大的困难。由于侵权信息的发布及搜索一般需要信息存储、信息定位等网络服务,因此,条例规定权利人可以发布通知,要求提供信息存储空间或者提供搜索、链接服务的网络服务提供者采取删除其作品、表演、录音录像制品的侵权文件,或者断开与该侵权文件的链接等措施,根据《民法典》第一千一百九十五条第一款的规定,还应包括"屏蔽"等必要措施。

本条第一款明确了权利人通知应当为书面通知。关于"书面"的理解,应包括书函、数据电文等法律认可的书面形式。《民法典》第四百六十九条第一款规定,"当事人订立合同,可以采用书面形式、口头形式或者其他形式。"该条第二款规定,"书面形式是合同书、信件、电报、电传、传真等可以有形地表现所载内容的形式。"该条第三款规定,"以电子数据交换、电子邮件等方式能够有形地表现所载内容,并可以随时调取查用的数据电文,视为书面形式。"最高人民法院 2021 年《关于审理侵害信息网络传播权民事纠纷案件适用法律若干问题的规定》第十三条规定,"网络服务提供者接到权利人以书信、传真、电子邮件等方式提交的通知及构成侵权的初步证据,未及时根据初步证据和服务类型采取必要措施的,人民法院应当认定其明知相关侵害信息网络传播权行为。"

本条第一款还明确了权利人通知应当具备的内容。国家有关部门,一些视频、音乐分享网络服务商,搜索服务商也发布了通知文本。那么,是否权利人的通知必须具备本款或相关通知文本的内容才构成合乎要求的通知?最高人民法院 2021 年《关于审理侵害信息网络传播权民事纠纷案件适用法律若干问题的规定》第十四条规定,"人民法院认定网络服务提供者转送通知、采取必要措施是否及时,应当根据权利人提交通知的形式,通知的准确程度,采取措施的难易程度,网络服务的性质,所涉作品、表演、录音录像制品的类型、知名度、数量等因素综合判断。"司法实践中并一律不要求权利人通知应与本款相符,如果根据个案情况判断通知足以准确定位相关信息的，一般也应视为合乎要求的通知，具有法律效力。

本条第二款明确了权利人应对其通知的真实性负责。

【难点问题解析】

怎样认识"通知－删除"规则及其与网络服务提供者是否承担赔偿责任的关系？

本条与条例第十五条、第十六条、第十七条共同构成了著名的"通知—删除"规则。该规则最初由美国《数字千年版权法》(DMCA)规定，对网络环境下平衡权利人与网络服务提供者、社会大众的利益发挥了积极作用。随后，有关国家的著作权法借鉴了这一做法。网络信息浩如烟海，在现有的网络技术条件下，网络服务提供者难以做到全程信息审查，如果一味要求信息存储、搜索链接服务商对用户上传的侵权信息承担法律责任，将严重妨碍网络技术与网络经济。在刘某某诉搜狐爱特信信息技术（北京）有限公司（以下简称搜狐爱特信公司）侵犯著作权纠纷一案[①]，法院认为"由于在互联网上网站之间具有互联性、开放性，网上的各类信息内容庞杂，数量巨大，要求网络服务商对所链接的全部信息和信息内容是否存在权利上的瑕疵先行作出判断和筛选是不客观的，网上的信息内容有权利上的瑕疵时，主要应由信息提供者或传播者承担法律责任，仅提供网络技术或设施的服务商，一般不应承担赔偿责任。"最高人民法院 2021 年《关于审理侵害信息网络传播权民事纠纷案件适用法律若干问题的规定》第八条第二款也规定，"网络服务提供者未对网络用户侵害信息网络传播权的行为主动进行审查的，人民法院不应据此认定其具有过错。"因此，我国在制定本条例时也参考了美国的立法，规定了"通知—删除"规则，这既为权利人提供了网络维权的有效方式，也为网络服务提供者降低承担侵权责任的风险提供了可预期的程序，从而与条例中的"避风港"规则一起，构建了适应网络技术与互联网商业服务特点的著作权制度环境。

随之而来的问题是，只要按照"通知—删除"规则，在收到通知后采取了删除、屏蔽、断开链接等必要措施，网络服务提供者是否就能免除承担侵权责任，特别是赔偿责任呢？

首先，网络服务提供者在收到权利人的通知后不采取必要措施，并不一定承担侵权责任。本条第二款规定了权利人应对其通知的真实性负责，如果通知并非权利人发出，或者内容存在瑕疵的，网络服务提供者可以不采取必要措施，也无须承担侵权责任。其次，根据我国法律规定，网络服务提供者承担信息网络传播权侵权责任的归责原则是过错原则。《民法典》第一千一百九十七条规定，"网络服务提供者知道或者应当知道网络用户利用其网络服务侵害他人民事权益，未采取必要措施的，与该网络用户承担连带责任。"最高人民法院 2021 年《关于审理侵害信息网络传播权民事纠纷案件适用法律若干问题的规定》第七条第三款规定，"网络服务提供者明知或者应知网络用户利用网络服务侵害信息网络传播权，未采取删除、屏蔽、断开链接等必要措施，或者提供技术支持等帮助行为的，人民法院应当认定其构成帮助侵权行为。"本条例第二十三条也规定网络服务提供者根据规定断开与侵权的作品、表演、录音录像制品的链接的，不承担赔偿责任；但是，明知或者应知所链接的作品、表演、录音录像制品侵权的，应当承担共同侵权责任。以上规定中的"知道或者应该知道""明知或者应知"就是指网络服务提供者存在过错。而根据上述司法解释第九条

---

① 北京市第二中级人民法院(2000)二中知初字第 128 号民事判决书。

第五项的规定"网络服务提供者是否设置便捷程序接收侵权通知并及时对侵权通知作出合理的反应"只是判断过错的因素之一。因此，网络服务提供者按照条例规定的"通知—删除"规则采取了删除、屏蔽、断开链接等必要措施的，在一般情况下，不承担赔偿责任，但如果其本就对侵权信息存在其他类型的过错的。例如，视频分享网络服务商对热播的电影《星际穿越》《碟中谍6》等以设置榜单、目录、索引、描述性段落、内容简介等方式进行推荐，且公众可以在其网页上直接下载、浏览或者其他方式获得的，就属于"应知"的过错，无论其是否在收到通知后删除侵权视频，仍应承担赔偿责任。

应当注意的是，关于本条规定的权利人通知适用对象，一般认为条例规定的"通知—删除"规则不仅适用于提供信息存储空间或者提供搜索、链接服务的网络服务提供者，也可以适用于其他类型的网络服务提供者。

第十五条 网络服务提供者接到权利人的通知书后，应当立即删除涉嫌侵权的作品、表演、录音录像制品，或者断开与涉嫌侵权的作品、表演、录音录像制品的链接，并同时将通知书转送提供作品、表演、录音录像制品的服务对象；服务对象网络地址不明、无法转送的，应当将通知书的内容同时在信息网络上公告。

【重点法条解读】

本条是关于网络服务提供者接收权利人通知后的相关义务。

本条明确了网络服务提供者接收权利人通知后应当立即采取删除、断开链接等必要措施的义务，以及将权利人通知转送给信息发布的网络用户、无法转送应当公告通知内容的义务。应当注意的是，本条规定的"立即"应理解为一个合理期间，最高人民法院2021年《关于审理侵害信息网络传播权民事纠纷案件适用法律若干问题的规定》第十四条规定，"人民法院认定网络服务提供者转送通知、采取必要措施是否及时，应当根据权利人提交通知的形式，通知的准确程度，采取措施的难易程度，网络服务的性质，所涉作品、表演、录音录像制品的类型、知名度、数量等因素综合判断。"

在前文提到的"抖音与百度伙拍"案里，微播公司向百度公司发送了两封电子邮件给百度公司某员工，后又按照伙拍小视频手机软件公布的地址，向百度公司寄送一封纸质投诉函，三次通知百度公司删除侵权短视频。对此，法院认为，微播公司以两封电子邮件的方式举证，主张其早已于2018年8月24日通知百度公司删除被控侵权短视频，百度公司在2018年9月10日才删除该视频，未在合理期限内履行"通知—删除"义务，百度公司不应适用"避风港"条款。但是在百度公司称其未收到上述邮件的情况下，微播公司无法证明上述电子邮件到达百度公司电子邮件系统。因此法院没有支持微播公司的主张。

百度公司收到直接寄达的纸质投诉函后，在合理期限内删除了被控侵权短视频。因此，法院认为现有证据无法证明百度公司对于被控侵权短视频是否侵权存在明知或应知的主观过错，且在收到微播公司的通知后，百度公司及时删除了被控侵权短视频，百度公司的行为符合进入"避风港"的要件。在此情形下，无论伙拍小视频手机软件的涉案用户是否构成侵权，百度公司作为网络服务提供者，均不构成侵权，不应承担责任。

第十六条 服务对象接到网络服务提供者转送的通知书后，认为其提供的作品、表演、录音录像制品未侵犯他人权利的，可以向网络服务提供者提交书面说明，要求恢复被删除的作品、表演、录音录像制品，或者恢复与被断开的作品、表演、录音录像制品的链接。书面说明应当包含下列内容：

　　（一）服务对象的姓名（名称）、联系方式和地址；

　　（二）要求恢复的作品、表演、录音录像制品的名称和网络地址；

　　（三）不构成侵权的初步证明材料。

　　服务对象应当对书面说明的真实性负责。

　　【重点法条解读】

　　本条是关于服务对象接到网络服务提供者转送的权利人通知后提交"反通知"的权利。

　　本条明确了服务对象即网络用户如认为权利人通知内容不成立时发出"反通知"，要求恢复其被删除的作品、表演、录音录像制品，或者恢复与被断开的作品、表演、录音录像制品的链接。这一规定有效地平衡了权利人与网络用户的利益，防止权利人通知制度被滥用的可能。

　　第十七条　网络服务提供者接到服务对象的书面说明后，应当立即恢复被删除的作品、表演、录音录像制品，或者可以恢复与被断开的作品、表演、录音录像制品的链接，同时将服务对象的书面说明转送权利人。权利人不得再通知网络服务提供者删除该作品、表演、录音录像制品，或者断开与该作品、表演、录音录像制品的链接。

　　【重点法条解读】

　　本条是关于接到服务对象"反通知"后网络服务提供者及权利人义务的规定。

　　本条明确了网络服务提供者接到服务对象"反通知"后的恢复义务，以及权利人不得再就此启动"通知—删除"程序的义务。权利人不服的，可以通过向行政执法部门投诉或者向人民法院起诉的方式解决信息网络传播权纠纷。

　　"通知—删除"规则因信息网络传播权保护问题而诞生，对网络空间法律纠纷的解决具有特适性与有效性，以至于《民法典》《电子商务法》等一些重要法律都进行了借鉴、吸收与完善，并将其应用范围扩大至网络空间的知识产权纠纷，甚至整个网上民事权益纠纷的处理。例如，《民法典》第一千一百九十六条第二款规定，"网络服务提供者接到声明后，应当将该声明转送发出通知的权利人，并告知其可以向有关部门投诉或者向人民法院提起诉讼。网络服务提供者在转送声明到达权利人后的合理期限内，未收到权利人已经投诉或者提起诉讼通知的，应当及时终止所采取的措施。"

　　最高人民法院《关于涉网络知识产权侵权纠纷几个法律适用问题的批复》（2020 年 8 月 24 日最高人民法院审判委员会第 1810 次会议通过，自 2020 年 9 月 14 日起施行）也从应用范围与合理时限上，对本条内容作了扩展与补充。该批复的第三条规定，"在依法转送的不存在侵权行为的声明到达知识产权权利人后的合理期限内，网络服务提供者、电子商务平台经营者未收到权利人已经投诉或者提起诉讼通知的，应当及时终止所采取的删除、屏蔽、断开链接等下架措施。因办理公证、认证手续等权利人无法控制的特殊情况导致的延迟，不计入上述期限，但该期限最长不超过 20 个工作日。"

　　第十八条　违反本条例规定，有下列侵权行为之一的，根据情况承担停止侵害、消除影响、赔礼道歉、赔偿损失等民事责任；同时损害公共利益的，可以由著作权行政管理部门责令停止侵权行为,没收违法所得,非法经营额 5 万元以上的,可处非法经营额 1 倍以上 5 倍以下的罚款;没有非法经营额或者非法经营额 5 万元以下的,根据情节轻重,可处 25 万元以下的罚款;情节严重的,著作权行政管理部门可以没收主要用于提供网络服务的计算机等设备;构成犯罪的,依法追究刑事责任:

(一)通过信息网络擅自向公众提供他人的作品、表演、录音录像制品的;

(二)故意避开或者破坏技术措施的;

(三)故意删除或者改变通过信息网络向公众提供的作品、表演、录音录像制品的权利管理电子信息,或者通过信息网络向公众提供明知或者应知未经权利人许可而被删除或者改变权利管理电子信息的作品、表演、录音录像制品的;

(四)为扶助贫困通过信息网络向农村地区提供作品、表演、录音录像制品超过规定范围,或者未按照公告的标准支付报酬,或者在权利人不同意提供其作品、表演、录音录像制品后未立即删除的;

(五)通过信息网络提供他人的作品、表演、录音录像制品,未指明作品、表演、录音录像制品的名称或者作者、表演者、录音录像制作者的姓名(名称),或者未支付报酬,或者未依照本条例规定采取技术措施防止服务对象以外的其他人获得他人的作品、表演、录音录像制品,或者未防止服务对象的复制行为对权利人利益造成实质性损害的。

【重点法条解读】

本条是关于侵犯信息网络传播权应当承担民事责任以及应当承担行政责任、刑事责任的规定。

【难点问题解析】

快照是否构成侵害信息网络传播权行为?

快照一般包括网页快照、歌词快照以及缩略图快照等几种类型。最高人民法院认为:"快照是搜索引擎提供的一种附加服务,搜索引擎在收录网页过程中,事先将网页上文本文件存储在搜索引擎的服务器上,并根据技术的安排定期更新。"((2009)民三终字第 2 号民事判决书)根据"百度百科"的解释(https://baike.baidu.com/item/网页快照/9406678? fr=aladdin)。"网页快照"是指搜索引擎在收录网页时,对网页进行备份,存在自己的服务器缓存里,当用户在搜索引擎中点击"网页快照"链接时,搜索引擎将 Spider 系统当时所抓取并保存的网页内容展现出来。"歌词快照"一般直接提供一个被搜索网页上 LRC 等形式的歌词文本文件的快照。"缩略图快照"一般提供的被搜索网页上原始图片经分辨率及尺寸上缩小的图片(thumbnail,缩略图)。

搜索引擎将被搜索网站的网页、歌词文件和 thumbnail 图片存储在自己的服务器上,公众可以通过互联网访问浏览,属于以有线或无线方式向公众提供,使公众可以在其个人选定的时间和地点获得作品。因此,快照行为落入信息网络传播权的范围。在浙江泛亚电子商务有限公司与北京百度网讯科技有限公司、百度在线网络技术(北京)有限公司侵犯著作权纠纷一案中,北京高院认为:百度将歌词放置在其服务器上,由用户通过点击百度网站 MP3 搜索框的"歌词"按钮的方式向用户提供歌词的行为属于"复制"和"下载"作品的行为,其提供的歌词"快照"服务并非仅仅是搜索引擎服务,已构成在网络上传播作品的行为((2009)民三终字第 2 号民事判决书)。在 Kelly 诉 Arriba Soft Corp. 判例中,美国联邦第九巡回上诉法院认为,Arriba 存储并通过互联网提供 thumbnail 图片的事实包括,Arriba 利用其研发的计算机程序在互联网中自动搜索(crawl)各种图片并编成索引,"crawler"程序将在互联网中搜索到的图片按其原来正常尺寸(full－sized)下载并存储在其服务器中,然后程序自动将图片生成一个尺寸和分辨率(resolution)均小于原图片的缩小图片(thumb-nails),当缩小图片生成后,程序自动将服务器中的原图片删除。尽管用户能够将这些缩小图片下载,但不能提高其分辨率(Kelly v. Arriba Soft Corp., 336 F. 3d 811 (9th Cir. 2003))。在 Blake A. Field 诉 Google Inc. 判例、Perfect 10 诉 Amazon. com Inc 判例中,美国法院也确认了网页快照属于通过信息网络向公众传播作品行为的事实。①

　　虽然快照服务落入信息网络传播权的保护范围,但是构成侵权还是合理使用,司法实践中一般根据个案的具体情况进行判断,最高人民法院 2021 年《关于审理侵害信息网络传播权民事纠纷案件适用法律若干问题的规定》第五条,"网络服务提供者以提供网页快照、缩略图等方式实质替代其他网络服务提供者向公众提供相关作品的,人民法院应当认定其构成提供行为。前款规定的提供行为不影响相关作品的正常使用,且未合理损害权利人对该作品的合法权益,网络服务提供者主张其未侵害信息网络传播权的,人民法院应予支持。"北京高院 2018 年《侵害著作权案件审理指南》9.22 规定,"网络服务提供者在提供搜索服务时以快照形式在其服务器上生成作品、表演、录音录像制品的复制件并通过信息网络向公众提供,使得公众能够在选定的时间和地点获得作品的,构成提供内容的行为。网页快照服务提供者以搜索、链接或者系统缓存为由提出不侵权抗辩的,不予支持。网页快照服务提供行为侵权的认定,与快照来源网页内容是否侵权无关。"9.23 规定判断网页快照提供行为是否属于不影响相关作品的正常使用,且未不合理损害权利人对该作品合法权益情形的,可以考虑的因素。

　　一般认为"网页快照""缩略图快照"构成合理使用的可能性较大。例如,在王某与雅虎公司侵犯著作权纠纷案中,北京市高级人民法院认为:"该网页快照服务是雅虎公司利用其搜索引擎技术,使搜索引擎在抓取涉案网页的过程中,自动将该网页的 HTML 编码备份到服务器中,在用户点击相应"网页快照"后,即可以访问存储在该服务器中的涉案网页。由于上述抓取、存储涉案网页的过程系基于搜索引擎技术发展的一种技术安排,是否能够将网页设置为网页快照以及网页快照的具体内容均取决于原网站,因此雅虎公司并不知晓其为涉案网页设置了网页快照,更不知晓涉案网页快照的内容;同时,雅虎公司已经在涉案网页快照上提示了该网页的来源,已经尽到了告知义务。""缩略图快照"因为分辨率与尺寸上与原图显著不同,不影响原图的正常使用,也不会不合理地损害原图相关的信息网络传播权益,相反还给网络用户带来了信息定位便利,因此,一般也属于合理使用而不构成侵权。

　　"歌词快照"通常被认为构成信息网络传播权侵权。例如,在浙江泛亚电子商务有限公司与北京百度网讯科技有限公司、百度在线网络技术(北京)有限公司侵犯著作权纠纷一案中,北京市高级人民法院认为:"百度网讯公司、百度在线公司所提供的"快照"或"缓存"服务,客观上起到了让用户直接从其服务器上获取歌词的作用,足以影响提供歌词的第三方的市场利益。"最高人民法院认为:"实践中常见的快照类型有网页快照、图片快照(即缩略图)以及本案中的歌词快照。快照与搜索引擎服务紧密相关,但网络服务提供者提供各种不

---

① 詹毅:"论网页快照的转化性使用价值",载《上海政法学院学报》2010 年第 2 期。

同类型的快照服务,应考虑到其所提供的内容是否是他人受保护的作品,其提供行为对各相关方,包括对权利人以及原始提供内容的网站正常提供作品的影响,以及其是否采取了合理的措施避免对权利人以及第三方网站的合法利益产生不合理的损害。本案中,一审法院基于歌词作品的特性,认为百度网站提供歌词快照的行为构成对泛亚公司信息网络传播权的侵犯,其认定并无不当,本院予以支持。"((2009)民三终字第 2 号民事判决书)但是,编者认为"歌词快照"也应属于合理使用(详见编者"论网页快照的转化性使用价值"一文所述)。

【法律法规衔接问题】

侵犯信息网络传播权,构成犯罪的,适用《刑法》的相关规定。

第十九条　违反本条例规定,有下列行为之一的,由著作权行政管理部门予以警告,没收违法所得,没收主要用于避开、破坏技术措施的装置或者部件;情节严重的,可以没收主要用于提供网络服务的计算机等设备;非法经营额 5 万元以上的,可处非法经营额 1 倍以上 5 倍以下的罚款;没有非法经营额或者非法经营额 5 万元以下的,根据情节轻重,可处 25 万元以下的罚款;构成犯罪的,依法追究刑事责任:

(一)故意制造、进口或者向他人提供主要用于避开、破坏技术措施的装置或者部件,或者故意为他人避开或者破坏技术措施提供技术服务的;

(二)通过信息网络提供他人的作品、表演、录音录像制品,获得经济利益的;

(三)为扶助贫困通过信息网络向农村地区提供作品、表演、录音录像制品,未在提供前公告作品、表演、录音录像制品的名称和作者、表演者、录音录像制作者的姓名(名称)以及报酬标准的。

【重点法条解读】

本条是关于对侵害信息网络传播权有关的严重违法行为应当追究行政责任、刑事责任的规定。

第二十条　网络服务提供者根据服务对象的指令提供网络自动接入服务,或者对服务对象提供的作品、表演、录音录像制品提供自动传输服务,并具备下列条件的,不承担赔偿责任:

(一)未选择并且未改变所传输的作品、表演、录音录像制品;

(二)向指定的服务对象提供该作品、表演、录音录像制品,并防止指定的服务对象以外的其他人获得。

【重点法条解读】

本条是关于提供网络接入、自动传输服务的网络服务提供者免责的规定。

本条明确了提供网络接入、自动传输服务的网络服务提供者免责的具体条件,强调网络技术服务具有的自动性、被动性、非干涉性的技术支持特征。例如,光纤宽带接入互联网、手机 5G 无线接入互联网等电信、移动运营商提供的上网、传输服务,这些网络服务提供的是纯粹的信息通道,并不干涉用户选择、传输什么样的数据,也不对数据进行主观的筛选、改变。如果因为通道内的数据涉及侵权的作品、表演、录音录像制品,而要求运营商承担赔偿责任,显然会严重妨碍网络的正常运行。因此,本条规定符合规定条件的网络服务提供者不承担赔偿责任。

【难点问题解析】

怎样认识"避风港"规则及其与网络服务提供者是否承担损害赔偿责任的关系？

本条与条例第二十一条、第二十二条、第二十三条共同构成了著名的"避风港"规则。该规则最初由美国《数字千年版权法》(DMCA)规定，并为欧盟等地区、国家的立法所借鉴。与"通知—删除"规则一样，我国立法也参考了美国立法，构建了适应网络技术与商业服务特点的著作权制度环境。

为网络服务提供者提供一个明确的稳定的行为预期，符合规则的网络服务行为不需要承担赔偿责任。如果被诉信息网络传播权侵权，网络服务提供者可以此作为抗辩理由，这就给予了网络技术与商业模式一个明确的可靠的著作权法律支持。

理解"避风港"规则应注意以下两点。第一，"避风港"规则的意义在于，在复杂的网络条件下，为了促进网络技术与网络经济，给网络服务提供者设置一条明显的清晰的法律风险安全线，但没有给予其侵权责任上的优待，并不意味着网络服务提供者在侵害信息网络传播权应承担赔偿责任时，可以因为"避风港"规则得到豁免。第二，符合条件的网络服务可以驶入"避风港"，但未达到条件的网络服务也不必然构成信息网络传播权侵权，侵权与否还应根据过错归责原则来判断。例如，最高人民法院 2021 年《关于审理侵害信息网络传播权民事纠纷案件适用法律若干问题的规定》第八条第一款规定，"人民法院应当根据网络服务提供者的过错，确定其是否承担教唆、帮助侵权责任。网络服务提供者的过错包括对于网络用户侵害信息网络传播权行为的明知或者应知。"北京高院 2018 年《侵害著作权案件审理指南》9.17 规定，"侵权责任法第三十六条第二款、第三款(《侵权责任法》已废止，对应于《民法典》第一千一百九十五条第一款、第二款，以及第一千一百九十七条)属于网络服务提供者的侵权责任构成要件条款。不符合信息网络传播权保护条例第二十条、第二十一条、第二十二条、第二十三条关于网络服务提供者侵权损害赔偿责任免责条款的，还应当根据侵权责任法第三十六条(《侵权责任法》已废止，对应于《民法典》第一千一百九十四条至第一千一百九十七条)判断网络服务提供者是否应当承担相应的侵权责任。"

一般认为，根据"避风港"规则，网络服务者是对用户利用其服务传播的作品、表演、录音录像制品是否侵权，并无主动进行监测、审查的义务。网络上信息浩如烟海，要求服务提供者审查信息是否侵权，不仅在现有技术上不具备可行性，而且会导致网络服务商运营成本过大，妨碍网络经济的正常运行。网络服务提供者本质上并不是信息发布者，只是技术服务者，要求其承担信息的著作权审查责任，有悖权利义务的一致性与公平原则。最高人民法院 2021 年《关于审理侵害信息网络传播权民事纠纷案件适用法律若干问题的规定》第八条第二款规定，"网络服务提供者未对网络用户侵害信息网络传播权的行为主动进行审查的，人民法院不应据此认定其具有过错。"

但网络服务提供者特定的商业模式可能导致其承担一定的审查或者注意义务。例如，在再审申请人苹果公司因与被申请人中文在线数字出版集团股份有限公司(以下简称中文在线公司)、一审被告苹果电子产品商贸(北京)有限公司、一审第三人艾通思有限责任公司(以下简称艾通思公司)侵害信息网络传播权纠纷一案中，最高人民法院认为："原审法院认定苹果公司对于涉案程序商店发布应用程序的问题，可以采取符合其自身政策需求的做法而不受开发商的限制，因而具有很强的控制能力和管理能力，具有充分的事实和法律依据……苹果公司以其他网络服务提供商亦从商品或服务销售额中抽取固定比例数额费用的做法，主张其针对涉案应用程序另行收取固定比例费用，性质上属于技术服务费，而非从涉案应用程序中直接获取的经济利益，缺乏事实和法律依据。原审法院基于苹果公司前述直接获取经济利益的情形，认定其应当对涉案侵害信息网络传播权行为负有较高注意义务，并无不当。"

网络服务提供者承担赔偿责任的根据是过错责任原则。《民法典》第一千一百九十七条规定，"网络服务提供者知道或者应当知道网络用户利用其网络服务侵害他人民事权益，未采取必要措施的，与该网络用户承担连带责任。"因此，要求网络服务提供者承担的是过错责任，而其因过错归责原则而承担赔偿责任的前提是其并非侵权信息的发布者，而仅是为侵权信息的传播做出了信息存储、信息定位等服务行为，且行为时具有过错，从而构成信息网络传播权侵权，应承担赔偿责任。《侵权责任法》第三十六条第三款(即《民法典》第一千一百九十七条)的"知道"，"从法解释学角度来讲，'知道'可以包括'明知'与'应知'两种主观状态"。① 因此，网络服务提供者的过错包括明知与应知。理解"应知"应注意以下两点：第一，侵权行为十分明显是"应知"的前提条件，这一条件表明即使不承担事先审查义务，网络服务提供者也不可能不知道侵权事实的存在；第二，对特定的作品、表演、录音录像制品的具体侵权状态知情是"应知"的成立条件，而不是粗泛概括地知晓网络存在各种侵权问题。最高人民法院2021年《关于审理侵害信息网络传播权民事纠纷案件适用法律若干问题的规定》第九条就对这两个"应知"判断标准作出了规定，"人民法院应当根据网络用户侵害信息网络传播权的具体事实是否明显，综合考虑以下因素，认定网络服务提供者是否构成应知：(一)基于网络服务提供者提供服务的性质、方式及其引发侵权的可能性大小，应当具备的管理信息的能力；(二)传播的作品、表演、录音录像制品的类型、知名度及侵权信息的明显程度；(三)网络服务提供者是否主动对作品、表演、录音录像制品进行了选择、编辑、修改、推荐等；(四)网络服务提供者是否积极采取了预防侵权的合理措施；(五)网络服务提供者是否设置便捷程序接收侵权通知并及时对侵权通知作出合理的反应；(六)网络服务提供者是否针对同一网络用户的重复侵权行为采取了相应的合理措施；(七)其他相关因素。"

当然，网络服务的类型不同，"应知"要求的严格度也会不同，网络接入、系统缓存距离作品、表演、录音录像制品等信息的传播源较远，是纯粹的技术服务，"接入服务连接着网站与网络用户，所有网络信息包括侵权信息量十分庞大，该类型网络服务提供者无法一一核实，如果认定标准过于宽泛，可能会使得接入服务提供者承担过重的责任，影响普遍接入服务。"② 因此，可以认为，对该类网络服务构成"应知"的标准应要求最严格，一般情况下不得认定其具有过错，而信息存储服务、信息定位服务等其他类型的网络服务，距离信息的传播源较近，可以综合相关考量因素来认定是否具有过错。

第二十一条 网络服务提供者为提高网络传输效率，自动存储从其他网络服务提供者获得的作品、表演、录音录像制品，根据技术安排自动向服务对象提供，并具备下列条件

① 王胜明主编：《中华人民共和国侵权责任释义》，法律出版社2010年版，第195页。
② 王胜明主编：《中华人民共和国侵权责任释义》，法律出版社2010年版，第195页。

的，不承担赔偿责任：

（一）未改变自动存储的作品、表演、录音录像制品；

（二）不影响提供作品、表演、录音录像制品的原网络服务提供者掌握服务对象获取该作品、表演、录音录像制品的情况；

（三）在原网络服务提供者修改、删除或者屏蔽该作品、表演、录音录像制品时，根据技术安排自动予以修改、删除或者屏蔽。

【重点法条解读】

本条是关于提供系统缓存服务的网络服务提供者免责的规定。

本条明确了为提高网络传输速度提供数据自动存储服务的网络服务提供者免责的具体条件，强调服务具有的自动性、被动性、非干涉性的技术支持特征。高速缓存服务采用的纯粹的技术手段，解决的是网络运行速度的技术问题，所要实现的是减少重复流量，提高传输效率的技术效果。例如，CDN 服务"通过在网络各处放置节点服务器所构成的在现有的互联网基础之上的一层智能虚拟网络，CDN 系统能够实时地根据网络流量、各节点的连接、负载状况以及到用户的距离及响应时间等综合信息将用户的请求重新导向离用户最近的服务节点上。这样用户可以就近取得所需内容，解决网络拥挤的状况，提高用户访问网站的响应速度"（百度百科 https：//baike.baidu.com/item/CDN/420951? fr＝aladdin♯7）。如果因为缓存服务商所存储的数据涉及侵权的作品、表演、录音录像制品，而要求其承担赔偿责任，显然会严重妨碍网络的正常运行。因此，本条规定符合规定条件的网络服务提供者不承担赔偿责任。

第二十二条　网络服务提供者为服务对象提供信息存储空间，供服务对象通过信息网络向公众提供作品、表演、录音录像制品，并具备下列条件的，不承担赔偿责任：

（一）明确标示该信息存储空间是为服务对象所提供，并公开网络服务提供者的名称、联系人、网络地址；

（二）未改变服务对象所提供的作品、表演、录音录像制品；

（三）不知道也没有合理的理由应当知道服务对象提供的作品、表演、录音录像制品侵权；

（四）未从服务对象提供作品、表演、录音录像制品中直接获得经济利益；

（五）在接到权利人的通知书后，根据本条例规定删除权利人认为侵权的作品、表演、录音录像制品。

【重点法条解读】

本条是关于提供信息存储与发布服务提供者免责的规定。

本条明确了信息存储与发布服务提供者免责的具体条件。信息存储与发布服务是网络技术带来的主要商业模式。例如，"天涯"论坛、优酷、喜马拉雅、知乎、微博、微信、京东商城等，在发生信息网络传播权侵权时，信息存储与发布服务提供者符合以下全部 5 项条件的，才可以驶入"避风港"，免于承担赔偿责任。

本条第（一）项明确了信息存储与发布服务提供者的服务商信息披露义务。

本条第（二）项明确了信息存储与发布服务提供者不得改变其服务的被动性、非干涉性技术特征。如果服务商对用户提供作品进行改变，就属于最高人民法院 2021 年《关于审理侵害信息网络传播权民事纠纷案件适用法律若干问题的规定》第九条第（三）项的规定，"网络服务提供者是否主动对作品、表演、录音录像制品进行了选择、编辑、修改、推荐等"的情形，可能被认定具有过错而承担赔偿损失等侵权责任。本条规定"改变"具有特定的著作权法意义，北京高院 2018 年《侵害著作权案件审理指南》9.18 规定，"信息网络传播权保护条例第二十二条规定所称"改变"，是指对服务对象提供的作品、表演、录音录像制品的内容进行了改变。下列行为不应视为对服务对象提供的作品、表演、录音录像制品进行了改变：（1）仅对作品、表演、录音录像制品的存储格式进行了改变；（2）对作品、表演、录音录像加注数字水印等网站标识；（3）在作品、表演、录音录像之前或者结尾处投放广告以及在作品、表演、录音录像中插播广告。"

本条第（三）项明确了信息存储与发布服务提供者不得存在主观过错，即不明知也不应知用户提供侵权的作品、表演、录音录像制品。关于服务商"应知"的考量因素，根据最高人民法院 2012 年《关于审理侵害信息网络传播权民事纠纷案件适用法律若干问题的规定》第十二条规定，"有下列情形之一的，人民法院可以根据案件具体情况，认定提供信息存储空间服务的网络服务提供者应知网络用户侵害信息网络传播权：（一）将热播影视作品等置于首页或者其他主要页面等能够为网络服务提供者明显感知的位置的；（二）对热播影视作品等的主题、内容主动进行选择、编辑、整理、推荐，或者为其设立专门的排行榜的；（三）其他可以明显感知相关作品、表演、录音录像制品为未经许可提供，仍未采取合理措施的情形。"

本条第（四）项明确了信息存储与发布服务提供者未从侵权信息提供中直接获利的条件。关于"直接经济利益"怎样认定，北京高级人民法院 2018 年《侵害著作权案件审理指南》9.19 的第一款规定，"网络服务提供者因提供信息存储空间服务，按照时间、流量等向用户收取标准服务费用的，不属于信息网络传播权保护条例第二十二条第四项所称的'从服务对象提供作品、表演、录音录像制品中直接获得经济利益'。"其 9.19 的第二款规定，"网络服务提供者因提供信息存储空间服务而收取的一般性广告费，不认定为直接获得的经济利益。"同时，最高人民法院 2021 年《关于审理侵害信息网络传播权民事纠纷案件适用法律若干问题的规定》第十一条规定，"网络服务提供者从网络用户提供的作品、表演、录音录像制品中直接获得经济利益的，人民法院应当认定其对该网络用户侵害信息网络传播权的行为负有较高的注意义务。网络服务提供者针对特定作品、表演、录音录像制品投放广告获取收益，或者获取与其传播的作品、表演、录音录像制品存在其他特定联系的经济利益，应当认定为前款规定的直接获得经济利益。网络服务提供者因提供网络服务而收取一般性广告费、服务费等，不属于本款规定的情形。"

本条第（五）项明确了信息存储与发布服务提供者应按照"通知—删除"规则履行权利人通知的信息的删除义务。

对于怎样判断是否属于信息存储空间服务，北京高级人民法院 2018 年《侵害著作权案件审理指南》9.10 规定，"被告主张提供信息存储空间服务的，一般综合下列因素予以认定：（1）被告提供的证据可以证明其网站具备为服务对象提供信息存储空间服务的功能；（2）被告网站中的相关内容明确标示了为服务对象提供信息存储空间服务；（3）被告能够提供上传者的用户名、注册 IP 地址、注册时间、上传 IP 地址、联系方式以及上传时间、上传信息等证据；（4）其他因素。"

第二十三条　网络服务提供者为服务对象提供搜索或者链接服务，在接到权利人的通知书后，根据本条例规定断开与侵权的作品、表演、录音录像制品的链接的，不承担赔偿责任；但是，明知或者应知所链接的作品、表演、录音录像制品侵权的，应当承担共同侵权责任。

【重点法条解读】

本条是关于信息定位服务提供者免责的规定。

本条明确了搜索、链接等信息定位服务提供者免责的具体条件。信息定位本质上是一种技术工具，网络上的信息浩如烟海，搜索、链接等服务为用户准确、快速地检索到所需的内容提供了极大的便利。"那些根据用户指令，通过互联网提供自动搜索、链接服务，且对搜索、链接的信息不进行组织、筛选的网络服务提供者，对通过其系统或者网络的信息的监控能力有限；网络上信息数量庞大，且在不断变化、更新，故要求其逐条甄别信息、注意到信息的合法性是不可能的。通常情况下，提供自动搜索、链接功能的网络服务提供者不知道相关信息是否侵权。"[①]因此，本条规定在接到权利人的通知书后按规定断开链接的搜索或者链接服务提供者不承担赔偿责任。

但是，信息定位也是一种商业服务，经过多年的算法与商业的演进，从最初的 infoseek、hotbot 到现在的谷歌、百度，以及很多专业的搜索、链接服务，发展出了很多模式，包括深度链接、设置榜单、编排搜索结果、垂直搜索等，很难说还有纯粹的信息定位服务的技术的、自动的及被动的特征。因此，为了平衡权利人与信息定位服务者之间的利益，防止服务超出技术范畴而变成对作品、表演、录音录像制品的商业利用，本条还规定了如果搜索、链接服务提供者明知或者应知所链接的作品、表演、录音录像制品侵权的，应当承担共同侵权责任。在信息定位服务提供者接到权利人有效通知后，即对链接的侵权的作品、表演、录音录像制品处于"明知"状态，如不采取必要措施，就会构成侵权行为。最高人民法院2012年《关于审理侵害信息网络传播权民事纠纷案件适用法律若干问题的规定》第十三条规定，"网络服务提供者接到权利人以书信、传真、电子邮件等方式提交的通知，未及时采取删除、屏蔽、断开链接等必要措施的，人民法院应当认定其明知相关侵害信息网络传播权行为。"关于怎样认定"应知"，最高人民法院2012年《关于审理侵害信息网络传播权民事纠纷案件适用法律若干问题的规定》第十条可资参考："网络服务提供者在提供网络服务时，对热播影视作品等以设置榜单、目录、索引、描述性段落、内容简介等方式进行推荐，且公众可以在其网页上直接以下载、浏览或者其他方式获得的，人民法院可以认定其应知网络用户侵害信息网络传播权。"

对于怎样判断链接服务，北京高级人民法院2018年《侵害著作权案件审理指南》9.14的第一款规定，"被告能够举证证明存在以下情形之一的，可以初步认定其提供的是链接服务：（1）涉案作品、表演、录音录像制品的播放是自被告网站跳转至第三方网站进行的；（2）涉案作品、表演、录音录像制品的播放虽在被告网站进行，但其提供的证据足以证明涉案作品、表演、录音录像制品置于第三方网站的；（3）其他情形。"9.14的第二款规定，"单独依据播放画面的水印或者影片介绍中播放来源的图标、文字等，不宜认定被告实施的是

---

① 最高人民法院(2009)民三终字第2号民事判决书。

链接服务行为。"

第二十四条　因权利人的通知导致网络服务提供者错误删除作品、表演、录音录像制品，或者错误断开与作品、表演、录音录像制品的链接，给服务对象造成损失的，权利人应当承担赔偿责任。

【重点法条解读】

本条是关于权利人错误通知导致网络用户损失应承担赔偿责任的规定。

第二十五条　网络服务提供者无正当理由拒绝提供或者拖延提供涉嫌侵权的服务对象的姓名（名称）、联系方式、网络地址等资料的，由著作权行政管理部门予以警告；情节严重的，没收主要用于提供网络服务的计算机等设备。

【重点法条解读】

本条是关于网络服务提供者拒绝或者拖延向著作权行政执法部门提供涉嫌侵权服务对象资料应承担的行政责任的规定。

第二十六条　本条例下列用语的含义：

信息网络传播权，是指以有线或者无线方式向公众提供作品、表演或者录音录像制品，使公众可以在其个人选定的时间和地点获得作品、表演或者录音录像制品的权利。

技术措施，是指用于防止、限制未经权利人许可浏览、欣赏作品、表演、录音录像制品的或者通过信息网络向公众提供作品、表演、录音录像制品的有效技术、装置或者部件。

权利管理电子信息，是指说明作品及其作者、表演及其表演者、录音录像制品及其制作者的信息，作品、表演、录音录像制品权利人的信息和使用条件的信息，以及表示上述信息的数字或者代码。

【重点法条解读】

本条是关于条例主要用语的规定，规定了与信息网络传播权相关的权利管理电子信息的保护。

本条第一款明确了信息网络传播权的含义。需要注意的是，2021年《著作权法》对作品的"信息网络传播权"的定义，进行了一个小的调整，删除了定义里"，"即逗号前的"作品"。《著作权法》第十条第一款第十二项规定，"信息网络传播权，即以有线或者无线方式向公众提供，使公众可以在其选定的时间和地点获得作品的权利"[①]。这样的修改，可以说是立法机关遣词炼意，追求简明的中文表达的结果；但权威的说明还应以立法机关的《著作权法释义》为准。首先，根据本款规定，信息网络传播权所传播的"信息"为"作品、表演、录音录像制品"。其次，根据最高人民法院2012年《关于审理侵害信息网络传播权民事纠纷案件适用法律若干问题的规定》第二条的规定，信息网络传播权中的"信息网络"，包括"以计算机、电视机、固定电话机、移动电话机等电子设备为终端的计算机互联网、广播电视网、固定通信网、移动通信网等信息网络，以及向公众开放的局域网络"。再次，"以有线或者无线方式

[①] 与条例不同，《著作权法》在条文里分别规定了相关的信息网络传播权。例如，对于表演的信息网络传播权，规定于第三十九条第一款第六项；对于录音录像的信息网络传播权，规定于第四十四条第一款。

向公众提供作品、表演或者录音录像制品"是指将信息置于信息网络之中并且使公众可以获得。根据最高人民法院 2012 年《关于审理侵害信息网络传播权民事纠纷案件适用法律若干问题的规定》第二条第二款的规定，"通过上传到网络服务器、设置共享文件或者利用文件分享软件等方式，将作品、表演、录音录像制品置于信息网络中，使公众能够在个人选定的时间和地点以下载、浏览或者其他方式获得"。最后，"个人选定的时间和地点"强调的交互性，是指用户可以根据自己的需求，在自主选定的时间、地点获取信息，不具有按需、交互特征的传播行为不在信息网络传播权的范围之内。理论研究上及司法实践中还存在"信息网络传播行为"的概念，但对其内涵存在争议，一种观点认为"信息网络传播行为"仅指本款规定的"向公众提供作品、表演或者录音录像制品"的行为；另一种观点认为还应该延及提供信息存储、发布空间，提供搜索、链接等网络服务行为，就信息网络传播环节而言，信息网络传播行为既可以包括作品、表演、录音录像制品的提供行为，还可以包括网络服务提供行为。《最高人民法院关于审理侵害信息网络传播权民事纠纷案件适用法律若干问题的规定》基本的起草思路是，将信息网络传播行为划分为作品提供行为与网络服务提供行为。[①] 不过概念之争并未实质影响到信息网络传播权的范围及保护标准，在司法实践中，对于未经许可的，通过信息网络提供权利人享有信息网络传播权的作品、表演、录音录像制品的行为，以及相关的教唆、帮助行为，均予以追究侵权责任。

本条第二款明确了技术措施的含义。技术措施包括技术、装置、部件，可分为接触控制措施与权利保护措施。接触控制措施是指对未经许可浏览、欣赏作品、表演、录音录像制品等进行访问（access）控制的措施。例如，输入账户、密码才能在线播放电影、阅读小说等。权利保护措施是指对未经许可提供作品、表演、录音录像制品的侵害信息网络传播权行为进行控制的措施。

首先，技术措施应当具备合法性。技术措施是为了保护权利人合法的信息网络传播权益而采取数字技术手段，应当具有合法性与正当性，否则不予保护。北京高级人民法院2018 年《侵害著作权案件审理指南》9.26 规定，"信息网络传播权保护条例第二十六条规定的技术措施是指为保护权利人在著作权法上的正当利益而采取的控制浏览、欣赏或者控制使用作品、表演、录音录像制品的技术措施。下列情形中的技术措施不属于受著作权法保护的技术措施：（1）用于实现作品、表演、录音录像制品与产品或者服务的捆绑销售；（2）用于实现作品、表演、录音录像制品价格区域划分；（3）用于破坏未经许可使用作品、表演、录音录像制品的用户的计算机系统；（4）其他与权利人在著作权法上的正当利益无关的技术措施。"

其次，技术措施应当具备技术有效性。当然这种技术有效性不能要求过高，一般认为能够达到让网络用户认知到权利人采取了技术措施的程度即可。北京市高级人民法院 2018年《侵害著作权案件审理指南》9.27 规定，"受著作权法保护的技术措施应为有效的技术措施。技术措施是否有效，应当以一般用户掌握的通常方法是否能够避开或者破解为标准。技术人员能够通过某种方式避开或者破解技术措施的，不影响技术措施的有效性。"

本条第三款明确了权利管理电子信息的含义。权利管理电子信息的功能在于识别版权信息。例如，"WPS 文字"软件上标注："版权所有©北京金山办公软件有限公司和珠海金山

---

① 孔祥俊著：《网络著作权保护法律理念与裁判方法》，中国法制出版社 2015 年版，第 55，70 页。

办公软件有限公司，保留所有权利。本软件仅限个人用户基于个人目的的使用，禁止将本软件用于生产、经营等商业用途或者其他用途。"此内容明确了软件的权利人及使用条件等信息。互联网小说、电影、电视剧、绘画、计算机软件等作品、表演、录音录像制品种类繁多、数量巨大、传播范围广泛，保护权利管理电子信息，有助于识别作品、表演、录音录像制品的作者、表演者、制作者、权利归属等信息，既能够让网络用户认知作品与作者之间的联系，了解权利归属与使用条件，也能够让执法机关准确判断作品来源，及时保护权利人合法权益。鉴于权利管理电子信息在数字环境下对包括信息网络传播权在内的著作权保护的重要意义，《世界知识产权组织版权条约》与《世界知识产权组织表演和录音制品条约》以及有关国家的著作权法都规定了权利管理电子信息保护条款，禁止侵害权利管理电子信息的违法行为。2021 年《著作权法》第五十一条规定，"未经权利人许可，不得进行下列行为：（一）故意删除或者改变作品、版式设计、表演、录音录像制品或者广播、电视上的权利管理信息，但由于技术上的原因无法避免的除外；（二）知道或者应当知道作品、版式设计、表演、录音录像制品或者广播、电视上的权利管理信息未经许可被删除或者改变，仍然向公众提供。"2021 年《著作权法》第五十三条还规定了违反第五十一条应承担的法律责任。

【难点问题解析】

网上传播作品等都归信息网传播权管？网络实时传播行为是否落入条例规定的信息网络传播权的范围？

数字网络娱乐方兴未艾，商业运营模式层出不穷，既有视频音频点播，也有聚合型内容平台，还有一种类型就是实时传播服务。例如，网络 APP 实时转播电视台正在播放的电视剧，网络电台定时播放诗歌朗诵节目，直播平台实时传送网红演唱歌曲、表演舞蹈。实时传播服务与点播等按需传播最大的不同在于其实时性，即用户无法在其选定让时间，而只能在服务提供商确定的时间来获得作品、表演、录音录像制品等信息。那么，如果网络实时传播行为未经权利人认可，是否落入信息网络传播权的范围，构成侵权行为呢？

在北京时越网络技术有限公司与宁波成功多媒体通信有限公司侵犯著作权纠纷上诉一案[①]中，"宁波成功公司自 2007 年 6 月 22 日至 2010 年 6 月 21 日期间享有该电视剧的独家信息网络传播权。北京时越公司未经宁波成功公司许可，在其所有的悠视网（www.uusee.com）向互联网用户提供该电视剧的在线播放。"对此法院认为："关于北京时越公司主张其行为不属于信息网络传播权范畴，对此，本院认为，互联网用户通过悠视网能够观看该电视剧的内容，即使悠视网的播放方式系定时定集播放，悠视网未经许可的在线播放行为亦侵犯了宁波成功公司享有的信息网络传播权。"显然在该案中法院认为网络实时传播行为落入信息网络传播权的范围。

但是，网络实时传播的实时性特征，与信息网络传播权的"个人选定的时间和地点"要件的按需、交互性特征完全相反。包括信息网络传播权在内的著作权及相关权属于法定权利，《著作权法》第十条第一款第（十二）项与条例的本条均对"信息网络传播权"作出了清晰的定义，明确了其按需、交互性要件。如果认定网络实时传播行为落入信息网络传播权的范围，将明显有悖立法原意与立法目的，违反权利法定原则，不利于实现法的可预期性与安定性。

---

① 北京市第一中级人民法院（2008）一中民终字第 5314 号民事判决书。

鉴于如果网络实时传播行为未经许可必然会损害权利人的合法权益，因此，司法实践中采取了不同的做法来认定实时传播者的著作权侵权责任。有的认为可以扩张解释"通过信息网络向公众传播"，例如，在原告央视国际网络有限公司与被告酷溜网（北京）信息技术有限公司侵犯著作权纠纷一案①中，法院认为："《著作权法》第四十二条规定，录音录像制作者对其制作的录音录像制品，享有许可他人复制、发行、出租、通过信息网络向公众传播并获得报酬的权利。该规定尽管仅规定了录音录像制作者行使其权利的方式为复制、发行、出租、通过信息网络传播，但该规定体现了录音录像制作者权人有权禁止他人以复制、发行、出租、通过信息网络向公众传播的方式再现其享有权利的录音录像制品。本案中，酷溜网公司通过其信息网络以与中央电视台同步、实时传播的方式传播涉案节目，显然属于通过信息网络实时再现了涉案节目。根据中央电视台的授权，央视网络公司对涉案节目享有通过信息网络实时传播、再现涉案节目的权利。酷溜网公司本案所实施的行为显然侵犯了央视网络公司的该权利，应当承担赔偿损失的法律责任。"

有的认为可以部分类推适用广播权。例如，在上诉人央视国际网络有限公司（以下简称央视公司）因与被上诉人北京百度网讯科技有限公司（以下简称百度公司）、北京搜狐互联网信息服务有限公司（以下简称搜狐公司）侵犯著作权纠纷一案②中，法院认为："适用信息网络传播权调整的传播行为应具有交互式特点。鉴于网络实时转播行为不具有交互式特点，网络用户不能按照其所选定的时间或地点获得该转播内容，故其不属于信息网络传播权的调整范围……对于网络实时转播行为而言，如果其所转播内容的初始传播行为采用的是'无线方式'，应适用《著作权法》第十条第（十一）项的广播权予以调整。如其采用的是'有线方式'，则应适用《著作权法》第十条第（十七）项的兜底条款予以调整……鉴于被上诉人百度公司提供网络实时转播的《春晚》数据流来源于搜狐网站，故其实施的网络实时转播行为的'初始传播'亦为中央电视台的'无线广播'，鉴于对初始传播为"无线广播"的转播行为属于广播权的调整范围，故在被上诉人百度公司无证据证明其已获得著作权人许可的情况下，其实施的上述网络实时转播行为构成对上诉人央视公司广播权的侵犯。"

还有的认为可以适用《著作权法》第十条第一款第（十七）项"应当由著作权人享有的其他权利"的兜底规定。例如，北京市高级人民法院《关于网络著作权纠纷案件若干问题的指导意见（一）（试行）》第十条规定，"网络服务提供者通过信息网络按照事先安排的时间表向公众提供作品的在线播放的，不构成信息网络传播行为，应适用著作权法第十条第一款第（十七）项进行调整。"在评析安乐影片公司诉北京时越公司等侵害著作权案时，主审法官认为，"《著作权法》第十条第十七项规定了兜底条款，俗称其他权"。对于定时播放行为，"并没有哪一项具体的著作权之财产权完全与之对应。目前唯一可以采取的手段就是运用'兜底条款'来应对"。

为了解决司法实践中的问题，2021年《著作权法》第十条第一款、第十一项修改了原有的"广播权"条款，将广播权的含义规定为"以有线或者无线方式公开传播或者转播作品，以及通过扩音器或者其他传送符号、声音、图像的类似工具向公众传播广播的作品的权利，但不包括本款第十二项规定的权利"。这样一来，对于著作权法保护的文章、书籍、电影、

① 北京市朝阳区人民法院(2013)朝民初字第 23448 号民事判决书。
② 北京市第一中级人民法院(2013)一中民终字第 3142 号民事判决书。

歌曲演唱表演、综艺晚会等信息在网络上的各种传播行为,区分为交互式与非交互式,都有了对应的著作权权利——信息网络传播权与广播权。

网络实时传播的性质在于非交互式,由广播权来管,包括定时播放(如某在线视频平台定时播放电视剧《扫黑风暴》)、直播(如某话剧演员定时在直播间朗读小说《晚熟的人》)、网络同步转播(如某体育视频网站同时传送电视台正在播出的"中国象棋大师冠军赛")。

网络交互传播由信息网络传播权来管。例如,音乐 App 上提供歌曲《好一朵美丽的茉莉花》点击收听、某大剧院网站提供威尔第的歌剧片断《飞吧思想,插上金色翅膀》点播观看、电影在线平台提供剧情片《大侦探福尔摩斯》下载播放。再如,学术期刊网库提供克劳德·香农著名的科技论文《A Symbolic Analysis of Relay and Switching Circuits》(继电器与开关电路的符号分析)在线查询、或者数字图书馆提供霍布斯名著《利维坦》远程登录阅读。

第二十七条 本条例自 2006 年 7 月 1 日起施行。

【重点法条解读】

本条是关于本条例施行日期的规定。

但根据《国务院关于修改信息网络传播权保护条例的决定》,国务院决定对《信息网络传播权保护条例》作如下修改:将第十八条、第十九条中的"并可处以 10 万元以下的罚款"修改为"非法经营额 5 万元以上的,可处非法经营额 1 倍以上 5 倍以下的罚款;没有非法经营额或者非法经营额 5 万元以下的,根据情节轻重,可处 25 万元以下的罚款"。本决定自 2013 年 3 月 1 日起施行。

上述经修改条文的生效时间应为决定所指明的日期。

4.4 互联网域名管理办法解读

互联网域名管理办法
(中华人民共和国工业和信息化部令第 43 号)

第一章 总 则

第一条 为了规范互联网域名服务,保护用户合法权益,保障互联网域名系统安全、可靠运行,推动中文域名和国家顶级域名发展和应用,促进中国互联网健康发展,根据《中华人民共和国行政许可法》《国务院对确需保留的行政审批项目设定行政许可的决定》等规定,参照国际上互联网域名管理准则,制定本办法。

【重点法条解读】

本条是关于互联网域名管理办法立法目的与立法根据的规定。

本办法第五十五条第(一)项规定,"域名:指互联网上识别和定位计算机的层次结构式的字符标识,与该计算机的 IP 地址相对应。"互联网上每台计算设备都需要一个地址,以与网络上的其他计算设备相互区别、识别,进而实现主机之间的连接、通信,这个地址就是 IP 地址。IP 地址是网络协议地址,以数字形式工作在网络层。由于数字形式不易理解、书写,如果使用 IP 地址访问政府网站、企业官网等互联网上的信息传播源,必然影响互联网的普及与应用,而用域名来标识网络地址,则极大地方便了网络用户的访问。如"137.254.

120.50"是甲骨文公司官网的 IP 地址，其对应的域名"oracle.com"，显然域名形式更直观，更容易记忆；并且在 IP 地址发生变化的情况下，通过编制对应关系，域名还可以保持不变。因此，域名具有一定的标识与指示功能，特别是商业机构的域名，往往与商标、企业名称等商业标识一起，在宣传推广与电子商务中发挥着重要作用。又如，"oracle"既是甲骨文公司的商标、企业名称，也是公司官网域名的显著部分。

域名是重要的信息资源，虽然网络信息的新访问方式不断出现，但域名系统仍然是互联网有序运行与信息有效传播的重要支撑设施，在经济、社会的信息化中发挥着重要作用。随着 2011 年 6 月 20 日 ICANN 正式通过新通用顶级域名（New gTLD）项目，近年来".WORK"".LAW"".BEER"".购物"".INFO"".MOBI"".RED"".PRO"".KIM"等新增顶级域名大量涌现，在我国境内从事相应的商业服务的机构及种类不断增加，域名服务监管需要跟进与优化。因此，本条明确了办法的立法目的，不仅是为了规范域名服务，保护用户权益，也体现了促进网络发展，维护域名安全的要求。

本条明确了办法的立法根据是《中华人民共和国行政许可法》《国务院对确需保留的行政审批项目设定行政许可的决定》，同时也参考了国际上互联网域名管理准则。办法在遵循国家法律规定、国务院决定，参照 ICANN（互联网域名地址分配机构）等相关做法的基础上制定，既贯彻了行政立法的要求，也体现了域名作为互联网要素的国际化、技术化特征。

第二条　在中华人民共和国境内从事互联网域名服务及其运行维护、监督管理等相关活动，应当遵守本办法。

本办法所称互联网域名服务（以下简称域名服务），是指从事域名根服务器运行和管理、顶级域名运行和管理、域名注册、域名解析等活动。

【重点法条解读】

本条是关于本办法适用范围的规定。

本条第一款明确了互联网域名服务及其运行维护、监督管理均适用本办法。

本条第二款明确了互联网域名服务的含义。

第三条　工业和信息化部对全国的域名服务实施监督管理，主要职责是：

（一）制定互联网域名管理规章及政策；

（二）制定中国互联网域名体系、域名资源发展规划；

（三）管理境内的域名根服务器运行机构和域名注册管理机构；

（四）负责域名体系的网络与信息安全管理；

（五）依法保护用户个人信息和合法权益；

（六）负责与域名有关的国际协调；

（七）管理境内的域名解析服务；

（八）管理其他与域名服务相关的活动。

【重点法条解读】

本条是关于工业和信息化部对域名服务监管职责的规定。

第四条　各省、自治区、直辖市通信管理局对本行政区域内的域名服务实施监督管理，主要职责是：

（一）贯彻执行域名管理法律、行政法规、规章和政策；

（二）管理本行政区域内的域名注册服务机构；

（三）协助工业和信息化部对本行政区域内的域名根服务器运行机构和域名注册管理机构进行管理；

（四）负责本行政区域内域名系统的网络与信息安全管理；

（五）依法保护用户个人信息和合法权益；

（六）管理本行政区域内的域名解析服务；

（七）管理本行政区域内其他与域名服务相关的活动。

【重点法条解读】

本条是关于各省、自治区、直辖市通信管理局对域名服务监管职责的规定。

第五条　中国互联网域名体系由工业和信息化部予以公告。根据域名发展的实际情况，工业和信息化部可以对中国互联网域名体系进行调整。

第六条　".CN"和".中国"是中国的国家顶级域名。

中文域名是中国互联网域名体系的重要组成部分。国家鼓励和支持中文域名系统的技术研究和推广应用。

【重点法条解读】

本条是关于中国的国家顶级域名的规定。

互联网上每一个域名都是由两个或两个以上部分组成层次结构的，均以一个顶级域名结尾，各级域名使用"."间隔，顶级域名前的"."的左边部分称为二级域名，二级域名的左边部分称为三级域名，依此类推，每一级的域名控制其下一级域名的分配。例如，中国政府网的域名为 gov.cn，即为一个二级域名。顶级域名分为"通用顶级域名"（gTLDs，如.com，.org）与"国家及地区代码顶级域名"（ccTLDs）两类。本条明确了".CN"和".中国"是中国的国家顶级域名，并明确了鼓励与支持中文域名系统的政策。

第七条　提供域名服务，应当遵守国家相关法律法规，符合相关技术规范和标准。

第八条　任何组织和个人不得妨碍互联网域名系统的安全和稳定运行。

第二章　域名管理

第九条　在境内设立域名根服务器及域名根服务器运行机构、域名注册管理机构和域名注册服务机构的，应当依据本办法取得工业和信息化部或者省、自治区、直辖市通信管理局（以下统称电信管理机构）的相应许可。

【重点法条解读】

本条是关于设立域名服务相关机构应取得行政许可的规定。

本办法第五十五条规定了域名服务相关机构的含义。本条明确了域名服务相关机构的设立属于政府规制的范围，应提出申请，由电信管理机构审核是否符合法定条件进行审核，并作出是否批准设立的决定。例如，工业和信息化部《关于同意北京然迪克思科技有限公司成为".FUN"".ONLINE"".STORE"".TECH"顶级域域名注册管理机构的批复》(工信部信管函[2017]432 号),工业和信息化部《关于同意纽思塔(北京)科技有限公司成为".BIZ"顶级域域名注册管理机构的批复》(工信部信管函[2017]144 号)。

第十条　申请设立域名根服务器及域名根服务器运行机构的,应当具备以下条件:

(一)域名根服务器设置在境内,并且符合互联网发展相关规划及域名系统安全稳定运行要求;

(二)是依法设立的法人,该法人及其主要出资者、主要经营管理人员具有良好的信用记录;

(三)具有保障域名根服务器安全可靠运行的场地、资金、环境、专业人员和技术能力以及符合电信管理机构要求的信息管理系统;

(四)具有健全的网络与信息安全保障措施,包括管理人员、网络与信息安全管理制度、应急处置预案和相关技术、管理措施等;

(五)具有用户个人信息保护能力、提供长期服务的能力及健全的服务退出机制;

(六)法律、行政法规规定的其他条件。

【重点法条解读】

本条是关于设立域名根服务器及域名根服务器运行机构的行政许可条件的规定。

第十一条　申请设立域名注册管理机构的,应当具备以下条件:

(一)域名管理系统设置在境内,并且持有的顶级域名符合相关法律法规及域名系统安全稳定运行要求;

(二)是依法设立的法人,该法人及其主要出资者、主要经营管理人员具有良好的信用记录;

(三)具有完善的业务发展计划和技术方案以及与从事顶级域名运行管理相适应的场地、资金、专业人员以及符合电信管理机构要求的信息管理系统;

(四)具有健全的网络与信息安全保障措施,包括管理人员、网络与信息安全管理制度、应急处置预案和相关技术、管理措施等;

(五)具有进行真实身份信息核验和用户个人信息保护的能力、提供长期服务的能力及健全的服务退出机制;

(六)具有健全的域名注册服务管理制度和对域名注册服务机构的监督机制;

(七)法律、行政法规规定的其他条件。

【重点法条解读】

本条是关于设立域名注册管理机构的行政许可条件的规定。

第十二条　申请设立域名注册服务机构的,应当具备以下条件:

(一)在境内设置域名注册服务系统、注册数据库和相应的域名解析系统;

(二)是依法设立的法人,该法人及其主要出资者、主要经营管理人员具有良好的信用记录;

(三)具有与从事域名注册服务相适应的场地、资金和专业人员以及符合电信管理机构要求的信息管理系统；

（四）具有进行真实身份信息核验和用户个人信息保护的能力、提供长期服务的能力及健全的服务退出机制；

（五）具有健全的域名注册服务管理制度和对域名注册代理机构的监督机制；

（六）具有健全的网络与信息安全保障措施，包括管理人员、网络与信息安全管理制度、应急处置预案和相关技术、管理措施等；

（七）法律、行政法规规定的其他条件。

【重点法条解读】

本条是关于设立域名注册服务机构的行政许可条件的规定。

第十三条　申请设立域名根服务器及域名根服务器运行机构、域名注册管理机构的，应当向工业和信息化部提交申请材料。申请设立域名注册服务机构的，应当向住所地省、自治区、直辖市通信管理局提交申请材料。

申请材料应当包括：

（一）申请单位的基本情况及其法定代表人签署的依法诚信经营承诺书；

（二）对域名服务实施有效管理的证明材料，包括相关系统及场所、服务能力的证明材料、管理制度、与其他机构签订的协议等；

（三）网络与信息安全保障制度及措施；

（四）证明申请单位信誉的材料。

第十四条　申请材料齐全、符合法定形式的，电信管理机构应当向申请单位出具受理申请通知书；申请材料不齐全或者不符合法定形式的，电信管理机构应当场或者在5个工作日内一次性书面告知申请单位需要补正的全部内容；不予受理的，应当出具不予受理通知书并说明理由。

第十五条　电信管理机构应当自受理之日起20个工作日内完成审查，作出予以许可或者不予许可的决定。20个工作日内不能作出决定的，经电信管理机构负责人批准，可以延长10个工作日，并将延长期限的理由告知申请单位。需要组织专家论证的，论证时间不计入审查期限。

予以许可的，应当颁发相应的许可文件；不予许可的，应当书面通知申请单位并说明理由。

第十六条　域名根服务器运行机构、域名注册管理机构和域名注册服务机构的许可有效期为5年。

【重点法条解读】

本条是关于设立域名服务相关机构的行政许可有效期的规定。

第十七条　域名根服务器运行机构、域名注册管理机构和域名注册服务机构的名称、住所、法定代表人等信息发生变更的，应当自变更之日起20日内向原发证机关办理变更手续。

第十八条　在许可有效期内，域名根服务器运行机构、域名注册管理机构、域名注册服务机构拟终止相关服务的，应当提前30日书面通知用户，提出可行的善后处理方案，并向原发证机关提交书面申请。

原发证机关收到申请后，应当向社会公示 30 日。公示期结束 60 日内，原发证机关应当完成审查并做出决定。

第十九条　许可有效期届满需要继续从事域名服务的，应当提前 90 日向原发证机关申请延续；不再继续从事域名服务的，应当提前 90 日向原发证机关报告并做好善后工作。

第二十条　域名注册服务机构委托域名注册代理机构开展市场销售等工作的，应当对域名注册代理机构的工作进行监督和管理。

域名注册代理机构受委托开展市场销售等工作的过程中，应当主动表明代理关系，并在域名注册服务合同中明示相关域名注册服务机构名称及代理关系。

第二十一条　域名注册管理机构、域名注册服务机构应当在境内设立相应的应急备份系统并定期备份域名注册数据。

【重点法条解读】

本条是关于建立应急系统及备份注册数据义务的规定。

本条明确了为了防止数据毁损风险，保障网络信息安全，域名注册管理机构、服务机构应在我国境内建立应急系统及备份注册数据。

第二十二条　域名根服务器运行机构、域名注册管理机构、域名注册服务机构应当在其网站首页和经营场所显著位置标明其许可相关信息。域名注册管理机构还应当标明与其合作的域名注册服务机构名单。

域名注册代理机构应当在其网站首页和经营场所显著位置标明其代理的域名注册服务机构名称。

第三章　域　名　服　务

第二十三条　域名根服务器运行机构、域名注册管理机构和域名注册服务机构应当向用户提供安全、方便、稳定的服务。

【重点法条解读】

本条是关于域名服务要求的规定。

本条明确了域名服务应达到安全、方便、稳定的标准。

第二十四条　域名注册管理机构应当根据本办法制定域名注册实施细则并向社会公开。

【重点法条解读】

本条是关于域名注册管理机构制定与公开实施细则义务的规定。

第二十五条　域名注册管理机构应当通过电信管理机构许可的域名注册服务机构开展域名注册服务。

域名注册服务机构应当按照电信管理机构许可的域名注册服务项目提供服务，不得为未经电信管理机构许可的域名注册管理机构提供域名注册服务。

第二十六条　域名注册服务原则上实行"先申请先注册",相应域名注册实施细则另有规定的,从其规定。

【重点法条解读】

本条是关于域名注册申请在先原则及例外的规定。

本条明确了域名注册服务一般应遵循"申请在先"原则。两个或者两个以上申请人,就同一域名申请注册的,原则上应给予在先申请人注册域名。申请在先是根据申请人提出域名注册申请的日期来确定的。例如,《中国互联网络信息中心域名注册实施细则》第十八条规定,"中国互联网络信息中心收到第一次有效注册申请的日期为申请日"。因此,一般情况下应当根据相关的域名注册实施细则的规定,以域名注册管理机构收到有效注册申请的日期作为判定申请在先的标准。

在原告李某某、浙江孟乐生物科技有限公司(以下简称浙江孟乐公司)与被告 RealMe 重庆移动通信有限公司(以下简称 RealMe 重庆公司)、深圳市锐尔觅移动通信有限公司(以下简称锐尔觅深圳公司)网络域名权属纠纷一案[①]里,法院就遵循本条规定的"申请在先"原则处理了案涉的域名"realme.cn"的权利归属。

法院经审理认为,除域名的注册、使用行为侵犯他人在先权利或构成不正当竞争外,由在先申请注册者享有域名的相关权益。"realme.cn"的注册时间为 2011 年 5 月 22 日。第 8959134 号"Real Me"商标的注册时间为 2011 年 12 月 28 日,晚于争议域名的注册时间。第 8959134 号"Real Me"商标争议域名的注册行为不符合应当被认定为侵权或者不正当竞争的条件,具有正当性。法院还认为,在域名注册这一市场竞争领域,享有相关的注册商标专用权,并不当然享有与相关商标或企业名称相同或近似的域名的权益。如果他人系在先正当注册相关域名,其他市场经营者均应承受不能再注册该域名的不利后果。法院最终判决案涉争议域名"relme.cn"归浙江孟乐生物科技有限公司所有。

本条同时明确申请在先原则的例外。如果相应的域名注册实施细则另有规定的,按照其规定办理。

第二十七条　为维护国家利益和社会公众利益,域名注册管理机构应当建立域名注册保留字制度。

【重点法条解读】

本条是关于域名注册保留字制度的规定。

本条明确了域名注册管理机构应根据国家利益与公众利益原则,建立域名注册保留字制度。

【难点问题解析】

怎么理解"域名保留字"制度?

"域名保留字"制度,一般是指域名注册管理机构,为维护国家利益与社会公共利益等事由,对部分词汇采取限制注册措施的制度。对于落入"域名保留字"的域名,由于采取了限制注册措施,在事实上处于公众不可获得的状态,因此不适用先申请先注册的原则。

---

① 北京互联网法院(2019)京 0491 民初 21930 号民事判决书。

第二十八条　任何组织或者个人注册、使用的域名中，不得含有下列内容：

（一）反对宪法所确定的基本原则的；

（二）危害国家安全，泄露国家秘密，颠覆国家政权，破坏国家统一的；

（三）损害国家荣誉和利益的；

（四）煽动民族仇恨、民族歧视，破坏民族团结的；

（五）破坏国家宗教政策，宣扬邪教和封建迷信的；

（六）散布谣言，扰乱社会秩序，破坏社会稳定的；

（七）散布淫秽、色情、赌博、暴力、凶杀、恐怖或者教唆犯罪的；

（八）侮辱或者诽谤他人，侵害他人合法权益的；

（九）含有法律、行政法规禁止的其他内容的。

域名注册管理机构、域名注册服务机构不得为含有前款所列内容的域名提供服务。

【重点法条解读】

本条是关于不得作为域名注册、使用的内容的规定。

第二十九条　域名注册服务机构不得采用欺诈、胁迫等不正当手段要求他人注册域名。

第三十条　域名注册服务机构提供域名注册服务，应当要求域名注册申请者提供域名持有者真实、准确、完整的身份信息等域名注册信息。

域名注册管理机构和域名注册服务机构应当对域名注册信息的真实性、完整性进行核验。

域名注册申请者提供的域名注册信息不准确、不完整的，域名注册服务机构应当要求其予以补正。申请者不补正或者提供不真实的域名注册信息的，域名注册服务机构不得为其提供域名注册服务。

第三十一条　域名注册服务机构应当公布域名注册服务的内容、时限、费用，保证服务质量，提供域名注册信息的公共查询服务。

第三十二条　域名注册管理机构、域名注册服务机构应当依法存储、保护用户个人信息。未经用户同意不得将用户个人信息提供给他人，但法律、行政法规另有规定的除外。

【重点法条解读】

本条是关于域名服务应保护个人信息的规定。

域名服务及其他数字化服务收集、存储了大量的个人信息，因此，在域名服务中严格依法保护个人信息是域名服务相关机构及从业人员的义务与责任。

【难点问题解析】

域名注册管理机构、域名注册服务机构保护个人信息的义务与责任主要涉及哪些法律、司法解释？

《民法典》第一百一十一条规定，"自然人的个人信息受法律保护。任何组织和个人需要获取他人个人信息的，应当依法取得并确保信息安全，不得非法收集、使用、加工、传输他人个人信息，不得非法买卖、提供或者公开他人个人信息。"《刑法》第二百五十三条之一

"侵犯公民个人信息罪"规定,"违反国家有关规定,向他人出售或者提供公民个人信息,情节严重的,处三年以下有期徒刑或者拘役,并处或者单处罚金;情节特别严重的,处三年以上七年以下有期徒刑,并处罚金。违反国家有关规定,将在履行职责或者提供服务过程中获得的公民个人信息,出售或者提供给他人的,依照前款的规定从重处罚。窃取或者以其他方法非法获取公民个人信息的,依照第一款的规定处罚。单位犯前三款罪的,对单位判处罚金,并对其直接负责的主管人员和其他直接责任人员,依照各该款的规定处罚。"最高人民法院、最高人民检察院《关于办理侵犯公民个人信息刑事案件适用法律若干问题的解释》第一条规定,"'公民个人信息',是指以电子或者其他方式记录的能够单独或者与其他信息结合识别特定自然人身份或者反映特定自然人活动情况的各种信息,包括姓名、身份证件号码、通信通讯联系方式、住址、账号密码、财产状况、行踪轨迹等。"第三条第二款规定,"未经被收集者同意,将合法收集的公民个人信息向他人提供的,属于刑法第二百五十三条之一规定的"提供公民个人信息",但是经过处理无法识别特定个人且不能复原的除外。"第九条规定,"未经被收集者同意,将合法收集的公民个人信息向他人提供的,属于刑法第二百五十三条之一规定的"提供公民个人信息",但是经过处理无法识别特定个人且不能复原的除外。"

2021 年《个人信息保护法》第九条规定,"个人信息处理者应当对其个人信息处理活动负责,并采取必要措施保障所处理的个人信息的安全。"第十三条规定,"符合下列情形之一的,个人信息处理者方可处理个人信息:(一)取得个人的同意"第二十五条规定,"个人信息处理者不得公开其处理的个人信息,取得个人单独同意的除外。"第二十九条规定,"处理敏感个人信息应当取得个人的单独同意;法律、行政法规规定处理敏感个人信息应当取得书面同意的,从其规定。"

第三十三条 域名持有者的联系方式等信息发生变更的,应当在变更后 30 日内向域名注册服务机构办理域名注册信息变更手续。

域名持有者将域名转让给他人的,受让人应当遵守域名注册的相关要求。

第三十四条 域名持有者有权选择、变更域名注册服务机构。变更域名注册服务机构的,原域名注册服务机构应当配合域名持有者转移其域名注册相关信息。

无正当理由的,域名注册服务机构不得阻止域名持有者变更域名注册服务机构。

电信管理机构依法要求停止解析的域名,不得变更域名注册服务机构。

第三十五条 域名注册管理机构和域名注册服务机构应当设立投诉受理机制,并在其网站首页和经营场所显著位置公布投诉受理方式。

域名注册管理机构和域名注册服务机构应当及时处理投诉;不能及时处理的,应当说明理由和处理时限。

第三十六条 提供域名解析服务,应当遵守有关法律、法规、标准,具备相应的技术、服务和网络与信息安全保障能力,落实网络与信息安全保障措施,依法记录并留存域名解析日志、维护日志和变更记录,保障解析服务质量和解析系统安全。涉及经营电信业务的,应当依法取得电信业务经营许可。

第三十七条 提供域名解析服务,不得擅自篡改解析信息。

任何组织或者个人不得恶意将域名解析指向他人的 IP 地址。

第三十八条 提供域名解析服务，不得为含有本办法第二十八条第一款所列内容的域名提供域名跳转。

第三十九条 从事互联网信息服务的，其使用域名应当符合法律法规和电信管理机构的有关规定，不得将域名用于实施违法行为。

第四十条 域名注册管理机构、域名注册服务机构应当配合国家有关部门依法开展的检查工作，并按照电信管理机构的要求对存在违法行为的域名采取停止解析等处置措施。

域名注册管理机构、域名注册服务机构发现其提供服务的域名发布、传输法律和行政法规禁止发布或者传输的信息的，应当立即采取消除、停止解析等处置措施，防止信息扩散，保存有关记录，并向有关部门报告。

第四十一条 域名根服务器运行机构、域名注册管理机构和域名注册服务机构应当遵守国家相关法律、法规和标准，落实网络与信息安全保障措施，配置必要的网络通信应急设备，建立健全网络与信息安全监测技术手段和应急制度。域名系统出现网络与信息安全事件时，应当在 24 小时内向电信管理机构报告。

因国家安全和处置紧急事件的需要，域名根服务器运行机构、域名注册管理机构和域名注册服务机构应当服从电信管理机构的统一指挥与协调，遵守电信管理机构的管理要求。

第四十二条 任何组织或者个人认为他人注册或者使用的域名侵害其合法权益的，可以向域名争议解决机构申请裁决或者依法向人民法院提起诉讼。

【重点法条解读】

本条是关于域名争议解决机制的规定。

本条明确了域名争议发生时，可以向域名争议解决机构申请裁决或者依法向人民法院提起诉讼。例如，在上诉人上海麦奇教育信息咨询有限公司（以下简称上海麦奇公司）因与被上诉人北京市丰台区 ABC 外语培训学校（以下简称 ABC 学校）、原审被告北京创意麦奇教育信息咨询有限公司（以下简称北京麦奇公司）侵害商标权纠纷一案中，法院认为："上海麦奇公司和北京创意麦奇公司注册并使用域名为 vipabc.net、vipabc.com.cn、vipabc.com、vipabcjr.com 的网站进行与在线英语培训服务相关的培训服务的行为亦构成侵权。"（一审：（2014）三中民初字第 8134 号民事判决书，二审：（2016）京民终 291 号民事判决书。）最高人民法院《关于审理涉及计算机网络域名民事纠纷案件适用法律若干问题的解释》（2020 年 12 月 23 日通过修改的决定，自 2021 年 1 月 1 日起施行）第一条规定，"对于涉及计算机网络域名注册、使用等行为的民事纠纷，当事人向人民法院提起诉讼，经审查符合民事诉讼法第一百一十九条规定的，人民法院应当受理。"第四条规定，"人民法院审理域名纠纷案件，对符合以下各项条件的，应当认定被告注册、使用域名等行为构成侵权或者不正当竞争：（一）原告请求保护的民事权益合法有效；（二）被告域名或其主要部分构成对原告驰名商标的复制、模仿、翻译或音译；或者与原告的注册商标、域名等相同或近似，足以造成相关公众的误认；（三）被告对该域名或其主要部分不享有权益，也无注册、使用该域名的正当理由；（四）被告对该域名的注册、使用具有恶意。"

【难点问题解析】

域名是否属于法律保护的民事权益？

一种观点认为，域名仅仅是网络空间的一种地址符号，具有互联网规范所要求的唯一性特征，属于技术范畴，不具有显著性或者其他法律上的功能，不存在法律应保护的民事权益。另一种观点认为，域名既有技术性特征的一面，因层级结构中的域名特有字符，也具有标识性特征的一面，特别是商业机构的域名显著部分。例如，"oracle.com"中的"oracle"能够发挥一定市场功能，应当作为一种民事权益给予法律保护。编者赞同第二种观点，在电子商务环境中，域名的显著识别部分不仅是网络用户区分不同网络服务提供者的手段，也是网络用户认知不同商品或者服务来源的方式，这凝聚了无形资产价值，应当享有法律保护的民事权益。2019年《反不正当竞争法》第六条规定，"经营者不得实施下列混淆行为，引人误认为是他人商品或者与他人存在特定联系……(三)擅自使用他人有一定影响的域名主体部分、网站名称、网页……"显然，《反不正当竞争法》认可了域名特有部分的商业价值，并作为一种民事权益予以法律保护。

第四十三条 已注册的域名有下列情形之一的，域名注册服务机构应当予以注销，并通知域名持有者：

(一)域名持有者申请注销域名的；

(二)域名持有者提交虚假域名注册信息的；

(三)依据人民法院的判决、域名争议解决机构的裁决，应当注销的；

(四)法律、行政法规规定予以注销的其他情形。

第四章 监督检查

第四十四条 电信管理机构应当加强对域名服务的监督检查。域名根服务器运行机构、域名注册管理机构、域名注册服务机构应当接受、配合电信管理机构的监督检查。

鼓励域名服务行业自律管理，鼓励公众监督域名服务。

第四十五条 域名根服务器运行机构、域名注册管理机构、域名注册服务机构应当按照电信管理机构的要求，定期报送业务开展情况、安全运行情况、网络与信息安全责任落实情况、投诉和争议处理情况等信息。

【重点法条解读】

本条是关于域名服务相关机构定期报送相关情况的义务的规定。

第四十六条 电信管理机构实施监督检查时，应当对域名根服务器运行机构、域名注册管理机构和域名注册服务机构报送的材料进行审核，并对其执行法律法规和电信管理机构有关规定的情况进行检查。

电信管理机构可以委托第三方专业机构开展有关监督检查活动。

第四十七条 电信管理机构应当建立域名根服务器运行机构、域名注册管理机构和域名注册服务机构的信用记录制度，将其违反本办法并受到行政处罚的行为记入信用档案。

第四十八条 电信管理机构开展监督检查，不得妨碍域名根服务器运行机构、域名注册管理机构和域名注册服务机构正常的经营和服务活动，不得收取任何费用，不得泄露所知悉的域名注册信息。

第五章　罚　　则

第四十九条　违反本办法第九条规定，未经许可擅自设立域名根服务器及域名根服务器运行机构、域名注册管理机构、域名注册服务机构的，电信管理机构应当根据《中华人民共和国行政许可法》第八十一条的规定，采取措施予以制止，并视情节轻重，予以警告或者处一万元以上三万元以下罚款。

第五十条　违反本办法规定，域名注册管理机构或者域名注册服务机构有下列行为之一的，由电信管理机构依据职权责令限期改正，并视情节轻重，处一万元以上三万元以下罚款，向社会公告：

（一）为未经许可的域名注册管理机构提供域名注册服务，或者通过未经许可的域名注册服务机构开展域名注册服务的；

（二）未按照许可的域名注册服务项目提供服务的；

（三）未对域名注册信息的真实性、完整性进行核验的；

（四）无正当理由阻止域名持有者变更域名注册服务机构的。

第五十一条　违反本办法规定，提供域名解析服务，有下列行为之一的，由电信管理机构责令限期改正，可以视情节轻重处一万元以上三万元以下罚款，向社会公告：

（一）擅自篡改域名解析信息或者恶意将域名解析指向他人 IP 地址的；

（二）为含有本办法第二十八条第一款所列内容的域名提供域名跳转的；

（三）未落实网络与信息安全保障措施的；

（四）未依法记录并留存域名解析日志、维护日志和变更记录的；

（五）未按照要求对存在违法行为的域名进行处置的。

【重点法条解读】

本条是关于对违法域名解析行为进行处罚的规定。

第五十二条　违反本办法第十七条、第十八条第一款、第二十一条、第二十二条、第二十八条第二款、第二十九条、第三十一条、第三十二条、第三十五条第一款、第四十条第二款、第四十一条规定的，由电信管理机构依据职权责令限期改正，可以并处一万元以上三万元以下罚款，向社会公告。

第五十三条　法律、行政法规对有关违法行为的处罚另有规定的，依照有关法律、行政法规的规定执行。

第五十四条　任何组织或者个人违反本办法第二十八条第一款规定注册、使用域名，构成犯罪的，依法追究刑事责任；尚不构成犯罪的，由有关部门依法予以处罚。

第六章　附　　则

第五十五条　本办法下列用语的含义是：

（一）域名：指互联网上识别和定位计算机的层次结构式的字符标识，与该计算机的 IP 地址相对应。

（二）中文域名：指含有中文文字的域名。

（三）顶级域名：指域名体系中根节点下的第一级域的名称。

（四）域名根服务器：指承担域名体系中根节点功能的服务器(含镜像服务器)。

（五）域名根服务器运行机构：指依法获得许可并承担域名根服务器运行、维护和管理工作的机构。

（六）域名注册管理机构：指依法获得许可并承担顶级域名运行和管理工作的机构。

（七）域名注册服务机构：指依法获得许可、受理域名注册申请并完成域名在顶级域名数据库中注册的机构。

（八）域名注册代理机构：指受域名注册服务机构的委托，受理域名注册申请，间接完成域名在顶级域名数据库中注册的机构。

（九）域名管理系统：指域名注册管理机构在境内开展顶级域名运行和管理所需的主要信息系统，包括注册管理系统、注册数据库、域名解析系统、域名信息查询系统、身份信息核验系统等。

（十）域名跳转：指对某一域名的访问跳转至该域名绑定或者指向的其他域名、IP 地址或者网络信息服务等。

【重点法条解读】

本条是关于办法主要用语的规定。

第五十六条　本办法中规定的日期，除明确为工作日的以外，均为自然日。

第五十七条　在本办法施行前未取得相应许可开展域名服务的，应当自本办法施行之日起十二个月内，按照本办法规定办理许可手续。

在本办法施行前已取得许可的域名根服务器运行机构、域名注册管理机构和域名注册服务机构，其许可有效期适用本办法第十六条的规定，有效期自本办法施行之日起计算。

第五十八条　本办法自 2017 年 11 月 1 日起施行。2004 年 11 月 5 日公布的《中国互联网络域名管理办法》(原信息产业部令第 30 号)同时废止。本办法施行前公布的有关规定与本办法不一致的，按照本办法执行。

【重点法条解读】

本条是关于本办法施行日期的规定。

4.5　其他知识产权保护相关法律解读

中华人民共和国专利法(节选)

（1984 年 3 月 12 日第六届全国人民代表大会常务委员会第四次会议通过，根据 1992 年 9 月 4 日第七届全国人民代表大会常务委员会第二十七次会议《关于修改〈中华人民共和国专利法〉的决定》第一次修正，根据 2000 年 8 月 25 日第九届全国人民代表大会常务委员会第十七次会议《关于修改〈中华人民共和国专利法〉的决定》第二次修正，根据 2008 年 12 月 27 日第十一届全国人民代表大会常务委员会第六次会议《关于修改〈中华人民共和国专利法〉的决定》第三次修正，根据 2020 年 10 月 17 日第十三届全国人民代表大会常务委员会

第二十二次会议《关于修改〈中华人民共和国专利法〉的决定》第四次修正)

第一章　总　　则

第一条　为了保护专利权人的合法权益，鼓励发明创造，推动发明创造的应用，提高创新能力，促进科学技术进步和经济社会发展，制定本法。

【重点法条解读】

本条是关于专利法的立法目的、宗旨的规定。

1999 年 9 月 28 日，美国专利商标局对"一种通过互联网下订单购买物品的方法与系统"授予发明专利权，这就是著名的"一次点击"(1 - click，也称为一键购买)专利[①]，这项专利给权利人带来了良好的市场效益。二十多年来，人工智能、大数据、网络安全等领域里的发明创造不断涌现出来，持续推动了网络空间的发展。在这一过程中，专利法始终在给予着法律支持，而支持的方式就是为发明创造赋予专利权，并为专利权提供法律保护。例如，2021 年 6 月，"基于人工智能的人机交互方法与系统""语音识别方法及系统"等两项发明专利获得"第二十二届中国专利金奖"[②]。

申请人要想获得专利权，其中的一个前提条件就是应当充分公开其发明创造的技术或设计信息，但保密专利除外。有了这个前提条件，社会公众(特别是发明创造所属领域的技术人员)能够方便地检索到这些技术，这就带来了很多的好处。一个好处是公众可以及时了解到最新的技术动态，避免重复的研发劳动。另一个好处是公众可以在现有的专利技术基础上改进研发，促进技术的叠续式进步。此外，如果要在生产经营中实施某项技术方案，可以提前利用文献数据库进行专利检索，查询一下该技术是否存在专利授权，可避免被诉侵权的法律风险。

向公众披露发明创造，换来的是对发明创造的市场垄断，这种垄断来自专利法赋予的专利权。有了专利权，就意味着在专利法规定的权利有效期内，专利权人独占了其发明创造的实施权以及由此带来的收益。

当然，专利法赋予这种合法的垄断，除了专利权有效期的时间限制外，还存在地域的限制。例如，一项发明在中国申请获得了专利权，但没有在美国申请获得专利权，那么美国就不保护该发明。当然，无论是要求充分公开发明创造，还是将专利权赋予发明创造，专利法的根本目的在于通过促进发明创造的应用扩大技术信息的利用广度，最终增益社会公众的福祉，推动社会的经济进步。例如，《专利法》第六章规定了强制许可制度。在特定情形下，专利的实施不需要取得专利权人的同意，而由国家知识产权局颁发许可，但专利权人有权收取合理的使用费。特定情形包括专利权人自专利权被授予之日起满三年，且自提出专利申请之日起满四年，无正当理由未实施或者未充分实施其专利的。可以看出"发明创

[①] 美国专利，专利号为 5，960，411，专利权保护期已经届满，https：//patft. uspto. gov/netacgi/nph－Parser？Sect1＝PTO2＆Sect2＝HITOFF＆p＝1＆u＝％2Fnetahtml％2FPTO％2Fsearch－bool. html＆r＝1＆f＝G＆l＝50＆co1＝AND＆d＝PTXT＆s1＝5960411. PN. ＆OS＝PN/5960411＆RS＝PN/5960411，2021 年 9 月 12 日最近一次访问。

[②] 国家知识产权局关于第二十二届中国专利奖授奖的决定，https：//www. cnipa. gov. cn/art/2021/6/25/art_75_160303. html，2021 年 9 月 12 日最近一次访问。

造"是专利法的一个核心点,没有发明创造,专利权也就无从谈起。

第二条 本法所称的发明创造是指发明、实用新型和外观设计。

发明,是指对产品、方法或者其改进所提出的新的技术方案。

实用新型,是指对产品的形状、构造或者其结合所提出的适于实用的新的技术方案。

外观设计,是指对产品的整体或者局部的形状、图案或者其结合以及色彩与形状、图案的结合所作出的富有美感并适于工业应用的新设计。

【重点法条解读】

本条是关于专利权的客体"发明创造"的规定。

本条第一款规定了《专利法》上"发明创造"的三种类型,包括发明、实用新型、外观设计。

本条第二款规定了发明创造的第一个类型,即"发明"。发明又分为两个类型产品发明与方法发明,这里既包括从无到有的新产品新方法的发明,也包括对于现有的产品或方法作出了改进的发明。需要注意的是,无论发明的是新产品,还是改进产品,发明的客体都是体现为信息的技术方案,而不是发明的对象(即产品的实体物)。发明的对象,即第二款规定的产品、方法,范围十分广泛。就产品而言,应当是人们生产制造出来的物,包括化合物、组合物、设备、工具、器具、机器、仪器、执行操作的装置、零部件、材料等。例如,中国专利号为 ZL201510197266.4 的液晶组合物及液晶显示器件。就方法而言,既包括通过机械、化学或生物等方式将现有物变成另一个物的方法,也包括寻求某种信息结果的方法。例如,中国专利号为 ZL201610133889.X 深部矿电磁探测方法。

本条第三款规定了发明创造的第二个类型,即"实用新型"。与发明的对象是产品、方法不同,实用新型的对象只能是产品,而且"产品"的范围,也比作为发明对象的"产品"的范围小。实用新型针对的"产品"应当是生产制造出来的有一定形状与构造的物。从客体的范围即技术方案来看,实用新型仅针对产品的形状、构造或者其结合的改进,比改进发明的客体范围也要小。因此,实用新型又被称为"小发明"。

本条第四款规定了发明创造的第三个类型,即"外观设计"。如果说发明专利权与实用新型专利权的共同点在于客体都是"技术方案",这一个共同点也成为与外观设计专利权的不同点。外观设计专利权的客体是"设计方案",也即本款所称的"新设计"。因为外观设计追求的不是技术创新,而是通过外形设计让产品具有装饰性,给消费者带来美感。

本款既是"外观设计"的定义,也是对"外观设计"客体范围的限定。首先,外观设计的美感必须体现在产品上,以产品为载体,让产品更为美观,令人赏心悦目,从而适应现代社会高质量高品质的工作、生活。其次,外观设计必须适于工业应用,即外观设计能够应用于产业上并形成批量化生产。最后,外观设计必须是产品的形状、图案或者其结合以及色彩与形状、图案的结合,并且富有美感。需要注意的是,《专利法》2020 年的修改决定里,新增了"局部外观设计"。

自 2021 年 6 月 1 日起,申请人就可以向国家知识产权局提出产品局部的外观设计专利申请。例如,"LED 灯的内壁""汽车的车门""手机的摄像头"等产品局部的外观改进。还需要注意的是,《专利审查指南》2014 年的修改决定(2019 年的修改决定进一步完善)里,新增了"包括图形用户界面的产品外观设计",将图形用户界面(Graphical User Interface, GUI)

纳入了外观设计专利的保护范围。例如，带有温控图形用户界面的冰箱、手机的天气预报动态图形用户界面、带视频点播图形用户界面的显示屏幕面板等。但是游戏界面、与人机交互无关或者与实现产品功能无关的产品显示装置所显示的图案，不属于《专利法》意义上的外观设计，不能授予外观设计专利权。例如，电子屏幕壁纸、开关机画面、网站网页的图文排版等。

本条还是授予专利权的一个前提条件：一项智力劳动成果必须属于本条意义上的"发明创造"，即发明、实用新型或者外观设计，才有可能被授予专利权。这种对一项智力劳动成果是否落入《专利法》所界定的客体范围的判断，也称为专利适格性（Patent Eligibility）判断，其指的是授予专利权的前提条件或一种可能性的资格。如果判定一项智力成果落入本条规定的客体范围，属于一种发明创造，还需要进一步判断该成果有没有达到《专利法》第二十二条、第二十三条规定的授权条件。值得注意的是，《专利法》第二十五条第一款第一项、第二项明确否定了"科学发现""智力活动的规则和方法"的专利适格性，这相当于是从反面作了规定。《专利法》第五条、第二十五条规定的"违反法律、社会公德或者妨害公共利益的发明创造"等情形属于发明创造，但依法不授予专利权。

【难点问题解析】

一种创新的计算机算法是否属于本条意义上的发明创造？

《专利法》第二条规定了发明创造的三种类型，即发明、实用新型、外观设计。前两者与后者的区别是前两者属于技术方案，后者属于设计方案。追求技术效果的技术方案，与追求美观效果的设计方案的共同之处是均为非物质形态的信息，这是发明创造的本质特征。

著名的瑞士计算机科学家、Pascal 语言之父尼古拉斯·沃思提出："计算机程序＝算法＋数据结构"。算法的专利法保护问题，首先是要判断其是否具备专利适格性，即根据本条第二款审查其是否属于技术方案。一般来讲，算法包括数学算法与非数学算法，体现为一系列的逻辑步骤，其本身没有采用技术手段或者利用自然规律，也没有解决技术问题和产生技术效果，因而不构成技术方案，无法落入本条第二款规定的客体范围，不属于发明创造，而属于《专利法》第二十五条第一款第（二）项规定的情形，不能对其授予专利权。例如，主题为"一种建立数学模型的方法"的发明专利申请不涉及具体的技术应用，处理的都是抽象的通用数据，最后得到的结果也是抽象的通用分类数学模型。因此，该申请涉及的方案仅是对抽象数学方法的优化，并不包括技术特征，属于《专利法》第二十五条第一款第（二）项规定的智力活动的规则和方法，不属于一种技术方案，不能落入本条第二款规定的客体范围。

如果算法涉及具体技术问题的解决，则可能构成本条第二款规定的技术方案。《专利审查指南》规定，对一项包含算法特征的权利要求是否属于技术方案进行审查时，需要整体考虑权利要求中记载的全部特征。如果该项权利要求记载了对要解决的技术问题采用了利用自然规律的技术手段，并且由此获得符合自然规律的技术效果，则该权利要求限定的解决方案属于《专利法》第二条第二款所述的技术方案。如果权利要求中涉及算法的各个步骤体现出与所要解决的技术问题密切相关。例如，算法处理的数据是技术领域中具有确切技术含义的数据，算法的执行能直接体现出利用自然规律解决某一技术问题的过程，并且获得了技术效果，则通常该权利要求限定的解决方案属于《专利法》第二条第二款所述的技术方案。

但《专利法》只保护在具体技术领域可以实施的技术方案，不保护抽象算法本身以及不涉及具体技术应用的训练模型。而2020年9月12日起施行《最高人民法院关于审理侵犯商业秘密民事案件适用法律若干问题的规定》第一条规定，"与技术有关的……算法、数据、计算机程序及其有关文档等信息，人民法院可以认定构成反不正当竞争法第九条第四款所称的技术信息。"这为算法本身作为商业秘密保护，提供了一种法律可能性。

第六条 执行本单位的任务或者主要是利用本单位的物质技术条件所完成的发明创造为职务发明创造。职务发明创造申请专利的权利属于该单位，申请被批准后，该单位为专利权人。该单位可以依法处置其职务发明创造申请专利的权利和专利权，促进相关发明创造的实施和运用。

非职务发明创造，申请专利的权利属于发明人或者设计人；申请被批准后，该发明人或者设计人为专利权人。

利用本单位的物质技术条件所完成的发明创造，单位与发明人或者设计人订有合同，对申请专利的权利和专利权的归属作出约定的，从其约定。

【重点法条解读】

本条是关于专利申请权与专利权主体的规定。

本条主要从职务与非职务发明创造的角度，对专利申请权与专利权的归属作出了规定，涉及《专利法》重要的主体包括：发明人、设计人、专利申请权人、专利权人。除本条外，《专利法》第八条、《民法典》"技术合同"一章等也对专利申请权与专利权的归属作出了规定。

本条第一款规定了职务发明创造的专利申请权与专利权的主体。

本条第二款规定了非职务发明创造的专利专利申请权与专利权的主体。

根据本条第一款、第二款的规定，职务发明创造包括两个类型：发明人或者设计人执行本单位任务所完成的发明创造，发明人或者设计人主要是利用本单位的物质技术条件所完成的发明创造。职务发明创造的专利申请权、专利权均归属单位，但发明人或者设计人享有《专利法》第十五条第一款规定的获得奖励权与获得合理报酬权，以及《专利法》第十六条第一款规定的署名权。非职务发明创造的专利申请权、专利权均归属发明人或者设计人。

"发明人或者设计人"是指有血有肉的自然人。发明创造属于民法上的事实行为。例如，十五岁的中学生属于民法意义上的未成年人，但可以成为《专利法》上的发明人或设计人。根据《专利法实施细则》的规定，《专利法》所称"发明人或者设计人"，是指对发明创造的实质性特点作出创造性贡献的人。在完成发明创造过程中，只负责组织工作的人、为物质技术条件的利用提供方便的人或者从事其他辅助工作的人，不是发明人或者设计人。"单位"是指《民法典》上的法人或者非法人组织。例如，合伙企业、有限公司、科研院所。根据《专利法实施细则》的规定，单位还包括因借调、实习而临时工作的单位。根据《专利法实施细则》的规定，"执行本单位任务所完成的职务发明创造"是指有下列情形之一的发明创造：（一）在本职工作中作出的发明创造；（二）履行本单位交付的本职工作之外的任务所作出的发明创造；（三）退休、调离原单位后或者劳动、人事关系终止后1年内作出的，与其在原单位承担的本职工作或者原单位分配的任务有关的发明创造。"本单位的物质技术条件"是指本单位的资金、设备、零部件、原材料或者不对外公开的技术资料等。

在江苏某某科技有限公司与无锡某某科技有限公司、白某某专利权权属纠纷一案①里，最高人民法院认为：第一，适用《专利法》第六条关于职务发明规定的前提是发明人与单位之间存在劳动关系或者临时工作关系；第二，个人与用人单位系平等的民事主体，在不涉及国家、社会公共利益的情况下，双方之间形成何种关系应遵循意思自治原则。因此，判断发明人与单位之间工作关系的性质，应当约定优先，在没有约定的情况下，才需要根据双方所实施的实际行为和结果进行综合判断。

本条第三款规定了单位与发明人或者设计人对于利用本单位的物质技术条件所完成的发明创造，可以订立约定专利申请权与专利权的归属。

第十一条 发明和实用新型专利权被授予后，除本法另有规定的以外，任何单位或者个人未经专利权人许可，都不得实施其专利，即不得为生产经营目的制造、使用、许诺销售、销售、进口其专利产品，或者使用其专利方法以及使用、许诺销售、销售、进口依照该专利方法直接获得的产品。

外观设计专利权被授予后，任何单位或者个人未经专利权人许可，都不得实施其专利，即不得为生产经营目的制造、许诺销售、销售、进口其外观设计专利产品。

【重点法条解读】

本条是关于专利权的权利内容的规定。

专利权的权利内容，概括来讲就是权利人享有独占实施其专利，排除他人实施的权利。有了这个独占实施权，权利人就可以自己来实施，也可以许可他人实施其专利，还可以将专利权出质、转让。而未经专利权人许可，实施其专利的，则会构成专利侵权，除非有依法成立的抗辩事由否则应当承担侵权责任。因此，本条还是认定专利直接侵权的主要法律依据。由独占实施权还衍生出《专利法》第十六条第二款规定的专利标记权。

《专利法》规定了专利权人的权利，同时也规定了其义务。专利权人的义务主要是缴纳年费的义务（参见《专利法》第四十三条、第四十四条）。《专利法》出于公共利益的需要等方面的考虑，还规定了专利权的限制。例如，《专利法》第四十九条规定的发明专利指定许可、《专利法》第五十三条至第六十三条规定的强制许可制度。

本条第一款规定了发明与实用新型专利权的内容。构成发明或实用新型专利权意义上的"实施"须有两个要件。第一个要件是"为生产经营目的"，这也是所有类型的专利"实施"均须具备的要件。例如，在焦某某与中国农业科学院某某研究所、北京市大兴区某某局侵害发明专利权纠纷一案②里，最高人民法院认为，在专利侵权判定时，对"为生产经营目的"的理解，应着眼于具体的被诉侵权行为，综合考虑该行为是否属于参与市场活动、是否影响专利权人市场利益等因素综合判断，既不能将"为生产经营目的"简单等同于"实际获利"；也不能仅仅根据实施主体的性质认定其是否具有生产经营目的。第二个要件是因专利权具体类型的不同，内容也有所不同。根据本款规定，对于产品发明专利权、实用新型专利权来说，是指制造、使用、许诺销售、销售、进口专利产品，只要实施了这五项行为中的一项，就构成了实施专利。对于方法发明专利权来说，是指使用其专利方法以及使用、许诺销

---

① 最高人民法院(2020)最高法知民终 1258 号民事判决书。

② 最高人民法院(2020)最高法知民终 831 号民事判决书。

售、销售、进口依照该专利方法直接获得的产品，只要实施了其中一项，也构成了实施专利。

本条第二款规定了外观设计专利权的内容。构成外观设计专利权意义上的"实施"，也须有两个要件。第一个要件是"为生产经营目的"，其内涵与第一款的规定相同。第二个要件是必须有制造、许诺销售、销售或者进口专利产品的行为，只要实施了这四项行为中的一项，就构成了实施专利。

第二章 授予专利权的条件

第二十二条 授予专利权的发明和实用新型，应当具备新颖性、创造性和实用性。

新颖性，是指该发明或者实用新型不属于现有技术；也没有任何单位或者个人就同样的发明或者实用新型在申请日以前向国务院专利行政部门提出过申请，并记载在申请日以后公布的专利申请文件或者公告的专利文件中。

创造性，是指与现有技术相比，该发明具有突出的实质性特点和显著的进步，该实用新型具有实质性特点和进步。

实用性，是指该发明或者实用新型能够制造或者使用，并且能够产生积极效果。

本法所称现有技术，是指申请日以前在国内外为公众所知的技术。

【重点法条解读】

本条是关于专利权客体"发明""实用新型"实质性授权要件的规定。

本条第一款规定了发明、实用新型获得专利权授权的三个实质性要件。《专利法》第二条、第五条以及第二十五条等条款，解决的是专利权客体"发明创造"的范围或边界问题，即"专利适格性"(Patent Eligibility)问题。而本条解决的是专利权客体"发明""实用新型"的构成要件问题，即"专利性"(Patentability，也称"专利三性")问题。同样，达到专利适格性条件的技术方案要求，还必须具备本条规定的新颖性、创造性、实用性，才可能被授予专利权。

本条第二款规定了新颖性的含义。新颖性确保了只有在发明者确实创造出了"新"的事物时才授予专利权[1]。

如图4-2所示，一项申请授予专利权的发明或实用新型(本申请)，如果其技术方案没有被现有技术(如W技术)披露，也不存在抵触申请(如S申请)，那么就具有新颖性。因此，新颖性的判断包括两个方面内容：一是与单独的一项现有技术进行比较；二是与单独的一项在先申请后公开的申请(如S申请)进行比较，判断S申请是否构成本申请的抵触申请。

"抵触申请"指的是在申请日前，已经有单位或者个人就同样的发明或者实用新型向国家知识产权局提出申请，并且在申请日后(含申请日)公布的专利申请文件或者公告的专利文件。本款涉及的申请日是《专利法》上的一个重要概念，如有优先权的，指优先权日。《专利法》第二十八条、第二十九条分别对申请日、优先权及优先权日作出了规定。抵触申请除了有特定的时间段限定外，还存在其他的限定导致其比现有技术的范围要小得多。新颖性

---

[1] [美]MARTIN J. 等著：《美国专利法(Patent Law)》，知识产权出版社2011年第1版，第42页。

的比较、判断，遵循的是单独对比规则，该规则要求将发明或者实用新型专利申请（如本申请）的各项权利要求，分别与每一项现有技术（如 W 技术），或每一项抵触申请（如 S 申请）里的每一个技术方案单独地进行比较。当一项权利要求中存在两个或两个以上并列技术方案时，需要逐一判断各个技术方案是否具备新颖性。因此，单独对比规则禁止将本申请与几项现有技术方案或者抵触申请内容的组合、或者与一份对比文件中的多项技术方案的组合进行对比。

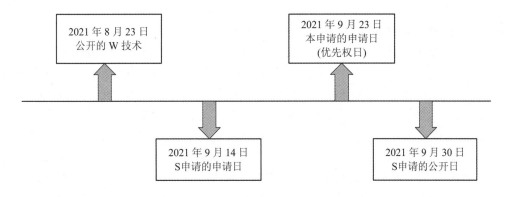

图 4-2　新颖性的判断

第三款规定了创造性的含义。如果申请发明或实用新型专利权的技术方案具备了新颖性要件，接下来就需要进行创造性的判断。创造性的判断不考虑抵触申请，只需考虑现有技术。与现有技术相比，发明的创造性要件是具有"突出的实质性特点"以及"显著的进步"，实用新型的创造性要件是具有"实质性特点"以及"进步"。以发明的创造性判断为例，"突出的实质性特点"，是指对所属技术领域的技术人员来说，发明相对于现有技术是非显而易见的。例如，发明是所属技术领域的技术人员在现有技术的基础上，仅仅通过合乎逻辑的分析、推理可以得到的，则该发明不具备创造性。"显著的进步"是指发明与现有技术相比能够产生有益的技术效果。例如，发明克服了现有技术中存在的缺点和不足（如改善质量、节约能源等），或者为解决某一技术问题提供了一种不同构想的技术方案，或者代表某种新的技术发展趋势。需要注意的是，与新颖性的"单独对比"规则不同，判断创造性时，须将一份或者多份现有技术中的不同的技术内容组合在一起评价申请专利的发明。还应注意的是，发明者在创立发明的过程中，不论是历尽艰辛，还是唾手而得，都不应当影响对其创造性的评价。

在判断发明是否具备创造性时，将发明作为一个整体看待，不仅要考虑发明的技术方案本身，还要考虑发明所属技术领域、所解决的技术问题以及所产生的技术效果。著名的"三步法"（《专利审查指南》将其写在"突出的实质性特点"的判断内容中）的具体步骤为，第一个步骤是确定最接近的现有技术。最接近的现有技术，是指现有技术中与要求保护的发明最密切相关的一个技术方案，是判断发明是否具有突出的实质性特点的基础。第二个步骤是确定发明的区别特征和发明实际解决的技术问题。首先是分析确定申请专利的发明，与最接近的现有技术相比，有哪些区别特征。其次，根据该区别特征所能达到的技术效果确定发明实际解决的技术问题。第三个步骤是判断要求保护的发明对本领域的技术人员来说是否显而易见。判断过程中，要确定的是现有技术整体上是否存在某种技术启示，即现有技术中是否给出将上述区别特征应用到该最接近的现有技术以解决其存在的技术问题

（即发明实际解决的技术问题），这种启示会使本领域的技术人员在面对所述技术问题时，有动机改进该最接近的现有技术并获得要求保护的发明。如果现有技术存在这种技术启示，则发明是显而易见的，不具有突出的实质性特点。

第四款规定了实用性的含义。在本条各款的排序上，实用性被排在新颖性、创造性之后，但在国家知识产局的工作中，实用性审查排在第一位，如果实用性审查不通过，就不必审查新颖性、创造性。《专利审查指南》规定，"发明或者实用新型专利申请是否具备新颖性，只有在其具备实用性后才予以考虑。"实用性判断包括两个条件。一是发明或者实用新型必须能够制造或者使用，二是能够产生积极的效果。

第五款规定了现有技术的含义。现有技术也是《专利法》十分重要的概念判断是否为现有技术的条件有以下3点。（1）时间条件，现有技术的时间界限是申请日（有优先权的，指优先权日）。申请日前公开的技术内容都属于现有技术，但申请日当天公开的技术内容不包括在现有技术范围内。（2）公开条件，即本款规定的"为公众所知"。处于保密状态的不公开技术，除负有保密义务的特定人，他人无从知道其存在还是不存在，因此不属于现有技术。"为公众所知"是指实质性技术内容处于能够为公众实际获得的状态，即想知道就可以知道的状态，但不要求实际上已经知晓。一项技术方案在申请日前为公众所知，即构成现有技术。需要注意的是，现有技术公开与否的判断主体是公众，包括所属技术领域的技术人员。现有技术的公开方式有三种：即出版物公开、使用公开、以其他方式公开。在发明实质审查程序中所引用的对比文件主要是公开出版物。但是，未给出技术方案的内容说明，以致所属技术领域的技术人员无法得知其结构、功能或材料成分的产品展示的，不属于使用公开。例如，某科技公司发明了一种新型架构GPU（针对多个人工智能应用场景提升20倍的算力）。该公司在展会上以播放视频的形式演示了该GPU在深度学习、强化学习方面的强大功能，但观展的公众无从获知该GPU的技术方案。该公司对新型架构GPU的展示不构成技术方案的使用公开。（3）地域条件，本款规定的"在国内外"标准，不管一项技术方案在中国公开，还是在其他国家或地区公开，都属于本款规定的现有技术。

第二十三条　授予专利权的外观设计，应当不属于现有设计；也没有任何单位或者个人就同样的外观设计在申请日以前向国务院专利行政部门提出过申请，并记载在申请日以后公告的专利文件中。

授予专利权的外观设计与现有设计或者现有设计特征的组合相比，应当具有明显区别。

授予专利权的外观设计不得与他人在申请日以前已经取得的合法权利相冲突。

本法所称现有设计，是指申请日以前在国内外为公众所知的设计。

【重点法条解读】

本条是关于专利权客体"外观设计"实质性授权要件的规定。

本条第一款规定了新颖性要件。与第二十二条第二款提出的条件类似，例如，某项申请授予专利权的外观设计，如果其设计方案没有被现有设计披露，也不存在抵触申请，那么就具有新颖性。本款的核心：一是对"不属于现有设计"的理解；二是对"同样的外观设计"的理解。2020年《关于审理专利授权确权行政案件适用法律若干问题的规定（一）》第十九条对此作出了规定，表明判断是否属于现有设计与是否构成抵触申请，采用的是一样的评价标准。"同样的外观设计"是指外观设计相同或者实质相同。

本条第二款规定了创造性要件。本款的核心，一是与一项现有设计相比有明显区别。如果在对申请授予专利权的外观设计与现有设计的整体观察后，一般消费者可以看出：二者的差别对于产品外观设计的整体视觉效果不具有显著影响，那么该设计与现有设计相比不具有明显区别，也就不具备创造性。二是与两项以上现有设计组合相比有明显区别。将申请授予专利权的外观设计与多个现有设计比对，涉及现有设计特征拼合或者转换。根据《专利审查指南》的解释，"组合"是指将两项或者两项以上设计或者设计特征拼合成一项外观设计，或者将一项外观设计中的设计特征用其他设计特征替换，包括拼合、替换。"现有设计特征"是指现有设计的部分设计要素或者其结合，如现有设计的形状、图案、色彩要素或者其结合，或者现有设计的某组成部分的设计，如整体外观设计产品中的零部件的设计。

需要注意的是，可以用于组合的现有设计特征应当是物理上或者视觉上可自然区分的设计，具有相对独立的视觉效果。但如果是局部外观设计的，现有设计中对应部分可以视为用于组合的现有设计特征。2020年《关于审理专利授权确权行政案件适用法律若干问题的规定(一)》第二十条第一款规定，"根据现有设计整体上给出的设计启示，以一般消费者容易想到的设计特征转用、拼合或者替换等方式，获得与外观设计专利的整体视觉效果相同或者仅具有局部细微区别等实质相同的外观设计，且不具有独特视觉效果的，人民法院应当认定该外观设计专利与现有设计特征的组合相比不具有专利法第二十三条第二款规定的'明显区别'。"

需要注意的是，对"转用"情形的考虑。根据《专利审查指南》的解释，"转用"是指将产品的外观设计应用于其他种类的产品。模仿自然物、自然景象以及将无产品载体的单纯形状、图案、色彩或者其结合应用到产品的外观设计中，也属于转用。转用明显存在转用手法的启示的，由此得到的外观设计与现有设计相比不具有明显区别。例如，单纯模仿天安门前"华表"形状做成酒瓶外观、单纯模仿油画《印象·日出》制作纯毛地毯、直接将某品牌汽车外观设计用作儿童玩具汽车的外形等，都属于明显存在转用手法启示，不具有创造性。

需要注意的是，申请专利权的外观设计，是否具有新颖性、创造性，判断的主体是"一般消费者"。根据《专利审查指南》的解释，在判断外观设计是否与《专利法》第二十三条第一款、第二款规定相符时，应当基于涉案专利产品的一般消费者的知识水平和认知能力进行评价。不同种类的产品具有不同的消费者群体。作为某种类外观设计产品的一般消费者应当具备下列特点：(1)对涉案专利申请日之前相同种类或者相近种类产品的外观设计及其常用设计手法具有常识性的了解。例如，一般消费者应当对市场上销售的汽车以及诸如大众媒体中常见的汽车广告中所披露的信息等有所了解。常用设计手法包括设计的转用、拼合、替换等类型。(2)对外观设计产品之间在形状、图案以及色彩上的区别具有一定的分辨力，但不会注意到产品的形状、图案以及色彩的微小变化。但这不等于在专利审查、诉讼案件中，要找一名或几名"一般消费者"来判案。一般消费者，是一种假设的"人"，对其应当从知识水平、认知能力两方面进行界定，界定时应当考虑外观设计专利申请日时授权外观设计所属相同或者相近种类产品的设计空间。

本条第三款规定了"不得有权利冲突"的要件。本款主要是禁止申请人将他人享有在先合法权利的商业标识、绘画作品等信息申请外观设计专利权。其中，"在先"是指专利申请日前。2020年《关于审理专利授权确权行政案件适用法律若干问题的规定(一)》第二十二条规定,"专利法第二十三条第三款所称的'合法权利',包括就作品、商标、地理标志、姓名、企业名称、肖像,以及有一定影响的商品名称、包装、装潢等享有的合法权利或者权益。"

本条第四款规定了现有设计的含义。关于"现有"的理解,可以参考第二十二条对"现有技术"的解读。举例说明,网络空间环境中对"现有"的判断。网络空间(如 QQ 空间、微信等)往往需要加为"好友""朋友"后才能访问。那么,在需要授权访问的网络空间中的信息是否构成现有设计或者现有技术? 在上诉人刘某某与被上诉人潮州市潮安区祥兴发电子科技有限公司、原审被告国家知识产权局外观设计专利权无效行政纠纷一案[①]里,最高人民法院认为,对于 QQ 空间相册内容是否构成现有设计的问题,应综合考虑 QQ 空间的主要用途、图片的上传时间、图片的公开情况等要素,以此判断公众是否能够获得该信息,以及该信息什么时间处于为公众所知的状态。涉案 QQ 空间相册的上传时间为 2015 年 1 月 3 日,权限显示为对"所有人可见",虽然涉案 QQ 空间需要添加为好友才能查看,但公众完全可以通过添加好友等方式获知商品照片,没有证据显示该用户会对添加好友的请求进行特定筛选,也没有证据显示其所添加的好友需要遵守保密义务。因此,涉案 QQ 空间的好友并非特定人,而是属于专利法意义上的公众,涉案 QQ 空间中相关商品照片处于为公众所知的状态,在没有相反证据的情况下,系统显示的照片上传时间即为公开时间。涉案 QQ 空间相册的上传时间在本专利申请日前,相册中相关商品照片处于为公众所知的状态,且涉案 QQ 空间主要用作公开推销产品的商业用途,而非秘密性的个人使用。对于以商业用途为主的 QQ 空间,可以推定其对所有人公开,除有相反证据表明该空间存在未公开或仅对特定人公开的情况外。因此,涉案相册所示的外观设计应该作为评价本专利是否符合《专利法》第二十三条第二款之规定的现有设计。

第二十四条 申请专利的发明创造在申请日以前六个月内,有下列情形之一的,不丧失新颖性:

(一)在国家出现紧急状态或者非常情况时,为公共利益目的首次公开的;

(二)在中国政府主办或者承认的国际展览会上首次展出的;

(三)在规定的学术会议或者技术会议上首次发表的;

(四)他人未经申请人同意而泄露其内容的。

【重点法条解读】

本条是关于专利权客体在申请日前被公开后仍具备新颖性之情形的规定。

在第二十二条、第二十三条关于"现有技术""现有设计"的规定中,申请日是一个重要的时间节点。一般性情况,是发明创造如果在申请日前公开,就成为了现有技术,从而不具备授予专利权所需的新颖性,但本条规定的是例外情况。申请人申请专利的发明创造(包括发明、实用新型、外观设计),如果在申请日前已经公开,但落入本条情形的,新颖性、创造性均不受影响。应当注意的是,"不受影响"不是无限期的,本条只给了六个月的宽限期。需要注意的是,本条并没有将公开日视为申请日。在公开日到申请日之间的这段时期,如果他人独立地做出了同样的发明创造,而且在申请人提出专利申请前提出了专利申请,那

---

① 最高人民法院(2020)最高法知行终 422 号判决书。

么根据先申请原则，申请人就不能取得专利权。当然，由于申请人（包括发明人）的公开，使该发明创造成为现有技术，导致他人的申请没有新颖性，也不能取得专利权。需要指出的是，申请人要享有新颖性宽限期，应当履行按照规定在指定的期限内提交证明文件义务。

<h2 style="text-align:center">第三章　专利的申请</h2>

第二十六条　申请发明或者实用新型专利的，应当提交请求书、说明书及其摘要和权利要求书等文件。

请求书应当写明发明或者实用新型的名称，发明人的姓名，申请人姓名或者名称、地址，以及其他事项。

说明书应当对发明或者实用新型作出清楚、完整的说明，以所属技术领域的技术人员能够实现为准；必要的时候，应当有附图。摘要应当简要说明发明或者实用新型的技术要点。

权利要求书应当以说明书为依据，清楚、简要地限定要求专利保护的范围。

依赖遗传资源完成的发明创造，申请人应当在专利申请文件中说明该遗传资源的直接来源和原始来源；申请人无法说明原始来源的，应当陈述理由。

【重点法条解读】

本条是关于发明、实用新型专利申请文件的规定。

本条第一款规定了发明、实用新型专利申请文件的提交义务。对于既达到专利适格性条件，也满足专利性要件的技术方案，还需要提交与法律要求相符的专利申请文件，才可能被授予专利权。因此，本条也可以视作是专利权的授予条件之一。

本条第二款规定了请求书。《专利法实施细则》规定了请求书的具体内容要求。

本条第三款规定了说明书及摘要。《专利法实施细则》《专利审查指南》规定了说明书的具体撰写要求，主要内容包括技术领域、背景技术、发明内容、附图说明、具体实施方式等。说明书的作用就是清楚、完整地公开发明、实用新型的技术方案，检验标准就是所属技术领域的技术人员能够实现该说明书的技术方案。"能够实现"是指所属技术领域的技术人员按照说明书记载的内容，就能够实现该发明或者实用新型的技术方案，解决其技术问题，并且产生预期的技术效果。但是说明书到底有没有充分公开，在专利法律实践当中有时是颇具争议的问题。例如，在苹果电脑贸易（上海）有限公司与国家知识产权局、上海智臻智能网络科技股份有限公司发明专利权无效宣告请求行政纠纷案里，北京高级人民法院[1]认为，本专利说明书未充分公开怎么实现本专利权利要求 1 所限定的游戏功能，违反了《专利法》第二十六条第三款的规定，本专利权应当被宣告无效。而最高人民法院[2]则认为，本专利涉及游戏服务器的技术方案不是本专利与现有技术的区别技术特征，对于涉及游戏服务器的技术方案可以不作详细描述。在本专利申请日前，包括美国专利在内的现有技术也已经公开了在聊天服务系统中设置游戏服务器的技术内容。本领域技术人员具有获知本领域现有技术的能力，即通过检索现有技术可以实现在聊天机器人系统连接游戏服务器并进行游戏，无须由说明书给出怎么连接游戏服务器并进行游戏的具体指引。本专利涉及游戏服

---

[1] 北京市高级人民法院（2014）高行（知）终字第 2935 号行政判决书。

[2] 最高人民法院（2017）最高法行再 34 号行政判决书。

务器的技术方案没有违反《专利法》第二十六条第三款的规定。二审判决关于本专利说明书未充分公开本专利权利要求1所限定的游戏功能的认定错误。

本条第四款规定了权利要求书。《专利法实施细则》《专利审查指南》规定了权利要求书的具体撰写要求。权利要求书记载发明或者实用新型的技术特征，应当有独立权利要求，也可以有从属权利要求。独立权利要求应当从整体上反映发明或者实用新型的技术方案，记载解决技术问题的必要技术特征。权利要求书的作用在于合理界定技术方案的专利权保护范围，第一，权利要求书必须以说明书为依据；第二，撰写权利要求书应清楚、简要地限定要求专利保护的范围。

本条第五款特别规定了对于依赖遗传资源完成的发明创造，专利申请文件还应当说明来源。

第二十七条 申请外观设计专利的，应当提交请求书、该外观设计的图片或者照片以及对该外观设计的简要说明等文件。

申请人提交的有关图片或者照片应当清楚地显示要求专利保护的产品的外观设计。

【重点法条解读】

本条是关于外观设计专利权申请文件的规定。

本条第一款规定了请求书、图片或照片、简要说明等申请文件。由于外观设计专利权保护的不是技术方案，而是产品外形的美感设计，旨在整体视觉效果。因此，图片或照片是说明"设计方案"，并界定"设计方案"专利权保护范围的最佳形式。简要说明的作用在于解释图片或照片里的设计方案，其对于外观设计专利权保护范围的重要性不言而喻。《专利法实施细则》规定，外观设计的简要说明应当写明外观设计产品的名称、用途，外观设计的设计要点，并指定一幅最能表明设计要点的图片或者照片。省略视图或者请求保护色彩的，应当在简要说明中写明。

本条第二款规定了图片或者照片的具体要求。2020年《关于审理专利授权确权行政案件适用法律若干问题的规定（一）》第十五条规定，"外观设计的图片、照片存在矛盾、缺失或者模糊不清等情形，导致一般消费者无法根据图片、照片及简要说明确定所要保护的外观设计的，人民法院应当认定其不符合专利法第二十七条第二款关于'清楚地显示要求专利保护的产品的外观设计'的规定。

第二十八条 国务院专利行政部门收到专利申请文件之日为申请日。如果申请文件是邮寄的，以寄出的邮戳日为申请日。

【重点法条解读】

本条是关于申请日的规定。

"申请日"是《专利法》的基础性概念，涉及一系列专利法律规则的有序运行。例如，现有技术（设计）的判断、优先权日的确定、实质审查相关期间的计算、专利权保护期的起始、专利年费的缴纳、不侵权抗辩的事由等。

在线申请已经成为专利申请的主要方式之一。根据有关规定，国家知识产权局电子专利申请系统收到符合专利法及其实施细则规定的专利申请文件之日为申请日。

第七章 专利权的保护

第六十四条 发明或者实用新型专利权的保护范围以其权利要求的内容为准,说明书及附图可以用于解释权利要求的内容。

外观设计专利权的保护范围以表示在图片或者照片中的该产品的外观设计为准,简要说明可以用于解释图片或者照片所表示的该产品的外观设计。

【重点法条解读】

本条是关于专利权保护范围的规定,也即专利权客体的具体内容的规定。

《专利法》第十一条规定了专利权的权利内容。可以说,《专利法》第十一条确定的是专利权"权利的内容",而本条确定的是专利权"客体的内容"。本条限定了专利权客体技术或设计信息的具体范围,公示之后相当于明确地告诉公众,这些信息的专利权人享有《专利法》第十一条赋予的具体权利,"未经权利人许可,不得为生产经营目的进行实施,否则就构成了专利侵权行为,除非有依法成立的抗辩事由。"

本条第一款规定了发明专利权、实用新型专利权的保护范围。《专利法》使用"权利要求书"作为划定发明、实用新型这两类专利信息财产保护范围的方法。权利要求书本身也是信息,因此要划定发明、实用新型专利权的保护范围,首先要对权利要求书记载的技术方案进行解释。需要指出的是,虽然权利要求书记载的是发明或者实用新型的技术特征,并以此来限定专利权所保护的技术方案,但"权利要求的解释是纯法律问题"[①],需要由法庭来判断,而不能以技术鉴定代之。

权利要求的解释,首要的依据是权利要求用语,权利要求用语在限定专利权保护范围上是最权威的。例如,在(2020)最高法知民终 1593 号侵害发明专利权纠纷一案里,涉案发明专利的权利要求书里的"保持所有线间电压输出的幅值相等",其中"相等"的含义是要求"严格的数值相等",还是要求"大体上相等"? 这关系到涉案专利保护范围的大小,进而关系到专利侵权是否成立,因此双方当事人对此展开了长时间的庭审论战,并且双方均引用了专利说明书里实施条例的内容,解释了权利要求书的用语"相等"。

虽然本款规定了说明书及附图对于权利要求的解释功能,但专利实务中,如果说明书及附图也无法明确权利要求含义的,还可以借助其他解释方法。2020 年《关于审理专利授权确权行政案件适用法律若干问题的规定(一)》第二条规定。

北京市高级人民法院《专利侵权判定指南(2017)》第 15 条规定。发明、实用新型专利权保护范围的确定,是处理专利侵权纠纷前提。判断被诉侵权技术方案是否落入专利权的保护范围,应当审查权利人主张的权利要求所记载的全部技术特征,并以权利要求中记载的全部技术特征与被诉侵权技术方案所对应的全部技术特征逐一进行比较,这是发明或实用新型专利权侵权判定的原则与方法,落实这一原则与方法的第一步就是要明确专利权的保护范围。北京市高级人民法院《专利侵权判定指南(2017)》第 5 条就规定,审理侵犯发明或者实用新型专利权纠纷案件,应当首先确定专利权的保护范围。发明、实用新型专利权保护范围的确定,还划分了专利侵权的两个类型,一个是相同侵权,一个是等同侵权。

---

① ［美］MARTIN J. 等著:《美国专利法(Patent Law)》,知识产权出版社 2011 年第 1 版,第 161 页。

本条第二款规定了外观设计专利权的保护范围。对于本款的理解，可以参考本条第一款以及第二十七条的解读。

确定外观设计专利权的保护范围是处理相关专利侵权纠纷前提。北京市高级人民法院《专利侵权判定指南(2017)》第65条规定了审理侵犯外观设计专利纠纷案件时，应当首先确定专利权的保护范围。

外观设计专利的侵权判定，关键在于被诉侵权外观设计是否落入外观设计专利的保护范围。如果在与外观设计专利产品相同或者相近种类产品上，采用与授权外观设计相同或者近似的外观设计，就应当认定被诉侵权设计落入本款规定的外观设计专利权的保护范围，构成外观设计专利侵权，除有依法成立的抗辩事由外。这里实际上涉及两个要件，一个是产品要件；另一个是设计特征要件：

外观设计专利侵权判断的产品要件，即"相同或者相近种类产品"的限定。北京市高级人民法院《专利侵权判定指南(2017)》第77条规定，"进行外观设计侵权判定，应当首先审查被诉侵权产品与外观设计产品是否属于相同或者相近种类产品。"在司法实践中，一般根据外观设计产品的用途，认定产品种类是否相同或者相近。确定产品的用途，可以参考外观设计的简要说明、外观设计产品分类表、产品的功能以及产品销售、实际使用的情况等因素。

是否具备设计特征要件是外观设计专利侵权判断的主要工作。与第二十三条外观设计可专利性的判断主体一致，这里的判断主体也是"一般消费者"。最高人民法院规定，"人民法院应当以外观设计专利产品的一般消费者的知识水平和认知能力，判断外观设计是否相同或者近似。"[1]在认定一般消费者对于外观设计所具有的知识水平和认知能力时，一般应当考虑被诉侵权行为发生时授权外观设计所属相同或者相近种类产品的设计空间。设计空间较大的，可以认定一般消费者通常不容易注意到不同设计之间的较小区别；设计空间较小的，可以认定一般消费者通常更容易注意到不同设计之间的较小区别[2]。

应从全部设计特征出发，判断外观设计是否相同或近似，综合判断整体视觉效果。这就要求对授权外观设计、被诉侵权设计可视部分的全部设计特征逐一比对，对能够影响产品外观设计整体视觉效果的所有要素进行全面分析，然后作出被诉侵权设计是否落入外观设计专利权保护范围的判定。

第七十一条 侵犯专利权的赔偿数额按照权利人因被侵权所受到的实际损失或者侵权人因侵权所获得的利益确定；权利人的损失或者侵权人获得的利益难以确定的，参照该专利许可使用费的倍数合理确定。对故意侵犯专利权，情节严重的，可以在按照上述方法确定数额的一倍以上五倍以下确定赔偿数额。

权利人的损失、侵权人获得的利益和专利许可使用费均难以确定的，人民法院可以根据专利权的类型、侵权行为的性质和情节等因素，确定给予三万元以上五百万元以下的赔偿。

赔偿数额还应当包括权利人为制止侵权行为所支付的合理开支。

人民法院为确定赔偿数额，在权利人已经尽力举证，而与侵权行为相关的账簿、资料主要由侵权人掌握的情况下，可以责令侵权人提供与侵权行为相关的账簿、资料；侵权人不提供

---

[1] 最高人民法院《关于审理侵犯专利权纠纷案件应用法律若干问题的解释》第十条。
[2] 最高人民法院《关于审理侵犯专利权纠纷案件应用法律若干问题的解释(二)》第十四条。

或者提供虚假的账簿、资料的，人民法院可以参考权利人的主张和提供的证据判定赔偿数额。

【重点法条解读】

本条是关于专利权侵权损害赔偿的规定。

本条第一款规定了一般性赔偿与惩罚性赔偿。一般性赔偿属于民法上的"填平"原则，旨在补偿，即权利人有多少损失，侵权人就赔偿多少，恢复到专利权没有被侵害的状态。本款规定了三种损失"填平"的计算方式：权利人所受到的实际损失、侵权人因侵权所获得的利益、专利许可使用费的合理倍数。根据本款规定，前两种归入金额计算的第一序列，后一种归入第二序列。第一序列有实际损失与侵权获利两种计算方式，专利权人可以选择其中一种来赔偿侵权行为对其专利权益造成的损害。例如，在深圳敦骏科技有限公司（以下简称敦骏公司）与深圳某科技股份有限公司、泉州市某网络科技有限公司侵害发明专利权纠纷一案[1]里，敦骏公司明确其主张赔偿数额的计算方法：赔偿数额＝深圳某科技股份有限公司的营业收入×被诉侵权产品占总业务的比重（80％）×被诉侵权产品的行业平均利润率（30％）×涉案专利技术在被诉侵权产品中的技术贡献率（20％），按照上述计算方式得到赔偿数额约为 2000 万元。本案中敦骏公司主张赔偿经济损失及合理费用共计 1000 万元，得到了一审法院与二审法院的支持。第二序列有一种计算方式，即根据第一序列均难以确定的，可以参照该专利许可使用费的倍数来确定赔偿金额。例如，2020 年 11 月 18 日起施行的最高人民法院《关于知识产权民事诉讼证据的若干规定》第三十二条规定。

本条第二款规定了法定赔偿。在第一序列的权利人的损失、侵权人的获利，第二序列的许可使用的费率均无法确定的情况下，为了保护专利权益，法律授权法院在最低 3 万元最高 500 万元的幅度范围内酌定一个赔偿金额。因此，本款可视为第三序列的计算方式，也称为"法定赔偿"。例如，上海环莘电子科技有限公司（以下简称环莘公司）与广东某某科技有限公司、江苏水乡某某旅游股份有限公司、北京某某网络科技股份有限公司侵害实用新型专利权纠纷一案[2]里，法院认为："在案证据不能证明环莘公司因广东某某科技有限公司侵权所受到的实际损失或者广东某某科技有限公司的侵权获利，本案亦缺乏可供参考的专利许可使用费。"在综合考虑上述因素的情况下，最高人民法院对环莘公司主张的经济损失 50 万元予以全额支持。

本条第三款规定了合理开支。合理开支包括合理律师费、公证费、调查费、交通费、住宿费等。例如，在上海环莘电子科技有限公司（以下简称环莘公司）与广东某某科技有限公司、江苏水乡某某旅游股份有限公司、北京某某网络科技股份有限公司侵害实用新型专利权纠纷一案[3]里，法院认定，关于合理开支，环莘公司为本案诉讼支付的公证费、律师费客观存在，且有相应证据予以佐证，故对其合理开支（20904.3 元）予以全额支持。

本条第四款规定了人民法院责令侵权人提供相关账簿、资料的制度。在知识产权民事诉讼中，一直存在着权利人举证难的问题，特别是权利人很难取得侵权人的成本、销售等方面的数据，导致无法有效计算侵权赔偿金额。《专利法》规定了本款的内容，用来强化侵权人的举证责任。值得注意的是，侵权人如有包括本款规定在内的证明妨害行为，最高人

---

[1] 最高人民法院（2019）最高法知民终 725 号民事判决书。

[2] 最高人民法院（2020）最高法知民终 1568 号民事判决书。

[3] 最高人民法院（2020）最高法知民终 1568 号民事判决书。

民法院 2020 年《关于知识产权民事诉讼证据的若干规定》第二十五条规定了比较严厉的法律后果。

例如，在深圳敦骏科技有限公司（以下简称敦骏公司）与深圳某科技股份有限公司、泉州市某网络科技有限公司侵害发明专利权纠纷一案[①]里，二审法院认为："原审法院于 2018 年 10 月 17 日的庭审中，责令深圳某科技股份有限公司在此次庭审后 20 个工作日内提交与被诉侵权产品有关的财务报表、销售台账、利润报表等相关材料，但其并未提交。在原审法院据此适用相关司法解释对敦骏公司的 1000 万元赔偿予以全额支持且其并不存在无法提交其掌握的与侵权规模有关证据的客观障碍的情况下，二审中深圳某科技股份有限公司仍然未积极提交相关的财务账簿等资料……在深圳某科技股份有限公司怠于提供其所掌握有关侵权规模的基础事实的情况下，本院对于上述需建立在已查明相关基础事实的前提下才具备实质性抗辩意义的主张均不予支持。基于以上因素，根据敦骏公司提交的现有证据，本院合理推定敦骏公司所主张的 1000 万元具有事实基础并予以支持。"

第七十五条　有下列情形之一的，不视为侵犯专利权：

（一）专利产品或者依照专利方法直接获得的产品，由专利权人或者经其许可的单位、个人售出后，使用、许诺销售、销售、进口该产品的；

（二）在专利申请日前已经制造相同产品、使用相同方法或者已经作好制造、使用的必要准备，并且仅在原有范围内继续制造、使用的；

（三）临时通过中国领陆、领水、领空的外国运输工具，依照其所属国同中国签订的协议或者共同参加的国际条约，或者依照互惠原则，为运输工具自身需要而在其装置和设备中使用有关专利的；

（四）专为科学研究和实验而使用有关专利的；

（五）为提供行政审批所需要的信息，制造、使用、进口专利药品或者专利医疗器械的，以及专门为其制造、进口专利药品或者专利医疗器械的。

中华人民共和国反不正当竞争法（节选）

（1993 年 9 月 2 日第八届全国人民代表大会常务委员会第三次会议通过
2017 年 11 月 4 日第十二届全国人民代表大会常务委员会第三十次会议修订
根据 2019 年 4 月 23 日第十三届全国人民代表大会常务委员会第十次会议
《关于修改〈中华人民共和国建筑法〉等八部法律的决定》修正）

第二章　不正当竞争行为

第二条　经营者在生产经营活动中，应当遵循自愿、平等、公平、诚信的原则，遵守法律和商业道德。

本法所称的不正当竞争行为，是指经营者在生产经营活动中，违反本法规定，扰乱市场竞争秩序，损害其他经营者或者消费者的合法权益的行为。

本法所称的经营者，是指从事商品生产、经营或者提供服务（以下所称商品包括服务）

---

① 最高人民法院（2019）最高法知民终 725 号民事判决书。

的自然人、法人和非法人组织。

【重点法条解读】

本条是关于市场正当竞争原则以及"不正当竞争行为""经营者"定义的规定。

本条是著名的"一般条款"。第一款规定了反不正当竞争的法律原则，第二款、第三款分别定义了本法重要的两个法律概念"不正当竞争行为"与"经营者"。

本条揭示了《反不正当竞争法》的性质与原理，是制定、修改、解释与适用《反不正当竞争法》的依据准则与逻辑起点，对各项具体的规则条款起着统领与指导作用。这些具体的规则条款包括第六条的禁止仿冒混淆条款、第七条的禁止商业贿赂条款、第八条的禁止误导性宣传条款、第九条的禁止侵犯商业秘密条款等。同时，出现新的不正当竞争场景在已有的规则条款无法涵盖时，本条规定的法律原则就可以与法律概念一起，直接调整规范经营者的行为，从而保证了《反不正当竞争法》的韧性、弹性以及对产业发展新需求的适应性。例如，本法第十二条是禁止网络空间不正当竞争行为的专门条款，但无法应对网络上新出现的"数据抓取"乱象，此时就可以依据本条来制裁具有不正当性与可责性的数据抓取行为。

例如，在深圳市腾讯计算机系统有限公司、腾讯科技（深圳）有限公司与浙江某某网络技术有限公司、杭州某某科技有限公司不正当竞争纠纷一案[①]里，法院认为，微信平台数据分为两种形态，一是数据资源整体，二是单一数据个体。法院对这两种形态的数据在法律上的权益分别进行了阐释。就数据资源整体概念而言，腾讯依法享有竞争性权益，浙江某某网络技术有限公司、杭州某某科技有限公司擅自收集、存储或使用微信用户数据，已实质性损害了腾讯对于微信产品数据资源享有的竞争权益。故浙江某某网络技术有限公司、杭州某某科技有限公司的行为属于违反《反不正当竞争法》第二条规定的不正当竞争行为，腾讯有权要求获得赔偿。就微信平台单一数据个体概念而言，微信用户账号数据、好友关系链数据、用户操作数据，均为微信用户的个人身份数据或个人行为数据。腾讯不能据此主张损失赔偿。但被诉侵权软件的运行如果危及了微信产品用户的个人数据安全，腾讯作为微信产品用户数据的收集、存储、使用方，对于微信用户数据负有提供安全保障的法定义务，其对于两被告侵害微信产品用户个人数据安全的行为应当有权请求予以禁止。

第九条　经营者不得实施下列侵犯商业秘密的行为：

（一）以盗窃、贿赂、欺诈、胁迫、电子侵入或者其他不正当手段获取权利人的商业秘密；

（二）披露、使用或者允许他人使用以前项手段获取的权利人的商业秘密；

（三）违反保密义务或者违反权利人有关保守商业秘密的要求，披露、使用或者允许他人使用其所掌握的商业秘密；

（四）教唆、引诱、帮助他人违反保密义务或者违反权利人有关保守商业秘密的要求，获取、披露、使用或者允许他人使用权利人的商业秘密。

经营者以外的其他自然人、法人和非法人组织实施前款所列违法行为的，视为侵犯商

---

① 杭州铁路运输法院(2019)浙 8601 民初 1987 号民事判决书。

业秘密。

第三人明知或者应知商业秘密权利人的员工、前员工或者其他单位、个人实施本条第一款所列违法行为,仍获取、披露、使用或者允许他人使用该商业秘密的,视为侵犯商业秘密。

本法所称的商业秘密,是指不为公众所知悉、具有商业价值并经权利人采取相应保密措施的技术信息、经营信息等商业信息。

【重点法条解读】

本条是关于商业秘密的含义以及商业秘密侵权行为的规定。

本条规定了五类侵犯商业秘密侵权行为,第一款规定了四类侵权行为,第三款规定了第五类侵权行为。

本条第一款规定了四类商业秘密侵权行为。

第一类是以不正当手段获取权利人商业秘密的行为,包括以电子侵入、盗窃、贿赂、欺诈、胁迫或者其他不正当手段获取的情形。具有上述情形之一的,即构成侵犯商业秘密行为。例如,以许诺给予巨大的物质利益或优厚的生活条件,诱使企业人员提供其掌握的任职企业的商业秘密,或者以商务谈判、业务合作名义套取企业的商业秘密。

对于本款规定的"其他不正当手段",2020 年 9 月 12 日起施行的《最高人民法院关于审理侵犯商业秘密民事案件适用法律若干问题的规定》(以下简称 2020 年最高人民法院《商业秘密司法解释》)第八条作出了说明:被诉侵权人以违反法律规定或者公认的商业道德的方式获取权利人的商业秘密的,应当认定属于以其他不正当手段获取权利人的商业秘密。一般来说,"所有的不花费时间与金钱进行独立开发而又获得他人商业秘密的行为都是不正当手段。"[1]

第二类是对前项手段获取的权利人商业秘密,进行披露、使用或者允许他人使用的行为。"披露"包括报刊登载、网站公开、微信公众号发布等公开传播的情形,也包括递交给与权利人存在市场竞争关系的单位等特定的情形。"使用"一般是指将获取的商业秘密信息用于生产经营活动,但销售行为不属于"使用"。

最高人民法院也指出,"销售"侵犯商业秘密所制造的侵权产品并不属于《反不正当竞争法》所列明的侵犯商业秘密的行为。使用商业秘密的过程,通常是制造侵权产品的过程,当侵权产品制造完成时,使用商业秘密的侵权结果即同时发生[2]。同理,购买者使用侵犯技术秘密所制造的侵权产品,也不属于《反不正当竞争法》所禁止的侵犯商业秘密的行为[3]。因此,本条规定的"使用",其含义更接近《专利法》第十一条意义上的"制造"或者"使用专利方法"。2020 年最高人民法院《商业秘密司法解释》第九条规定,被诉侵权人在生产经营活动中直接使用商业秘密,或者对商业秘密进行修改、改进后使用,或者根据商业秘密调整、优化、改进有关生产经营活动的,应当认定属于《反不正当竞争法》第九条所称的使用商业秘密。

第三类是对合法知悉的权利人商业秘密,进行不当披露、使用或者允许他人使用的行

---

[1] 李明德 著:《美国知识产权法》,法律出版社 2003 年版,第 119 页。

[2] 最高人民法院(2007)民三终字第 10 号民事裁定书。

[3] 最高人民法院(2019)最高法知民终 7 号民事判决书。

为。该类商业秘密侵权行为与第二类侵权行为的区别在于，侵权人获取权利人商业秘密的途径是合法的，但后续行为不当，因而构成侵权。"不当"是指违反保密义务或者违反权利人有关保守商业秘密的要求。例如，在工作中合法知悉本单位商业秘密内容的员工，违反工作保密规程或违反其与本单位订立的保密协议而进行披露。根据 2020 年最高人民法院《商业秘密司法解释》第十条规定，"'保密义务'，是指当事人根据法律规定或者合同约定所承担的保密义务。"该条第二款还规定，"当事人未在合同中约定保密义务，但根据诚信原则以及合同的性质、目的、缔约过程、交易习惯等，被诉侵权人知道或者应当知道其获取的信息属于权利人的商业秘密的，应当认定被诉侵权人对其获取的商业秘密承担保密义务。"

第四类是商业秘密间接侵权行为。如果讲前三类构成对商业秘密的直接侵权，那么本类就是对间接侵权的规定，即教唆、引诱、帮助第三类侵权行为（也有观点认为属于《民法》上的共同侵权，关于知识产权法上"直接侵权""间接侵权"的法律原理，可以参照《专利法》第六十四条的解读）。因此，本类商业秘密侵权行为的成立，第一个要件是他人直接实施了第三类侵权行为；第二个要件是侵权人须有教唆、引诱、帮助的行为。

本条第二款规定了经营者以外的商业秘密侵权主体。《反不正当竞争法》是规范经营者市场竞争行为的一部法律，"经营者"[①]是该法适用范围在主体上的限制，违反该法的处罚对象一般均要求是经营者。但本款的规定，扩大了商业秘密违法主体的范围，意味着经营者以外的主体，如果有本条第一款规定侵权行为，也视为侵犯商业秘密。值得注意的是，这个主体范围的扩张，在法律责任的承担上是有限制的：经营者以外的主体视为侵犯商业秘密的，应承担《反不正当竞争法》第二十一条规定的行政责任，但不需要承担第十七条规定的民事赔偿责任。

本条第三款规定了第三人对商业秘密的侵权行为。本款规定的是第五类商业秘密侵权行为。"第三人明知或者应知"是构成该类行为的主观要件，本款规定了明知或者应知的具体事实内容，即商业秘密权利人的员工、前员工或者其他单位、个人实施了本条第一款所列违法行为。"明知"属于故意，是事实问题，需要证据来证明具体事实内容。"应知"即为过失，属于法律问题，除与"明知"一样需要证明具体事实内容的证据外，还需要根据相关事实来判断是否属于"应知"。

根据 2020 年最高人民法院《商业秘密司法解释》第十一条规定，本款规定"员工、前员工"，是指法人、非法人组织的经营、管理人员以及具有劳动关系的其他人员。该解释第十二条规定员工、前员工是否有渠道或者机会获取权利人的商业秘密。应当注意的是，如果第三人在获取、披露、使用或者允许他人使用权利人的商业秘密信息的过程中，一开始是善意的，但在知道或者有理由知道信息来源于本条第一款的违法行为后，仍然继续获取、披露、使用或者允许他人使用的，第三人在知道或者有理由知道后实施的行为仍然构成侵犯商业秘密的行为。

本条第四款规定了商业秘密的含义。商业秘密信息的主要类型为技术信息、经营信息。通过本款规定的商业秘密的含义，可以知道当一个信息具备"秘密性""价值性""保密性"三个法定要件时，才是法律保护的商业秘密。

[①]《反不正当竞争法》第二条规定，本法所称的经营者，是指从事商品生产、经营或者提供服务（以下所称商品包括服务）的自然人、法人和非法人组织。

商业秘密的第一个要件为秘密性,即"不为公众所知悉"。2020年最高人民法院《商业秘密司法解释》第三条规定,"权利人请求保护的信息在被诉侵权行为发生时不为所属领域的相关人员普遍知悉和容易获得的,人民法院应当认定为反不正当竞争法第九条第四款所称的不为公众所知悉。"把握秘密性要件,首先需要注意其两个含义,第一个含义是不为相关主体所知悉,即有关信息不为其所属领域的相关人员普遍知悉,即信息处于不实际知悉的状态;第二个含义是不易正当获得,即相关主体通过正当方法或者渠道难以获知有关信息,即信息处于不容易知悉的状态。秘密性要件描述的是商业秘密信息的客观事实状态,与权利人的主观认知与理解无关。把握秘密性要件,其次需要注意秘密性的要求是相对的,而非要求绝对的保密状态。例如,权利人单位的员工因生产经营所需而知晓,以及权利人单位因产品销售、业务合作的需要提供给交易方,只要员工、交易方为此承担了保密义务,就不影响相关信息的秘密性。

商业秘密的第二个要件为价值性,即"具有商业价值"。2020年最高人民法院《商业秘密司法解释》第七条第一款规定,"权利人请求保护的信息因不为公众所知悉而具有现实的或者潜在的商业价值的,人民法院经审查可以认定为反不正当竞争法第九条第四款所称的具有商业价值。"第七条第二款规定,"生产经营活动中形成的阶段性成果符合前款规定的,人民法院经审查可以认定该成果具有商业价值。"把握价值性要件,应当注意准确理解其内涵。以软件开发为例,价值性既包括能够直接带来经济利益或者进行业务使用的源代码、客户名单等信息,也包括间接的程序开发成功前失败的参数纪录、实验数据、阶段性成果等。从价值性的时间内涵来说,商业秘密可以是重复使用的信息,也可以是一次性或者短期使用的信息。需要注意的是,对价值性的要求不应设定过高的标准,"只要不是微不足道就可以满足要求"[①],往往侵权人在生产经营中使用了秘密信息,就可以证明该信息的商业价值。

商业秘密的第三个要件为保密性,即"经权利人采取相应保密措施"。2020年最高人民法院《商业秘密司法解释》第五条第一款规定,"权利人为防止商业秘密泄露,在被诉侵权行为发生以前所采取的合理保密措施,应当认定为反不正当竞争法第九条第四款所称的相应保密措施。"第五条第二款规定,"人民法院应当根据商业秘密及其载体的性质、商业秘密的商业价值、保密措施的可识别程度、保密措施与商业秘密的对应程度以及权利人的保密意愿等因素,认定权利人是否采取了相应保密措施。"因此,如果权利人在主观上没有将信息作为商业秘密进行保护的意思,也没有对该信息采取合理的适当保护措施,而是与普通信息无区别地进行存储管理,就使该信息处于易于获知状态,无法满足"保密性"的法定要件,也就不能获得商业秘密法律保护。

需要注意的是,商业秘密一般不具有排他性,不同的主体对各自合法获取的相同内容的信息,如果该信息具备法定的三个构成要件,则每个主体均能够独立享有商业秘密法律保护而互不妨碍。例如,A公司研发了新技术n,决定不申请专利,而将之作为技术秘密;B公司经过长期的生产实践,也研发了新技术n,或者与n实质相同的n′,也将之作为公司的技术秘密。根据《反不正当竞争法》,A公司与B公司均为技术秘密n或n′的商业秘密权利人。还需要注意的是,技术秘密可以是《专利法》意义上的一个完整技术方案,也可以是

---

① 李明德 著:《美国知识产权法》,法律出版社2003年版,第115页。

技术方案里的一个或几个技术点。这是商业秘密客体与专利权客体的不同之处。

【难点问题解析】

商业秘密侵权抗辩事由有哪些?

权利人向法院起诉或者反不正当竞争执法机关投诉，主张被控侵权人侵害了其商业秘密时，以下的事由里如果有一项能够成立的，则被控侵权人不构成商业秘密侵权：① 合法来源；② 被控侵权的信息与权利人主张的信息既不相同，也不实质性相同；③ 被控侵权人与权利人无接触；④ 权利人主张的信息的秘密点不明确；⑤ 权利人主张的信息不构成商业秘密；⑥ 权利人主张的信息不归权利人所有；⑦ 本条第三款规定的第五类被控侵权人在主观上善意。

以上是不构成商业秘密侵权的主要抗辩事由，大部分内容已在【重点法条解读】里作了介绍，这里重点解读合法来源抗辩。合法来源抗辩包括以下几类具体事由：

一、根据 2020 年最高人民法院《商业秘密司法解释》第十四条规定，反向工程，是指通过技术手段对从公开渠道取得的产品进行拆卸、测绘、分析等而获得该产品的有关技术信息。《解释》第十四条规定，"通过自行开发研制或者反向工程获得被诉侵权信息的，应当认定不属于反不正当竞争法第九条规定的侵犯商业秘密行为。"但该条同时还规定，"被诉侵权人以不正当手段获取权利人的商业秘密后，又以反向工程为由主张未侵犯商业秘密的，人民法院不予支持。"

软件或者互联网企业经常将源代码作为商业秘密来保护，虽然《反不正当竞争法》不禁止对商业秘密进行反向工程，但源代码如果具有独创性，还受著作权法保护，对其进行反向工程是否合法，还取决著作权法的规定。2021 年《著作权法》第五十条规定，"下列情形可以避开技术措施，但不得向他人提供避开技术措施的技术、装置或者部件，不得侵犯权利人依法享有的其他权利……(五)进行加密研究或者计算机软件反向工程研究。前款规定适用于对与著作权有关的权利的限制。"从以上条文的表述来看，可以得出《著作权法》允许反向工程的结论，但所涉范围，还有待明确。将合法的计算机程序反向工程，限定在一定范围之内，范围之外的反向工程就可能构成著作权侵权行为。

二、自主研发，这也是获知商业秘密的正当合法方式之一，2020 年最高人民法院《商业秘密司法解释》第十四条对此作出了规定。

三、个人信赖，这通常是客户名单类商业秘密侵权案件的抗辩事由。2020 年最高人民法院《商业秘密司法解释》第二条规定，"当事人仅以与特定客户保持长期稳定交易关系为由，主张该特定客户属于商业秘密的，人民法院不予支持。客户基于对员工个人的信赖而与该员工所在单位进行交易，该员工离职后，能够证明客户自愿选择与该员工或者该员工所在的新单位进行交易的，人民法院应当认定该员工没有采用不正当手段获取权利人的商业秘密。"

除了以上事由外，"通过正当的渠道获得"也是常见的合法来源抗辩事由。

第十二条　经营者利用网络从事生产经营活动，应当遵守本法的各项规定。

经营者不得利用技术手段，通过影响用户选择或者其他方式，实施下列妨碍、破坏其他经营者合法提供的网络产品或者服务正常运行的行为：

(一)未经其他经营者同意，在其合法提供的网络产品或者服务中，插入链接、强制进

行目标跳转;

(二)误导、欺骗、强迫用户修改、关闭、卸载其他经营者合法提供的网络产品或者服务;

(三)恶意对其他经营者合法提供的网络产品或者服务实施不兼容;

(四)其他妨碍、破坏其他经营者合法提供的网络产品或者服务正常运行的行为。

【重点法条解读】

本条是关于网络空间反不正当竞争的专门规定。

本条第一款规定了反不正当竞争法适用于网络空间的经营活动。本款规定宣示了网络空间并非"法外之地",网络经营活动应当遵守本法的规定。笔者认为,本款的意义还在于明确了《反不正当竞争法》整体上对网络空间的适用性,对于不属于本条第二款规定的网络不正当竞争行为,依然可以适用本法进行规范。

这种整体上的普适性,突出表现在对《反不正当竞争法》第二条的适用,第二条即为著名的反不正当竞争"一般条款"。在北京微梦创科网络技术有限公司与北京字节跳动科技有限公司不正当竞争纠纷一案①里,北京市高级人民法院指出,2019年《反不正当竞争法》在第十二条对互联网不正当竞争行为进行了规定,对于上述法律条款中未明确规定的互联网行业其他非类型化不正当竞争行为,可以依据《反不正当竞争法》的一般条款予以认定。

该案另一个亮点,就是对robots协议的认知。北京市高级人民法院认为,《互联网搜索引擎服务自律公约》仅可作为搜索引擎服务行业的商业道德,而不能成为互联网行业通行的商业道德。对于网站经营者通过robots协议限制其他网站网络机器人抓取的行为,不应作为一种互联网经营模式进行绝对化的合法性判断,而应结合robots协议设置方与被限制方所处的经营领域、经营内容、被限制的网络机器人应用场景、robots协议的设置对其他经营者、消费者以及竞争秩序的影响等多种因素进行综合判断。

从北京市高级人民法院的分析可以得出:一旦被诉行为被认定属于企业自主经营权范畴内的正当行为,即不构成不正当竞争。

第二款规定了反不正当竞争法禁止的网络空间不正当竞争行为。本款第(一)、(二)、(三)项在对既有案例进行类型化的基础上,归纳了三种典型的网络不正当竞争行为,以及第四种兜底性质的其他网络不正当竞争行为。第(一)项可以概括为"流量劫持",第(二)项可以概括为"诱导卸载",第(三)项可以概括为"恶意不兼容",第(四)项是兜底性的规定。从目前的司法案例来看,法院已经将该规定适用于"广告屏蔽""视频账号分时出租""嵌套运行"等情形。

本款还对四项不正当竞争行为,规定了两个共同的构成要件,一是在网络空间使用IT技术手段;二是妨碍、破坏其他经营者合法提供的网络产品或者服务正常运行。

在北京爱奇艺科技有限公司与杭州某网络科技有限公司、杭州某科技有限公司不正当竞争纠纷一案②里,法院认为,杭州某网络科技有限公司、杭州某科技有限公司的行为破坏了爱奇艺公司基于自主经营权对VIP账号所作的限制;而通过技术手段限制爱奇艺App部分功能的行为,亦非基于通过对网络新技术的运用向社会提供新产品服务进而促进行业

---

① 北京市高级人民法院(2021)京民终281号民事判决书。

② 北京知识产权法院(2019)京73民终3263号民事判决书。

新发展的需要，具有不正当性和可责性。最终，一审法院判决杭州某网络科技有限公司、杭州某科技有限公司就被诉不正当竞争行为为北京爱奇艺科技有限公司消除影响，共同赔偿北京爱奇艺科技有限公司经济损失 290.7 万元及合理开支 9.3 万元。二审法院判决驳回上诉，维持原判。

第十七条　经营者违反本法规定，给他人造成损害的，应当依法承担民事责任。

经营者的合法权益受到不正当竞争行为损害的，可以向人民法院提起诉讼。

因不正当竞争行为受到损害的经营者的赔偿数额，按照其因被侵权所受到的实际损失确定；实际损失难以计算的，按照侵权人因侵权所获得的利益确定。经营者恶意实施侵犯商业秘密行为，情节严重的，可以在按照上述方法确定数额的一倍以上五倍以下确定赔偿数额。赔偿数额还应当包括经营者为制止侵权行为所支付的合理开支。

经营者违反本法第六条、第九条规定，权利人因被侵权所受到的实际损失、侵权人因侵权所获得的利益难以确定的，由人民法院根据侵权行为的情节判决给予权利人五百万元以下的赔偿。

【重点法条解读】

本条是关于经营者应就不正当竞争行为承担民事责任，以及损害赔偿计算方法的规定。

本条第一款规定了不正当竞争行为造成损害的，应当承担民事责任。

民事责任的承担方式包括停止侵害、消除影响、赔偿损失等。就侵犯商业秘密的民事责任来讲，应当承担《反不正当竞争法》上的侵权责任，但如果侵权行为涉及违反合同约定的，权利人也可以选择要求侵权人承担《民法典》"合同编"规定的违约责任。

需要注意的是，2020 年最高人民法院《商业秘密司法解释》第十七条规定，"人民法院对于侵犯商业秘密行为判决停止侵害的民事责任时，停止侵害的时间一般应当持续到该商业秘密已为公众所知悉时为止。依照前款规定判决停止侵害的时间明显不合理的，人民法院可以在依法保护权利人的商业秘密竞争优势的情况下，判决侵权人在一定期限或者范围内停止使用该商业秘密。"

本条第二款规定了不正当竞争行为造成经营者的合法权益损害的，经营者有权起诉维权。

本条第三款规定了不正当竞争行为的损害赔偿金额，优先按照权利人实际损失计算，实际损失难以计算的，按照侵权人的实际获利计算。本款还对侵犯商业秘密的不正当竞争行为规定了惩罚性赔偿。

本条第四款对市场混淆行为、侵犯商业秘密的不正当竞争行为规定了法定赔偿。而第十二条规定的网络空间不正当竞争行为等其他不正当竞争行为，如果被侵权所受到的实际损失、侵权人因侵权所获得的利益难以确定的，也可以参照本款来确定赔偿金额。

对于本条损害赔偿金额的计算方法及法律原理，可以参照《专利法》第七十一条的解读。

【难点问题解析】

商业秘密侵权抗辩事由有哪些？

主张不构成商业秘密侵权行为的抗辩事由主要有：合法来源、与权利人的商业秘密信息不相同也不实质性相似、权利人的信息不构成商业秘密、第四类侵犯商业秘密行为人主张主观善意等。合法来源抗辩包括以下几类具体抗辩事由：

（1）反向工程，这是获知商业秘密的正当合法方式之一。最高人民法院 2007 年《关于审理不正当竞争民事案件应用法律若干问题的解释》第十二条规定，"通过自行开发研制或者反向工程等方式获得的商业秘密，不认定为《反不正当竞争法》第十条第（一）、（二）项规定的侵犯商业秘密行为。前款所称'反向工程'，是指通过技术手段对从公开渠道取得的产品进行拆卸、测绘、分析等而获得该产品的有关技术信息。当事人以不正当手段知悉了他人的商业秘密之后，又以反向工程为由主张获取行为合法的，不予支持。"应当注意的是，软件企业经常将源代码作为商业秘密保护，但源代码如具有独创性，还受《著作权法》保护；对其进行反向工程是否合法，还取决于《著作权法》的规定。《著作权法》第三次修改的修订草案送审稿规定，"计算机程序的合法授权使用者通过正常途径无法获取必要的兼容性信息时，可以不经该程序著作权人许可，复制和翻译该程序中与兼容性信息有关的部分内容。适用前款规定获取的信息，不得超出计算机程序兼容的目的使用，不得提供给他人，不得用于开发、生产或者销售实质性相似的计算机程序，不得用于任何侵犯著作权的行为。"该规定允许范围之外的对计算机程序的反向工程，就可能属于著作权侵权行为。

（2）自主研发，这也是获知商业秘密的正当合法方式之一。最高人民法院 2007 年《关于审理不正当竞争民事案件应用法律若干问题的解释》第十二条对此作出了规定。

（3）个人依赖，这是侵犯构成商业秘密的客户名单案件的抗辩事由。最高人民法院 2007 年《关于审理不正当竞争民事案件应用法律若干问题的解释》第十三条规定，"商业秘密中的客户名单，一般是指客户的名称、地址、联系方式以及交易的习惯、意向、内容等构成的区别于相关公知信息的特殊客户信息，包括汇集众多客户的客户名册，以及保持长期稳定交易关系的特定客户。客户基于对职工个人的信赖而与职工所在单位进行市场交易，该职工离职后，能够证明客户自愿选择与自己或者其新单位进行市场交易的，应当认定没有采用不正当手段，但职工与原单位另有约定的除外。"

4.6　案例分析

【案情介绍】腾讯公司诉易联伟达公司案

一审案号：（2015）海民（知）初字第 40920 号民事判决书

二审案号：（2016）京 73 民终 143 号民事判决书

1. 当事人

被上诉人（一审原告）：深圳市腾讯计算机系统有限公司（腾讯公司）

上 诉 人（一审被告）：北京易联伟达科技有限公司（易联伟达公司）

2. 主要事实

腾讯依法享有涉案电视剧《宫锁连城》的独家信息网络传播权。2013 年 4 月，腾讯公司与湖南经视公司签订《宫锁连城》一剧信息网络传播权独家许可使用协议书，许可使用费用为 100 万元每集，共 42 集，共计人民币 4200 万元整。2014 年 4 月 9 日，湖南经视公司出具授权书，将《宫锁连城》一剧的独占专有的信息网络传播权授予腾讯公司，权利内容包括：

独占信息网络传播权、独占维权权利、转授权权利。授权范围：中华人民共和国大陆境内（不包括港、澳、台地区）。授权平台：包括但不限于被授权人或关联公司运营的腾讯网、soso 网、v. qq. com 等网站及其下属子页面、腾讯视频、QQlive、QQ 旋风等视频播放终端、其他可能的网络使用平台及被授权人依约转授权其他任何主体运营的各类网站及其下属子页面、视频播放终端、其他可能的网络使用平台、腾讯视频网站渠道等。授权使用期限：6 年。

腾讯公司将涉案电视剧作品非独家授权乐视网信息技术（北京）股份有限公司（乐视网）使用，但播出范围仅限于在乐视自有平台播放。腾讯公司与乐视网的授权书约定，乐视网的使用方式仅限于本站服务器存储方式。未经书面许可，不得通过任何方式，包括但不限于转许可、跳转链接、深层链接、播放器嵌套、共同设立合作频道、以授权第三方使用域名的方式与第三方合作等，以使得本合同以外的第三方（因政策原因必须合作的除外）得以直接或间接地使用本合同授权作品。同时，乐视网应采取措施防止在授权平台上使用的本合同项下的授权作品被本合同以外的第三方通过任何方式得以直接或间接的使用。

乐视网上有关于反盗版和防盗链等技术措施的声明，内容为：本网站主办方已经对本网站内全部正版授权的视频内容，采取了必要的反盗版和防盗链等技术措施，并且添加、设置权利管理电子信息，任何单位或个人，未经本网站主办方的许可，不得以任何方式（包括但不限于：盗链、冗余盗取等）直接或间接地盗取相关视频内容，不得以任何方式（包括但不限于：隐藏或者修改本网站域名、播放器软件、乐视网标识等）删除或者改变相关视频内容的权利管理电子信息。否则，本网站主办方将保留进一步追究侵权人法律责任的权利。

易联伟达公司为"快看影视"App 的开发运营者，"快看影视"App 为视频聚合平台。"快看影视"App 将乐视网上的《宫锁连城》视频资源通过深度链接的方式，抓取、集合在自己的平台上，按照自己设计的界面、编排方式呈现给用户，但《宫锁连城》视频资源并未存储于易联伟达的服务器。

在琼瑶诉于正等侵犯著作权一案[①]中，认定电视剧《宫锁连城》侵犯了著作权，维持一审作出的停止电视剧《宫锁连城》的复制、发行与传播行为，赔礼道歉，赔偿损失判决。

3. 一审判决要点

一审法院认为，虽然北京高院的终审判决认定《宫锁连城》一剧侵犯了著作权，但这并不意味着相关拍摄方、信息网络传播权人对《宫锁连城》这一演绎作品不再享有任何权利，其他人对《宫锁连城》一剧的信息网络传播权亦不能随意侵犯，否则亦应承担相应侵权责任。易联伟达公司经营的快看影视 App 并非仅提供链接技术服务，还进行了选择、编辑、整理、专题分类等行为，如制作节目列表、提供节目简介、设置播放界面和观看模式、去除视频来源的权利管理电子信息及被链网站广告、设置专题分类等，用户得以在该聚合平台上直接实现对涉案作品的观看；且易联伟达公司主观上存在积极破坏他人技术措施、通过盗链获取不当利益的过错。

易联伟达公司的一系列行为，实现了分流相关获得合法授权视频网站的流量与收益，在其聚合平台上向公众提供涉案作品播放等服务的实质性替代效果，对涉案电视剧作品超出授权渠道、范围传播具有一定控制、管理能力，导致独家信息网络传播权人本应获取的

[①]北京市高级人民法院（2015）高民（知）终字第 1039 号民事判决书。

授权利益在一定范围内落空,给腾讯公司造成了损害,构成侵犯信息网络传播权,应承担相应的民事赔偿责任。

4. 二审判决要点

二审法院认为,就本案所涉链接行为而言,链接行为的本质决定了无论是普通链接,还是深层链接行为,均不涉及对作品任何数据形式的传输,而仅仅提供了某一作品的网络地址。用户是否可以获得作品完全取决于被链接网站,如果被链接网站删除了作品,那么,即使该链接地址仍然存在,网络用户也不可能获得作品。但反之,如果链接提供者删除了该链接,则只要被链接网站实施了初始上传作品于信息网络的行为,且未删除该作品,该作品就仍然处于公开传播状态,用户仍然可以获得这一作品。这一情形充分说明,任何链接行为本身均不会使用户真正获得作品,无法如初始上传行为一样,满足信息网络传播权定义中有关使用户"获得作品"的要求。

易联伟达公司向用户提供"快看影视"App,虽然用户在该 App 界面下即可以实现对涉案作品的在线观看,但由公证书可看出,其内容播放页面中显示了乐视网相应页面的地址,且点击该地址可进入乐视网页面。上述事实说明,将涉案内容置于网络中传播的是乐视网,而非易联伟达公司,易联伟达公司仅提供了指向乐视网中涉案内容的链接。在易联伟达公司未实施将涉案作品置于向公众开放的服务器中的行为的情况下,其虽然实施了破坏技术措施的行为,但该行为仍不构成对涉案作品信息网络传播权的直接侵犯,一审法院作出的被诉行为侵犯被上诉人信息网络传播权的认定有误。

本案中,因乐视网系合法授权网站,其传播行为属于合法行为,故虽被诉行为对乐视网的传播行为起到帮助作用,但被诉行为仍不符合帮助侵权行为的认定要件,该行为不构成共同侵权行为,不应承担相应民事责任。至于一审判决所考虑的被诉行为是否属于主动定向链接,易联伟达公司是否进行了选择、整理及编排等因素,则只有在被链接网站的传播行为构成直接侵权的情况下,才可能对易联伟达公司的主观过错认定产生影响,进而影响对被诉行为是否构成共同侵权行为的认定。在被链接网站已获合法授权的情况下,上述因素的存在并不会使被诉行为被认定为共同侵权行为。

在被诉行为既未构成对被上诉人信息网络传播权的直接侵犯,亦未构成共同侵权行为的情况下,一审判决有关民事责任的认定有误。

虽然腾讯公司在一审起诉理由中曾提及上诉人系在破坏技术措施的情况下设置了针对被链接网站的深层链接,但因其并未单独针对破坏技术措施行为提出侵权诉请,而仅是认为其在破坏技术措施的情况下提供深层链接的行为属于侵害著作权法第十条第(十二)项信息网络传播权这一专有权利的行为,故对于易联伟达公司破坏技术措施行为本身是否侵害其权利,本案不予审理,腾讯公司可另行选择救济方式。

二审法院判决撤销一审判决,驳回腾讯公司全部诉讼请求。

【主要法律问题解析】

1. 电视剧《宫锁连城》作为侵权作品,是否还能受著作权保护?

本案中易联伟达公司提出的重要抗辩之一为,腾讯公司主张权利的作品《宫锁连城》一剧,在琼瑶诉于正等侵犯著作权一案中(北京市高级人民法院(2015)高民(知)终字第1039 号民事判决书),已被法院终审认定属于侵权演绎作品,不应受到法律保护,而腾讯公司作为有重大权利瑕疵作品的信息网络传播权的专有人，其权利亦不应受到法律保护。

腾讯公司在本案中主张权利的《宫锁连城》一剧确实属于侵权作品。但是《宫锁连城》对琼瑶涉案作品表达的使用，并非采取原封不动的单纯复制方式，而是增添了新的独创性的表达。正如在琼瑶诉于正等侵犯著作权一案中，法院指出：剧本《宫锁连城》侵犯了琼瑶对涉案作品享有的改编权。电视剧《宫锁连城》系根据剧本《宫锁连城》拍摄而成的。剧本《宫锁连城》基于上述分析，系未经许可对涉案作品进行改编而成的，作为改编作品的剧本《宫锁连城》，未经琼瑶许可即被摄制为电视剧，构成对涉案作品著作权人琼瑶所享有的摄制权的侵害。根据《著作权法》第十条第一款第（十四）项的规定，"改编权，即改变作品，创作出具有独创性的新作品的权利。"据此，《宫锁连城》虽然存在未经许可，以改编方式对琼瑶涉案作品的表达进行了利用，但也因为改编而创作了新的表达，这一新的表达为《宫锁连城》所特有。因此，虽然法院认定《宫锁连城》属于侵权改编作品，未经原作品权利人的同意，不得进行著作权上的利用，但并不意味《宫锁连城》的权利人也无权禁止对其改编作品的擅自利用。本案就属于这种情况，《宫锁连城》就其独创性表达部分仍然受著作权保护，腾讯公司可以对未经许可的侵权行为主张权利。

本案一审、二审法院在这一问题上的认识是一致的。本案二审法院认为："侵权作品是否可受到著作权法保护取决于其是否有独创性部分，与其是否侵权并无直接关联……涉案作品所存在的侵权情形仅意味着涉案作品的著作权人无权自行使用并禁止他人使用该侵权部分，但对于涉案作品中的独创部分，著作权人仍享有著作权，有权禁止他人以著作权控制的方式使用该部分，且其所获得的保护水平与其他作品并无不同。据此，上诉人认为涉案作品不应受著作权法保护，且即便可获得保护，其保护水平亦应有所限制的上诉理由不能成立，本院不予支持。"

题外话，一个值得思考的问题是，《宫锁连城》在使用琼瑶涉案作品独创性表达方面，是否达到了改编的程度，进而导致《宫锁连城》剧本侵害了改编权，电视剧侵害了摄制权？编者认为，《著作权法》意义上的改编，要求应以现有作品的基本表达作为新作品的主要表达，并以此为根据进行演绎，这是改编与复制、部分复制的重要区别。以文学作品为例，将小说改编为戏剧，但小说的主要人物关系与主要结构情节仍然是戏剧故事的主要方面。就琼瑶诉于正等侵犯著作权一案，仅从二审民事判决书内容分析，二审法院认为："剧本《宫锁连城》中的人物设置更为丰富，故事线索更为复杂，但由于其包含了剧本《梅花烙》的主要人物设置和人物关系，故原审法院认定剧本《宫锁连城》的人物设置和人物关系是在涉案作品的基础上进行改编及再创作，并无不当。"似乎《宫锁连城》虽然不当使用琼瑶涉案作品的表达，但也有着不同于此的数量不少的新增人物设置与故事线索。二审法院还认为："琼瑶主张的上述情节，如果以剧本《宫锁连城》中的所有情节来计算，所占比例不高，但是由于其基本包含了涉案作品故事内容架构，也就是说其包含的情节设置已经占到了涉案作品的足够充分的比例，以至于受众足以感知到来源于涉案作品，且上述情节是琼瑶涉案作品的绝大部分内容。因此，剧本《宫锁连城》与涉案作品在整体上仍然构成实质性相似。"这里法院采用了"接触＋实质性相似"侵权判定方法，在实质性相似的认定上采用的是"一般读者或者观众"标准。但从判决书的这一部分表述分析，似乎也可以得出《宫锁连城》在情节上不当使用琼瑶涉案作品表达的比例并不高的结论。编者认为，"接触＋实质性相似"与"一般读者或者观众"标准并非改编侵权的特有认定方法，复制侵权的认定也可以采取这一方法。由于《宫锁连城》使用了琼瑶涉案作品的表达，读者或者受众自然会产生相近似的感受，以此认定构成部分复制侵权意义上的实质性相似并无问题，但如果《宫锁连城》的独创性表达已远远超出了不当使用部分，有着明显不同的主要情节叙事，那么，本案的侵权行为就很难说达到了改编的程度。这时对于改编及摄制意义上的侵权认定，就还需要深入的考量。

2. 易联伟达公司的行为性质是落入信息网络传播权范围的行为，还是破坏技术措施的行为，或者属于不正当竞争行为？

易联伟达公司的行为，即其运营"快看影视"App通过深度链接技术，使用户可以在该App界面直接在线观看涉案视频《宫锁连城》一剧，是否落入信息网络传播权的范围？在这个问题上，一审法院采用的是"实质性替代标准"，认为落入信息网络传播权的范围，构成侵权行为（二审法院认为，一审判决未对被诉行为是否属于信息网络传播行为进行正面确认，但通过其对被诉行为链接性质的否定及其所引用的法律依据可以看出，一审判决对此持肯定态度）。二审法院则采用"服务器标准"，认为未落入信息网络传播权的范围。

根据《信息网络传播权保护条例》第二十六条第一款规定，"信息网络传播权"，是指以有线或者无线方式向公众提供作品、表演或者录音录像制品，使公众可以在其个人选定的时间和地点获得作品、表演或者录音录像制品的权利。该款规定明确了信息网络传播权的范围，网络用户、网络服务提供者未经权利人许可，通过信息网络提供作品、表演、录音录像制品，如无法定免责事由的，构成信息网络传播权侵权行为，应当承担直接侵权责任。因此，本案的"实质性标准"与"服务器标准"之争，实质就在于易联伟达公司的行为是否属于直接提供作品的行为，对此，一审、二审法院按照各自的法理逻辑与审理思路进行了精彩的论辩。

按照"实质性替代标准"，"快看影视"App深度链接涉案视频的行为，使得"用户得以在该聚合平台上直接实现对涉案作品的观看。快看影视App的具体服务提供方式扩大了作品的域名渠道、可接触用户群体等网络传播范围，分流了相关获得合法授权视频网站的流量和收益，客观上发挥了在聚合平台上向用户提供视频内容的作用，产生了实质性替代效果"（（2016）京73民终143号民事判决书引述一审判决内容）。二审法院认为"实质性替代标准"系"用户感知标准"的升级版，该标准的适用并不考虑用户是否足以认识到该行为是链接行为，而仅考虑提供链接者的获益及对著作权人的损害。

按照"服务器标准"，"快看影视"App深度链接涉案视频的行为，并非是直接提供作品的行为。直接提供作品的行为"应指向的是初始上传行为。因任何上传行为均需以作品的存储为前提，未被存储的作品不可能在网络中传播，而该存储介质即为服务器标准中所称的'服务器'"。"此处的'服务器'并非通常意义上的网络服务器，而系广义概念，其泛指一切可存储信息的硬件存储介质，既包括网站服务器，亦包括个人电脑、手机等。""就本案所涉链接行为而言，链接行为的本质决定了无论是普通链接，还是深层链接行为，其均不涉及对作品任何数据形式的传输，而仅仅提供了某一作品的网络地址。"

编者认为，《著作权法》《信息网络传播权保护条例》对于"实质性替代标准""服务器标准"并无明确规定。司法实践提出这两个标准，系出于解决"深度链接"带来的法律问题之需。本案中，一审法院采用"实质性替代标准"是想在信息网络传播权范围内解决"快看影视"App 深度链接涉案视频对腾讯公司权益的损害问题。二审法院采用的"服务器标准"为目前处理信息网络传播权侵权问题的主要方式。本案中，二审法院虽然依据"服务器标准"认为"快看影视"App 深度链接涉案视频属于链接网络服务行为，而非落入信息网络传播权范围的直接提供作品的行为，不需承担直接侵权责任，且由于被链网站传播涉案视频有合法授权，也不需承担过错归责原则下的教唆或者帮助侵权责任。但是二审法院还是提出的维权指引，即腾讯公司可以寻求反不正当竞争法第二条的一般条款救济，或者寻求《著作权法》《信息网络传播权保护条例》上的技术措施保护条款救济。二审法院认为："在本案中，上诉人明确认可其在设置链接时，存在破坏被上诉人网站技术措施的行为，因此，被上诉人通过适用有关技术措施的相关规定，便可在禁止上述行为的同时使得深层链接行为得以禁止，同时亦可使其损失得到相应赔偿。"

　　编者认为，本案中两审法院均不否认聚合视频平台的深度链接涉案视频行为导致腾讯公司的民事权益受到了侵害，争议的核心在于怎样提供法律救济。本案中发生的损害类型，或者说腾讯公司的权利基础，显然是信息网络传播权。信息网络传播权属于著作权法范畴，在著作权法就本案情形也无法提供权利保护的情况下，如在本案中适用《反不正当竞争法》一般条款，由于两部法律的功能定位不同，可能会造成《反不正当竞争法》干预《著作权法》调整对象的问题。如在本案中适用《著作权法》《信息网络传播权保护条例》上的技术措施保护条款，由于本案的情形实质损害的是信息网络传播权益，而非单纯为了避开或者破坏技术措施，与技术措施条款的立法目的与适用范围并非完全相符。因此，技术措施条款也无法从理据上完全解决著作权权益的损害问题。而"用户感知标准""实质性替代标准"存在较大的不可预期性，可能使信息网络传播权的边界变得不明确，进而妨碍搜索链接等信息技术进步及互联网商业创新。因此，本案涉及的深度链接问题，应在《著作权法》体系内解决。由于本案的情形类似于对直接的信息网络传播行为的转播，可以调整"信息网络传播权"的范围，适当扩张其边界，为信息网络上的著作权益提供有效的法律保护。

第5章 网络空间安全个人信息保护法律法规

5.1 个人信息保护法解读

中华人民共和国个人信息保护法

(2021 年 8 月 20 日第十三届全国人民代表大会常务委员会第三十次会议表决通过)

第一章 总 则

第一条 为了保护个人信息权益,规范个人信息处理活动,促进个人信息合理利用,根据宪法,制定本法。

【重点法条解读】

本条是有关立法目的的规定。

《个人信息保护法(草案二审稿)》第一条规定,"为了保护个人信息权益,规范个人信息处理活动,促进个人信息合理利用,制定本法。"本条相较于二审稿,增加了宪法为立法依据,拔高了个人信息保护的高度,表明了国家保护个人信息的坚定立场。

综观全文,《个人信息保护法》为实现对个人信息的保护,主要采取对个人进行赋权、对个人信息的处理进行限制以及对个人信息的安全监管予以强化的保护路径。

第二条 自然人的个人信息受法律保护,任何组织、个人不得侵害自然人的个人信息权益。

第三条 在中华人民共和国境内处理自然人个人信息的活动,适用本法。

在中华人民共和国境外处理中华人民共和国境内自然人个人信息的活动,有下列情形之一的,也适用本法:

(一)以向境内自然人提供产品或者服务为目的;

(二)分析、评估境内自然人的行为;

(三)法律、行政法规规定的其他情形。

第四条 个人信息是以电子或者其他方式记录的与已识别或者可识别的自然人有关的各种信息,不包括匿名化处理后的信息。

个人信息的处理包括个人信息的收集、存储、使用、加工、传输、提供、公开、删除等。

【重点法条解读】

本条是有关个人信息与个人信息处理含义的规定。

根据《网络安全法》《民法典》等规定，"个人信息是指以电子或者其他方式记录的能够单独或者与其他信息结合识别自然人个人身份的各种信息"，强调从信息到个人的"可识别性"。

本条规定，"个人信息是指以电子或其他方式记录的与已识别或者可识别的自然人有关的各种信息"，强调"可识别性"和"关联性"，即认定个人信息可采用两种方式，第一种是从信息到个人，由信息本身的特殊性"识别"出特定自然人；第二种是从个人到信息，如已知特定自然人，则与该自然人"相关"的所有信息均为个人信息。不难发现，本条所采用的认定个人信息方式相较于《网络安全法》与《民法典》而言，极大地扩展了个人信息的外延，扩大了《个人信息保护法》的适用范围。

此外，《个人信息保护法》与《民法典》都将"处理"上升为上位概念，个人信息的收集、存储、使用、加工、传输、提供、公开、删除等行为都属于个人信息的处理。而在《网络安全法》中，"处理"是与收集、存储并列的概念。对此，要注意区分不同语境中关于"处理"的内涵。

第五条　处理个人信息应当遵循合法、正当、必要和诚信原则，不得通过误导、欺诈、胁迫等方式处理个人信息。

第六条　处理个人信息应当具有明确、合理的目的，并应当与处理目的直接相关，采取对个人权益影响最小的方式。

收集个人信息，应当限于实现处理目的的最小范围，不得过度收集个人信息。

第七条　处理个人信息应当遵循公开、透明原则，公开个人信息处理规则，明示处理的目的、方式和范围。

第八条　处理个人信息应当保证个人信息的质量，避免因个人信息不准确、不完整对个人权益造成不利影响。

第九条　个人信息处理者应当对其个人信息处理活动负责，并采取必要措施保障所处理的个人信息的安全。

第十条　任何组织、个人不得非法收集、使用、加工、传输他人个人信息，不得非法买卖、提供或者公开他人个人信息；不得从事危害国家安全、公共利益的个人信息处理活动。

第十一条　国家建立健全个人信息保护制度，预防和惩治侵害个人信息权益的行为，加强个人信息保护宣传教育，推动形成政府、企业、相关社会组织、公众共同参与个人信息保护的良好环境。

第十二条　国家积极参与个人信息保护国际规则的制定，促进个人信息保护方面的国际交流与合作，推动与其他国家、地区、国际组织之间的个人信息保护规则、标准等互认。

第二章　个人信息处理规则

第一节　一般规定

第十三条　符合下列情形之一的，个人信息处理者方可处理个人信息：

（一）取得个人的同意；

（二）为订立、履行个人作为一方当事人的合同所必需，或者按照依法制定的劳动规章制度和依法签订的集体合同实施人力资源管理所必需；

（三）为履行法定职责或者法定义务所必需；

（四）为应对突发公共卫生事件，或者紧急情况下为保护自然人的生命健康和财产安全所必需；

（五）为公共利益实施新闻报道、舆论监督等行为，在合理的范围内处理个人信息；

（六）依照本法规定在合理的范围内处理个人自行公开或者其他已经合法公开的个人信息；

（七）法律、行政法规规定的其他情形。

依照本法其他有关规定，处理个人信息应当取得个人同意，但是有前款第二项至第七项规定情形的，不需取得个人同意。

【重点法条解读】

本条是有关个人信息处理的合法性基础的规定。

继《网络安全法》确立以"知情－同意"为核心的唯一合法性基础，《民法典》将个人同意、合法公开信息的合理处理、为维护公共利益或者该自然人合法权益，合理实施作为个人信息处理的免责事由之后，本条结合实践及个人信息合理流动的需要，在"知情-同意"外，明确了其他六项情形作为个人信息处理的合法性基础。

值得注意的是，例外情形的增加并不意味着"知情－同意"不再作为个人信息处理的核心规则。相反的，《个人信息保护法》通过明确同意的要件与方式、单独同意以及同意的撤回等规定进一步强调了同意之于个人信息处理合规的重要性。

第十四条　基于个人同意处理个人信息的，该同意应当由个人在充分知情的前提下自愿、明确作出。法律、行政法规规定处理个人信息应当取得个人单独同意或者书面同意的，从其规定。

个人信息的处理目的、处理方式和处理的个人信息种类发生变更的，应当重新取得个人同意。

第十五条　基于个人同意处理个人信息的，个人有权撤回其同意。个人信息处理者应当提供便捷的撤回同意的方式。

个人撤回同意，不影响撤回前基于个人同意已进行的个人信息处理活动的效力。

【重点法条解读】

本条是有关同意便捷撤回的规定。

《个人信息保护法》出台前，《信息安全技术 个人信息安全规范》已经就个人信息主体撤回授权同意的问题作出规定。但在实践中，个人信息处理者提供的撤回方式、撤回渠道各不相同，其中有些措施由于缺乏便利性，使得撤回同意的权利行使成本较高。对此，本条规定了便捷原则，但本条并未明确规定如何理解"便捷"。一般来说，"便捷撤回同意"的难度不应大于"同意"的难度。

值得注意的是，对于"个人撤回同意，不影响撤回前基于个人同意已进行的个人信息处理活动的效力"，不应理解为：个人信息处理者可以继续利用个人撤回同意前其基于个人同意所收集的个人信息。

第十六条　个人信息处理者不得以个人不同意处理其个人信息或者撤回同意为由，拒绝提供产品或者服务；处理个人信息属于提供产品或者服务所必需的除外。

第十七条　个人信息处理者在处理个人信息前，应当以显著方式、清晰易懂的语言真实、准确、完整地向个人告知下列事项：

（一）个人信息处理者的名称或者姓名和联系方式；

（二）个人信息的处理目的、处理方式，处理的个人信息种类、保存期限；

（三）个人行使本法规定权利的方式和程序；

（四）法律、行政法规规定应当告知的其他事项。

前款规定事项发生变更的，应当将变更部分告知个人。

个人信息处理者通过制定个人信息处理规则的方式告知第一款规定事项的，处理规则应当公开，并且便于查阅和保存。

第十八条　个人信息处理者处理个人信息，有法律、行政法规规定应当保密或者不需要告知的情形的，可以不向个人告知前条第一款规定的事项。

紧急情况下为保护自然人的生命健康和财产安全无法及时向个人告知的，个人信息处理者应当在紧急情况消除后及时告知。

第十九条　除法律、行政法规另有规定外，个人信息的保存期限应当为实现处理目的所必要的最短时间。

第二十条　两个以上的个人信息处理者共同决定个人信息的处理目的和处理方式的，应当约定各自的权利和义务。但是，该约定不影响个人向其中任何一个个人信息处理者要求行使本法规定的权利。

个人信息处理者共同处理个人信息，侵害个人信息权益造成损害的，应当依法承担连带责任。

第二十一条　个人信息处理者委托处理个人信息的，应当与受托人约定委托处理的目的、期限、处理方式、个人信息的种类、保护措施以及双方的权利和义务等，并对受托人的个人信息处理活动进行监督。

受托人应当按照约定处理个人信息，不得超出约定的处理目的、处理方式等处理个人信息；委托合同不生效、无效、被撤销或者终止的，受托人应当将个人信息返还个人信息处理者或者予以删除，不得保留。

未经个人信息处理者同意，受托人不得转委托他人处理个人信息。

【重点条款解读】

本条是有关个人信息委托处理的规定。

随着数字经济的快速发展，在实践中个人信息委托处理的情形愈发常见，本条就此明确了在个人信息委托处理的情形下委托人与受托人的义务。根据本条，个人信息处理者在委托处理个人信息时，应当积极与受托人在合同文本中明确约定本条所规定的内容。同时，结合本法第五十五条、第五十六条的规定可知，个人信息处理者委托他人处理个人信息时，应当在事前就委托处理活动进行个人信息保护影响评估。只有通过个人信息保护影响评估，个人信息处理者才可以进行个人信息委托处理。

受托人除履行本条规定的义务外，还应当根据本法第五十九条规定，"接受委托处理个人信息的受托人，应当依照本法和有关法律、行政法规的规定，采取必要措施保障所处理的个人信息的安全，并协助个人信息处理者履行本法规定的义务"，遵循本法关于个人信息处理者规定的义务。

第二十二条　个人信息处理者因合并、分立、解散、被宣告破产等原因需要转移个人信息的，应当向个人告知接收方的名称或者姓名和联系方式。接收方应当继续履行个人信息处理者的义务。接收方变更原先的处理目的、处理方式的，应当依照本法规定重新取得个人同意。

第二十三条　个人信息处理者向其他个人信息处理者提供其处理的个人信息的，应当向个人告知接收方的名称或者姓名、联系方式、处理目的、处理方式和个人信息的种类，并取得个人的单独同意。接收方应当在上述处理目的、处理方式和个人信息的种类等范围内处理个人信息。接收方变更原先的处理目的、处理方式的，应当依照本法规定重新取得个人同意。

第二十四条　个人信息处理者利用个人信息进行自动化决策，应当保证决策的透明度和结果公平、公正，不得对个人在交易价格等交易条件上实行不合理的差别待遇。

通过自动化决策方式向个人进行信息推送、商业营销，应当同时提供不针对其个人特征的选项，或者向个人提供便捷的拒绝方式。

通过自动化决策方式作出对个人权益有重大影响的决定，个人有权要求个人信息处理者予以说明，并有权拒绝个人信息处理者仅通过自动化决策的方式作出决定。

【重点条款解读】

本条是有关自动化决策的规定。

根据本法第七十三条第二项规定，"自动化决策，是指通过计算机程序自动分析、评估个人的行为习惯、兴趣爱好或者经济、健康、信用状况等，并进行决策的活动。"

本条第一款回应此前社会广泛关注的"大数据杀熟"问题，提出了禁止实行不合理的差别待遇要求。值得注意的是，在《个人信息保护法》出台前，《消费者权益保护法》有关公平原则、知情权以及公平交易权的规定，《电子商务法》第十八条有关个性化推荐的规定，实际上已经隐含了对"大数据杀熟"的规制。本条在以上法律的基础上，进一步明确了"禁止大数据杀熟"的立场。

同时，本条第二款要求个人信息处理者通过自动化决策方式向个人进行信息推送时提供不针对其个人特征的选项，意在强化对用户知情权的保障，避免"信息茧房"等消极影响的产生。

第二十五条　个人信息处理者不得公开其处理的个人信息，取得个人单独同意的除外。

第二十六条　在公共场所安装图像采集、个人身份识别设备，应当为维护公共安全所必需，遵守国家有关规定，并设置显著的提示标识。所收集的个人图像、身份识别信息只能用于维护公共安全的目的，不得用于其他目的；取得个人单独同意的除外。

【重点条款解读】

本条是有关公共场所收集个人信息的规定。

作为敏感个人信息中社交属性最强、也最容易采集的个人信息，人脸信息的利用问题愈发为社会各界广泛关注。本条回应人民群众关切，从目的、告知形式和用途三个方面对公共场所采集个人图像、身份识别信息作出了限制。

在《个人信息保护法》出台前，最高人民法院已专门就人脸识别技术的应用问题出台《关于审理使用人脸识别技术处理个人信息相关民事案件适用法律若干问题的规定》（以下简称《规定》），从侵权责任、合同规则以及诉讼程序等方面对因使用人脸识别技术处理人脸信息所引起的民事案件的审理作出了规定。本条聚焦公共场所的人脸信息采集及利用问题，延续了《规定》严格保护人脸信息的精神，强化了对人脸信息的安全保障。

第二十七条　个人信息处理者可以在合理的范围内处理个人自行公开或者其他已经合法公开的个人信息；个人明确拒绝的除外。个人信息处理者处理已公开的个人信息，对个人权益有重大影响的，应当依照本法规定取得个人同意。

【重点条款解读】

本条是有关已公开个人信息的处理的规定。

在本法第十三条明确个人信息处理者可以在合理范围内处理已公开个人信息的同时，本条针对已公开个人信息的处理作出了明确的限制性规定。换言之，个人明确拒绝时，个人信息处理者不得处理已公开个人信息；个人信息处理者处理已公开个人信息会对个人权益造成重大影响的，个人信息处理者应当取得个人同意。

本条规定的个人拒绝的权利，实际上是本法第十五条明确的个人所享有的撤回同意权的体现，在处理已公开的个人信息会对个人权益造成重大影响时，取得个人同意也是对个人知情同意权的强调。可以发现，强化个人信息主体的决定权贯穿于个人信息处理规则的始终。

第二节　敏感个人信息的处理规则

第二十八条　敏感个人信息是一旦泄露或者非法使用，容易导致自然人的人格尊严受到侵害或者人身、财产安全受到危害的个人信息，包括生物识别、宗教信仰、特定身份、医疗健康、金融账户、行踪轨迹等信息，以及不满十四周岁未成年人的个人信息。

只有在具有特定的目的和充分的必要性，并采取严格保护措施的情形下，个人信息处理者方可处理敏感个人信息。

【重点条款解读】

本条是有关敏感个人信息定义及处理的规定。

本条采用概括加列举的方式明确定义了敏感个人信息。其中，将不满十四周岁未成年人的个人信息纳入敏感个人信息的范畴，强化了对未成年人个人信息权益的保护。

由于敏感个人信息的处理对于个人而言具有较高的风险,本条从目的、必要性及保护措施三个方面作出了严格的限制性规定,只有同时满足这三个方面时,个人信息处理者才可以处理敏感个人信息。

另外,根据本法第五十五条、第五十六条的规定,个人信息处理者在处理敏感个人信息之前,还应当就处理敏感个人信息对个人权益的影响及安全风险,处理敏感个人信息所采取的保护措施是否合法、有效并与风险程度相适应等内容开展个人信息保护影响评估。

第二十九条 处理敏感个人信息应当取得个人的单独同意;法律、行政法规规定处理敏感个人信息应当取得书面同意的,从其规定。

第三十条 个人信息处理者处理敏感个人信息的,除本法第十七条第一款规定的事项外,还应当向个人告知处理敏感个人信息的必要性以及对个人权益的影响;依照本法规定可以不向个人告知的除外。

第三十一条 个人信息处理者处理不满十四周岁未成年人个人信息的,应当取得未成年人的父母或者其他监护人的同意。

个人信息处理者处理不满十四周岁未成年人个人信息的,应当制定专门的个人信息处理规则。

【重要条款解读】

本条是有关不满十四周岁未成年人个人信息处理的规定。

对于不满十四周岁未成年人个人信息的同意规则,本条第一款与《未成年人保护法》第七十二条第一款规定,"处理不满十四周岁未成年人个人信息的,应当征得未成年人的父母或者其他监护人同意,但法律、行政法规另有规定的除外"相一致。

除未成年人的父母或者其他监护人同意外,本条要求个人信息处理者针对不满十四周岁的未成年人信息应当制定专门的个人信息处理规则,有助于进一步强化对儿童(即不满十四周岁的未成年人)个人信息的保护。而实际上,这一规定先前已经在《儿童个人信息网络保护规定》中得到明确。《儿童个人信息网络保护规定》第八条规定,"网络运营者应当设置专门的儿童个人信息保护规则和用户协议,并指定专人负责儿童个人信息保护。"

可见,《个人信息保护法》对不满十四周岁未成年人个人信息的保护延续了《未成年人保护法》《儿童个人信息网络保护规定》的精神。同时,《个人信息保护法》进一步明确不满十四周岁未成年人的个人信息均属于敏感个人信息,体现了法律对于儿童个人信息保护的充分重视。

第三十二条 法律、行政法规对处理敏感个人信息规定应当取得相关行政许可或者作出其他限制的,从其规定。

第三节 国家机关处理个人信息的特别规定

第三十三条 国家机关处理个人信息的活动,适用本法;本节有特别规定的,适用本节规定。

第三十四条 国家机关为履行法定职责处理个人信息,应当依照法律、行政法规规定的权限、程序进行，不得超出履行法定职责所必需的范围和限度。

第三十五条　国家机关为履行法定职责处理个人信息，应当依照本法规定履行告知义务；有本法第十八条第一款规定的情形，或者告知将妨碍国家机关履行法定职责的除外。

第三十六条　国家机关处理的个人信息应当在中华人民共和国境内存储；确需向境外提供的，应当进行安全评估。安全评估可以要求有关部门提供支持与协助。

第三十七条　法律、法规授权的具有管理公共事务职能的组织为履行法定职责处理个人信息，适用本法关于国家机关处理个人信息的规定。

第三章　个人信息跨境提供的规则

第三十八条　个人信息处理者因业务等需要，确需向中华人民共和国境外提供个人信息的，应当具备下列条件之一：

（一）依照本法第四十条的规定通过国家网信部门组织的安全评估；

（二）按照国家网信部门的规定经专业机构进行个人信息保护认证；

（三）按照国家网信部门制定的标准合同与境外接收方订立合同，约定双方的权利和义务；

（四）法律、行政法规或者国家网信部门规定的其他条件。

中华人民共和国缔结或者参加的国际条约、协定对向中华人民共和国境外提供个人信息的条件等有规定的，可以按照其规定执行。

个人信息处理者应当采取必要措施，保障境外接收方处理个人信息的活动达到本法规定的个人信息保护标准。

【重点条款解读】

本条是有关跨境提供个人信息应当具备条件的规定。

针对个人信息的跨境提供，本条构建了适用于不同性质个人信息处理者的多元化跨境传输合法路径。即对于关键信息基础设施运营者以及处理个人信息达到规定数量的个人信息处理者而言，应通过国家网信部门组织的安全评估后出境，除非法律、行政法规和国家网信部门规定可以不进行安全评估；其他个人信息处理者可以选择通过订立合同、个人信息保护认证等途径向境外提供个人信息。

发展"以国内大循环为主体、国内国际双循环相互促进的发展格局"是我国在当前世界和国内经济发展的形势下的战略举措。本条第二款明确规定，"中华人民共和国缔结或者参加的国际条约、协定对向中华人民共和国境外提供个人信息的条件等有规定的，可以按照其规定执行。"这表明了我国旨在积极探索数据跨境流动的新规则，对于打通数字经济外循环具有重要意义。

本条第三款提出的安全保障要求与《通用数据保护条例》（GDPR）第 46 条"遵守适当保障措施的转移"的规定类似。由于监管机构实现对境外接收方的监管较为困难，这一规定将境外接收方处理个人信息的风险与责任转移到个人信息处理者的身上，要求个人信息处理者采取必要措施落实该义务，实际上起到了强化个人信息安全监管的效果。

第三十九条　个人信息处理者向中华人民共和国境外提供个人信息的，应当向个人告知境外接收方的名称或者姓名、联系方式、处理目的、处理方式、个人信息的种类以及个人向境外接收方行使本法规定权利的方式和程序等事项，并取得个人的单独同意。

第四十条　关键信息基础设施运营者和处理个人信息达到国家网信部门规定数量的个人信息处理者，应当将在中华人民共和国境内收集和产生的个人信息存储在境内。确需向境外提供的，应当通过国家网信部门组织的安全评估；法律、行政法规和国家网信部门规定可以不进行安全评估的，从其规定。

第四十一条　中华人民共和国主管机关根据有关法律和中华人民共和国缔结或者参加的国际条约、协定，或者按照平等互惠原则，处理外国司法或者执法机构关于提供存储于境内个人信息的请求。非经中华人民共和国主管机关批准，个人信息处理者不得向外国司法或者执法机构提供存储于中华人民共和国境内的个人信息。

第四十二条　境外的组织、个人从事侵害中华人民共和国公民的个人信息权益，或者危害中华人民共和国国家安全、公共利益的个人信息处理活动的，国家网信部门可以将其列入限制或者禁止个人信息提供清单，予以公告，并采取限制或者禁止向其提供个人信息等措施。

第四十三条　任何国家或者地区在个人信息保护方面对中华人民共和国采取歧视性的禁止、限制或者其他类似措施的，中华人民共和国可以根据实际情况对该国家或者地区对等采取措施。

第四章　个人在个人信息处理活动中的权利

第四十四条　个人对其个人信息的处理享有知情权、决定权，有权限制或者拒绝他人对其个人信息进行处理；法律、行政法规另有规定的除外。

第四十五条　个人有权向个人信息处理者查阅、复制其个人信息；有本法第十八条第一款、第三十五条规定情形的除外。

个人请求查阅、复制其个人信息的，个人信息处理者应当及时提供。

个人请求将个人信息转移至其指定的个人信息处理者，符合国家网信部门规定条件的，个人信息处理者应当提供转移的途径。

【重点条款解读】

本条是有关个人信息可携带权的规定。

《个人信息保护法》吸收了国际个人信息保护立法，尤其吸取了 GDPR 的有益经验，对个人在个人信息处理活动中享有的权利作了较为充分的规定。其中，本条首次引入了个人信息可携带权的规定。

数据已然成为大数据时代企业的资产，谁掌握更多的数据，谁就有更大的竞争优势。因此，互联网企业往往将用户个人信息视为自身的财产性权益，并不积极配合个人信息的转移。为了适应互联网应用和服务多样化的实际情况与日益增长的跨平台转移个人信息的需求，促进信息的合理流通，本条吸收了 GDPR 的经验，对个人信息可携带权作出了原则性规定。

值得注意的是，"符合国家网信部门规定条件"是个人行使个人信息可携带权的前提，但由于这一条件尚不明确，个人信息可携带权对个人信息处理者及个人所可能产生的实质性影响也有待进一步观察。

第四十六条　个人发现其个人信息不准确或者不完整的,有权请求个人信息处理者更正、补充。

个人请求更正、补充其个人信息的,个人信息处理者应当对其个人信息予以核实,并及时更正、补充。

第四十七条　有下列情形之一的,个人信息处理者应当主动删除个人信息;个人信息处理者未删除的,个人有权请求删除:

(一)处理目的已实现、无法实现或者为实现处理目的不再必要;

(二)个人信息处理者停止提供产品或者服务,或者保存期限已届满;

(三)个人撤回同意;

(四)个人信息处理者违反法律、行政法规或者违反约定处理个人信息;

(五)法律、行政法规规定的其他情形。

法律、行政法规规定的保存期限未届满,或者删除个人信息从技术上难以实现的,个人信息处理者应当停止除存储和采取必要的安全保护措施之外的处理。

第四十八条　个人有权要求个人信息处理者对其个人信息处理规则进行解释说明。

第四十九条　自然人死亡的,其近亲属为了自身的合法、正当利益,可以对死者的相关个人信息行使本章规定的查阅、复制、更正、删除等权利;死者生前另有安排的除外。

第五十条　个人信息处理者应当建立便捷的个人行使权利的申请受理和处理机制。拒绝个人行使权利的请求的,应当说明理由。

个人信息处理者拒绝个人行使权利的请求的,个人可以依法向人民法院提起诉讼。

第五章　个人信息处理者的义务

第五十一条　个人信息处理者应当根据个人信息的处理目的、处理方式、个人信息的种类以及对个人权益的影响、可能存在的安全风险等,采取下列措施确保个人信息处理活动符合法律、行政法规的规定,并防止未经授权的访问以及个人信息泄露、篡改、丢失:

(一)制定内部管理制度和操作规程;

(二)对个人信息实行分类管理;

(三)采取相应的加密、去标识化等安全技术措施;

(四)合理确定个人信息处理的操作权限,并定期对从业人员进行安全教育和培训;

(五)制定并组织实施个人信息安全事件应急预案;

(六)法律、行政法规规定的其他措施。

第五十二条　处理个人信息达到国家网信部门规定数量的个人信息处理者应当指定个人信息保护负责人,负责对个人信息处理活动以及采取的保护措施等进行监督。

个人信息处理者应当公开个人信息保护负责人的联系方式,并将个人信息保护负责人的姓名、联系方式等报送履行个人信息保护职责的部门。

第五十三条　本法第三条第二款规定的中华人民共和国境外的个人信息处理者,应当在中华人民共和国境内设立专门机构或者指定代表,负责处理个人信息保护相关事务,并将有关机构的名称或者代表的姓名、联系方式等报送履行个人信息保护职责的部门。

第五十四条　个人信息处理者应当定期对其处理个人信息遵守法律、行政法规的情况进行合规审计。

第五十五条　有下列情形之一的，个人信息处理者应当事前进行个人信息保护影响评估，并对处理情况进行记录：

（一）处理敏感个人信息；

（二）利用个人信息进行自动化决策；

（三）委托处理个人信息、向其他个人信息处理者提供个人信息、公开个人信息；

（四）向境外提供个人信息；

（五）其他对个人权益有重大影响的个人信息处理活动。

第五十六条　个人信息保护影响评估应当包括下列内容：

（一）个人信息的处理目的、处理方式等是否合法、正当、必要；

（二）对个人权益的影响及安全风险；

（三）所采取的保护措施是否合法、有效并与风险程度相适应。

个人信息保护影响评估报告和处理情况记录应当至少保存三年。

第五十七条　发生或者可能发生个人信息泄露、篡改、丢失的，个人信息处理者应当立即采取补救措施，并通知履行个人信息保护职责的部门和个人。通知应当包括下列事项：

（一）发生或者可能发生个人信息泄露、篡改、丢失的信息种类、原因和可能造成的危害；

（二）个人信息处理者采取的补救措施和个人可以采取的减轻危害的措施；

（三）个人信息处理者的联系方式。

个人信息处理者采取措施能够有效避免信息泄露、篡改、丢失造成危害的，个人信息处理者可以不通知个人；履行个人信息保护职责的部门认为可能造成危害的，有权要求个人信息处理者通知个人。

第五十八条　提供重要互联网平台服务、用户数量巨大、业务类型复杂的个人信息处理者，应当履行下列义务：

（一）按照国家规定建立健全个人信息保护合规制度体系，成立主要由外部成员组成的独立机构对个人信息保护情况进行监督；

（二）遵循公开、公平、公正的原则，制定平台规则，明确平台内产品或者服务提供者处理个人信息的规范和保护个人信息的义务；

（三）对严重违反法律、行政法规处理个人信息的平台内的产品或者服务提供者，停止提供服务；

（四）定期发布个人信息保护社会责任报告，接受社会监督。

【重点条款解读】

本条是有关特殊个人信息处理者义务的规定。

重要互联网平台由于拥有巨大的用户数量，业务场景类型复杂且涉及多方主体，往往面临着极高的个人信息保护风险。立法将其作为重点监管对象，规定"守门人"责任，意在激活重要平台的治理能力，助力个人信息保护相关法律义务的有效落地。

根据本条规定，"提供重要互联网平台服务"中的"重要"应当如何认定，"用户数量巨大"的具体量化标准是什么，"业务类型复杂"的认定标准是什么？可参考 2021 年国家市场监管总局发布的《互联网平台分类分级指南（征求意见稿）》。

就具体的义务设置来看，本条第一项的规定将合规制度法制化，表明立法者期望义务主体能够通过自身合规建设降低个人信息处理的法律风险，达到数据治理水平的立法目标。

本条第二项的规定与《电子商务法》第三十二条规定，"电子商务平台经营者应当遵循公开、公平、公正的原则，制定平台服务协议和交易规则，明确进入和退出平台、商品和服务质量保障、消费者权益保护、个人信息保护等方面的权利和义务"相似，是立法者期望义务主体能够发挥治理能力的直接体现。

为履行本条第三项规定的义务，义务主体一方面要投入资源对平台内的产品或者服务提供者进行监督；另一方面要与监管部门做好对接工作，以确定产品或服务提供者的个人信息处理行为是否严重违反法律、行政法规。

对于社会责任报告的撰写、社会责任报告的必备内容，有待进一步明确。

第五十九条　接受委托处理个人信息的受托人，应当依照本法和有关法律、行政法规的规定，采取必要措施保障所处理的个人信息的安全，并协助个人信息处理者履行本法规定的义务。

第六章　履行个人信息保护职责的部门

第六十条　国家网信部门负责统筹协调个人信息保护工作和相关监督管理工作。国务院有关部门依照本法和有关法律、行政法规的规定，在各自职责范围内负责个人信息保护和监督管理工作。

县级以上地方人民政府有关部门的个人信息保护和监督管理职责，按照国家有关规定确定。

前两款规定的部门统称为履行个人信息保护职责的部门。

第六十一条　履行个人信息保护职责的部门履行下列个人信息保护职责：

（一）开展个人信息保护宣传教育，指导、监督个人信息处理者开展个人信息保护工作；

（二）接受、处理与个人信息保护有关的投诉、举报；

（三）组织对应用程序等个人信息保护情况进行测评，并公布测评结果；

（四）调查、处理违法个人信息处理活动；

（五）法律、行政法规规定的其他职责。

【重点条款解读】

本条是有关个人信息保护部门具体职责的规定。

相较于《个人信息保护法（草案二审稿）》，本条新增了"组织对应用程序等个人信息保护情况进行测评，并公布测评结果"这一职责，从法律层面为相关部门针对应用程序开展执法提供了支撑。

在《个人信息保护法》出台前，国家互联网信息办公室、工业和信息化部、公安部及市场监管总局联合就 App 开展了专项治理行动，并形成《App 违法违规收集使用个人信息行为认定方法《常见类型移动互联网应用程序必要个人信息范围规定》等文件以指导相关执法。其中,《App违法违规收集使用个人信息行为认定方法》围绕"未公开收集使用规则""未明示收集使用个人信息的目的、方式和范围""未经用户同意收集使用个人信息""违反必要原则,收集与其提供的服务无关的个人信息""未经同意向他人提供个人信息""未按法律规定提供删除或更正个人信息功能"或"未公布投诉、举报方式等信息"的认定作出了规定;《常见类型移动互联网应用程序必要个人信息范围规定》主要就常见类型App的必要个人信息范围作出了规定。在应用程序常态化测评的背景下,根据以上文件能够为App提供者自查自纠和网民社会监督提供指引,落实《网络安全法》《个人信息保护法》等法律法规。

第六十二条 国家网信部门统筹协调有关部门依据本法推进下列个人信息保护工作:

(一)制定个人信息保护具体规则、标准;

(二)针对小型个人信息处理者、处理敏感个人信息以及人脸识别、人工智能等新技术、新应用,制定专门的个人信息保护规则、标准;

(三)支持研究开发和推广应用安全、方便的电子身份认证技术,推进网络身份认证公共服务建设;

(四)推进个人信息保护社会化服务体系建设,支持有关机构开展个人信息保护评估、认证服务;

(五)完善个人信息保护投诉、举报工作机制。

第六十三条 履行个人信息保护职责的部门履行个人信息保护职责,可以采取下列措施:

(一)询问有关当事人,调查与个人信息处理活动有关的情况;

(二)查阅、复制当事人与个人信息处理活动有关的合同、记录、账簿以及其他有关资料;

(三)实施现场检查,对涉嫌违法的个人信息处理活动进行调查;

(四)检查与个人信息处理活动有关的设备、物品;对有证据证明是用于违法个人信息处理活动的设备、物品,向本部门主要负责人书面报告并经批准,可以查封或者扣押。

履行个人信息保护职责的部门依法履行职责,当事人应当予以协助、配合,不得拒绝、阻挠。

第六十四条 履行个人信息保护职责的部门在履行职责中,发现个人信息处理活动存在较大风险或者发生个人信息安全事件的,可以按照规定的权限和程序对该个人信息处理者的法定代表人或者主要负责人进行约谈,或者要求个人信息处理者委托专业机构对其个人信息处理活动进行合规审计。个人信息处理者应当按照要求采取措施,进行整改,消除隐患。

履行个人信息保护职责的部门在履行职责中,发现违法处理个人信息涉嫌犯罪的,应当及时移送公安机关依法处理。

第六十五条 任何组织、个人有权对违法个人信息处理活动向履行个人信息保护职责的部门进行投诉、举报。收到投诉、举报的部门应当依法及时处理,并将处理结果告知投诉、举报人。

履行个人信息保护职责的部门应当公布接受投诉、举报的联系方式。

第七章　法律责任

第六十六条　违反本法规定处理个人信息，或者处理个人信息未履行本法规定的个人信息保护义务的，由履行个人信息保护职责的部门责令改正，给予警告，没收违法所得，对违法处理个人信息的应用程序，责令暂停或者终止提供服务；拒不改正的，并处一百万元以下罚款；对直接负责的主管人员和其他直接责任人员处一万元以上十万元以下罚款。

有前款规定的违法行为，情节严重的，由省级以上履行个人信息保护职责的部门责令改正，没收违法所得，并处五千万元以下或者上一年度营业额百分之五以下罚款，并可以责令暂停相关业务或者停业整顿、通报有关主管部门吊销相关业务许可或者吊销营业执照；对直接负责的主管人员和其他直接责任人员处十万元以上一百万元以下罚款，并可以决定禁止其在一定期限内担任相关企业的董事、监事、高级管理人员和个人信息保护负责人。

【重点条款解读】

本条是有关个人信息处理者违法行为行政责任的规定。

详见第二章 2.2 节相关条文的解读。

第六十七条　有本法规定的违法行为的，依照有关法律、行政法规的规定记入信用档案，并予以公示。

第六十八条　国家机关不履行本法规定的个人信息保护义务的，由其上级机关或者履行个人信息保护职责的部门责令改正；对直接负责的主管人员和其他直接责任人员依法给予处分。

履行个人信息保护职责的部门的工作人员玩忽职守、滥用职权、徇私舞弊，尚不构成犯罪的，依法给予处分。

第六十九条　处理个人信息侵害个人信息权益造成损害，个人信息处理者不能证明自己没有过错的，应当承担损害赔偿等侵权责任。

前款规定的损害赔偿责任按照个人因此受到的损失或者个人信息处理者因此获得的利益确定；个人因此受到的损失和个人信息处理者因此获得的利益难以确定的，根据实际情况确定赔偿数额。

【重点条款解读】

本条是有关个人信息侵权行为民事责任的规定。

在民事责任方面，出于自然人与个人信息处理者的经济实力不对等、专业信息不对称等因素的考虑，本条第一款确立了"过错推定"的归责原则。这种举证责任的倒置使得个人信息处理者侵犯个人信息权益的行为认定更为容易，体现了立法者严格保护个人权益的坚定立场。

在损害赔偿的计算方面，本条第二款与《民法典》第一千一百八十二条规定的在侵害他人人身权益情形下，侵权损害赔偿的计算方式保持了一致。

第七十条　个人信息处理者违反本法规定处理个人信息，侵害众多个人的权益的，人民检察院、法律规定的消费者组织和由国家网信部门确定的组织可以依法向人民法院提起诉讼。

【重点条款解读】

本条是有关个人信息公益诉讼制度的规定。

近年来，人民检察院在个人信息保护公益诉讼中扮演着重要角色。作为检察公益诉讼的新领域，最高人民检察院及各地人民检察院都积极提起个人信息保护公益诉讼并发布典型案例，为个人信息保护贡献了公益诉讼检察力量，本条从法律层面对这一实践进行了确认。

除人民检察院外，《个人信息保护法》增加了"法律规定的消费者组织"以及"国家网信部门确定的组织"为个人信息保护公益诉讼的提起主体，有助于进一步强化对个人权益的保护。其中，法律规定的消费者组织是指中国消费者协会、各省地方消协，国家网信部门确定的组织则有待明确。

需要注意的是，个人信息保护公益诉讼的提起以"侵害众多个人的权益"为前提，目的在于维护社会公共利益，并非是单独个人寻求救济的途径。

第七十一条 违反本法规定，构成违反治安管理行为的，依法给予治安管理处罚；构成犯罪的，依法追究刑事责任。

第八章 附 则

第七十二条 自然人因个人或者家庭事务处理个人信息的，不适用本法。

法律对各级人民政府及其有关部门组织实施的统计、档案管理活动中的个人信息处理有规定的，适用其规定。

第七十三条 本法下列用语的含义：

（一）个人信息处理者，是指在个人信息处理活动中自主决定处理目的、处理方式的组织、个人。

（二）自动化决策，是指通过计算机程序自动分析、评估个人的行为习惯、兴趣爱好或者经济、健康、信用状况等，并进行决策的活动。

（三）去标识化，是指个人信息经过处理，使其在不借助额外信息的情况下无法识别特定自然人的过程。

（四）匿名化，是指个人信息经过处理无法识别特定自然人且不能复原的过程。

第七十四条 本法自 2021 年 11 月 1 日起施行。

5.2 网络安全法中个人信息保护相关规定解读

中华人民共和国网络安全法（节选）

（2016 年 11 月 7 日第十二届全国人民代表大会常务委员会第二十四次会议通过）

第三章 网络运行安全

第一节 一般规定

第二十二条 网络产品、服务应当符合相关国家标准的强制性要求。网络产品、服务的提供者不得设置恶意程序；发现其网络产品、服务存在安全缺陷、漏洞等风险时，应当立即采取补救措施，按照规定及时告知用户并向有关主管部门报告。

网络产品、服务的提供者应当为其产品、服务持续提供安全维护；在规定或者当事人约定的期限内，不得终止提供安全维护。

网络产品、服务具有收集用户信息功能的，其提供者应当向用户明示并取得同意；涉及用户个人信息的，还应当遵守本法和有关法律、行政法规关于个人信息保护的规定。

【重点法条解读】

本条第三款规定了网络产品、网络服务提供者收集用户信息应当遵守的规则，网络产品、服务收集用户信息的，应当向用户明示并取得同意；涉及用户个人信息的收集行为还须遵守个人信息保护的相关规定。

《网络安全法》第四章专门规定了网络运营者的用户信息保护义务，但该章规范的义务主体为网络运营者。根据定义，网络运营者包括网络的所有者、管理者和网络服务提供者。随着越来越多的网络产品和网络服务具有收集用户信息的功能，也为用户信息安全带来了风险，因此有必要对网络产品、服务提供者收集用户信息的行为加以突出。本条第三款规定的网络产品和服务提供者的用户信息保护规则，与《网络安全法》第四章网络运营者的用户信息保护规定共同为用户信息提供更为全面的保护。

【法律法规衔接问题】

个人信息保护是当前我国立法的重要关注点之一，在诸多基础性立法和行业立法中均有涉及。网络产品、服务提供者不仅需要遵守普适性、综合性立法，还需注意本行业、本领域针对性立法。当前，《个人信息保护法》《数据安全法》均已正式施行，《网络安全法》和《个人信息保护法》《数据安全法》《民法典》《全国人民代表大会常务委员会关于加强网络信息保护的决定》《消费者权益保护法》《刑法》等法律法规共同构建了我国个人信息保护的立法体系。

第二十四条　网络运营者为用户办理网络接入、域名注册服务，办理固定电话、移动电话等入网手续，或者为用户提供信息发布、即时通讯等服务，在与用户签订协议或者确认提供服务时，应当要求用户提供真实身份信息。用户不提供真实身份信息的，网络运营者不得为其提供相关服务。

国家实施网络可信身份战略，支持研究开发安全、方便的电子身份认证技术，推动不同电子身份认证之间的互认。

【重点法条解读】

本条是关于网络实名制规定。

随着信息时代的到来，网络在社会生产和生活中占据着日趋重要的地位。网络空间中的行为对现实社会中的个人或组织也会产生影响，因此，需要对之加以规范，否则网络空间可能成为违法犯罪行为的避风港。但碍于网络的虚拟性，现实世界中比较容易确认的行为主体问题在网络空间变得愈加困难。为将网络空间的行为与现实的法律关系制度进行对接，规范网络行为，预防、制裁网络犯罪，网络实名制应运而生。

在《网络安全法》颁布之前，我国已有一些规范对网络实名制加以规定。2012 年《全国人民代表大会常务委员会关于加强网络信息保护的决定》（以下简称《人大决定》）明确规定了"网络服务提供者为用户办理网站接入服务，办理固定电话、移动电话等入网手续，或者为用户提供信息发布服务，应当在与用户签订协议或者确认提供服务时，要求用户提供真实身份信息"；为落实《人大决定》的要求，2013 年工业和信息化部颁布了《用户电话真实身份信息登记规定》，对电信业务经营者在为用户办理固定电话、移动电话等入网手续时执行实名制要求作出了细化规定。随着自媒体公众账号的兴起，2014年，国家互联网信息办公室又发布了《即时通信工具公众信息服务发展管理暂行规定》，要求通过即时通信工具的公众账号及其他形式向公众发布信息的活动应当按照"后台实名、前台自愿"的原则，通过真实身份信息认证后注册账号。2015年，国家互联网信息办公室发布的《互联网用户账号名称管理规定》明确规定了互联网信息服务提供者应当按照"后台实名、前台自愿"的原则，要求互联网信息服务使用者通过真实身份信息认证后注册账号，进一步扩大了应当落实网络实名制的范围。

《网络安全法》在总结现行规范的基础上，从基本立法层面确立了网络实名制制度。从本条的规定来看，需真实身份认证的主体为用户，这里的用户既包括自然人，也包括法人及其他组织。应当进行真实身份认证的业务包括：(1)网络接入、域名注册服务；(2)固定电话、移动电话等入网手续；(3)信息发布、即时通讯等服务。

此外，需要注意的是，与2012年的《人大决定》的规定相比，在应当落实真实身份认证的业务中，《网络安全法》新增了"域名注册服务""即时通讯服务"。

第二节 关键信息基础设施的运行安全

第三十七条 关键信息基础设施的运营者在中华人民共和国境内运营中收集和产生的个人信息和重要数据应当在境内存储。因业务需要，确需向境外提供的，应当按照国家网信部门会同国务院有关部门制定的办法进行安全评估；法律、行政法规另有规定的，依照其规定。

【重点法条解读】

本条是关于数据出境安全管理的规定。

随着信息化水平的提高，在关键信息基础设施中存储着大量的涉及国家安全、国计民生、公共利益的个人信息和重要数据。为降低个人信息和重要数据的安全风险，同时也为执法、司法等需要，本条规定了关键信息基础设施的运营者在中国境内运营中收集和产生的个人信息和重要数据原则上应当在中国境内存储。但要求相关数据境内存储并不意味着绝对禁止数据出境。本条确立了数据出境安全评估制度。因业务需要，确需向境外提供的，符合相关的安全评估要求后，可以出境。本条还明确了数据出境安全评估办法由国家网信部门会同有关部门制定。此外，本条也为数据出境的规范留下了较大的空间，明确了其他法律和行政法规可对此作出特殊规定，为本条与现行其他规范的衔接及未来相关规范的出台预留了接口。

【难点问题解析】

《网络安全法》通过后，国家互联网信息办公室先后发布了《个人信息和重要数据出境安全评估办法(征求意见稿)》《个人信息出境安全评估办法(征求意见稿)》，试图对《网络安全法》第三十七条规定进行细化，但均未正式通过。

《数据安全法》《个人信息保护法》通过后，2022年7月，国家互联网信息办公室正式发布《数据出境安全评估办法》，法律依据包括《网络安全法》《数据安全法》《个人信息保护法》。《办法》第四条规定，"数据处理者向境外提供数据，有下列情形之一的，应当通过所在地省级网信部门向国家网信部门申报数据出境安全评估：(一)数据处理者向境外提供重要数据；(二)关键信息基础设施运营者和100万人以上个人信息的数据处理者向境外提供个人信息；（三）自上年 1 月 1 日起累计向境外提供 10 万人个人信息或者 1 万人敏感个人信息的数据处理者向境外提供个人信息；（四）国家网信部门规定的其他需要申报数据出境安全评估的情形。"评估模式是指风险自评估与安全评估相结合，即数据处理者事先开展数据出境风险自评估，然后通过省级网信部门向国家网信部门申报数据出境安全评估。数据出境风险自评估报告、数据处理者与境外接收方拟订立的合同或者其他具有法律效力的文件等作为申报材料提交网信部门。

【法律法规衔接问题】

本条规定了关键信息基础设施在境内运营中收集和产生的个人信息和重要数据出境的一般规则，但也明确了"法律、行政法规另有规定的，依照其规定"，为本条与现行及后续相关法律法规的衔接预留了接口。

目前，《数据安全法》《个人信息保护法》均已正式施行，对重要数据和个人信息出境管理进行明确规定。《数据安全法》第三十一条规定，"关键信息基础设施的运营者在中华人民共和国境内运营中收集和产生的重要数据的出境安全管理，适用《中华人民共和国网络安全法》的规定；其他数据处理者在中华人民共和国境内运营中收集和产生的重要数据的出境安全管理办法，由国家网信部门会同国务院有关部门制定。"《个人信息保护法》设立专章，即第三章（个人信息跨境提供规则），对个人信息出境条件及个人信息处理者安全保护义务进行详细规定。结合《数据安全法》《个人信息保护法》规定，关键信息基础设施运营者在我国境内收集和产生的重要数据和个人信息出境依然采取的是安全评估模式。

除此之外，我国通过诸多分散的法律法规对政务数据、地图数据、金融数据、健康数据等特定类型数据出境进行要求，相关规定包括《征信业管理条例》《人类遗传资源管理条例》《科学数据管理办法》《中国人民银行关于银行业金融机构做好个人金融信息保护工作的通知》《网络预约出租汽车经营服务管理暂行办法》《网络出版服务管理规定》《人口健康信息管理办法（试行）》等。

第四章　网络信息安全

第四十条　网络运营者应当对其收集的用户信息严格保密，并建立健全用户信息保护制度。

【重点法条解读】

本条规定了用户信息保护制度。

随着信息技术的发展，信息尤其是个人信息的收集、使用现象愈加普遍，随之而来的隐私保护问题、数据歧视问题、信息泄露问题带来了诸多隐患。在此背景下，为保护用户信息，亟需对信息的收集处理行为加以规范。本条明确了网络运营者应建立用户信息保护制度。此处的"用户"既包括自然人，也包括法人及其他组织。"用户信息"不限于个人信息，但由于个人信息保护面临的问题更为突出，用户信息保护制度的重点仍在于保护个人信息。

第四十一条　网络运营者收集、使用个人信息，应当遵循合法、正当、必要的原则，公开收集、使用规则，明示收集、使用信息的目的、方式和范围，并经被收集者同意。

网络运营者不得收集与其提供的服务无关的个人信息，不得违反法律、行政法规的规定和双方的约定收集、使用个人信息，并应当依照法律、行政法规的规定和与用户的约定，处理其保存的个人信息。

【重点法条解读】

本条规定了网络运营者收集使用个人信息的基本原则。

本条采用了国际上个人信息保护规范的通行做法,规定了个人信息收集使用的基本原则,主要包括:合法正当原则、必要原则、公开原则、知情同意原则、目的明确原则及目的限制原则等。其中,合法正当原则是指个人信息收集使用的方式、目的应当基于正当的目的,符合法律法规的规定;必要原则是指网络运营者应仅收集与其提供的服务相关的、必要的个人信息,不得收集与服务无关的个人信息;公开原则是指网络运营者应当公开其个人信息收集使用的规则,并明示其收集、使用信息的目的、方式和范围;知情同意原则是指网络运营者收集使用个人信息时,应当确保信息主体的知情权,并征得数据主体的同意,若未经同意,不得收集处理个人信息;目的明确原则是指网络运营者收集使用个人信息应具有具体的处理目的;目的限制原则是指网络运营者不得违反双方约定收集使用信息,未获得信息主体的授权,不得改变个人信息的处理目的。

【难点问题解析】

如何落实知情同意原则?

知情同意原则是个人信息保护的重要机制,也是目前国际上的通行做法。其与国际上的通行做法略有不同的是,本条将数据主体的同意作为个人信息处理的唯一的合法性基础,未规定任何例外的情形。因此,知情同意原则在我国个人信息保护框架中显得尤为重要。

在实践中,网络运营者的告知是否属于有效的告知、征得数据主体的同意是否属于有效的同意,需要根据告知的时间、告知的内容、告知的方式,征求同意的内容、方式,以及收集使用的个人信息的类型、敏感性程度、信息所面临的安全风险等级等因素综合考量。

第四十二条　网络运营者不得泄露、篡改、毁损其收集的个人信息;未经被收集者同意,不得向他人提供个人信息。但是,经过处理无法识别特定个人且不能复原的除外。

网络运营者应当采取技术措施和其他必要措施,确保其收集的个人信息安全,防止信息泄露、毁损、丢失。在发生或者可能发生个人信息泄露、毁损、丢失的情况时,应当立即采取补救措施,按照规定及时告知用户并向有关主管部门报告。

【重点法条解读】

本条是有关个人信息的公开规则以及网络运营者的安全保障义务的规定。

1) 个人信息的公开规则

本条并未采用"公开"个人信息的表述,而是用"提供"。这里的"提供"宜理解为包括向特定对象的共享行为,向不特定公众的披露行为;包括网络运营者在继续持有个人信息基础上向第三方的传输行为,以及网络运营者不再保有个人信息而向第三方的转让行为。

根据本条的规定,网络运营者向他人提供个人信息的,应当获得信息主体的同意。但随之而来的但书,又作出了例外的规定,即对个人信息进行匿名化处理,达到无法识别特定个人且不能复原的程度的不受前述规则的约束。

2）网络运营者的安全保障义务

随着网络运营者收集使用个人信息的行为日益普遍，网络运营者掌握着大量的个人信息。仅仅依靠信息主体自身的安全意识和自我行为并不能保障这些信息的安全，防范信息的滥用给信息主体带来的风险。因此，对于网络运营者安全保障义务的规定显得尤为必要。除本条外，《个人信息保护法》《民法典》等诸多法律法规均对网络运营者的信息安全保障义务作出了规定。根据本条的规定，网络运营者的安全保障义务包括：

（1）保障信息的完整性、保密性和可用性义务。网络运营者不得泄露、篡改、毁损其收集的个人信息；未经被收集者同意，不得向他人提供个人信息。

（2）采取技术措施和其他必要措施，保障信息安全。在发生或可能发生信息安全事件时，网络运营者采取补救措施对于预防事件的发生或者防止损失的扩大具有非常重要的作用。

（3）通知和报告义务。根据本条的规定，在发生或者可能发生个人信息泄露、毁损、丢失的情况时，网络运营者除了应当向有关主管机构报告外，还应当告知用户。

在我国现行规范中，诸多规范对于向有关主管机构的报告义务作出了规定。例如，《计算机信息系统安全保护条例》规定对计算机信息系统中发生的案件，有关使用单位应当在24 小时内向当地县级以上人民政府公安机关报告。《个人信息保护法》规定发生或者可能发生个人信息泄露、篡改、丢失的，个人信息处理者应当立即采取补救措施，并通知履行个人信息保护职责的部门和个人。通知应当包括下列事项：（一）发生或者可能发生个人信息泄露、篡改、丢失的信息种类、原因和可能造成的危害；（二）个人信息处理者采取的补救措施和个人可以采取的减轻危害的措施；（三）个人信息处理者的联系方式。个人信息处理者采取措施能够有效避免信息泄露、篡改、丢失造成危害的，个人信息处理者可以不通知个人；履行个人信息保护职责的部门认为可能造成危害的，有权要求个人信息处理者通知个人。

【难点问题解析】

匿名化处理有哪些困难？

关于匿名化问题，本条第一款的但书规定将匿名化了的个人信息排除在个人信息公开规则的适用范围之外。由此可见，立法者有意从制度设计层面为大数据的应用留下可行性空间，以取得个人信息保护和公众利益之间的平衡。这也符合国际上的通行做法。欧盟的GDPR 明确将匿名化的数据作为个人信息保护规则适用的例外。

但是，随着信息技术的发展，曾经被匿名化了的信息可能面临着被重新识别的风险，绝对的匿名化很难实现。因此，对于经匿名处理的个人信息仍需要置于特定场景和技术环境中加以动态、持续地评估和认定，以确定其是否属于本条所规定的"无法识别特定个人且不能复原的"信息。

第四十三条　个人发现网络运营者违反法律、行政法规的规定或者双方的约定收集、使用其个人信息的，有权要求网络运营者删除其个人信息；发现网络运营者收集、存储的其个人信息有错误的，有权要求网络运营者予以更正。网络运营者应当采取措施予以删除或者更正。

【重点法条解读】

本条是关于个人信息删除权和更正权的规定。

赋予信息主体个人信息删除权和更正权是个人信息保护领域中个人参与原则的要求。个人参与原则是指个人信息的控制者或处理者在收集处理个人信息时,应向个人信息主体提供访问、更正、删除其个人信息的渠道或途径。作为个人信息保护重要国际规范,OECD 1980 年颁布的《关于隐私保护与个人数据跨境流通的指导方针》规定的个人信息保护八大基本原则中就包括个人参与原则。

根据本条的规定,个人信息主体有权更正个人信息的情形为:网络运营者收集、存储的其个人信息有误。

删除权方面的适用情形包括"网络运营者违反法律、行政法规的规定"。此处可包括《个人信息保护法》第四十七条规定,"有下列情形之一的,个人信息处理者应当主动删除个人信息;个人信息处理者未删除的,个人有权请求删除:(一)处理目的已实现、无法实现或者为实现处理目的不再必要;(二)个人信息处理者停止提供产品或者服务,或者保存期限已届满;(三)个人撤回同意;(四)个人信息处理者违反法律、行政法规或者违反约定处理个人信息;(五)法律、行政法规规定的其他情形。法律、行政法规规定的保存期限未届满,或者删除个人信息从技术上难以实现的,个人信息处理者应当停止除存储和采取必要的安全保护措施之外的处理。"

第四十四条　任何个人和组织不得窃取或者以其他非法方式获取个人信息,不得非法出售或者非法向他人提供个人信息。

【重点法条解读】

本条属于禁止性规定。

规制的主体既包括网络运营者,也包括其他任何个人或组织。为保护个人信息,本条明令禁止的行为包括:非法获取个人信息、非法出售个人信息、非法提供个人信息。

"非法获取个人信息"是指窃取或者以其他非法方式获取。根据 2017 年施行的《最高人民法院、最高人民检察院关于办理侵犯公民个人信息刑事案件适用法律若干问题的解释》(以下简称《两高解释》)的规定,"以其他方法非法获取公民个人信息"是指违反国家有关规定,通过购买、收受、交换等方式获取公民个人信息,或者在履行职责、提供服务过程中收集公民个人信息的行为。典型的非法获取个人信息的行为包括公权力机关没有合法的法律依据,或者违反法定程序或方式收集个人信息;或者个人信息处理者违法违规收集个人信息。

"非法出售个人信息"是指违反国家规定,出售个人信息的行为。其中,"出售"是指以获利为目的将个人信息出卖给他人。

根据《两高解释》的规定,"非法提供个人信息"是指违反国家有关规定,向特定人提供公民个人信息,以及通过信息网络或者其他途径发布公民个人信息的行为。

第四十五条　依法负有网络安全监督管理职责的部门及其工作人员,必须对在履行职责中知悉的个人信息、隐私和商业秘密严格保密,不得泄露、出售或者非法向他人提供。

【重点法条解读】

本条是关于特定人员保密义务的规定,规制的主体是负有网络安全监督管理职责的部门及其工作人员。

需要注意的是，与本法第四十四条不同的是，本条要求负有网络安全监督管理职责的部门及其工作人员禁止的行为包括泄露、出售和非法提供个人信息。但本条禁止的"出售"行为并不强调"非法性"，意味着对于负有网络安全监督管理职责的部门及其工作人员在履行职责中知悉的个人信息、隐私和商业秘密是绝对禁止出售的。即使该信息为合法所得或者已经获得了信息主体的同意，也不能出售。

【法律法规衔接问题】

我国诸多法律法规均规定了特定人员对于履行职责获知的个人信息、隐私、商业秘密负有保密义务。2009 年施行的《刑法修正案（七）》增设了《刑法》第二百五十三条之一，规定了出售、非法提供公民个人信息罪和非法获取公民个人信息罪，明确"国家机关或者金融、电信、交通、教育、医疗等单位的工作人员，违反国家规定，将本单位在履行职责或者提供服务过程中获得的公民个人信息，出售或者非法提供给他人，情节严重的，处三年以下有期徒刑或者拘役，并处或者单处罚金"。2015 年《刑法修正案（九）》对《刑法》第二百五十三条之一作出了修改完善，将"出售、非法提供公民个人信息罪"和"非法获取公民个人信息罪"整合为"侵犯公民个人信息罪"，并将在履行职责或者提供服务过程中获得的公民个人信息，出售或者提供给他人的行为列为从重处罚情节。

第四十九条　网络运营者应当建立网络信息安全投诉、举报制度，公布投诉、举报方式等信息，及时受理并处理有关网络信息安全的投诉和举报。

网络运营者对网信部门和有关部门依法实施的监督检查，应当予以配合。

【重点法条解读】

本条是关于用户投诉机制的规定。

通过投诉机制，用户在发现自己的信息有误或被非法处理时可以及时向网络运营者反馈。投诉机制的建立是网络运营者履行个人信息保护义务的重要措施。

本条仅对用户投诉机制作了原则性的规定。我国现行的其他规范中已有对用户个人信息投诉机制更为细化的规定。例如，2013 年，国务院颁布的《征信业管理条例》针对征信行业的异议和投诉机制专门规定了"异议和投诉"一章，明确了提起异议和投诉的条件，处理异议和投诉机构、处理期限、处理后果等。2013 年，工业和信息化部颁布的《电信和互联网用户个人信息保护规定》第十二条规定，"电信业务经营者、互联网信息服务提供者应当建立用户投诉处理机制，公布有效的联系方式，接受与用户个人信息保护有关的投诉，并自接到投诉之日起十五日内答复投诉人。"

第六十一条　网络运营者违反本法第二十四条第一款规定，未要求用户提供真实身份信息，或者对不提供真实身份信息的用户提供相关服务的，由有关主管部门责令改正；拒不改正或者情节严重的，处五万元以上五十万元以下罚款，并可以由有关主管部门责令暂停相关业务、停业整顿、关闭网站、吊销相关业务许可证或者吊销营业执照，对直接负责的主管人员和其他直接责任人员处一万元以上十万元以下罚款。

【重点法条解读】

本条是对于违反网络实名制的处罚规定。

值得注意的是，2017 年 8 月，工业和信息化部颁布的《互联网域名管理办法》对于域名注册管理机构或者域名注册服务机构未执行真实身份认证要求也作出了处罚规定。域名注册管理机构或者域名注册服务机构未对域名注册信息的真实性、完整性进行核验的，由电信管理机构依据职权责令限期改正，并视情节轻重，处一万元以上三万元以下罚款，并向社会公告。该《办法》是关于域名管理过程中未落实实名制义务的处罚，但根据上位法优于下位法的原则，违反实名制的行为处罚仍应适用本条的规定。

第六十四条　网络运营者、网络产品或者服务的提供者违反本法第二十二条第三款、第四十一条至第四十三条规定，侵害个人信息依法得到保护的权利的，由有关主管部门责令改正，可以根据情节单处或者并处警告、没收违法所得、处违法所得一倍以上十倍以下罚款，没有违法所得的，处一百万元以下罚款，对直接负责的主管人员和其他直接责任人员处一万元以上十万元以下罚款；情节严重的，并可以责令暂停相关业务、停业整顿、关闭网站、吊销相关业务许可证或者吊销营业执照。

违反本法第四十四条规定，窃取或者以其他非法方式获取、非法出售或者非法向他人提供个人信息，尚不构成犯罪的，由公安机关没收违法所得，并处违法所得一倍以上十倍以下罚款，没有违法所得的，处一百万元以下罚款。

【重点法条解读】

本条是对违反个人信息保护规则的处罚规定。

本条第一款规制的主体仅为网络运营者和网络产品及服务提供者。根据该款的规定，网络运营者、网络产品或者服务的提供者违反个人信息收集使用公开规则，未履行安全保障义务，或未保障信息主体的删除权和更正权的，有关主管部门应当对其进行处罚。处罚方式包括：责令改正、警告、没收违法所得、罚款、暂停相关业务、停业整顿、关闭网站、吊销相关业务许可证或者吊销营业执照。

本条第二款规制的主体为任何组织或个人。规制的行为为窃取或非法获取、非法出售或提供公民个人信息尚未构成犯罪的。处罚机构为公安机关，处罚方式包括：没收违法所得和罚款两种。

第六十六条　关键信息基础设施的运营者违反本法第三十七条规定，在境外存储网络数据，或者向境外提供网络数据的，由有关主管部门责令改正，给予警告，没收违法所得，处五万元以上五十万元以下罚款，并可以责令暂停相关业务、停业整顿、关闭网站、吊销相关业务许可证或者吊销营业执照；对直接负责的主管人员和其他直接责任人员处一万元以上十万元以下罚款。

第七章　附　　则

第七十六条　本法下列用语的含义：

（五）个人信息，是指以电子或者其他方式记录的能够单独或者与其他信息结合识别自然人个人身份的各种信息，包括但不限于自然人的姓名、出生日期、身份证件号码、个人生物识别信息、住址、电话号码等。

【重点法条解读】

本条通过概括加列举式的方式对个人信息作出了界定。《网络安全法》颁布之前，我国已有一些规范对个人信息的概念作出了界定，但本条首次从国家立法层面对"个人信息"的概念作出了明确定义。

本条前半部分概括出了个人信息需要满足的两个条件，即记录性和可识别性。关于记录性，根据本条的规定，未被记录的信息不属于《网络安全法》所保护的个人信息。至于记录的方式，与《全国人民代表大会常务委员会关于加强网络信息保护的决定》中确立的仅保护以电子方式记录的公民个人电子信息不同。《网络安全法》的个人信息的范畴更为广泛，记录方式不限于以电子方式记录。

关于可识别性，本条对于个人信息的界定采用了欧盟传统的"识别说"。判断该信息是否属于个人信息需要重点考量的因素为是否具有"可识别性"。识别的方式包括单独识别和与其他信息结合识别，识别的对象为自然人的个人身份。本条的后半部分不完全地列举了几项典型的个人信息类型，如自然人的姓名、出生日期、身份证件号码、个人生物识别信息、住址、电话号码。

需要注意的是，2017 年施行的《最高人民法院、最高人民检察院关于办理侵犯公民个人信息刑事案件适用法律若干问题的解释》也对公民个人信息概念作出了界定。根据该定义，除了可识别自然人身份的信息外，反映特定自然人活动情况的信息（如行踪轨迹）也属于个人信息，扩大了本条规定的个人信息的范畴。

【难点问题解析】

个人信息认定的难点在哪里？

个人信息的认定一直以来是个人信息保护领域的重点和难点问题。从本条的规定来看，个人信息包括可单独识别自然人身份的个人信息和须与其他信息结合识别自然人身份的个人信息。但对于如何界定"可识别"一词的内涵没有明确指出，例如，IP 地址、cookie 信息是否属于可识别的个人信息。此外，信息是否具有可识别性，与当时的环境和技术水平密切相关，在很多情况下，确定某项信息是否属于个人信息时，需要置于特定的场景中加以考量。

5.3　全国人民代表大会常务委员会关于加强网络信息保护的决定解读

全国人民代表大会常务委员会关于加强网络信息保护的决定

（2012 年 12 月 28 日第十一届全国人民代表大会常务委员会第三十次会议通过）

为了保护网络信息安全，保障公民、法人和其他组织的合法权益，维护国家安全和社会公共利益，特作如下决定：

一、国家保护能够识别公民个人身份和涉及公民个人隐私的电子信息。

任何组织和个人不得窃取或者以其他非法方式获取公民个人电子信息，不得出售或者非法向他人提供公民个人电子信息。

【重点法条解读】

本条是对本决定的保护对象及禁止性行为的规定。

根据本条的规定，本决定的保护对象为公民个人电子信息。本条并未明确提及"个人信息"的概念，而是使用了"公民个人电子信息"的概念。进言之，本决定保护的对象仅限于以电子方式生成或存储的信息，而不包括其他方式生成或存储的信息。其次，关于"公民个人电子信息"的界定。本决定并未对该概念进行界定，但是从本条看出，"公民个人电子信息"包括公民个人信息和隐私信息。其中，公民个人信息强调信息的"可识别性"，识别的对象为"公民个人身份"。关于本决定中的"公民个人电子信息"与《网络安全法》中的"个人信息"概念的不同，可参考《网络安全法》第七十六条的解读。

为保护个人信息，本条规定了三种禁止性行为：非法获取公民个人电子信息、出售公民个人电子信息、非法提供公民个人电子信息。需要注意的是，在三种禁止行为中，对于公民个人电子信息的"获取"和"提供"行为均强调行为的非法性，但对于"出售"并不强调行为的非法性。之后颁布的《网络安全法》对此作了不同的规定，《网络安全法》中与本款规定对应的是第四十四条。该条规定"任何个人和组织不得窃取或者以其他非法方式获取个人信息，不得非法出售或者非法向他人提供个人信息"。可以看出，《网络安全法》并非"一刀切"的禁止所有出售个人信息的行为，仅仅禁止非法出售的行为，为大数据产业的发展留下了空间。

二、网络服务提供者和其他企业事业单位在业务活动中收集、使用公民个人电子信息，应当遵循合法、正当、必要的原则，明示收集、使用信息的目的、方式和范围，并经被收集者同意，不得违反法律、法规的规定和双方的约定收集、使用信息。

网络服务提供者和其他企业事业单位收集、使用公民个人电子信息，应当公开其收集、使用规则。

【重点法条解读】

本条是关于个人信息收集使用基本原则的规定。

规范的主体为网络服务提供者和其他企事业单位。国家机关为执法、司法等活动所必须收集使用个人信息的，不属于本条规制的范畴。根据本条的规定，个人信息收集使用的基本原则包括：合法正当原则、必要原则、公开原则、知情同意原则、目的明确原则、目的限制原则。

【法律法规衔接问题】

《网络安全法》第四十一条沿袭了本条的规定。该条规定，"网络运营者收集、使用个人信息，应当遵循合法、正当、必要的原则，公开收集、使用规则，明示收集、使用信息的目的、方式和范围，并经被收集者同意。"网络运营者不得收集与其提供的服务无关的个人信息，不得违反法律、行政法规的规定和双方的约定收集、使用个人信息，并应当依照法律、行政法规的规定和与用户的约定，处理其保存的个人信息。关于本条的理解可参照《网络安全法》第四十一条的解读。

需要注意的是，《网络安全法》第四十一条的规定与本条略有不同。本条规定了个人信息的收集使用行为"不得违反法律、法规"的规定，《网络安全法》进一步明确了其中的"法律、法规"仅限于"法律"及"行政法规"，而不包括其他效力级别的规范。此外，《网络安全法》第四十四条的规定不仅规范了个人信息的收集使用行为，还规范了个人信息的保存，明确了对于个人信息的保存不得违反法律、行政法规及双方的约定。

三、网络服务提供者和其他企业事业单位及其工作人员对在业务活动中收集的公民个人电子信息必须严格保密，不得泄露、篡改、毁损，不得出售或者非法向他人提供。

【重点法条解读】

本条是关于公民个人电子信息安全保障义务的规定。

义务主体为网络服务提供者和其他企业事业单位及其工作人员。保护的对象为业务活动中收集的公民个人电子信息。《网络安全法》中与本条对应的规定是第四十二条第一款，该款进一步明确了未经被收集者的同意，不得向他人提供个人信息。此外，该款还新增了"经过处理无法识别特定个人且不能复原除外"的但书规定，为大数据产业的发展提供可行的空间。

四、网络服务提供者和其他企业事业单位应当采取技术措施和其他必要措施，确保信息安全，防止在业务活动中收集的公民个人电子信息泄露、毁损、丢失。在发生或者可能发生信息泄露、毁损、丢失的情况时，应当立即采取补救措施。

【重点法条解读】

本条是关于安全保障义务的规定。

义务主体为网络服务提供者和其他企业事业单位。义务内容包括：（1）采取技术措施和其他必要措施，保障信息安全的义务；（2）发生或者可能发生信息安全事件的补救义务。

【法律法规衔接问题】

《网络安全法》中与本条对应的是第四十二条第二款，该款规定，"网络运营者应当采取技术措施和其他必要措施，确保其收集的个人信息安全，防止信息泄露、毁损、丢失。在发生或者可能发生个人信息泄露、毁损、丢失的情况时，应当立即采取补救措施，按照规定及时告知用户并向有关主管部门报告。"可以看出，与本条不同的是，《网络安全法》在网络运营者的安全保障义务中新增了一项，即"按照规定及时告知用户并向有关主管部门报告"。具体理解参见《网络安全法》第四十一条的解读。

五、网络服务提供者应当加强对其用户发布的信息的管理，发现法律、法规禁止发布或者传输的信息的，应当立即停止传输该信息，采取消除等处置措施，保存有关记录，并向有关主管部门报告。

六、网络服务提供者为用户办理网站接入服务，办理固定电话、移动电话等入网手续，或者为用户提供信息发布服务，应当在与用户签订协议或者确认提供服务时，要求用户提供真实身份信息。

【重点法条解读】

本条是关于网络实名制的规定。

关于本条的理解可参见《网络安全法》第二十四条的解读。

七、任何组织和个人未经电子信息接收者同意或者请求，或者电子信息接收者明确表示拒绝的，不得向其固定电话、移动电话或者个人电子邮箱发送商业性电子信息。

【重点法条解读】

本条是关于发送电子商业广告的规定。

根据本条规定，任何组织和个人发送商业性电子信息时，应当获得接收者的同意。本条之外，我国诸多现行的法律法规中也对此作出了规定。《消费者权益保护法》规定，"经营者未经消费者同意或者请求，或者消费者明确表示拒绝的，不得向其发送商业性信息。"《广告法》规定，"任何单位或者个人未经当事人同意或者请求，不得向其住宅、交通工具等发送广告，也不得以电子信息方式向其发送广告；并且进一步要求以电子信息方式发送广告的，应当明示发送者的真实身份和联系方式，并向接收者提供拒绝继续接收的方式。"

八、公民发现泄露个人身份、散布个人隐私等侵害其合法权益的网络信息，或者受到商业性电子信息侵扰的，有权要求网络服务提供者删除有关信息或者采取其他必要措施予以制止。

【重点法条解读】

本条是对网络信息或商业电子信息侵犯到公民个人合法权益时的救济权利的规定。

本条规定了信息主体的删除权。需要注意的是，此处的"删除权"不同于《网络安全法》中的"删除权"，更不同于欧盟法上的"被遗忘权"。从本条的规定来看，信息主体行使删除权的前提为"合法权益受到侵害"，而不包括"违反个人信息收集使用规则"。进言之，此条对于个人信息仍限于通过其他民事权益。例如，隐私权、名誉权、姓名权等加以保护。仅在其他权益受到侵害时，信息主体才可能享有删除的权利以作为救济的方式。

《网络安全法》第四十三条对个人信息的删除权也作出了规定（具体可参见《网络安全法》第四十三条的解读）。但与本条不同的是，该条将违法违规违约收集使用个人信息纳入了信息主体可行使删除权的情形，而不再要求行为的侵权性，赋予了信息主体对其个人信息更大的控制权，提升了个人信息保护力度。

九、任何组织和个人对窃取或者以其他非法方式获取、出售或者非法向他人提供公民个人电子信息的违法犯罪行为以及其他网络信息违法犯罪行为，有权向有关主管部门举报、控告；接到举报、控告的部门应当依法及时处理。被侵权人可以依法提起诉讼。

十、有关主管部门应当在各自职权范围内依法履行职责，采取技术措施和其他必要措施，防范、制止和查处窃取或者以其他非法方式获取、出售或者非法向他人提供公民个人电子信息的违法犯罪行为以及其他网络信息违法犯罪行为。有关主管部门依法履行职责时，网络服务提供者应当予以配合，提供技术支持。

国家机关及其工作人员对在履行职责中知悉的公民个人电子信息应当予以保密，不得泄露、篡改、毁损，不得出售或者非法向他人提供。

【重点法条解读】

本条是对国家机关及其工作人员履行个人信息安全保护义务、网络信息治理义务以及网络服务提供者相关执法协助义务的规定。

本条明确了除信息主体之外，国家机关以及网络服务提供者均是个人信息保护的重要责任主体。有关主管部门应当积极采取措施打击侵犯公民个人信息违法犯罪行为。对于在履行职责中知悉的公民个人电子信息，负有保密义务。网络服务提供者应当为有关主管部门的执法提供协助。

需要注意的是，对于在履行职责中知悉的公民个人电子信息，本条明确禁止"出售"和"非法提供"。其中针对"出售"行为，不强调行为的违法性，意味着国家机关及其工作人员对在履行职责中知悉的公民个人电子信息，在任何情形下，均不得出售。

【法律法规衔接问题】

《网络安全法》中与本条规定对应的是第四十五条。该条规定，"依法负有网络安全监督管理职责的部门及其工作人员，必须对在履行职责中知悉的个人信息、隐私和商业秘密严格保密，不得泄露、出售或者非法向他人提供。"对比可看出，与本条不同的是，《网络安全法》第四十五条规定的主体范畴仅限于网络安全监督管理部门及其工作人员，而不是所有的国家机关及其工作人员，大大缩小了义务主体的范围。

十一、对有违反本决定行为的，依法给予警告、罚款、没收违法所得、吊销许可证或者取消备案、关闭网站、禁止有关责任人员从事网络服务业务等处罚，记入社会信用档案并予以公布；构成违反治安管理行为的，依法给予治安管理处罚。构成犯罪的，依法追究刑事责任。侵害他人民事权益的，依法承担民事责任。

【重点法条解读】

本条是对于违反决定行为的法律责任的规定。

违反决定行为的责任形式包括民事责任、行政责任和刑事责任。其中，本条重点对行政责任作出了规定。处罚方式包括警告、罚款、没收违法所得、吊销许可证、取消备案、关闭网站、禁止有关责任人员从事网络服务业务。

【法律法规衔接问题】

《网络安全法》也专门对个人信息保护作出了规定，规定的法律责任包括责令改正、警告、没收违法所得、罚款、暂停相关业务、停业整顿、关闭网站、吊销相关业务许可证或者吊销营业执照九种。与本决定相较，《网络安全法》新增了责令改正、暂停相关业务、停业整顿三种处罚形式，将"吊销许可证"修改为"吊销相关业务许可证"，"取消备案"修改为"吊销营业执照"，同时删除了有关责任人员从业禁止规定。此外，《个人信息保护法》在规定了一般违法行为处以警告、没收违法所得，罚款等法律责任类型的基础上，情节严重的，参考欧盟 GDPR 规定，大幅提高罚款额度，最高可处五千万元以下或者上一年度营业额百分之五以下罚款。

十二、本决定自公布之日起施行。

5.4　刑法司法解释中个人信息保护相关规定解读

最高人民法院、最高人民检察院关于办理侵犯公民个人信息刑事案件适用法律若干问题的解释

（《最高人民法院、最高人民检察院关于办理侵犯公民个人信息刑事案件适用法律若干问题的解释》已于 2017 年 3 月 20 日由最高人民法院审判委员会第 1712 次会议、2017 年 4 月 26 日由最高人民检察院第十二届检察委员会第 63 次会议通过，现予公布，自 2017 年 6 月 1 日起施行）

随着信息化建设的推进，信息资源成为重要的生产要素和社会财富。而在各类信息中，个人信息的价值日益凸显，成为数字经济最重要的元素之一。与之同时，个人信息泄露问题严重，个人信息安全成为一个全社会高度关注的问题。为保护公民个人信息，2009 年 2 月 28 日起施行的《刑法修正案（七）》增设了刑法第二百五十三条之一，规定了出售、非法提供公民个人信息罪和非法获取公民个人信息罪。近年来，侵犯公民个人信息犯罪仍处于高发态势，不仅严重危害公民个人信息安全，而且与电信网络诈骗等犯罪存在密切关联，甚至与绑架、敲诈勒索等犯罪活动相结合，社会危害日益突出。为切实加大对公民个人信息的刑法保护力度，《刑法修正案（九）》对刑法第二百五十三条之一作出修改完善：一是扩大犯罪主体的范围，规定任何单位和个人违反国家有关规定，获取、出售或者提供公民个人信息，情节严重的，都构成犯罪；二是明确规定将在履行职责或者提供服务过程中获得的公民个人信息，出售或者提供给他人的，从重处罚；三是提升法定刑配置水平，增加规定"处三年以上七年以下有期徒刑，并处罚金"。修改后，"出售、非法提供公民个人信息罪"和"非法获取公民个人信息罪"被整合为"侵犯公民个人信息罪"。《刑法修正案（九）》施行以来，各级公检法机关依据修改后刑法的规定，继续保持对侵犯公民个人信息犯罪的高压态势，实现案件量显著增长。

与此同时，司法实践反映，侵犯公民个人信息罪的具体定罪量刑标准尚不明确，一些法律适用问题存在争议，需要通过司法解释作出规定。为确保法律准确、统一适用，依法严厉惩治、有效防范侵犯公民个人信息犯罪，最高人民法院会同最高人民检察院，在公安部等有关部门的大力支持下，经深入调查研究、广泛征求意见，起草了《解释》。2017 年 3 月 20 日最高人民法院审判委员会第 1712 次会议、2017 年 4 月 26 日最高人民检察院第十二届检察委员会第 63 次会议审议通过了《解释》。故为依法惩治侵犯公民个人信息犯罪活动，保护公民个人信息安全和合法权益，根据《中华人民共和国刑法》《中华人民共和国刑事诉讼法》的有关规定，就办理此类刑事案件适用法律的若干问题作《解释》（法释〔2017〕10 号）。

第一条 刑法第二百五十三条之一规定的"公民个人信息"，是指以电子或者其他方式记录的能够单独或者与其他信息结合识别特定自然人身份或者反映特定自然人活动情况的各种信息，包括姓名、身份证件号码、通信通讯联系方式、住址、账号密码、财产状况、行踪轨迹等。

【重点法条解读】

目前，我国关于个人信息的界定，最为权威的当属《网络安全法》的规定。《网络安全法》第七十六条规定，"个人信息，是指以电子或者其他方式记录的能够单独或者与其他信息结合识别自然人个人身份的各种信息，包括但不限于自然人的姓名、出生日期、身份证件号码、个人生物识别信息、住址、电话号码等。"《网络安全法》将"个人信息"界定为"能够识别自然人个人身份的各种信息"，显然使用的是广义的"身份识别信息"的概念，即既包括狭义的身份识别信息（能够识别出特定自然人身份的信息），也包括体现特定自然人活动情况的信息。例如，从实践来看，行踪轨迹信息系事关人身安全的高度敏感信息，无疑应纳入法律保护范围，且应当重点保护。但是，行踪轨迹信息明显难以纳入狭义的"身份识别信息"的范畴。如果认为《网络安全法》将此类信息排除在"个人信息"的范围外，恐难以为一般人所认同，也不符合保护公民个人信息的立法精神。合理的解释应当是，《网络安全法》广义上使用的"身份识别信息"这一概念，也包括个人活动情况信息在内。基于此，《解释》第一条在上述规定的基础上，进一步明确"公民个人信息"包括身份识别信息和活动情况信息，规定，"刑法第二百五十三条之一规定的'公民个人信息'，是指以电子或者其他方式记录的能够单独或者与其他信息结合识别特定自然人身份或者反映特定自然人活动情况的各种信息，包括姓名、身份证件号码、通信通讯联系方式、住址、账号密码、财产状况、行踪轨迹等。"

此外，根据《解释》第一条的规定，关于"公民个人信息"的外延，有以下几个具体问题值得注意。(1)公民个人信息既包括中国公民的个人信息，也包括外国公民和其他无国籍人的个人信息。(2)公民个人信息须与特定自然人关联。这是公民个人信息所具有的关键属性。因此，经过处理无法识别特定个人且不能复原的信息，虽然也可能反映自然人活动情况，但与特定自然人无直接关联，不能成为公民个人信息的范畴。对于与特定自然人关联，可以是识别特定自然人的身份，也可以是反映特定自然人的活动情况。需要注意的是，无论是识别特定自然人身份，还是反映特定自然人活动情况，都应当是能够单独或者与其他信息结合所具有的功能。例如，身份证号与公民个人身份一一对应，可以单独识别公民个人身份；而工作单位、家庭住址等信息无法单独识别公民个人身份，需要同其他信息结合才能识别公民个人身份。但是，上述两类信息无疑都属于公民个人信息的范畴。(3)与特定自然人关联的账号密码属于"公民个人信息"。对于"账号密码"能否纳入"公民个人信息"的范围，存在不同认识。经研究认为，当前账号密码往往绑定身份证号、手机号码等特定信息，即使未绑定，非法获取账号密码后往往也会引发侵犯财产甚至人身的违法犯罪。因此，《解释》第一条明确将"账号密码"列为"公民个人信息"的范围。

第二条　违反法律、行政法规、部门规章有关公民个人信息保护的规定的，应当认定为刑法第二百五十三条之一规定的"违反国家有关规定"。

【重点法条解读】

本条定义了何为"国家有关规定"。《刑法修正案(九)》将侵犯公民个人信息罪的前提要件由"违反国家规定"修改为"违反国家有关规定"。根据修法精神，《解释》第二条规定，"违反法律、行政法规、部门规章有关公民个人信息保护的规定的，应当认定为刑法第二百五十三条之一规定的'违反国家有关规定'。"具体而言，该条将"国家有关规定"明确限于法律、行政法规、部门规章等国家层面的规定，不包括地方性法规等非国家层面的规定。

第三条　向特定人提供公民个人信息，以及通过信息网络或者其他途径发布公民个人信息的，应当认定为刑法第二百五十三条之一规定的"提供公民个人信息"。

未经被收集者同意，将合法收集的公民个人信息向他人提供的，属于刑法第二百五十三条之一规定的"提供公民个人信息"，但是经过处理无法识别特定个人且不能复原的除外。

【重点法条解读】

本条明确根据《刑法》第二百五十三条之一第一款、第二款的规定，违反国家有关规定，向他人非法出售或者提供公民个人信息，是侵犯公民个人信息罪的客观行为方式之一。

"提供"的认定。向特定人提供公民个人信息，属于"提供"公民个人信息，对此不存在疑义。但是，对于通过信息网络或者其他途径发布公民个人信息，是否属于"提供公民个人信息"，存在不同认识。《解释》认为通过信息网络或者其他途径发布公民个人信息，实际是向不特定多数人提供公民个人信息，向特定人提供公民个人信息的行为属于"提供"，基于"举轻明重"的法理，前者更应当认定为"提供"。基于此，《解释》第三条第一款规定，"向特定人提供公民个人信息，以及通过信息网络或者其他途径发布公民个人信息的，应当认定为《刑法》第二百五十三条之一规定的'提供公民个人信息'。"

合法收集公民个人信息后非法提供的认定。基于大数据发展的现实需要，《网络安全法》在法律层面为个人信息交易和流动留有一定空间，第四十四条规定任何个人和组织"不得非法出售或者非法向他人提供个人信息"，即不仅允许合法提供公民个人信息，而且为合法出售公民个人信息留有空间。《网络安全法》第四十二条第一款进一步明确了合法提供公民个人信息的情形，规定，"网络运营者不得泄露、篡改、毁损其收集的个人信息；未经被收集者同意，不得向他人提供个人信息。但是，经过处理无法识别特定个人且不能复原的除外。"据此，经得被收集者同意，以及匿名化处理（剔除个人关联），是合法提供公民个人信息的两种情形，不能纳入刑事规制范围。基于此，《解释》第三条第二款规定，"未经被收集者同意，将合法收集的公民个人信息向他人提供的，属于刑法第二百五十三条之一规定的'提供公民个人信息'，但是经过处理无法识别特定个人且不能复原的除外。"当然，这里只是明确此种情形属于"提供公民个人信息"，是否构成侵犯公民个人信息罪，还需要根据"违反国家有关规定"等要件作进一步判断。

第四条 违反国家有关规定，通过购买、收受、交换等方式获取公民个人信息，或者在履行职责、提供服务过程中收集公民个人信息的，属于刑法第二百五十三条之一第三款规定的"以其他方法非法获取公民个人信息"。

【重点法条解读】

本条明确根据《刑法》第二百五十三条之一第三款的规定，窃取或者以其他方法非法获取公民个人信息是侵犯公民个人信息罪的客观行为方式之一。

购买公民个人信息的处理。从实践来看，非法获取公民个人信息的方式主要表现为购买、收受、交换和侵入计算机信息系统或者采用其他技术手段。对于"购买公民个人信息"是否属于"以其他方法非法获取公民个人信息"，存在不同认识。有意见认为，"其他方法"应当限于与"窃取"危害性相当的方式（如抢夺），不宜将"购买"包括在内。经研究认为，其一，《刑法》第二百五十三条之一第三款并未明确排除"购买"方法，且非法购买公民个人信息当然属于非法获取公民个人信息的情形。其二，从实践来看，当前非法获取公民个人信息的方式主要表现为非法购买，如排除此种方式，则会大幅限缩侵犯公民个人信息罪的适用范围。其三，不少侵犯公民个人信息犯罪案件，购买往往是后续出售、提供的前端环节，没有购买就没有后续的出售、提供。基于上述考虑，《解释》第四条明确规定，"违反国家有关规定，通过购买、收受、交换等方式获取公民个人信息，或者在履行职责、提供服务过程中收集公民个人信息的,属于刑法第二百五十三条之一第三款规定的'以其他方法非法获取公民个人信息'。"

获取公民个人信息行为"非法"的判断。对于获取公民个人信息,《刑法》第二百五十三条之一第三款将罪状直接表述为"非法获取"。基于体系解释的原理,此处的"非法"应当以是否违反国家有关规定作为判断标准。

非法收集公民个人信息的处理。《网络安全法》第四十一条规定,"网络运营者收集、使用个人信息,应当遵循合法、正当、必要的原则,公开收集、使用规则,明示收集、使用信息的目的、方式和范围,并经被收集者同意。""网络运营者不得收集与其提供的服务无关的个人信息,不得违反法律、行政法规的规定和双方的约定收集、使用个人信息,并应当依照法律、行政法规的规定和与用户的约定,处理其保存的个人信息。"违反上述规定,未经他人同意收集公民个人信息,或者收集与提供的服务无关的公民个人信息的,应当认定为"非法获取公民个人信息"。以此为基础,《解释》第四条专门明确,增加"违反国家有关规定,在履行职责、提供服务过程中收集公民个人信息的,属于《刑法》第二百五十三条之一第三款规定的"以其他方法非法获取公民个人信息"。

第五条　非法获取、出售或者提供公民个人信息,具有下列情形之一的,应当认定为刑法第二百五十三条之一规定的"情节严重":(一)出售或者提供行踪轨迹信息,被他人用于犯罪的;(二)知道或者应当知道他人利用公民个人信息实施犯罪,向其出售或者提供的;(三)非法获取、出售或者提供行踪轨迹信息、通信内容、征信信息、财产信息五十条以上的;(四)非法获取、出售或者提供住宿信息、通信记录、健康生理信息、交易信息等其他可能影响人身、财产安全的公民个人信息五百条以上的;(五)非法获取、出售或者提供第三项、第四项规定以外的公民个人信息五千条以上的;(六)数量未达到第三项至第五项规定标准,但是按相应比例合计达到有关数量标准的;(七)违法所得五千元以上的;(八)将在履行职责或者提供服务过程中获得的公民个人信息出售或者提供给他人,数量或者数额达到第三项至第七项规定标准一半以上的;(九)曾因侵犯公民个人信息受过刑事处罚或者二年内受过行政处罚,又非法获取、出售或者提供公民个人信息的;(十)其他情节严重的情形。

实施前款规定的行为,具有下列情形之一的,应当认定为刑法第二百五十三条之一第一款规定的"情节特别严重":(一)造成被害人死亡、重伤、精神失常或者被绑架等严重后果的;(二)造成重大经济损失或者恶劣社会影响的;(三)数量或者数额达到前款第三项至第八项规定标准十倍以上的;(四)其他情节特别严重的情形。

【重点法条解读】

本条规定了"情节严重""情节特别严重"的认定标准。

根据《刑法》第二百五十三条之一的规定,非法获取、出售或者提供公民个人信息,情节严重的,处三年以下有期徒刑或者拘役,并处或者单处罚金;情节特别严重的,处三年以上七年以下有期徒刑,并处罚金。可见,侵犯公民个人信息罪系情节犯,定罪量刑标准为"情节严重""情节特别严重"。对于这一概括性的定罪量刑情节,宜根据司法实践的情况从犯罪的客体、客观方面、主体、主观方面等多个角度加以考察。

1. "情节严重"的认定标准

本条从以下几个方面对侵犯公民个人信息罪的入罪标准"情节严重"作了明确：

1) 信息类型和数量

公民个人信息的类型繁多，行踪轨迹信息、通信内容、征信信息、财产信息、住宿信息、交易信息等公民个人敏感信息涉及人身安全和财产安全，被非法获取、出售或者提供后极易引发绑架、诈骗、敲诈勒索等关联犯罪，具有更大的社会危害性。因此，基于不同类型公民个人信息的重要程度，《解释》分别设置了"五十条以上""五百条以上""五千条以上"的入罪标准，以实现罪责刑相适应，具体如下：

（1）非法获取、出售或者提供行踪轨迹信息、通信内容、征信信息、财产信息五十条以上的。行踪轨迹信息、通信内容、征信信息、财产信息与人身安全、财产安全直接相关，系高度敏感信息，《解释》第五条第一款第（三）项将入罪标准设置为"五十条以上"。需要注意的是，鉴于本项规定的入罪标准门槛较低，故此处严格限缩所涉公民个人信息的类型，仅限于行踪轨迹信息、通信内容、征信信息、财产信息四类信息，不允许司法适用中通过等外解释予以扩大。对于行踪轨迹信息、通信内容、征信信息，司法实践中在认定上不存在争议。对于财产信息，可以根据案件具体情况把握：既包括银行账户、第三方支付结算账户、证券期货等金融服务账户的身份认证信息（一组确认用户操作权限的数据，包括账号、口令、密码、数字证书等），也包括存款、房产等财产状况信息。

（2）非法获取、出售或者提供住宿信息、通信记录、健康生理信息、交易信息等其他可能影响人身、财产安全的公民个人信息五百条以上的。上述公民个人信息虽然在重要程度上弱于行踪轨迹信息、通信内容、征信信息、财产信息，但也与人身安全、财产安全直接相关，往往被用于"精准"诈骗等违法犯罪活动。基于此，《解释》第五条第一款第（四）项将入罪标准设置为"五百条以上"。需要注意的是，本项规定有"等其他可能影响人身、财产安全的公民个人信息"的表述，司法实践中可以根据具体情况作等外解释，但应当确保所适用的公民个人信息涉及人身、财产安全，且与"住宿信息、通信记录、健康生理信息、交易信息"在重要程度上具有相当性。

（3）非法获取、出售或者提供一般公民个人信息五千条以上的。从实践来看，除前述公民个人敏感信息外，出售、提供公民个人信息往往数量较大，动辄数万条甚至数十万条，在不少案件中甚至将公民个人信息编辑为电子文档后按兆出售。因此，不少地方对出售、提供公民个人信息的入罪掌握在数量五千条以上，基本上可以满足严厉打击此类犯罪的需要，且给行政处罚留有一定空间。基于此，《解释》第五条第一款第（五）项设置较低的入罪标准，将非法获取、出售或者提供公民个人信息五千条以上的规定为"情节严重"。

此外，鉴于实践中存在混杂公民个人信息的情形，《解释》第五条第一款第（六）项将"数量未达到第（三）项至第（五）项规定标准，但是按相应比例合计达到有关数量标准的"情形规定为"情节严重"。

2) 违法所得数额

出售或者非法提供公民个人信息往往是为了牟利，故应当以违法所得作为认定"情节严重"的情形之一。从司法实践来看，一般公民个人信息的价格相对较低，甚至不会按条计价；而公民个人敏感信息价格通常较高，通常按条计价，特别是行踪轨迹信息可谓最为昂贵的信息类型。考虑到各项规定之间的均衡,《解释》第五条第一款第(七)项将违法所得五千元以上的规定为"情节严重"。

3) 信息用途

通常而言,非法获取公民个人信息,绝不仅是为了占有,而是有特定用途、甚至用于违法犯罪。可以说,非法获取、出售或者提供公民个人信息,不仅严重危害公民的信息安全,而且可能引发进一步犯罪。因此,此类行为引发的后果的严重程度,是认定"情节严重"与否的重要标准。被非法获取、出售或者提供的公民个人信息,用途存在不同,对权利人的侵害程度也会存在差异。如果涉案的公民个人信息被用于实施其他犯罪活动,使权利人的人身、财产安全陷入高风险状态或者造成实质危害的,对此应当直接认定为"情节严重"或者"情节特别严重",以刑事手段加以规制;而如果涉案公民个人信息未被用于犯罪活动,则社会危害性相对较小,不宜直接以此作为刑事规制的依据。基于此,《解释》第五条第一款第(二)项将"知道或者应当知道他人利用公民个人信息实施犯罪,向其出售或者提供的"规定为"情节严重"。从司法实践来看,行踪轨迹信息是最为敏感的公民个人信息。非法获取、出售或者提供该类信息,行为人主观上对可能被用于犯罪存在概括认识,《解释》第五条第一款第(一)项直接将"非法获取、出售或者提供行踪轨迹信息,被他人用于犯罪的"规定为"情节严重",无须再具体判断主观上是否知道或者应当知道涉案信息被用于犯罪。

4) 主体身份

公民个人信息泄露案件不少系内部人员作案,诸多公民个人信息买卖案件也可以见到"内鬼"参与。这是侵犯公民个人信息违法犯罪泛滥的重要原因所在。由于上述情形往往发生在公民个人信息交易的最初阶段,涉案信息的数量往往较少、价格相对低廉。此种情形下,如果不设置特殊标准,往往难以对此类源头行为予以刑事惩治。基于此,为贯彻落实《刑法》第二百五十三条之一第二款"违反国家有关规定,将在履行职责或者提供服务过程中获得的公民个人信息,出售或者提供给他人的,依照前款的规定从重处罚"的规定,《解释》第五条第一款第(八)项对将在履行职责或者提供服务过程中获得的公民个人信息出售或者提供给他人的情形认定为"情节严重"设置了特殊标准,规定此种情形下出售或者提供公民个人信息,认定"情节严重"的数量、数额标准减半计算。当然,对于此种情形,不宜再根据《刑法》第二百五十三条之一第二款的规定从重处罚,以免重复评价。

5) 主观恶性

曾因侵犯公民个人信息受过刑事处罚或者二年内受过行政处罚,又非法获取、出售或者提供公民个人信息的,行为人屡罚屡犯,主观恶性大。故而,《解释》第五条第一款第(九)项将此种情形规定为"情节严重"。

2. "情节特别严重"的认定标准

《解释》第五条第二款主要从两个层面规定了"情节特别严重"的情形。一是数量数额标准。基于司法实践中侵犯公民个人信息犯罪涉案的公民个人信息数量相差悬殊,跨度从几千条到几十万条(甚至更大数量)不等,将"情节特别严重"和"情节严重"之间的数量数额标准设置为十倍而非五倍的倍数关系。二是严重后果。从实践来看,非法获取、出售或者提供公民个人信息,对于个人而言,可能造成人身伤亡、经济损失等后果;对于社会而言,可能引发社会恐慌,造成恶劣社会影响。基于此,将"造成被害人死亡、重伤、精神失常或者被绑架等严重后果的""造成重大经济损失或者恶劣社会影响的"规定为"情节特别严重"。

第六条 为合法经营活动而非法购买、收受本解释第五条第一款第(三)项、第(四)项规定以外的公民个人信息,具有下列情形之一的,应当认定为刑法第二百五十三条之一规定的"情节严重":(一)利用非法购买、收受的公民个人信息获利五万元以上的;(二)曾因侵犯公民个人信息受过刑事处罚或者二年内受过行政处罚,又非法购买、收受公民个人信息的;(三)其他情节严重的情形。

实施前款规定的行为,将购买、收受的公民个人信息非法出售或者提供的,定罪量刑标准适用本解释第五条的规定。

【重点法条解读】

本条规定了为合法经营活动购买、收受公民个人信息定罪量刑的特殊标准。从实践来看,购买、收受公民个人信息从事广告推销等活动的情形较为普遍。为了秉持《刑法》的谦抑性,体现宽严相济,《解释》第六条第一款规定,"为合法经营活动而非法购买、收受本解释第五条第一款第(三)项、第(四)项规定以外的公民个人信息,具有下列情形之一的,应当认定为刑法第二百五十三条之一规定的'情节严重':(一)利用非法购买、收受的公民个人信息获利五万元以上的;(二)曾因侵犯公民个人信息受过刑事处罚或者二年内受过行政处罚,又非法购买、收受公民个人信息的;(三)其他情节严重的情形。"这是《解释》针对为合法经营活动而购买、收受公民个人信息的行为设置的专门的定罪量刑标准。而且,考虑到此类行为社会危害性不大,即使构成犯罪,通常也不需要升档量刑,故只规定了"情节严重"的具体情形。

需要注意的是,适用该定罪量刑标准须满足三个条件:一是为了合法经营活动,对此可以综合全案证据认定,但主要应当由被告方提供相关证据;二是限于普通公民个人信息,即不包括可能影响人身、财产安全的敏感信息;三是信息没有再流出扩散,即行为方式限于购买、收受。根据《解释》第六条第二款的规定,如果将购买、收受的公民个人信息非法出售或者提供的,定罪量刑标准应当适用《解释》第五条的规定。对此应当注意的是,为了合法经营活动交换公民个人信息的,由于在获取信息的同时造成了信息扩散,不符合前述三个要件,定罪量刑标准亦应适用《解释》第五条的规定。

第七条 单位犯刑法第二百五十三条之一规定之罪的,依照本解释规定的相应自然人犯罪的定罪量刑标准,对直接负责的主管人员和其他直接责任人员定罪处罚,并对单位判处罚金。

【重点法条解读】

本条规定了侵犯公民个人信息单位犯罪的定罪量刑标准。根据《刑法》第二百五十三条之一第四款的规定,单位可以成为侵犯公民个人信息罪的主体。为切实加大对单位侵犯公民个人信息犯罪的惩治力度,《解释》第七条明确了单位实施侵犯公民个人信息犯罪的,适用自然人犯罪的定罪量刑标准,规定"单位犯刑法第二百五十三条之一规定之罪的,依照本解释规定的相应自然人犯罪的定罪量刑标准,对直接负责的主管人员和其他直接责任人员定罪处罚,并对单位判处罚金。"

第八条　设立用于实施非法获取、出售或者提供公民个人信息违法犯罪活动的网站、通讯群组，情节严重的，应当依照刑法第二百八十七条之一的规定，以非法利用信息网络罪定罪处罚；同时构成侵犯公民个人信息罪的，依照侵犯公民个人信息罪定罪处罚。

【重点法条解读】

实践中，一些行为人通过建立网站供他人进行公民个人信息交换、买卖等活动，以非法牟利。此类网站存储、流转公民个人信息量巨大，但网站建立者、直接负责的管理者未直接接触公民个人信息，不少情形下难以按照侵犯公民个人信息罪定罪处罚。根据《刑法》第二百八十七条之一的规定，设立用于实施违法犯罪活动的网站、通讯群组，情节严重的，构成非法利用信息网络罪。经研究认为，供他人实施非法获取、出售或者提供公民个人信息违法犯罪活动的网站、通讯群组实际上属于"用于实施违法犯罪活动的网站、通讯群组"。因此，《解释》第八条规定，"设立用于实施非法获取、出售或者提供公民个人信息违法犯罪活动的网站、通讯群组，情节严重的，应当依照《刑法》第二百八十七条之一的规定，以非法利用信息网络罪定罪处罚；同时构成侵犯公民个人信息罪的，依照侵犯公民个人信息罪定罪处罚。"

第九条　网络服务提供者拒不履行法律、行政法规规定的信息网络安全管理义务，经监管部门责令采取改正措施而拒不改正，致使用户的公民个人信息泄露，造成严重后果的，应当依照刑法第二百八十六条之一的规定，以拒不履行信息网络安全管理义务罪定罪处罚。

【重点法条解读】

一些单位因为履行职责或者提供服务的需要，掌握着海量公民个人信息，这些信息一旦泄露将造成恶劣社会影响和严重危害后果。实际上，侵犯公民个人信息违法犯罪的猖獗，与有关单位保护公民个人信息工作存在疏漏有一定关联，相关管理机制有进一步完善的空间。这一问题在互联网时代更为突出。为了促进网络运营者采取切实有效的措施加强对公民个人信息的保护，《网络安全法》明确了网络信息安全的责任主体，确立了"谁收集，谁负责"的原则，将收集和使用个人信息的网络运营者，设定为个人信息保护的责任主体。其中，第四十条明确规定，"网络运营者应当对其收集的用户信息严格保密，并建立健全用户信息保护制度。"与之相衔接，《刑法修正案（九）》设立了拒不履行信息网络安全管理义务罪，规定网络服务提供者不履行法律、行政法规规定的信息网络安全管理义务，经监管部门责令采取改正措施而拒不改正，致使用户信息泄露，造成严重后果的，处三年以下有期徒刑、拘役或者管制，并处或者单处罚金。因此，对于网络服务提供者未切实落实个人信息保护措施，符合《刑法》第二百八十六条之一规定的，可能构成拒不履行信息网络安全管理义务罪。据此，《解释》第九条规定，"网络服务提供者拒不履行法律、行政法规规定的信息网络安全管理义务，经监管部门责令采取改正措施而拒不改正，致使用户的公民个人信息泄露，造成严重后果的，应当依照刑法第二百八十六条之一的规定，以拒不履行信息网络安全管理义务罪定罪处罚。"

第十条　实施侵犯公民个人信息犯罪，不属于"情节特别严重"，行为人系初犯，全部退赃，并确有悔罪表现的，可以认定为情节轻微，不起诉或者免予刑事处罚；确有必要判处刑罚的，应当从宽处罚。

【重点法条解读】

为贯彻落实"认罪认罚从宽制度"，充分发挥《刑法》的教育和威慑功能，《解释》第十条专门规定，"实施侵犯公民个人信息犯罪，不属于'情节特别严重'，行为人系初犯，全部退赃，并确有悔罪表现的，可以认定为情节轻微，不起诉或者免予刑事处罚；确有必要判处刑罚的，应当从宽处罚。"可见，该条只适用于侵犯公民个人信息犯罪的基本情节，对于符合"情节特别严重"构成的，不能再适用本条规定从宽处罚。

第十一条 非法获取公民个人信息后又出售或者提供的，公民个人信息的条数不重复计算。

向不同单位或者个人分别出售、提供同一公民个人信息的，公民个人信息的条数累计计算。

对批量公民个人信息的条数，根据查获的数量直接认定，但是有证据证明信息不真实或者重复的除外。

【重点法条解读】

针对公民个人信息数量"计算难"的实际问题，本条专门规定了数量计算规则，具体如下：

（1）公民个人信息的条数计算。关于公民个人信息的条数计算，例如，同一条信息中涉及多个个人信息的，如家庭住址、银行卡信息、电话号码等，实践中往往认定为一条公民个人信息。对此问题，实践中并无太大争议，故未作专门规定。对于实践中存在的针对同一对象非法获取公民信息后又出售或者提供的情形，则明显不宜先计算非法获取的公民个人信息数量，再计算出售或者提供的公民个人信息数量，故《解释》第十一条第一款规定，"非法获取公民个人信息后又出售或者提供的，公民个人信息的条数不重复计算。"此外，考虑到公民个人信息可能被重复出售或者提供，其社会危害性明显不同于向他人单次出售或者提供的情形，故《解释》第十一条第二款规定，"向不同单位或者个人分别出售、提供同一公民个人信息的，公民个人信息的条数累计计算。"

（2）批量公民个人信息的数量认定规则。从实践来看，除公民个人敏感信息外，涉案的公民个人信息动辄上万条甚至数十万条。此类案件中，不排除少数情况下存在信息重复，如针对同一对象并存"姓名＋住址""姓名＋电话号码""姓名＋身份证号"等数条信息，但要求做到完全去重较为困难。此外，对于信息的真实性也难以一一核实。个别案件中，要求办案机关电话联系权利人核实公民个人信息，该做法明显不合适。基于此，《解释》第十一条第三款规定，"对批量公民个人信息的条数，根据查获的数量直接认定，但是有证据证明信息不真实或者重复的除外。"

第十二条 对于侵犯公民个人信息犯罪，应当综合考虑犯罪的危害程度、犯罪的违法所得数额以及被告人的前科情况、认罪悔罪态度等，依法判处罚金。罚金数额一般在违法所得的一倍以上五倍以下。

【重点法条解读】

侵犯公民个人信息犯罪具有明显的牟利性，行为人实施该类犯罪主要是为了牟取非法利益。因此，有必要加大财产刑的适用力度，让行为人在经济上得不偿失，进而剥夺其再次实施此类犯罪的经济能力。基于此，《解释》第十二条规定，"对于侵犯公民个人信息犯罪，应当综合考虑犯罪的危害程度、犯罪的违法所得数额以及被告人的前科情况、认罪悔罪态度等，依法判处罚金。罚金数额一般在违法所得的一倍以上五倍以下。"

第十三条　本解释自 2017 年 6 月 1 日起施行。

最高人民检察院关于印发《检察机关办理侵犯公民个人信息案件指引》的通知
（高检发侦监字〔2018〕13 号）

各省、自治区、直辖市人民检察院，新疆生产建设兵团人民检察院：

《检察机关办理侵犯公民个人信息案件指引》已经 2018 年 8 月 24 日最高人民检察院第十三届检察委员会第五次会议通过，现印发你们，供参考。

最高人民检察院
2018 年 11 月 9 日

检察机关办理侵犯公民个人信息案件指引

根据《中华人民共和国刑法》第二百五十三条之一的规定，侵犯公民个人信息罪是指违反国家有关规定，向他人出售、提供公民个人信息，或者通过窃取等方法非法获取公民个人信息，情节严重的行为。结合《最高人民法院、最高人民检察院关于办理侵犯公民个人信息刑事案件适用法律若干问题的解释》（法释〔2017〕10 号）（以下简称《解释》），办理侵犯公民个人信息案件，应当特别注意以下问题：一是对"公民个人信息"的审查认定；二是对"违反国家有关规定"的审查认定；三是对"非法获取"的审查认定；四是对"情节严重"和"情节特别严重"的审查认定；五是对关联犯罪的审查认定。

一、审查证据的基本要求

（一）审查逮捕

1. 有证据证明发生了侵犯公民个人信息犯罪事实

（1）证明侵犯公民个人信息案件发生

主要证据包括：报案登记、受案登记、立案决定书、破案经过、证人证言、被害人陈述、犯罪嫌疑人供述和辩解以及证人、被害人提供的短信、微信或 QQ 截图等电子数据。

（2）证明被侵犯对象系公民个人信息

主要证据包括：扣押物品清单、勘验检查笔录、电子数据、司法鉴定意见及公民信息查询结果说明、被害人陈述、被害人提供的原始信息资料和对比资料等。

2. 有证据证明侵犯公民个人信息行为是犯罪嫌疑人实施的

（1）证明违反国家有关规定的证据：犯罪嫌疑人关于所从事的职业的供述、其所在公司的工商注册资料、公司出具的犯罪嫌疑人职责范围说明、劳动合同、保密协议及公司领导、同事关于犯罪嫌疑人职责范围的证言等。

(2) 证明出售、提供行为的证据：远程勘验笔录及 QQ、微信等即时通讯工具聊天记录、论坛、贴吧、电子邮件、手机短信记录等电子数据，证明犯罪嫌疑人通过上述途径向他人出售、提供、交换公民个人信息的情况。公民个人信息贩卖者、提供者、担保交易人及购买者、收受者的证言或供述，相关银行账户明细、第三方支付平台账户明细，证明出售公民个人信息违法所得情况。此外，如果犯罪嫌疑人系通过信息网络发布方式提供公民个人信息，证明该行为的证据还包括远程勘验笔录、扣押笔录、扣押物品清单、对手机、电脑存储介质、云盘、FTP 等的司法鉴定意见等。

(3) 证明犯罪嫌疑人或公民个人信息购买者、收受者控制涉案信息的证据：搜查笔录、扣押笔录、扣押物品清单，对手机、电脑存储介质等的司法鉴定意见等，证实储存有公民个人信息的电脑、手机、U 盘或者移动硬盘、云盘、FTP 等介质与犯罪嫌疑人或公民个人信息购买者、收受者的关系。犯罪嫌疑人供述、辨认笔录及证人证言等，证实犯罪嫌疑人或公民个人信息购买者、收受者所有或实际控制、使用涉案存储介质。

(4) 证明涉案公民个人信息真实性的证据：被害人陈述、被害人提供的原始信息资料、公安机关或相关单位出具的涉案公民个人信息与权威数据库内信息同一性的比对说明。针对批量的涉案公民个人信息的真实性问题，根据《解释》精神，可以根据查获的数量直接认定，但有证据证明信息不真实或重复的除外。

(5) 证明违反国家规定，通过窃取、购买、收受、交换等方式非法获取公民个人信息的证据：主要证据与上述以出售、提供方式侵犯公民个人信息行为的证据基本相同。针对窃取的方式如通过技术手段非法获取公民个人信息的行为，需证明犯罪嫌疑人实施上述行为，除被害人陈述、犯罪嫌疑人供述和辩解外，还包括侦查机关从被害公司数据库中发现入侵电脑 IP 地址情况、从犯罪嫌疑人电脑中提取的侵入被害公司数据的痕迹等现场勘验检查笔录，以及涉案程序(木马)的司法鉴定意见等。

3. 有证据证明犯罪嫌疑人具有侵犯公民个人信息的主观故意

(1) 证明犯罪嫌疑人明知没有获取、提供公民个人信息的法律依据或资格，主要证据包括：犯罪嫌疑人的身份证明、犯罪嫌疑人关于所从事职业的供述、其所在公司的工商资料和营业范围、公司关于犯罪嫌疑人的职责范围说明、公司主要负责人的证人证言等。

(2) 证明犯罪嫌疑人积极实施窃取、出售、提供、购买、交换、收受公民个人信息的行为，主要证据除了证人证言、犯罪嫌疑人供述和辩解外，还包括远程勘验笔录、手机短信记录、即时通讯工具聊天记录、电子数据司法鉴定意见、银行账户明细、第三方支付平台账户明细等。

4. 有证据证明"情节严重"或"情节特别严重"

(1) 公民个人信息购买者或收受者的证言或供述。

(2) 公民个人信息购买、收受公司工作人员利用公民个人信息进行电话或短信推销、商务调查等经营性活动后出具的证言或供述。

(3) 公民个人信息购买者或者收受者利用所获信息从事违法犯罪活动后出具的证言或供述。

(4) 远程勘验笔录、电子数据司法鉴定意见书、最高人民检察院或公安部指定的机构对电子数据涉及的专门性问题出具的报告、公民个人信息资料等。证明犯罪嫌疑人通过即时通讯工具、电子邮箱、论坛、贴吧、手机等向他人出售、提供、购买、交换、收受公民个人信息的情况。

（5）银行账户明细、第三方支付平台账户明细。

（6）死亡证明、伤情鉴定意见、医院诊断记录、经济损失鉴定意见、相关案件起诉书、判决书等。

（二）审查起诉

除审查逮捕阶段证据审查基本要求之外，对侵犯公民个人信息案件的审查起诉工作还应坚持"犯罪事实清楚，证据确实、充分"的标准，保证定罪量刑的事实都有证据证明；据以定案的证据均经法定程序查证属实；综合全案证据，对所认定的事实已排除合理怀疑。

1. 有确实充分的证据证明发生了侵犯公民个人信息犯罪事实。该证据与审查逮捕的证据类型相同。

2. 有确实充分的证据证明侵犯公民个人信息行为是犯罪嫌疑人实施的

（1）对于证明犯罪行为是犯罪嫌疑人实施的证据审查，需要结合《解释》精神，准确把握对"违反国家有关规定""出售、提供行为""窃取或以其他方法"的认定。

（2）对证明违反国家有关规定的证据审查，需要明确国家有关规定的具体内容，违反法律、行政法规、部门规章有关公民个人信息保护规定的，应当认定为刑法第二百五十三条之一规定的"违反国家有关规定"。

（3）对证明出售、提供行为的证据审查，应当明确"出售、提供"包括在履职或提供服务的过程中将合法持有的公民个人信息出售或者提供给他人的行为：向特定人提供、通过信息网络或者其他途径发布公民个人信息、未经被收集者同意，将合法收集的公民个人信息（经过处理无法识别特定个人且不能复原的除外）向他人提供的，均属于刑法第二百五十三条之一规定的"提供公民个人信息"。应当全面审查犯罪嫌疑人所出售提供公民个人信息的来源、途经与去向，对相关供述、物证、书证、证人证言、被害人陈述、电子数据等证据种类进行综合审查，针对使用信息网络进行犯罪活动的，需要结合专业知识，根据证明该行为的远程勘验笔录、扣押笔录、扣押物品清单、电子存储介质、网络存储介质等的司法鉴定意见进行审查。

（4）对证明通过窃取或以其他非法方法获取公民个人信息等方式非法获取公民个人信息的证据审查，应当明确"以其他方法获取公民个人信息"包括购买、收受、交换等方式获取公民个人信息，或者在履行职责、提供服务过程中收集公民个人信息的行为。

针对窃取行为，如通过信息网络窃取公民个人信息，则应当结合犯罪嫌疑人供述、证人证言、被害人陈述，着重审查证明犯罪嫌疑人侵入信息网络、数据库时的 IP 地址、MAC 地址、侵入工具、侵入痕迹等内容的现场勘验检查笔录以及涉案程序（木马）的司法鉴定意见等。

针对购买、收受、交换行为，应当全面审查购买、收受、交换公民个人信息的来源、途经、去向，结合犯罪嫌疑人供述和辩解、辨认笔录、证人证言等证据，对搜查笔录、扣押笔录、扣押物品清单、涉案电子存储介质等司法鉴定意见进行审查，明确上述证据同犯罪嫌疑人或公民个人信息购买、收受、交换者之间的关系。

针对履行职责、提供服务过程中收集公民个人信息的行为，应当审查证明犯罪嫌疑人所从事职业及其所负职责的证据，结合法律、行政法规、部门规章等国家有关公民个人信息保护的规定，明确犯罪嫌疑人的行为属于违反国家有关规定，以其他方法非法获取公民个人信息的行为。

(5)对证明涉案公民个人信息真实性证据的审查,应当着重审查被害人陈述、被害人提供的原始信息资料、公安机关或其他相关单位出具的涉案公民个人信息与权威数据库内信息同一性的对比说明。对批量的涉案公民个人信息的真实性问题,根据《解释》精神,可以根据查获的数量直接认定,但有证据证明信息不真实或重复的除外。

3. 有确实充分的证据证明犯罪嫌疑人具有侵犯公民个人信息的主观故意

(1)对证明犯罪嫌疑人主观故意的证据审查,应当综合审查犯罪嫌疑人的身份证明、犯罪嫌疑人关于所从事职业的供述、其所在公司的工商资料和营业范围、公司关于犯罪嫌疑人的职责范围说明、公司主要负责人的证人证言等,结合国家公民个人信息保护的相关规定,夯实犯罪嫌疑人在实施犯罪时的主观明知。

(2)对证明犯罪嫌疑人积极实施窃取或者以其他方法非法获取公民个人信息行为的证据审查,应当结合犯罪嫌疑人供述、证人证言,着重审查远程勘验笔录、手机短信记录、即时通讯工具聊天记录、电子数据司法鉴定意见、银行账户明细、第三方支付平台账户明细等,明确犯罪嫌疑人在实施犯罪时的积极作为。

4. 有确实充分的证据证明"情节严重"或"情节特别严重"。该证据与审查逮捕的证据类型相同。

二、需要特别注意的问题

在侵犯公民个人信息案件审查逮捕、审查起诉中,要根据相关法律、司法解释等规定,结合在案证据,重点注意以下问题:

(一)对"公民个人信息"的审查认定

根据《解释》的规定,公民个人信息是指以电子或者其他方式记录的能够单独或者与其他信息结合识别特定自然人身份或者反映特定自然人活动情况的各种信息,包括姓名、身份证件号码、通信通讯联系方式、住址、账号密码、财产状况、行踪轨迹等。经过处理无法识别特定自然人且不能复原的信息,虽然也可能反映自然人活动情况,但与特定自然人无直接关联,不属于公民个人信息的范畴。

对于企业工商登记等信息中所包含的手机、电话号码等信息,应当明确该号码的用途。对由公司购买、使用的手机、电话号码等信息,不属于个人信息的范畴,从而严格区分"手机、电话号码等由公司购买,归公司使用"与"公司经办人在工商登记等活动中登记个人电话、手机号码"两种不同情形。

(二)对"违反国家有关规定"的审查认定

《中华人民共和国刑法修正案(九)》将原第二百五十三条之一的"违反国家规定"修改为"违反国家有关规定",后者的范围明显更广。根据刑法第九十六条的规定,"国家规定"仅限于全国人大及其常委会制定的法律和决定,国务院制定的行政法规、规定的行政措施、发布的决定和命令。而"国家有关规定"还包括部门规章,这些规定散见于金融、电信、交通、教育、医疗、统计、邮政等领域的法律、行政法规或部门规章中。

(三)对"非法获取"的审查认定

在窃取或者以其他方法非法获取公民个人信息的行为中,需要着重把握"其他方法"的范围问题。"其他方法"，是指"窃取"以外，与窃取行为具有同等危害性的方法，其中，购买是最常见的非法获取手段。侵犯公民个人信息犯罪作为电信网络诈骗的上游犯罪，诈骗分子往往先通过网络向他人购买公民个人信息，然后自己直接用于诈骗或转发给其他同伙用于诈骗，诈骗分子购买公民个人信息的行为属于非法获取行为，其同伙接收公民个人信息的行为明显也属于非法获取行为。同时，一些房产中介、物业管理公司、保险公司、担保公司的业务员往往与同行通过 QQ、微信群互相交换各自掌握的客户信息，这种交换行为也属于非法获取行为。此外，行为人在履行职责、提供服务过程中，违反国家有关规定，未经他人同意收集公民个人信息，或者收集与提供的服务无关的公民个人信息的，也属于非法获取公民个人信息的行为。

（四）对"情节严重"和"情节特别严重"的审查认定

1. 关于"情节严重"的具体认定标准，根据《解释》第五条第一款的规定，主要涉及五个方面：

（1）信息类型和数量。① 行踪轨迹信息、通信内容、征信信息、财产信息，此类信息与公民人身、财产安全直接相关，数量标准为五十条以上，且仅限于上述四类信息，不允许扩大范围。对于财产信息，既包括银行、第三方支付平台、证券期货等金融服务账户的身份认证信息（一组确认用户操作权限的数据，包括账号、口令、密码、数字证书等），也包括存款、房产、车辆等财产状况信息。② 住宿信息、通信记录、健康生理信息、交易信息等可能影响公民人身、财产安全的信息，数量标准为五百条以上，此类信息也与人身、财产安全直接相关，但重要程度要弱于行踪轨迹信息、通信内容、征信信息、财产信息。对"其他可能影响人身、财产安全的公民个人信息"的把握，应当确保所适用的公民个人信息涉及人身、财产安全，且与"住宿信息、通信记录、健康生理信息、交易信息"在重要程度上具有相当性。③ 除上述两类信息以外的其他公民个人信息，数量标准为五千条以上。

（2）违法所得数额。对于违法所得，可直接以犯罪嫌疑人出售公民个人信息的收入予以认定，不必扣减其购买信息的犯罪成本。同时，在审查认定违法所得数额过程中，应当以查获的银行交易记录、第三方支付平台交易记录、聊天记录、犯罪嫌疑人供述、证人证言综合予以认定，对于犯罪嫌疑人无法说明合法来源的用于专门实施侵犯公民个人信息犯罪的银行账户或第三方支付平台账户内资金收入，可综合全案证据认定为违法所得。

（3）信息用途。公民个人信息被他人用于违法犯罪活动的，不要求他人的行为必须构成犯罪，只要行为人明知他人非法获取公民个人信息用于违法犯罪活动即可。

（4）主体身份。如果行为人系将在履行职责或者提供服务过程中获得的公民个人信息出售或者提供给他人的，涉案信息数量、违法所得数额只要达到一般主体的一半，即可认为"情节严重"。

（5）主观恶性。曾因侵犯公民个人信息受过刑事处罚或者二年内受过行政处罚，又非法获取、出售或者提供公民个人信息的，即可认为"情节严重"。

2. 关于"情节特别严重"的认定标准，根据《解释》，主要分为两类：一是信息数量、违法所得数额标准。二是信息用途引发的严重后果，其中造成人身伤亡、经济损失、恶劣社会影响等后果，需要审查认定侵犯公民个人信息的行为与严重后果间存在因果关系。

对于涉案公民个人信息数量的认定，根据《解释》第十一条，非法获取公民个人信息后又出售或者提供的，公民个人信息的条数不重复计算；向不同单位或者个人分别出售、提供同一公民个人信息的，公民个人信息的条数累计计算；对批量出售、提供公民个人信息的条数，根据查获的数量直接认定，但是有证据证明信息不真实或者重复的除外。在实践中，如犯罪嫌疑人多次获取同一条公民个人信息，一般认定为一条，不重复累计；但获取的该公民个人信息内容发生了变化的除外。

对于涉案公民个人信息的数量、社会危害性等因素的审查，应当结合刑法第二百五十三条和《解释》的规定进行综合审查。涉案公民个人信息数量极少，但造成被害人死亡等严重后果的，应审查犯罪嫌疑人行为与该后果之间的因果关系，符合条件的，可以认定为实施《解释》第五条第一款第十项"其他情节严重的情形"的行为，造成被害人死亡等严重后果，从而认定为"情节特别严重"。如涉案公民个人信息数量较多，但犯罪嫌疑人仅仅获取而未向他人出售或提供，则可以在认定相关犯罪事实的基础上，审查该行为是否符合《解释》第五条第一款第三、四、五、六、九项及第二款第三项的情形，符合条件的，可以分别认定为"情节严重""情节特别严重"。

此外，针对为合法经营活动而购买、收受公民个人信息的行为，在适用《解释》第六条的定罪量刑标准时须满足三个条件：一是为了合法经营活动，对此可以综合全案证据认定，但主要应当由犯罪嫌疑人一方提供相关证据；二是限于普通公民个人信息，即不包括可能影响人身、财产安全的敏感信息；三是信息没有再流出扩散，即行为方式限于购买、收受。如果将购买、收受的公民个人信息非法出售或者提供的，定罪量刑标准应当适用《解释》第五条的规定。

（五）对关联犯罪的审查认定

对于侵犯公民个人信息犯罪与电信网络诈骗犯罪相交织的案件，应严格按照《最高人民法院、最高人民检察院、公安部关于办理电信网络诈骗等刑事案件适用法律若干问题的意见》（法发〔2016〕32 号）的规定进行审查认定，即通过认真审查非法获取、出售、提供公民个人信息的犯罪嫌疑人对电信网络诈骗犯罪的参与程度，结合能够证实其认知能力的学历文化、聊天记录、通话频率、获取固定报酬还是参与电信网络诈骗犯罪分成等证据，分析判断其是否属于诈骗共同犯罪、是否应该数罪并罚。

根据《解释》第八条的规定，设立用于实施出售、提供或者非法获取公民个人信息违法犯罪活动的网站、通讯群组，情节严重的，应当依照刑法第二百八十七条之一的规定，以非法利用信息网络罪定罪；同时构成侵犯公民个人信息罪的，应当认定为侵犯公民个人信息罪。

对于违反国家有关规定，采用技术手段非法侵入合法存储公民个人信息的单位数据库窃取公民个人信息的行为，也符合刑法第二百八十五条第二款非法获取计算机信息系统数据罪的客观特征，同时触犯侵犯公民个人信息罪和非法获取计算机信息系统数据罪的，应择一重罪论处。

此外，针对公安民警在履行职责过程中，违反国家有关规定，查询、提供公民个人信息的情形，应当认定为"违反国家有关规定，将在履行职责或者提供服务过程中以其他方法非法获取或提供公民个人信息"。但同时，应当审查犯罪嫌疑人除该行为之外有无其他行为侵害其他法益，从而对可能存在的其他犯罪予以准确认定。

三、社会危险性及羁押必要性审查

（一）审查逮捕

1．犯罪动机：一是出售牟利；二是用于经营活动；三是用于违法犯罪活动。犯罪动机表明犯罪嫌疑人主观恶性，也能证明犯罪嫌疑人是否可能实施新的犯罪。

2．犯罪情节。犯罪嫌疑人的行为直接反映其人身危险性。具有下列情节的侵犯公民个人信息犯罪，能够证实犯罪嫌疑人主观恶性和人身危险性较大，实施新的犯罪的可能性也较大，可以认为具有较大的社会危险性：一是犯罪持续时间较长、多次实施侵犯公民个人信息犯罪的；二是被侵犯的公民个人信息数量或违法所得巨大的；三是利用公民个人信息进行违法犯罪活动的；四是犯罪手段行为本身具有违法性或者破坏性，即犯罪手段恶劣的，如骗取、窃取公民个人信息，采取胁迫、植入木马程序侵入他人计算机系统等方式非法获取信息。

犯罪嫌疑人实施侵犯公民个人信息犯罪，不属于"情节特别严重"，系初犯，全部退赃，并确有悔罪表现的，可以认定社会危险性较小，没有逮捕必要。

（二）审查起诉

在审查起诉阶段，要结合侦查阶段取得的事实证据，进一步引导侦查机关加大捕后侦查力度，及时审查新证据。在羁押期限届满前对全案进行综合审查，对于未达到逮捕证明标准的，撤销原逮捕决定。

经羁押必要性审查，发现犯罪嫌疑人具有下列情形之一的，应当向办案机关提出释放或者变更强制措施的建议：

1．案件证据发生重大变化，没有证据证明有犯罪事实或者犯罪行为系犯罪嫌疑人、被告人所为的。

2．案件事实或者情节发生变化，犯罪嫌疑人、被告人可能被判处拘役、管制、独立适用附加刑、免予刑事处罚或者判决无罪的。

3．继续羁押犯罪嫌疑人、被告人，羁押期限将超过依法可能判处的刑期的。

4．案件事实基本查清，证据已经收集固定，符合取保候审或者监视居住条件的。

经羁押必要性审查，发现犯罪嫌疑人、被告人具有下列情形之一，且具有悔罪表现，不予羁押不致发生社会危险性的，可以向办案机关提出释放或者变更强制措施的建议：

1．预备犯或者中止犯；共同犯罪中的从犯或者胁从犯。

2．主观恶性较小的初犯。

3．系未成年人或者年满七十五周岁的人。

4．与被害方依法自愿达成和解协议，且已经履行或者提供担保的。

5．患有严重疾病、生活不能自理的。

6．系怀孕或者正在哺乳自己婴儿的妇女。

7．系生活不能自理的人的唯一扶养人。

8．可能被判处一年以下有期徒刑或者宣告缓刑的。

9．其他不需要继续羁押犯罪嫌疑人、被告人的情形。

5.5 民法典及相关司法解释中个人信息保护规定解读

民法典(节选)

(2020 年 5 月 28 日第十三届全国人民代表大会第三次会议通过)

第一百一十一条 自然人的个人信息受法律保护。任何组织或者个人需要获取他人个人信息的,应当依法取得并确保信息安全,不得非法收集、使用、加工、传输他人个人信息,不得非法买卖、提供或者公开他人个人信息。

【重点条款解读】

本条确立了个人信息受法律保护的原则,在内容上与此前《民法总则》第一百一十一条的规定一致。

随着社会对个人信息的广泛利用,个人信息泄露等安全事件时有发生,个人信息保护形势愈发严峻。在这一背景下,仅依据《刑法》侵犯公民个人信息罪以及《消费者权益保护法》第 14 条、第 29 条规定加以规范,无法有效实现对个人信息的全面保护。作为公民权利保护的宣言书,《民法典》明确对自然人的个人信息予以保护,能够为民事主体处理个人信息提供基本的行为准则,为法院审理相关民事纠纷提供基本的遵循准则。

第四编 人 格 权

第六章 隐私权和个人信息保护

第一千零三十四条 自然人的个人信息受法律保护。

个人信息是以电子或者其他方式记录的能够单独或者与其他信息结合识别特定自然人的各种信息,包括自然人的姓名、出生日期、身份证件号码、生物识别信息、住址、电话号码、电子邮箱、健康信息、行踪信息等。

个人信息中的私密信息,适用有关隐私权的规定;没有规定的,适用有关个人信息保护的规定。

【重点条款解读】

不同于欧盟、美国等国通过扩张隐私概念对个人信息进行保护的做法,《民法典》将隐私与个人信息区分开来。同时,《民法典》虽然将个人信息保护的规定放在人格权编,但并未采用与隐私权并列的"个人信息权"的表述,而是将个人信息作为一种法益,对其进行保护。

在个人信息的认定方面,《民法典》同《网络安全法》一样,对个人信息的定义采取了"识别说"的方法,这种认定方式强调由信息到个人的"可识别性"。同时,在明确列举的个人信息的内容上,本条相较于《网络安全法》增加了电子邮箱、健康信息、行踪信息等内容。

第一千零三十五条　处理个人信息的，应当遵循合法、正当、必要原则，不得过度处理，并符合下列条件：

（一）征得该自然人或者其监护人同意，但是法律、行政法规另有规定的除外；

（二）公开处理信息的规则；

（三）明示处理信息的目的、方式和范围；

（四）不违反法律、行政法规的规定和双方的约定。

个人信息的处理包括个人信息的收集、存储、使用、加工、传输、提供、公开等。

【重点条款解读】

本条是有关个人信息处理原则的规定。

本条延续《全国人民代表大会常务委员会关于加强网络信息保护的决定》第二条以及《网络安全法》第四十一条第一款规定的合法、正当、必要原则，还增加了"不得过度处理"的规定。

另外，《民法典》将"处理"上升为上位概念，进而个人信息的收集、存储、使用、加工、传输、提供、公开等都属于个人信息处理的一个环节，而在《网络安全法》中，处理则是与收集、使用并列的概念，这要求在不同的语境中注意"处理"的不同内涵。

第一千零三十六条　处理个人信息，有下列情形之一的，行为人不承担民事责任：

（一）在该自然人或者其监护人同意的范围内合理实施的行为；

（二）合理处理该自然人自行公开的或者其他已经合法公开的信息，但是该自然人明确拒绝或者处理该信息侵害其重大利益的除外；

（三）为维护公共利益或者该自然人合法权益，合理实施的其他行为。

【重点条款解读】

继《网络安全法》确立了以"知情－同意"为核心的唯一合法性基础后，本条将个人同意、合法公开信息的合理处理、为维护公共利益或者该自然人合法权益，合理实施的其他行为作为个人信息处理的免责事由。

根据本条第一项，行使同意权利的自然人既包括具有民事行为能力的成年人，也包括未成年人、精神病人等不具备完全民事行为能力的自然人的监护人。另外，即使征得自然人或其监护人同意，也不能过度处理个人信息。

本条第二项将合理处理已公开个人信息作为个人信息处理免责事由的同时，赋予信息主体拒绝处理的权利，强化了对个人合法权益的保护。

本条第三项规定了为维护公共利益而合理利用个人信息的情形。例如，我国为了新冠疫情的防控需要，允许医疗机构、社区等主体处理个人信息的行为。

第一千零三十七条　自然人可以依法向信息处理者查阅或者复制其个人信息；发现信息有错误的，有权提出异议并请求及时采取更正等必要措施。

自然人发现信息处理者违反法律、行政法规的规定或者双方的约定处理其个人信息的，有权请求信息处理者及时删除。

【重点条款解读】

本条规定了个人信息主体所享有的查阅、复制、更正及删除的权利。

《网络安全法》第四十三条最早以法律形式确认了个人信息主体删除权、更正权。《民法典》在延续《网络安全法》相关规定的基础上，进一步赋予个人信息主体查阅权、复制权，表明了立法者期望通过强化个人对个人信息的控制来实现个人信息的保护。

值得注意的是，删除权的行使并不像查阅权、复制权一样没有前提限制。本条规定当信息处理者对个人信息的处理违反了法律、行政法规的规定或者双方的约定，个人有权行使删除权，这实际上反映了立法者在个人信息保护与合理利用之间的权衡。

第一千零三十八条　信息处理者不得泄露或者篡改其收集、存储的个人信息；未经自然人同意，不得向他人非法提供其个人信息，但是经过加工无法识别特定个人且不能复原的除外。

信息处理者应当采取技术措施和其他必要措施，确保其收集、存储的个人信息安全，防止信息泄露、篡改、丢失；发生或者可能发生个人信息泄露、篡改、丢失的，应当及时采取补救措施，按照规定告知自然人并向有关主管部门报告。

【重点条款解读】

本条基本沿用了《网络安全法》第四十二条的规定，明确了信息处理者的安全保障义务。

本条第一款规定了信息处理者的消极义务。其中，特别指出经过加工无法识别特定个人且不能复原的信息可以非经个人同意向他人提供。这表明国家鼓励信息处理者积极利用去标识化等技术手段实现信息的合理流通。

本条第二款规定了信息处理者的积极义务。就信息处理者应当采取的安全保护措施而言，"技术措施"至少包括数据脱敏、数据库加密等，"其他必要措施"至少包括组织建设、安全管理制度、数据分类与备份、访问权限控制及人员培训等。同时，本条要求信息处理者在发生个人信息安全事件时及时采取补救措施、告知自然人并向有关主管部门报告，信息处理者据此需要建立应急响应机制、开展日常演练，才能在发生安全事件时最大程度的降低损失。

第一千零三十九条　国家机关、承担行政职能的法定机构及其工作人员对于履行职责过程中知悉的自然人的隐私和个人信息，应当予以保密，不得泄露或者向他人非法提供。

【重点条款解读】

本条是有关法定机构及其工作人员保密义务的规定。

由于公权力机关在履行职责过程中可能获取自然人个人信息，且这类个人信息常常包含隐私内容，对此本条首先规定了国家机关、承担行政职能的法定机构及其工作人员的保密义务。2019 年 4 月，国务院公布的《关于在线政务服务的若干规定》第十四条规定，"政务服务机构及其工作人员泄露、出售或者非法向他人提供履行职责过程中知悉的个人信息、隐私和商业秘密，或者不依法履行职责，玩忽职守、滥用职权、徇私舞弊的，依法追究法律责任。"

同时，鉴于国家机关委托法定机构行使行政监管职能的情形时有发生，本条相较于《民法典（草案）》第一千零三十九条，增加了"承担行政职能的法定机构及其工作人员"这一主体，扩大了保密主体的范围。

最高人民法院关于审理使用人脸识别技术处理个人信息相关民事案件适用法律若干问题的规定（节选）

法释〔2021〕15 号

（2021 年 6 月 8 日最高人民法院审判委员会第 1841 次会议通过，

自 2021 年 8 月 1 日起施行）

第一条　因信息处理者违反法律、行政法规的规定或者双方的约定使用人脸识别技术处理人脸信息、处理基于人脸识别技术生成的人脸信息所引起的民事案件，适用本规定。

人脸信息的处理包括人脸信息的收集、存储、使用、加工、传输、提供、公开等。

本规定所称人脸信息属于民法典第一千零三十四条规定的"生物识别信息"。

【重点条款解读】

本条是关于适用范围的规定，明确了人脸信息属于《民法典》第一千零三十四条规定的"生物识别信息"，确立了人脸信息的人格权益属性。

人脸信息属于敏感个人信息中的生物识别信息，由于其具备唯一性和不可更改性，一旦泄露将会对个人的人身和财产安全造成极大伤害，甚至可能威胁到公共安全。面对人脸识别技术所带来的个人信息保护问题的日益凸显，最高人民法院发布的《关于审理使用人脸识别技术处理个人信息相关民事案件适用法律若干问题的规定》（以下简称《规定》）是保护人民群众"人脸"安全的重要规范性文件，强化了个人信息司法保护。

第二条　信息处理者处理人脸信息有下列情形之一的，人民法院应当认定属于侵害自然人人格权益的行为：

（一）在宾馆、商场、银行、车站、机场、体育场馆、娱乐场所等经营场所、公共场所违反法律、行政法规的规定使用人脸识别技术进行人脸验证、辨识或者分析；

（二）未公开处理人脸信息的规则或者未明示处理的目的、方式、范围；

（三）基于个人同意处理人脸信息的，未征得自然人或者其监护人的单独同意，或者未按照法律、行政法规的规定征得自然人或者其监护人的书面同意；

（四）违反信息处理者明示或者双方约定的处理人脸信息的目的、方式、范围等；

（五）未采取应有的技术措施或者其他必要措施确保其收集、存储的人脸信息安全，致使人脸信息泄露、篡改、丢失；

（六）违反法律、行政法规的规定或者双方的约定，向他人提供人脸信息；

（七）违背公序良俗处理人脸信息；

（八）违反合法、正当、必要原则处理人脸信息的其他情形。

【重点条款解读】

本条依据《民法典》有关"处理个人信息的原则和条件"的规定，以"列举＋兜底"的方式，细化对侵权行为的认定，明确并细化了信息处理者处理人脸信息侵害自然人人格权益的具体情形。

第五条　有下列情形之一，信息处理者主张其不承担民事责任的，人民法院依法予以支持：

（一）为应对突发公共卫生事件，或者紧急情况下为保护自然人的生命健康和财产安全所必需而处理人脸信息的；

（二）为维护公共安全，依据国家有关规定在公共场所使用人脸识别技术的；

（三）为公共利益实施新闻报道、舆论监督等行为在合理的范围内处理人脸信息的；

（四）在自然人或者其监护人同意的范围内合理处理人脸信息的；

（五）符合法律、行政法规规定的其他情形。

【重点条款解读】

本条明确了侵权的免责事由。

本条有关侵权免责事由的规定，既是对《民法典》第九百九十九条"合理使用规则"的具体运用，也是对《民法典》第一千零三十六条第三项"行为人处理个人信息不承担民事责任情形"的明确细化。同时，结合《规定》出台时的背景，本条实际上也吸收了《个人信息保护法(二审稿)》第十三条"同意例外情形"的相关规定。需要注意的是，《规定》第二条严格界定了人脸信息的侵权行为，该侵权行为是为满足人脸信息合理利用的需要。

第六条　当事人请求信息处理者承担民事责任的，人民法院应当依据民事诉讼法第六十四条及《最高人民法院关于适用〈中华人民共和国民事诉讼法〉的解释》第九十条、第九十一条，《最高人民法院关于民事诉讼证据的若干规定》的相关规定确定双方当事人的举证责任。

信息处理者主张其行为符合民法典第一千零三十五条第一款规定情形的，应当就此所依据的事实承担举证责任。

信息处理者主张其不承担民事责任的，应当就其行为符合本规定第五条规定的情形承担举证责任。

【重点条款解读】

本条适用举证责任倒置规则，出于处理者与自然人的经济实力不对等、专业信息不对称等因素的考虑，在举证责任的分配上对信息处理者赋予更多的举证责任，并与《个人信息保护法》第六十九条规定"个人信息处理者的过错推定"的民事责任归责相衔接。

第九条　自然人有证据证明信息处理者使用人脸识别技术正在实施或者即将实施侵害其隐私权或者其他人格权益的行为，不及时制止将使其合法权益受到难以弥补的损害，向人民法院申请采取责令信息处理者停止有关行为的措施的，人民法院可以根据案件具体情况依法作出人格权侵害禁令。

【重点条款解读】

《民法典》第九百九十七条规定了人格权侵害禁令制度，本条依据《民法典》这一规定，明确了对使用人脸识别技术正在实施或者即将实施侵害其隐私权或者其他人格权益的行为适用人格权侵害禁令，反映了司法力求对人脸信息施以完善保护的态度与立场。

第十条　物业服务企业或者其他建筑物管理人以人脸识别作为业主或者物业使用人出入物业服务区域的唯一验证方式，不同意的业主或者物业使用人请求其提供其他合理验证方式的，人民法院依法予以支持。

物业服务企业或者其他建筑物管理人存在本规定第二条规定的情形，当事人请求物业服务企业或者其他建筑物管理人承担侵权责任的，人民法院依法予以支持。

【重点条款解读】

物业服务企业或者其他建筑物管理人以人脸识别作为业主或者物业使用人出入物业服务区域的唯一验证方式，这类现象在实践中普遍存在，本条对此现象予以明确规制，体现了司法关注民生并积极参与社会治理的立场。

第十一条　信息处理者采用格式条款与自然人订立合同，要求自然人授予其无期限限制、不可撤销、可任意转授权等处理人脸信息的权利，该自然人依据民法典第四百九十七条请求确认格式条款无效的，人民法院依法予以支持。

【重点条款解读】

本条依据《民法典》第四百九十六条、第四百九十七条和第四百九十八条的规定，明确了信息处理者要求自然人授予其无期限限制、不可撤销、可任意转授权等格式条款无效，细化了处理人脸信息授权的格式条款无效的情形，从合同角度强化了对个人信息的保护。

第十四条　信息处理者处理人脸信息的行为符合民事诉讼法第五十五条、消费者权益保护法第四十七条或者其他法律关于民事公益诉讼的相关规定，法律规定的机关和有关组织提起民事公益诉讼的，人民法院应予受理。

【重点条款解读】

本条规定了人脸信息的民事公益诉讼制度，与《个人信息保护法》第七十条相衔接。

民事公益诉讼制度的规定，一方面有助于补足个人因经济、能力等因素无法维护自身合法权益的劣势地位；另一方面加大了信息处理者所面临的诉讼风险，有助于敦促其更合理、规范地处理人脸信息。

5.6　其他法律法规中个人信息保护相关规定

反电信网络诈骗法（节选）

（2022 年 9 月 2 日第十三届全国人民代表大会常务委员会第三十六次会议通过）

第五条　反电信网络诈骗工作应当依法进行，维护公民和组织的合法权益。

有关部门和单位、个人应当对在反电信网络诈骗工作过程中知悉的国家秘密、商业秘密和个人隐私、个人信息予以保密。

第二十一条　电信业务经营者、互联网服务提供者为用户提供下列服务，在与用户签订协议或者确认提供服务时，应当依法要求用户提供真实身份信息，用户不提供真实身份

信息的,不得提供服务:

(一)提供互联网接入服务;

(二)提供网络代理等网络地址转换服务;

(三)提供互联网域名注册、服务器托管、空间租用、云服务、内容分发服务;

(四)提供信息、软件发布服务,或者提供即时通讯、网络交易、网络游戏、网络直播发布、广告推广服务。

第二十五条第一款 任何单位和个人不得为他人实施电信网络诈骗活动提供下列支持或者帮助:

(一)出售、提供个人信息;

(二)帮助他人通过虚拟货币交易等方式洗钱;

(三)其他为电信网络诈骗活动提供支持或者帮助的行为。

第二十九条 个人信息处理者应当依照《中华人民共和国个人信息保护法》等法律规定,规范个人信息处理,加强个人信息保护,建立个人信息被用于电信网络诈骗的防范机制。

履行个人信息保护职责的部门、单位对可能被电信网络诈骗利用的物流信息、交易信息、贷款信息、医疗信息、婚介信息等实施重点保护。公安机关办理电信网络诈骗案件,应当同时查证犯罪所利用的个人信息来源,依法追究相关人员和单位责任。

第四十九条 反电信网络诈骗工作涉及的有关管理和责任制度,本法没有规定的,适用《中华人民共和国网络安全法》、《中华人民共和国个人信息保护法》、《中华人民共和国反洗钱法》等相关法律规定。

中华人民共和国消费者权益保护法(节选)

(1993 年 10 月 31 日第八届全国人民代表大会常务委员会第四次会议通过,根据 2009 年 8 月 27 日第十一届全国人民代表大会常务委员会第十次会议《关于修改部分法律的决定》第一次修正,根据 2013 年 10 月 25 日第十二届全国人民代表大会常务委员会第五次会议《关于修改中华人民共和国消费者权益保护法>的决定》第二次修正)

第十四条 消费者在购买、使用商品和接受服务时,享有人格尊严、民族风俗习惯得到尊重的权利,享有个人信息依法得到保护的权利。

第二十九条 经营者收集、使用消费者个人信息,应当遵循合法、正当、必要的原则,明示收集、使用信息的目的、方式和范围,并经消费者同意。经营者收集、使用消费者个人信息,应当公开其收集、使用规则,不得违反法律、法规的规定和双方的约定收集、使用信息。

经营者及其工作人员对收集的消费者个人信息必须严格保密,不得泄露、出售或者非法向他人提供。经营者应当采取技术措施和其他必要措施,确保信息安全,防止消费者个人信息泄露、丢失。在发生或者可能发生信息泄露、丢失的情况时,应当立即采取补救措施。

经营者未经消费者同意或者请求,或者消费者明确表示拒绝的,不得向其发送商业性信息。

第五十条　经营者侵害消费者的人格尊严、侵犯消费者人身自由或者侵害消费者个人信息依法得到保护的权利的，应当停止侵害、恢复名誉、消除影响、赔礼道歉，并赔偿损失。

第五十六条　经营者有下列情形之一，除承担相应的民事责任外，其他有关法律、法规对处罚机关和处罚方式有规定的，依照法律、法规的规定执行；法律、法规未作规定的，由工商行政管理部门或者其他有关行政部门责令改正，可以根据情节单处或者并处警告、没收违法所得、处以违法所得一倍以上十倍以下的罚款，没有违法所得的，处以五十万元以下的罚款；情节严重的，责令停业整顿、吊销营业执照：

（一）提供的商品或者服务不符合保障人身、财产安全要求的；

（二）在商品中掺杂、掺假，以假充真，以次充好，或者以不合格商品冒充合格商品的；

（三）生产国家明令淘汰的商品或者销售失效、变质的商品的；

（四）伪造商品的产地，伪造或者冒用他人的厂名、厂址，篡改生产日期，伪造或者冒用认证标志等质量标志的；

（五）销售的商品应当检验、检疫而未检验、检疫或者伪造检验、检疫结果的；

（六）对商品或者服务作虚假或者引人误解的宣传的；

（七）拒绝或者拖延有关行政部门责令对缺陷商品或者服务采取停止销售、警示、召回、无害化处理、销毁、停止生产或者服务等措施的；

（八）对消费者提出的修理、重作、更换、退货、补足商品数量、退还货款和服务费用或者赔偿损失的要求，故意拖延或者无理拒绝的；

（九）侵害消费者人格尊严、侵犯消费者人身自由或者侵害消费者个人信息依法得到保护的权利的；

（十）法律、法规规定的对损害消费者权益应当予以处罚的其他情形。

经营者有前款规定情形的，除依照法律、法规规定予以处罚外，处罚机关应当记入信用档案，向社会公布。

中华人民共和国广告法（节选）

（1994 年 10 月 27 日第八届全国人民代表大会常务委员会第十次会议通过
2015 年 4 月 24 日第十二届全国人民代表大会常务委员会第十四次会议修订
根据 2018 年 10 月 26 日第十三届全国人民代表大会常务委员会第六次会议
《关于修改〈中华人民共和国野生动物保护法〉等十五部法律的决定》第一次修正
根据 2021 年 4 月 29 日第十三届全国人民代表大会常务委员会第二十八次会议
《关于修改〈中华人民共和国道路交通安全法〉等八部法律的决定》第二次修正）

第四十三条　任何单位或者个人未经当事人同意或者请求，不得向其住宅、交通工具等发送广告，也不得以电子信息方式向其发送广告。

以电子信息方式发送广告的，应当明示发送者的真实身份和联系方式，并向接收者提供拒绝继续接收的方式。

第六十二条　违反本法第四十三条规定发送广告的，由有关部门责令停止违法行为，对广告主处五千元以上三万元以下的罚款。

违反本法第四十四条第二款规定,利用互联网发布广告,未显著标明关闭标志,确保一键关闭的,由工商行政管理部门责令改正,对广告主处五千元以上三万元以下的罚款。

中华人民共和国测绘法(节选)

(1992年12月28日第七届全国人民代表大会常务委员会第二十九次会议通过,2002年8月29日第九届全国人民代表大会常务委员会第二十九次会议第一次修订,2017年4月27日第十二届全国人民代表大会常务委员会第二十七次会议第二次修订)

第四十七条 地理信息生产、保管、利用单位应当对属于国家秘密的地理信息的获取、持有、提供、利用情况进行登记并长期保存,实行可追溯管理。

测绘活动涉及获取、持有、提供、利用属于国家秘密的地理信息,应当遵守保密法律、行政法规和国家有关规定。

地理信息生产、利用单位和互联网地图服务提供者收集、使用用户个人信息的,应当遵守法律、行政法规关于个人信息保护的规定。

中华人民共和国公共图书馆法(节选)

(2017年11月4日第十二届全国人民代表大会常务委员会第三十次会议通过
根据2018年10月26日第十三届全国人民代表大会常务委员会第六次会议
《关于修改〈中华人民共和国野生动物保护法〉等十五部法律的决定》修正)

第四十三条 公共图书馆应当妥善保护读者的个人信息、借阅信息以及其他可能涉及读者隐私的信息,不得出售或者以其他方式非法向他人提供。

第五十条 公共图书馆及其工作人员有下列行为之一的,由文化主管部门责令改正,没收违法所得:

(一)违规处置文献信息;

(二)出售或者以其他方式非法向他人提供读者的个人信息、借阅信息以及其他可能涉及读者隐私的信息;

(三)向社会公众提供文献信息违反有关法律、行政法规的规定,或者向未成年人提供内容不适宜的文献信息;

(四)将设施设备场地用于与公共图书馆服务无关的商业经营活动;

(五)其他不履行本法规定的公共图书馆服务要求的行为。

公共图书馆及其工作人员对应当免费提供的服务收费或者变相收费的,由价格主管部门依照前款规定给予处罚。

公共图书馆及其工作人员有前两款规定行为的,对直接负责的主管人员和其他直接责任人员依法追究法律责任。

中华人民共和国未成年人保护法(节选)

(1991年9月4日第七届全国人民代表大会常务委员会第二十一次会议通过
2006年12月29日第十届全国人民代表大会常务委员会第二十五次会议第一次修订

根据 2012 年 10 月 26 日第十一届全国人民代表大会常务委员会第二十九次会议
《关于修改〈中华人民共和国未成年人保护法〉的决定》修正
2020 年 10 月 17 日第十三届全国人民代表大会常务委员会第二十二次会议第二次修订）

第七十二条　信息处理者通过网络处理未成年人个人信息的，应当遵循合法、正当和必要的原则。处理不满十四周岁未成年人个人信息的，应当征得未成年人的父母或者其他监护人同意，但法律、行政法规另有规定的除外。

未成年人、父母或者其他监护人要求信息处理者更正、删除未成年人个人信息的，信息处理者应当及时采取措施予以更正、删除，但法律、行政法规另有规定的除外。

第一百二十七条　信息处理者违反本法第七十二条规定，或者网络产品和服务提供者违反本法第七十三条、第七十四条、第七十五条、第七十六条、第七十七条、第八十条规定的，由公安、网信、电信、新闻出版、广播电视、文化和旅游等有关部门按照职责分工责令改正，给予警告，没收违法所得，违法所得一百万元以上的，并处违法所得一倍以上十倍以下罚款，没有违法所得或者违法所得不足一百万元的，并处十万元以上一百万元以下罚款，对直接负责的主管人员和其他责任人员处一万元以上十万元以下罚款；拒不改正或者情节严重的，并可以责令暂停相关业务、停业整顿、关闭网站、吊销营业执照或者吊销相关许可证。

地图管理条例（节选）
（2015 年 11 月 11 日国务院第 111 次常务会议通过，自 2016 年 1 月 1 日起施行）

第三十五条　互联网地图服务单位收集、使用用户个人信息的，应当明示收集、使用信息的目的、方式和范围，并经用户同意。

互联网地图服务单位需要收集、使用用户个人信息的，应当公开收集、使用规则，不得泄露、篡改、出售或者非法向他人提供用户的个人信息。

互联网地图服务单位应当采取技术措施和其他必要措施，防止用户的个人信息泄露、丢失。

征信业管理条例（节选）
（2012 年 12 月 26 日国务院第 228 次常务会议通过，自 2013 年 3 月 15 日起施行）

第一条　为了规范征信活动，保护当事人合法权益，引导、促进征信业健康发展，推进社会信用体系建设，制定本条例。

第二条　在中国境内从事征信业务及相关活动，适用本条例。

本条例所称征信业务，是指对企业、事业单位等组织（以下统称企业）的信用信息和个人的信用信息进行采集、整理、保存、加工，并向信息使用者提供的活动。

国家设立的金融信用信息基础数据库进行信息的采集、整理、保存、加工和提供，适用本条例第五章规定。

国家机关以及法律、法规授权的具有管理公共事务职能的组织依照法律、行政法规和国务院的规定，为履行职责进行的企业和个人信息的采集、整理、保存、加工和公布，不适用本条例。

第三条 从事征信业务及相关活动,应当遵守法律法规,诚实守信,不得危害国家秘密,不得侵犯商业秘密和个人隐私。

第十三条 采集个人信息应当经信息主体本人同意,未经本人同意不得采集。但是,依照法律、行政法规规定公开的信息除外。

企业的董事、监事、高级管理人员与其履行职务相关的信息,不作为个人信息。

第十四条 禁止征信机构采集个人的宗教信仰、基因、指纹、血型、疾病和病史信息以及法律、行政法规规定禁止采集的其他个人信息。

征信机构不得采集个人的收入、存款、有价证券、商业保险、不动产的信息和纳税数额信息。但是,征信机构明确告知信息主体提供该信息可能产生的不利后果,并取得其书面同意的除外。

第十五条 信息提供者向征信机构提供个人不良信息,应当事先告知信息主体本人。但是,依照法律、行政法规规定公开的不良信息除外。

第十六条 征信机构对个人不良信息的保存期限,自不良行为或者事件终止之日起为5年;超过5年的,应当予以删除。

在不良信息保存期限内,信息主体可以对不良信息作出说明,征信机构应当予以记载。

第十七条 信息主体可以向征信机构查询自身信息。个人信息主体有权每年两次免费获取本人的信用报告。

第十八条 向征信机构查询个人信息的,应当取得信息主体本人的书面同意并约定用途。但是,法律规定可以不经同意查询的除外。

征信机构不得违反前款规定提供个人信息。

第十九条 征信机构或者信息提供者、信息使用者采用格式合同条款取得个人信息主体同意的,应当在合同中作出足以引起信息主体注意的提示,并按照信息主体的要求作出明确说明。

第二十条 信息使用者应当按照与个人信息主体约定的用途使用个人信息,不得用作约定以外的用途,不得未经个人信息主体同意向第三方提供。

第二十一条 征信机构可以通过信息主体、企业交易对方、行业协会提供信息,政府有关部门依法已公开的信息,人民法院依法公布的判决、裁定等渠道,采集企业信息。

征信机构不得采集法律、行政法规禁止采集的企业信息。

第二十二条 征信机构应当按照国务院征信业监督管理部门的规定,建立健全和严格执行保障信息安全的规章制度,并采取有效技术措施保障信息安全。

经营个人征信业务的征信机构应当对其工作人员查询个人信息的权限和程序作出明确规定,对工作人员查询个人信息的情况进行登记,如实记载查询工作人员的姓名,查询的时间、内容及用途。工作人员不得违反规定的权限和程序查询信息,不得泄露工作中获取的信息。

第二十三条 征信机构应当采取合理措施,保障其提供信息的准确性。

征信机构提供的信息供信息使用者参考。

第二十四条 征信机构在中国境内采集的信息的整理、保存和加工,应当在中国境内进行。

征信机构向境外组织或者个人提供信息，应当遵守法律、行政法规和国务院征信业监督管理部门的有关规定。

第二十五条　信息主体认为征信机构采集、保存、提供的信息存在错误、遗漏的，有权向征信机构或者信息提供者提出异议，要求更正。

征信机构或者信息提供者收到异议，应当按照国务院征信业监督管理部门的规定对相关信息作出存在异议的标注，自收到异议之日起 20 日内进行核查和处理，并将结果书面答复异议人。

经核查，确认相关信息确有错误、遗漏的，信息提供者、征信机构应当予以更正；确认不存在错误、遗漏的，应当取消异议标注；经核查仍不能确认的，对核查情况和异议内容应当予以记载。

第二十六条　信息主体认为征信机构或者信息提供者、信息使用者侵害其合法权益的，可以向所在地的国务院征信业监督管理部门派出机构投诉。

受理投诉的机构应当及时进行核查和处理，自受理之日起 30 日内书面答复投诉人。

信息主体认为征信机构或者信息提供者、信息使用者侵害其合法权益的，可以直接向人民法院起诉。

第二十八条　金融信用信息基础数据库接收从事信贷业务的机构按照规定提供的信贷信息。

金融信用信息基础数据库为信息主体和取得信息主体本人书面同意的信息使用者提供查询服务。国家机关可以依法查询金融信用信息基础数据库的信息。

第二十九条　从事信贷业务的机构应当按照规定向金融信用信息基础数据库提供信贷信息。

从事信贷业务的机构向金融信用信息基础数据库或者其他主体提供信贷信息，应当事先取得信息主体的书面同意，并适用本条例关于信息提供者的规定。

第三十条　不从事信贷业务的金融机构向金融信用信息基础数据库提供、查询信用信息以及金融信用信息基础数据库接收其提供的信用信息的具体办法，由国务院征信业监督管理部门会同国务院有关金融监督管理机构依法制定。

第三十二条　本条例第十四条、第十六条、第十七条、第十八条、第二十二条、第二十三条、第二十四条、第二十五条、第二十六条适用于金融信用信息基础数据库运行机构。

第三十五条　国务院征信业监督管理部门及其派出机构的工作人员对在工作中知悉的国家秘密和信息主体的信息，应当依法保密。

第三十八条　征信机构、金融信用信息基础数据库运行机构违反本条例规定，有下列行为之一的，由国务院征信业监督管理部门或者其派出机构责令限期改正，对单位处 5 万元以上 50 万元以下的罚款；对直接负责的主管人员和其他直接责任人员处 1 万元以上 10 万元以下的罚款；有违法所得的，没收违法所得。给信息主体造成损失的，依法承担民事责任；构成犯罪的，依法追究刑事责任：

（一）窃取或者以其他方式非法获取信息；

（二）采集禁止采集的个人信息或者未经同意采集个人信息；

（三）违法提供或者出售信息；

（四）因过失泄露信息；

（五）逾期不删除个人不良信息；

（六）未按照规定对异议信息进行核查和处理；

（七）拒绝、阻碍国务院征信业监督管理部门或者其派出机构检查、调查或者不如实提供有关文件、资料；

（八）违反征信业务规则，侵害信息主体合法权益的其他行为。

经营个人征信业务的征信机构有前款所列行为之一，情节严重或者造成严重后果的，由国务院征信业监督管理部门吊销其个人征信业务经营许可证。

第四十条　向金融信用信息基础数据库提供或者查询信息的机构违反本条例规定，有下列行为之一的，由国务院征信业监督管理部门或者其派出机构责令限期改正，对单位处5万元以上50万元以下的罚款；对直接负责的主管人员和其他直接责任人员处1万元以上10万元以下的罚款；有违法所得的，没收违法所得。给信息主体造成损失的，依法承担民事责任；构成犯罪的，依法追究刑事责任：

（一）违法提供或者出售信息；

（二）因过失泄露信息；

（三）未经同意查询个人信息或者企业的信贷信息；

（四）未按照规定处理异议或者对确有错误、遗漏的信息不予更正；

（五）拒绝、阻碍国务院征信业监督管理部门或者其派出机构检查、调查或者不如实提供有关文件、资料。

第四十一条　信息提供者违反本条例规定，向征信机构、金融信用信息基础数据库提供非依法公开的个人不良信息，未事先告知信息主体本人，情节严重或者造成严重后果的，由国务院征信业监督管理部门或者其派出机构对单位处2万元以上20万元以下的罚款；对个人处1万元以上5万元以下的罚款。

第四十二条　信息使用者违反本条例规定，未按照与个人信息主体约定的用途使用个人信息或者未经个人信息主体同意向第三方提供个人信息，情节严重或者造成严重后果的，由国务院征信业监督管理部门或者其派出机构对单位处2万元以上20万元以下的罚款；对个人处1万元以上5万元以下的罚款；有违法所得的，没收违法所得。给信息主体造成损失的，依法承担民事责任；构成犯罪的，依法追究刑事责任。

第四十三条　国务院征信业监督管理部门及其派出机构的工作人员滥用职权、玩忽职守、徇私舞弊，不依法履行监督管理职责，或者泄露国家秘密、信息主体信息的，依法给予处分。给信息主体造成损失的，依法承担民事责任；构成犯罪的，依法追究刑事责任。

第四十四条　本条例下列用语的含义：

（一）信息提供者，是指向征信机构提供信息的单位和个人，以及向金融信用信息基础数据库提供信息的单位。

（二）信息使用者，是指从征信机构和金融信用信息基础数据库获取信息的单位和个人。

（三）不良信息，是指对信息主体信用状况构成负面影响的下列信息：信息主体在借贷、赊购、担保、租赁、保险、使用信用卡等活动中未按照合同履行义务的信息，对信息主体的行政处罚信息，人民法院判决或者裁定信息主体履行义务以及强制执行的信息，以及国务院征信业监督管理部门规定的其他不良信息。

5.7　案　例　分　析

【案情介绍】

一审案号：（2016）沪 0101 刑初 196 号刑事判决书

二审案号：（2016）沪 02 刑终 448 号刑事判决书

1．当事人

上诉人（原审被告人）：张某某、姚某某

2．主要事实

经审理查明，2015 年 6、7 月间，被告人张某某在浏览网站时发现，有些网站有管理漏洞可以进入后台系统，通过修改网购订单号就可以查看到他人订单信息，被告人张某某遂登录注册位于上海市黄浦区北京东路 XXX 号魅力惠（上海）贸易有限公司的购物网站 www.mei.com，发现该网站也存在平行权限漏洞后，在网络上以 QQ 的联络方法找到网名为"等待时间"的眭某某，要求眭某某编制攻击 www.mei.com 网络的恶意程序，并予以购买。嗣后，被告人张某某借此恶意程序，在未经网站授权的情况下，非法进入该网站管理后台系统，从该网站获取客户订单信息 12 503 条，又通过网络以 QQ 的联络方法将上述客户信息分数次卖给网名为"飞彩政洪"的被告人姚某某，获利人民币 5359 元。被告人姚某某购买上述订单信息后，又在网络上分别加价倒卖牟利。经上海弘连网络科技有限公司计算机司法鉴定所鉴定：从被告人张某某扣押电脑检材中提取到的所有数据中，根据"收货人""电话"内容，"魅力惠去重后数据.xlsx"文件与委托方提供的魅力惠数据文件进行比对，得到"收货人""手机"两例的内容相同且去重后（根据"收货人""电话"去重）的记录数据为 12 503 条；从被告人姚某某扣押电脑检材中提取到的所有数据中，根据"收货人""电话"所列的内容将"合并去重后数据.xlsx"文件与委托方提供的魅力惠数据文件比对"收货人""手机"两列内容相同且去重后（根据"收货人""电话"去重）的记录数据为 8866 条。嗣后，魅力惠（上海）贸易有限公司在接到众多网购客户关于订单信息泄露的投诉后，发现网站信息被窃，遂报案。

一审判决如下：

（1）被告人张某某犯侵犯公民个人信息罪，判处有期徒刑一年九个月，罚金人民币五万元。

（2）被告人姚某某犯侵犯公民个人信息罪，判处有期徒刑一年六个月，罚金人民币二万元。

（3）扣押的作案工具予以没收，追缴被告人张某某、姚某某违法所得予以追缴。

二审判决如下：

（1）维持上海市黄浦区人民法院(2016)沪 0101 刑初 196 号刑事判决第三项，即扣押的作案工具予以没收，被告人张某某、姚某某违法所得予以追缴。

（2）撤销上海市黄浦区人民法院(2016)沪 0101 刑初 196 号刑事判决第一项、第二项。

（3）上诉人张某某犯非法获取公民个人信息罪，判处有期徒刑一年，罚金人民币三万元。

（4）上诉人姚某某犯非法获取公民个人信息罪，判处有期徒刑九个月，罚金人民币一万元。

【主要法律问题解析】

本案判决主要依据的是《刑法》第二百五十三条之一"侵犯公民个人信息罪"的规定：违反国家有关规定，向他人出售或者提供公民个人信息，情节严重的，处三年以下有期徒刑或者拘役，并处或者单处罚金；情节特别严重的，处三年以上七年以下有期徒刑，并处罚金。

违反国家有关规定，将在履行职责或者提供服务过程中获得的公民个人信息，出售或者提供给他人的，依照前款的规定从重处罚。

窃取或者以其他方法非法获取公民个人信息的，依照第一款的规定处罚。

单位犯前三款罪的，对单位判处罚金，并对其直接负责的主管人员和其他直接责任人员，依照各该款的规定处罚。

本案属于典型的通过网络侵犯公民个人信息的案件。本案中被告人利用恶意程序未经授权访问他人网站，非法获取数据后向另一被告人提供，牟取非法利益。非法获取的公民个人信息包括了姓名、联系方式等内容，极有可能导致下游诈骗等犯罪的发生。因此，类似案件的破获和追责对于保护公民个人信息，惩治同类型犯罪有现实价值。

随着我国在网络安全立法方面的不断完善，目前，对于利用网络非法获取公民个人信息类型的犯罪有了更加丰富的规定。一方面，通过《网络安全法》等法律的颁布实施，对于开发、提供恶意程序，侵入他人网络，干扰他人网络正常功能，窃取网络数据等行为；提供专门用于从事侵入网络、干扰网络正常功能及防护措施、窃取网络数据等活动的程序、工具，或明知他人从事危害网络安全的活动，为其提供技术支持、广告推广、支付结算等帮助行为的违法性加以明确，为适用《刑法》第二百五十三条之一提供了基础。另一方面，2017年两高发布《最高人民法院、最高人民检察院关于办理侵犯公民个人信息刑事案件适用法律若干问题的解释》，为公民个人信息的内涵、情节严重程度的认定、"出售"或"提供"行为的判定提供了可操作的指引，也为《刑法》的公平合理适用提供了条件。

第6章 网络空间安全其他民事权利 保护法律法规

6.1 民法典中相关法条解读

中华人民共和国民法典(节选)①
(2020年5月28日第十三届全国人民代表大会第三次会议通过)

第一编 总 则

第五章 民事权利

第一百零九条 自然人的人身自由、人格尊严受法律保护。

第一百一十条 自然人享有生命权、身体权、健康权、姓名权、肖像权、名誉权、荣誉权、隐私权、婚姻自主权等权利。

法人、非法人组织享有名称权、名誉权和荣誉权。

第一百一十一条 自然人的个人信息受法律保护。任何组织或者个人需要获取他人个人信息的,应当依法取得并确保信息安全,不得非法收集、使用、加工、传输他人个人信息,不得非法买卖、提供或者公开他人个人信息。

【重点法条解读】

本条规定了自然人的个人信息受法律保护以及其他民事主体对信息权利人负有的义务。

本条为人格权编规定的个人信息保护义务提供了指引。此外,根据本条规定,其他民事主体所负义务具体包括:一是其他民事主体需要获取自然人信息的应当依法取得并确保信息安全;二是不得非法收集、使用、加工、传输他人的个人信息,不得非法买卖、提供或者公开他人个人信息。

---

① 注:《中华人民共和国民法典》简称《民法典》。如无特殊说明,全书涉及"中华人民共和国"开头的法律均省略了"中华人民共和国"。

【法律法规衔接问题】

《消费者权益保护法》第十四条、第二十九条、第五十条、第五十六条,《网络安全法》第四十一至第四十五条,《商业银行法》第二十九条,《居民身份证法》第十九条,《个人信息保护法》第二条、第四条。

第一百二十六条 民事主体享有法律规定的其他民事权利和利益。

第一百二十七条 法律对数据、网络虚拟财产的保护有规定的,依照其规定。

【重点法条解读】

本条是对数据与网络虚拟财产的原则性保护的规定。

本条确立了应当依法保护数据、网络虚拟财产的原则性规定,但未规定数据、网络虚拟财产的具体性质,需要与其他法律法规的具体规定相衔接,由于目前相关规定缺位,因此本条规定实际上是为之后该领域立法奠定基础。

【难点问题解析】

1)数据的界定

根据《数据安全法》第三条第一款规定,"数据是指任何以电子或其他方式对信息的记录。"针对数据的法律属性,目前尚无定论。但数据资源的价值逐渐凸显,数字交易也越来越多,多个省市也逐渐出台有关数据安全的地方性法规。例如,《贵州省大数据安全保障条例》《上海数据条例》。

2)网络虚拟财产的界定

网络虚拟财产作为一种新兴事物,其概念的内涵及外延尚不明确,具体包含的内容存在较多争议。一种观点主张,网络虚拟财产仅指网络游戏中由玩家掌控支配的游戏资源;另一种观点认为,网络虚拟财产不止局限于网络游戏中,只要存在于网络世界中,能够为所有人所控制的数字化财产均应被认定为网络虚拟财产。

3)网络虚拟财产的法律属性

针对网络虚拟财产的法律属性[①]主要有以下几种观点:

(1)无形财产说。该说回避虚拟财产的权利属性,认为虽然网络虚拟财产的存在形式为数据或字符,但其可以与现实中的货币相联系,且具有使用价值与交换价值,应认定为无形财产。

(2)知识产权说。该说认为网络虚拟财产应当属于智力成果,列入知识产权范畴。

(3)新型财产权类型说。该说认为网络虚拟财产既不属于物权、债权,也不属于知识产权,不能纳入任何一种既存权利,应当是一种新型权利,即网络财产权。

(4)物权说。该说认为网络虚拟财产可以具备法律上的排他性与可支配性,具有独立的价值,应当被认定为是法律上的物。

(5)债权说。该说认为认定网络虚拟财产的属性应当聚焦在运营商与玩家之间的服务合同关系上,故而认为网络虚拟财产属于债权关系,而非物权关系。

---

① 黄薇编:《中华人民共和国民法典总则编释义》,法律出版社 2020 年版,第 253 页。

目前，关于网络虚拟财产法律属性仍有极大争议，多数人主张物权说或债权说，但尚未有明确定论。

【法律法规衔接问题】

《数据安全法》第一条、第三条等。

第一百二十八条　法律对未成年人、老年人、残疾人、妇女、消费者等的民事权利保护有特别规定的，依照其规定。

第一百二十九条　民事权利可以依据民事法律行为、事实行为、法律规定的事件或者法律规定的其他方式取得。

第一百三十条　民事主体按照自己的意愿依法行使民事权利，不受干涉。

第一百三十一条　民事主体行使权利时，应当履行法律规定的和当事人约定的义务。

第一百三十二条　民事主体不得滥用民事权利损害国家利益、社会公共利益或者他人合法权益。

第六章　民事法律行为

第二节　意思表示

第一百三十七条　以对话方式作出的意思表示，相对人知道其内容时生效。

以非对话方式作出的意思表示，到达相对人时生效。以非对话方式作出的采用数据电文形式的意思表示，相对人指定特定系统接收数据电文的，该数据电文进入该特定系统时生效；未指定特定系统的，相对人知道或者应当知道该数据电文进入其系统时生效。当事人对采用数据电文形式的意思表示的生效时间另有约定的，按照其约定。

【重点法条解读】

本条规定了有相对人的意思表示的生效时间。

1）意思表示的含义与类型

意思表示是指行为人将期望发生一定的民法上效果的意思，表示于外部的行为。其中"意思"是指设立、变更、终止民事法律关系的意图，而"表示"是将意思表达出来的行为。依据相对人的有无，意思表示分为两类：有相对人的意思表示和无相对人的意思表示。无相对人的意思表示是指无需向特定对象作出的意思表示；有相对人的意思表示则是指需要向特定对象作出的意思表示，包括双方或多方民事法律行为，还包括单方民事法律行为。例如，监护人行使追认权。

2）有相对人的意思表示的分类

根据作出和受领时间是否同步，有相对人的意思表示可以分为："对话"方式、"非对话"方式以及"其他"方式。

"对话"方式是指行为人作出意思表示与相对人受领意思表示的时间同步的意思表示。例如，面对面协商。"非对话"方式是指行为人作出意思表示与相对人受领意思表示之间时间不同步的意思表示，存在时间差。例如，通过邮件形式协商。"其他"方式是指行为人无法确定相对人受领意思表示的时间，因而行为人作出意思表示与相对人受领意思表示的时间无法确定是否同步的情况下,行为人以公告等方式作出意思表示。例如,行为人无法获得相对人的联系方式、通讯地址等信息时,可以通过公告的方式作出意思表示。

3) 有相对人的意思表示的生效时间规则

本条对以"对话"与"非对话"不同方式作出的意思表示生效时间有不同规定。

基于本条第一款,以"对话"方式作出的意思表示,相对人知道其内容时意思表示生效。

本条第二款规定了"非对话"形式作出意思表示采用到达主义,到达相对人时意思表示生效,并重点指出了以"非对话"方式作出的采用数据电文的形式的意思表示这种类型,数据电文是指通过电子手段、电磁手段或其他手段生成、发送、接受或储存信息,包括但不限于微信、QQ、微博、电子邮件与传真。由于采用数据电文作出意思表示具有自动性、实时性等特点,其意思表示的生效时间与一般的"非对话"方式的意思表示存在区别,具体而言可以分为三个层次:第一,相对人指定特定系统接收数据电文的,该数据电文进入该系统时意思表示生效;第二,未指定特定系统的,相对人知道或应当知道该数据电文进入其系统时意思表示生效,采用"了解主义";第三,有约定的,从其约定,充分体现了当事人意思自治的原则。

对于"其他"方式中,以公告方式作出的意思表示,在《民法典》第一百三十九条有具体规定。即以公告方式作出的意思表示,公告发布时生效。

第一百三十九条 以公告方式作出的意思表示,公告发布时生效。

第八章 民事责任

第一百七十六条 民事主体依照法律规定或者按照当事人约定,履行民事义务,承担民事责任。

第一百七十七条 二人以上依法承担按份责任,能够确定责任大小的,各自承担相应的责任;难以确定责任大小的,平均承担责任。

第一百七十八条 二人以上依法承担连带责任的,权利人有权请求部分或者全部连带责任人承担责任。

连带责任人的责任份额根据各自责任大小确定;难以确定责任大小的,平均承担责任。实际承担责任超过自己责任份额的连带责任人,有权向其他连带责任人追偿。

连带责任,由法律规定或者当事人约定。

第一百七十九条 承担民事责任的方式主要有:

(一) 停止侵害;

(二) 排除妨碍;

(三) 消除危险;

(四) 返还财产;

(五) 恢复原状;

(六) 修理、重作、更换;

(七) 继续履行;

(八) 赔偿损失;

（九）支付违约金；

（十）消除影响、恢复名誉；

（十一）赔礼道歉。

法律规定惩罚性赔偿的，依照其规定。

本条规定的承担民事责任的方式，可以单独适用，也可以合并适用。

【重点法条解读】

本条规定了民事责任承担的主要方式。

需要注意的是，法律中规定了惩罚性赔偿的，依照该法律规定。本法第一千一百八十五条、第一千二百零七条、第一千二百三十二条分别对侵害知识产权的惩罚性赔偿、产品责任惩罚性赔偿、环境污染和生态破坏侵权的惩罚性赔偿作了具体规定。此外，《消费者权益保护法》《著作权法》《食品安全法》《反不正当竞争法》针对侵害的专门客体具体规定了应当承担惩罚性赔偿责任的情形。例如，《消费者权益保护法》第五十五条规定，"经营者提供商品或者服务有欺诈行为的，应当按照消费者的要求增加赔偿其受到的损失，增加赔偿的金额为消费者购买商品的价款或者接受服务的费用的三倍；增加赔偿的金额不足五百元的，为五百元。法律另有规定的，依照其规定。经营者明知商品或者服务存在缺陷，仍然向消费者提供，造成消费者或者其他受害人死亡或者健康严重损害的，受害人有权要求经营者依照本法第四十九条、第五十一条等法律规定赔偿损失，并有权要求所受损失二倍以下的惩罚性赔偿。"

【法律法规衔接问题】

《消费者权益保护法》第五十五条、《著作权法》第五十四条、《食品安全法》第一百四十八条、《反不正当竞争法》第十七条和《最高人民法院关于审理食品安全民事纠纷案件适用法律若干问题的解释（一）》。

第一百八十条　因不可抗力不能履行民事义务的，不承担民事责任。法律另有规定的，依照其规定。

不可抗力是不能预见、不能避免且不能克服的客观情况。

第一百八十一条　因正当防卫造成损害的，不承担民事责任。

正当防卫超过必要的限度，造成不应有的损害的，正当防卫人应当承担适当的民事责任。

第一百八十二条　因紧急避险造成损害的，由引起险情发生的人承担民事责任。

危险由自然原因引起的，紧急避险人不承担民事责任，可以给予适当补偿。

紧急避险采取措施不当或者超过必要的限度，造成不应有的损害的，紧急避险人应当承担适当的民事责任。

第一百八十三条　因保护他人民事权益使自己受到损害的，由侵权人承担民事责任，受益人可以给予适当补偿。没有侵权人、侵权人逃逸或者无力承担民事责任，受害人请求补偿的，受益人应当给予适当补偿。

第一百八十四条　因自愿实施紧急救助行为造成受助人损害的，救助人不承担民事责任。

第一百八十五条 侵害英雄烈士等的姓名、肖像、名誉、荣誉，损害社会公共利益的，应当承担民事责任。

第一百八十六条 因当事人一方的违约行为，损害对方人身权益、财产权益的，受损害方有权选择请求其承担违约责任或者侵权责任。

第一百八十七条 民事主体因同一行为应当承担民事责任、行政责任和刑事责任的，承担行政责任或者刑事责任不影响承担民事责任；民事主体的财产不足以支付的，优先用于承担民事责任。

第三编 合 同

第一分编 通 则

第二章 合同的订立

第四百六十九条 当事人订立合同，可以采用书面形式、口头形式或者其他形式。

书面形式是合同书、信件、电报、电传、传真等可以有形地表现所载内容的形式。

以电子数据交换、电子邮件等方式能够有形地表现所载内容，并可以随时调取查用的数据电文，视为书面形式。

【重点法条解读】

本条规定了当事人订立合同的形式。

本条第一款规定了当事人之间订立合同可以采用的形式，主要列举了书面、口头和其他形式。

本条第二款明确界定了书面形式包括电报、电传等可以有形地表示所载内容的形式。

本条第三款对符合书面形式的数据电文作出了明确规定。数据电文要符合书面形式需满足两个要求：第一，有形地表现所载内容，这是书面形式的本质特征；第二，可以随时调取查用，这是针对数据电文的特别要求。

根据《民法典》合同编的规定，必须采用书面形式订立的合同有：借款合同（自然人之间借款另有约定的除外）、期限在六个月以上的租赁合同、融资租赁合同、建设工程合同、委托监理合同、技术开发合同、技术转让合同等。

【法律法规衔接问题】

《电子签名法》第二条、第四条。

第四百八十一条 承诺应当在要约确定的期限内到达要约人。

要约没有确定承诺期限的，承诺应当依照下列规定到达：

（一）要约以对话方式作出的，应当即时作出承诺；

（二）要约以非对话方式作出的，承诺应当在合理期限内到达。

第四百八十二条 要约以信件或者电报作出的，承诺期限自信件载明的日期或者电报交发之日开始计算。信件未载明日期的，自投寄该信件的邮戳日期开始计算。要约以电话、传真、电子邮件等快速通讯方式作出的，承诺期限自要约到达受要约人时开始计算。

【重点法条解读】

本条规定了承诺期限的起算点。

根据作出要约所采取的不同形式，承诺的起算点稍有差别。以信件、电报做出的要约，承诺期限自信件载明的日期或电报交发日开始计算，信件未载明日期的，自投寄该信件的邮戳日期开始计算；要约以电话、传真、电子邮件等快速通讯方式作出的，承诺期限自要约到达受要约人时开始计算。

第四百八十三条　承诺生效时合同成立，但是法律另有规定或者当事人另有约定的除外。

第四百九十条　当事人采用合同书形式订立合同的，自当事人均签名、盖章或者按指印时合同成立。在签名、盖章或者按指印之前，当事人一方已经履行主要义务，对方接受时，该合同成立。

法律、行政法规规定或者当事人约定合同应当采用书面形式订立，当事人未采用书面形式但是一方已经履行主要义务，对方接受时，该合同成立。

第四百九十一条　当事人采用信件、数据电文等形式订立合同要求签订确认书的，签订确认书时合同成立。

当事人一方通过互联网等信息网络发布的商品或者服务信息符合要约条件的，对方选择该商品或者服务并提交订单成功时合同成立，但是当事人另有约定的除外。

【重点法条解读】

本条明确了签订确认书的电子合同的成立时间。

本条第一款明确了当事人要求签订确认书的合同的成立时间。应当指出的是，本条虽对何时可以提出签订确认书没有明确规定，但也不允许当事人在承诺生效后再提出签署确认书的要求，原因在于承诺生效后即合同成立。在合同成立后，一方当事人提出要求签署确认书的，对合同成立不产生影响。

本条第二款规定了电子合同成立的两个条件：其一是通过互联网等信息网络发布商品或服务信息符合要约要求；其二是对方选择该商品或服务并成功提交订单。应当注意的是，此为电子合同成立的一般规则，《民法典》充分保证当事人意思自治，故允许当事人作出另外的规定。需要注意的是，涉及的格式条款需要符合相关规定。

【法律法规衔接问题】

《民法典》第四百七十二条、第四百九十六条、第四百九十七条，《消费者权益保护法》第二十六条，《电子商务法》第四十九条。

第四百九十二条　承诺生效的地点为合同成立的地点。

采用数据电文形式订立合同的，收件人的主营业地为合同成立的地点；没有主营业地的，其住所地为合同成立的地点。当事人另有约定的，按照其约定。

【重点法条解读】

本条规定了合同成立的地点。

本条第一款属于一般规则，即承诺生效的地点为合同成立的地点。应当指出的是，本条虽然没有明确规定，但基于民法自愿原则，合同成立的地点允许当事人自行另外约定。

本条第二款规定了采用数据电文形式订立合同的收件人的主营业地为合同成立的地点；没有主营业地的，其住所地为合同成立的地点。此外，为充分保证当事人的意思自治，也可以另行约定合同成立的地点。

【法律法规衔接问题】

《民法典》第二十五条、第六十三条、第一百三十七条、第四百九十三条。

第四百九十三条　当事人采用合同书形式订立合同的，最后签名、盖章或者按指印的地点为合同成立的地点，但是当事人另有约定的除外。

第五百一十二条　通过互联网等信息网络订立的电子合同的标的为交付商品并采用快递物流方式交付的，收货人的签收时间为交付时间。电子合同的标的为提供服务的，生成的电子凭证或者实物凭证中载明的时间为提供服务时间；前述凭证没有载明时间或者载明时间与实际提供服务时间不一致的，以实际提供服务的时间为准。

电子合同的标的物为采用在线传输方式交付的，合同标的物进入对方当事人指定的特定系统且能够检索识别的时间为交付时间。

电子合同当事人对交付商品或者提供服务的方式、时间另有约定的，按照其约定。

【重点法条解读】

本条规定了电子合同的交付时间。

电子合同的交付时间首先遵循协商原则，本条第三款规定了允许当事人约定电子合同交付商品或者提供服务的方式、时间，充分尊重了当事人意思自治。

电子合同的交付时间其次依据标的物交付方式认定，电子合同的标的物交付方式可分为三种，即线下交付商品、提供服务、在线传输。本条第一款分别规定了交付商品与提供服务这两类电子合同交付方式的交付时间，本条第二款规定了在线传输方式交付标的物的交付时间。

交付时间的确定具有重要意义，是判断动产物权是否转移的依据，也是哪方承担标的物毁损、灭失风险的判断依据。

【法律法规衔接问题】

《民法典》第二百二十四条、第六百零四条，《电子商务法》第五十一条，《电子签名法》第十一条。

第四编　人　格　权

第一章　一　般　规　定

第九百八十九条　本编调整因人格权的享有和保护产生的民事关系。

第九百九十条　人格权是民事主体享有的生命权、身体权、健康权、姓名权、名称权、肖像权、名誉权、荣誉权、隐私权等权利。

除前款规定的人格权外，自然人享有基于人身自由、人格尊严产生的其他人格权益。

第九百九十一条　民事主体的人格权受法律保护，任何组织或者个人不得侵害。

第九百九十二条　人格权不得放弃、转让或者继承。

第九百九十三条　民事主体可以将自己的姓名、名称、肖像等许可他人使用，但是依照法律规定或者根据其性质不得许可的除外。

第九百九十四条　死者的姓名、肖像、名誉、荣誉、隐私、遗体等受到侵害的，其配偶、子女、父母有权依法请求行为人承担民事责任；死者没有配偶、子女且父母已经死亡的，其他近亲属有权依法请求行为人承担民事责任。

第九百九十五条　人格权受到侵害的，受害人有权依照本法和其他法律的规定请求行为人承担民事责任。受害人的停止侵害、排除妨碍、消除危险、消除影响、恢复名誉、赔礼道歉请求权，不适用诉讼时效的规定。

第九百九十六条　因当事人一方的违约行为，损害对方人格权并造成严重精神损害，受损害方选择请求其承担违约责任的，不影响受损害方请求精神损害赔偿。

第九百九十七条　民事主体有证据证明行为人正在实施或者即将实施侵害其人格权的违法行为，不及时制止将使其合法权益受到难以弥补的损害的，有权依法向人民法院申请采取责令行为人停止有关行为的措施。

第九百九十八条　认定行为人承担侵害除生命权、身体权和健康权外的人格权的民事责任，应当考虑行为人和受害人的职业、影响范围、过错程度，以及行为的目的、方式、后果等因素。

第九百九十九条　为公共利益实施新闻报道、舆论监督等行为的，可以合理使用民事主体的姓名、名称、肖像、个人信息等；使用不合理侵害民事主体人格权的，应当依法承担民事责任。

第一千条　行为人因侵害人格权承担消除影响、恢复名誉、赔礼道歉等民事责任的，应当与行为的具体方式和造成的影响范围相当。

行为人拒不承担前款规定的民事责任的，人民法院可以采取在报刊、网络等媒体上发布公告或者公布生效裁判文书等方式执行，产生的费用由行为人负担。

【重点法条解读】

本条规定了行为人侵害人格权应承担的相关民事责任。

本条第一款明确规定了行为人侵犯人格权应承担消除影响、恢复名誉、赔礼道歉等民事责任，且承担的民事责任应当与行为的具体方式和造成的影响范围相当。

本条第二款规定了在行为人拒不履行第一款所载责任的情况下，法院可以采取登报或公布文书等方式执行。应当指出的是，在报刊、网络等媒体上发布公告或者公布生效裁判文书等只是列举的部分方式，法院可以根据具体情况采取其他合理的执行措施。

【法律法规衔接问题】

《民事诉讼法》第一百一十一条、第二百五十二条、第二百五十五条，《最高人民法院关于审理名誉权案件若干问题的解答》《最高人民法院关于审理利用信息网络侵害人身权益民事纠纷案件适用法律若干问题的规定》。

第一千零一条　对自然人因婚姻家庭关系等产生的身份权利的保护，适用本法第一编、第五编和其他法律的相关规定；没有规定的，可以根据其性质参照适用本编人格权保护的有关规定。

第二章　生命权、身体权和健康权

第一千零二条　自然人享有生命权。自然人的生命安全和生命尊严受法律保护。任何组织或者个人不得侵害他人的生命权。

第一千零三条　自然人享有身体权。自然人的身体完整和行动自由受法律保护。任何组织或者个人不得侵害他人的身体权。

第一千零四条　自然人享有健康权。自然人的身心健康受法律保护。任何组织或者个人不得侵害他人的健康权。

第一千零五条　自然人的生命权、身体权、健康权受到侵害或者处于其他危难情形的，负有法定救助义务的组织或者个人应当及时施救。

第一千零六条　完全民事行为能力人有权依法自主决定无偿捐献其人体细胞、人体组织、人体器官、遗体。任何组织或者个人不得强迫、欺骗、利诱其捐献。

完全民事行为能力人依据前款规定同意捐献的，应当采用书面形式，也可以订立遗嘱。

自然人生前未表示不同意捐献的，该自然人死亡后，其配偶、成年子女、父母可以共同决定捐献，决定捐献应当采用书面形式。

第一千零七条　禁止以任何形式买卖人体细胞、人体组织、人体器官、遗体。

违反前款规定的买卖行为无效。

第一千零八条　为研制新药、医疗器械或者发展新的预防和治疗方法，需要进行临床试验的，应当依法经相关主管部门批准并经伦理委员会审查同意，向受试者或者受试者的监护人告知试验目的、用途和可能产生的风险等详细情况，并经其书面同意。

进行临床试验的，不得向受试者收取试验费用。

第一千零九条　从事与人体基因、人体胚胎等有关的医学和科研活动，应当遵守法律、行政法规和国家有关规定，不得危害人体健康，不得违背伦理道德，不得损害公共利益。

第一千零一十条　违背他人意愿，以言语、文字、图像、肢体行为等方式对他人实施性骚扰的，受害人有权依法请求行为人承担民事责任。

机关、企业、学校等单位应当采取合理的预防、受理投诉、调查处置等措施，防止和制止利用职权、从属关系等实施性骚扰。

第一千零一十一条　以非法拘禁等方式剥夺、限制他人的行动自由，或者非法搜查他人身体的，受害人有权依法请求行为人承担民事责任。

第三章　姓名权和名称权

第一千零一十二条　自然人享有姓名权，有权依法决定、使用、变更或者许可他人使用自己的姓名，但是不得违背公序良俗。

【重点法条解读】

本条规定自然人的姓名权受法律保护。

依据本条规定,姓名权包括姓名决定权、姓名使用权、姓名变更权、姓名使用许可权。下面具体介绍前三个。

1) 姓名决定权[①]

姓名决定权,又称自我命名权,即自然人决定自己姓名的权利,任何人无权干涉。姓名包括"姓"与"名",受传统习惯影响,我国绝大多数子女跟随父亲姓氏。根据本法第一千零一十五条规定,"自然人应当随父姓或者母姓,但是有下列情形之一的,可以在父姓和母姓之外选取姓氏:(一)选取其他直系长辈血亲的姓氏;(二)因由法定扶养人以外的人扶养而选取扶养人姓氏;(三)有不违背公序良俗的其他正当理由。少数民族自然人的姓氏可以遵从本民族的文件传统和风俗习惯。"

对于未成年人,因其不具有完全的行为能力,法律认为其不具有民法上的明确的意思能力,在未成年期间,自然人的姓名权实际上是由其监护人行使,是父母实施亲权的代理行为。当自然人具有完全的表达自己意愿的意思能力,则其监护人不能妨碍本人行使自我命名权。再者,自我命名权的另一个表现是自然人选择自己别名的权利,可以根据自己的意志和愿望,来确定登记姓名以外的笔名、艺名以及其他相应的名字,任何人都不得加以干涉。

2) 姓名使用权[②]

姓名使用权指自然人依法对自己姓名享有的专有使用权。在民事活动中,除法律另有规定的,自然人可以使用本名,也可以使用自己的笔名、艺名或化名等。使用自己的姓名是自然人姓名权的重要内容,任何组织与个人都不得强迫自然人使用或者不使用某一姓名。

虽然自然人享有姓名专有使用权,但并不意味着自然人可以排除其他任何人使用该姓名。也就是说,不能为了排除重名而采取牺牲一方姓名权来成全另一方。但若出于非法目的或不当得利的需要,故意混同与他人姓名权的,则可以排除。

基于"名人"身份,具有身份属性的姓名权,蕴含着巨大的商业价值。此时,要把姓名权依赖的人格和人身属性分开,转化成一定的财产权,这样自然也可以被使用(如明星以名字代言做广告等),此种权利同样受到法律保护。

3) 姓名变更权[③]

姓名变更权是指自然人依照法律规定变更自己姓名的权利,也称为改名权。由于姓名在一出生就被赋予,经历时间或历史、文化、社会习俗变化等原因,自然人可能会对自己的名字不甚满意,而要求变更姓名。原则上,自然人无论出于何种原因而改名,只要不损害社会公共利益和符合社会公德,都应该被允许,但因此涉及的各种法律关系日益复杂,姓名变更难免会涉及他人和社会的利益。因此,《中华人民共和国户口登记条例》第十八条对变更姓名作了规定,并在登记个人信息时,以"曾用名"来显示。

---

① 参见王利明,杨立新等著:《民法学》(第四版),法律出版社 2015 年版,第 185 页。

② 参见王利明,杨立新等著:《民法学》(第四版),法律出版社 2015 年版,第 185 页。

③ 参见王利明,杨立新等著:《民法学》(第四版),法律出版社 2015 年版,第 185 页。

【难点问题解析】

随着网络技术的发展，利用信息网络侵犯姓名权的现象越来越多，与姓名权相关的网络侵权表现形式有：通过盗用和假冒他人姓名方式在互联网中发表不当言论或发布广告、在互联网中侮辱式的使用他人姓名、非法使用他人姓名注册为网络域名、利用他人姓名的社会公信力或知名度获得经济利益、利用他人姓名的其他不当行为等。需要指出的是，姓名权中的姓名不仅包括身份证或者户籍登记中显示的姓名，还包括曾用名、网名、艺名、笔名、别名等具有表征特定个人的符号。因此，在网络环境中，包括侵害以网名形式呈现的姓名权或以现实生活中的姓名形式呈现的姓名权。

其中在网络环境中侵犯网名形式呈现的姓名权认定应根据本法第一千零一十七条，"具有一定社会知名度，被他人使用足以造成公众混淆的笔名、艺名、网名、译名、字号、姓名和名称的简称等，参照适用姓名权和名称权保护的有关规定。"对于这种形式的姓名权侵权认定时，必须能将网名关联到现实中的法律主体，即虚拟主体与现实生活中的主体应存在对应关系，而且这种对应关系在一定范围内为用户所知悉（具有一定社会知名度，被他人使用足以造成公众混淆）。

第一千零一十三条 法人、非法人组织享有名称权，有权依法决定、使用、变更、转让或者许可他人使用自己的名称。

第一千零一十四条 任何组织或者个人不得以干涉、盗用、假冒等方式侵害他人的姓名权或者名称权。

第一千零一十五条 自然人应当随父姓或者母姓，但是有下列情形之一的，可以在父姓和母姓之外选取姓氏：

（一）选取其他直系长辈血亲的姓氏；

（二）因由法定扶养人以外的人扶养而选取扶养人姓氏；

（三）有不违背公序良俗的其他正当理由。

少数民族自然人的姓氏可以遵从本民族的文化传统和风俗习惯。

第一千零一十六条 自然人决定、变更姓名，或者法人、非法人组织决定、变更、转让名称的，应当依法向有关机关办理登记手续，但是法律另有规定的除外。

民事主体变更姓名、名称的，变更前实施的民事法律行为对其具有法律约束力。

第一千零一十七条 具有一定社会知名度，被他人使用足以造成公众混淆的笔名、艺名、网名、译名、字号、姓名和名称的简称等，参照适用姓名权和名称权保护的有关规定。

第四章 肖 像 权

第一千零一十八条 自然人享有肖像权，有权依法制作、使用、公开或者许可他人使用自己的肖像。

肖像是通过影像、雕塑、绘画等方式在一定载体上所反映的特定自然人可以被识别的外部形象。

第一千零一十九条 任何组织或者个人不得以丑化、污损，或者利用信息技术手段伪造等方式侵害他人的肖像权。未经肖像权人同意，不得制作、使用、公开肖像权人的肖像，但是法律另有规定的除外。

　　未经肖像权人同意，肖像作品权利人不得以发表、复制、发行、出租、展览等方式使用或者公开肖像权人的肖像。

【重点法条解读】

　　本条规定了禁止任何组织或个人侵犯他人肖像权。

　　所谓肖像是指反映自然人可识别性外部特征的视觉形象，常以画像、照片等为载体，其内容能够再现原形人的形象特征。肖像权则是自然人在自己肖像上体现的人格利益为内容的权利，是自然人的一项重要的人格权，具有绝对性、专属性、排他性的特征。本条从三个层次对禁止任何组织或者个人侵犯肖像权作出了规定：其一，明确规定了不得以丑化、污损，或者利用信息技术手段伪造等方式侵害他人的肖像权；其二，明确规定了未经肖像权人同意，不得制作、使用、公开肖像权人的肖像，但是法律另有规定的除外；其三，明确规定了未经肖像权人同意，肖像作品权利人不得以发表、复制、发行、出租、展览等方式使用或者公开肖像权人的肖像。

【难点问题解析】

　　从行为方式和违法手段看，网络空间中对肖像权的侵害行为通常表现为以下几个方面：

　　（1）未经本人同意，在网站上使用并发布与信息内容无关的他人肖像；

　　（2）未经本人同意，在网站上刊登拍摄的他人在非公共场合中的肖像；

　　（3）未经他人同意，使用他人肖像在互联网上做广告，进行商业宣传；

　　（4）未经本人同意，其他不当使用行为。

　　但涉及网络空间的肖像权侵害行为，尤其对于公众人物的肖像权、艺术作品的肖像权等问题，由于国内立法，包括司法解释有关规定仍很模糊。例如，对于演员剧照的肖像权是否受法律保护，法学界各抒己见。一种意见认为，剧照应为版权人所有，不存在演员的肖像权，还有人认为剧照肖像权应是演员与导演等人所共有；另一种意见认为，即使以营利为目的使用剧创，也不构成对演员的肖像权侵害，因为演员在剧照中仅表现为一个特定的艺术形象，其本身不能主张本人的肖像权；还有一种意见认为，对剧照应区别不同情况，饰演特型角色(如扮演毛泽东、孙中山、邓小平等有原形的特定人物)的演员不能主张其剧照的肖像权，而扮演非特型角色的演员，由于没有具体原型人物，其剧照反映角色与演员本身特征相一致，其主张肖像权则应予以保护。

【法律法规衔接问题】

　　《民法典》第一千零一十八条、《最高人民法院关于审理利用信息网络侵害人身权益民事纠纷案件适用法律若干问题》。

　　第一千零二十条　合理实施下列行为的，可以不经肖像权人同意：

　　（一）为个人学习、艺术欣赏、课堂教学或者科学研究，在必要范围内使用肖像权人已经公开的肖像；

　　（二）为实施新闻报道，不可避免地制作、使用、公开肖像权人的肖像；

　　（三）为依法履行职责，国家机关在必要范围内制作、使用、公开肖像权人的肖像；

（四）为展示特定公共环境，不可避免地制作、使用、公开肖像权人的肖像；

（五）为维护公共利益或者肖像权人合法权益，制作、使用、公开肖像权人的肖像的其他行为。

第一千零二十一条　当事人对肖像许可使用合同中关于肖像使用条款的理解有争议的，应当作出有利于肖像权人的解释。

第一千零二十二条　当事人对肖像许可使用期限没有约定或者约定不明确的，任何一方当事人可以随时解除肖像许可使用合同，但是应当在合理期限之前通知对方。

当事人对肖像许可使用期限有明确约定，肖像权人有正当理由的，可以解除肖像许可使用合同，但是应当在合理期限之前通知对方。因解除合同造成对方损失的，除不可归责于肖像权人的事由外，应当赔偿损失。

第一千零二十三条　对姓名等的许可使用，参照适用肖像许可使用的有关规定。

对自然人声音的保护，参照适用肖像权保护的有关规定。

第五章　名誉权和荣誉权

第一千零二十四条　民事主体享有名誉权。任何组织或者个人不得以侮辱、诽谤等方式侵害他人的名誉权。

名誉是对民事主体的品德、声望、才能、信用等的社会评价。

第一千零二十五条　行为人为公共利益实施新闻报道、舆论监督等行为，影响他人名誉的，不承担民事责任，但是有下列情形之一的除外：

（一）捏造、歪曲事实；

（二）对他人提供的严重失实内容未尽到合理核实义务；

（三）使用侮辱性言辞等贬损他人名誉。

第一千零二十六条　认定行为人是否尽到前条第二项规定的合理核实义务，应当考虑下列因素：

（一）内容来源的可信度；

（二）对明显可能引发争议的内容是否进行了必要的调查；

（三）内容的时限性；

（四）内容与公序良俗的关联性；

（五）受害人名誉受贬损的可能性；

（六）核实能力和核实成本。

第一千零二十七条　行为人发表的文学、艺术作品以真人真事或者特定人为描述对象，含有侮辱、诽谤内容，侵害他人名誉权的，受害人有权依法请求该行为人承担民事责任。

行为人发表的文学、艺术作品不以特定人为描述对象，仅其中的情节与该特定人的情况相似的，不承担民事责任。

第一千零二十八条　民事主体有证据证明报刊、网络等媒体报道的内容失实，侵害其名誉权的，有权请求该媒体及时采取更正或者删除等必要措施。

【重点法条解读】

本条规定了民事主体享有要求媒体更正或者删除的权利。

根据本条内容可知，民事主体享有要求媒体更正或者删除的权利的前提是该民事主体有证据证明报刊、网络等媒体报道的内容失实，侵害其名誉权，否则没有此项权利。应当注意的是，名誉权人请求媒体进行更正并不以请求法院责令媒体更正为前置条件。换句话说，权利人可以直接要求媒体更正或者删除。

【法律法规衔接问题】

《出版管理条例》第二十七条，《民法典》第九百九十七条、第一千零二十五条。

第一千零二十九条　民事主体可以依法查询自己的信用评价；发现信用评价不当的，有权提出异议并请求采取更正、删除等必要措施。信用评价人应当及时核查，经核查属实的，应当及时采取必要措施。

第一千零三十条　民事主体与征信机构等信用信息处理者之间的关系，适用本编有关个人信息保护的规定和其他法律、行政法规的有关规定。

【重点法条解读】

本条规定了民事主体与信用信息处理者之间关系的法律适用问题。

1）信用信息与信用信息的评价

信用信息本身和基于信用信息形成的对民事主体的社会评价属于不同权益保护范畴。根据本法第一千零二十四条规定，对民事主体信用的社会评价是其名誉组成部分之一，因而对这种社会评价的保护属于对其名誉权的保护，而作为影响民事主体信用评价形成的基础的客观信用信息，则属于个人信息保护范畴。

2）不同民事主体的适用

"民事主体"包括自然人、法人和非法人组织，与我国分立的个人征信体系和企业征信体系相对应。对自然人信用信息的处理在个人征信体系范围内，适用《个人信息保护法》以及本编有关个人信息保护的规定；而对法人和非法人组织信用信息的处理在企业征信体系范围内，应遵循其他法律、行政法规的有关信用信息处理的规定。例如，《征信业管理条例》第十三至第二十四条对信用信息处理的相关规定，《征信业管理条例》第二十五条、第二十六条关于民事主体权利的保护的相关规定。

此外，民事主体与征信机构等信用信息处理者之间的关系相关规定还见于《征信业务管理办法》，《消费者权益保护法》第十四条、第二十九条、第五十条、第五十六条，《网络安全法》第四十条至第四十五条。

【法律法规衔接问题】

《征信业管理条例》第十三条至第二十六条，《征信业务管理办法》，《消费者权益保护法》第十四条、第二十九条、第五十条、第五十六条，《网络安全法》第四十条至第四十五条，《个人信息保护法》。

第一千零三十一条　民事主体享有荣誉权。任何组织或者个人不得非法剥夺他人的荣誉称号，不得诋毁、贬损他人的荣誉。

获得的荣誉称号应当记载而没有记载的，民事主体可以请求记载；获得的荣誉称号记载错误的，民事主体可以请求更正。

第六章　隐私权和个人信息保护

第一千零三十二条　自然人享有隐私权。任何组织或者个人不得以刺探、侵扰、泄露、公开等方式侵害他人的隐私权。

隐私是自然人的私人生活安宁和不愿为他人知晓的私密空间、私密活动、私密信息。

第一千零三十三条　除法律另有规定或者权利人明确同意外，任何组织或者个人不得实施下列行为：

（一）以电话、短信、即时通讯工具、电子邮件、传单等方式侵扰他人的私人生活安宁；

（二）进入、拍摄、窥视他人的住宅、宾馆房间等私密空间；

（三）拍摄、窥视、窃听、公开他人的私密活动；

（四）拍摄、窥视他人身体的私密部位；

（五）处理他人的私密信息；

（六）以其他方式侵害他人的隐私权。

【重点法条解读】

本条规定的是隐私权侵害行为的主要类型。

本条第一项是对侵害本法第一千零三十二条第二款规定的"私人生活安宁"行为的具体规定。私人生活安宁的保障不仅关乎个人的安居乐业、安身立命，也关乎社会的和谐稳定、长治久安。以电话、短信、即时通讯工具、电子邮件、传单等方式侵扰他人将影响自然人私人生活安宁。侵害私人生活安宁的行为还包括制造噪声污染、制造环境污染、非法监控跟踪等。

第一千零三十四条　自然人的个人信息受法律保护。

个人信息是以电子或者其他方式记录的能够单独或者与其他信息结合识别特定自然人的各种信息，包括自然人的姓名、出生日期、身份证件号码、生物识别信息、住址、电话号码、电子邮箱、健康信息、行踪信息等。

个人信息中的私密信息，适用有关隐私权的规定；没有规定的，适用有关个人信息保护的规定。

【重点法条解读】

本条是对个人信息的规定。

1）关于个人信息的界定

本条第一款与本法第一百一十一条关于民事权利的规定相呼应，明确个人信息保护的主体是自然人。根据《个人信息保护法》第四条规定，"个人信息是以电子或者其他方式记录的与已识别或者可识别的自然人有关的各种信息，不包括匿名化处理后的信息。"

本条第二款通过定义与列举的方式阐释了个人信息这一概念。本条沿用《关于办理侵犯公民个人信息刑事案件适用法律若干问题的解释》中对个人信息的定义，列举的类型与

《网络安全法》相比，增加了电子邮箱、健康信息、行踪信息。定义中强调个人信息的"识别性"，受本法保护的个人信息是能够起到识别作用的个人信息。值得注意的是，本条对于个人信息的界定与《个人信息保护法》对个人信息的界定标准有所不同，本条采用的是"识别说"理论，而《个人信息保护法》采用"关联说"理论，扩大了个人信息保护的范围。

2）隐私与个人信息的关系

根据本法规定，隐私与个人信息有很强的关联性，权利主体都指向自然人，但二者不是包含与被包含的关系，更不是互斥关系，二者在范围上存在交叉，未公开的、不愿让他人知晓的个人信息，如家庭住址、疾病史等属于隐私。首先个人私密信息仅仅是隐私的一个组成部分，根据本法第一千零三十二条，除私密信息外，隐私还包括自然人的私人生活安宁和不愿为他人知晓的私密空间、私密活动。其次个人私密信息也仅是个人信息的一个组成部分，根据本条第三款规定，个人信息分为私密信息与非私密信息，能够公开或已经公开的信息，如姓名、性别等属于非私密信息。值得注意的是，不是所有不愿让他人知晓的隐私信息都属于本法规定的个人信息，若该信息不具备主体的可识别性，则不属于本法保护的个人信息范畴。

本条第三款为侵害个人信息保护权益和隐私权的救济提供了概括性的依据。个人信息分为私密信息与非私密信息，对私密信息的侵害可通过主张隐私权和个人信息保护的进行救济；对非私密信息的侵害只能通过个人信息保护的相关规定进行救济，如《个人信息保护法》第四十六条规定，"个人发现其个人信息不准确或者不完整的，有权请求个人信息处理者更正、补充。个人请求更正、补充其个人信息的，个人信息处理者应当对其个人信息予以核实，并及时更正、补充。"

3）私密信息保护的适用

本条第三款规定个人信息中的私密信息不仅适用《个人信息保护法》中有关个人信息保护，还适用《民法典》中有关隐私权的保护。如果私密信息同时也属于敏感个人信息，则还适用《个人信息保护法》中有关敏感个人信息的有关规定。

【法律法规衔接问题】

《个人信息保护法》，《网络安全法》第七十六条，《数据安全法》第三十八条、第五十三条。

第一千零三十五条　处理个人信息的，应当遵循合法、正当、必要原则，不得过度处理，并符合下列条件：

（一）征得该自然人或者其监护人同意，但是法律、行政法规另有规定的除外；

（二）公开处理信息的规则；

（三）明示处理信息的目的、方式和范围；

（四）不违反法律、行政法规的规定和双方的约定。

个人信息的处理包括个人信息的收集、存储、使用、加工、传输、提供、公开等。

【重点法条解读】

本条规定了个人信息处理行为应遵循的原则、条件以及个人信息处理的范围。

本条第一款规定了个人信息处理行为应遵循的原则、条件。即合法、正当、必要三大原则沿用了《网络安全法》第四十一条规定，"不得过度使用"是对必要原则的进一步强调和解释。

合法原则要求处理个人信息的主体和手段须符合相关法律、行政法规，除本法外，还包括《网络安全法》《个人信息保护法》《电子商务法》等；正当原则要求处理个人信息应当具有明确、合理的目的，并采取正当手段，诚信公开；必要原则主要针对收集个人信息，要求收集个人信息应当与收集目的直接相关，并采取对个人权益影响最小的方式，限于实现处理目的的最小范围，不得过度收集个人信息。

《个人信息保护法》对个人信息保护原则进行了更具体的规定，将处理个人信息原则分列为第五条至第十条，对合法正当诚信原则、处理必要原则、知情同意原则、个体参与原则、保证质量原则、公开透明原则、安全保障原则作出了具体规定。《个人信息保护法》第十三条至第十八条对本条第一项作出了具体规定。

本条第二款规定了个人信息处理的具体范围。关于"处理"这一行为，本法人格权编草案二审稿沿用《网络安全法》"收集、使用"这两个动词，三审稿修改为"收集、处理"，后将"收集"纳入"处理"的范围，并列举了更丰富的各项处理行为，该规定更符合司法实务需求。《个人信息保护法》第四条第二款对个人信息处理范围的规定与本法相比，增添了"删除"一项。

【法律法规衔接问题】

《网络安全法》第四十一条，《个人信息保护法》第五条至第十条、第十三条至第十八条，《电子商务法》。

第一千零三十六条　处理个人信息，有下列情形之一的，行为人不承担民事责任：

（一）在该自然人或者其监护人同意的范围内合理实施的行为；

（二）合理处理该自然人自行公开的或者其他已经合法公开的信息，但是该自然人明确拒绝或者处理该信息侵害其重大利益的除外；

（三）为维护公共利益或者该自然人合法权益，合理实施的其他行为。

【重点法条解读】

本条规定了处理个人信息的免责事由。

本条所述的民事责任为民事侵权责任，侵害个人信息保护权益的侵权行为的责任归属普遍采用过错推定原则，举证责任由处理个人信息一方承担，本条为个人信息处理者举证提供了三种免责事由：

（1）在该自然人或者其监护人同意的范围内合理实施的行为。本项免责事由与民法意思自治理念相统一，处理无民事行为能力人和限制民事行为能力人的个人信息须经其监护人同意。《个人信息保护法》第十三条至第十八条对自然人"同意"作出了详细规定。

（2）合理处理该自然人自行公开的或者其他已经合法公开的信息，但是该自然人明确拒绝或者处理该信息侵害其重大利益的除外。自然人自行公开、合法公开的信息可视为权利人放弃个人信息保护，同意处理个人信息。但基于对自然人合法权益的保护，自然人明确拒绝或者处理该信息侵害其重大利益的则信息处理者仍应承担民事侵权责任。

（3）为维护公共利益或者该自然人合法权益，合理实施的其他行为。根据《宪法》规定，公民行使个人权利时不得损害国家、社会、集体利益。本项是国家、社会、集体的利益与个人利益综合衡量的结果。

【法律法规衔接问题】

《个人信息保护法》第十三条至第十八条、第二十七条。

第一千零三十七条　自然人可以依法向信息处理者查阅或者复制其个人信息；发现信息有错误的，有权提出异议并请求及时采取更正等必要措施。

自然人发现信息处理者违反法律、行政法规的规定或者双方的约定处理其个人信息的，有权请求信息处理者及时删除。

【重点法条解读】

本条规定了自然人对其个人信息查阅、复制、更正、删除的权利。

加强个人信息主体对其信息的主动控制是实现个人信息保护最有效的途径，在此基础上本条规定了个人信息主体的权利。

《个人信息保护法》第四章详细规定了个人在个人信息活动中的权利。第四十五条规定了查阅、复制权，第四十六条规定了更正、补充权。第四十七条规定了删除权，还具体规定了对自然人有权请求个人信息处理者删除信息的五种情形，"（一）处理目的已实现、无法实现或者为实现处理目的不再必要；（二）个人信息处理者停止提供产品或者服务，或者保存期限已届满；（三）个人撤回同意；（四）个人信息处理者违反法律、行政法规或者违反约定处理个人信息；（五）法律、行政法规规定的其他情形。"

【法律法规衔接问题】

《个人信息保护法》第四章。

第一千零三十八条　信息处理者不得泄露或者篡改其收集、存储的个人信息；未经自然人同意，不得向他人非法提供其个人信息，但是经过加工无法识别特定个人且不能复原的除外。

信息处理者应当采取技术措施和其他必要措施，确保其收集、存储的个人信息安全，防止信息泄露、篡改、丢失；发生或者可能发生个人信息泄露、篡改、丢失的，应当及时采取补救措施，按照规定告知自然人并向有关主管部门报告。

【重点法条解读】

本条规定了信息处理者的信息安全保障义务。

本条第一款规定了信息处理者不得泄露或者篡改其收集、存储的个人信息，对于信息处理者此类非法行为，个人信息主体可根据本法第一千零三十七条行使更正和删除权，并主张侵权责任。丰富多样的大数据为目前主流互联网活动提供了数据支持，例如，电子商务中通过分析用户行为实现精准营销离不开广泛的用户数据采集，但这种信息处理行为若不合理规范势必导致个人信息的大量泄露。第一款特别规定经过加工无法识别特定个人且不能复原的信息可以未经自然人同意向他人提供，该规定为大数据广泛流通和分析提供了法律保障。"经过加工不能复原"指的是通过大数据清洗、数据脱敏这类能够将个人信息隐私片段去除、加密、变形的操作，使得清洗后的"个人信息数据"无法识别特定个人且不能复原，《个人信息保护法》第七十三条将其解释为"匿名化"。匿名化后的信息数据不满足本法第一千零三十四条规定的个人信息的可识别性，这类信息的流通一般不会导致特定自然人合法权益受到侵害，因而无需完全被法律禁止。

本条第二款规定了信息处理者防止信息泄露、篡改、丢失的积极义务，《个人信息保护法》第五十一条、第五十七条对具体措施和通知事项作出了详细规定。

【法律法规衔接问题】

《个人信息保护法》第五十一条、第五十七条，《网络安全法》第四十二条。

第一千零三十九条　国家机关、承担行政职能的法定机构及其工作人员对于履行职责过程中知悉的自然人的隐私和个人信息，应当予以保密，不得泄露或者向他人非法提供。

【重点法条解读】

本条规定的是国家机关、承担行政职能的法定机构及其工作人员的个人信息保密义务。

本法草案修改过程中增加"承担行政职能的法定机构及其工作人员"这一主体，《个人信息保护法》第三十七条（借鉴本条）规定，"法律、法规授权的具有管理公共事务职能的组织为履行法定职责处理个人信息，适用本法关于国家机关处理个人信息的规定。"

【法律法规衔接问题】

《个人信息保护法》第三十三条规定了国家机关处理个人信息的活动，适用《个人信息保护法》第三十七条、《监察法》第十八条。

第七编　侵权责任

第一章　一般规定

第一千一百六十四条　本编调整因侵害民事权益产生的民事关系。

第一千一百六十五条　行为人因过错侵害他人民事权益造成损害的，应当承担侵权责任。

依照法律规定推定行为人有过错，其不能证明自己没有过错的，应当承担侵权责任。

第一千一百六十六条　行为人造成他人民事权益损害，不论行为人有无过错，法律规定应当承担侵权责任的，依照其规定。

第一千一百六十七条　侵权行为危及他人人身、财产安全的，被侵权人有权请求侵权人承担停止侵害、排除妨碍、消除危险等侵权责任。

第一千一百六十八条　二人以上共同实施侵权行为，造成他人损害的，应当承担连带责任。

第一千一百六十九条　教唆、帮助他人实施侵权行为的，应当与行为人承担连带责任。

教唆、帮助无民事行为能力人、限制民事行为能力人实施侵权行为的，应当承担侵权责任；该无民事行为能力人、限制民事行为能力人的监护人未尽到监护职责的，应当承担相应的责任。

第一千一百七十条　二人以上实施危及他人人身、财产安全的行为，其中一人或者数人的行为造成他人损害，能够确定具体侵权人的，由侵权人承担责任；不能确定具体侵权人的，行为人承担连带责任。

第一千一百七十一条　二人以上分别实施侵权行为造成同一损害，每个人的侵权行为都足以造成全部损害的，行为人承担连带责任。

第一千一百七十二条　二人以上分别实施侵权行为造成同一损害，能够确定责任大小的，各自承担相应的责任；难以确定责任大小的，平均承担责任。

第一千一百七十三条　被侵权人对同一损害的发生或者扩大有过错的，可以减轻侵权人的责任。

第一千一百七十四条　损害是因受害人故意造成的，行为人不承担责任。

第一千一百七十五条　损害是因第三人造成的，第三人应当承担侵权责任。

第一千一百七十六条　自愿参加具有一定风险的文体活动，因其他参加者的行为受到损害的，受害人不得请求其他参加者承担侵权责任；但是，其他参加者对损害的发生有故意或者重大过失的除外。

活动组织者的责任适用本法第一千一百九十八条至第一千二百零一条的规定。

第一千一百七十七条　合法权益受到侵害，情况紧迫且不能及时获得国家机关保护，不立即采取措施将使其合法权益受到难以弥补的损害的，受害人可以在保护自己合法权益的必要范围内采取扣留侵权人的财物等合理措施；但是，应当立即请求有关国家机关处理。

受害人采取的措施不当造成他人损害的，应当承担侵权责任。

第一千一百七十八条　本法和其他法律对不承担责任或者减轻责任的情形另有规定的，依照其规定。

第二章　损害赔偿

第一千一百七十九条　侵害他人造成人身损害的，应当赔偿医疗费、护理费、交通费、营养费、住院伙食补助费等为治疗和康复支出的合理费用，以及因误工减少的收入。造成残疾的，还应当赔偿辅助器具费和残疾赔偿金；造成死亡的，还应当赔偿丧葬费和死亡赔偿金。

第一千一百八十条　因同一侵权行为造成多人死亡的，可以以相同数额确定死亡赔偿金。

第一千一百八十一条　被侵权人死亡的，其近亲属有权请求侵权人承担侵权责任。被侵权人为组织，该组织分立、合并的，承继权利的组织有权请求侵权人承担侵权责任。

被侵权人死亡的，支付被侵权人医疗费、丧葬费等合理费用的人有权请求侵权人赔偿费用，但是侵权人已经支付该费用的除外。

第一千一百八十二条　侵害他人人身权益造成财产损失的，按照被侵权人因此受到的损失或者侵权人因此获得的利益赔偿；被侵权人因此受到的损失以及侵权人因此获得的利益难以确定，被侵权人和侵权人就赔偿数额协商不一致，向人民法院提起诉讼的，由人民法院根据实际情况确定赔偿数额。

第一千一百八十三条　侵害自然人人身权益造成严重精神损害的，被侵权人有权请求精神损害赔偿。

因故意或者重大过失侵害自然人具有人身意义的特定物造成严重精神损害的，被侵权人有权请求精神损害赔偿。

【重点法条解读】

本条是关于精神损害赔偿的规定。

【难点问题解析】

《最高人民法院关于确定民事侵权精神损害赔偿责任若干问题的解释》（2020年12月23日会议通过）第一条规定，"因人身权益或者具有人身意义的特定物受到侵害，自然人或者其近亲属向人民法院提起诉讼请求精神损害赔偿的，人民法院应当依法予以受理。"第五条规定："精神损害的赔偿数额根据以下因素确定，（一）侵权人的过错程度，但是法律另有规定的除外；（二）侵权行为的目的、方式、场合等具体情节；（三）侵权行为所造成的后果；（四）侵权人的获利情况；（五）侵权人承担责任的经济能力；（六）受理诉讼法院所在地的平均生活水平。"

第一千一百八十四条　侵害他人财产的，财产损失按照损失发生时的市场价格或者其他合理方式计算。

第一千一百八十五条　故意侵害他人知识产权，情节严重的，被侵权人有权请求相应的惩罚性赔偿。

第一千一百八十六条　受害人和行为人对损害的发生都没有过错的，依照法律的规定由双方分担损失。

第一千一百八十七条　损害发生后，当事人可以协商赔偿费用的支付方式。协商不一致的，赔偿费用应当一次性支付；一次性支付确有困难的，可以分期支付，但是被侵权人有权请求提供相应的担保。

第三章　责任主体的特殊规定

第一千一百八十八条　无民事行为能力人、限制民事行为能力人造成他人损害的，由监护人承担侵权责任。监护人尽到监护职责的，可以减轻其侵权责任。

有财产的无民事行为能力人、限制民事行为能力人造成他人损害的，从本人财产中支付赔偿费用；不足部分，由监护人赔偿。

第一千一百八十九条　无民事行为能力人、限制民事行为能力人造成他人损害，监护人将监护职责委托给他人的，监护人应当承担侵权责任；受托人有过错的，承担相应的责任。

第一千一百九十条　完全民事行为能力人对自己的行为暂时没有意识或者失去控制造成他人损害有过错的，应当承担侵权责任；没有过错的，根据行为人的经济状况对受害人适当补偿。

完全民事行为能力人因醉酒、滥用麻醉药品或者精神药品对自己的行为暂时没有意识或者失去控制造成他人损害的，应当承担侵权责任。

第一千一百九十一条　用人单位的工作人员因执行工作任务造成他人损害的，由用人单位承担侵权责任。用人单位承担侵权责任后，可以向有故意或者重大过失的工作人员追偿。

劳务派遣期间，被派遣的工作人员因执行工作任务造成他人损害的，由接受劳务派遣的用工单位承担侵权责任；劳务派遣单位有过错的，承担相应的责任。

第一千一百九十二条　个人之间形成劳务关系，提供劳务一方因劳务造成他人损害的，由接受劳务一方承担侵权责任。接受劳务一方承担侵权责任后，可以向有故意或者重大过失的提供劳务一方追偿。提供劳务一方因劳务受到损害的，根据双方各自的过错承担相应的责任。

提供劳务期间，因第三人的行为造成提供劳务一方损害的，提供劳务一方有权请求第三人承担侵权责任，也有权请求接受劳务一方给予补偿。接受劳务一方补偿后，可以向第三人追偿。

第一千一百九十三条　承揽人在完成工作过程中造成第三人损害或者自己损害的，定作人不承担侵权责任。但是，定作人对定作、指示或者选任有过错的，应当承担相应的责任。

第一千一百九十四条　网络用户、网络服务提供者利用网络侵害他人民事权益的，应当承担侵权责任。法律另有规定的，依照其规定。

【重点法条解读】

本条是关于网络侵权责任的原则性规定。

1）网络的概念

"网络"包括以计算机、电视机、固定电话机、移动电话机等电子设备为终端的计算机互联网、广播电视网、固定通信网、移动通信网等信息网络，以及向公众开放的局域网络。

2）网络侵权的客体类型

承担网络侵权的责任主体为网络用户和网络服务提供者，网络用户和网络服务提供者侵害的民事权益客体通常有人格权、财产权、知识产权。

（1）侵害人格权。侵害人格权的情形包括在网络上发表侮辱、诽谤他人，诋毁、贬损他人荣誉的言论，侵害名誉权；丑化、污损或者利用信息技术手段伪造肖像权人肖像，未经肖像权人同意通过网络使用、公开肖像权人的肖像等方式侵害他人肖像权；在网络上以盗用、假冒等方式侵害他人姓名权等。

（2）侵害财产权。侵害财产权的情形包括盗窃、诈骗他人电子支付账户、网络银行账户资金等。

（3）侵害知识产权。侵害知识产权的情形包括未经专利人授权在网络上售卖、使用专利，侵犯专利权；在电子商务平台恶意使用与他人商标相同或相似的商标、域名，侵犯商标权；通过网络提供权利人享有信息网络传播权的作品、表演、录音录像制品，侵犯著作权。

3）网络服务提供者提供的服务类型与责任认定

（1）网络服务类型：网络服务提供者可按照不同的划分标准进行划分。根据网络服务提供者提供的服务性质大体可以分为网络运营服务、网络接入服务、网络存储服务、网络缓存服务、网络搜索服务、网络交易平台服务、网络信息聚合服务、电子认证服务、电子支付服务。网络运营商提供的是一种"管道服务"，基于"技术中立"原则，网络运营商一般无须对网络用户侵权行为承担民事责任。其他提供技术服务的网络服务提供者由于不对网络用户传输、存储的信息主动编辑或修改，一般也不承担直接侵权责任，但如果网络服务提供者利用技术手段和平台优势窃取他人个人信息、主动发表信息内容侵犯他人民事权益等则应承担直接侵权责任。如果网络用户提供、传输、存储的信息侵害他人民事权益时，网络服务提供者起到帮助作用，只有在特定条件下才不承担连带责任，具体情况根据本法第一千一百九十五条至第一千一百九十七条规定认定。如果网络服务提供者对他人发表的信息内容进行了提供、编辑、修改，侵害他人的人格权、著作权、知识产权等民事权益，其性质在本质上与网络用户无异，也应承担直接侵权责任。

（2）网络服务提供者责任认定：关于网络服务提供者涉及的侵权责任和认定需要根据其提供服务的不同性质来确定其归责原则和责任认定标准。

4）"法律另有规定的，依照其规定"的理解

本条是关于网络侵权责任的原则性规定，如果《特别法》作出了具体规定，应按照《特别法》的规定进行适用，即根据侵害客体的不同，适用不同的法律规定和归责原则。

【难点问题解析】

本条是对网络用户、网络服务提供者涉及网络侵权的原则性规定，规定的是直接侵权行为。如果涉及直接侵权，则要根据本条和其他法律法规有关规定进行认定。根据网络侵权客体和情形的不同，还应分别适用相应专门法律和行政法规，包括《著作权法》《专利法》《商标法》《电子商务法》《最高人民法院关于审理侵害信息网络传播权民事纠纷案件适用法律若干问题的规定》《个人信息保护法》等。

如果网络服务提供者涉及的是网络间接侵权，根据本法第一千一百九十五至第一千一百九十七条的规定，判断网络服务提供者是否需要承担连带责任。

【法律法规衔接问题】

《著作权法》《专利法》《商标法》，《电子商务法》第三十八条、第四十二条至第四十五条，《最高人民法院关于审理侵害信息网络传播权民事纠纷案件适用法律若干问题的规定》第三条至第九条，《最高人民法院关于审理利用信息网络侵害人身权益民事纠纷案件适用法律若干问题的规定》第一条、第十一条，《信息网络传播权保护条例》第十四条、第二十条、第二十一条、第二十二条，《个人信息保护法》第六十九条。

第一千一百九十五条　网络用户利用网络服务实施侵权行为的，权利人有权通知网络服务提供者采取删除、屏蔽、断开链接等必要措施。通知应当包括构成侵权的初步证据及权利人的真实身份信息。

网络服务提供者接到通知后，应当及时将该通知转送相关网络用户，并根据构成侵权的初步证据和服务类型采取必要措施；未及时采取必要措施的，对损害的扩大部分与该网络用户承担连带责任。

权利人因错误通知造成网络用户或者网络服务提供者损害的，应当承担侵权责任。法律另有规定的，依照其规定。

【重点法条解读】

本条是关于网络服务提供者承担间接侵权责任和补救措施的规定。

1）关于"通知—取下"规则

对于网络服务提供者而言，审核与控制其服务下所有的大量数据信息的合法性是难以实现的，为保障网络平台的正常运营，在立法上有必要对网络侵权用户所使用服务的网络

服务提供者的连带责任认定设置规则来限制其责任。这种限制责任规则，又称"避风港"规则，最早来源于美国的《千禧年数字版权法》。当被侵权人获知被侵权事实后，可以向提供技术服务等符合法律规定的网络服务提供者发出符合法律要求的侵权通知，网络服务提供者在接到该通知后，及时删除和屏蔽了侵权信息，网络服务提供者便进入了"避风港"，可以不承担侵权责任。我国法律借鉴了这一规则，并根据我国实际情况进行了发展，本条规定的是"通知—取下"规则。

2）关于"通知"的要求

本条第一款规定了权利人有通知网络服务提供者阻止其网络用户侵权行为的权利，并规定了通知所应包含的信息，即构成侵权的初步证据及权利人的真实身份信息。《信息网络传播权保护条例》第十四条规定了书面通知应包含具体内容：权利人的姓名（名称）、联系方式和地址；要求删除或者断开连接的侵权作品、表演、录音录像制品的名称和网络地址；构成侵权的初步证明材料。其中构成侵权的初步证明材料主要包括权利人享有该权利的证明（如专利证书、商标权证书、著作权证书等）和网络用户涉嫌侵权行为的痕迹。

3）关于"取下"的要求

"取下"是对网络服务提供者接到通知后的义务要求。本条第二款规定了网络服务提供者接到通知后的义务要求包含以下两项。一是及时将该通知转送相关网络用户。规定该义务目的包括为权利人确定侵权行为人以及保障涉嫌侵权的网络用户抗辩的权利，网络用户接到转送的通知后可依据本法第一千一百九十六条规定进行救济。二是根据构成侵权的初步证据和服务类型采取必要措施。采取必要措施是为了防止侵权行为继续和侵害行为损害结果的扩大，主要措施包括删除、屏蔽、断开链接等。不同类型服务平台可采取的措施各有差异。例如，电子商务平台在收到侵权通知后可采取删除商品链接、限制经营活动、中止交易订单等措施。

4）关于"及时"的理解

网络服务提供者采取必要措施应达到"及时"的标准。关于"及时"的认定，应根据侵权客体类型、提供的网络服务性质、采取措施的难易度和其他具体情况具体考虑。例如，对于网络传播权，《最高人民法院关于审理侵害信息网络传播权民事纠纷案件适用法律若干问题的规定》第十四条规定，"人民法院认定网络服务提供者转送通知、采取必要措施是否及时，应当根据权利人提交通知的形式，通知的准确程度，采取措施的难易程度，网络服务的性质，所涉作品、表演、录音录像制品的类型、知名度、数量等因素综合判断。"又如，对于人身权益，《最高人民法院关于审理利用信息网络侵害人身权益民事纠纷案件适用法律若干问题的规定》第四条规定，"人民法院适用民法典第一千一百九十五条第二款的规定，认定网络服务提供者采取的删除、屏蔽、断开链接等必要措施是否及时，应当根据网络服务的类型和性质、有效通知的形式和准确程度、网络信息侵害权益的类型和程度等因素综合判断。"

5）网络服务提供者接到通知后的义务及未尽义务应承担的责任

本条第二款规定了网络服务提供者接到通知后的义务及未尽义务应承担的责任。该规定对网络服务提供者的责任限制在于：网络服务提供者接到通知后，若及时将该通知转送相关网络用户，并根据构成侵权的初步证据和服务类型采取必要措施，则不承担连带责任；若未及时采取必要措施，仅对损害的扩大部分与该网络用户承担连带责任。有观点认为，损害扩大部分是指收到通知后能够采取必要措施的时间节点之后造成的损失。另有观点认为，应以网络服务提供者被通知之后确定损害扩大部分，凡是被通知之后造成的损害，就是损害的扩大部分。

6) 权利人错误通知的侵权责任

本条第三款规定了权利人因错误通知造成损害的侵权责任。本条第三款规定权利人错误通知的侵权责任能够有效避免恶意通知徒劳增添网络服务提供者工作处理量、损害网络用户正当利益、扰乱网络平台正常运行。关于错误通知的侵权责任，各专门法律有特别规定。例如，《电子商务法》第四十二条第三款规定，"因通知错误造成平台内经营者损害的，依法承担民事责任。恶意发出错误通知，造成平台内经营者损失的，加倍承担赔偿责任。"《信息网络传播权保护条例》第二十四条规定，"因权利人的通知导致网络服务提供者错误删除作品、表演、录音录像制品，或者错误断开与作品、表演、录音录像制品的链接，给服务对象造成损失的，权利人应当承担赔偿责任。"

【法律法规衔接问题】

《信息网络传播权保护条例》第十四条至第十七条、第二十四条，《电子商务法》第四十二条至第四十四条，《最高人民法院关于审理侵害信息网络传播权民事纠纷案件适用法律若干问题的规定》第十四条，《最高人民法院关于审理利用信息网络侵害人身权益民事纠纷案件适用法律若干问题的规定》第四条、第五条。

第一千一百九十六条　网络用户接到转送的通知后，可以向网络服务提供者提交不存在侵权行为的声明。声明应当包括不存在侵权行为的初步证据及网络用户的真实身份信息。

网络服务提供者接到声明后，应当将该声明转送发出通知的权利人，并告知其可以向有关部门投诉或者向人民法院提起诉讼。网络服务提供者在转送声明到达权利人后的合理期限内，未收到权利人已经投诉或者提起诉讼通知的，应当及时终止所采取的措施。

【重点法条解读】

本条是对网络用户提供不侵权声明的"反通知"以及网络服务提供者"转通知"义务的规定。

1) 反通知的要件

本条第一款规定了网络用户的声明需要包括的内容有：不存在侵权行为的初步证据以及网络用户的真实身份信息。根据最高人民法院发布的《关于审理电子商务平台知识产权民事案件的指导意见》的通知中规定，"向电子商务平台经营者提交的不存在侵权行为的声明一般包括：平台内经营者的真实身份信息；能够实现准确定位、要求终止必要措施的商品和服务信息；权属证明、授权证明等不存在侵权行为的初步证据；声明真实性的书面保证等。声明应当采取书面形式。"

2) 转通知及告知的义务

网络服务提供者在接收到网络用户不存在侵权行为的声明后，需要将该声明转送发出通知的权利人，并告知权利人可以向有关部门投诉或向法院起诉。

3) 终止措施的条件

本条第二款还规定了网络服务平台及时终止所采取措施应当符合条件，即权利人在收到网络服务提供者转送的网络用户的声明后的合理期限内，未向网络服务提供者通知其已经进行投诉或起诉的，网络服务提供者应当及时终止所采取的措施。

网络服务提供者的转送通知义务能够促使权利人和权利人指控的涉嫌侵权的对象之间纠纷的解决，若二者无法通过网络服务提供者的通知与反通知解决纠纷，则可寻求诉讼手段进行救济。

【难点问题解析】

基于权利人发现自身权利受到侵害后的一系列的程序流程如下：

（1）权利人向网络服务提供者发送通知。

（2）网络服务提供者在接到权利人通知后将该通知转送实际侵权的网络用户。

（3）网络用户接到转送通知后向网络服务提供者发出反通知。

（4）网络服务提供者将该反通知转送权利人。

（5）权利人在收到网络用户的反通知合理期限内未通知网络服务提供者已经进行投诉或起诉的，网络服务提供者应当终止措施。

【法律法规衔接问题】

《信息网络传播权保护条例》第十六条、第十七条，《电子商务法》第四十三条，《关于审理电子商务平台知识产权民事案件的指导意见》。

第一千一百九十七条　网络服务提供者知道或者应当知道网络用户利用其网络服务侵害他人民事权益，未采取必要措施的，与该网络用户承担连带责任。

【重点法条解读】

本条是对网络服务提供者与网络用户承担连带责任的规定。

本条规定了网络侵权的"红旗规则"（Red Flags Rule，RFR），并有所发展。

根据本条规定，网络服务提供者应承担过错责任。其过错的表现形式为知道或应当知道网络用户侵害他人民事权益却未采取必要措施。关于网络服务提供者未尽"知道或应当知道"这一注意义务承担侵害各类民事权益导致的连带责任在《电子商务法》《最高人民法院关于审理食品药品纠纷案件适用法律若干问题的规定》《最高人民法院关于审理利用信息网络侵害人身权益民事纠纷案件适用法律若干问题的规定》《最高人民法院关于审理侵害信息网络传播权民事纠纷案件适用法律若干问题的规定》中均有专门规定。

【难点问题解析】

1."知道"的含义

"知道"可理解为明知，即理性、正常的自然人认识到侵权行为存在的主观状态。在明知的主观状态下，网络服务提供者未采取必要措施，放任侵害结果的发生或扩大，构成帮助侵权，属于共同侵权行为，故应与该网络用户承担连带责任。

明知的主观状态通常难以证明，一般仅包括自认和经权利人通知这两种途径。

2."应当知道"的含义

网络提供服务者并没有全面审查信息合法性的严格注意义务，一般来说，不能推定其应当知道通过该服务的网络用户实施的侵权行为，但这并不意味着完全排除"应当知道"的情形。

从"避风港规则"的必要性来看，设置"避风港规则"限制网络服务提供者的责任是由于其审核与控制该服务下大量数据信息合法性的是难度颇高，超出能力范围。因此若侵权行为过于明显，以至于网络服务提供者无需费力审核立刻就能发现该侵权行为，则应当归属于本条"应当知道"范畴而不受"避风港规则"保护，这也称为"红旗规则"，指侵权行为像红旗一样明显。

"应当知道"的证明在司法实务中是一大难题，应根据网络服务提供者提供的网络技术服务类型和网络用户侵害的民事权益客体不同进行具体分析。

3. 本条与本法第一千一百九十五条规定的关系

本条与本法第一千一百九十五条规定均涉及网络服务提供者"知道"存在侵权行为，未采取必要措施的过错侵权责任。第一千一百九十五条规定的情形是经权利人通知后知道存在侵权行为，本条规定的情形是网络服务提供者知道或应当知道存在侵权行为。应当指出的是，"通知规则"与"知道规则"并非包含或递进关系，而属于并列关系。换言之，如果权利人能够证明网络服务提供者知道存在侵权行为，则可以在不发出通知的情况下要求网络服务提供者承担连带责任；如果权利人无法证明网络服务提供者存在过错，即知道或应当知道的情形，则可以根据本法第一千一百九十五条规定发出通知，此后网络服务提供者若未及时采取必要措施，对损害的扩大部分与该网络用户承担连带责任。

【法律法规衔接问题】

《电子商务法》第三十八条、第四十五条，《最高人民法院关于审理食品药品纠纷案件适用法律若干问题的规定》第九条，《最高人民法院关于审理利用信息网络侵害人身权益民事纠纷案件适用法律若干问题的规定》第九条，《最高人民法院关于审理侵害信息网络传播权民事纠纷案件适用法律若干问题的规定》第十条、第十一条、第十二条，《信息网络传播保护条例》第二十条至第二十三条。

6.2 民事法律司法解释中有关规定

6.2.1 最高人民法院关于审理利用信息网络侵害人身权益民事纠纷案件适用法律若干问题的规定

最高人民法院关于审理利用信息网络侵害人身权益民事纠纷案件适用法律若干问题的规定
(2014年6月23日由最高人民法院审判委员会第1621次会议通过，根据2020年12月23日最高人民法院审判委员会第1823次会议通过的《最高人民法院关于修改〈最高人民法院关于在民事审判工作中适用《中华人民共和国工会法》若干问题的解释〉等二十七件民事类司法解释的决定》修正)

为正确审理利用信息网络侵害人身权益民事纠纷案件，根据《中华人民共和国民法典》《全国人民代表大会常务委员会关于加强网络信息保护的决定》《中华人民共和国民事诉讼法》等法律的规定，结合审判实践，制定本规定。

第一条 本规定所称的利用信息网络侵害人身权益民事纠纷案件，是指利用信息网络侵害他人姓名权、名称权、名誉权、荣誉权、肖像权、隐私权等人身权益引起的纠纷案件。

第二条　原告依据民法典第一千一百九十五条、第一千一百九十七条的规定起诉网络用户或者网络服务提供者的，人民法院应予受理。

原告仅起诉网络用户，网络用户请求追加涉嫌侵权的网络服务提供者为共同被告或者第三人的，人民法院应予准许。

原告仅起诉网络服务提供者，网络服务提供者请求追加可以确定的网络用户为共同被告或者第三人的，人民法院应予准许。

第三条　原告起诉网络服务提供者，网络服务提供者以涉嫌侵权的信息系网络用户发布为由抗辩的，人民法院可以根据原告的请求及案件的具体情况，责令网络服务提供者向人民法院提供能够确定涉嫌侵权的网络用户的姓名（名称）、联系方式、网络地址等信息。

网络服务提供者无正当理由拒不提供的，人民法院可以依据民事诉讼法第一百一十四条的规定对网络服务提供者采取处罚等措施。

原告根据网络服务提供者提供的信息请求追加网络用户为被告的，人民法院应予准许。

第四条　人民法院适用民法典第一千一百九十五条第二款的规定，认定网络服务提供者采取的删除、屏蔽、断开链接等必要措施是否及时，应当根据网络服务的类型和性质、有效通知的形式和准确程度、网络信息侵害权益的类型和程度等因素综合判断。

第五条　其发布的信息被采取删除、屏蔽、断开链接等措施的网络用户，主张网络服务提供者承担违约责任或者侵权责任，网络服务提供者以收到民法典第一千一百九十五条第一款规定的有效通知为由抗辩的，人民法院应予支持。

第六条　人民法院依据民法典第一千一百九十七条认定网络服务提供者是否"知道或者应当知道"，应当综合考虑下列因素：

（一）网络服务提供者是否以人工或者自动方式对侵权网络信息以推荐、排名、选择、编辑、整理、修改等方式作出处理；

（二）网络服务提供者应当具备的管理信息的能力，以及所提供服务的性质、方式及其引发侵权的可能性大小；

（三）该网络信息侵害人身权益的类型及明显程度；

（四）该网络信息的社会影响程度或者一定时间内的浏览量；

（五）网络服务提供者采取预防侵权措施的技术可能性及其是否采取了相应的合理措施；

（六）网络服务提供者是否针对同一网络用户的重复侵权行为或者同一侵权信息采取了相应的合理措施；

（七）与本案相关的其他因素。

第七条　人民法院认定网络用户或者网络服务提供者转载网络信息行为的过错及其程度，应当综合以下因素：

（一）转载主体所承担的与其性质、影响范围相适应的注意义务；

（二）所转载信息侵害他人人身权益的明显程度；

（三）对所转载信息是否作出实质性修改，是否添加或者修改文章标题，导致其与内容严重不符以及误导公众的可能性。

第八条 网络用户或者网络服务提供者采取诽谤、诋毁等手段，损害公众对经营主体的信赖，降低其产品或者服务的社会评价，经营主体请求网络用户或者网络服务提供者承担侵权责任的，人民法院应依法予以支持。

第九条 网络用户或者网络服务提供者，根据国家机关依职权制作的文书和公开实施的职权行为等信息来源所发布的信息，有下列情形之一，侵害他人人身权益，被侵权人请求侵权人承担侵权责任的，人民法院应予支持：

（一）网络用户或者网络服务提供者发布的信息与前述信息来源内容不符；

（二）网络用户或者网络服务提供者以添加侮辱性内容、诽谤性信息、不当标题或者通过增删信息、调整结构、改变顺序等方式致人误解；

（三）前述信息来源已被公开更正，但网络用户拒绝更正或者网络服务提供者不予更正；

（四）前述信息来源已被公开更正，网络用户或者网络服务提供者仍然发布更正之前的信息。

第十条 被侵权人与构成侵权的网络用户或者网络服务提供者达成一方支付报酬，另一方提供删除、屏蔽、断开链接等服务的协议，人民法院应认定为无效。

擅自篡改、删除、屏蔽特定网络信息或者以断开链接的方式阻止他人获取网络信息，发布该信息的网络用户或者网络服务提供者请求侵权人承担侵权责任的，人民法院应予支持。接受他人委托实施该行为的，委托人与受托人承担连带责任。

第十一条 网络用户或者网络服务提供者侵害他人人身权益，造成财产损失或者严重精神损害，被侵权人依据民法典第一千一百八十二条和第一千一百八十三条的规定，请求其承担赔偿责任的，人民法院应予支持。

第十二条 被侵权人为制止侵权行为所支付的合理开支，可以认定为民法典第一千一百八十二条规定的财产损失。合理开支包括被侵权人或者委托代理人对侵权行为进行调查、取证的合理费用。人民法院根据当事人的请求和具体案情，可以将符合国家有关部门规定的律师费用计算在赔偿范围内。

被侵权人因人身权益受侵害造成的财产损失以及侵权人因此获得的利益难以确定的，人民法院可以根据具体案情在 50 万元以下的范围内确定赔偿数额。

第十三条 本规定施行后人民法院正在审理的一审、二审案件适用本规定。

6.2.2 最高人民法院关于确定民事侵权精神损害赔偿责任若干问题的解释

最高人民法院关于确定民事侵权精神损害赔偿责任若干问题的解释

（2001 年 2 月 26 日由最高人民法院审判委员会第 1161 次会议通过，根据 2020 年
12 月 23 日最高人民法院审判委员会第 1823 次会议通过的《最高人民法院关于
修改〈最高人民法院关于在民事审判工作中适用《中华人民共和国工会法》
若干问题的解释〉等二十七件民事类司法解释的决定》修正）

为在审理民事侵权案件中正确确定精神损害赔偿责任，根据《中华人民共和国民法典》等有关法律规定，结合审判实践，制定本解释。

第一条　因人身权益或者具有人身意义的特定物受到侵害，自然人或者其近亲属向人民法院提起诉讼请求精神损害赔偿的，人民法院应当依法予以受理。

第二条　非法使被监护人脱离监护，导致亲子关系或者近亲属间的亲属关系遭受严重损害，监护人向人民法院起诉请求赔偿精神损害的，人民法院应当依法予以受理。

第三条　死者的姓名、肖像、名誉、荣誉、隐私、遗体、遗骨等受到侵害，其近亲属向人民法院提起诉讼请求精神损害赔偿的，人民法院应当依法予以支持。

第四条　法人或者非法人组织以名誉权、荣誉权、名称权遭受侵害为由，向人民法院起诉请求精神损害赔偿的，人民法院不予支持。

第五条　精神损害的赔偿数额根据以下因素确定：

（一）侵权人的过错程度，但是法律另有规定的除外；

（二）侵权行为的目的、方式、场合等具体情节；

（三）侵权行为所造成的后果；

（四）侵权人的获利情况；

（五）侵权人承担责任的经济能力；

（六）受理诉讼法院所在地的平均生活水平。

第六条　在本解释公布施行之前已经生效施行的司法解释，其内容有与本解释不一致的，以本解释为准。

6.2.3　最高人民法院关于审理食品安全民事纠纷案件适用法律若干问题的解释(一)(节选)

最高人民法院关于审理食品安全民事纠纷案件适用法律若干问题的解释(一)(节选)

（2020 年 10 月 19 日最高人民法院审判委员会第 1813 次会议通过
自 2021 年 1 月 1 日起施行）

第二条　电子商务平台经营者以标记自营业务方式所销售的食品或者虽未标记自营但实际开展自营业务所销售的食品不符合食品安全标准，消费者依据食品安全法第一百四十八条规定主张电子商务平台经营者承担作为食品经营者的赔偿责任的，人民法院应予支持。

电子商务平台经营者虽非实际开展自营业务，但其所作标识等足以误导消费者让消费者相信系电子商务平台经营者自营，消费者依据食品安全法第一百四十八条规定主张电子商务平台经营者承担作为食品经营者的赔偿责任的，人民法院应予支持。

第三条　电子商务平台经营者违反食品安全法第六十二条和第一百三十一条规定，未对平台内食品经营者进行实名登记、审查许可证，或者未履行报告、停止提供网络交易平台服务等义务，使消费者的合法权益受到损害，消费者主张电子商务平台经营者与平台内食品经营者承担连带责任的，人民法院应予支持。

第六条　食品经营者具有下列情形之一，消费者主张构成食品安全法第一百四十八条规定的"明知"的，人民法院应予支持：

（一）已过食品标明的保质期但仍然销售的；

（二）未能提供所售食品的合法进货来源的；

（三）以明显不合理的低价进货且无合理原因的；

（四）未依法履行进货查验义务的；

（五）虚假标注、更改食品生产日期、批号的；

（六）转移、隐匿、非法销毁食品进销货记录或者故意提供虚假信息的；

（七）其他能够认定为明知的情形。

第七条　消费者认为生产经营者生产经营不符合食品安全标准的食品同时构成欺诈的，有权选择依据食品安全法第一百四十八条第二款或者消费者权益保护法第五十五条第一款规定主张食品生产者或者经营者承担惩罚性赔偿责任。

第八条　经营者经营明知是不符合食品安全标准的食品，但向消费者承诺的赔偿标准高于食品安全法第一百四十八条规定的赔偿标准，消费者主张经营者按照承诺赔偿的，人民法院应当依法予以支持。

第十条　食品不符合食品安全标准，消费者主张生产者或者经营者依据食品安全法第一百四十八条第二款规定承担惩罚性赔偿责任，生产者或者经营者以未造成消费者人身损害为由抗辩的，人民法院不予支持。

第十一条　生产经营未标明生产者名称、地址、成分或者配料表，或者未清晰标明生产日期、保质期的预包装食品，消费者主张生产者或者经营者依据食品安全法第一百四十八条第二款规定承担惩罚性赔偿责任的，人民法院应予支持，但法律、行政法规、食品安全国家标准对标签标注事项另有规定的除外。

第十二条　进口的食品不符合我国食品安全国家标准或者国务院卫生行政部门决定暂予适用的标准，消费者主张销售者、进口商等经营者依据食品安全法第一百四十八条规定承担赔偿责任，销售者、进口商等经营者仅以进口的食品符合出口地食品安全标准或者已经过我国出入境检验检疫机构检验检疫为由进行免责抗辩的，人民法院不予支持。

第十三条　生产经营不符合食品安全标准的食品，侵害众多消费者合法权益，损害社会公共利益，民事诉讼法、消费者权益保护法等法律规定的机关和有关组织依法提起公益诉讼的，人民法院应予受理。

6.2.4　最高人民法院关于审理食品药品纠纷案件适用法律若干问题的规定（节选）

最高人民法院关于审理食品药品纠纷案件适用法律若干问题的规定（节选）

（2013年12月9日最高人民法院审判委员会第1599次会议通过，根据2020年12月23日最高人民法院审判委员会第1823次会议通过的《最高人民法院关于修改〈最高人民法院关于在民事审判工作中适用《中华人民共和国工会法》若干问题的解释〉等二十七件民事类司法解释的决定》修正）

第九条　消费者通过网络交易第三方平台购买食品、药品遭受损害，网络交易第三方平台提供者不能提供食品、药品的生产者或者销售者的真实名称、地址与有效联系方式，消费者请求网络交易第三方平台提供者承担责任的，人民法院应予支持。

网络交易第三方平台提供者承担赔偿责任后，向生产者或者销售者行使追偿权的，人民法院应予支持。

网络交易第三方平台提供者知道或者应当知道食品、药品的生产者、销售者利用其平台侵害消费者合法权益，未采取必要措施，给消费者造成损害，消费者要求其与生产者、销售者承担连带责任的，人民法院应予支持。

6.3　电子商务法中相关法条解读

中华人民共和国电子商务法

（2018 年 8 月 31 日第十三届全国人民代表大会常务委员会第五次会议通过）

第一章　总　　则

第一条　为了保障电子商务各方主体的合法权益，规范电子商务行为，维护市场秩序，促进电子商务持续健康发展，制定本法。

第二条　中华人民共和国境内的电子商务活动，适用本法。

本法所称电子商务，是指通过互联网等信息网络销售商品或者提供服务的经营活动。

法律、行政法规对销售商品或者提供服务有规定的，适用其规定。金融类产品和服务，利用信息网络提供新闻信息、音视频节目、出版以及文化产品等内容方面的服务，不适用本法。

【重点法条解读】

本条是对《电子商务法》效力范围和调整对象的规定。

本条第一款规定了《电子商务法》的效力范围，即中华人民共和国境内的电子商务活动，适用本法。我国境内经营者从事的电子商务活动适用本法，其中根据我国法律建立、经我国市场登记、取得我国行政许可的法人、非法人组织或者自然人，无论是否在我国境内，均属于我国境内经营者。但跨境电子商务活动并未完全被排除在本法效力范围之外，应根据具体需求考虑扩展适用。

本条第二款规定了《电子商务法》的调整对象，即通过互联网等信息网络销售商品或者提供服务的经营活动。

本法调整的电子商务应满足四个要素：利用了信息网络技术、包括销售商品和提供服务的活动、必须是经营活动、不属于例外产品和服务。

1）利用了信息网络技术

电子商务包括"电子"和"商务"两个部分，"电子"是指借助互联网等信息网络技术。伴随着互联网技术的进一步发展和多网融合趋势，"互联网等信息网络"应从更广义的范围进行理解，既包括电信网络、电话网络、计算机互联网络，也包括移动互联网络、有线电视网、物联网等。

2）包括销售商品和提供服务的活动

本法所称电子商务,既包括电子商务经营者销售实体商品、电子商品,也包括电子商务经营者提供网络教育、在线打车等服务。电子商务经营者销售商品或者提供服务所依托的电子商务模式多样,《电子商务模式规范》将电子商务模式具体分为企业之间(Businesss to Business,B2B)、企业与消费者之间(Business to Consumer,B2C)、消费者之间(Consumer to Consumer,C2C)。随着电子商务技术的发展,新兴电子商务模式不断出现。如线上线下商务融合(Online to Offline,O2O)、电子商务市场营销(Business to Marketing,B2M)等。

3)必须是经营活动

本条第二款将本法调整范围限制为"经营活动",可理解为经营者为取得净收益而销售商品或提供服务的经营活动。常见的个人通过电子商务平台一次性、非持续性出售二手物品的活动,因其零星、偶发的交易行为不具有经营属性、主体不具有经营者身份,所以不属于本法调整对象。企业内部电子商务流程,如企业内部库存管理、财务管理不属于法律意义上的经营活动,也不适用本法。

4)不属于例外产品和服务

本条第三款对电子商务的第四大要素,即电子商务法适用的销售商品或者服务的例外情形作了规定。本法的适用范围不包括金融类产品和服务,利用信息网络提供新闻信息、音视频节目、出版以及文化产品等内容方面的服务。这些领域由于具有特殊性,不适用电子商务法调整。例如,对这些领域的监管规定已被其他专门出台的法律、行政法规、部门规章予以调整和规范。但本法第三章(电子商务合同的订立和履行)对电子支付这一支持电子商务运行的关键金融类产品和服务作出了专门性规定,应加以适用。

【法律法规衔接问题】

C2C平台上用户个人零星、偶发的交易行为不具有经营属性,不属于本法调整范围,可适用《民法典》相关规定。

新兴电子商务模式是否适用电子商务法应进行综合判断,若符合本条第二款规定的四个要素则受本法调整,否则销售商品、提供服务的交易行为应适用《民法典》及其他相关法律、行政法规。

【难点问题解析】

跨境电子商务活动的扩展适用为:在跨境电子商务活动中,境外电子商务经营者与我国消费者进行电子商务活动、境外电子商务经营者通过我国电子商务平台从事电子商务活动、依据国际条约与协定适用我国电子商务法的活动这三类情形应扩展适用《电子商务法》。

第三条 国家鼓励发展电子商务新业态,创新商业模式,促进电子商务技术研发和推广应用,推进电子商务诚信体系建设,营造有利于电子商务创新发展的市场环境,充分发挥电子商务在推动高质量发展、满足人民日益增长的美好生活需要、构建开放型经济方面的重要作用。

第四条 国家平等对待线上线下商务活动,促进线上线下融合发展,各级人民政府和有关部门不得采取歧视性的政策措施,不得滥用行政权力排除、限制市场竞争。

第五条　电子商务经营者从事经营活动，应当遵循自愿、平等、公平、诚信的原则，遵守法律和商业道德，公平参与市场竞争，履行消费者权益保护、环境保护、知识产权保护、网络安全与个人信息保护等方面的义务，承担产品和服务质量责任，接受政府和社会的监督。

【重点法条解读】

本条是关于电子商务经营者义务的概括性规定。

【法律法规衔接问题】

电子商务经营者从事经营活动的基本准则是遵循自愿、平等、公平、诚信的原则，遵守法律和商业道德与《民法典》规定的民事行为基本原则相一致，也与《反不正当竞争法》第二条第一款规定相一致。

基于以上原则，电子商务经营者义务包括：一、履行消费者权益保护、环境保护、知识产权保护、网络安全与个人信息保护等方面的义务。相关规定在本法第二章（电子商务经营者）以及《消费者保护法》《环境保护法》《著作权法》《专利法》《商标法》《网络安全法》有所体现。二、承担产品和服务质量责任的义务。相关规定在《食品安全法》《产品质量法》有所体现。三、接受政府和社会监督的义务。《民法典》第八十六条对营利法人接受政府和社会监督的义务予以规定。

第六条　国务院有关部门按照职责分工负责电子商务发展促进、监督管理等工作。县级以上地方各级人民政府可以根据本行政区域的实际情况，确定本行政区域内电子商务的部门职责划分。

【重点法条解读】

本条是对电子商务监督管理分工的规定。

电子商务活动所涉及的社会领域广泛且众多，由市场监督管理部门承担单一的监督管理工作并不能有效覆盖电子商务活动的各环节，目前我国采取更为合理的多部门分工监管体制，有关部门包括国家发展和改革委员会、工业和信息化部、公安部、财政部、交通运输部、商务部、文化和旅游部、中国人民银行、国家市场监督管理总局、国家互联网信息办公室、国家税务总局、海关总署、国家邮政局、国家知识产权局。本条还考量了我国各地电子商务发展水平和管理体制的差异，授予了地方各级人民政府根据实际需要合理规范部门职责的权力。

第七条　国家建立符合电子商务特点的协同管理体系，推动形成有关部门、电子商务行业组织、电子商务经营者、消费者等共同参与的电子商务市场治理体系。

第八条　电子商务行业组织按照本组织章程开展行业自律，建立健全行业规范，推动行业诚信建设，监督、引导本行业经营者公平参与市场竞争。

第二章　电子商务经营者

第一节　一般规定

第九条　本法所称电子商务经营者，是指通过互联网等信息网络从事销售商品或者提

供服务的经营活动的自然人、法人和非法人组织，包括电子商务平台经营者、平台内经营者以及通过自建网站、其他网络服务销售商品或者提供服务的电子商务经营者。

本法所称电子商务平台经营者，是指在电子商务中为交易双方或者多方提供网络经营场所、交易撮合、信息发布等服务，供交易双方或者多方独立开展交易活动的法人或者非法人组织。

本法所称平台内经营者，是指通过电子商务平台销售商品或者提供服务的电子商务经营者。

【重点法条解读】

本条规定了电子商务经营者的概念，明确了电子商务经营者的内涵和外延。

本条第一款明确规定了电子商务经营者包括三类，平台经营者、平台内经营者与通过自建网站、其他网络销售商品或提供服务的经营者。这三类电子商务经营者都满足通过互联网信息网络从事销售商品提供服务的经营活动的特点，这与本法第二条相呼应。其中，自建网站经营者是指在自己建立的网站上从事销售商品和提供服务的经营性活动，并不入驻第三方平台，应当与平台内经营者相区别。应当注意的是，很多企业建立发布公告、推广产品的官方网站，在其不实际销售商品和提供服务的情况下，该企业不能视为自建网站经营者。另外，通过其他网络销售商品提供服务的，也看作是本法的经营者，主要指的是既未入驻销售平台，也未自建网络，而是通过其他社交娱乐性质的网络平台从事经营性活动的经营者。例如，通过微博直播卖货的经营者属于本法所称的电子商务经营者。

本条第二款是对平台经营者的界定，列举了部分平台经营者的服务范围，提供了网络经营场所、交易撮合、信息发布等服务。应当指出的是，并不是只有具备以上服务内容的平台才能认定为属于本法规定的平台内经营者。此外，需要注意的是，平台经营者在为平台内经营者提供平台服务的同时，也会通过自家网站直接向消费者提供服务。例如，天猫、京东等。这种情况下，平台不再属于本法所称的平台经营者，而属于通过自建网站提供商品和服务的经营者。因此，在具体实践中，我们应该根据平台经营者发挥的作用来判断该平台是否属于平台经营者。

本条第三款是对平台内经营者的界定。在具体实践中，电子商务经营者的主体就是入驻平台的平台内经营者。例如，淘宝平台中的店铺商家。由于平台内经营者需要依托平台经营者向消费者提供商品或服务，不可避免地服从平台的管理控制，因此我们应当认识到在平台经营者与平台内经营者的关系中，平台内经营者相对处于弱势地位，应当予以保护，防止平台滥用管理权限和优势地位损害平台内经营者合法权益。对此本法在其他条款中予以专门规定。

第十条　电子商务经营者应当依法办理市场主体登记。但是，个人销售自产农副产品、家庭手工业产品，个人利用自己的技能从事依法无须取得许可的便民劳务活动和零星小额交易活动，以及依照法律、行政法规不需要进行登记的除外。

【重点法条解读】

本条规定了电子商务经营者应当依法办理市场主体登记。

根据《市场主体登记管理条例》第三条规定，"市场主体应当依照本条例办理登记。未经登记，不得以市场主体名义从事经营活动。法律、行政法规规定无需办理登记的除外。"由此可见，本条第一句是对市场主体应当依法办理市场主体登记这一原则的确认，并不是电子商务法对电子商务经营者进行经营活动的附加条件。

本条第二句是对电子商务经营者登记豁免的情形，也是《市场主体登记管理条例》第三条中法律、行政法规规定无需办理登记的除外的具体体现。第一，个人销售自产农副产品、家庭手工业品。值得注意的是，仅限于自然人自己生产的农产品和手工业品，不能是从他人处收购而来的。第二，个人利用自己的技能从事依法取得许可的便民劳务活动，这主要指的是保姆、钟点工、护理工等不需要取得许可的劳务活动。第三，零星小额交易活动，实践中针对什么是零星、什么是小额难以有统一定论，需要具体问题具体分析。第四，依照法律、行政法规不需要进行市场主体登记的，这属于兜底条款。应当指出的是，这里所有豁免的情形均应通过互联网等信息网络进行，否则仍应进行市场主体登记。

【法律法规衔接问题】

《市场主体登记管理条例》第二条、第三条。

第十一条　电子商务经营者应当依法履行纳税义务，并依法享受税收优惠。

依照前条规定不需要办理市场主体登记的电子商务经营者在首次纳税义务发生后，应当依照税收征收管理法律、行政法规的规定申请办理税务登记，并如实申报纳税。

第十二条　电子商务经营者从事经营活动，依法需要取得相关行政许可的，应当依法取得行政许可。

第十三条　电子商务经营者销售的商品或者提供的服务应当符合保障人身、财产安全的要求和环境保护要求，不得销售或者提供法律、行政法规禁止交易的商品或者服务。

【重点法条解读】

本条规定了电子商务经营者销售的商品或者提供的服务应当符合安全性、环保性、合法性的要求。

本条也是对"线上线下相一致"原则的体现，线下经营需要符合的要求，同样线上的电子商务也应当符合。该要求可以分为三个方面：安全性、环保性、合法性。第一，安全性指的是电子商务经营者销售的商品或者提供的服务应当符合人身财产安全的要求，不得存在足以危及消费者人身财产安全的缺陷。第二，环保性指的是电子商务经营者销售的商品或者提供的服务应当符合保护环境的要求，即适用《环境保护法》等法律法规的要求。第三，合法性指的是遵守法律、行政法规是每一个经营者的义务与责任，同样适用电子商务经营者。

【法律法规衔接问题】

《消费者权益保护法》第七条、第十一条、第十八条等，《产品质量法》第十三条，《枪支管理法》第三条，《文物保护法》第五十一条，《野生动物保护法》第二十七条等。

第十四条　电子商务经营者销售商品或者提供服务应当依法出具纸质发票或者电子发票等购货凭证或者服务单据。电子发票与纸质发票具有同等法律效力。

第十五条　电子商务经营者应当在其首页显著位置，持续公示营业执照信息、与其经营业务有关的行政许可信息、属于依照本法第十条规定的不需要办理市场主体登记情形等信息，或者上述信息的链接标识。

前款规定的信息发生变更的，电子商务经营者应当及时更新公示信息。

第十六条　电子商务经营者自行终止从事电子商务的，应当提前三十日在首页显著位置持续公示有关信息。

【重点法条解读】

本条规定了电子商务经营者在自行终止经营时负有提前公示的程序性义务。

电子商务经营者在线上提供商品和服务，一旦选择关闭，消费者和其他相对人可能难以知悉，因此需要提前进行公示。应当注意的是，这里的电子商务经营者应当指的是除平台经营者外的其他经营者。由于平台经营者涉及众多平台内经营者，若其终止服务，将会产生众多权利义务关系，纠纷相对复杂，因此应当对平台经营者退出程序予以更加严格的限制。《第三方电子商务交易平台服务规范》中指明"第三方交易平台歇业或者其他自身原因终止经营的，应当提前一个月通知站内经营者，并与站内经营者结清财务及相关手续。涉及行政许可的第三方交易平台终止营业的，平台经营者应当提前一个月向行政主管部门报告；并通过合同或其他方式，确保在合理期限内继续提供对消费者的售后服务。"

本条的"自行终止"指的是经营者自身选择终止经营活动，若属于依法取缔注销等情形的不适用本条规定。此外，值得注意的是，提前三十日在首页显著位置持续公示有关信息，这是公示信息的要求，既要做到提前三十天持续公示，还要具有显著性，让相关人容易注意到。

【法律法规衔接问题】

《第三方电子商务交易平台服务规范》5.9。

第十七条　电子商务经营者应当全面、真实、准确、及时地披露商品或者服务信息，保障消费者的知情权和选择权。电子商务经营者不得以虚构交易、编造用户评价等方式进行虚假或者引人误解的商业宣传，欺骗、误导消费者。

【重点法条解读】

本条规定了电子商务经营者负有信息披露和依法进行商业宣传的义务。

由于电子商务是线上交易，交易双方信息严重不对称，消费者一般只能通过经营者在网络上披露的信息确定自己是否购买以及购买哪种，而信息的披露内容、时间、真假基本为经营者单方决定。因此为保障消费者知情权、选择权，必须要求电子商务经营者全面、真实、准确、及时的披露商品和服务的信息。其中"全面"指的是对于法律规定的应当披露的内容应当全面披露，不得隐藏；"真实"要求经营者不能歪曲事实、弄虚作假、伪造信息；"准确"指的是经营者的表达语言要准确，不能含糊其辞，引人误解；"及时"是对披露时间的要求，经营者要及时进行披露，保障消费者知情权与选择权。

本条还规定了电子商务经营者要依法进行商业宣传，不得以虚构交易、编造用户评价等方式进行虚假或者其他引人误解的商业宣传。本条的"虚构交易"指的是交易双方事前恶意串通，在没有交易目的的情况下签订无需履行的电子商务合同，以此增加销量，欺骗、误导消费者，即现实中的刷单行为。"编造用户评价"指的是违背交易事实或没有交易事实的情况下，弄虚作假、歪曲事实进行评论，以欺骗诱导消费者。应当指出的是，除明确规定的虚构交易、编造用户评价的方式之外，本条作了开放性规定，其他引人误解的商业宣传也应禁止。

【法律法规衔接问题】

《消费者权益保护法》第八条、第二十条、第二十八条，《广告法》第十四条、第二十八条，《反不正当竞争法》第八条，《产品质量法》第二十七条、第三十条。

第十八条　电子商务经营者根据消费者的兴趣爱好、消费习惯等特征向其提供商品或者服务的搜索结果的，应当同时向该消费者提供不针对其个人特征的选项，尊重和平等保护消费者合法权益。

电子商务经营者向消费者发送广告的，应当遵守《中华人民共和国广告法》的有关规定。

【重点法条解读】

本条是关于电子商务经营者向消费者提供搜索结果和发送广告行为的规定。

本条第一款针对电子商务经营者向消费者提供商品或者服务的搜索结果行为进行规定和限制。

电子商务经营者根据大数据分析向消费者提供符合其兴趣爱好、消费习惯等特征的搜索结果是目前各大电子商务平台普遍采用的一种定向的、个性化的精准营销方式，其目的是提升交易效率、提高交易量。对消费者而言，这种符合其兴趣爱好、消费习惯等特征的搜索结果大大减少了选购时间，使得交易更快捷高效，但这是以限制和削弱本法第十七条规定的消费者合法权益为代价的。为保障消费者的知情权和选择权，本条第一款规定了电子商务经营者在向消费者提供符合消费者个人特征的搜索结果的同时，也应满足消费者提供不针对其个人特征选项的要求，不针对消费者个人特征的搜索结果应依据本法第四十条规定"根据商品或者服务的价格、销量、信用等以多种方式"来显示。

本条第二款是针对电子商务经营者向消费者发送广告行为的衔接性规定。

【法律法规衔接问题】

本条第二款规定了电子商务经营者向消费者发送广告的，应当遵守《广告法》的有关规定。《广告法》第四十四条对利用互联网发送广告作出了特殊规定，"利用互联网从事广告活动，适用本法的各项规定。""利用互联网发布、发送广告，不得影响用户正常使用网络。在互联网页面以弹出等形式发布的广告，应当显著标明关闭标志，确保一键关闭。"

第十九条　电子商务经营者搭售商品或者服务，应当以显著方式提请消费者注意，不得将搭售商品或者服务作为默认同意的选项。

第二十条　电子商务经营者应当按照承诺或者与消费者约定的方式、时限向消费者交付商品或者服务，并承担商品运输中的风险和责任。但是，消费者另行选择快递物流服务提供者的除外。

第二十一条 电子商务经营者按照约定向消费者收取押金的，应当明示押金退还的方式、程序，不得对押金退还设置不合理条件。消费者申请退还押金，符合押金退还条件的，电子商务经营者应当及时退还。

第二十二条 电子商务经营者因其技术优势、用户数量、对相关行业的控制能力以及其他经营者对该电子商务经营者在交易上的依赖程度等因素而具有市场支配地位的，不得滥用市场支配地位，排除、限制竞争。

第二十三条 电子商务经营者收集、使用其用户的个人信息，应当遵守法律、行政法规有关个人信息保护的规定。

【重点法条解读】

本条规定了关于电子商务经营者对用户个人信息的保护义务。

根据《个人信息保护法》第四条第一款规定，"个人信息是以电子或者其他方式记录的与已识别或者可识别的自然人有关的各种信息，不包括匿名化处理后的信息。"电子商务经营者收集、使用其用户的个人信息是个人信息安全问题随着互联网发展被逐步放大的诱因之一。

【法律法规衔接问题】

《个人信息保护法》依据《宪法》，全面结合了《民法典》《网络安全法》《数据安全法》关于个人信息保护的法律制定和实施经验，自2021年11月1日起施行。自此，我国个人信息相关权益有了更系统性、综合性的法律保障。

电子商务经营者收集、使用其用户的个人信息，属于《个人信息保护法》第四条第二款规定的"个人信息的处理"范畴，应遵守《个人信息保护法》，坚持合法正当诚信原则、坚持处理必要原则、坚持知情同意原则、坚持个体参与原则、坚持保证质量原则、坚持公开透明原则、坚持安全保障原则。具体而言，电子商务经营者收集、使用其用户的个人信息应遵守《个人信息保护法》第五十一条至第五十九条规定的个人信息处理者的义务：采取规定措施确保用户个人信息的收集和使用活动符合法律、行政法规的规定，并防止未经授权的访问以及个人信息泄露、篡改、丢失；定期对其处理个人信息遵守法律、行政法规的情况进行合规审计；在法定情形下，个人信息处理者事前进行个人信息保护影响评估，并对处理情况进行记录；对于发生或者可能发生个人信息泄露、篡改、丢失的，应当立即采取补救措施，并通知履行个人信息保护职责的部门和个人；若电子商务平台提供重要互联网平台服务、用户数量巨大、业务类型复杂，还应当接受监督。

电子商务经营者收集、使用其用户的个人信息违反规定、未履行个人信息保护义务的，应承担《个人信息保护法》第六十六条至第七十一条规定的行政责任、民事责任、刑事责任。具体责任承担还应遵守《民法典》《网络安全法》第六十四条，《消费者权益保护法》第五十条、第五十六条，《刑法》第二百五十三条关于侵犯公民个人信息罪以及相关司法解释的相关规定。

第二十四条 电子商务经营者应当明示用户信息查询、更正、删除以及用户注销的方式、程序，不得对用户信息查询、更正、删除以及用户注销设置不合理条件。

电子商务经营者收到用户信息查询或者更正、删除的申请的，应当在核实身份后及时提供查询或者更正、删除用户信息。用户注销的，电子商务经营者应当立即删除该用户的信息；依照法律、行政法规的规定或者双方约定保存的，依照其规定。

第二十五条　有关主管部门依照法律、行政法规的规定要求电子商务经营者提供有关电子商务数据信息的，电子商务经营者应当提供。有关主管部门应当采取必要措施保护电子商务经营者提供的数据信息的安全，并对其中的个人信息、隐私和商业秘密严格保密，不得泄露、出售或者非法向他人提供。

【重点法条解读】

本条规定了电子商务经营者依法向有关主管部门提供有关电子商务数据信息的义务，主管部门的信息保护义务。

1）电子商务经营者的义务

电子商务经营者向有关主管部门提供数据信息的义务是基于各行政机关对电子商务市场监管及其他监督管理工作的需要。

"有关主管部门"包括国家发展和改革委员会、工业和信息化部、公安部、财政部、交通运输部、商务部、文化和旅游部、中国人民银行、国家市场监督管理总局、国家互联网信息办公室、国家税务总局、海关总署、国家邮政局、国家知识产权局以及地方各级机关。

"有关电子商务数据信息"包括消费者个人信息、经营者资质和登记信息、交易信息、商品或服务信息、物流信息等。

2）有关主管部门的义务

有关主管部门获取电子商务经营者提供的有关电子商务数据信息是个人信息收集、存储行为，属于《个人信息保护法》第四条第二款规定的"个人信息的处理"范畴，也应履行《个人信息保护法》规定的个人信息处理者的义务。

【法律法规衔接问题】

有关主管部门要求电子商务经营者提供信息应依照法律、行政法规的规定，应遵守《个人信息保护法》第六条规定，"处理个人信息应当具有明确、合理的目的，并应当与处理目的直接相关，采取对个人权益影响最小的方式。收集个人信息，应当限于实现处理目的的最小范围，不得过度收集个人信息。"有关主管部门在法律、行政法规的规定情形下，要求电子商务经营者提供信息必须出于监督管理的必要。

第二十六条　电子商务经营者从事跨境电子商务，应当遵守进出口监督管理的法律、行政法规和国家有关规定。

【重点法条解读】

本条是关于跨境电子商务法律适用的规定。

本条体现了跨境电子商务并不被排除于本法第二条规定的效力范围之外。本法第七十一条、第七十二条还针对小微企业众多、交易额分散、普遍使用平台服务模式等特有属性规定了跨境电子商务各环节相应的调整措施。

【法律法规衔接问题】

跨境电子商务是对外贸易的一种新模式，应当遵守进出口监督管理的法律、行政法规和国家有关规定，主要包括《对外贸易法》《海关法》《中华人民共和国技术进出口管理条例》。

第二节　电子商务平台经营者

第二十七条 电子商务平台经营者应当要求申请进入平台销售商品或者提供服务的经营者提交其身份、地址、联系方式、行政许可等真实信息，进行核验、登记，建立登记档案，并定期核验更新。

电子商务平台经营者为进入平台销售商品或者提供服务的非经营用户提供服务，应当遵守本节有关规定。

【重点法条解读】

本条规定了电子商务平台经营者对平台内经营者具有身份核验与登记的义务。

设置此规定主要有以下两方面原因。第一，可以确保交易相对人产生交易纠纷后快速准确的确定相关当事人。第二，对平台内消费者进行身份核验也有利于促进国家对电子商务的有效监管。因此，如果平台经营者不认真履行该义务，会对交易当事人的合法权益和监管机构职责的有效履行产生不利影响。故针对不履行本义务的平台经营者，本法第八十条规定了相应的法律责任。

本条分为两款，平台经营者对平台内经营者与非经营用户均应进行身份核验与登记。这里的非经营用户指的是不以获取利润为目的或非持续性开展经营活动的主体。例如，在淘宝交易平台中转让二手物品的用户属于此类主体。虽然，该类主体并不是本法所规定的电子商务经营者，但是由于其在交易平台上进行交易活动，交易平台应该对其进行身份核验与登记，有助于保护交易安全，维护交易相对人合法权益与市场秩序。

【法律法规衔接问题】

《消费者权益保护法》第四十四条，《网络安全法》第二十四条，《数据安全法》第三十三条。

第二十八条　电子商务平台经营者应当按照规定向市场监督管理部门报送平台内经营者的身份信息，提示未办理市场主体登记的经营者依法办理登记，并配合市场监督管理部门，针对电子商务的特点，为应当办理市场主体登记的经营者办理登记提供便利。

电子商务平台经营者应当依照税收征收管理法律、行政法规的规定，向税务部门报送平台内经营者的身份信息和与纳税有关的信息，并应当提示依照本法第十条规定不需要办理市场主体登记的电子商务经营者依照本法第十一条第二款的规定办理税务登记。

【重点法条解读】

本条规定了电子商务平台经营者需要将平台内经营者的相关信息报送市场监督管理部门和税务部门的义务。

电子商务平台经营者的信息报送的范围仅包括平台内经营者的身份信息和纳税信息，这表明平台经营者的报送义务并不是无限的，只是为配合有关部门履行相应职责的必要范围内进行信息报送。

本条第二款还规定了电子商务平台经营者对不需要办理市场主体登记的电子商务经营者单独提示办理税务登记的义务。

【法律法规衔接问题】

《电子商务法》第十条、第十一条。

第二十九条 电子商务平台经营者发现平台内的商品或者服务信息存在违反本法第十二条、第十三条规定情形的，应当依法采取必要的处置措施，并向有关主管部门报告。

【重点法条解读】

本条规定了电子商务平台经营者对平台内经营者特定违法行为具有处置与报告义务。

本条规定的是违反本法第十二条、第十三条规定的情形，分别是指：平台内经营者从事经营活动未能依法取得相关行政许可的情形；与平台内经营者销售的商品或提供的服务不符合保障人身、财产安全和环境保护要求，以及销售法律、行政法规禁止交易的商品或服务的情形。

这里的处置措施的"必要"是指根据平台内经营者违法行为的性质与类型采取足以防止违法行为继续的相应处置措施。例如，要求平台内经营者对相关商品和服务进行下架、断开连接，甚至暂停一切经营活动的措施。对于向有关部门报告，关键看是何种类型的行为，相对应向负有管理职责的部门进行报告，使有关部门的职责能够有效发挥。

【难点问题解析】

对于上述三种不同违法情形，电子商务平台经营者的义务存在一定差别：

（1）对于平台内经营者从事的经营活动未能依法取得相关行政许可，电子商务平台经营者应当对开展特定经营业务的平台内经营者设定准入门槛，通过技术手段加以落实。例如，对于特定经营业务的经营者只有在通过上传许可证件程序后，才能在平台内进行销售商品和提供服务的活动。

（2）对于销售法律、行政法规禁止交易的商品或服务的情形，在存在明确的法律依据的情况下，电子商务平台经营者应当展开持续性、一般性的排查与监控，一旦发现违禁商品和服务。例如，色情服务、枪支弹药等，应当依法处置。

（3）对于平台内经营者销售的商品或提供的服务不符合保障人身、财产安全和环境保护要求的情形，电子商务平台经营者要对相关商品是否存在不合理、可能导致消费者人身、财产损害的缺陷进行监控与排查。

此外，这种监控与排查的范围与强度应当以电子商务平台经营者现有的技术水平加以判断。

第三十条 电子商务平台经营者应当采取技术措施和其他必要措施保证其网络安全、稳定运行，防范网络违法犯罪活动，有效应对网络安全事件，保障电子商务交易安全。

电子商务平台经营者应当制定网络安全事件应急预案，发生网络安全事件时，应当立即启动应急预案，采取相应的补救措施，并向有关主管部门报告。

【重点法条解读】

本条规定了电子商务平台经营者负有保障网络安全的义务。

电子商务交易安全关系着电子交易各方主体的人身财产权益和国家经济安全健康发展,因此必须加以重视。

本条第一款强调了电子商务平台经营者的网络安全保障义务。主要从技术措施方面加以展开,保证平台自身网络运行安全稳定的同时,防范他人借助平台进行网络违法犯罪活动。本条第二款强调了对于网络安全事件的防范、应对和补救措施,从事前、事中、事后三环节应对网络安全事件。

【法律法规衔接问题】

《刑法》第二百五十三条、第二百五十八条、第二百八十五条、第二百八十六条、第二百八十八条,《网络安全法》第二十五条、第七十六条等规定了网络安全的概念,以及进行相关违法犯罪活动的责任问题。

第三十一条 电子商务平台经营者应当记录、保存平台上发布的商品和服务信息、交易信息,并确保信息的完整性、保密性、可用性。商品和服务信息、交易信息保存时间自交易完成之日起不少于三年;法律、行政法规另有规定的,依照其规定。

【重点法条解读】

本条规定了电子商务平台经营者对自身发布的交易信息具有记录和保存的义务。

1)记录、保存的主体

由于电子商务平台具有技术上的优势,汇集了交易过程的完整记录,因此法律规定记录、保存平台上发布的商品和服务信息、交易信息的主体为电子商务平台。

2)记录、保存的内容

本条明确规定了电子商务平台经营者应当记录、保存平台上发布的商品和服务信息、交易信息。

3)记录、保存的要求

记录、保存需满足信息的完整性、保密性、可用性要求,保存期限也应符合法定要求。要求信息达到完整性、保密性、可用性要求,是为了满足执法和司法的需要。将保存期限规定为不少于三年是为了与《民法典》规定的三年诉讼时效相呼应,若此期间发生交易纠纷,消费者可以依据相关法律要求电子商务平台提供相应数据信息。

【法律法规衔接问题】

《消费者权益保护法》第四十四条规定,"消费者通过网络交易平台购买商品或者接受服务,其合法权益受到损害的,可以向销售者或者服务者要求赔偿。网络交易平台提供者不能提供销售者或服务者真实名称、地址和有效联系方式的,消费者也可以向网络交易平台提供者要求赔偿。"

第三十二条 电子商务平台经营者应当遵循公开、公平、公正的原则,制定平台服务协议和交易规则,明确进入和退出平台、商品和服务质量保障、消费者权益保护、个人信息保护等方面的权利和义务。

【重点法条解读】

本条规定了电子商务平台经营者在制定平台服务协议和交易规则时应遵循的原则以及明确其权利和义务。

平台服务协议是电子商务平台经营者与平台内经营者、消费者签订的协议，是约束平台、平台内经营者与消费者的基础规范；交易规则是在平台服务协议的基础上签订的约束平台内经营者与消费者的规范。这二者都属于格式条款，故应当遵循公开、公平、公正的原则，明确各方面权利和义务。

第三十三条　电子商务平台经营者应当在其首页显著位置持续公示平台服务协议和交易规则信息或者上述信息的链接标识，并保证经营者和消费者能够便利、完整地阅览和下载。

【重点法条解读】

本条规定了电子商务平台经营者具有将平台服务协议和交易规则信息进行公示的义务。

本法第三十二条规定了制定平台服务协议和交易规则时应当遵循公开原则，本条正是对其的细化体现，具体规定了公开的相关做法。

第三十四条　电子商务平台经营者修改平台服务协议和交易规则，应当在其首页显著位置公开征求意见，采取合理措施确保有关各方能够及时充分表达意见。修改内容应当至少在实施前七日予以公示。

平台内经营者不接受修改内容，要求退出平台的，电子商务平台经营者不得阻止，并按照修改前的服务协议和交易规则承担相关责任。

【重点法条解读】

本条规定了电子商务平台经营者单方面对平台服务协议和交易规则进行修改应当遵守的程序。

电子商务平台经营者利用自己的优势单方面修改协议或规则时，平台内经营者和消费者相对处于弱势地位，因此在该方面应当对电子商务平台经营者进行相应限制。采取措施主要为程序方面，引入民主决策，确保各方充分表达意见。另外本条还规定了对于不同意该修改的平台内经营者可以选择退出该平台，平台不能阻止。平台内经营者退出平台的，按照意思自治原则，依照修改前的服务协议和交易规则处理纠纷。

第三十五条　电子商务平台经营者不得利用服务协议、交易规则以及技术等手段，对平台内经营者在平台内的交易、交易价格以及与其他经营者的交易等进行不合理限制或者附加不合理条件，或者向平台内经营者收取不合理费用。

【重点法条解读】

本条规定了电子商务平台交易者不得进行不合理的交易行为。

电子商务平台经营者对平台内经营者在平台内的交易、交易价格以及与其他经营者的交易等进行不合理限制主要是指电子商务平台经营者通过格式条款、格式合同等方式，就商品或服务价格、销售对象与销售地区进行不合理限制的行为;附加不合理条件的情形,常见的有利用服务协议、交易规则以及技术等手段签订独家销售协议、搜索降权等;向平台内经营者收取不合理费用主要是指电子商务平台经营者对平台内经营者的横向控制行为。

【难点问题解析】

关于禁止"二选一"行为的理解。

2017 年 11 月 28 日,京东以天猫、阿里巴巴滥用在中国大陆 B2C 网上零售平台市场的支配地位限定交易行为向北京市高级人民法院提起诉讼,这也被称为"二选一"第一案。这里的"二选一"指的是电子商务平台经营者要求入驻平台的平台内经营者与平台进行独家合作,以排挤其他同行业平台,提高本平台的竞争力。对此种扰乱市场正常竞争秩序的行为,本法明确禁止。此外,2021 年 8 月 17 日,国家市场监督管理总局发布的关于《禁止网络不正当竞争行为规定(公开征求意见稿)》(以下简称《规定意见稿》)中明确"禁止利用技术手段实施妨碍干扰等不正当竞争行为"。该《规定意见稿》第十九条明确规定,"经营者不得利用技术手段,通过影响用户选择、限流、屏蔽、商品下架等方式,减少其他经营者之间的交易机会,实施'二选一'行为,妨碍、破坏其他经营者合法提供的网络产品或者服务的正常运行,扰乱市场公平竞争秩序。经营者不得利用技术手段,通过限制交易对象、限制销售区域或时间、限制参与促销等方式,影响其他经营者的经营选择,实施'二选一'行为,妨碍、破坏具有依赖关系的交易相对方合法提供的网络产品或者服务的正常运行,扰乱市场公平交易秩序。"该规定表明了"二选一"不仅发生在具有市场支配地位的网络巨头上,而且对于任何电子商务经营者利用技术手段进行"二选一"以干扰市场公平交易秩序的行为均应予以禁止。

【法律法规衔接问题】

《电子商务法》第八十二条、《反垄断法》第十七条、《反不正当竞争法》第十二条、《网络交易监督管理办法》第三十二条。

第三十六条 电子商务平台经营者依据平台服务协议和交易规则对平台内经营者违反法律、法规的行为实施警示、暂停或者终止服务等措施的,应当及时公示。

【重点法条解读】

本条规定了电子商务平台经营者具有对平台内经营者采取的处置措施进行公示的义务。

该公示义务主要涉及的信息范围是电子商务平台经营者对平台内经营者实施的处罚性质的措施。该公示义务有助于利益相关者适时知情,可采取相应措施;也有助于警示其他平台内经营者贯彻诚实守信原则,促进电子商务市场健康发展。

第三十七条 电子商务平台经营者在其平台上开展自营业务的,应当以显著方式区分标记自营业务和平台内经营者开展的业务,不得误导消费者。

电子商务平台经营者对其标记为自营的业务依法承担商品销售者或者服务提供者的民事责任。

【重点法条解读】

本条规定了电子商务平台经营者的自营业务应当与平台内经营者开展的业务加以区分，不得误导消费者。

第三十八条　电子商务平台经营者知道或者应当知道平台内经营者销售的商品或者提供的服务不符合保障人身、财产安全的要求，或者有其他侵害消费者合法权益行为，未采取必要措施的，依法与该平台内经营者承担连带责任。

对关系消费者生命健康的商品或者服务，电子商务平台经营者对平台内经营者的资质资格未尽到审核义务，或者对消费者未尽到安全保障义务，造成消费者损害的，依法承担相应的责任。

【重点法条解读】

本条规定了电子商务平台经营者承担连带责任和相应责任的特殊情况。

针对电子商务平台经营者主观过错的表现形式，分别承担连带责任和相应责任。本条第一款规定了电子商务平台经营者在知道或应当知道平台内经营者存在侵犯消费者合法权益的行为，但未采取必要措施的应依法承担连带责任，这属于事后责任。本条第二款规定了对于关系消费者生命健康的商品或者服务，平台经营者在未尽到审核义务或安全保障义务的情况下，造成消费者损害应依法承担相应责任，这属于事前责任。

【难点问题解析】

1. "知道或应当知道"的理解

"知道"即明知，电子商务平台经营者对于存在侵犯消费者合法权益的行为这一事实具有明确且充分的认识。"应当知道"是指电子商务平台经营者在负有注意义务、具有注意能力的情况下，应当能够认识到平台内经营者存在损害消费者权益的行为。虽然本法对平台经营者并没有规定普遍的注意义务，但电子商务平台经营者的"避风港"具有一定的除外条件。"红旗规则"为我国普遍接受，所谓"红旗规则"，即当平台内经营者损害消费者权益的行为已经像红旗一样明显时，我们便可以推定平台经营者知道应当采取必要措施，若平台不作为，应当承担连带责任。对于"应当知道"的判断与适用，应当在具体案件中进行综合考虑，行为类型不同判断标准也应有所差异。此外，判断标准还应与平台自身技术水平和管控能力相挂钩。

2. "相应责任"的理解

司法实践中，对于电子商务平台经营者未履行审查义务或安全保障义务的情况复杂多样，应当遵循具体情况具体分析，具体案例具体解决的原则，根据实际情况判断应适用何种责任。应当指出的是，这里的相应责任既包括民事责任，也包括刑事责任与行政责任，其中民事责任包括按份责任、连带责任、补充责任。

【法律法规衔接问题】

《民法典》第一千一百九十七条、《消费者权益保护法》第四十四条、《食品安全法》第一百三十一条。

第三十九条　电子商务平台经营者应当建立健全信用评价制度，公示信用评价规则，为消费者提供对平台内销售的商品或者提供的服务进行评价的途径。

电子商务平台经营者不得删除消费者对其平台内销售的商品或者提供的服务的评价。

【重点法条解读】

本条规定了电子商务平台经营者具有应当建全信用评价制度的义务。

第四十条　电子商务平台经营者应当根据商品或者服务的价格、销量、信用等以多种方式向消费者显示商品或者服务的搜索结果；对于竞价排名的商品或者服务，应当显著标明"广告"。

【重点法条解读】

本条规定了电子商务平台经营者负有显示搜索结果的义务，以及对搜索结果中竞价排名商品和服务的标注义务。

第四十一条　电子商务平台经营者应当建立知识产权保护规则，与知识产权权利人加强合作，依法保护知识产权。

【重点法条解读】

本条规定了电子商务平台经营者应当建立知识产权保护规则，是电子商务平台经营者具有知识产权保护义务的一般性规定。

第四十二条　知识产权权利人认为其知识产权受到侵害的，有权通知电子商务平台经营者采取删除、屏蔽、断开链接、终止交易和服务等必要措施。通知应当包括构成侵权的初步证据。

电子商务平台经营者接到通知后，应当及时采取必要措施，并将该通知转送平台内经营者；未及时采取必要措施的，对损害的扩大部分与平台内经营者承担连带责任。

因通知错误造成平台内经营者损害的，依法承担民事责任。恶意发出错误通知，造成平台内经营者损失的，加倍承担赔偿责任。

【重点法条解读】

本条规定了知识产权权利人发出通知、平台经营者采取措施等相关权利义务。

根据最高法有关司法解释，知识产权权利人的通知应当包括身份证明、知识产权权属证明、侵权初步证据、要求平台上实施的措施、通知真实性的保证等内容。此外，本条还规定了知识产权权利人存在恶意的情况下，对平台内经营者造成损失的，加倍承担赔偿责任。

关于网络侵权责任，另参见本章《民法典》第一千一百九十五条至第一千一百九十七条的解读。

【法律法规衔接问题】

最高人民法院印发《关于审理涉电子商务平台知识产权民事案件的指导意见》的通知。

第四十三条　平台内经营者接到转送的通知后，可以向电子商务平台经营者提交不存在侵权行为的声明。声明应当包括不存在侵权行为的初步证据。

电子商务平台经营者接到声明后，应当将该声明转送发出通知的知识产权权利人，并告知其可以向有关主管部门投诉或者向人民法院起诉。电子商务平台经营者在转送声明到达知识产权权利人后十五日内，未收到权利人已经投诉或者起诉通知的，应当及时终止所采取的措施。

【重点法条解读】

本条是关于平台内经营者不存在侵权声明的提交与电子商务平台经营者终止所采取的措施的规定。

参考最高法的司法解释，本条款中对于不存在侵权的声明应包括身份证明、不存在侵权行为的初步证据、要求平台终止的措施、声明真实性的保证等内容。

根据本条规定，电子商务平台经营者将平台内经营者声明转交知识产权权利人之后，在十五日内进行未起诉或投诉的法律救济的，电子商务平台经营者则终止所采取的措施。

关于网络侵权责任，另参见本章《民法典》第一千一百九十五条至第一千一百九十七条解读。

【法律法规衔接问题】

最高人民法院印发《关于审理涉电子商务平台知识产权民事案件的指导意见》的通知。

第四十四条　电子商务平台经营者应当及时公示收到的本法第四十二条、第四十三条规定的通知、声明及处理结果。

【重点法条解读】

本条规定了电子商务平台经营者应当及时将知识产权权利人通知、平台内经营者声明以及处理结果进行公示。

关联本法第三十六条平台经营者的公示义务，本条属于本法第三十六条的特殊情形。

第四十五条　电子商务平台经营者知道或者应当知道平台内经营者侵犯知识产权的，应当采取删除、屏蔽、断开链接、终止交易和服务等必要措施；未采取必要措施的，与侵权人承担连带责任。

【重点法条解读】

本条规定了电子商务平台经营者在主观上知道或应当知道情况下，应当采取必要措施，平台不作为的应当承担连带责任。

电子商务平台经营者只有具有主观过错，即在知道或应当知道的情形下，存在作为义务，违反作为义务则承担连带责任。对于"知道或应当知道"的解释见本法第三十八条的解读。

第四十六条　除本法第九条第二款规定的服务外，电子商务平台经营者可以按照平台服务协议和交易规则，为经营者之间的电子商务提供仓储、物流、支付结算、交收等服务。电子商务平台经营者为经营者之间的电子商务提供服务，应当遵守法律、行政法规和国家有关规定，不得采取集中竞价、做市商等集中交易方式进行交易，不得进行标准化合约交易。

【重点法条解读】

本条规定了电子商务平台经营者的服务范围。

本法第九条第二款规定了电子商务平台经营者为交易双方或多方提供网络经营场所、交易撮合、信息发布等服务。除本法第九条的规定外，电子商务平台经营者还可以从事本条规定的仓储、物流、支付结算、交收服务等。应当指出的是，除本条列举的服务之外，我们应当认同电子商务平台经营者可以依法从事其他业务，但是应当遵守法律法规的强制性规定，不做禁止性行为。此外，本条还明确规定了电子商务平台经营者禁止从事的行为，即不得进行集中交易与标准化合约交易。集中交易是证券交易所中惯用的交易方式，一般针对具有金融投资属性的证券、期货等商品服务，这种交易方式在电子商务中极大可能会损害消费者合法权益。标准化合约交易主要是期货、大宗商品的交易方式，之所以称为标准化是因为该交易除价格以外的其他条款均有交易所事前规定，电子商务平台经营者若被允许采用此种交易方式，普通的商品或服务容易转化为金融投资商品或服务，进而引发金融风险，损害消费者权益，因此应当予以禁止。

第三章 电子商务合同的订立与履行

第四十七条 电子商务当事人订立和履行合同，适用本章和《中华人民共和国民法总则》《中华人民共和国合同法》《电子签名法》等法律的规定。

第四十八条 电子商务当事人使用自动信息系统订立或者履行合同的行为对使用该系统的当事人具有法律效力。

在电子商务中推定当事人具有相应的民事行为能力。但是，有相反证据足以推翻的除外。

【重点法条解读】

本条规定了使用自动信息系统订立或者履行电子商务合同的效力以及合同当事人民事行为能力推定原则。

本条第一款规定了使用自动信息系统订立或者履行电子商务合同对使用该系统的当事人的法律效力。

1) 自动信息系统的概念

本条第一款中的"自动信息系统"，是指能够在合同一方或双方当事人未干预的情况下，依据当事人预先输入和存储的参数，自动向合同相对人发送数据电文从而完成合同双方信息交互的信息系统。而具有独立学习、判断、决策、执行能力的人工智能系统不属于本条"自动信息系统"范畴。自动信息系统在电子商务中的使用极为广泛，为电子商务蓬勃发展提供了关键依托，尤其从经营者一方来说，自动信息系统对于大体量交易订单处理尤为必要。

2) 使用自动信息系统订立或者履行电子商务合同的法律效力

对于电子商务当事人使用自动信息系统订立或者履行合同的行为对使用该系统的当事人是否具有法律效力包括两方面涵义：一是数据电文这种形式是否影响合同法律效力，二是自动性是否影响对当事人的法律效力。

关于数据电文这种形式是否影响合同法律效力，《电子签名法》和《民法典》已有相关规定。《民法典》第四百六十九条对合同订立形式予以规定，"当事人订立合同，可以采用书面形式、口头形式或者其他形式。书面形式是合同书、信件、电报、电传、传真等可以有形地表现所载内容的形式。以电子数据交换、电子邮件等方式能够有形地表现所载内容，并可以随时调取查用的数据电文，视为书面形式。"《电子签名法》第三条规定，"当事人约定使用电子签名、数据电文的文书，不得仅因为其采用电子签名、数据电文的形式而否定其法律效力。"

关于自动性是否影响对当事人的法律效力，《电子签名法》第九条也对此有所规定，"数据电文由发件人的信息系统自动发送的，视为发件人发送。"这也是由这种自动"行为"的本质属性决定的，当事人使用自动信息系统交互的信息乃当事人己方预先设定，当然体现当事人意思，属于当事人民事法律行为，也当然对该当事人具有法律效力，因而使用该系统当事人有控制和注意预设操作的责任和义务。

本条第二款规定了合同当事人民事行为能力推定原则。

鉴于电子商务线上交互的特殊性，本条第二款规定推定当事人具有相应的民事行为能力。《民法典》第一百四十四条、第一百四十五条对无民事行为能力人和限制民事行为能力人实施的民事法律行为效力有所规定：无民事行为能力实施的民事法律行为无效；限制民事行为能力人除纯获利益的民事法律行为或者与其年龄、智力、精神健康状况相适应的民事法律行为外，实施其他民事法律行为经法定代理人同意或者追认后生效，对于限制民事行为能力人实施的民事法律行为，还支持善意相对人有撤销权利。

由于电子商务非面对面交互的特性，电子商务经营者往往难以判断交易账号所有者的民事行为能力，也难以判断对方当事人是否是交易账号所有者本人，为维护交易安全，电子商务法在《民法典》基础上对电子商务当事人民事行为能力的补充规定尤为必要。

根据本条第二款，首先，推定当事人具有相应的民事行为能力，无民事行为能力人和限制民事行为能力人使用自动信息系统订立或者履行合同的行为也视为完全民事行为能力人实施的民事法律行为或限制民事行为能力人实施与其年龄、智力、精神健康状况相适应的民事法律行为，均有效，无需法定代理人同意或追认。其次，若有相反证据足以推翻，根据《民法典》规定，无民事行为能力人使用自动信息系统订立或者履行合同的行为无效，限制民事行为能力人使用自动信息系统订立或者履行合同的行为经法定代理人同意或者追认后生效。

本款所指"有相反证据足以推翻"针对的证明对象并非己方无相应民事行为能力，而是对方知情，即有证据证明对方当事人知道或应当知道己方当事人不具有相应民事行为能力。据此规定，关于知情与否的举证责任归于主张无相应民事行为能力一方，并由主张无相应民事行为能力一方承担举证不能后果。如此便能促进无民事行为能力、限制民事行为能力的监护人承担监护责任，保障电子商务的交易秩序。

第四十九条　电子商务经营者发布的商品或者服务信息符合要约条件的，用户选择该商品或者服务并提交订单成功，合同成立。当事人另有约定的，从其约定。

电子商务经营者不得以格式条款等方式约定消费者支付价款后合同不成立；格式条款等含有该内容的，其内容无效。

第五十条　电子商务经营者应当清晰、全面、明确地告知用户订立合同的步骤、注意事项、下载方法等事项，并保证用户能够便利、完整地阅览和下载。

电子商务经营者应当保证用户在提交订单前可以更正输入错误。

第五十一条　合同标的为交付商品并采用快递物流方式交付的，收货人签收时间为交付时间。合同标的为提供服务的，生成的电子凭证或者实物凭证中载明的时间为交付时间；前述凭证没有载明时间或者载明时间与实际提供服务时间不一致的，实际提供服务的时间为交付时间。

合同标的为采用在线传输方式交付的，合同标的进入对方当事人指定的特定系统并且能够检索识别的时间为交付时间。

合同当事人对交付方式、交付时间另有约定的，从其约定。

第五十二条　电子商务当事人可以约定采用快递物流方式交付商品。

快递物流服务提供者为电子商务提供快递物流服务，应当遵守法律、行政法规，并应当符合承诺的服务规范和时限。快递物流服务提供者在交付商品时，应当提示收货人当面查验；交由他人代收的，应当经收货人同意。

快递物流服务提供者应当按照规定使用环保包装材料，实现包装材料的减量化和再利用。

快递物流服务提供者在提供快递物流服务的同时，可以接受电子商务经营者的委托提供代收货款服务。

第五十三条　电子商务当事人可以约定采用电子支付方式支付价款。

电子支付服务提供者为电子商务提供电子支付服务，应当遵守国家规定，告知用户电子支付服务的功能、使用方法、注意事项、相关风险和收费标准等事项，不得附加不合理交易条件。电子支付服务提供者应当确保电子支付指令的完整性、一致性、可跟踪稽核和不可篡改。

电子支付服务提供者应当向用户免费提供对账服务以及最近三年的交易记录。

第五十四条　电子支付服务提供者提供电子支付服务不符合国家有关支付安全管理要求，造成用户损失的，应当承担赔偿责任。

第五十五条　用户在发出支付指令前，应当核对支付指令所包含的金额、收款人等完整信息。

支付指令发生错误的，电子支付服务提供者应当及时查找原因，并采取相关措施予以纠正。造成用户损失的，电子支付服务提供者应当承担赔偿责任，但能够证明支付错误非自身原因造成的除外。

【重点法条解读】

本条第一款规定了用户核对支付信息的义务。本条第二款是对支付指令发生错误时责任归属的规定。

1)"支付指令发生错误"含义与成因

"支付指令发生错误"指的是支付资金未按照完成并发出支付指令用户真实意思而转移，主要包括收款对象错误、支付金额错误、重复支付、支付时间错误等。

导致支付指令发生错误的原因多样，可分为支付指令发出前、传输中、执行时三类错误原因；第一类发出前的错误指的是用户发出的支付指令本身错误；第二类传输中的错误指的是支付指令在从发出者到达支付服务提供者的过程中出现更改；第三类执行时的错误指的是支付服务提供者错误执行、未执行或重复执行到达的支付指令。分析支付指令发生错误的成因是因为该成因恰恰是支付指令错误责任分配的基础。《电子商务法》对于支付指令发生错误的责任归属采用过错责任制度。实践中多种原因竞合的情况极为少数，任意一类原因都可单独导致支付指令发生错误。

第一类用户发出的支付指令的错误一般是由用户未核对指令内容导致的。用户发出的支付指令应看作用户真实意思表示，用户理应对该指令内容负责，核对指令内容符合自身真实意思表示是发出支付指令用户的义务。本条第一款便对用户的这项核对义务予以了规定。相应地，由于用户未尽此项义务的过错导致支付指令发生错误的，责任也应由该用户承担。

第二类支付指令在从发出者到达支付服务提供者的过程中出现更改的错误、第三类支付服务提供者错误执行、未执行或重复执行到达的支付指令的错误可能由支付服务提供者原因导致，也可能因服务器故障、传输网络故障等不可抗力导致。

2）电子支付服务提供者证明责任

本条在过错责任制基础上，第二款进一步规定了电子支付服务提供者过错推定原则，若电子支付服务提供者不能证明支付错误非自身原因造成，对于用户造成的损失，应当承担赔偿责任。该原则是衡量电子商务双方当事人地位的举证难度、考量消费者权益保护的结果。电子支付服务提供者可根据《电子支付指引（第一号）》规定的义务证明己方无过错，包括证明己方履行了提示义务、确认义务、正确执行义务、提供交易回单义务、防止损失扩大义务等。

第五十六条　电子支付服务提供者完成电子支付后，应当及时准确地向用户提供符合约定方式的确认支付的信息。

第五十七条　用户应当妥善保管交易密码、电子签名数据等安全工具。用户发现安全工具遗失、被盗用或者未经授权的支付的，应当及时通知电子支付服务提供者。

未经授权的支付造成的损失，由电子支付服务提供者承担；电子支付服务提供者能够证明未经授权的支付是因用户的过错造成的，不承担责任。

电子支付服务提供者发现支付指令未经授权，或者收到用户支付指令未经授权的通知时，应当立即采取措施防止损失扩大。电子支付服务提供者未及时采取措施导致损失扩大的，对损失扩大部分承担责任。

第四章　电子商务争议解决

第五十八条　国家鼓励电子商务平台经营者建立有利于电子商务发展和消费者权益保护的商品、服务质量担保机制。

【重点法条解读】

电子商务平台经营者与平台内经营者协议设立消费者权益保证金的，双方应当就消费者权益保证金的提取数额、管理、使用和退还办法等作出明确约定。

消费者要求电子商务平台经营者承担先行赔偿责任以及电子商务平台经营者赔偿后向

平台内经营者的追偿,适用《消费者权益保护法》的有关规定。

第五十九条　电子商务经营者应当建立便捷、有效的投诉、举报机制,公开投诉、举报方式等信息,及时受理并处理投诉、举报。

第六十条　电子商务争议可以通过协商和解,请求消费者组织、行业协会或者其他依法成立的调解组织调解,向有关部门投诉,提请仲裁,或者提起诉讼等方式解决。

【重点法条解读】

本条规定的是电子商务争议的救济途径。

除诉讼外,本条还为电子商务争议发生时的当事人提供了四类救济途径,确保电子商务争议的便利解决和电子商务的顺畅运行。最为多发的电子商务争议是电子商务经营者与消费者之间的,本条规定的这五种救济途径的规定与《消费者权益保护法》第三十九条规定的消费者和经营者发生消费者权益争议解决途径一致。此外电子商务争议还包括平台与平台内经营者之间的争议、经营者与知识产权人之间的争议等。

1)协商调解

依据《工商行政管理部门处理消费者投诉办法》第五条规定,"工商行政管理部门应当引导经营者加强自律,鼓励经营者与消费者协商和解消费纠纷。"协商和解是解决经营者与消费者争议的有效方式,也应当成为解决电子商务经营者和消费者争议的常用方式。协商和解因其消耗社会资源,尤其司法资源较少而成为被鼓励选择的一种高效途径,也是电子商务经营者处理本法第五十九条"投诉、举报"的常用途径。

2)请求消费者组织、行业协会或者其他依法成立的调解组织调解

(1)请求消费者组织调解:根据《消费者权益保护法》第三十六条,消费者协会和其他消费者组织是依法成立的对商品和服务进行社会监督的保护消费者合法权益的社会组织。依据第三十七条对消费者协会履行公益性职责的规定,受理消费者的投诉,并对投诉事项进行调查、调解是消费者协会职责所在。

(2)请求行业协会调解:电子商务行业组织按照本组织章程开展行业自律,建立健全行业规范,推动行业诚信建设,监督、引导本行业经营者公平参与市场竞争,能够为电子商务争议提供更具专业性的调节服务。

(3)请求人民调解组织调解:人民调解是指人民调解委员会通过说服、疏导等方法,促使当事人在平等协商基础上自愿达成调解协议,解决民间纠纷的活动。请求人民调解组织调解应遵循《人民调解法》规定,经人民调解组织调解达成的调解协议具有法律约束力。

3)向有关部门投诉

《消费者权益保护法》第四十六条规定,"消费者向有关行政部门投诉的,该部门应当自收到投诉之日起七个工作日内,予以处理并告知消费者。"《工商行政管理部门处理消费者投诉办法》规定工商行政管理部门在其职权范围内受理的消费者投诉属于民事争议的,实行调解制度。

4)提请仲裁

《仲裁法》规定平等主体的公民、法人和其他组织之间发生的合同纠纷和其他财产权益纠纷可以仲裁。当事人采用仲裁方式解决电子商务争议的前提是双方自愿达成了仲裁协

议，否则仲裁委员会不予受理。

5）提起诉讼

提起诉讼是当事人解决电子商务争议的最终救济途径，包括当事人向人民法院提起诉讼和公益诉讼两类。

除以上五种救济途径，本法第六十三条还提供了平台线上争议解决机制这种创新模式。

第六十一条　消费者在电子商务平台购买商品或者接受服务，与平台内经营者发生争议时，电子商务平台经营者应当积极协助消费者维护合法权益。

第六十二条　在电子商务争议处理中，电子商务经营者应当提供原始合同和交易记录。因电子商务经营者丢失、伪造、篡改、销毁、隐匿或者拒绝提供前述资料，致使人民法院、仲裁机构或者有关机关无法查明事实的，电子商务经营者应当承担相应的法律责任。

第六十三条　电子商务平台经营者可以建立争议在线解决机制，制定并公示争议解决规则，根据自愿原则，公平、公正地解决当事人的争议。

【重点法条解读】

本条是关于电子商务平台经营者建立争议在线解决机制的规定。

本条规定为本法第六十条电子商务争议的救济途径提供了一种创新模式。

争议在线解决机制（Online Dispute Resolution，ODR）是从非诉讼争端解决办法（Alternative Dispute Resolution，ADR）演化而来的，是把 ADR 的方法和经验运用到全球电子商务环境中，以解决大量在线纠纷的一种机制。ODR 最常用的方法包括在线协商、在线调解、在线仲裁。[1]

电子商务平台经营者建立争议在线解决机制能够高效解决消费者与电子商务经营者的争议，分担调解、仲裁、诉讼机关的压力，大大节省司法资源。ODR 已在全球电子商务环境中被应用于解决 B2C 电子商务争议。我国京东、淘宝等许多大型购物网站作为电子商务平台经营者，建立了协商、调解、评议机制，有非常严密的规则、程序和机构，一旦发生纠纷（以消费者争议为主），消费者可以通过网络直接与商家交涉；也可以向网站管理者投诉，请求查处和调解；还可以采用网络评议，由公众评议团形成不具有终局性的裁决。三种基本在线纠纷解决方式融合为一个完整的机制，已成为电子商务纠纷解决的主要渠道，有效地代替了诉讼。

根据本条规定，电子商务平台经营者建立争议在线解决机制应当坚决做好信息公开，保持争议解决规则透明化、合法化，在坚持自愿原则的前提下公平、公正地解决当事人的争议。

ODR 在跨境电子商务争议解决问题上有着绝对优势，是解决跨境电子商务争议的有效手段，也是必要手段。本条规定能够成为本法第七十三条第二款规定"国家推动建立与不同国家、地区之间的跨境电子商务争议解决机制"的有效措施之一。

---

[1] 范愉主编，《非诉讼程序（ADR）教程》第三版，中国人民大学出版社，2016。

第五章   电子商务促进

第六十四条   国务院和省、自治区、直辖市人民政府应当将电子商务发展纳入国民经济和社会发展规划，制定科学合理的产业政策，促进电子商务创新发展。

第六十五条   国务院和县级以上地方人民政府及其有关部门应当采取措施，支持、推动绿色包装、仓储、运输，促进电子商务绿色发展。

第六十六条   国家推动电子商务基础设施和物流网络建设，完善电子商务统计制度，加强电子商务标准体系建设。

第六十七条   国家推动电子商务在国民经济各个领域的应用，支持电子商务与各产业融合发展。

第六十八条   国家促进农业生产、加工、流通等环节的互联网技术应用，鼓励各类社会资源加强合作，促进农村电子商务发展，发挥电子商务在精准扶贫中的作用。

第六十九条   国家维护电子商务交易安全，保护电子商务用户信息，鼓励电子商务数据开发应用，保障电子商务数据依法有序自由流动。

国家采取措施推动建立公共数据共享机制，促进电子商务经营者依法利用公共数据。

第七十条   国家支持依法设立的信用评价机构开展电子商务信用评价，向社会提供电子商务信用评价服务。

第七十一条   国家促进跨境电子商务发展，建立健全适应跨境电子商务特点的海关、税收、进出境检验检疫、支付结算等管理制度，提高跨境电子商务各环节便利化水平，支持跨境电子商务平台经营者等为跨境电子商务提供仓储物流、报关、报检等服务。

国家支持小型微型企业从事跨境电子商务。

第七十二条   国家进出口管理部门应当推进跨境电子商务海关申报、纳税、检验检疫等环节的综合服务和监管体系建设，优化监管流程，推动实现信息共享、监管互认、执法互助，提高跨境电子商务服务和监管效率。跨境电子商务经营者可以凭电子单证向国家进出口管理部门办理有关手续。

第七十三条   国家推动建立与不同国家、地区之间跨境电子商务的交流合作，参与电子商务国际规则的制定，促进电子签名、电子身份等国际互认。

国家推动建立与不同国家、地区之间的跨境电子商务争议解决机制。

第六章   法 律 责 任

第七十四条   电子商务经营者销售商品或者提供服务，不履行合同义务或者履行合同义务不符合约定，或者造成他人损害的，依法承担民事责任。

【重点法条解读】

本条是对电子商务经营者民事责任的概括性规定。

本条涉及的销售商品或提供服务的电子商务经营者不仅包括平台内经营者，也包括平台经营者，本法第三十七条第二款规定，"电子商务平台经营者对其标记为自营的业务依法承担商品销售者或者服务提供者的民事责任。"

【法律法规衔接问题】

电子商务经营者销售商品或者提供服务，不履行合同义务或者履行合同义务不符合约定，或者造成他人损害的，应依据《民法典》和《消费者权益保护法》承担民事责任。民事责任包括违约责任和侵权责任。

违约责任：《民法典》合同编第五百七十七条至第五百九十四条对违约责任予以规定。电子商务经营者销售商品或者提供服务，不履行合同义务或者履行合同义务不符合约定的情形包括未在约定期限交付商品或提供服务，交付的商品或提供的服务数量、质量、类型不符合合同约定等，均属于违约行为。《民法典》第五百七十七条规定，"当事人一方不履行合同义务或者履行合同义务不符合约定的，应当承担继续履行、采取补救措施或者赔偿损失等违约责任。"根据《产品质量法》《消费者权益保护法》《民法典》规定，电子商务经营者销售商品或者提供服务造成违约责任的承担方式包括继续履行、修理、更换、退货、支付违约金、双倍返还定金、赔偿损失、惩罚性赔偿、退回预付款及利息。

侵权责任：电子商务经营者销售商品或者提供服务可能侵害消费者人身权与财产权。《民法典》第一千一百七十九条对人身损害赔偿范围予以规定，"侵害他人造成人身损害的，应当赔偿医疗费、护理费、交通费、营养费、住院伙食补助费等为治疗和康复支出的合理费用，以及因误工减少的收入。造成残疾的，还应当赔偿辅助器具费和残疾赔偿金；造成死亡的，还应当赔偿丧葬费和死亡赔偿金。"《民法典》第一千一百八十四条对财产损失赔偿计算予以规定，"侵害他人财产的，财产损失按照损失发生时的市场价格或者其他合理方式计算。"

当发生违约责任与侵权责任竞合时，消费者只能主张电子商务经营者承担违约责任或侵权责任，依据《民法典》第一百八十六条规定，"因当事人一方的违约行为，损害对方人身权益、财产权益的，受损害方有权选择请求其承担违约责任或者侵权责任。"

第七十五条　电子商务经营者违反本法第十二条、第十三条规定，未取得相关行政许可从事经营活动，或者销售、提供法律、行政法规禁止交易的商品、服务，或者不履行本法第二十五条规定的信息提供义务，电子商务平台经营者违反本法第四十六条规定，采取集中交易方式进行交易，或者进行标准化合约交易的，依照有关法律、行政法规的规定处罚。

【重点法条解读】

本条规定了电子商务经营者未取得相关行政许可从事经营活动，销售、提供法律、行政法规禁止交易的商品、服务，不履行信息提供义务，采取集中交易方式进行交易或者进行标准化合约交易的法律责任。

本条衔接本法第十二条、第十三条、第二十五条、第四十六条。

【法律法规衔接问题】

1）电子商务经营者未取得相关行政许可从事经营活动的法律责任

《行政许可法》《刑法》《无证无照经营查处办法》等法律和行政法规以及《药品管理法》第一百一十五条、《食品安全法》第一百二十条等专门性法律对电子商务经营者未取得相关行政许可从事经营活动的法律责任予以规定。

2）电子商务经营者销售、提供法律、行政法规禁止交易的商品、服务的法律责任

销售、提供法律、行政法规禁止交易的商品、服务会构成《刑法》第二百二十五条规定的非法经营罪，应承担刑事责任。

3）电子商务经营者不履行信息提供义务的法律责任

《网络交易监督管理办法》第三十四条规定了网络交易平台对监管部门的信息提供义务，与本法第二十五条相一致。《网络安全法》第六十九条规定了对违反信息提供义务的法律责任，"网络运营者违反本法规定，有下列行为之一的，由有关主管部门责令改正；拒不改正或者情节严重的，处五万元以上五十万元以下罚款，对直接负责的主管人员和其他直接责任人员，处一万元以上十万元以下罚款……（二）拒绝、阻碍有关部门依法实施的监督检查的；（三）拒不向公安机关、国家安全机关提供技术支持和协助的。"电子商务经营者不履行信息提供义务即"拒绝、阻碍有关部门依法实施的监督检查"行为表现之一。

4）电子商务经营者采取集中交易方式进行交易或者进行标准化合约交易的法律责任

根据《国务院办公厅关于清理整顿各类交易场所的实施意见》《期货交易管理条例》(2017)等规定，违法采取集中交易方式进行交易或者进行标准化合约交易的电子商务经营者，承担的法律责任包括没收违法所得、罚款、警告等。例如，《期货交易管理条例》(2017)第七十四条规定，"非法设立期货交易场所或者以其他形式组织期货交易活动的，由所在地县级以上地方人民政府予以取缔，没收违法所得，并处违法所得 1 倍以上 5 倍以下的罚款；没有违法所得或者违法所得不满 20 万元的，处 20 万元以上 100 万元以下的罚款。对单位直接负责的主管人员和其他直接责任人员给予警告，并处 1 万元以上 10 万元以下的罚款。"、"非法设立期货公司及其他期货经营机构，或者擅自从事期货业务的，予以取缔，没收违法所得，并处违法所得 1 倍以上 5 倍以下的罚款；没有违法所得或者违法所得不满 20 万元的，处 20 万元以上 100 万元以下的罚款。对单位直接负责的主管人员和其他直接责任人员给予警告，并处 1 万元以上 10 万元以下的罚款。"

第七十六条　电子商务经营者违反本法规定，有下列行为之一的，由市场监督管理部门责令限期改正，可以处一万元以下的罚款，对其中的电子商务平台经营者，依照本法第八十一条第一款的规定处罚：

（一）未在首页显著位置公示营业执照信息、行政许可信息、属于不需要办理市场主体登记情形等信息，或者上述信息的链接标识的；

（二）未在首页显著位置持续公示终止电子商务的有关信息的；

（三）未明示用户信息查询、更正、删除以及用户注销的方式、程序，或者对用户信息查询、更正、删除以及用户注销设置不合理条件的。

电子商务平台经营者对违反前款规定的平台内经营者未采取必要措施的，由市场监督管理部门责令限期改正，可以处二万元以上十万元以下的罚款。

【重点法条解读】

本条规定的是有关电子商务经营者未尽公示义务和违反用户信息管理规定的法律责任。

本条是衔接本法第十五条、第十六条、第二十四条的结果条款。

本条对电子商务平台经营者未尽相关义务设定了依据本法第八十一条第一款规定的加重处罚。

第七十七条　电子商务经营者违反本法第十八条第一款规定提供搜索结果，或者违反本法第十九条规定搭售商品、服务的，由市场监督管理部门责令限期改正，没收违法所得，可以并处五万元以上二十万元以下的罚款；情节严重的，并处二十万元以上五十万元以下的罚款。

【重点法条解读】

本条规定的是电子商务经营者违反提供搜索结果规定和搭售行为的法律责任。

第七十八条　电子商务经营者违反本法第二十一条规定，未向消费者明示押金退还的方式、程序，对押金退还设置不合理条件，或者不及时退还押金的，由有关主管部门责令限期改正，可以处五万元以上二十万元以下的罚款；情节严重的，处二十万元以上五十万元以下的罚款。

【重点法条解读】

本条规定的是电子商务经营者违反押金退还规定的法律责任。

本条是衔接本法第二十一条的结果条款。

第七十九条　电子商务经营者违反法律、行政法规有关个人信息保护的规定，或者不履行本法第三十条和有关法律、行政法规规定的网络安全保障义务的，依照《网络安全法》等法律、行政法规的规定处罚。

【重点法条解读】

本条规定了电子商务经营者违反个人信息保护规定和违反网络安全保障义务的法律责任。

本条是衔接本法第五条、第二十三条、第二十五条、第三十条的结果条款。

【法律法规衔接问题】

电子商务经营者违反个人信息保护规定，应承担《个人信息保护法》第六十六条至第七十一规定的行政责任、民事责任、刑事责任。具体责任承担还应遵守《民法典》《网络安全法》第六十四条，《消费者权益保护法》第五十条、第五十六条，《刑法》第二百五十三条侵犯公民个人信息罪以及相关司法解释的相关规定。

电子商务经营者不履行网络安全保障义务应承担《网络安全法》第五十九条、第六十八条、第六十九条规定的行政责任，则应承担《刑法》第二百八十六条拒不履行信息网络安全管理义务罪规定的刑事责任。

第八十条　电子商务平台经营者有下列行为之一的，由有关主管部门责令限期改正；逾期不改正的，处二万元以上十万元以下的罚款；情节严重的，责令停业整顿，并处十万元以上五十万元以下的罚款：

（一）不履行本法第二十七条规定的核验、登记义务的；

（二）不按照本法第二十八条规定向市场监督管理部门、税务部门报送有关信息的；

（三）不按照本法第二十九条规定对违法情形采取必要的处置措施，或者未向有关主管部门报告的；

（四）不履行本法第三十一条规定的商品和服务信息、交易信息保存义务的。

法律、行政法规对前款规定的违法行为的处罚另有规定的,依照其规定。

【重点法条解读】

本条规定了电子商务平台经营者违反核验、登记、报送信息、处置违法情形、信息保存相关规定的法律责任。

本条是衔接本法第二十七条至第二十九条、第三十一条的结果条款。

第八十一条　电子商务平台经营者违反本法规定,有下列行为之一的,由市场监督管理部门责令限期改正,可以处二万元以上十万元以下的罚款;情节严重的,处十万元以上五十万元以下的罚款:

(一)未在首页显著位置持续公示平台服务协议、交易规则信息或者上述信息的链接标识的;

(二)修改交易规则未在首页显著位置公开征求意见,未按照规定的时间提前公示修改内容,或者阻止平台内经营者退出的;

(三)未以显著方式区分标记自营业务和平台内经营者开展的业务的;

(四)未为消费者提供对平台内销售的商品或者提供的服务进行评价的途径,或者擅自删除消费者的评价的。

电子商务平台经营者违反本法第四十条规定,对竞价排名的商品或者服务未显著标明"广告"的,依照《中华人民共和国广告法》的规定处罚。

【重点法条解读】

本条规定了电子商务平台经营者未尽公示和标注义务、违反消费者评价管理规则的法律责任。

本条是衔接本法第三十三条、第三十四条、第三十七条、第三十九条、第四十条的结果条款。

第八十二条　电子商务平台经营者违反本法第三十五条规定,对平台内经营者在平台内的交易、交易价格或者与其他经营者的交易等进行不合理限制或者附加不合理条件,或者向平台内经营者收取不合理费用的,由市场监督管理部门责令限期改正,可以处五万元以上五十万元以下的罚款;情节严重的,处五十万元以上二百万元以下的罚款。

【重点法条解读】

本条规定了电子商务平台经营者不合理限制平台内经营者或向其收取不合理费用的法律责任。

本条是衔接本法第三十五条的结果条款。

第八十三条　电子商务平台经营者违反本法第三十八条规定,对平台内经营者侵害消费者合法权益行为未采取必要措施,或者对平台内经营者未尽到资质资格审核义务,或者对消费者未尽到安全保障义务的,由市场监督管理部门责令限期改正,可以处五万元以上五十万元以下的罚款;情节严重的,责令停业整顿,并处五十万元以上二百万元以下的罚款。

【重点法条解读】

本条规定了电子商务平台经营者未尽保护消费者合法权益相关义务的法律责任。

本条是衔接本法第三十八条的结果条款。

第八十四条　电子商务平台经营者违反本法第四十二条、第四十五条规定，对平台内经营者实施侵犯知识产权行为未依法采取必要措施的，由有关知识产权行政部门责令限期改正；逾期不改正的，处五万元以上五十万元以下的罚款；情节严重的，处五十万元以上二百万元以下的罚款。

【重点法条解读】

本条规定了电子商务平台经营者放任平台内知识产权侵犯行为的法律责任。

本条是衔接本法第四十二条、第四十五条的结果条款。

第八十五条　电子商务经营者违反本法规定，销售的商品或者提供的服务不符合保障人身、财产安全的要求，实施虚假或者引人误解的商业宣传等不正当竞争行为，滥用市场支配地位，或者实施侵犯知识产权、侵害消费者权益等行为的，依照有关法律的规定处罚。

第八十六条　电子商务经营者有本法规定的违法行为的，依照有关法律、行政法规的规定记入信用档案，并予以公示。

第八十七条　依法负有电子商务监督管理职责的部门的工作人员，玩忽职守、滥用职权、徇私舞弊，或者泄露、出售或者非法向他人提供在履行职责中所知悉的个人信息、隐私和商业秘密的，依法追究法律责任。

【重点法条解读】

本条是对电子商务监督管理部门行政、刑事法律责任的规定。

第八十八条　违反本法规定，构成违反治安管理行为的，依法给予治安管理处罚；构成犯罪的，依法追究刑事责任。

第七章　附　　则

第八十九条　本法自 2019 年 1 月 1 日起施行。

6.4　电子签名法中相关法条解读

中华人民共和国电子签名法

（根据 2019 年 4 月 23 日第十三届全国人民代表大会常务委员会第十次会议
《关于修改〈中华人民共和国建筑法〉等八部法律的决定》第二次修正）

第一章　总　　则

第一条　为了规范电子签名行为，确立电子签名的法律效力，维护有关各方的合法权益，制定本法。

【重点法条解读】

本条规定了电子签名法的立法目的，即规范电子签名行为、确立电子签名的法律效力和维护各方的合法权益等三方面的目的。

随着电子商务和电子政务中电子签名的广泛应用，为消除其法律障碍，需要制定电子签名法。2004年8月28日，在第十届全国人大常委会第十一次会议的全体会议上通过了《电子签名法》这部法律，其于2005年4月1日起正式施行。2015年4月24日第十二届全国人民代表大会常务委员会第十四次会议《关于修改〈中华人民共和国电力法〉等六部法律的决定》对《电子签名法》进行了第一次修正，对第十七条增加一项，"（一）取得企业法人资格"；删除了第十八条第二款，"申请人应当持电子认证许可证书依法向工商行政管理部门办理企业登记手续。"2019年4月23日第十三届全国人民代表大会常务委员会第十次会议《关于修改〈中华人民共和国建筑法〉等八部法律的决定》对《电子签名法》进行了第二次修正，删去了第三条第三款第二项"（二）涉及土地、房屋等不动产权益转让的；"的规定；将第三项改为第二项，删除了其中的"供电"，修改为："（二）涉及停止供水、供热、供气等公用事业服务的"。

第二条　本法所称电子签名，是指数据电文中以电子形式所含、所附用于识别签名人身份并表明签名人认可其中内容的数据。

本法所称数据电文，是指以电子、光学、磁或者类似手段生成、发送、接收或者储存的信息。

【重点法条解读】

本条规定了电子签名和数据电文概念。

《民法典》第四百九十条规定，"当事人采用合同书形式订立合同的，自当事人均签名、盖章或者按指印时合同成立。"手写签名不仅表明签名人的身份，也表明对签署文件的认可。在电子交易中，为保证交易安全，采用一种技术手段来识别交易当事人，以达到与传统的手写签名相同的功能，就可称为电子签名。也就是说，电子签名法律概念并非从技术本身进行判断，而是从功能角度进行界定。即要符合两个条件：（一）数据电文中以电子形式所含、所附的数据；（二）用于识别签名人身份并表明签名人认可其中内容的数据。其中，第（一）项又包括两层意思：一是电子签名是以电子形式出现的数据；二是电子签名是附着于数据电文的，即数字电文与电子签名之间存在某种逻辑联系。

电子签名具有多种形式。例如，在电子合同文件中的电子签章；利用生物特征识别技术的指纹、笔迹、人脸和虹膜；向收件人发出证实发送人身份的密码、计算机口令；通过移动电话短信业务往来的短信等。无论采用什么样技术手段，只要符合本条规定的要件，就是本法的电子签名。而数据电文的概念包含两层意思：第一，数据电文使用的是电子、光、磁手段或者其他具有类似功能的手段；第二，数据电文的实质是各种形式的信息。

第三条　民事活动中的合同或者其他文件、单证等文书，当事人可以约定使用或者不使用电子签名、数据电文。

当事人约定使用电子签名、数据电文的文书，不得仅因为其采用电子签名、数据电文的形式而否定其法律效力。

前款规定不适用下列文书：

（一）涉及婚姻、收养、继承等人身关系的；

（二）涉及停止供水、供热、供气等公用事业服务的；

（三）法律、行政法规规定的不适用电子文书的其他情形。

【重点法条解读】

本条规定了电子签名活动中的当事人意思自治原则、电子签名和数据电文的法律效力和不适用的领域。

第二章　数据电文

第四条　能够有形地表现所载内容，并可以随时调取查用的数据电文，视为符合法律、法规要求的书面形式。

【重点法条解读】

本条规定了数据电文符合法定书面形式的要求。

法律对有些文书要求书面形式。例如，在合同中有一些应当采用书面形式。又如，融资租赁合同、建设工程合同、委托监理合同、技术开发合同、技术转让合同、技术许可合同、物业服务合同、保理合同、借款合同（但自然人之间借款另有约定的除外）、期限六个月以上的租赁合同（当事人未采用书面形式的，视为不定期租赁）等。本条规定了哪些电文符合书面形式的要求，即数据电文必须符合两个条件：一是能够有形地表现所载内容；二是可以随时调取查用。第一个条件是书面形式的本质特征，任何书面形式都必须符合这个条件。第二个条件是针对数据电文所作的专门要求，因为如果不能随时调取查用，则失去了书面形式所具有的易于取证、易于分清责任的优点。

同样的规定体现在《民法典》合同编中。第四百六十九条第二款规定，"书面形式是合同书、信件、电报、电传、传真等可以有形地表现所载内容的形式。"第三款规定，"以电子数据交换、电子邮件等方式能够有形地表现所载内容，并可以随时调取查用的数据电文，视为书面形式。"

【法律法规衔接问题】

《民法典》第四百六十九条。

第五条　符合下列条件的数据电文，视为满足法律、法规规定的原件形式要求：

（一）能够有效地表现所载内容并可供随时调取查用；

（二）能够可靠地保证自最终形成时起，内容保持完整、未被更改。但是，在数据电文上增加背书以及数据交换、储存和显示过程中发生的形式变化不影响数据电文的完整性。

【重点法条解读】

本条规定了数据电文符合法定原件形式的要求。

数据电文要符合原件形式要求，要满足两个条件：一是能够有效地表现所载内容并可供随时调取查用；二是符合完整性要求。

【难点问题解析】

完整性要求的判断标准问题。

"原件"形式的要求最常见于《诉讼法》的规定中,有些证书和文件也要求"原件"形式。但数据电文很难以"原件"形式传递,严格讲数据电文并无原件形式,因而需要通过"功能等同"的方法规定数据电文的原件形式,即数据电文能够保证同等程度的完整性,且能够有效地表现所载内容并可供随时调取查用,则可认为符合法律法规规定的原件形式要求。

但对完整性的"可靠地保证"具体判断并无固定不变的标准,需要结合电文生成目的、业务性质、标的额和其他有关情况综合进行判断。对于标的大额的交易和小额的普通购物对"可靠性"的判定标准是不相同的,很显然前者所要求的可靠性要高得多。因此,对"可靠"的判断应具有适当的灵活性。

另外,对数据电文的改动也应该区分这种改动是如何引起的。如果"改变"是业务流程引起的必然形式变化或者是系统的技术特征所决定的,并不影响数据电文的完整性。例如,当电子邮件从一个系统传递到另一个系统时,会在电子邮件头部添加必要的头部信息,但电子邮件内容并没有发生变化,因而不能将这种"改变"看成是数据电文完整性的改变,这种"改变"也不影响原件的性质。

第六条　符合下列条件的数据电文,视为满足法律、法规规定的文件保存要求:

(一)能够有效地表现所载内容并可供随时调取查用;

(二)数据电文的格式与其生成、发送或者接收时的格式相同,或者格式不相同但是能够准确表现原来生成、发送或者接收的内容;

(三)能够识别数据电文的发件人、收件人以及发送、接收的时间。

【重点法条解读】

本条规定了数据电文可以满足法律、法规规定的文件保存要求。

本条规定也是通过功能等同的方法规定数据电文符合文件保存的要求,即要满足三个条件:(一)能够有效地表现所载内容并可供随时调取查用;(二)数据电文的格式与其生成、发送或者接收时的格式相同,或者格式不相同但是能够准确表现原来生成、发送或者接收的内容;(三)能够识别数据电文的发件人、收件人以及发送、接收的时间。对文件保存的要求除了要求保存数据电文本身外,还要求能识别数据电文的来源,包括发件人、收件人以及发送、接收的时间等信息。例如,在《会计档案管理办法》第八条、第九条规定了电子会计资料仅以电子形式保存的条件。第八条规定,"同时满足下列条件的,单位内部形成的属于归档范围的电子会计资料可仅以电子形式保存,形成电子会计档案:(一)形成的电子会计资料来源真实有效,由计算机等电子设备形成和传输;(二)使用的会计核算系统能够准确、完整、有效接收和读取电子会计资料,能够输出符合国家标准归档格式的会计凭证、会计账簿、财务会计报表等会计资料,设定了经办、审核、审批等必要的审签程序;(三)使用的电子档案管理系统能够有效接收、管理、利用电子会计档案,符合电子档案的长期保管要求,并建立了电子会计档案与相关联的其他纸质会计档案的检索关系;(四)采取有效措施,防止电子会计档案被篡改;(五)建立电子会计档案备份制度,能够有效防范自然灾害、意外事故和人为破坏的影响;(六)形成的电子会计资料不属于具有永久保存价值或者其他重要保存价值的会计档案。"第九条规定，"满足本办法第八条规定条件，单位从外部接收的电子会计资料附有符合《电子签名法》规定的电子签名的，可仅以电子形式归档保存，形成电子会计档案。"

第七条　数据电文不得仅因为其是以电子、光学、磁或者类似手段生成、发送、接收或者储存的而被拒绝作为证据使用。

【重点法条解读】

本条规定了数据电文作为证据的可采性。

第八条　审查数据电文作为证据的真实性，应当考虑以下因素：

（一）生成、储存或者传递数据电文方法的可靠性；

（二）保持内容完整性方法的可靠性；

（三）用以鉴别发件人方法的可靠性；

（四）其他相关因素。

【重点法条解读】

本条规定了数据电文作为证据时其真实性如何判断。审查数据电文作为证据的真实性，应当考查电子数据从生成到消亡过程的生命周期中案件涉及的所有环节的可靠性，本条对真实性如何判断进行了原则性规定。

【法律法规衔接问题】

《最高人民法院关于民事诉讼证据的若干规定》第九十三条、第九十四条。

《最高人民法院关于民事诉讼证据的若干规定》第九十三条规定，"人民法院对于电子数据的真实性，应当结合下列因素综合判断：（一）电子数据的生成、存储、传输所依赖的计算机系统的硬件、软件环境是否完整、可靠；（二）电子数据的生成、存储、传输所依赖的计算机系统的硬件、软件环境是否处于正常运行状态，或者不处于正常运行状态时对电子数据的生成、存储、传输是否有影响；（三）电子数据的生成、存储、传输所依赖的计算机系统的硬件、软件环境是否具备有效地防止出错的监测、核查手段；（四）电子数据是否被完整地保存、传输、提取，保存、传输、提取的方法是否可靠；（五）电子数据是否在正常的往来活动中形成和存储；（六）保存、传输、提取电子数据的主体是否适当；（七）影响电子数据完整性和可靠性的其他因素。人民法院认为有必要的，可以通过鉴定或者勘验等方法，审查判断电子数据的真实性。"

《最高人民法院关于民事诉讼证据的若干规定》第九十四条规定，"电子数据存在下列情形的，人民法院可以确认其真实性，但有足以反驳的相反证据的除外：（一）由当事人提交或者保管的于己不利的电子数据；（二）由记录和保存电子数据的中立第三方平台提供或者确认的；（三）在正常业务活动中形成的；（四）以档案管理方式保管的；（五）以当事人约定的方式保存、传输、提取的。电子数据的内容经公证机关公证的，人民法院应当确认其真实性，但有相反证据足以推翻的除外。"

第九条　数据电文有下列情形之一的，视为发件人发送：

（一）经发件人授权发送的；

（二）发件人的信息系统自动发送的；

（三）收件人按照发件人认可的方法对数据电文进行验证后结果相符的。

当事人对前款规定的事项另有约定的，从其约定。

【重点法条解读】

本条规定了数据电文的归属。

数据电文有可能出现发件人不明确或者有争议的情形，本条规定了数据电文归属，有利于保护交易的安全。主要包括两方面内容：（一）有约定按约定。该规定体现了当事人意思自治的原则；（二）推定规则。具体包括三种情形视为发件人发送。第一种情况是代理。经发件人授权发送的，成立一种代理关系，发件人为被代理人。第二种情况是电子代理人。发件人的信息系统自动发送数据电文，这种信息系统也被称为"电子代理人"，如果是发件人的信息系统自动发送的，视为发件人发送。第三种情况是"收件人按照发件人认可的方法对数据电文进行验证后结果相符的"，这种情形数据电文也被视为发件人发送的。

第十条　法律、行政法规规定或者当事人约定数据电文需要确认收讫的，应当确认收讫。发件人收到收件人的收讫确认时，数据电文视为已经收到。

【重点法条解读】

本条规定了数据电文确认收讫。

第十一条　数据电文进入发件人控制之外的某个信息系统的时间，视为该数据电文的发送时间。

收件人指定特定系统接收数据电文的，数据电文进入该特定系统的时间，视为该数据电文的接收时间；未指定特定系统的，数据电文进入收件人的任何系统的首次时间，视为该数据电文的接收时间。

当事人对数据电文的发送时间、接收时间另有约定的，从其约定。

【重点法条解读】

本条规定了数据电文发送、接收时间。

第十二条　发件人的主营业地为数据电文的发送地点，收件人的主营业地为数据电文的接收地点。没有主营业地的，其经常居住地为发送或者接收地点。

当事人对数据电文的发送地点、接收地点另有约定的，从其约定。

【重点法条解读】

本条规定了数据电文的发送地点和接收地点。

第三章　电子签名与认证

第十三条　电子签名同时符合下列条件的，视为可靠的电子签名：

（一）电子签名制作数据用于电子签名时，属于电子签名人专有；

（二）签署时电子签名制作数据仅由电子签名人控制；

（三）签署后对电子签名的任何改动能够被发现；

（四）签署后对数据电文内容和形式的任何改动能够被发现。

当事人也可以选择使用符合其约定的可靠条件的电子签名。

【重点法条解读】

本条规定了可靠电子签名的条件。

法律承认何种电子签名具有法律效力问题上，存在不同观点和立法实践。主要有技术特定模式、技术中立模式和折衷模式。技术特定模式是指法律只明确规定某种特定技术的电子签名的法律效力。技术中立模式是指不限制电子签名采用的技术，只要达到规定的条件便具有与传统签名同等的法律效力。折衷模式是指前两者模式的结合，即承认安全可靠电子签名与手写签名同等效力的同时，以公认安全的签名技术为基础推荐一定的安全条件和标准。我国采用的是一种折衷的模式。对于可靠的电子签名的条件按照以下两点进行理解：

（1）尊重当事人意思自治原则，即当事人可以约定可靠电子签名应当具备条件和具体的技术方案。

（2）规定了可靠电子签名的法定条件，即必须同时符合以下四个条件：（一）电子签名制作数据用于电子签名时，属于电子签名人专有；（二）签署时电子签名制作数据仅由电子签名人控制；（三）签署后对电子签名的任何改动能够被发现；（四）签署后对数据电文内容和形式的任何改动能够被发现。

当一个电子签名符合上述法定或者当事人约定的可靠的电子签名条件，便具有与手写签名或者盖章同等的法律效力。

第十四条　可靠的电子签名与手写签名或者盖章具有同等的法律效力。

第十五条　电子签名人应当妥善保管电子签名制作数据。电子签名人知悉电子签名制作数据已经失密或者可能已经失密时，应当及时告知有关各方，并终止使用该电子签名制作数据。

【重点法条解读】

本条规定了电子签名人的义务。

电子签名人的法定义务包括妥善保管和及时告知并立即停止使用的义务。妥善保管的义务是指为避免给自己和他人造成不必要的损失，电子签名人应妥善保管、防止电子签名制作数据被丢失或者被盗取。及时告知并立即停止使用的义务是指电子签名制作数据即使妥善保管仍有可能被失密。为了交易安全、避免损失进一步扩大，电子签名人在"已经失密"或者"可能已经失密"时应该履行两方面义务：其一，应立即停止使用电子签名制作数据，以免电子签名制作数据存在无法确定其真实性和可靠性的风险；其二，应及时告知有关各方，以避免损失或损失的进一步扩大。

第十六条　电子签名需要第三方认证的，由依法设立的电子认证服务提供者提供认证服务。

第十七条　提供电子认证服务，应当具备下列条件：

（一）取得企业法人资格；

（二）具有与提供电子认证服务相适应的专业技术人员和管理人员；

（三）具有与提供电子认证服务相适应的资金和经营场所；

（四）具有符合国家安全标准的技术和设备；

（五）具有国家密码管理机构同意使用密码的证明文件；

（六）法律、行政法规规定的其他条件。

【重点法条解读】

本条规定了电子认证服务应当具备的条件。

电子认证服务是电子商务和电子政务等基础服务，其安全可靠性至关重要，其设立应符合资金、技术、人员、场所、设备和其他条件。根据中华人民共和国工业和信息化部2015年修订的《电子认证服务管理办法》的规定，"电子认证服务提供者"是指为需要第三方认证的电子签名提供认证服务的机构。向社会公众提供服务的电子认证服务机构应当依法设立。该规章第五条规定，"电子认证服务机构应当具备下列条件：（一）具有独立的企业法人资格。（二）具有与提供电子认证服务相适应的人员。从事电子认证服务的专业技术人员、运营管理人员、安全管理人员和客户服务人员不少于三十名，并且应当符合相应岗位技能要求。（三）注册资本不低于人民币三千万元。（四）具有固定的经营场所和满足电子认证服务要求的物理环境。（五）具有符合国家有关安全标准的技术和设备。（六）具有国家密码管理机构同意使用密码的证明文件。（七）法律、行政法规规定的其他条件。"

【法律法规衔接问题】

《电子认证服务管理办法》第五条、第六条。

第十八条　从事电子认证服务，应当向国务院信息产业主管部门提出申请，并提交符合本法第十七条规定条件的相关材料。国务院信息产业主管部门接到申请后经依法审查，征求国务院商务主管部门等有关部门的意见后，自接到申请之日起四十五日内作出许可或者不予许可的决定。予以许可的，颁发电子认证许可证书；不予许可的，应当书面通知申请人并告知理由。

取得认证资格的电子认证服务提供者，应当按照国务院信息产业主管部门的规定在互联网上公布其名称、许可证号等信息。

【重点法条解读】

本条规定了从事电子认证服务活动的申请程序及有关主体的相关义务。

【法律法规衔接问题】

《电子认证服务管理办法》第十条、第十二条。《电子认证服务管理办法》第十条规定，"工业和信息化部应当自接到申请之日起四十五日内作出准予许可或者不予许可的书面决定。不予许可的，应当书面通知申请人并说明理由；准予许可的，颁发《电子认证服务许可证》，并公布下列信息：（一）《电子认证服务许可证》编号。（二）电子认证服务机构名称。（三）发证机关和发证日期。电子认证服务许可相关信息发生变更的，工业和信息化部应当及时公布。《电子认证服务许可证》的有效期为五年。"《电子认证服务管理办法》第十二条规定,"取得认证资格的电子认证服务机构,在提供电子认证服务之前,应当通过互联网公布下列信息:(一)机构名称和法定代表人。(二)机构住所和联系办法。(三)《电子认证服务许可证》编号。(四)发证机关和发证日期。(五)《电子认证服务许可证》有效期的起止时间。"

第十九条　电子认证服务提供者应当制定、公布符合国家有关规定的电子认证业务规则,并向国务院信息产业主管部门备案。

电子认证业务规则应当包括责任范围、作业操作规范、信息安全保障措施等事项。

【重点法条解读】

本条规定了电子认证服务提供者应当制定电子认证业务规则。

【法律法规衔接问题】

《电子认证服务管理办法》第十五条、第十六条。《电子认证服务管理办法》第十五条规定,"电子认证服务机构应当按照工业和信息化部公布的《电子认证业务规则规范》等要求,制定本机构的电子认证业务规则和相应的证书策略,在提供电子认证服务前予以公布,并向工业和信息化部备案。电子认证业务规则和证书策略发生变更的,电子认证服务机构应当予以公布,并自公布之日起三十日内向工业和信息化部备案。"《电子认证服务管理办法》第十六条规定,"电子认证服务机构应当按照公布的电子认证业务规则提供电子认证服务。"

第二十条　电子签名人向电子认证服务提供者申请电子签名认证证书,应当提供真实、完整和准确的信息。

电子认证服务提供者收到电子签名认证证书申请后,应当对申请人的身份进行查验,并对有关材料进行审查。

【重点法条解读】

本条规定了电子签名认证证书申请过程中有关主体的义务。包括电子签名人提供真实、完整和准确的信息的义务;电子认证服务提供者身份查验、材料审查义务。

第二十一条　电子认证服务提供者签发的电子签名认证证书应当准确无误,并应当载明下列内容:

(一)电子认证服务提供者名称;

(二)证书持有人名称;

(三)证书序列号;

(四)证书有效期;

(五)证书持有人的电子签名验证数据;

(六)电子认证服务提供者的电子签名;

(七)国务院信息产业主管部门规定的其他内容。

【重点法条解读】

本条规定了电子认证服务提供者签发的电子签名认证证书内容。

【法律法规衔接问题】

《电子认证服务管理办法》第二十八条。

第二十二条　电子认证服务提供者应当保证电子签名认证证书内容在有效期内完整、准确，并保证电子签名依赖方能够证实或者了解电子签名认证证书所载内容及其他有关事项。

【重点法条解读】

本条规定了电子认证服务提供者的义务。

【法律法规衔接问题】

《电子认证服务管理办法》第十八条规定，"电子认证服务机构应当履行下列义务：（一）保证电子签名认证证书内容在有效期内完整、准确。（二）保证电子签名依赖方能够证实或者了解电子签名认证证书所载内容及其他有关事项。（三）妥善保存与电子认证服务相关的信息。"

第二十三条　电子认证服务提供者拟暂停或者终止电子认证服务的，应当在暂停或者终止服务九十日前，就业务承接及其他有关事项通知有关各方。

电子认证服务提供者拟暂停或者终止电子认证服务的，应当在暂停或者终止服务六十日前向国务院信息产业主管部门报告，并与其他电子认证服务提供者就业务承接进行协商，作出妥善安排。

电子认证服务提供者未能就业务承接事项与其他电子认证服务提供者达成协议的，应当申请国务院信息产业主管部门安排其他电子认证服务提供者承接其业务。

电子认证服务提供者被依法吊销电子认证许可证书的，其业务承接事项的处理按照国务院信息产业主管部门的规定执行。

【重点法条解读】

本条规定了电子认证服务提供者暂停或者终止电子认证服务应履行的义务。

【法律法规衔接问题】

《电子认证服务管理办法》第二十三条至第二十七条。

第二十四条　电子认证服务提供者应当妥善保存与认证相关的信息，信息保存期限至少为电子签名认证证书失效后五年。

【重点法条解读】

本条规定了电子认证服务提供者妥善保存与认证相关的信息的义务及信息保存期限。

【法律法规衔接问题】

《电子认证服务管理办法》第十八条。

第二十五条　国务院信息产业主管部门依照本法制定电子认证服务业的具体管理办法，对电子认证服务提供者依法实施监督管理。

第二十六条　经国务院信息产业主管部门根据有关协议或者对等原则核准后，中华人民共和国境外的电子认证服务提供者在境外签发的电子签名认证证书与依照本法设立的电子认证服务提供者签发的电子签名认证证书具有同等的法律效力。

第四章　法律责任

第二十七条　电子签名人知悉电子签名制作数据已经失密或者可能已经失密未及时告知有关各方、并终止使用电子签名制作数据，未向电子认证服务提供者提供真实、完整和准确的信息，或者有其他过错，给电子签名依赖方、电子认证服务提供者造成损失的，承担赔偿责任。

【重点法条解读】

本条规定了电子签名人因过错造成他人损失承担赔偿责任的情形。

电子签名人因自己的过错，给电子签名依赖方，电子认证服务提供者造成损失的，承担赔偿责任。归责原则为过错责任原则，如果主观上没有过错，无需承担赔偿责任。其中过错包括电子签名人未履行法定义务的过错和其他过错。具体包括以下几种情形：

其一，未履行及时告知电子签名制作数据失密或可能失密并终止使用的义务。按照本法第十五条的规定，"电子签名人应当妥善保管电子签名制作数据；电子签名人知悉电子签名制作数据已经失密或者可能已经失密时，应当及时告知有关各方，并终止使用该电子签名制作数据。"

其二，未履行向电子认证服务提供者提供真实、完整和准确的信息的义务。按照本法第二十条第一款的规定，"电子签名人向电子认证服务提供者申请电子签名认证证书，应当提供真实、完整和准确的信息。由此造成的电子签名依赖方、电子认证服务提供者的损失，应承担赔偿责任。"

其三，其他过错。电子签名人因自己的其他过错，给电子签名依赖方，电子认证服务提供者造成损失的，承担赔偿责任。

第二十八条　电子签名人或者电子签名依赖方因依据电子认证服务提供者提供的电子签名认证服务从事民事活动遭受损失，电子认证服务提供者不能证明自己无过错的，承担赔偿责任。

【重点法条解读】

本条规定了电子认证服务提供者因过错造成他人损失承担赔偿责任的情形

电子认证服务提供者在电子签名认证民事活动中因自己的过错造成了电子签名人或者电子签名依赖方损失的，应当承担赔偿责任。由于电子认证服务提供者具有技术等方面的优势，要电子签名人和电子签名依赖方进行举证是非常困难的，因此本条规定了举证责任由电子认证服务提供者的承担，即采用了过错推定归责原则。电子认证服务提供者需要举证证明对电子签名人或电子签名依赖方所遭受损失不存在过错，否则需承担赔偿责任。

第二十九条　未经许可提供电子认证服务的，由国务院信息产业主管部门责令停止违法行为；有违法所得的，没收违法所得；违法所得三十万元以上的，处违法所得一倍以上三倍以下的罚款；没有违法所得或者违法所得不足三十万元的，处十万元以上三十万元以下的罚款。

【重点法条解读】

本条规定了未经许可提供电子认证服务违法的法律责任。

第三十条　电子认证服务提供者暂停或者终止电子认证服务，未在暂停或者终止服务六十日前向国务院信息产业主管部门报告的，由国务院信息产业主管部门对其直接负责的主管人员处一万元以上五万元以下的罚款。

【重点法条解读】

本条规定了电子认证服务提供者暂停或者终止电子认证服务未按规定报告的法律责任。

第三十一条　电子认证服务提供者不遵守认证业务规则、未妥善保存与认证相关的信息，或者有其他违法行为的，由国务院信息产业主管部门责令限期改正；逾期未改正的，吊销电子认证许可证书，其直接负责的主管人员和其他直接责任人员十年内不得从事电子认证服务。吊销电子认证许可证书的，应当予以公告并通知工商行政管理部门。

【重点法条解读】

本条规定了电子认证服务提供者各种违法行为的的法律责任。

本条规定的违法行为包括三种：电子认证服务提供者不遵守认证业务规则、未妥善保存与认证相关的信息、其他违法行为。处罚措施首先为责令限期改正，逾期未改正的处罚措施包括：吊销电子认证许可证书，同时对其直接负责的主管人员和其他直接责任人员进行处罚，十年内不得从事电子认证服务。

第三十二条　伪造、冒用、盗用他人的电子签名，构成犯罪的，依法追究刑事责任；给他人造成损失的，依法承担民事责任。

【重点法条解读】

本条规定了伪造、冒用、盗用他人的电子签名的刑事责任和民事责任。

《刑法》第二百八十条第一款规定，"伪造、变造、买卖或者盗窃、抢夺、毁灭国家机关的公文、证件、印章的，处三年以下有期徒刑、拘役、管制或者剥夺政治权利，并处罚金；情节严重的，处三年以上十年以下有期徒刑，并处罚金。"第二款规定，"伪造公司、企业、事业单位、人民团体的印章的，处三年以下有期徒刑、拘役、管制或者剥夺政治权利，并处罚金。"伪造、冒用、盗用他人的电子签名，可能构成伪造、变造国家机关公文、证件、印章罪、伪造公司、企业、事业单位、人民团体印章罪。另外，利用伪造、冒用、盗用他人的电子签名实施了诈骗、非法获取公民个人信息、非法获取计算机信息系统数据等行为，还有可能构成诈骗罪、侵犯公民个人信息罪、非法获取计算机信息系统数据罪等。

除可能承担刑事责任外，伪造、冒用、盗用他人的电子签名，给他人造成损失的，还应当依法承担民事责任。

第三十三条　依照本法负责电子认证服务业监督管理工作的部门的工作人员，不依法履行行政许可、监督管理职责的，依法给予行政处分；构成犯罪的，依法追究刑事责任。

【重点法条解读】

本条规定了负责电子认证服务业监督管理工作的部门的工作人员不依法履行行政许可、监督管理职责的法律责任。

第五章　附　　则

第三十四条　本法中下列用语的含义：

（一）电子签名人，是指持有电子签名制作数据并以本人身份或者以其所代表的人的名义实施电子签名的人；

（二）电子签名依赖方，是指基于对电子签名认证证书或者电子签名的信赖从事有关活动的人；

（三）电子签名认证证书，是指可证实电子签名人与电子签名制作数据有联系的数据电文或者其他电子记录；

（四）电子签名制作数据，是指在电子签名过程中使用的，将电子签名与电子签名人可靠地联系起来的字符、编码等数据；

（五）电子签名验证数据，是指用于验证电子签名的数据，包括代码、口令、算法或者公钥等。

第三十五条　国务院或者国务院规定的部门可以依据本法制定政务活动和其他社会活动中使用电子签名、数据电文的具体办法。

第三十六条　本法自 2005 年 4 月 1 日起施行。

6.5　其他民事法律法规中相关法条解读

6.5.1　消费者权益保护法(节选)

中华人民共和国消费者权益保护法(节选)

(1993 年 10 月 31 日第八届全国人民代表大会常务委员会第四次会议通过

根据 2009 年 8 月 27 日第十一届全国人民代表大会常务委员会第十次会议

《关于修改部分法律的决定》第一次修正

根据 2013 年 10 月 25 日第十二届全国人民代表大会常务委员会第五次会议

《关于修改＜中华人民共和国消费者权益保护法＞的决定》第二次修正)

第二章　消费者的权利

第七条　消费者在购买、使用商品和接受服务时享有人身、财产安全不受损害的权利。

消费者有权要求经营者提供的商品和服务，符合保障人身、财产安全的要求。

第八条　消费者享有知悉其购买、使用的商品或者接受的服务的真实情况的权利。

消费者有权根据商品或者服务的不同情况，要求经营者提供商品的价格、产地、生产者、用途、性能、规格、等级、主要成份、生产日期、有效期限、检验合格证明、使用方法说明书、售后服务,或者服务的内容、规格、费用等有关情况。

第九条 消费者享有自主选择商品或者服务的权利。

消费者有权自主选择提供商品或者服务的经营者,自主选择商品品种或者服务方式,自主决定购买或者不购买任何一种商品、接受或者不接受任何一项服务。

消费者在自主选择商品或者服务时,有权进行比较、鉴别和挑选。

第十条 消费者享有公平交易的权利。

消费者在购买商品或者接受服务时,有权获得质量保障、价格合理、计量正确等公平交易条件,有权拒绝经营者的强制交易行为。

第十一条 消费者因购买、使用商品或者接受服务受到人身、财产损害的,享有依法获得赔偿的权利。

第三章 经营者的义务

第十九条 经营者发现其提供的商品或者服务存在缺陷,有危及人身、财产安全危险的,应当立即向有关行政部门报告和告知消费者,并采取停止销售、警示、召回、无害化处理、销毁、停止生产或者服务等措施。采取召回措施的,经营者应当承担消费者因商品被召回支出的必要费用。

第二十五条 经营者采用网络、电视、电话、邮购等方式销售商品,消费者有权自收到商品之日起七日内退货,且无需说明理由,但下列商品除外:

(一)消费者定作的;

(二)鲜活易腐的;

(三)在线下载或者消费者拆封的音像制品、计算机软件等数字化商品;

(四)交付的报纸、期刊。

除前款所列商品外,其他根据商品性质并经消费者在购买时确认不宜退货的商品,不适用无理由退货。

消费者退货的商品应当完好。经营者应当自收到退回商品之日起七日内返还消费者支付的商品价款。退回商品的运费由消费者承担;经营者和消费者另有约定的,按照约定。

第二十七条 经营者不得对消费者进行侮辱、诽谤,不得搜查消费者的身体及其携带的物品,不得侵犯消费者的人身自由。

6.5.2 反不正当竞争法(节选)

中华人民共和国反不正当竞争法(节选)
(根据 2019 年 4 月 23 日第十三届全国人民代表大会常务委员会第十次会议
《关于修改〈中华人民共和国建筑法〉等八部法律的决定》修正)

第二章 不正当竞争行为

第六条 经营者不得实施下列混淆行为,引人误认为是他人商品或者与他人存在特定联系:

（一）擅自使用与他人有一定影响的商品名称、包装、装潢等相同或者近似的标识；

（二）擅自使用他人有一定影响的企业名称（包括简称、字号等）、社会组织名称（包括简称等）、姓名（包括笔名、艺名、译名等）；

（三）擅自使用他人有一定影响的域名主体部分、网站名称、网页等；

（四）其他足以引人误认为是他人商品或者与他人存在特定联系的混淆行为。

【重点法条解读】

本条通过列举方式规定了"混淆"行为的几种形式。

【难点问题解析】

关于本条第三项"擅自使用他人有一定影响的域名主体部分、网站名称、网页等"的理解。即本项将域名主体、网站名称、网页纳入到保护范围，但必须达到"有一定影响"的程度。对于"有一定影响"未有明确的法律规定，对其有不同的理解。例如，有的认为必须达到"知名"标准（修订前旧法该条中有"知名"商品提法）、有的认为应理解为"为公众所知悉"等。另外，域名主体，是指去除类别域名或地区域名部分剩下的部分，通常指二级域名。

第十二条　经营者利用网络从事生产经营活动，应当遵守本法的各项规定。

经营者不得利用技术手段，通过影响用户选择或者其他方式，实施下列妨碍、破坏其他经营者合法提供的网络产品或者服务正常运行的行为：

（一）未经其他经营者同意，在其合法提供的网络产品或者服务中，插入链接、强制进行目标跳转；

（二）误导、欺骗、强迫用户修改、关闭、卸载其他经营者合法提供的网络产品或者服务；

（三）恶意对其他经营者合法提供的网络产品或者服务实施不兼容；

（四）其他妨碍、破坏其他经营者合法提供的网络产品或者服务正常运行的行为。

【重点法条解读】

本条为关于利用互联网不正当竞争的规定。

在有关互联网领域的不正当竞争行为中，一部分属于传统不正当竞争行为在互联网领域的延伸的行为，在本条第二款进行了规定。列举出四项利用互联网不法行为，主要包括：未经其他经营者同意，在其合法提供的网络产品或者服务中，插入链接、强制进行目标跳转；误导、欺骗、强迫用户修改、关闭、卸载其他经营者合法提供的网络产品或者服务；恶意对其他经营者合法提供的网络产品或者服务实施不兼容；其他妨碍、破坏其他经营者合法提供的网络产品或者服务正常运行的行为。其中，第二款第四项作为互联网专条的兜底性行为，点明了这些不正当竞争行为的实质，也为此后互联网经济中可能出现的不正当竞争行为的执法预留了空间。需要注意的是，这里的"经营者"应理解为"从事商品生产、经营或者提供服务的自然人、法人和非法人组织"，没有"营利性"的限制。

第二十四条　经营者违反本法第十二条规定妨碍、破坏其他经营者合法提供的网络产品或者服务正常运行的，由监督检查部门责令停止违法行为，处十万元以上五十万元以下的罚款；情节严重的，处五十万元以上三百万元以下的罚款。

6.5.3 网络交易监督管理办法

网络交易监督管理办法

(2021 年 3 月 15 日国家市场监督管理总局令第 37 号公布)

第一章 总 则

第一条 为了规范网络交易活动,维护网络交易秩序,保障网络交易各方主体合法权益,促进数字经济持续健康发展,根据有关法律、行政法规,制定本办法。

第二条 在中华人民共和国境内,通过互联网等信息网络(以下简称通过网络)销售商品或者提供服务的经营活动以及市场监督管理部门对其进行监督管理,适用本办法。

在网络社交、网络直播等信息网络活动中销售商品或者提供服务的经营活动,适用本办法。

第三条 网络交易经营者从事经营活动,应当遵循自愿、平等、公平、诚信原则,遵守法律、法规、规章和商业道德、公序良俗,公平参与市场竞争,认真履行法定义务,积极承担主体责任,接受社会各界监督。

第四条 网络交易监督管理坚持鼓励创新、包容审慎、严守底线、线上线下一体化监管的原则。

第五条 国家市场监督管理总局负责组织指导全国网络交易监督管理工作。

县级以上地方市场监督管理部门负责本行政区域内的网络交易监督管理工作。

第六条 市场监督管理部门引导网络交易经营者、网络交易行业组织、消费者组织、消费者共同参与网络交易市场治理,推动完善多元参与、有效协同、规范有序的网络交易市场治理体系。

第二章 网络交易经营者

第一节 一般规定

第七条 本办法所称网络交易经营者,是指组织、开展网络交易活动的自然人、法人和非法人组织,包括网络交易平台经营者、平台内经营者、自建网站经营者以及通过其他网络服务开展网络交易活动的网络交易经营者。

本办法所称网络交易平台经营者,是指在网络交易活动中为交易双方或者多方提供网络经营场所、交易撮合、信息发布等服务,供交易双方或者多方独立开展网络交易活动的法人或者非法人组织。

本办法所称平台内经营者,是指通过网络交易平台开展网络交易活动的网络交易经营者。

网络社交、网络直播等网络服务提供者为经营者提供网络经营场所、商品浏览、订单生成、在线支付等网络交易平台服务的,应当依法履行网络交易平台经营者的义务。通过上述网络交易平台服务开展网络交易活动的经营者,应当依法履行平台内经营者的义务。

第八条 网络交易经营者不得违反法律、法规、国务院决定的规定,从事无证无照经营。除《中华人民共和国电子商务法》第十条规定的不需要进行登记的情形外,网络交易经营者应当依法办理市场主体登记。

个人通过网络从事保洁、洗涤、缝纫、理发、搬家、配制钥匙、管道疏通、家电家具修理修配等依法无须取得许可的便民劳务活动，依照《中华人民共和国电子商务法》第十条的规定不需要进行登记。

个人从事网络交易活动，年交易额累计不超过 10 万元的，依照《中华人民共和国电子商务法》第十条的规定不需要进行登记。同一经营者在同一平台或者不同平台开设多家网店的，各网店交易额合并计算。个人从事的零星小额交易须依法取得行政许可的，应当依法办理市场主体登记。

第九条　仅通过网络开展经营活动的平台内经营者申请登记为个体工商户的，可以将网络经营场所登记为经营场所，将经常居住地登记为住所，其住所所在地的县、自治县、不设区的市、市辖区市场监督管理部门为其登记机关。同一经营者有两个以上网络经营场所的，应当一并登记。

第十条　平台内经营者申请将网络经营场所登记为经营场所的，由其入驻的网络交易平台为其出具符合登记机关要求的网络经营场所相关材料。

第十一条　网络交易经营者销售的商品或者提供的服务应当符合保障人身、财产安全的要求和环境保护要求，不得销售或者提供法律、行政法规禁止交易，损害国家利益和社会公共利益，违背公序良俗的商品或者服务。

第十二条　网络交易经营者应当在其网站首页或者从事经营活动的主页面显著位置，持续公示经营者主体信息或者该信息的链接标识。鼓励网络交易经营者链接到国家市场监督管理总局电子营业执照亮照系统，公示其营业执照信息。

已经办理市场主体登记的网络交易经营者应当如实公示下列营业执照信息以及与其经营业务有关的行政许可等信息，或者该信息的链接标识：

（一）企业应当公示其营业执照登载的统一社会信用代码、名称、企业类型、法定代表人（负责人）、住所、注册资本（出资额）等信息；

（二）个体工商户应当公示其营业执照登载的统一社会信用代码、名称、经营者姓名、经营场所、组成形式等信息；

（三）农民专业合作社、农民专业合作社联合社应当公示其营业执照登载的统一社会信用代码、名称、法定代表人、住所、成员出资总额等信息。

依照《中华人民共和国电子商务法》第十条规定不需要进行登记的经营者应当根据自身实际经营活动类型，如实公示以下自我声明以及实际经营地址、联系方式等信息，或者该信息的链接标识：

（一）"个人销售自产农副产品，依法不需要办理市场主体登记"；

（二）"个人销售家庭手工业产品，依法不需要办理市场主体登记"；

（三）"个人利用自己的技能从事依法无须取得许可的便民劳务活动，依法不需要办理市场主体登记"；

（四）"个人从事零星小额交易活动，依法不需要办理市场主体登记"。

网络交易经营者公示的信息发生变更的，应当在十个工作日内完成更新公示。

第十三条　网络交易经营者收集、使用消费者个人信息，应当遵循合法、正当、必要的原则，明示收集、使用信息的目的、方式和范围，并经消费者同意。网络交易经营者收集、使用消费者个人信息,应当公开其收集、使用规则,不得违反法律、法规的规定和双方的约定收集、使用信息。

网络交易经营者不得采用一次概括授权、默认授权、与其他授权捆绑、停止安装使用等方式,强迫或者变相强迫消费者同意收集、使用与经营活动无直接关系的信息。收集、使用个人生物特征、医疗健康、金融账户、个人行踪等敏感信息的,应当逐项取得消费者同意。

网络交易经营者及其工作人员应当对收集的个人信息严格保密,除依法配合监管执法活动外,未经被收集者授权同意,不得向包括关联方在内的任何第三方提供。

第十四条 网络交易经营者不得违反《中华人民共和国反不正当竞争法》等规定,实施扰乱市场竞争秩序,损害其他经营者或者消费者合法权益的不正当竞争行为。

网络交易经营者不得以下列方式,作虚假或者引人误解的商业宣传,欺骗、误导消费者:

(一)虚构交易、编造用户评价;

(二)采用误导性展示等方式,将好评前置、差评后置,或者不显著区分不同商品或者服务的评价等;

(三)采用谎称现货、虚构预订、虚假抢购等方式进行虚假营销;

(四)虚构点击量、关注度等流量数据,以及虚构点赞、打赏等交易互动数据。

网络交易经营者不得实施混淆行为,引人误认为是他人商品、服务或者与他人存在特定联系。

网络交易经营者不得编造、传播虚假信息或者误导性信息,损害竞争对手的商业信誉、商品声誉。

第十五条 消费者评价中包含法律、行政法规、规章禁止发布或者传输的信息的,网络交易经营者可以依法予以技术处理。

第十六条 网络交易经营者未经消费者同意或者请求,不得向其发送商业性信息。

网络交易经营者发送商业性信息时,应当明示其真实身份和联系方式,并向消费者提供显著、简便、免费的拒绝继续接收的方式。消费者明确表示拒绝的,应当立即停止发送,不得更换名义后再次发送。

第十七条 网络交易经营者以直接捆绑或者提供多种可选项方式向消费者搭售商品或者服务的,应当以显著方式提醒消费者注意。提供多种可选项方式的,不得将搭售商品或者服务的任何选项设定为消费者默认同意,不得将消费者以往交易中选择的选项在后续独立交易中设定为消费者默认选择。

第十八条 网络交易经营者采取自动展期、自动续费等方式提供服务的,应当在消费者接受服务前和自动展期、自动续费等日期前五日,以显著方式提请消费者注意,由消费者自主选择;在服务期间内,应当为消费者提供显著、简便的随时取消或者变更的选项,并不得收取不合理费用。

第十九条 网络交易经营者应当全面、真实、准确、及时地披露商品或者服务信息,保障消费者的知情权和选择权。

第二十条 通过网络社交、网络直播等网络服务开展网络交易活动的网络交易经营者,应当以显著方式展示商品或者服务及其实际经营主体、售后服务等信息,或者上述信息的链接标识。

网络直播服务提供者对网络交易活动的直播视频保存时间自直播结束之日起不少于三年。

第二十一条　网络交易经营者向消费者提供商品或者服务使用格式条款、通知、声明等的，应当以显著方式提请消费者注意与消费者有重大利害关系的内容，并按照消费者的要求予以说明，不得作出含有下列内容的规定：

（一）免除或者部分免除网络交易经营者对其所提供的商品或者服务应当承担的修理、重作、更换、退货、补足商品数量、退还货款和服务费用、赔偿损失等责任；

（二）排除或者限制消费者提出修理、更换、退货、赔偿损失以及获得违约金和其他合理赔偿的权利；

（三）排除或者限制消费者依法投诉、举报、请求调解、申请仲裁、提起诉讼的权利；

（四）排除或者限制消费者依法变更或者解除合同的权利；

（五）规定网络交易经营者单方享有解释权或者最终解释权；

（六）其他对消费者不公平、不合理的规定。

第二十二条　网络交易经营者应当按照国家市场监督管理总局及其授权的省级市场监督管理部门的要求，提供特定时段、特定品类、特定区域的商品或者服务的价格、销量、销售额等数据信息。

第二十三条　网络交易经营者自行终止从事网络交易活动的，应当提前三十日在其网站首页或者从事经营活动的主页面显著位置，持续公示终止网络交易活动公告等有关信息，并采取合理、必要、及时的措施保障消费者和相关经营者的合法权益。

第二节　网络交易平台经营者

第二十四条　网络交易平台经营者应当要求申请进入平台销售商品或者提供服务的经营者提交其身份、地址、联系方式、行政许可等真实信息，进行核验、登记，建立登记档案，并至少每六个月核验更新一次。

网络交易平台经营者应当对未办理市场主体登记的平台内经营者进行动态监测，对超过本办法第八条第三款规定额度的，及时提醒其依法办理市场主体登记。

第二十五条　网络交易平台经营者应当依照法律、行政法规的规定，向市场监督管理部门报送有关信息。

网络交易平台经营者应当分别于每年1月和7月向住所地省级市场监督管理部门报送平台内经营者的下列身份信息：

（一）已办理市场主体登记的平台内经营者的名称（姓名）、统一社会信用代码、实际经营地址、联系方式、网店名称以及网址链接等信息；

（二）未办理市场主体登记的平台内经营者的姓名、身份证件号码、实际经营地址、联系方式、网店名称以及网址链接、属于依法不需要办理市场主体登记的具体情形的自我声明等信息；其中，对超过本办法第八条第三款规定额度的平台内经营者进行特别标示。

鼓励网络交易平台经营者与市场监督管理部门建立开放数据接口等形式的自动化信息报送机制。

第二十六条　网络交易平台经营者应当为平台内经营者依法履行信息公示义务提供技术支持。平台内经营者公示的信息发生变更的，应当在三个工作日内将变更情况报送平台，平台应当在七个工作日内进行核验，完成更新公示。

第二十七条　网络交易平台经营者应当以显著方式区分标记已办理市场主体登记的经营者和未办理市场主体登记的经营者,确保消费者能够清晰辨认。

第二十八条　网络交易平台经营者修改平台服务协议和交易规则的,应当完整保存修改后的版本生效之日前三年的全部历史版本,并保证经营者和消费者能够便利、完整地阅览和下载。

第二十九条　网络交易平台经营者应当对平台内经营者及其发布的商品或者服务信息建立检查监控制度。网络交易平台经营者发现平台内的商品或者服务信息有违反市场监督管理法律、法规、规章,损害国家利益和社会公共利益,违背公序良俗的,应当依法采取必要的处置措施,保存有关记录,并向平台住所地县级以上市场监督管理部门报告。

第三十条　网络交易平台经营者依据法律、法规、规章的规定或者平台服务协议和交易规则对平台内经营者违法行为采取警示、暂停或者终止服务等处理措施的,应当自决定作出处理措施之日起一个工作日内予以公示,载明平台内经营者的网店名称、违法行为、处理措施等信息。警示、暂停服务等短期处理措施的相关信息应当持续公示至处理措施实施期满之日止。

第三十一条　网络交易平台经营者对平台内经营者身份信息的保存时间自其退出平台之日起不少于三年;对商品或者服务信息,支付记录、物流快递、退换货以及售后等交易信息的保存时间自交易完成之日起不少于三年。法律、行政法规另有规定的,依照其规定。

第三十二条　网络交易平台经营者不得违反《中华人民共和国电子商务法》第三十五条的规定,对平台内经营者在平台内的交易、交易价格以及与其他经营者的交易等进行不合理限制或者附加不合理条件,干涉平台内经营者的自主经营。具体包括:

(一)通过搜索降权、下架商品、限制经营、屏蔽店铺、提高服务收费等方式,禁止或者限制平台内经营者自主选择在多个平台开展经营活动,或者利用不正当手段限制其仅在特定平台开展经营活动;

(二)禁止或者限制平台内经营者自主选择快递物流等交易辅助服务提供者;

(三)其他干涉平台内经营者自主经营的行为。

第三章　监督管理

第三十三条　县级以上地方市场监督管理部门应当在日常管理和执法活动中加强协同配合。

网络交易平台经营者住所地省级市场监督管理部门应当根据工作需要,及时将掌握的平台内经营者身份信息与其实际经营地的省级市场监督管理部门共享。

第三十四条　市场监督管理部门在依法开展监督检查、案件调查、事故处置、缺陷消费品召回、消费争议处理等监管执法活动时,可以要求网络交易平台经营者提供有关的平台内经营者身份信息,商品或者服务信息,支付记录、物流快递、退换货以及售后等交易信息。网络交易平台经营者应当提供,并在技术方面积极配合市场监督管理部门开展网络交易违法行为监测工作。

为网络交易经营者提供宣传推广、支付结算、物流快递、网络接入、服务器托管、虚拟主机、云服务、网站网页设计制作等服务的经营者(以下简称其他服务提供者),应当及时协助市场监督管理部门依法查处网络交易违法行为,提供其掌握的有关数据信息。法律、行政法规另有规定的,依照其规定。

市场监督管理部门发现网络交易经营者有违法行为,依法要求网络交易平台经营者、其他服务提供者采取措施制止的,网络交易平台经营者、其他服务提供者应当予以配合。

第三十五条　市场监督管理部门对涉嫌违法的网络交易行为进行查处时,可以依法采取下列措施:

(一)对与涉嫌违法的网络交易行为有关的场所进行现场检查;

(二)查阅、复制与涉嫌违法的网络交易行为有关的合同、票据、账簿等有关资料;

(三)收集、调取、复制与涉嫌违法的网络交易行为有关的电子数据;

(四)询问涉嫌从事违法的网络交易行为的当事人;

(五)向与涉嫌违法的网络交易行为有关的自然人、法人和非法人组织调查了解有关情况;

(六)法律、法规规定可以采取的其他措施。

采取前款规定的措施,依法需要报经批准的,应当办理批准手续。

市场监督管理部门对网络交易违法行为的技术监测记录资料,可以作为实施行政处罚或者采取行政措施的电子数据证据。

第三十六条　市场监督管理部门应当采取必要措施保护网络交易经营者提供的数据信息的安全,并对其中的个人信息、隐私和商业秘密严格保密。

第三十七条　市场监督管理部门依法对网络交易经营者实施信用监管,将网络交易经营者的注册登记、备案、行政许可、抽查检查结果、行政处罚、列入经营异常名录和严重违法失信企业名单等信息,通过国家企业信用信息公示系统统一归集并公示。对存在严重违法失信行为的,依法实施联合惩戒。

前款规定的信息还可以通过市场监督管理部门官方网站、网络搜索引擎、经营者从事经营活动的主页面显著位置等途径公示。

第三十八条　网络交易经营者未依法履行法定责任和义务,扰乱或者可能扰乱网络交易秩序,影响消费者合法权益的,市场监督管理部门可以依职责对其法定代表人或者主要负责人进行约谈,要求其采取措施进行整改。

第四章　法律责任

第三十九条　法律、行政法规对网络交易违法行为的处罚已有规定的,依照其规定。

第四十条　网络交易平台经营者违反本办法第十条,拒不为入驻的平台内经营者出具网络经营场所相关材料的,由市场监督管理部门责令限期改正;逾期不改正的,处一万元以上三万元以下罚款。

第四十一条　网络交易经营者违反本办法第十一条、第十三条、第十六条、第十八条,法律、行政法规有规定的,依照其规定;法律、行政法规没有规定的,由市场监督管理部门依职责责令限期改正,可以处五千元以上三万元以下罚款。

第四十二条　网络交易经营者违反本办法第十二条、第二十三条,未履行法定信息公示义务的,依照《中华人民共和国电子商务法》第七十六条的规定进行处罚。对其中的网络交易平台经营者,依照《中华人民共和国电子商务法》第八十一条第一款的规定进行处罚。

第四十三条　网络交易经营者违反本办法第十四条的,依照《中华人民共和国反不正当竞争法》的相关规定进行处罚。

第四十四条　网络交易经营者违反本办法第十七条的，依照《中华人民共和国电子商务法》第七十七条的规定进行处罚。

第四十五条　网络交易经营者违反本办法第二十条，法律、行政法规有规定的，依照其规定；法律、行政法规没有规定的，由市场监督管理部门责令限期改正；逾期不改正的，处一万元以下罚款。

第四十六条　网络交易经营者违反本办法第二十二条的，由市场监督管理部门责令限期改正；逾期不改正的，处五千元以上三万元以下罚款。

第四十七条　网络交易平台经营者违反本办法第二十四条第一款、第二十五条第二款、第三十一条，不履行法定核验、登记义务，有关信息报送义务，商品和服务信息、交易信息保存义务的，依照《中华人民共和国电子商务法》第八十条的规定进行处罚。

第四十八条　网络交易平台经营者违反本办法第二十七条、第二十八条、第三十条的，由市场监督管理部门责令限期改正；逾期不改正的，处一万元以上三万元以下罚款。

第四十九条　网络交易平台经营者违反本办法第二十九条，法律、行政法规有规定的，依照其规定；法律、行政法规没有规定的，由市场监督管理部门依职责责令限期改正，可以处一万元以上三万元以下罚款。

第五十条　网络交易平台经营者违反本办法第三十二条的，依照《中华人民共和国电子商务法》第八十二条的规定进行处罚。

第五十一条　网络交易经营者销售商品或者提供服务，不履行合同义务或者履行合同义务不符合约定，或者造成他人损害的，依法承担民事责任。

第五十二条　网络交易平台经营者知道或者应当知道平台内经营者销售的商品或者提供的服务不符合保障人身、财产安全的要求，或者有其他侵害消费者合法权益行为，未采取必要措施的，依法与该平台内经营者承担连带责任。

对关系消费者生命健康的商品或者服务，网络交易平台经营者对平台内经营者的资质资格未尽到审核义务，或者对消费者未尽到安全保障义务，造成消费者损害的，依法承担相应的责任。

第五十三条　对市场监督管理部门依法开展的监管执法活动，拒绝依照本办法规定提供有关材料、信息，或者提供虚假材料、信息，或者隐匿、销毁、转移证据，或者有其他拒绝、阻碍监管执法行为，法律、行政法规、其他市场监督管理部门规章有规定的，依照其规定；法律、行政法规、其他市场监督管理部门规章没有规定的，由市场监督管理部门责令改正，可以处五千元以上三万元以下罚款。

第五十四条　市场监督管理部门的工作人员，玩忽职守、滥用职权、徇私舞弊，或者泄露、出售或者非法向他人提供在履行职责中所知悉的个人信息、隐私和商业秘密的，依法追究法律责任。

第五十五条　违反本办法规定，构成犯罪的，依法追究刑事责任。

第五章　附　则

第五十六条　本办法自 2021 年 5 月 1 日起施行。2014 年 1 月 26 日原国家工商行政管理总局令第 60 号公布的《网络交易管理办法》同时废止。

6.5.4　第三方电子商务交易平台服务规范(节选)

第三方电子商务交易平台服务规范(节选)

(二〇一一年四月十二日商务部公告 2011 年第 18 号发布　根据 2016 年 8 月 18 日商务部令 2016 年第 2 号《商务部关于废止和修改部分规章和规范性文件的决定》修正)

3.术语和定义

3.1　电子商务

本规范所指的电子商务,系指交易当事人或参与人利用现代信息技术和计算机网络(包括互联网、移动网络和其他信息网络)所进行的各类商业活动,包括货物交易、服务交易和知识产权交易。

3.2　第三方电子商务交易平台

第三方电子商务交易平台(以下简称第三方交易平台)是指在电子商务活动中为交易双方或多方提供交易撮合及相关服务的信息网络系统总和。

3.3　平台经营者

第三方交易平台经营者(以下简称平台经营者)是指在工商行政管理部门登记注册并领取营业执照,从事第三方交易平台运营并为交易双方提供服务的自然人、法人和其他组织。

3.4　站内经营者

第三方交易平台站内经营者(以下简称站内经营者)是指在电子商务交易平台上从事交易及有关服务活动的自然人、法人和其他组织。

4.基本原则

4.1　公正、公平、公开原则

平台经营者在制定、修改业务规则和处理争议时应当遵守公正、公平、公开原则。

4.2　业务隔离原则

平台经营者若同时在平台上从事站内经营业务的,应当将平台服务与站内经营业务分开,并在自己的第三方交易平台上予以公示。

4.3　鼓励与促进原则

鼓励依法设立和经营第三方交易平台,鼓励构建有利于平台发展的技术支撑体系。

鼓励平台经营者、行业协会和相关组织探索电子商务信用评价体系、交易安全制度,以及便捷的小额争议解决机制,保障交易的公平与安全。

5.第三方交易平台的设立与基本行为规范

5.1　设立条件

第三方电子商务交易平台的设立应当符合下列条件:

(1)有与从事的业务和规模相适应的硬件设施;

(2)有保障交易正常运营的计算机信息系统和安全环境;

(3)有与交易平台经营规模相适应的管理人员、技术人员和客户服务人员;

(4)符合《中华人民共和国电信条例》《互联网信息服务管理办法》、《网络商品交易及有关服务行为管理暂行办法》、《电子认证服务管理办法》等法律、法规和规章规定的其他条件。

5.2　市场准入和行政许可

平台经营者应当依法办理工商登记注册；涉及行政许可的，应当取得主管部门的行政许可。

5.3　平台经营者信息公示

平台经营者应当在其网站主页面或者从事经营活动的网页显著位置公示以下信息：

(1) 营业执照以及各类经营许可证；

(2) 互联网信息服务许可登记或经备案的电子验证标识；

(3) 经营地址、邮政编码、电话号码、电子信箱等联系信息及法律文书送达地址；

(4) 监管部门或消费者投诉机构的联系方式。

(5) 法律、法规规定其他应披露的信息。

5.4　交易平台设施及运行环境维护

平台经营者应当保障交易平台内各类软硬件设施的正常运行，维护消防、卫生和安保等设施处于正常状态。

平台经营者应按照国家信息安全等级保护制度的有关规定和要求建设、运行、维护网上交易平台系统和辅助服务系统，落实互联网安全保护技术措施，依法实时监控交易系统运行状况，维护平台交易系统正常运行，及时处理网络安全事故。

日交易额1亿元人民币以上(含1亿元)的第三方电子商务交易平台应当设置异地灾难备份系统，建立灾难恢复体系和应急预案。

5.5　数据存储与查询

平台经营者应当妥善保存在平台上发布的交易及服务的全部信息，采取相应的技术手段保证上述资料的完整性、准确性和安全性。站内经营者和交易相对人的身份信息的保存时间自其最后一次登录之日起不少于两年；交易信息保存时间自发生之日起不少于两年。

站内经营者有权在保存期限内自助查询、下载或打印自己的交易信息。

鼓励第三方交易平台通过独立的数据服务机构对其信息进行异地备份及提供对外查询、下载或打印服务。

5.6　制订和实施平台交易管理制度

平台经营者应提供规范化的网上交易服务，建立和完善各项规章制度，包括但不限于下列制度：

(1) 用户注册制度；

(2) 平台交易规则；

(3) 信息披露与审核制度；

(4) 隐私权与商业秘密保护制度；

(5) 消费者权益保护制度；

(6) 广告发布审核制度；

(7) 交易安全保障与数据备份制度；

(8) 争议解决机制；

(9) 不良信息及垃圾邮件举报处理机制；

(10) 法律、法规规定的其他制度。

平台经营者应定期在本平台内组织检查网上交易管理制度的实施情况，并根据检查结果及时采取改善措施。

5.7　用户协议

平台经营者的用户协议及其修改应至少提前 30 日公示，涉及消费者权益的，应当抄送当地消费者权益保护机构。

用户协议应当包括但不限于以下内容：

（1）用户注册条件；

（2）交易规则；

（3）隐私及商业秘密的保护；

（4）用户协议的修改程序；

（5）争议解决方式；

（6）受我国法律管辖的约定及具体管辖地；

（7）有关责任条款。

平台经营者应采用技术等手段引导用户完整阅读用户协议，合理提示交易风险、责任限制和责任免除条款，但不得免除自身责任，加重用户义务，排除用户的法定权利。

5.8　交易规则

平台经营者应制定并公布交易规则。交易规则的修改应当至少提前 30 日予以公示。用户不接受修改的，可以在修改公告之日起 60 日内书面通知退出。平台经营者应当按照原交易规则妥善处理用户退出事宜。

5.9　终止经营

第三方交易平台歇业或者其他自身原因终止经营的，应当提前一个月通知站内经营者，并与站内经营者结清财务及相关手续。

涉及行政许可的第三方交易平台终止营业的，平台经营者应当提前一个月向行政主管部门报告；并通过合同或其他方式，确保在合理期限内继续提供对消费者的售后服务。

5.10　平台交易情况的统计

平台经营者应当做好市场交易统计工作，填报统计报表，定期向有关行政主管部门报送。

6. 平台经营者对站内经营者的管理与引导

6.1　站内经营者注册

（1）通过第三方交易平台从事商品交易及有关服务行为的自然人，需要向平台经营者提出申请，提交身份证明文件或营业执照、经营地址及联系方式等必要信息。

（2）通过第三方交易平台从事商品交易及有关服务行为的法人和其他组织，需要向平台经营者提出申请，提交营业执照或其他获准经营的证明文件、经营地址及联系方式等必要信息。

（3）第三方电子商务交易平台应当核验站内经营者的营业执照和各类经营许可证。第三方电子商务交易平台对外是否显示站内经营者真实名称和姓名由平台经营者和站内经营者协商确定。

（4）平台经营者应当每年定期对实名注册的站内经营者的注册信息进行验证，对无法验证的站内经营者应予以注明。

（5）平台经营者应当加强提示，督促站内经营者履行有关法律规定和市场管理制度，增强诚信服务、文明经商的服务意识,倡导良好的经营作风和商业道德。

6.2 进场经营合同的规范指导

平台经营者在与站内经营者订立进场经营合同时,应当依法约定双方规范经营的有关权利义务、违约责任以及纠纷解决方式。该合同应当包含下列必备条款:

(1) 平台经营者与站内经营者在网络商品交易及有关服务行为中不得损害国家利益和公众利益,不得损害消费者的合法权益。

(2) 站内经营者必须遵守诚实守信的基本原则,严格自律,维护国家利益,承担社会责任,公平、公正、健康有序地开展网上交易,不得利用网上交易从事违法犯罪活动。

(3) 站内经营者应当注意监督用户发布的信息,依法删除违反国家规定的信息,防范和减少垃圾邮件。

(4) 站内经营者应当建立市场交易纠纷调解处理的有关制度,并在提供服务网店的显著位置公布纠纷处理机构及联系方式。

6.3 站内经营者行为规范

平台经营者应当通过合同或其他方式要求站内经营者遵守以下规范,督促站内经营者建立和实行各类商品信誉制度,方便消费者监督和投诉:

(1) 站内经营者应合法经营,不得销售不符合国家标准或有毒有害的商品。对涉及违法经营的可以暂停或终止其交易。

(2) 对涉及违法经营或侵犯消费者权益的站内经营者可以按照事先公布的程序在平台上进行公示。

(3) 站内经营者应就在停止经营或撤柜前3个月告知平台经营者,并配合平台经营者处理好涉及消费者或第三方的事务。

(4) 站内经营者应主动配合平台经营者就消费者投诉所进行的调查和协调。

6.4 对交易信息的管理

平台经营者应对其平台上的交易信息进行合理谨慎的管理:

(1) 在平台上从事经营活动的,应当公布所经营产品的名称、生产者等信息;涉及第三方许可的,还应公布许可证书、认证证书等信息。

(2) 网页上显示的商品信息必须真实。对实物(有形)商品,应当从多角度多方位予以展现,不可对商品的颜色、大小、比例等做歪曲或错误的显示;对于存在瑕疵的商品应当给予充分的说明并通过图片显示。发现站内经营者发布违反法律、法规广告的,应及时采取措施制止,必要时可以停止对其提供网上交易平台服务。

(3) 投诉人提供的证据能够证明站内经营者有侵权行为或发布违法信息的,平台经营者应对有关责任人予以警告,停止侵权行为,删除有害信息,并可依照投诉人的请求提供被投诉人注册的身份信息及联系方式。

(4) 平台经营者应承担合理谨慎信息审查义务,对明显的侵权或违法信息,依法及时予以删除,并对站内经营者予以警告。

6.5 交易秩序维护

平台经营者应当采取合理措施,保证网上交易平台的正常运行,提供安全可靠的交易环境和公平、公正、公开的交易服务,维护交易秩序,建立并完善网上交易的信用评价体系和交易风险警示机制。

平台经营者应当合理提示用户关注交易风险,在执行用户的交易支付指令前,应当要求用户对交易明细进行确认;从事网上支付服务的经营者,在执行支付指令前,也应当要求付款人进行确认。

鼓励平台经营者设立冷静期制度,允许消费者在冷静期内无理由取消订单。

鼓励网络第三方交易平台和平台经营者向消费者提供"卖家保证金"服务。保证金用于消费者的交易损失赔付。保证金的金额、使用方式应事先向当地工商行政主管部门备案并公示。

6.6 交易错误

平台经营者应当调查核实个人用户小额交易中出现操作错误投诉,并帮助用户取消交易,但因具体情况无法撤销的除外。

6.7 货物退换

平台经营者应当通过合同或其他方式要求站内经营者依照国家有关规定,实施商品售后服务和退换货制度,对于违反商品售后服务和退换货制度规定的站内经营者,平台经营者应当受理消费者的投诉,并可依照合同追究其违约责任。

6.8 知识产权保护

平台经营者应当建立适当的工作机制,依法保护知识产权。对于权利人附有证据并通知具体地址的侵权页面、文件或链接,平台经营者应通知被投诉人,同时采取必要措施保护权利人合法权益。法律法规另有规定的除外。

平台经营者应通过合同或其他方式要求站内经营者遵守《商标法》《反不正当竞争法》《企业名称登记管理规定》等法律、法规、规章的规定,不得侵犯他人的注册商标专用权、企业名称权等权利。

6.9 禁止行为

第三方交易平台同时利用自有平台进行网上商品(服务)交易的,不得相互串通,利用自身便利操纵市场价格,扰乱市场秩序,损害其他经营者或者消费者的合法权益。

7. 平台经营者对消费者的合理保护

未经用户同意,平台经营者不得向任何第三方披露或转让用户名单、交易记录等数据,但法律法规另有规定的除外。

平台经营者应督促站内交易经营者出具购货凭证、服务单据及相关凭证。

消费者在网络交易平台购买商品或者接受服务,发生消费纠纷或者其合法权益受到损害的,平台经营者应当向消费者提供站内经营者的真实的网站登记信息,积极协助消费者维护自身合法权益。

8. 平台经营者与相关服务提供者的协调

8.1 电子签名

鼓励依照《中华人民共和国电子签名法》的规定订立合同。标的金额高于5万元人民币的网上交易,第三方交易平台应提示交易双方使用电子签名。

8.2 电子支付

第三方电子商务交易平台采用的电子支付应当由银行或具备合法资质的非金融支付机构提供。

8.3 广告发布

平台经营者对平台内被投诉的广告信息,应当依据广告法律规定进行删除或转交广告行政主管机构处理。

第三方交易平台应约束站内经营者不得发布虚假的广告信息,不得发送垃圾邮件。

对于国家明令禁止交易的商品或服务,提供搜索服务的第三方交易平台在搜索结果展示页面应对其名称予以屏蔽或限制访问。

9. 监督管理

9.1 行业自律

鼓励第三方平台经营者依照本规范进行行业自律,支持有关行业组织对平台经营者的服务进行监督和协调。

鼓励行业协会设立消费警示制度,监督和约束有不良行为的平台经营者。

鼓励平台经营者成立行业自律组织,制定行规和行约,建立网上交易诚信体系,加强自律,推动网上交易的发展。

9.2 投诉管理

消费者协会和相关组织通过在线投诉机制受理的网上交易争议投诉,平台经营者应及时配合处理与反馈。

对于不良用户,平台经营者可以根据事先公示的程序和规则对站内经营者的市场准入进行限制。

9.3 政府监管

各级商务主管部门应当建立网上交易服务规范的监管责任制度和责任追究制度,依法对平台经营者及站内经营者的交易行为进行监督。

6.6 案例分析

【案情介绍】施某某、张某某、桂某某诉徐某某肖像权、名誉权、隐私权纠纷案[①]

原告施某某、张某某、桂某某因与被告徐某某发生肖像权、名誉权、隐私权纠纷,向江苏省南京市江宁区人民法院提起诉讼。

原告施某某、张某某、桂某某诉称:2015年4月3日21时15分,被告徐某某在其新浪微博上(用户名为"朝廷半日闲")发表如下内容(配照片九张):"父母南京某区人,男童于6岁合法收养,虐待行为自去年被校方发现,近日,班主任发现伤情日渐严重,性格也随之大变,出现畏惧人群等心理行为,班主任及任课老师在多方努力无果后,寻求网络帮助。恳请媒体和大伙的协助。希望这个孩子通过我们的帮助可以脱离现在的困境。"当日22时40分,徐某某在其新浪微博上又发表如下内容(配照片九张):"(我也在顶着各种压力,请网友理解)父母南京某区人,男童于6岁合法收养,虐待行为自去年被校方发现,最初以为是偶尔情况,没好多说。近日,男童班主任发现男童伤情日渐严重,性格也随之大变,出现畏惧人群等心理行为,班主任及任课老师在多方努力无果后,试图寻求网络帮助。恳请媒体和大伙的协助。"徐某某未经许可,擅自将施某某的肖像对外发布,违背施某某意愿,徐某某的行为侵犯了施某某的肖像权。徐某某未经许可,擅自对外发布施某某的养子身份信息;施某某的养母李某某未虐童,但徐某某毫无事实依据声称李某某长期虐待施某某,致李某

[①] 本案来源于北大法宝数据库 http://www.pkulaw.cn/,【法宝引证码】CLI.C.8323518。

某无端遭受了众人指责，人为伤害了施某某与养母之间的感情，徐某某的行为已严重侵犯了施某某的隐私权和生活安宁权。徐某某将李某某打施某某的事情以虐童为名发布到互联网之后，引起全国性的持续关注，使施某某的"坏孩子"形象昭告天下，徐某某的行为已严重侵犯了施某某的名誉权。徐某某的行为，导致张某某、桂某某的家庭隐私以及家庭的困窘被无情地暴露在公众之下，严重侵犯了张某某、桂某某的隐私权。徐某某的行为导致张某某、桂某某无端背上了"遗弃"子女的恶名，导致了亲戚朋友以及社会公众对张某某、桂某某送养孩子的行为作出了否定性评价，严重侵犯了张某某、桂某某的名誉权。请求法院判令徐某某停止侵害；赔礼道歉并在全国范围内为其三人消除影响、恢复名誉；向施某某支付精神抚慰金 10 万元，向张某某、桂某某支付精神抚慰金 10 万元。

被告徐某某辩称：施某某系未成年人，在人身受到严重伤害情况下，其将施某某受伤害的照片发布以寻求社会的帮助，且在发布照片时在不影响事实的情况下对施某某的脸部做了"马赛克"处理，其目的为了及时阻止家庭暴力的再次发生，保护未成年人，并非出于营利的目的，其使用施某某肖像虽未经施某某同意，但符合法律规定的情形，故其未侵犯施某某的肖像权。施某某养子身份信息，在施某某被收养后就会依法进入公知领域，施某某将养子身份信息视为隐私，不当扩大了隐私的范围，其反映收养关系，目的是要保护未成年人不再受到侵害，希望民政部门能对收养关系进行审查并作出处理，其行为未侵犯隐私权。其微博反映的内容，仅是对事件的陈述，经过公安机关的调查，已经确认全部属实，并且依法对侵害人进行了处理，其微博不含任何会造成施某某社会评价降低及爱说谎、不爱学习等坏孩子形象的内容，没有对施某某的名誉造成损害，不构成侵权。其微博反映的内容未涉及张某某、桂某某的任何信息资料，张某某、桂某某称其侵犯隐私权、名誉权无任何的事实和法律依据。请求法院驳回三原告的诉讼请求。

江苏省南京市江宁区人民法院一审查明：

原告张某某、桂某某系原告施某某生父母，李某某系张某某表姐。2013 年 6 月 3 日，经安徽省来安县民政局收养登记后，施某某由李某某、施某某夫妇收养。2015 年 4 月 5 日，公安机关以涉嫌故意伤害罪对李某某刑事拘留，后变更为取保候审。南京市浦口区人民检察院以李某某涉嫌犯故意伤害罪，向南京市浦口区人民法院提起公诉，该案正在审理期间。2015 年 4 月 5 日，施某某由政府相关部门交由其生父母张某某、桂某某临时监护。

2015 年 5 月 5 日，南京市公安局物证鉴定所出具物证检验报告书，意见为：李某某、施某某办理收养关系时提交的《收养当事人无子女证明》上加盖的两枚印章与真实印章不一致。李某某在公安机关对其询问时，称施某某所受伤是其所致。

2015 年 4 月 3 日 21 时 15 分，徐某某在其新浪微博上（用户名为"朝廷半日闲"）发表如下内容（配原告施某某受伤的照片九张）："父母南京某区人，男童于 6 岁合法收养，虐待行为自去年被校方发现，近日，班主任发现伤情日渐严重，性格也随之大变，出现畏惧人群等心理行为，班主任及任课老师在多方努力无果后，寻求网络帮助。恳请媒体和大伙的协助。希望这个孩子通过我们的帮助可以脱离现在的困境。"之后又将其删除。

当日 22 时 40 分，被告徐某某又在其新浪微博上（用户名为"朝廷半日闲"）发表如下内容（配原告施某某受伤的照片九张）："（我也在顶着各种压力，请网友理解）父母南京某区人，男童于 6 岁合法收养，虐待行为自去年被校方发现，最初以为是偶尔情况，没好多说。近日，男童班主任发现男童伤情日渐严重，性格也随之大变，出现畏惧人群等心理行为，班主任及任课老师在多方努力无果后，试图寻求网络帮助。恳请媒体和大伙的协助。"该微博已由徐某某于 2015 年 5 月 8 日前删除。

被告徐某某在其新浪微博二次上传的同一组九张照片中有三张反映了人的头面部，二次上传照片时均对头面部进行了模糊处理，九张照片已不具有明显的可识别性。

此后，被告徐某某发表的新浪微博在网络上和媒体上被多次报道。

江苏省南京市江宁区人民法院一审认为：

当事人对自己提出的主张，有责任提供证据。行为人因过错侵害他人民事权益的，应当承担侵权责任。损害是因第三人造成的，第三人应当承担侵权责任。

关于被告徐某某是否侵害原告施某某肖像权。《中华人民共和国民法通则》第一百条规定，公民享有肖像权，未经本人同意，不得以营利为目的使用公民的肖像。[①]《中华人民共和国未成年人保护法》第六条第二款规定，对侵犯未成年人合法权益的行为，任何组织和个人都有权予以劝阻、制止或者向有关部门提出检举或者控告。本案中，徐某某在知晓施某某被伤害后，为揭露可能存在的犯罪行为和保护未成年人合法权益不受侵犯而使用施某某受伤的九张照片，虽未经施某某同意，但其使用是为了维护社会公共利益和施某某本人利益的需要，也没有以营利为目的，且使用时已对照片脸部进行了模糊处理，应认定该使用行为不构成对施某某肖像权的侵害。

关于被告徐某某是否侵害原告施某某、张某某、桂某某名誉权。《中华人民共和国民法通则》第一百零一条规定，公民、法人享有名誉权，公民的人格尊严受法律保护，禁止用侮辱、诽谤等方式损害公民、法人的名誉。以书面、口头等形式宣扬他人的隐私，或者捏造事实公然丑化他人人格，以及用侮辱、诽谤等方式损害他人名誉，造成一定影响的，应当认定为侵害公民名誉权的行为。本案中，徐某某通过网络公开了男童遭受虐待的事实，是一种公开的网络举报行为，不存在主观上的过错。徐某某所发微博的内容既没有夸大或隐瞒事实，更没有虚构、造谣和污蔑，且施某某受到伤害情况客观存在，微博反映的内容与客观事实基本相一致，微博中也没有使用侮辱、诽谤性的语言，客观上不会造成施某某社会声望和评价的降低。徐某某所发微博的内容未涉及张某某、桂某某的任何信息资料，不存在对张某某、桂某某进行侮辱或诽谤。施某某、张某某、桂某某亦未能提供充分证据证明由于徐某某的网络发帖行为导致原告的名誉受损的事实。故施某某、张某某、桂某某主张徐某某侵犯其名誉权不能成立。

关于被告徐某某是否侵害原告施某某、张某某、桂某某隐私权。隐私权是指自然人享有的对其个人的与公共利益无关的个人信息、私人活动和私有领域进行支配的一种人格权。是否构成侵犯隐私权，应当根据受害人确有隐私被损害的事实、行为人行为违法、违法行为与损害后果之间有因果关系、行为人主观上有过错来认定。本案中，徐某某对相关信息的披露是节制的，对相关照片进行了模糊处理，没有暴露受害儿童真实面容，也没有披露施某某的姓名和家庭住址，其目的是揭露可能存在的犯罪行为。徐某某所发微博的内容虽出现收养的词语，但微博文字与照片结合后，第三人不能明显识别出微博中的受害儿童即为施某某。徐某某所发微博的内容未涉及张某某、桂某某的任何信息资料，至于徐某某发表微博后，网民对张某某、桂某某搜索导致其相关信息被披露，不应由徐某某承担责任。故施某某、张某某、桂某某主张徐某某侵害其隐私权不能成立。

[①]《民法通则》现已作废，相关条文见《民法典》第一千零一十八条至第一千零二十三条。其他同。

综上，被告徐某某在原告施某某受伤害后，为保护未成年人利益和揭露可能存在的犯罪行为，依法在其微博中发表未成年人受伤害信息，符合社会公共利益原则和儿童利益最大化原则。徐某某的网络举报行为未侵犯施某某的肖像权、名誉权、隐私权，未侵犯原告张某某、桂某某的名誉权、隐私权。施某某、张某某、桂某某的诉讼请求于法无据，不予支持。

据此，江苏省南京市江宁区人民法院依据《中华人民共和国民法通则》第一百条、第一百零一条，《中华人民共和国侵权责任法》①第二条、第六条第一款、第二十八条，《中华人民共和国未成年人保护法》第六条第二款，《中华人民共和国民事诉讼法》第三十九条、第六十四条、第一百三十四条之规定，于 2015 年 9 月 25 日作出判决：

驳回原告施某某、张某某、桂某某的诉讼请求。

一审判决后，原被告双方均未提起上诉，判决已发生法律效力。

【主要法律问题解析】

本案的焦点问题是关于肖像权、名誉权和隐私权侵权认定问题。与本章讨论相关的民事权利包括肖像权、名誉权。对于此类人身权益的侵权认定一般需要满足以下要件：违法行为、损害结果、因果关系和过错。

对于肖像权侵权司法实践中大多还需"以营利为目的"作为构成要件之一。本案中，徐某某在知晓施某某被伤害后，虽未经施某某同意使用了其照片，但没有以营利目的。另外，本案徐某公开的施某某受伤的九张照片，其目的是保护施某某本人利益，也有利于保护社会公共利益，更未造成不良后果。而且使用时已对照片脸部进行了模糊处理，应认定该使用行为不构成对施某某肖像权的侵害。

在名誉权侵权问题中，利用信息网络捏造损害他人名誉的事实并直接或间接通过网络发布或传播，通过将他人原始信息内容篡改为损害他人名誉的事实并直接或间接通过网络发布或传播的行为越来越多，相较于传统方式传播范围更广、社会影响更加严重。早在2014 年《最高人民法院公布 8 起利用信息网络侵害人身权益典型案例》"徐大雯与宋祖德、刘信达侵害名誉权民事纠纷案"指导性案例中明确："在公开博客这样的自媒体中表达，与通过广播、电视、报刊等方式表达一样，都应当遵守国家的法律法规，不得侵犯他人的合法权益。博客开设者应当对博客内容承担法律责任。……法院根据其行为的主观过错、侵权手段的恶劣程度、侵权结果等因素，判处较高数额的精神损害抚慰金，体现了侵权责任法的理念和精神。"因此，利用互联网侮辱他人或者捏造事实诽谤他人，侵犯他人合法权益构成侵权的，应当承担民事责任。侮辱是指故意以暴力或其他方式贬低他人人格，毁损他人名誉。本案中，徐某某通过微博公开了男童遭受虐待的事实，没有使用侮辱、诽谤性的语言，客观上不会造成施某某社会声望和评价的降低，不属于侮辱行为。诽谤是以书面、口头等捏造事实来丑化他人人格。本案中徐某某所发微博的内容既没有夸大或隐瞒事实，更没有虚构、造谣和污蔑，且施某某受到伤害情况客观存在，微博反映的内容与客观事实基本相一致，是一种公开的网络举报行为，不符合诽谤行为的规定。因而本案徐某某的网络发帖行为不属于侮辱、诽谤等损害他人名誉的违法行为，因而其侵犯名誉权也不能成立，无需承担侵权法律责任。

---

① 《侵权责任法》现已作废，相关条文见《民法典》侵权责任编。

第7章　网络空间安全诉讼程序法律法规

7.1　诉讼程序相关规定解读

中华人民共和国刑事诉讼法(节选)

(1979 年 7 月 1 日第五届全国人民代表大会第二次会议通过,根据 1996 年 3 月 17 日第八届全国人民代表大会第四次会议《关于修改〈中华人民共和国刑事诉讼法〉的决定》第一次修正,根据 2012 年 3 月 14 日第十一届全国人民代表大会第五次会议《关于修改〈中华人民共和国刑事诉讼法〉的决定》第二次修正,根据 2018 年 10 月 26 日第十三届全国人民代表大会常务委员会第六次会议《关于修改〈中华人民共和国刑事诉讼法〉的决定》第三次修正)

第一编　总　　则

第二章　管　　辖

第二十五条　刑事案件由犯罪地的人民法院管辖。如果由被告人居住地的人民法院审判更为适宜的,可以由被告人居住地的人民法院管辖。

【重点法条解读】

本条是关于刑事案件地域管辖的规定,是指不同地区同级人民法院之间对于第一审刑事案件管辖权之分工。需要注意的是,基层人民法院之间对于第一审刑事案件管辖权的分工,以及中级人民法院之间对于第一审刑事案件管辖权的分工,基本是以地域管辖来实现的。刑事案件由犯罪地的人民法院管辖,系地域管辖的基本原则。该规定不仅有利于诉讼证据的及时收集、案件事实的及时查明,还便于诉讼参与人就近参加诉讼,方便人民群众参加案件旁听。

根据《最高人民法院关于适用〈中华人民共和国刑事诉讼法〉的解释》第二条规定,犯罪地包括犯罪行为地和犯罪结果地。《公安机关办理刑事案件程序规定》第十六条规定,犯罪地包括犯罪行为发生地和犯罪结果发生地。犯罪行为发生地,包括犯罪行为的实施地以及预备地、开始地、途经地、结束地等与犯罪行为有关的地点;犯罪行为有连续、持续或者继续状态的,犯罪行为连续、持续或者继续实施的地方都属于犯罪行为发生地。犯罪结果发生地,包括犯罪对象被侵害地、犯罪所得的实际取得地、藏匿地、转移地、使用地、销售地。

如果由被告人居住地的人民法院审判更为适宜的,可以由被告人居住地的人民法院管辖。该规定从实际出发,凸显了我国刑事诉讼法原则性与灵活性相结合的特点。《最高人民法院关于适用〈中华人民共和国刑事诉讼法〉的解释》第三条规定,被告人的户籍地为其居住地。经常居住地与户籍地不一致的,经常居住地为其居住地。经常居住地为被告人被追诉前已连续居住一年以上的地方,但住院就医的除外。被告单位登记的住所地为其居住地。

主要营业地或者主要办事机构所在地与登记的住所地不一致的，主要营业地或者主要办事机构所在地为其居住地。

【难点问题解析】

网络空间的虚拟性与不确定性，使得网络犯罪与传统犯罪存在极大不同。跨地域性作为网络犯罪的显著特点之一，诸多与犯罪活动有关的要素往往分布于不同地区。地域界限与范围并不明显。这也使得传统的地域管辖概念与新形势下对于网络犯罪打击活动之间存在鸿沟。为此，《最高人民法院关于适用〈中华人民共和国刑事诉讼法〉的解释》、《公安机关办理刑事案件程序规定》等规范性文件都对此做出了专门规定。"针对或者利用计算机网络实施的犯罪，犯罪地包括用于实施犯罪行为的网络服务使用的服务器所在地，网络服务提供者所在地，被侵害的信息网络系统及其管理者所在地，犯罪过程中被告人、被害人使用的信息网络系统所在地，以及被害人被侵害时所在地和被害人财产遭受损失地等。

【法律法规衔接问题】

《最高人民法院、最高人民检察院、公安部、国家安全部、司法部、全国人大常委会法制工作委员会关于实施刑事诉讼法若干问题的规定》第二条至第四条；《最高人民法院关于适用〈中华人民共和国刑事诉讼法〉的解释》第二条至第十三条；《公安机关办理刑事案件程序规定》第十五条至第二十一条；《最高人民法院、最高人民检察院、公安部关于办理网络犯罪案件适用刑事诉讼程序若干问题的意见》第二条至第五条。

第五章　证　据

第五十条　可以用于证明案件事实的材料，都是证据。

证据包括：

（一）物证；

（二）书证；

（三）证人证言；

（四）被害人陈述；

（五）犯罪嫌疑人、被告人供述和辩解；

（六）鉴定意见；

（七）勘验、检查、辨认、侦查实验等笔录；

（八）视听资料、电子数据。

证据必须经过查证属实，才能作为定案的根据。

【重点法条解读】

本条是关于证据概念、法定证据种类以及证据必须经过查证属实才能作为定案根据的规定。

本条第一款是关于证据概念的规定。根据前述法条，可以用于证明案件事实的材料，都是证据。

本条第二款是关于法定证据种类的规定。1996 年刑事诉讼法将法定证据规定为七种。近些年来，随着电子信息技术的日益发达与普及，愈来愈多的证据以电子数据形式而出现，如电子签名、电子邮件、网络聊天记录等。为此，本款第（八）项的电子数据，即 2012 年刑事诉讼法修改时新增的一项诉讼证据种类。关于电子数据这一证据种类，《最高人民法院

最高人民检察院 公安部关于办理刑事案件收集提取和审查判断电子数据若干问题的规定》第一条规定，"电子数据是案件发生过程中形成的，以数字化形式存储、处理、传输的，能够证明案件事实的数据。"结合上述规定，电子数据是以电子形式存在于电子设备和存储媒介的能够证明案件事实的数据。

本条第三款规定，"证据必须经过查证属实，才能作为定案的根据。"据以定案的证据，包括电子数据在内，都应该被查证属实，对其真实性进行审查。

【难点问题解析】

视听资料和电子数据并列于本条第二款第（八）项，但两者之间也存在有实质不同。视听资料是指记载有与案件事实相关内容的录音、录像资料等。电子数据则是指与案件事实有关的电子签名、电子邮件、网络聊天记录等电子形式的证据。

【法律法规衔接问题】

《最高人民法院 最高人民检察院 公安部关于办理刑事案件收集提取和审查判断电子数据若干问题的规定》第一条。

第五十一条　公诉案件中被告人有罪的举证责任由人民检察院承担，自诉案件中被告人有罪的举证责任由自诉人承担。

【重点法条解读】

本条是关于刑事诉讼中举证责任分配的规定。

举证责任又称证明责任，是指诉讼当事人提出和运用证据来证明己方主张的责任。英美法系国家基于当事人主义角度，认为证明责任包含了提出证据责任与说服责任。大陆法系国家则基于职权主义角度，认为证明责任是当裁判者无法判断某一事实真伪时，就该事实承担证明责任的一方当事人将承担裁判者推定该主张不成立而导致的不利后果。

根据本条规定，其规定了刑事诉讼中举证责任分配的基本原则，并区分了公诉案件与自诉案件两种情况。公诉案件中被告人有罪的举证责任由人民检察院承担，自诉案件中被告人有罪的举证责任由自诉人承担。

【难点问题解析】

本条基于审判角度，规定了由人民检察院承担举证责任。无论是公诉案件还是自诉案件，作为控方的人民检察院或自诉人，唯有在提出确实、充分的证据证明被告人有罪的前提下，才能认定其有罪。这充分凸显了"谁主张，谁举证"的原则。

【法律法规衔接问题】

《刑事诉讼法》第五条、第十五条。

第五十二条　审判人员、检察人员、侦查人员必须依照法定程序，收集能够证实犯罪嫌疑人、被告人有罪或者无罪、犯罪情节轻重的各种证据。严禁刑讯逼供和以威胁、引诱、欺骗以及其他非法方法收集证据，不得强迫任何人证实自己有罪。必须保证一切与案件有关或者了解案情的公民，有客观地充分地提供证据的条件，除特殊情况外，可以吸收他们协助调查。

【重点法条解读】

本条是关于收集证据基本原则的规定。其对于审判人员、检察人员、侦查人员收集证据作出了如下要求：第一，必须依照法定程序，收集证据；第二，必须收集能够证实犯罪嫌疑人、被告人有罪或者无罪、犯罪情节轻重的各种证据；第三，严禁采用非法方法收集证据；第四，必须保证一切与案件有关或者了解案情的公民，有客观地充分地提供证据的条件；第五，除特殊情况外，可以吸收与案件有关或者了解案情的公民协助调查。

【法律法规衔接问题】

《人民检察院刑事诉讼规则》第六十六条、第一百七十六条，《公安机关办理刑事案件程序规定》第六十条、第七十一条，《最高人民法院 最高人民检察院 公安部 国家安全部 司法部关于办理刑事案件排除非法证据若干问题的规定》。

第五十四条　人民法院、人民检察院和公安机关有权向有关单位和个人收集、调取证据。有关单位和个人应当如实提供证据。

行政机关在行政执法和查办案件过程中收集的物证、书证、视听资料、电子数据等证据材料，在刑事诉讼中可以作为证据使用。

对涉及国家秘密、商业秘密、个人隐私的证据，应当保密。

凡是伪造证据、隐匿证据或者毁灭证据的，无论属于何方，必须受法律追究。

【重点法条解读】

本条对国家专门机关的调查取证权、行政执法证据在刑事诉讼中的证据能力、应当保密的证据的范围以及诉讼各方不得伪造、隐匿或毁灭证据进行了规定。

根据本条规定，人民法院、人民检察院、公安机关有权向有关单位和个人收集、调取证据，这是由法律赋予国家专门机关的职权。对于行政执法和查办案件过程中收集到的证据材料是否进入刑事诉讼程序，即是否具有证据能力的问题，应根据不同的证据种类加以区分。对涉及国家秘密、商业秘密、个人隐私的证据，诉讼各方都应当予以保密。此外，本条还规定了诉讼各方不得伪造、隐匿或毁灭证据的义务。

【难点问题解析】

网络犯罪案件侦查中，侦查机关有权向有关单位、个人收集、调取案件相关的电子数据，有关单位和个人应当如实提供电子数据。基于欧洲理事会的《网络犯罪公约》第十八条规定，调取对象除了个人在其控制范围内所有或控制的特定计算机数据外，还包括网络服务提供商"在服务商所有或控制范围内，提交与这些服务相关的用户信息"，这些用户信息是"由网络服务提供商所有，与服务用户有关，是往来数据、内容数据以外的信息"。另外，对于涉及国家秘密、商业秘密、个人隐私的电子数据，应当保密。凡是伪造、隐匿或者毁灭电子数据的，应当承担法律责任。

【法律法规衔接问题】

《人民检察院刑事诉讼规则》第二百零八条；《公安机关办理刑事案件程序规定》第六十二条、第六十三条；《最高人民法院关于适用〈中华人民共和国刑事诉讼法〉的解释》第七十五条、第七十六条。

第五十五条　对一切案件的判处都要重证据，重调查研究，不轻信口供。只有被告人供述，没有其他证据的，不能认定被告人有罪和处以刑罚；没有被告人供述，证据确实、充分的，可以认定被告人有罪和处以刑罚。

证据确实、充分，应当符合以下条件：

（一）定罪量刑的事实都有证据证明；

（二）据以定案的证据均经法定程序查证属实；

（三）综合全案证据，对所认定事实已排除合理怀疑。

【重点法条解读】

本条是关于重证据、不轻信口供，以及刑事案件证明标准的规定。第一款规定"重证据，重调查研究，不轻信口供"的办案原则，"重证据"系指对一切证据的收集、认定都要重视，尤其是除口供之外的客观证据。"不轻信口供"指的是不能不经核实，不经与其他证据相互印证，即轻信口供。第二款是关于认定"证据确实、充分"条件的规定。"证据确实、充分"是我国刑事诉讼法对侦查机关侦查终结移送起诉、检察机关提起公诉的要求，也是审判程序中人民检察院完成被告人有罪的举证责任，人民法院判决被告人有罪的证明标准。

【难点问题解析】

刑事诉讼法规定的"证据确实、充分"，都应适用本款规定的条件予以认定。根据本款的规定，认定证据确实、充分，应当符合以下三个条件：

（1）定罪量刑的事实都有证据证明，是指作为认定犯罪嫌疑人、被告人犯罪、犯何种罪，决定是否对其判处刑罚，判处何种刑罚的依据的事实，包括构成某种犯罪的各项要件和影响量刑的各种情节，都有办案机关经法定程序收集的证据证明。这是认定"证据确实、充分"的基础。

（2）据以定案的证据均经法定程序查证属实，是指经过侦查机关、人民检察院、人民法院按照法律规定的程序，包括 2012 年刑事诉讼法修改增加的非法证据排除规则的查证，作为定案根据的证据被认定属实。该条件侧重认定证据"确实"的方面。

（3）综合全案证据，对所认定事实已排除合理怀疑，是指办案人员在每一证据均查证属实的基础上，经过对证据的综合审查，运用法律知识和逻辑、经验进行推理、判断，对认定的案件事实达到排除合理怀疑的程度。"排除合理怀疑"是指对于认定的事实，已没有符合常理的、有根据的怀疑，实际上达到确信的程度。只有对案件已经不存在合理的怀疑，形成内心确信，才能认定案件"证据确实、充分"[①]。

【法律法规衔接问题】

《最高人民法院关于适用〈中华人民共和国刑事诉讼法〉的解释》第一百三十九条至一百四十六条，《人民检察院刑事诉讼规则》第六十三条。

第六章　强制措施

第七十八条　执行机关对被监视居住的犯罪嫌疑人、被告人，可以采取电子监控、不定期检查等监视方法对其遵守监视居住规定的情况进行监督；在侦查期间，可以对被监视居住的犯罪嫌疑人的通信进行监控。

[①] 王爱立主编：《中华人民共和国刑事诉讼法释义（最新修正版）》，法律出版社 2012 年版，第 118～119 页。

【重点法条解读】

本条是关于执行机关对被监视居住人进行监督以及对被监视居住者的监视方法的规定。为解决执行机关人手不足、执行方法单一等问题，节约司法资源，提高监视效果，本条规定对被监视居住的犯罪嫌疑人、被告人，可以采取电子监控、不定期检查等监视方法对其遵守监视居住规定的情况进行监督。

【难点问题解析】

本法条系 2012 年刑事诉讼法修改增加之规定。法条中规定的"电子监控"，是指在被监视居住人的身上或其住所内安装电子定位系统等电子科技方法，执行机关借助于电子设备和电子科技，结合少量人力的投入所进行的监视控制活动。

需要注意的是，前述措施只能涉及被监视居住人本人，不能对其家人也进行电子监控。在侦查阶段可以采取通信监控的方式对被监视居住人进行监督管理。如果需要采取监控通信的方式侦破犯罪，要根据本法关于技术侦查的有关规定，经过严格的批准手续，根据批准的措施种类、对象和期限执行[①]。

【法律法规衔接问题】

《公安机关办理刑事案件程序规定》第一百一十六条。

第二编　立案、侦查和提起公诉

第二章　侦查

第四节　勘验、检查

第一百二十八条　侦查人员对于与犯罪有关的场所、物品、人身、尸体应当进行勘验或者检查。在必要的时候，可以指派或者聘请具有专门知识的人，在侦查人员的主持下进行勘验、检查。

【重点法条解读】

本条是对于实施勘验、检查的主体以及勘验、检查的对象的规定。

根据本条规定，实施勘验、检查的主体是侦查人员。勘验、检查人员应当具备勘验、检查资格，具有勘验、检查的专业技能与专门知识。随着现代科学技术的高速发展，对于某些案件，尤其是诸如网络犯罪等高科技犯罪案件，需要具有专门知识的人参与勘验、检查，以帮助侦查人员查明案件事实。为此，本法条同时规定，在必要的时候，可以指派或者聘请具有专门知识的人，在侦查人员的主持下进行勘验、检查。根据本条规定，勘验、检查的对象包括了与犯罪有关的场所、物品、人身、尸体。

【难点问题解析】

在网络犯罪案件侦查中，所涉及的信息系统属于与犯罪有关的场所、物品，侦查人员将对其进行勘验。《计算机犯罪现场勘验与电子证据检查规则》第三条规定计算机犯罪现场勘验与电子证据检查包括：（一）现场勘验检查，是指在犯罪现场实施勘验，以提取、固定现场存留的与犯罪有关电子证据和其他相关证据；（二）远程勘验，是指通过网络对远程目

---

① 朗胜主编：《中华人民共和国刑事诉讼法修改与适用》，新华出版社 2012 年版，第 168 页。

标系统实施勘验，以提取、固定远程目标系统的状态和存留的电子数据；（三）电子证据检查，是指检查已扣押、封存、固定的电子证据，以发现和提取与案件相关的线索和证据。

【法律法规衔接问题】

《人民检察院刑事诉讼规则》第一百九十六条，《公安机关办理刑事案件程序规定》第二百一十三条。

第五节　搜　　查

第一百三十六条　为了收集犯罪证据、查获犯罪人，侦查人员可以对犯罪嫌疑人以及可能隐藏罪犯或者犯罪证据的人的身体、物品、住处和其他有关的地方进行搜查。

【重点法条解读】

本条是对搜查主体、目的以及对象的规定。

根据本条规定，搜查必须由侦查人员进行，其他任何单位与个人都无权搜查。搜查的目的是为了收集犯罪证据、查获犯罪人。搜查的对象主要包括了以下内容：第一，犯罪嫌疑人的身体、物品、住所；第二，可能隐藏罪犯或者犯罪证据的人的身体、物品、住所；第三，其他有关的地方。

【难点问题解析】

搜查是侦查活动中收集证据、查获犯罪人的主要方式之一，对于及时查获犯罪人，防止罪犯潜逃、转移或毁灭证据均有着重要意义。欧洲理事会在《网络犯罪公约》第十九条规定了对计算机系统中的计算机数据的搜查，网络犯罪案件侦查中，侦查人员的搜查是对相关的信息系统进行搜查以获取电子证据。

【法律法规衔接问题】

《人民检察院刑事诉讼规则》第二百零三条，《公安机关办理刑事案件程序规定》第二百二十二条。

第一百三十七条　任何单位和个人，有义务按照人民检察院和公安机关的要求，交出可以证明犯罪嫌疑人有罪或者无罪的物证、书证、视听资料等证据。

【重点法条解读】

本条是关于单位和个人提交证据义务的规定。

根据本条规定，任何单位和个人都有义务按照人民检察院和公安机关的要求，交出可以证明犯罪嫌疑人有罪或无罪的物证、书证和视听资料等证据，不得拒绝提供。

【难点问题解析】

2012 年刑事诉讼法修改时，对本条作了修改，增加了"等证据"，以涵盖各种实物证据种类。单位和个人掌握的所有证明犯罪嫌疑人有罪或者无罪的证据材料，都应当根据人民检察院和公安机关的要求提供给侦查人员，不限于物证、书证和视听资料。

【法律法规衔接问题】

《人民检察院刑事诉讼规则》第二百零二条。

第六节　查封、扣押物证、书证

第一百四十一条　在侦查活动中发现的可用以证明犯罪嫌疑人有罪或者无罪的各种财物、文件，应当查封、扣押；与案件无关的财物、文件，不得查封、扣押。

对查封、扣押的财物、文件，要妥善保管或者封存，不得使用、调换或者损毁。

【重点法条解读】

本条是关于查封、扣押物证、书证的范围以及对查封、扣押的财物、文件的保管、保全的规定。根据本条规定，查封、扣押的物证、书证，只能是可用以证明犯罪嫌疑人有罪或者无罪的各种财物、文件，与案件无关的财物、文件，不得查封、扣押。对于查封、扣押的财物、文件，应当妥善保管或者封存。查封通常所针对的对象是不动产、账号或者不易移动的物品；扣押通常所针对的对象则是一般的物品、文件等。

【难点问题解析】

关于电子数据的扣押和查封，《公安机关办理刑事案件程序规定》第二百三十二条规定了电子邮件的扣押。在网络犯罪的侦查活动中，发现的可用以证明犯罪嫌疑人有罪或者无罪的电子数据、电子数据存储介质、电子设备，应当查封、扣押；与案件无关的电子数据、电子数据存储介质、电子设备，不得查封、扣押。

【法律法规衔接问题】

《最高人民法院 最高人民检察院 公安部 国家安全部 司法部 全国人大常委会法制工作委员会关于实施刑事诉讼法若干问题的规定》第三十六条，《公安机关办理刑事案件程序规定》第二百二十七条至第二百二十九条、第二百三十二条，《人民检察院刑事诉讼规则》第二百零九条、第二百一十条。

第八节　技术侦查措施

第一百五十条　公安机关在立案后，对于危害国家安全犯罪、恐怖活动犯罪、黑社会性质的组织犯罪、重大毒品犯罪或者其他严重危害社会的犯罪案件，根据侦查犯罪的需要，经过严格的批准手续，可以采取技术侦查措施。

人民检察院在立案后，对于利用职权实施的严重侵犯公民人身权利的重大犯罪案件，根据侦查犯罪的需要，经过严格的批准手续，可以采取技术侦查措施，按照规定交有关机关执行。

追捕被通缉或者批准、决定逮捕的在逃的犯罪嫌疑人、被告人，经过批准，可以采取追捕所必需的技术侦查措施。

【重点法条解读】

本条是关于技术侦查措施的决定权主体、采取技术侦查措施的时间、案件范围和审批程序的规定。技术侦查措施的决定权主体是公安机关、国家安全机关和人民检察院，技术侦查措施最终由公安或国安机关执行；采取技术侦查措施的时间只能在立案之后；技术侦查措施适用案件范围：危害国家安全犯罪、恐怖活动犯罪、黑社会性质的组织犯罪、重大毒品犯罪或者其他严重危害社会的犯罪案件、利用职权实施的严重侵犯公民人身权利的重大犯罪案件，这些犯罪都属于对社会危害极大、需要刑事司法严厉打击的犯罪。根据本条的规定，技术侦查措施需经过严格的批准手续。

【难点问题解析】

《公安机关办理刑事案件程序规定》第二百六十三条具体列举了技术侦查措施还可用于侦查的罪名："故意杀人、故意伤害致人重伤或者死亡、强奸、抢劫、绑架、放火、爆炸、投放危险物质等严重暴力犯罪案件；集团性、系列性、跨区域性重大犯罪案件；利用电信、计算机网络、寄递渠道等实施的重大犯罪案件，针对计算机网络实施的重大犯罪案件；其他可能判处七年以上有期徒刑的严重危害社会的犯罪。"

【法律法规衔接问题】

《公安机关办理刑事案件程序规定》第二百六十三条、第二百六十四条，《人民检察院刑事诉讼规则》第二百二十七条、第二百二十八条。

第一百五十一条　批准决定应当根据侦查犯罪的需要，确定采取技术侦查措施的种类和适用对象。批准决定自签发之日起三个月以内有效。对于不需要继续采取技术侦查措施的，应当及时解除；对于复杂、疑难案件，期限届满仍有必要继续采取技术侦查措施的，经过批准，有效期可以延长，每次不得超过三个月。

【重点法条解读】

本条是关于技术侦查措施批准内容的规定。

批准决定应当根据侦查犯罪的需要，确定采取技术侦查措施的种类和适用对象。本条还规定了批准决定的有效期限。技术侦查措施需要经过严格的批准程序。

采取技术侦查措施的种类，即在实践中要根据侦查犯罪的需要在批准决定中予以明确采取哪些具体的侦查手段；技术侦查措施的适用对象，即应根据侦查犯罪的需要，具体明确对案件中的哪个人采取侦查措施；批准决定的有效期限为三个月，自签发之日起算。有效期内，如果不需要继续采取技术侦查措施的，应当及时解除。对于复杂、疑难案件期满后，如果认为仍有必要继续采取的，经批准则可以延长，但每次不得超过三个月。这一规定体现了对公民、组织隐私权利的保护。

【法律法规衔接问题】

《最高人民法院 最高人民检察院 公安部 国家安全部 司法部 全国人大常委会法制工作委员会关于实施刑事诉讼法若干问题的规定》第二十条，《公安机关办理刑事案件程序规定》第二百六十五条、第二百六十六条，《人民检察院刑事诉讼规则》第二百二十九条。

第一百五十二条　采取技术侦查措施，必须严格按照批准的措施种类、适用对象和期限执行。

侦查人员对采取技术侦查措施过程中知悉的国家秘密、商业秘密和个人隐私，应当保密；对采取技术侦查措施获取的与案件无关的材料，必须及时销毁。

采取技术侦查措施获取的材料，只能用于对犯罪的侦查、起诉和审判，不得用于其他用途。

公安机关依法采取技术侦查措施，有关单位和个人应当配合，并对有关情况予以保密。

【重点法条解读】

本条是关于采取技术侦查措施执行中应遵守的规范的规定。

采取技术侦查措施进行侦查，不仅明确规定了采取技术侦查措施权须经过严格的批准程序，还规定了执行中应遵守的规范。

本条第一款规定了采取技术侦查措施，必须严格按照批准决定的内容执行。在实践中，侦查机关及其工作人员必须严格按照上述批准的内容执行技术侦查，对于措施种类、适用对象和期限必须严格执行，不得擅自更改。

本条第二款、第三款是关于技术侦查获取证据材料的使用范围的规定，第二款明确了对于采取技术侦查措施获取的信息要保密以及与案件无关的信息和事实材料应及时销毁，体现了对国家安全、公司企业的商业秘密以及公民个人隐私的保护。第三款对信息用途进行严格限制，规定只能用于对犯罪的侦查、起诉和审判，不得用于其他用途，比如商业用途。

本条第四款是关于有关单位和个人对实施技术侦查配合和保密义务的规定。根据本款规定，当公安机关向有关单位和个人提出予以配合的请求时，有关单位和个人有配合技术侦查措施实施的责任和义务。同时，相关单位和个人要对有关情况如具体采取的技术侦查措施予以保密。

【法律法规衔接问题】

《公安机关办理刑事案件程序规定》第二百六十七条、第二百六十九条、第二百七十条。

第一百五十三条　为了查明案情，在必要的时候，经公安机关负责人决定，可以由有关人员隐匿其身份实施侦查。但是，不得诱使他人犯罪，不得采用可能危害公共安全或者发生重大人身危险的方法。

对涉及给付毒品等违禁品或者财物的犯罪活动，公安机关根据侦查犯罪的需要，可以依照规定实施控制下交付。

【重点法条解读】

本条规定了"隐匿身份侦查"和"控制下交付"两种秘密侦查措施。

隐匿身份侦查，是指侦查人员或侦查机关指定的其他人员隐匿身份进行的侦查活动。司法实践中主要包括卧底侦查和特情侦查，二者的区别在于侦查主体的身份不同，卧底侦查人员需具备国家刑事侦查权力，而特情侦查人员属于侦查机关指定的其他人员。诱惑侦查也是隐匿身份侦查中的常见类型，主要有"机会提供型"和"犯意诱发型"两种。其中，"机会提供型"没有唆使被侦查人犯罪，只是提供了犯罪机会，有利于侦查机关控制犯罪；"犯意诱发型"被侦查人本来没有犯罪故意，在诱惑侦查下促成了犯意实施犯罪，构成非法侦查。在实施隐匿身份侦查时，要遵循必要性的原则，即"为了查明案情，在必要的时候"才可以作为最后的手段实施。

控制下交付，是指侦查机关发现犯罪后，对犯罪行为进行秘密监控，使其在监控下继续实施犯罪行为，允许物品交付，待收集到相关证据、发现其他犯罪嫌疑人时一网打尽的侦查措施。本规定是打击毒品犯罪、走私犯罪等犯罪的有效手段。

【法律法规衔接问题】

《公安机关办理刑事案件程序规定》第二百七十一条、第二百七十二条。

第一百五十四条　依照本节规定采取侦查措施收集的材料在刑事诉讼中可以作为证据使用。如果使用该证据可能危及有关人员的人身安全，或者可能产生其他严重后果的，应当采取不暴露有关人员身份、技术方法等保护措施，必要的时候，可以由审判人员在庭外对证据进行核实。

【重点法条解读】

本条规定了通过技术侦查措施所获得的证据可以作为合法的证据使用，以及技术侦查措施中与证据有关的人员的保护。

通过技术侦查获得的证据,多为证人证言、物证、视听资料等。在审理案件中,对于侦查人员以及证人的人身安全进行保护,使用该证据不能危及有关人员的人身安全,或者可能产生其他严重后果。有关机关应当采取不暴露有关人员身份、技术方法等保护措施;必要的时候,采取庭外核实证据的方式,由审判人员在庭外对证据予以核实,不用经过当庭质证。这利于侦查人员日后继续开展侦查工作以及避免证人因作证暴露身份而受到打击报复。

【法律法规衔接问题】

《最高人民法院关于适用〈中华人民共和国刑事诉讼法〉的解释》第一百一十六条至第一百二十二条。

第三编　审　　判

第二章　第一审程序

第一节　公诉案件

第一百八十六条　人民法院对提起公诉的案件进行审查后,对于起诉书中有明确的指控犯罪事实的,应当决定开庭审判。

【重点法条解读】

本条是关于人民法院决定开庭审判提起公诉案件的条件的规定。

人民法院对提起公诉的案件决定是否开庭审判,应当审查起诉书中是否有明确的指控犯罪事实,来作为是否开庭审理的依据。"有明确的指控犯罪事实"是指人民检察院的起诉书中必须载明被告人的犯罪事实和提起公诉的具体罪名,这种犯罪事实必须是依据刑法规定应予刑事处罚的[①]。

【难点问题解析】

人民法院对于提起公诉的案件决定是否开庭审判,应审查起诉书中是否有明确的指控犯罪事实,并以此作为是否开庭审判的依据。

【法律法规衔接问题】

《最高人民法院 最高人民检察院 公安部 国家安全部 司法部 全国人大常委会法制工作委员会关于实施刑事诉讼法若干问题的规定》第二十五条,《最高人民法院关于适用〈中华人民共和国刑事诉讼法〉的解释》第二百一十八条、第二百一十九条。

第一百八十八条　人民法院审判第一审案件应当公开进行。但是有关国家秘密或者个人隐私的案件,不公开审理;涉及商业秘密的案件,当事人申请不公开审理的,可以不公开审理。

不公开审理的案件,应当当庭宣布不公开审理的理由。

【重点法条解读】

本条是关于第一审案件应当公开审理及其例外情况的规定。

---

① 朗胜主编:《中华人民共和国刑事诉讼法修改与适用》,新华出版社 2012 年版,第 325 页。

本条第一款是关于人民法院审理第一审刑事案件应当公开进行以及不公开审理的例外情况的规定。人民法院审理第一审刑事案件应当符合公开进行的原则。我国《宪法》第一百三十条规定，"人民法院审理案件，除法律规定的特别情况外，一律公开进行。""公开审理"包含允许群众旁听刑事案件的审理和记者对刑事案件进行报道。

有关国家秘密或个人隐私的案件不公开审理。"国家秘密"是指"关系国家安全和利益，依照法定程序确定，在一定时间内只限一定范围的人员知悉的事项。"①"个人隐私"是指个人不愿被他人公开或知悉的隐秘。"不公开审理"是指案件的审理过程不公开，不允许任何公民旁听以及记者报道，但一律要公开进行宣判。

涉及商业秘密的案件，可以依当事人的申请不公开审理。"商业秘密"是指"不为公众所知悉，能为权利人带来经济利益，具有实用性并经权利人采取保密措施的技术信息和经营信息。"

本条第二款是关于人民法院对于不公开审理的案件应当当庭宣布不公开审理理由的规定。

【法律法规衔接问题】

《最高人民法院关于适用〈中华人民共和国刑事诉讼法〉的解释》第二百二十二条和第二百二十三条。

第一百九十二条　公诉人、当事人或者辩护人、诉讼代理人对证人证言有异议，且该证人证言对案件定罪量刑有重大影响，人民法院认为证人有必要出庭作证的，证人应当出庭作证。

人民警察就其执行职务时目击的犯罪情况作为证人出庭作证，适用前款规定。

公诉人、当事人或者辩护人、诉讼代理人对鉴定意见有异议，人民法院认为鉴定人有必要出庭的，鉴定人应当出庭作证。经人民法院通知，鉴定人拒不出庭作证的，鉴定意见不得作为定案的根据。

【重点法条解读】

本条是关于证人、鉴定人出庭的规定。

本条第一款是关于证人应当出庭作证的情形的规定。根据本款规定，证人证言在同时具备以下三个条件时，证人应当出庭作证：（1）公诉人、当事人或者辩护人、诉讼代理人对证人证言有异议；（2）该证人证言对案件定罪量刑有重大影响，即对定罪量刑有重大影响的才有必要出庭作证；（3）人民法院认为证人有必要出庭作证的。

本条第二款是关于人民警察作为目击证人出庭作证适用证人有关的规定。本款规定的"执行职务"目击犯罪的情况既包括作为侦查人员执行职务时目击犯罪情况，也包括执行其他职务如巡逻时目击犯罪的情况，这种情况下警察是作为目击者提供证言的，与其他证人没有区别，对于符合出庭条件的，应当出庭作证②。人民警察作为犯罪行为的目击者，出庭作证有助于法庭发现案件真相。

本条第三款是关于鉴定人出庭的规定。根据本款规定，鉴定人出庭作证必须同时具备

① 《中华人民共和国保守国家秘密法》第二条。
② 朗胜主编：《中华人民共和国刑事诉讼法修改与适用》，新华出版社 2012 年版，第 335 页。

以下两个条件：（1）公诉人、当事人或者辩护人、诉讼代理人对鉴定意见有异议；（2）人民法院认为鉴定人有必要出庭。根据本款规定，经人民法院通知，鉴定人拒不出庭作证的，鉴定意见不得作为定案的根据。

【难点问题解析】

需要注意的是，警察出庭作证是对目击犯罪的情况进行作证，不包括进行勘验、检查时获知案件的情形，也不同于对证据合法性的调查中的警察出庭作证的情形。

鉴定意见具有很强的专业性。根据本款规定，经人民法院通知，鉴定人拒不出庭作证的，鉴定意见不得作为定案的根据。这一规定与证人不同。证人经通知拒不出庭，可以结合其他证据印证的情况，对证言内容进行判断。

【法律法规衔接问题】

《最高人民法院 最高人民检察院 公安部 国家安全部 司法部 全国人大常委会法制工作委员会关于实施刑事诉讼法若干问题的规定》第二十九条，《最高人民法院关于适用〈中华人民共和国刑事诉讼法〉的解释》第二百四十六条、第二百四十七条、第二百四十九条、第二百五十一条、第二百五十三条。

第一百九十六条　法庭审理过程中，合议庭对证据有疑问的，可以宣布休庭，对证据进行调查核实。

人民法院调查核实证据，可以进行勘验、检查、查封、扣押、鉴定和查询、冻结。

【重点法条解读】

本条是关于法庭审理过程中调查核实证据的规定。法庭进行核实电子数据的时候，应当遵循本条规定。

本条第一款是关于法庭在审理过程中对有疑问的证据可以宣布休庭，对证据进行调查核实的规定。根据该款规定，人民法院调查核实证据的前提是"合议庭对证据有疑问"，即合议庭在法庭审理过程中，认为公诉人、辩护人提出的主要证据清楚、充分的，但某个证据或证据的某一方面有不足或者相互矛盾，在这种情况下，有时需要宣布休庭，对证据进行调查核实。

本条第二款是关于人民法院在调查核实证据时可以使用的具体措施的规定。根据本款规定，人民法院在调查核实证据时可以使用的措施有勘验、检查、查封、扣押、鉴定和查询、冻结。"勘验、检查"主要是指对于与犯罪有关的场所、物品、人身、尸体进行勘验或者检查。"查封、扣押"主要是指扣押可用于证明被告人有罪、无罪或者罪轻的各种物品和文件、邮件、电报等，必要时也可以查封或者扣押被告人的财产，但与案件无关的上述物品等不得查封、扣押。"鉴定"是指为查明证据的真伪，指派、聘请有专门知识的人就案件中的某个专门性问题进行鉴别、确定。"查询、冻结"主要是指依照规定查询、冻结被告人的存款、汇款①。

【难点问题解析】

合议庭对证据有疑问，在庭外采用勘验、检查、查封、扣押、鉴定和查询、冻结等方式对证据进行调查核实后，必须经过庭审辩认、质证才能作为判决的依据。

人民法院在调查核实证据时可以使用的具体措施中不包括搜查，因为在刑事诉讼中，

① 朗胜主编：《中华人民共和国刑事诉讼法修改与适用》，新华出版社2012年版，第342页。

人民法院没有搜查权。

【法律法规衔接问题】

《最高人民法院关于适用〈中华人民共和国刑事诉讼法〉的解释》第七十九条、第二百七十一条。

第一百九十七条　法庭审理过程中，当事人和辩护人、诉讼代理人有权申请通知新的证人到庭，调取新的物证，申请重新鉴定或者勘验。

公诉人、当事人和辩护人、诉讼代理人可以申请法庭通知有专门知识的人出庭，就鉴定人作出的鉴定意见提出意见。

法庭对于上述申请，应当作出是否同意的决定。

第二款规定的有专门知识的人出庭，适用鉴定人的有关规定。

【重点法条解读】

本条是关于通知新的证人，调取新的物证，申请重新鉴定或者勘验，通知有专门知识的人出庭的规定。

本条第一款是关于在法庭审理过程中，如果当事人和辩护人、诉讼代理人发现了新的证据或对原有证据产生疑问，认为有必要重新取证或者进行补充的，有权以口头或者书面形式随时向法庭提出申请，请求新的证人到庭，调取新的物证，进行重新鉴定或者勘验。

本条第二款是关于公诉人、当事人和辩护人、诉讼代理人可以申请法庭通知有专门知识的人出庭，就鉴定人作出的鉴定意见提出意见的规定。这一规定有利于查明案情，解决案件中的一些专门性问题。

本条第三款是关于法庭对于公诉人、当事人和辩护人、诉讼代理人的上述申请，应当作出是否同意的决定。如果法庭认为公诉人、当事人和辩护人、诉讼代理人提出的申请对查清案件的事实真相有意义、有帮助，客观上可以做到，法庭应当作出同意的决定。能当庭解决的当庭解决；不能当庭解决的，宣布休庭，决定延期审理。反之，法庭应当作出不同意的决定，并当庭宣布。

本条第四款是关于有专门知识的人出庭作证时适用程序的规定。根据本款规定，有专门知识的人出庭作证时，适用鉴定人出庭作证的规定。

【难点问题解析】

需要注意的是，在法庭审理过程中，当事人和辩护人、诉讼代理人申请通知新的证人到庭，调取新的物证，申请重新鉴定或者勘验，是当事人对于自身合法权利的维护，其对于案件事实真相的查明非常重要。

【法律法规衔接问题】

《最高人民法院关于适用〈中华人民共和国刑事诉讼法〉的解释》第二百五十条、第二百七十二条、第二百七十三条。

第二百条　在被告人最后陈述后，审判长宣布休庭，合议庭进行评议，根据已经查明的事实、证据和有关的法律规定，分别作出以下判决：

（一）案件事实清楚，证据确实、充分，依据法律认定被告人有罪的，应当作出有罪判决；

（二）依据法律认定被告人无罪的，应当作出无罪判决；

（三）证据不足，不能认定被告人有罪的，应当作出证据不足、指控的犯罪不能成立的无罪判决。

【重点法条解读】

本条是关于如何进行评议和判决的规定。

根据本条规定，在被告人最后陈述后，审判长应当宣布休庭，合议庭进行评议，经过评议后作出判决。判决有以下三种情况：（1）案件事实清楚，证据确实、充分，依据法律认定被告人有罪的，应当作出有罪判决。这种判决具体包括犯什么罪、处何种刑以及具体刑期等内容。刑事诉讼法第五十五条规定了证据确实、充分应当符合的条件。（2）依据法律认定被告人无罪的，应当作出无罪判决。（3）证据不足，不能认定被告人有罪的，应当作出证据不足、指控的犯罪不能成立的无罪判决。这种判决属于性质上的无罪判决，与第（二）项无罪判决的法律后果相同。经过判决后，如果侦查机关又取得了新的犯罪证据，可以另行起诉。

【难点问题解析】

"评议"是指合议庭的组成人员对与案件有关的问题，在认定事实和适用法律上，进行集体研究、交换意见，最后对案件的处理形成决议的过程。"判决"是指人民法院对被告人是否有罪、犯的什么罪、适用什么刑罚或者免除处罚的决定[①]。

【法律法规衔接问题】

《最高人民法院关于适用〈中华人民共和国刑事诉讼法〉的解释》第二百九十一条至第二百九十五条。

第三章　第二审程序

第二百二十七条　被告人、自诉人和他们的法定代理人，不服地方各级人民法院第一审的判决、裁定，有权用书状或者口头向上一级人民法院上诉。被告人的辩护人和近亲属，经被告人同意，可以提出上诉。

附带民事诉讼的当事人和他们的法定代理人，可以对地方各级人民法院第一审的判决、裁定中的附带民事诉讼部分，提出上诉。

对被告人的上诉权，不得以任何借口加以剥夺。

【重点法条解读】

本条是关于上诉主体以及上诉权的规定。

本条第一款是关于刑事案件被告人、自诉人和他们的法定代理人对地方各级人民法院第一审的判决、裁定不服，有权提出上诉的规定。根据本款规定，上诉有两种途径：第一种是被告人、自诉人和他们的法定代理人以及附带民事诉讼的当事人和他们的法定代理人不服地方各级人民法院第一审的判决、裁定，有权以书状或者口头形式向上一级人民上诉，请求法院改变原判决、裁定，保护自己合法权利；第二种是辩护人和近亲属经被告人同意可以提出上诉。

本条第二款是关于附带民事诉讼的当事人及其法定代理人有权对地方各级人民法院第

① 朗胜主编：《中华人民共和国刑事诉讼法修改与适用》，新华出版社 2012 年版，第 349 页。

一审的判决、裁定中的附带民事诉讼部分提出上诉的规定。其中，对于刑事判决、裁定的部分无权提出上诉。

本条第三款是关于被告人的上诉权不得被剥夺的规定。上诉权是法律赋予被告人最重要的诉讼权利，因此，人民法院应依法保障被告人上诉权的行使，不得以任何借口加以剥夺。被告人只要不服地方各级人民法院第一审的判决、裁定，就有权以书状或者口头形式向上一级人民法院提出上诉。

【难点问题解析】

上诉的理由是对地方各级人民法院的第一审判决、裁定不服。因此，对最高人民法院作出的第一审判决、裁定以及对中级人民法院以上各级人民法院作出的第二审判决、裁定，不得上诉。

【法律法规衔接问题】

《最高人民法院关于适用〈中华人民共和国刑事诉讼法〉的解释》第三百七十八条。

第二百三十三条　第二审人民法院应当就第一审判决认定的事实和适用法律进行全面审查，不受上诉或者抗诉范围的限制。

共同犯罪的案件只有部分被告人上诉的，应当对全案进行审查，一并处理。

【重点法条解读】

本条是关于第二审人民法院对上诉、抗诉案件审查的范围的规定。

本条第一款是关于第二审人民法院对上诉、抗诉案件应当进行全面审查、不受上诉或者抗诉范围的规定。"全面审查"是指第二审人民法院对第一审判决、裁定认定的事实、适用法律和诉讼程序进行全面的审查，不受上诉或者抗诉范围的限制，即全面审查原则。

本条第二款是关于第二审人民法院对部分被告人提出上诉的共同犯罪案件如何进行审查和处理的规定。"共同犯罪案件"是指二人以上共同故意犯罪的案件。根据本款规定，对于共同犯罪案件，只有部分被告人上诉的，二审法院应当对全案进行审查，一并处理。如果检察机关只就一审法院对部分被告人的判决提出抗诉的，二审法院也应当对全案进行审查，一并处理。

【法律法规衔接问题】

《最高人民法院关于适用〈中华人民共和国刑事诉讼法〉的解释》第三百八十八条至第三百九十一条。

第二百三十六条　第二审人民法院对不服第一审判决的上诉、抗诉案件，经过审理后，应当按照下列情形分别处理：

（一）原判决认定事实和适用法律正确、量刑适当的，应当裁定驳回上诉或者抗诉，维持原判；

（二）原判决认定事实没有错误，但适用法律有错误，或者量刑不当的，应当改判；

（三）原判决事实不清楚或者证据不足的，可以在查清事实后改判；也可以裁定撤销原判，发回原审人民法院重新审判。

原审人民法院对于依照前款第三项规定发回重新审判的案件作出判决后，被告人提出上诉或者人民检察院提出抗诉的，第二审人民法院应当依法作出判决或者裁定，不得再发回原审人民法院重新审判。

【重点法条解读】

本条是关于第二审人民法院对一审案件处理的规定。

本条第一款是关于第二审人民法院对一审案件的处理的规定。对地方各级人民法院第一审判决的上诉、抗诉案件,第二审法院经过审理后,应当根据不同的情况分别处理:(1)裁定驳回上诉、抗诉,维持原判;(2)依法改判;(3)裁定撤销原判,发回原审人民法院重审。

本条第二款是关于二审人民法院不得再发回重审的规定。根据本款规定,第二审人民法院对被告人的再次上诉或人民检察院的抗诉必须受理,并依法作出判决,不得再发回原审人民法院重新审判,即二审案件发回重审仅限于一次。

【法律法规衔接问题】

《最高人民法院关于适用〈中华人民共和国刑事诉讼法〉的解释》第四百零四条、第四百零五条。

第五章　审判监督程序

第二百五十二条　当事人及其法定代理人、近亲属,对已经发生法律效力的判决、裁定,可以向人民法院或者人民检察院提出申诉,但是不能停止判决、裁定的执行。

【重点法条解读】

本条是关于生效判决、裁定的申诉的规定。

申诉是指享有诉讼资格的主体即当事人及其法定代理人、近亲属,依法对已经发生法律效力的判决、裁定,向人民法院或者人民检察院,提出重新审理的诉讼请求的行为。"当事人"是指被害人、自诉人、犯罪嫌疑人、被告人、附带民事诉讼的原告人和被告人。"法定代理人"是指当事人的父母、养父母、监护人和负有保护责任的机关、团体的代表。"近亲属"是指夫、妻、父、母、子、女、同胞兄弟姊姐妹。"发生法律效力的判决、裁定"是指《刑事诉讼法》第二百五十九条所规定的三种判决、裁定,即已过法定期限没有上诉、抗诉的判决和裁定,终审的判决和裁定,最高人民法院核准的死刑的判决和高级人民法院核准的死刑缓期二年执行的判决。

另外,根据本条规定,申诉人对发生法律效力的判决、裁定不服提出申诉后,原来发生法律效力的判决、裁定并不停止执行。只有当人民法院按照审判监督程序审判案件,作出中止执行原判决、裁定的决定,或申诉引起人民法院按照审判监督程序对案件重新进行审理,并作出不同于原判决、裁定的新判决、裁定时,才能停止原判决、裁定的执行。

【法律法规衔接问题】

《最高人民法院关于适用〈中华人民共和国刑事诉讼法〉的解释》第四百五十一条至第四百五十五条。

第二百五十三条　当事人及其法定代理人、近亲属的申诉符合下列情形之一的,人民法院应当重新审判:

(一)有新的证据证明原判决、裁定认定的事实确有错误,可能影响定罪量刑的;

（二）据以定罪量刑的证据不确实、不充分、依法应当予以排除，或者证明案件事实的主要证据之间存在矛盾的；

（三）原判决、裁定适用法律确有错误的；

（四）违反法律规定的诉讼程序，可能影响公正审判的；

（五）审判人员在审理该案件的时候，有贪污受贿，徇私舞弊，枉法裁判行为的。

【重点法条解读】

本条是关于人民法院应当再审的法定情形的规定。

根据本条规定，人民法院对以下五种情形的申诉，应当重新对案件进行审判：（1）有原审没有的新证据，新的证据能够加以证明的，如发现新的被告人不在犯罪现场的证据。这时，申诉人可以以原判决、裁定认定的事实确有错误并且可能影响定罪量刑为理由提出申诉。（2）原审据以定罪量刑的证据有重大问题的，即原审证据不确实、不充分，没有达到证据证明标准；原审证据应依法予以排除，如采用刑讯逼供等非法方法收集的犯罪嫌疑人、被告人供述；原审主要证据之间相互排斥、存在矛盾。（3）原审适用法律确有错误，如原审适用法律条文不正确、罪名错误、量刑错误等。（4）原审诉讼程序违法，可能影响公正审判的，如有关人员没有依法回避等。（5）原审审判人员存在贪污受贿、徇私舞弊、枉法裁判行为的。

【法律法规衔接问题】

《最高人民法院关于适用〈中华人民共和国刑事诉讼法〉的解释》第四百五十七条至第四百五十九条。

中华人民共和国民事诉讼法（节选）

（1991 年 4 月 9 日第七届全国人民代表大会第四次会议通过，根据 2007 年 10 月 28 日第十届全国人民代表大会常务委员会第三十次会议《关于修改〈中华人民共和国民事诉讼法〉的决定》第一次修正，根据 2012 年 8 月 31 日第十一届全国人民代表大会常务委员会第二十八次会议《关于修改〈中华人民共和国民事诉讼法〉的决定》第二次修正，根据 2017 年 6 月 27 日第十二届全国人民代表大会常务委员会第二十八次会议《关于修改〈中华人民共和国民事诉讼法〉和〈中华人民共和国行政诉讼法〉的决定》第三次修正，根据 2021 年 12 月 24 日第十三届全国人民代表大会常务委员会第三十二次会议《关于修改〈中华人民共和国民事诉讼法〉的决定》第四次修正）

第一编　总　　则

第一章　任务、适用范围和基本原则

第三条　人民法院受理公民之间、法人之间、其他组织之间以及他们相互之间因财产关系和人身关系提起的民事诉讼，适用本法的规定。

【重点法条解读】

本条是关于民事诉讼法适用范围的规定。

根据本条规定，民事诉讼的主体是公民、法人和其他组织。"公民"是指具有中华人民共和国国籍的自然人。"法人"是指具有民事权利能力和民事行为能力，依法独立享有民事权利和承担民事义务的组织，包括企业法人、机关、事业单位和社会团体法人。"其他组织"

是指不具有法人资格，但是能够依法以自己的名义从事民事活动的组织。

"财产关系"是指基于物质财富关系而形成的相互关系，包括基于债权、物权、知识产权而形成的相互关系等。"人身关系"是指人们基于人格和身份而形成的相互关系，如姓名权、名誉权以及有关婚姻、收养、继承等家庭关系。

【难点问题解析】

需要注意的是，由于改革开放外资的引进以及我国社会主义市场经济的发展，在我国境内的外国人和无国籍人数量不断增多，因此，民事诉讼法也适用于这些在我国参加民事诉讼的外国人、无国籍人。

需要注意的是，民事诉讼和仲裁的关系，对于属于仲裁范围的民事纠纷，当事人可以协议选择仲裁，一旦选定仲裁，当事人向选定的仲裁委员会申请仲裁，当事人如果起诉，根据《仲裁法》第五条的规定："当事人达成仲裁协议，一方向人民法院起诉的，人民法院不予受理，但仲裁协议无效的除外。"

第二节　地域管辖

第二十二条　对公民提起的民事诉讼，由被告住所地人民法院管辖；被告住所地与经常居住地不一致的，由经常居住地人民法院管辖。

对法人或者其他组织提起的民事诉讼，由被告住所地人民法院管辖。

同一诉讼的几个被告住所地、经常居住地在两个以上人民法院辖区的，各该人民法院都有管辖权。

【重点法条解读】

本条是关于民事案件一般地域管辖的规定。一般地域管辖也称普通管辖，是指以当事人住所地与法院辖区的关系来确定管辖法院。一般地域管辖的原则是"原告就被告"，即原告属于哪一个法院辖区，就到哪个法院起诉，案件就归该法院管辖。这样有利于人民法院及时、准确地查清案件事实，也有利于双方当事人出庭应诉。

这里的"住所地"是指公民的户籍所在地；"经常居住地"是指公民离开住所地至起诉时连续居住一年以上的地方，但公民住院就医的地方除外。如果公民在其户籍迁出后，迁入异地之前，如果没有经常居住地的，仍然以其原户籍所在地为其住所地。

法人或者其他组织的住所地，是指法人或者其他组织的主要营业地或者主要办事机构所在地。如果被告是没有办事机构的其他组织形式，应由被告注册登记地人民法院管辖。

【法律法规衔接问题】

《民法典》第二十五条、第六十三条，《公司法》第十条，《最高人民法院关于适用〈民事诉讼法〉的解释》第四条。

第二十四条　因合同纠纷提起的诉讼，由被告住所地或者合同履行地人民法院管辖。

【重点法条解读】

本条是关于因合同纠纷案件管辖的规定。

根据本条规定，因合同纠纷提起的诉讼，由被告住所地或者合同履行地人民法院管辖。这里的被告住所地是指被告主要经营地或者主要办事机构所在地。"合同履行地"是指按照合同的规定，双方或一方实现权利和履行义务的具体地点。合同履行地要依据合同的种类来确定。

【难点问题解析】

关于以信息网络方式订立的买卖合同，《最高人民法院关于适用〈中华人民共和国民事诉讼法〉的解释》第二十条规定，"以信息网络方式订立的买卖合同，通过信息网络交付标的的，以买受人住所地为合同履行地；通过其他方式交付标的的，收货地为合同履行地。合同对履行地有约定的，从其约定。"

【法律法规衔接问题】

《民法典》第五百一十条、第五百一十一条，《最高人民法院关于适用〈中华人民共和国民事诉讼法〉的解释》第十八条至第二十一条。

第二十九条　因侵权行为提起的诉讼，由侵权行为地或者被告住所地人民法院管辖。

【重点法条解读】

本条是关于因侵权行为提起的诉讼管辖的规定。

根据本条规定，侵权行为发生后，受害人既可以向侵权行为地或被告住所地的人民法院起诉。《最高人民法院关于适用〈中华人民共和国民事诉讼法〉的解释》第二十四条规定，"民事诉讼法第二十九条规定的侵权行为地，包括侵权行为实施地、侵权结果发生地"。对于涉外民事诉讼，只要侵权行为发生地或者侵权结果地在中国领域内，人民法院就依法享有诉讼管辖权。

【难点问题解析】

依据《最高人民法院关于适用〈中华人民共和国民事诉讼法〉的解释》第二十六条的规定，"因产品、服务质量不合格造成他人财产、人身损害提起的诉讼，产品制造地、产品销售地、服务提供地、侵权行为地和被告住所地的人民法院都有管辖权。"可以看出，侵权纠纷案件中，消费者合理选择管辖法院，可以节约诉讼成本，保障自己的诉讼权利。

【法律法规衔接问题】

《最高人民法院关于适用〈中华人民共和国民事诉讼法〉的解释》第二十三条至第二十六条。

第五章　诉讼参加人

第一节　当事人

第五十二条　当事人有权委托代理人，提出回避申请，收集、提供证据，进行辩论，请求调解，提起上诉，申请执行。

当事人可以查阅本案有关材料，并可以复制本案有关材料和法律文书。查阅、复制本案有关材料的范围和办法由最高人民法院规定。

当事人必须依法行使诉讼权利，遵守诉讼秩序，履行发生法律效力的判决书、裁定书和调解书。

【重点法条解读】

本条是关于当事人诉讼权利、诉讼义务的规定。

根据本条规定，当事人的诉讼权利包括：委托诉讼代理人，申请回避，收集、提供证据，进行辩论，请求调解，提起上诉，申请执行，查阅并复制本案有关材料和法律文书。当事人的诉讼义务包括：依法行使诉讼权利，遵守诉讼秩序，履行发生法律效力的判决书、裁定书和调解书。

【法律法规衔接问题】

《最高人民法院关于适用〈中华人民共和国民事诉讼法〉的解释》第一百四十七条。

第二节　诉讼代理人

第六十四条　代理诉讼的律师和其他诉讼代理人有权调查收集证据，可以查阅本案有关材料。查阅本案有关材料的范围和办法由最高人民法院规定。

【重点法条解读】

本条是关于诉讼代理人权利的规定。

诉讼代理人是依据委托人的意思，以委托人的名义开展诉讼行为的人。根据本条规定，诉讼代理人代理诉讼主要有有权调查收集证据和查阅本案有关材料两个方面的权利。代理人可以调查收集物证、书证、视听资料、证人证言等。有关单位和个人对诉讼代理人调查取证的工作应当支持。对于法庭审理中涉及的材料，如证据材料、庭审笔录、起诉书、答辩书，最高人民法院在《关于诉讼代理人查阅民事案件材料的规定》中规定了有关材料的具体范围以及查阅的办法。

【难点问题解析】

诉讼代理人在诉讼过程中的权利必须是经过严格规定的，这有利于维护司法公正，保障委托人的利益，防止诉讼代理人滥用权利。

【法律法规衔接问题】

《律师法》第三十五条，《最高人民法院关于诉讼代理人查阅民事案件材料的规定》。

第六章　证据

第六十六条　证据包括：

（一）当事人的陈述；

（二）书证；

（三）物证；

（四）视听资料；

（五）电子数据；

（六）证人证言；

（七）鉴定意见；

（八）勘验笔录。

证据必须查证属实，才能作为认定事实的根据。

【重点法条解读】

本条是关于证据法定种类的规定。

本条第一款规定了民事诉讼中的证据类型包括当事人的陈述、书证、物证、视听资料、电子数据、证人证言、鉴定意见、勘验笔录八种。

本条第二款规定了证据必须查证属实，才能作为认定事实的根据。证据的"查证"是指双方当事人将各自证据在法庭上出示，互相质证的过程。人民法院通过质证审查证据的真实性、合法性以及证据之间的相互联系等，有利于更好地发现事实真相。只有经过查证属实后，这些证据才能作为认定事实的根据。未查证属实的证据，不得作为认定事实的根据。

【难点问题解析】

《最高人民法院关于适用〈中华人民共和国民事诉讼法〉的解释》第一百一十六条规定，"视听资料包括录音资料和影像资料。电子数据是指通过电子邮件、电子数据交换、网上聊天记录、博客、微博客、手机短信、电子签名、域名等形成或者存储在电子介质中的信息。存储在电子介质中的录音资料和影像资料，适用电子数据的规定。"这一条详细界定了作为民事证据类型的电子数据的含义。

【法律法规衔接问题】

《最高人民法院关于适用〈中华人民共和国民事诉讼法〉的解释》第九十条至第九十六条，《最高人民法院关于民事诉讼证据的若干规定》第二十三条。

第七十三条　书证应当提交原件。物证应当提交原物。提交原件或者原物确有困难的，可以提交复制品、照片、副本、节录本。

提交外文书证，必须附有中文译本。

【重点法条解读】

本条是关于书证、物证的规定。

本条第一款是关于当事人提交书证应当提交原件的规定。"原件"是指文书制作人作出的最初定稿、签字的原本或者加盖印章与原本有同一效力的正本。如果当事人提交原件确有困难的，如书证原件确已遗失，则当事人可以提交复制品、照片、副本、节录本。需要注意的是，提交照片、副本、节录本必须附有有关机关的证明。

本条第二款是关于当事人提交的书证是外文的，必须附有中文译本的规定。这一规定有利于保证诉讼活动的顺利进行和维护我们国家的主权。

【难点问题解析】

《民事诉讼法》第七十三条作出了书证、物证应当提交原件、原物的规定。对于电子数据而言，《最高人民法院关于民事诉讼证据的若干规定》第二十三条亦作出了专门规定。"人民法院调查收集视听资料、电子数据，应当要求被调查人提供原始载体。提供原始载体确有困难的，可以提供复制件。提供复制件的，人民法院应当在调查笔录中说明其来源和制作经过。"

【法律法规衔接问题】

《最高人民法院关于适用〈中华人民共和国民事诉讼法〉的解释》第一百一十一条至第一百一十五条，《最高人民法院关于民事诉讼证据的若干规定》第十一条、第十二条。

第七十四条　人民法院对视听资料，应当辨别真伪，并结合本案的其他证据，审查确定能否作为认定事实的根据。

【重点法条解读】

本条是关于视听资料证据的规定。视听资料是利用现代科学技术，可以通过声音、图像、储存的数据和资料记录案件事实的证据，如录音带、传真资料等。

【难点问题解析】

视听资料有一定的可篡改性，经过剪辑、加工后完全可以伪造出一份新的视听资料。因此，人民法院对于视听资料，应当辨别其真伪，必要的时候，可以请专业人员进行鉴定。另外，还应当结合其他的相关证据，如物证、书证、证人证言等综合审查和分析是否可以作为认定案件事实的根据。

另外，《最高人民法院关于适用〈中华人民共和国民事诉讼法〉的解释》第一百零六条规定，"对以严重侵害他人合法权益、违反法律禁止性规定或者严重违背公序良俗的方法形成或者获取的证据，不得作为认定案件事实的根据。"如违反社会公共利益侵犯他人隐私、擅自在他人住处安装窃听器进行窃听等。因此，如果是以侵害他人合法权益或者违反法律禁止性规定的手段取得的证据，就应依法予以排除。

【法律法规衔接问题】

《最高人民法院关于适用〈中华人民共和国民事诉讼法〉的解释》第一百一十六条，《最高人民法院关于民事诉讼证据的若干规定》第二十二条、第四十九条。

第七十六条 经人民法院通知，证人应当出庭作证。有下列情形之一的，经人民法院许可，可以通过书面证言、视听传输技术或者视听资料等方式作证：

（一）因健康原因不能出庭的；

（二）因路途遥远，交通不便不能出庭的；

（三）因自然灾害等不可抗力不能出庭的；

（四）其他有正当理由不能出庭的。

【重点法条解读】

本条是关于证人出庭作证以及四种可以通过书面证言、视听传输技术或者视听资料等方式作证的规定。

首先，证人有出庭作证、接受询问的义务。这是由于证人的特殊性和不可替代性决定的。其次，规定了在哪些例外情形下，证人可以不出庭作证。这有利于提高诉讼效率。如果出现本条规定的例外情形，则证人可以不出庭作证，此时必须通过书面证言、视听传输技术或者视听资料等方式作证。

【难点问题解析】

视听传输技术指的是通过电视网络、电话网络和因特网即时地传播声音、图像的技术。现代科学技术的发展使得视听传输技术在诉讼中发挥着独特的作用，其即时性、便捷性降低了诉讼成本，其互动性有利于证人全面反映案件具体情况，促进了诉讼的顺利进行。

【法律法规衔接问题】

《最高人民法院关于适用〈中华人民共和国民事诉讼法〉的解释》第一百一十七条，《最高人民法院关于民事诉讼证据的若干规定》第六十八条至第七十七条。

第八十四条 在证据可能灭失或者以后难以取得的情况下，当事人可以在诉讼过程中向人民法院申请保全证据，人民法院也可以主动采取保全措施。

因情况紧急，在证据可能灭失或者以后难以取得的情况下，利害关系人可以在提起诉讼或者申请仲裁前向证据所在地、被申请人住所地或者对案件有管辖权的人民法院申请保全证据。

证据保全的其他程序，参照适用本法第九章保全的有关规定。

【重点法条解读】

本条是关于证据保全的规定。

证据保全是指在证据可能灭失或者以后难以取得的情况下，人民法院依申请或者依职权予以调查收集和固定保护的行为。证据保全分为诉讼证据保全和诉前证据保全。当事人起诉之前进行的证据保全是诉前证据保全，当事人起诉之后进行的证据保全是诉讼证据保全。

根据本条规定，采取诉前证据保全措施须符合以下条件：（1）在提起诉讼或者申请仲裁前才能采取诉前证据保全措施；（2）须利害关系人提出申请；（3）须情况紧急，证据可能灭失或者以后难以取得；（4）须向证据所在地、被申请人住所地或者对案件有管辖权的人民法院申请。

【难点问题解析】

电子证据的保全是指对于电子证据可能灭失或者以后难以提取，人民法院依申请或者依职权予以调查收集和固定保护的行为。电子证据作为法定证据的一种，其保全应遵守证据保全的规则。电子证据的保全也有其自身的独特性，电子证据形式上的脆弱性和易更改、删除性，要求及时保全电子证据；电子证据的易破坏性，要求在保全电子证据的过程中，要保证电子证据的原始和完整，不能对原来的设备以及系统进行任何改动和破坏；获取电子证据时很容易暴露个人的隐私，要求在电子证据的保全过程中，要依法保全。

【法律法规衔接问题】

《海事诉讼特别程序法》第六十二条至第七十二条，《最高人民法院关于民事诉讼证据的若干规定》第二十三条、第二十五条至第二十九条。

第七章　期间、送达

第二节　送达

第八十七条　经受送达人同意，人民法院可以采用能够确认其收悉的电子方式送达诉讼文书。通过电子方式送达的判决书、裁定书、调解书，受送达人提出需要纸质文书的，人民法院应当提供。

采用前款方式送达的，以送达信息到达受送达人特定系统的日期为送达日期。

【重点法条解读】

本条是关于电子方式送达诉讼文书的规定。

本条第一款是关于现代技术完成的电子送达方式的规定。《最高人民法院关于涉港澳民商事案件司法文书送达问题若干规定》第八条的规定明确了"传真、电子邮件等能够确认收悉的其他适当方式"的送达，而当今互联网的发展为人民法院通过电子邮件等方式送达文书提供了可行性条件。

本条第二款是关于电子送达日期的规定。采用能够确认其收悉的方式送达诉讼文书的，以送达信息到达受送达人特定系统的日期为送达日期。

【难点问题解析】

需要注意的是，采用电子送达方式要以受送达人同意为送达的适用前提，这一规定是为了保障受送达人的程序利益。

【法律法规衔接问题】

《最高人民法院关于适用〈中华人民共和国民事诉讼法〉的解释》第一百三十五条、第一百三十六条，《最高人民法院关于涉港澳民商事案件司法文书送达问题若干规定》第十条。

第二编　审判程序

第十二章　第一审普通程序

第一节　起诉和受理

第一百二十二条　起诉必须符合下列条件：

（一）原告是与本案有直接利害关系的公民、法人和其他组织；

（二）有明确的被告；

（三）有具体的诉讼请求和事实、理由；

（四）属于人民法院受理民事诉讼的范围和受诉人民法院管辖。

【重点法条解读】

根据本条规定，民事起诉必须同时具备以下条件：（1）原告要适格，即原告必须是与案件有直接利害关系的公民、法人或者其他组织；（2）被告要明确，即原告起诉时必须明确案件的被告；（3）要有具体的诉讼请求和事实理由，否则法院无法决定是否符合立案条件；（4）属于受诉法院民事诉讼案件的范围，即提起民事诉讼不但要符合法律规定的民事诉讼受理案件的范围，当事人还必须向有管辖权的法院提出。

【法律法规衔接问题】

《最高人民法院关于适用〈中华人民共和国民事诉讼法〉的解释》第二百零八条至第二百一十二条。

7.2　司法鉴定有关程序与规定解读

全国人民代表大会常务委员会关于司法鉴定管理问题的决定(节选)

（2005 年 2 月 28 日第十届全国人民代表大会常务委员会第十四次会议通过，

根据 2015 年 4 月 24 日第十二届全国人民代表大会常务委员会第十四次会议

《关于修改〈中华人民共和国义务教育法〉等五部法律的决定》修正）

二、国家对从事下列司法鉴定业务的鉴定人和鉴定机构实行登记管理制度：

（一）法医类鉴定；

（二）物证类鉴定；

（三）声像资料鉴定；

（四）根据诉讼需要由国务院司法行政部门商最高人民法院、最高人民检察院确定的其他应当对鉴定人和鉴定机构实行登记管理的鉴定事项。

十、司法鉴定实行鉴定人负责制度。鉴定人应当独立进行鉴定，对鉴定意见负责并在鉴定书上签名或者盖章。多人参加的鉴定，对鉴定意见有不同意见的，应当注明。

法律对前款规定事项的鉴定人和鉴定机构的管理另有规定的，从其规定。

十一、在诉讼中，当事人对鉴定意见有异议的，经人民法院依法通知，鉴定人应当出庭作证。

十七、本决定下列用语的含义是：

（一）法医类鉴定，包括法医病理鉴定、法医临床鉴定、法医精神病鉴定、法医物证鉴定和法医毒物鉴定。

（二）物证类鉴定，包括文书鉴定、痕迹鉴定和微量鉴定。

（三）声像资料鉴定，包括对录音带、录像带、磁盘、光盘、图片等载体上记录的声音、图像信息的真实性、完整性及其所反映的情况过程进行的鉴定和对记录的声音、图像中的语言、人体、物体作出种类或者同一认定。

最高人民法院关于人民法院民事诉讼中委托鉴定审查工作若干问题的规定

一、对鉴定事项的审查

1. 严格审查拟鉴定事项是否属于查明案件事实的专门性问题，有下列情形之一的，人民法院不予委托鉴定：

（1）通过生活常识、经验法则可以推定的事实；

（2）与待证事实无关联的问题；

（3）对证明待证事实无意义的问题；

（4）应当由当事人举证的非专门性问题；

（5）通过法庭调查、勘验等方法可以查明的事实；

（6）对当事人责任划分的认定；

（7）法律适用问题；

（8）测谎；

（9）其他不适宜委托鉴定的情形。

2. 拟鉴定事项所涉鉴定技术和方法争议较大的，应当先对其鉴定技术和方法的科学可靠性进行审查。所涉鉴定技术和方法没有科学可靠性的，不予委托鉴定。

二、对鉴定材料的审查

3. 严格审查鉴定材料是否符合鉴定要求，人民法院应当告知当事人不提供符合要求鉴定材料的法律后果。

4. 未经法庭质证的材料（包括补充材料），不得作为鉴定材料。

当事人无法联系、公告送达或当事人放弃质证的，鉴定材料应当经合议庭确认。

5. 对当事人有争议的材料，应当由人民法院予以认定，不得直接交由鉴定机构、鉴定人选用。

三、对鉴定机构的审查

6. 人民法院选择鉴定机构，应当根据法律、司法解释等规定，审查鉴定机构的资质、执业范围等事项。

7. 当事人协商一致选择鉴定机构的，人民法院应当审查协商选择的鉴定机构是否具备鉴定资质及符合法律、司法解释等规定。发现双方当事人的选择有可能损害国家利益、集体利益或第三方利益的，应当终止协商选择程序，采用随机方式选择。

8. 人民法院应当要求鉴定机构在接受委托后 5 个工作日内，提交鉴定方案、收费标准、鉴定人情况和鉴定人承诺书。

重大、疑难、复杂鉴定事项可适当延长提交期限。

鉴定人拒绝签署承诺书的，人民法院应当要求更换鉴定人或另行委托鉴定机构。

四、对鉴定人的审查

9. 人民法院委托鉴定机构指定鉴定人的，应当严格依照法律、司法解释等规定，对鉴定人的专业能力、从业经验、业内评价、执业范围、鉴定资格、资质证书有效期以及是否有依法回避的情形等进行审查。

特殊情形人民法院直接指定鉴定人的，依照前款规定进行审查。

五、对鉴定意见书的审查

10. 人民法院应当审查鉴定意见书是否具备《最高人民法院关于民事诉讼证据的若干规定》第三十六条规定的内容。

11. 鉴定意见书有下列情形之一的，视为未完成委托鉴定事项，人民法院应当要求鉴定人补充鉴定或重新鉴定：

（1）鉴定意见和鉴定意见书的其他部分相互矛盾的；

（2）同一认定意见使用不确定性表述的；

（3）鉴定意见书有其他明显瑕疵的。

补充鉴定或重新鉴定仍不能完成委托鉴定事项的，人民法院应当责令鉴定人退回已经收取的鉴定费用。

最高人民法院关于知识产权民事诉讼证据的若干规定（节选）

第十九条　人民法院可以对下列待证事实的专门性问题委托鉴定：

（一）被诉侵权技术方案与专利技术方案、现有技术的对应技术特征在手段、功能、效果等方面的异同；

（二）被诉侵权作品与主张权利的作品的异同；

（三）当事人主张的商业秘密与所属领域已为公众所知悉的信息的异同、被诉侵权的信息与商业秘密的异同；

（四）被诉侵权物与授权品种在特征、特性方面的异同，其不同是否因非遗传变异所致；

（五）被诉侵权集成电路布图设计与请求保护的集成电路布图设计的异同；

（六）合同涉及的技术是否存在缺陷；

（七）电子数据的真实性、完整性；

（八）其他需要委托鉴定的专门性问题。

最高人民法院对外委托鉴定、评估、拍卖等工作管理规定（节选）

第一章　总　　则

第二条　对外委托鉴定、评估、拍卖等工作是指人民法院审判和执行工作中委托专门机构或专家进行鉴定、检验、评估、审计、拍卖、变卖和指定破产清算管理人等工作，并进行监督协调的司法活动。

第三章　选择专业机构与委托

第十二条　选择鉴定、检验、评估、审计专业机构，指定破产清算管理人实行协商选择与随机选择相结合的方式。选择拍卖专业机构实行随机选择的方式。

凡需要由人民法院依职权指定的案件由最高人民法院司法辅助工作部门按照随机的方式，选择对外委托的专业机构，然后进行指定。

第六章　编制与管理人民法院专业机构、专家名册

第四十二条　法医、物证、声像资料三类鉴定的专业机构名册从司法行政管理部门编制的名册中选录编制。其他类别的专业机构、专家名册由相关行业协会或主管部门推荐，按照公开、公平、择优的原则选录编制。

名册中同专业的专业机构应不少于 3 个，同专业的专业机构不足 3 个的除外。

第四十三条　司法辅助工作部门应对名册中的专业机构、专家履行义务的情况进行监督。对不履行法定义务或者违反相关规定的专业机构，司法辅助工作部门应当及时予以指正，视情节轻重，停止其一次至多次候选资格；对乱收鉴定费、故意出具错误鉴定结论、不依法履行出庭义务的，撤销其入册资格，通报给司法行政管理部门和行业协会或行业主管部门；对情节恶劣，造成严重后果的，应报有关部门追究其法律责任。

司法鉴定程序通则（节选）

第一章　总　　则

第五条　司法鉴定实行鉴定人负责制度。司法鉴定人应当依法独立、客观、公正地进行鉴定，并对自己作出的鉴定意见负责。司法鉴定人不得违反规定会见诉讼当事人及其委托的人。

第六条　司法鉴定机构和司法鉴定人应当保守在执业活动中知悉的国家秘密、商业秘密，不得泄露个人隐私。

第九条　司法鉴定机构和司法鉴定人进行司法鉴定活动应当依法接受监督。对于有违反有关法律、法规、规章规定行为的，由司法行政机关依法给予相应的行政处罚；对于有违

反司法鉴定行业规范行为的，由司法鉴定协会给予相应的行业处分。

第二章　司法鉴定的委托与受理

第十一条　司法鉴定机构应当统一受理办案机关的司法鉴定委托。

第十二条　委托人委托鉴定的，应当向司法鉴定机构提供真实、完整、充分的鉴定材料，并对鉴定材料的真实性、合法性负责。司法鉴定机构应当核对并记录鉴定材料的名称、种类、数量、性状、保存状况、收到时间等。

诉讼当事人对鉴定材料有异议的，应当向委托人提出。

本通则所称鉴定材料包括生物检材和非生物检材、比对样本材料以及其他与鉴定事项有关的鉴定资料。

第十六条　司法鉴定机构决定受理鉴定委托的，应当与委托人签订司法鉴定委托书。司法鉴定委托书应当载明委托人名称、司法鉴定机构名称、委托鉴定事项、是否属于重新鉴定、鉴定用途、与鉴定有关的基本案情、鉴定材料的提供和退还、鉴定风险，以及双方商定的鉴定时限、鉴定费用及收取方式、双方权利义务等其他需要载明的事项。

第十七条　司法鉴定机构决定不予受理鉴定委托的，应当向委托人说明理由，退还鉴定材料。

第三章　司法鉴定的实施

第十八条　司法鉴定机构受理鉴定委托后，应当指定本机构具有该鉴定事项执业资格的司法鉴定人进行鉴定。

委托人有特殊要求的，经双方协商一致，也可以从本机构中选择符合条件的司法鉴定人进行鉴定。

委托人不得要求或者暗示司法鉴定机构、司法鉴定人按其意图或者特定目的提供鉴定意见。

第十九条　司法鉴定机构对同一鉴定事项，应当指定或者选择二名司法鉴定人进行鉴定；对复杂、疑难或者特殊鉴定事项，可以指定或者选择多名司法鉴定人进行鉴定。

第二十四条　司法鉴定人有权了解进行鉴定所需要的案件材料，可以查阅、复制相关资料，必要时可以询问诉讼当事人、证人。

经委托人同意，司法鉴定机构可以派员到现场提取鉴定材料。现场提取鉴定材料应当由不少于二名司法鉴定机构的工作人员进行，其中至少一名应为该鉴定事项的司法鉴定人。现场提取鉴定材料时，应当有委托人指派或者委托的人员在场见证并在提取记录上签名。

第二十七条　司法鉴定人应当对鉴定过程进行实时记录并签名。记录可以采取笔记、录音、录像、拍照等方式。记录应当载明主要的鉴定方法和过程，检查、检验、检测结果，以及仪器设备使用情况等。记录的内容应当真实、客观、准确、完整、清晰，记录的文本资料、音像资料等应当存入鉴定档案。

第四章　司法鉴定意见书的出具

第三十六条　司法鉴定机构和司法鉴定人应当按照统一规定的文本格式制作司法鉴定意见书。

第五章　司法鉴定人出庭作证

第四十三条　经人民法院依法通知，司法鉴定人应当出庭作证，回答与鉴定事项有关的问题。

公安机关鉴定规则(节选)

第一章　总　　则

第二条　本规则所称的鉴定，是指为解决案(事)件调查和诉讼活动中某些专门性问题，公安机关鉴定机构的鉴定人运用自然科学和社会科学的理论成果与技术方法，对人身、尸体、生物检材、痕迹、文件、视听资料、电子数据及其他相关物品、物质等进行检验、鉴别、分析、判断，并出具鉴定意见或检验结果的科学实证活动。

第二章　鉴定人的权利与义务

第八条　鉴定人享有下列权利：

(一) 了解与鉴定有关的案(事)件情况，开展与鉴定有关的调查、实验等；

(二) 要求委托鉴定单位提供鉴定所需的检材、样本和其他材料；

(三) 在鉴定业务范围内表达本人的意见；

(四) 与其他鉴定人的鉴定意见不一致时，可以保留意见；

(五) 对提供虚假鉴定材料或者不具备鉴定条件的，可以向所在鉴定机构提出拒绝鉴定；

(六) 发现违反鉴定程序，检材、样本和其他材料虚假或者鉴定意见错误的，可以向所在鉴定机构申请撤销鉴定意见；

(七) 法律、法规规定的其他权利。

第九条　鉴定人应当履行下列义务：

(一) 遵守国家有关法律、法规；

(二) 遵守职业道德和职业纪律；

(三) 遵守鉴定工作原则和鉴定技术规程；

(四) 按规定妥善接收、保管、移交与鉴定有关的检材、样本和其他材料；

(五) 依法出庭作证；

(六) 保守鉴定涉及的国家秘密、商业秘密和个人隐私；

(七) 法律、法规规定的其他义务。

第四章　鉴定的委托

第十六条　公安机关办案部门对与案(事)件有关需要检验鉴定的人身、尸体、生物检材、痕迹、文件、视听资料、电子数据及其他相关物品、物质等，应当及时委托鉴定。

第二十条　委托鉴定单位提供的检材，应当是原物、原件。

无法提供原物、原件的,应当提供符合本专业鉴定要求的复印件、复制件。所提供的复印件、复制件应当有复印、复制无误的文字说明,并加盖委托鉴定单位公章。

送检的检材、样本应当使用规范包装,标识清楚。

第二十一条 委托鉴定单位及其送检人向鉴定机构介绍的情况、提供的检材和样本应当客观真实,来源清楚可靠。委托鉴定单位应当保证鉴定材料的真实性、合法性。

对受到污染、可能受到污染或者已经使用过的原始检材、样本,应当作出文字说明。

对具有爆炸性、毒害性、放射性、传染性等危险的检材、样本,应当作出文字说明和明显标识,并在排除危险后送检;因鉴定工作需要不能排除危险的,应当采取相应防护措施。不能排除危险或者无法有效防护,可能危及鉴定人员和机构安全的,不得送检。

第五章 鉴定的受理

第二十八条 鉴定事项确认书应当包括下列内容:

(一)鉴定事项确认书编号;

(二)鉴定机构全称和受理人姓名;

(三)委托鉴定单位全称和委托书编号;

(四)送检人姓名、职务、证件名称及号码和联系电话;

(五)鉴定有关案(事)件名称、案件编号;

(六)案(事)件情况摘要;

(七)收到的检材和样本的名称、数量、性状、包装,检材的提取部位和提取方法等情况;

(八)鉴定要求;

(九)鉴定方法和技术规范;

(十)鉴定机构与委托鉴定单位对鉴定时间以及送检检材和样本等使用、保管、取回事项进行约定,并由送检人和受理人分别签字。

第三十条 具有下列情形之一的,鉴定机构不予受理:

(一)超出本规则规定的受理范围的;

(二)违反鉴定委托程序的;

(三)委托其他鉴定机构正在进行相同内容鉴定的;

(四)超出本鉴定机构鉴定项目范围或者鉴定能力的;

(五)检材、样本不具备鉴定条件的或危险性未排除的;

(六)法律、法规规定的其他情形。

鉴定机构对委托鉴定不受理的,应当经鉴定机构负责人批准,并向委托鉴定单位出具《不予受理鉴定告知书》。

第六章 鉴定的实施

第三十一条 鉴定工作实行鉴定人负责制度。鉴定人应当独立进行鉴定。

鉴定的实施，应当由两名以上具有本专业鉴定资格的鉴定人负责。

第三十三条　鉴定机构应当在受理鉴定委托之日起十五个工作日内作出鉴定意见，出具鉴定文书。法律法规、技术规程另有规定，或者侦查破案、诉讼活动有特别需要，或者鉴定内容复杂、疑难及检材数量较大的，鉴定机构可以与委托鉴定单位另行约定鉴定时限。

需要补充检材、样本的，鉴定时限从检材、样本补充齐全之日起计算。

第三十四条　实施鉴定前，鉴定人应当查看鉴定事项确认书，核对受理鉴定的检材和样本，明确鉴定任务和鉴定方法，做好鉴定的各项准备工作。

第三十五条　鉴定人应当按照本专业的技术规范和方法实施鉴定，并全面、客观、准确地记录鉴定的过程、方法和结果。

多人参加鉴定，鉴定人有不同意见的，应当注明。

第四十条　对鉴定意见，办案人员应当进行审查。

对经审查作为证据使用的鉴定意见，公安机关应当及时告知犯罪嫌疑人、被害人或者其法定代理人。

第七章　补充鉴定、重新鉴定

第四十二条　对有关人员提出的补充鉴定申请，经审查，发现有下列情形之一的，经县级以上公安机关负责人批准，应当补充鉴定：

（一）鉴定内容有明显遗漏的；

（二）发现新的有鉴定意义的证物的；

（三）对鉴定证物有新的鉴定要求的；

（四）鉴定意见不完整，委托事项无法确定的；

（五）其他需要补充鉴定的情形。

经审查，不存在上述情形的，经县级以上公安机关负责人批准，作出不准予补充鉴定的决定，并在作出决定后三日以内书面通知申请人。

第八章　鉴定文书

第四十五条　鉴定文书分为《鉴定书》和《检验报告》两种格式。

客观反映鉴定的由来、鉴定过程，经过检验、论证得出鉴定意见的，出具《鉴定书》。

客观反映鉴定的由来、鉴定过程，经过检验直接得出检验结果的，出具《检验报告》。

鉴定后，鉴定机构应当出具鉴定文书，并由鉴定人及授权签字人在鉴定文书上签名，同时附上鉴定机构和鉴定人的资质证明或者其他证明文件。

第九章　鉴定资料和检材样本的管理

第五十二条　具有下列情形之一的，鉴定完成后应当永久保存鉴定资料：

（一）涉及国家秘密没有解密的；

（二）未破获的刑事案件；

（三）可能或者实际被判处有期徒刑十年以上、无期徒刑、死刑的案件；

（四）特别重大的火灾、交通事故、责任事故和自然灾害；

（五）办案部门或者鉴定机构认为有永久保存必要的；

（六）法律、法规规定的其他情形。

其他案（事）件的鉴定资料保存三十年。

第十章　出庭作证

第五十三条　公诉人、当事人或者辩护人、诉讼代理人对鉴定意见有异议，经人民法院依法通知的，公安机关鉴定人应当出庭作证。

第五十四条　鉴定人出庭作证时，应当依法接受法庭质证，回答与鉴定有关的询问。

第五十五条　公安机关应当对鉴定人出庭作证予以保障，并保证鉴定人的安全。

第十一章　鉴定工作纪律与责任

第五十六条　鉴定人应当遵守下列工作纪律：

（一）不得擅自受理任何机关、团体和个人委托的鉴定；

（二）不得擅自参加任何机关、团体和个人组织的鉴定活动；

（三）不得违反规定会见当事人及其代理人；

（四）不得接受当事人及其代理人的宴请或者礼物；

（五）不得擅自向当事人及其代理人或者其他无关人员泄露鉴定事项的工作情况；

（六）不得违反检验鉴定技术规程要求；

（七）不得以任何形式泄露委托鉴定涉及的国家秘密、商业秘密和个人隐私；

（八）不得在其他面向社会提供有偿鉴定服务的组织中兼职。

第五十七条　鉴定机构及其鉴定人违反本规则有关规定，情节轻微的，按照《公安机关鉴定机构登记管理办法》、《公安机关鉴定人登记管理办法》有关规定处理。

第五十八条　鉴定人在鉴定工作中玩忽职守、以权谋私、收受贿赂，或者故意损毁检材、泄露鉴定意见情节、后果严重的，或者故意作虚假鉴定、泄露国家秘密的，依据有关法律、法规进行处理；构成犯罪的，依法追究刑事责任。

声像资料司法鉴定执业分类规定(节选)

第一章　总　　则

第二条　声像资料司法鉴定是指在诉讼活动中鉴定人运用物理学、语言学、信息科学与技术、同一认定理论等原理、方法和专门知识，对录音、图像、电子数据等涉及的专门性问题进行鉴别和判断并提供鉴定意见的活动。

第三条　声像资料司法鉴定包括录音鉴定、图像鉴定、电子数据鉴定。解决的专门性问题包括：录音和图像（录像/视频、照片/图片）的真实性、同一性、相似性、所反映的内容等鉴定；电子数据的存在性、真实性、功能性、相似性等鉴定。

第四章　电子数据鉴定

第十七条　电子数据鉴定是指鉴定人运用信息科学与技术和专门知识，对电子数据的存在性、真实性、功能性、相似性等专门性问题进行检验、分析、鉴别和判断并提供鉴定意见的活动。

电子数据鉴定包括电子数据存在性鉴定、电子数据真实性鉴定、电子数据功能性鉴定、电子数据相似性鉴定等。

附表：声像资料司法鉴定执业分类目录

序　号	领　域	分领域及项目
1	录音鉴定	0101 录音处理
		0102 录音真实性鉴定
		0103 录音同一性鉴定
		0104 录音内容分析
		0105 录音作品相似性鉴定
2	图像鉴定	0201 图像处理
		0202 图像真实性鉴定
		0203 图像同一性鉴定
		0204 图像内容分析
		0205 图像作品相似性鉴定
		0206 特种照相检验
3	电子数据鉴定	0301 电子数据存在性鉴定
		0302 电子数据真实性鉴定
		0303 电子数据功能性鉴定
		0304 电子数据相似性鉴定

7.3　行政诉讼法相关规定解读

中华人民共和国行政诉讼法（节选）

（1989 年 4 月 4 日第七届全国人民代表大会第二次会议通过，根据 2014 年 11 月 1 日第十二届全国人民代表大会常务委员会第十一次会议《关于修改〈中华人民共和国行政诉讼法〉

的决定》第一次修正，根据 2017 年 6 月 27 日第十二届全国人民代表大会常务委员会第二十八次会议《关于修改〈中华人民共和国民事诉讼法〉和〈中华人民共和国行政诉讼法〉的决定》第二次修正）

第一章　总　　则

第二条　公民、法人或者其他组织认为行政机关和行政机关工作人员的行政行为侵犯其合法权益，有权依照本法向人民法院提起诉讼。

前款所称行政行为，包括法律、法规、规章授权的组织作出的行政行为。

【重点法条解读】

本条是关于行政诉讼法的适用范围的规定。

行政机关指的是国家机构中行使行政权的组织。我国的行政机关包括各级政府及其职能部门。本法所称行政机关，包括法律、法规、规章授权的组织；规章授权社会组织行使行政管理权，受其他法律的限制。如《中华人民共和国行政处罚法》第十九条规定，法律、法规授权的具有管理公共事务职能的组织可以在法定授权范围内实施行政处罚；行政机关工作人员履行职务的行为，就是行政机关的行为，履行职务以外的行为，则属于个人行为。行政机关的内设机构、派出机构或者办事机构非经法律特别授权，不能以自己的名义作出行政行为，如果引起诉讼，以其所在行政机关作为被告。

本法所称行政行为，可以从以下几个方面理解：（1）行政行为不包括行政机关制定的"规范性文件"。虽然行政诉讼法将规范性文件纳入了调整范围，但法院也只作出附带性审查，不作出判决。（2）行政行为包括积极的作为和消极的不作为。（3）行政行为包括事实行为，如行政调查。（4）行政行为包括行政机关签订、履行协议的行为，如签订特许经营协议。

【难点问题解析】

行政诉讼不同于其他诉讼的关键是争议双方中必有一方是行使行政职权的国家行政机关，而对方当事人另一方则是公民、法人或其他组织。有权向人民法院提起行政诉讼的，只能是公民、法人或者其他组织，行政机关没有权利向法院提起行政诉讼。

【法律法规衔接问题】

《最高人民法院关于适用〈中华人民共和国行政诉讼法〉的解释》第一条、第十二条。

第三章　管　　辖

第十八条　行政案件由最初作出行政行为的行政机关所在地人民法院管辖。经复议的案件，也可以由复议机关所在地人民法院管辖。

经最高人民法院批准，高级人民法院可以根据审判工作的实际情况，确定若干人民法院跨行政区域管辖行政案件。

【重点法条解读】

本条是关于一般地域管辖和法院跨行政区域管辖的规定。根据本条规定，行政诉讼中在确定管辖法院的时候，应该去最初作出行政行为的行政机关所在地法院起诉。《最高人民法院关于适用〈中华人民共和国行政诉讼法〉的解释》第八条规定，行政诉讼法第十八条规定的"原告所在地"，包括原告的户籍所在地、经常居住地和被限制人身自由地。

【法律法规衔接问题】

《最高人民法院关于适用〈中华人民共和国行政诉讼法〉的解释》第三条，第八条。

第四章　诉讼参加人

第二十五条　行政行为的相对人以及其他与行政行为有利害关系的公民、法人或者其他组织，有权提起诉讼。

有权提起诉讼的公民死亡，其近亲属可以提起诉讼。

有权提起诉讼的法人或者其他组织终止，承受其权利的法人或者其他组织可以提起诉讼。

人民检察院在履行职责中发现生态环境和资源保护、食品药品安全、国有财产保护、国有土地使用权出让等领域负有监督管理职责的行政机关违法行使职权或者不作为，致使国家利益或者社会公共利益受到侵害的，应当向行政机关提出检察建议，督促其依法履行职责。行政机关不依法履行职责的，人民检察院依法向人民法院提起诉讼。

【重点法条解读】

本条是关于行政诉讼原告资格的规定。

根据《最高人民法院关于适用〈中华人民共和国行政诉讼法〉的解释》第十二条的规定，除行政相对人外，本条规定的"其他与行政行为有利害关系的公民、法人或者其他组织"，至少应当包括：（1）被诉的行政行为涉及其相邻权或者公平竞争权的；（2）在行政复议等行政程序中被追加为第三人的；（3）要求行政机关依法追究加害人法律责任的；（4）撤销或者变更行政行为有涉及其合法权益的；（5）为维护自身合法权益向行政机关投诉，具有处理投诉职能的行政机头作出或者未作出处理的；（6）其他与行政行为有利害关系的情形。

该解释第十四条规定的"近亲属"，包括配偶、父母、子女、兄弟姐妹、祖父母、外祖父母、孙子女、外孙子女和其他具有扶养、赡养关系的亲属。

【法律法规衔接问题】

《最高人民法院关于适用〈中华人民共和国行政诉讼法〉的解释》第十二条和第十三条。

第五章　证　　据

第三十四条　被告对作出的行政行为负有举证责任，应当提供作出该行政行为的证据和所依据的规范性文件。

被告不提供或者无正当理由逾期提供证据，视为没有相应证据。但是，被诉行政行为涉及第三人合法权益，第三人提供证据的除外。

【重点法条解读】

本条是关于行政诉讼中举证责任的规定。

根据本条规定，行政诉讼中，应当由行政机关提供证据证明自己所实施的行政行为的合法性，而非由权利受到侵害的公民收集证据证明该行政行为合法违法。如被告拒绝向原告提供政府信息的，被告应当对拒绝依据以及履行了法定告知和说明义务的情况进行举证。

【难点问题解析】

被告承担举证责任并不意味着被告要对所有的案件事实承担举证责任，而是对基本的、主要的案件事实承担举证责任,即就被诉行政行为是否合法承担举证责任。

【法律法规衔接问题】

《最高人民法院关于行政诉讼证据若干问题的规定》第一条、第四条至第六条。

第三十五条 在诉讼过程中,被告及其诉讼代理人不得自行向原告、第三人和证人收集证据。

【重点法条解读】

本条是关于行政机关收集证据的限制的规定。

根据本条规定,行政机关在诉讼过程中不得向原告、第三人和证人收集证据。也就是说,行政机关作出行政行为要遵循"先取证,后裁决"的原则,行政机关提供的证据只能是在作出行政行为时就存在的证据,被告及其诉讼代理人在作出行政行为后或者在诉讼程序中自行收集的证据,不能作为认定被诉行政行为合法的依据。

【难点问题解析】

《行政诉讼法》第四十条规定,"人民法院有权向有关行政机关以及其他组织、公民调取证据。但是,不得为证明行政行为的合法性调取被告作出行政行为时未收集的证据。"这一规定符合第三十五条中"先取证,后裁决"的原则。

第三十七条 原告可以提供证明行政行为违法的证据。原告提供的证据不成立的,不免除被告的举证责任。

【重点法条解读】

本条是关于原告可以提供证据的规定,明确了原告提供证据的权利。

这一规定有利于法院更高效、全面地查清案件事实,维护原告的合法权益。同时,"原告提供的证据不成立的,不免除被告的举证责任"明确了行政诉讼的举证责任被告承担的原则。

第三十九条 人民法院有权要求当事人提供或者补充证据。

【重点法条解读】

本条是关于法院要求当事人提供或者补充证据的规定。

根据本条规定,人民法院在审理案件过程中,当被告或原告提供的证据尚不足以证明案件真实情况时,有权要求其提供或者补充证明案件事实的证据,这一规定有利于全面了解案情,维护国家利益、公共利益或者他人合法权益。

《最高人民法院关于行政诉讼证据若干问题的规定》第九条第二款规定,"对当事人无异议,但涉及国家利益、公共利益或者他人合法权益的事实,人民法院可以责令当事人提供或者补充证据。"

《最高人民法院关于适用〈中华人民共和国行政诉讼法〉的解释》第三十七条规定,根据行政诉讼法第三十九条规定,"对当事人无争议,但涉及国家利益、公共利益或者他人合法权益的事实,人民法院可以责令当事人提供或者补充有关证据。"

【法律法规衔接问题】

《最高人民法院关于适用〈中华人民共和国行政诉讼法〉的解释》第三十七条,《最高人民法院关于行政诉讼证据若干问题的规定》第九条至第二十一条。

第四十一条　与本案有关的下列证据，原告或者第三人不能自行收集的，可以申请人民法院调取：

（一）由国家机关保存而须由人民法院调取的证据；

（二）涉及国家秘密、商业秘密和个人隐私的证据；

（三）确因客观原因不能自行收集的其他证据。

【重点法条解读】

本条是关于原告和第三人向法院申请调取证据的规定。

根据本条规定，可以申请的主体是原告或者第三人。人民法院有权向有关行政机关以及其他组织、公民调取证据，调取证据的方式为依职权主动调取和以当事人的申请调取。本条规定是考虑到原告和第三人在收集证据时处于被动、弱势的地位，特别是由国家机关保存的，涉及国家秘密、商业秘密和个人隐私的证据难以自行收集。因此，允许原告或者第三人申请人民法院调取证据。原告者第三人不能自行收集的，可以申请人民法院调取的证据有三类：（1）由国家机关保存而须由人民法院调取的证据，如国家机构保存的档案材料；（2）涉及国家秘密、商业秘密和个人隐私的证据；（3）是确因客观原因不能自行收集的其他证据。

【法律法规衔接问题】

《最高人民法院关于行政诉讼证据若干问题的规定》第二十三条至第二十五条。

第六章　起诉和受理

第四十四条　对属于人民法院受案范围的行政案件，公民、法人或者其他组织可以先向行政机关申请复议，对复议决定不服的，再向人民法院提起诉讼；也可以直接向人民法院提起诉讼。

法律、法规规定应当先向行政机关申请复议，对复议决定不服再向人民法院提起诉讼的，依照法律、法规的规定。

【重点法条解读】

《最高人民法院关于适用〈中华人民共和国行政诉讼法〉的解释》第五十六条规定，"法律、法规规定应当先申请复议，公民、法人或者其他组织未申请复议直接提起诉讼的，人民法院裁定不予立案。"

复议机关不受理复议申请或者在法定期限内不作出复议决定，公民、法人或者其他组织不服，依法向人民法院提起诉讼的，人民法院应当依法立案。

【法律法规衔接问题】

《最高人民法院关于适用〈中华人民共和国行政诉讼法〉的解释》第五十六条至第五十九条，《行政复议法》第十四条、第三十条。

第七章　审理和判决

第一节　一般规定

第五十九条　诉讼参与人或者其他人有下列行为之一的，人民法院可以根据情节轻重，予以训诫、责令具结悔过或者处一万元以下的罚款、十五日以下的拘留；构成犯罪的，依法追究刑事责任：

（一）有义务协助调查、执行的人，对人民法院的协助调查决定、协助执行通知书，无故推脱、拒绝或者妨碍调查、执行的；

（二）伪造、隐藏、毁灭证据或者提供虚假证明材料，妨碍人民法院审理案件的；

（三）指使、贿买、胁迫他人作伪证或者威胁、阻止证人作证的；

（四）隐藏、转移、变卖、毁损已被查封、扣押、冻结的财产的；

（五）以欺骗、胁迫等非法手段使原告撤诉的；

（六）以暴力、威胁或者其他方法阻碍人民法院工作人员执行职务，或者以哄闹、冲击法庭等方法扰乱人民法院工作秩序的；

（七）对人民法院审判人员或者其他工作人员、诉讼参与人、协助调查和执行的人员恐吓、侮辱、诽谤、诬陷、殴打、围攻或者打击报复的。

人民法院对有前款规定的行为之一的单位，可以对其主要负责人或者直接责任人员依照前款规定予以罚款、拘留；构成犯罪的，依法追究刑事责任。

罚款、拘留须经人民法院院长批准。当事人不服的，可以向上一级人民法院申请复议一次。复议期间不停止执行。

【重点法条解读】

本条是关于妨害行政诉讼强制措施的规定。

"诉讼参与人"是指在行政诉讼过程中，所有参与诉讼活动的人。"其他人"是指没有参与诉讼活动，对诉讼活动予以关注的人，如参加旁听的公民。对诉讼参与人或者其他人故意扰乱行政诉讼秩序、妨害行政诉讼正常进行的行为，人民法院应依法采取强制措施，维护行政诉讼秩序，保障行政诉讼的顺利进行。由此可见，诉讼参与人和其他人在行政诉讼的过程中要注意自己的言行。

【难点问题解析】

需要注意的是，诉讼参与人和诉讼参加人是不同的，诉讼参加人是指原告、被告、上诉人、被上诉人、第三人、诉讼代理人等以自己的名义或者接受他人委托参加诉讼的人。诉讼参与人包括诉讼参加人和证人、鉴定人、勘验人和翻译人员等。

【法律法规衔接问题】

《刑法》第三百零七条至第三百零九条、第三百一十四条。

第二节　第一审普通程序

第六十九条　行政行为证据确凿，适用法律、法规正确，符合法定程序的，或者原告申请被告履行法定职责或者给付义务理由不成立的，人民法院判决驳回原告的诉讼请求。

【重点法条解读】

本条是关于驳回原告的诉讼请求的规定。

根据本条规定，驳回原告诉讼请求的情形有：（1）行政行为证据确凿，适用法律、法规正确，符合法定程序的。"行政行为证据确凿"是指证据确实、充分，足以证明行政行为所依据的全部事实。"适用法律、法规正确"是指被诉行政行为不得超越行政机关的职权范围；行政行为不能滥用，要合法、正当；行政行为在适用法律方面没有表达或文字上的错误。

"符合法定程序"是指行政行为要符合法律规定的行政程序。（2）原告申请被告履行法定职责或者给付义务理由不成立。原告申请被告履行法定职责或者给付义务必须要有理由和依据。

【难点问题解析】

驳回原告诉讼请求判决的适用条件是经人民法院审理后，认为行政行为并未出现违法事项，或者原告的诉讼请求不具备法律规定的充分理由。在行政行为证据确凿，适用法律、法规正确，符合法定程序或者原告申请被告履行法定职责或者给付义务理由不成立的情形中，以"判决驳回原告诉讼请求"的判决形式，对于明晰人民法院作为司法机关在行政诉讼过程中的地位具有重要的意义。①

第三节　简易程序

第八十二条　人民法院审理下列第一审行政案件，认为事实清楚、权利义务关系明确、争议不大的，可以适用简易程序：

（一）被诉行政行为是依法当场作出的；

（二）案件涉及款额二千元以下的；

（三）属于政府信息公开案件的。

除前款规定以外的第一审行政案件，当事人各方同意适用简易程序的，可以适用简易程序。

发回重审、按照审判监督程序再审的案件不适用简易程序。

【重点法条解读】

本条是关于适用简易程序的行政案件范围的规定。

根据本条规定，适用简易程序的行政案件需要同时符合以下三个条件：（1）事实清楚；（2）权利义务关系明确；（3）争议不大。"事实清楚"是指当事人提供的证据能够清晰、可靠地证明事实的真相。"权利义务关系明确"是指当事人对于权利和义务的归属比较明确，当事人之间的权利义务关系比较清楚。"争议不大"是指当事人对于案件起因、诉讼请求、证据等事项没有太大的争议。

适用简易程序的行政案件仅限于第一审行政案件，不适用第二审行政案件、发回重审以及按照审判监督程序再审的案件。

适用简易程序的案件主要有四类：（1）被诉行政行为是依法当场作出的；（2）案件涉及款额二千元以下的；（3）属于政府信息公开案件的；（4）当事人各方同意适用简易程序的行政案件。《政府信息公开条例》规定的"政府信息"是指行政机关在履行行政管理职能过程中制作或者获取的，以一定形式记录、保存的信息。《最高人民法院关于审理政府信息公开行政案件若干问题的规定》对因政府信息公开提起的行政诉讼的问题也进行了规定。前两类案件事实清楚并有法定依据，涉案款额不大，能当场作出，可以采取简易程序审理。

【法律法规衔接问题】

《最高人民法院关于审理政府信息公开行政案件若干问题的规定》。

第四节　第二审程序

第八十九条　人民法院审理上诉案件，按照下列情形，分别处理：

---

① 马怀德主编：《新编中华人民共和国行政诉讼法释义》，中国法制出版社 2014 年版，第 315 页。

（一）原判决、裁定认定事实清楚，适用法律、法规正确的，判决或者裁定驳回上诉，维持原判决、裁定；

（二）原判决、裁定认定事实错误或者适用法律、法规错误的，依法改判、撤销或者变更；

（三）原判决认定基本事实不清、证据不足的，发回原审人民法院重审，或者查清事实后改判；

（四）原判决遗漏当事人或者违法缺席判决等严重违反法定程序的，裁定撤销原判决，发回原审人民法院重审。

原审人民法院对发回重审的案件作出判决后，当事人提起上诉的，第二审人民法院不得再次发回重审。

人民法院审理上诉案件，需要改变原审判决的，应当同时对被诉行政行为作出判决。

【重点法条解读】

本条是关于二审审判的规定。根据本条的规定，人民法院审理上诉案件，应根据不同的情形，作出不同的处理。(1)判决或裁定驳回上诉，维持原判决、裁定。原判决、裁定认定事实清楚，适用法律、法规正确的，判决或裁定驳回上诉，维持原判决、裁定。这种情形下，原判决、裁定正确合法，上诉理由不成立。(2)判决或裁定依法改判、撤销或者变更。原判决、裁定认定事实错误或者适用法律、法规错误的，依法改判、撤销或者变更。针对判决的上诉，第二审人民法院改判；针对裁定的上诉，第二审人民法院以裁定方式撤销或者变更①。(3)裁定发回重审或者查清事实后改判。原判决认定基本事实不清、证据不足的，发回原审人民法院重审，或者查清事实后改判。需要注意的是，只有在原判决认定基本事实不清的情况下，第二审人民法院才可以查清事实后改判或发回重审。基本事实是指影响案件判决结果的关键事实。(4)裁定撤销原判，发回重审。原判决遗漏当事人或者违法缺席判决等严重违反法定程序的，裁定撤销原判决，发回原审人民法院重审。原判决遗漏当事人是指共同诉讼中应当参加诉讼的当事人没有参加诉讼，或者应当参加诉讼的第三人没有参加诉讼等情形。

7.4 电子数据证据有关规定解读

最高人民法院关于民事诉讼证据的若干规定(节选)

一、当事人举证

第十四条 电子数据包括下列信息、电子文件：

（一）网页、博客、微博客等网络平台发布的信息；

（二）手机短信、电子邮件、即时通信、通讯群组等网络应用服务的通信信息；

（三）用户注册信息、身份认证信息、电子交易记录、通信记录、登录日志等信息；

---

① 中国法制出版社编：《中华人民共和国行政诉讼法 案例注释版》，中国法制出版社，2016.01

（四）文档、图片、音频、视频、数字证书、计算机程序等电子文件；

（五）其他以数字化形式存储、处理、传输的能够证明案件事实的信息。

第十五条　当事人以视听资料作为证据的，应当提供存储该视听资料的原始载体。

当事人以电子数据作为证据的，应当提供原件。电子数据的制作者制作的与原件一致的副本，或者直接来源于电子数据的打印件或其他可以显示、识别的输出介质，视为电子数据的原件。

二、证据的调查收集和保全

第二十三条　人民法院调查收集视听资料、电子数据，应当要求被调查人提供原始载体。

提供原始载体确有困难的，可以提供复制件。提供复制件的，人民法院应当在调查笔录中说明其来源和制作经过。

人民法院对视听资料、电子数据采取证据保全措施的，适用前款规定。

五、证据的审核认定

第九十条　下列证据不能单独作为认定案件事实的根据：

（一）当事人的陈述；

（二）无民事行为能力人或者限制民事行为能力人所作的与其年龄、智力状况或者精神健康状况不相当的证言；

（三）与一方当事人或者其代理人有利害关系的证人陈述的证言；

（四）存有疑点的视听资料、电子数据；

（五）无法与原件、原物核对的复制件、复制品。

第九十三条　人民法院对于电子数据的真实性，应当结合下列因素综合判断：

（一）电子数据的生成、存储、传输所依赖的计算机系统的硬件、软件环境是否完整、可靠；

（二）电子数据的生成、存储、传输所依赖的计算机系统的硬件、软件环境是否处于正常运行状态，或者不处于正常运行状态时对电子数据的生成、存储、传输是否有影响；

（三）电子数据的生成、存储、传输所依赖的计算机系统的硬件、软件环境是否具备有效的防止出错的监测、核查手段；

（四）电子数据是否被完整地保存、传输、提取，保存、传输、提取的方法是否可靠；

（五）电子数据是否在正常的往来活动中形成和存储；

（六）保存、传输、提取电子数据的主体是否适当；

（七）影响电子数据完整性和可靠性的其他因素。

人民法院认为有必要的，可以通过鉴定或者勘验等方法，审查判断电子数据的真实性。

第九十四条　电子数据存在下列情形的，人民法院可以确认其真实性，但有足以反驳的相反证据的除外：

（一）由当事人提交或者保管的于己不利的电子数据；

（二）由记录和保存电子数据的中立第三方平台提供或者确认的；

（三）在正常业务活动中形成的；

（四）以档案管理方式保管的；

（五）以当事人约定的方式保存、传输、提取的。

电子数据的内容经公证机关公证的，人民法院应当确认其真实性，但有相反证据足以推翻的除外。

最高人民法院 最高人民检察院 公安部关于办理刑事案件收集提取和审查判断电子数据若干问题的规定(节选)

为规范电子数据的收集提取和审查判断，提高刑事案件办理质量，根据《中华人民共和国刑事诉讼法》等有关法律规定，结合司法实际，制定本规定。

一、一般规定

第一条　电子数据是案件发生过程中形成的，以数字化形式存储、处理、传输的，能够证明案件事实的数据。

电子数据包括但不限于下列信息、电子文件：

（一）网页、博客、微博客、朋友圈、贴吧、网盘等网络平台发布的信息；

（二）手机短信、电子邮件、即时通信、通讯群组等网络应用服务的通信信息；

（三）用户注册信息、身份认证信息、电子交易记录、通信记录、登录日志等信息；

（四）文档、图片、音视频、数字证书、计算机程序等电子文件。

以数字化形式记载的证人证言、被害人陈述以及犯罪嫌疑人、被告人供述和辩解等证据，不属于电子数据。确有必要的，对相关证据的收集、提取、移送、审查，可以参照适用本规定。

【重点法条解读】

本条是关于电子数据认定范围的规定。

根据本条规定，电子数据是案件发生过程中形成的，因此根据字面意思理解，案件发生之后形成的数据不属于电子数据，这一定义在实践中可能会引起争议。"能够证明案件事实的数据"是指电子数据和案件事实之间存在着客观上的内在联系，具有证明案件事实的作用。本条第二款中的"电子数据包括但不限于下列信息、电子文件"表明此处的列举没有穷尽。本条第三款表明原则上以数字化形式记载的证人证言、被害人陈述以及犯罪嫌疑人、被告人供述和辩解等证据，不属于电子数据，确有必要的情况为例外。

【法律法规衔接问题】

《电子签名法》第二条，《最高人民法院关于适用〈中华人民共和国刑事诉讼法〉的解释》第一百一十条至第一百一十五条。

第二条　侦查机关应当遵守法定程序，遵循有关技术标准，全面、客观、及时地收集、提取电子数据；人民检察院、人民法院应当围绕真实性、合法性、关联性审查判断电子数据。

【重点法条解读】

本条是关于收集、提取、审查判断电子数据时应遵守法定程序的规定。

根据本条规定，收集、提取电子数据时要遵守程序法定原则，严格遵守和执行《刑事诉讼法》及其相关司法解释、规范性文件的有关规定。审查判断电子数据要遵循真实性、合法性、关联性的原则，这里的"真实性"是指电子数据真实可靠，没有被增加、删除、修改，不能确定真伪的电子数据，不能作为定案的依据。"合法性"是指电子数据的审查判断必须有明确的法律依据，并严格遵守法律规定的方式和程序。"关联性"是指电子数据和案件事实之间有客观存在的联系，并能在一定程度上证明该案件事实。

【难点问题解析】

需要注意的是，电子数据真实性应当着重审查：是否移送原始存储介质；在原始存储介质无法封存、不便移动时，有无说明原因，并注明收集、提取过程及原始存储介质的存放地点或者电子数据的来源等情况；电子数据是否具有数字签名、数字证书等特殊标识；电子数据的收集、提取过程是否可以重现；电子数据如有增加、删除、修改等情形的，是否附有说明；电子数据的完整性是否可以保证等内容 。

【法律法规衔接问题】

《关于办理死刑案件审查判断证据若干问题的规定》第三条、第二十九条。

第三条　人民法院、人民检察院和公安机关有权依法向有关单位和个人收集、调取电子数据。有关单位和个人应当如实提供。

【重点法条解读】

本条是关于国家机关对电子数据的调查取证权的规定。

根据本条规定，人民法院、人民检察院、公安机关有权向有关单位和个人收集、调取证据，任何单位、个人都有义务配合国家机关收集、调取证据。在刑事诉讼法和民事诉讼法中，都赋予了国家机关调查取证的权利，电子证据作为法定证据的一种也不例外。

【难点问题解析】

《宪法》第四十条规定，"中华人民共和国公民的通信自由和通信秘密受法律的保护。除因国家安全或者追查刑事犯罪的需要，由公安机关或者检察机关依照法律规定的程序对通信进行检查外，任何组织或者个人不得以任何理由侵犯公民的通信自由和通信秘密。"《宪法》规定公民的通信自由和通信秘密是公民的一项基本权利，只有因国家安全或者追查刑事犯罪的需要，公安机关或者检察机关才可以依照法律规定的程序对通信进行检查。本条规定的人民法院调取包括通信记录在内的电子数据的权力，但仅适用于刑事案件的办理。

【法律法规衔接问题】

《宪法》第四十条、《刑事诉讼法》第五十四条第一款、《民事诉讼法》第七十条。

第四条　电子数据涉及国家秘密、商业秘密、个人隐私的，应当保密。

【重点法条解读】

本条是关于电子数据保密的规定。办案机关及其工作人员对于涉及国家秘密、商业秘密、个人隐私的电子数据，不得遗失、泄露，应当妥善保管。

【法律法规衔接问题】

《刑事诉讼法》第五十四条第三款、第一百五十二条，《民事诉讼法》第七十一条。

第五条 对作为证据使用的电子数据，应当采取以下一种或者几种方法保护电子数据的完整性：

（一）扣押、封存电子数据原始存储介质；

（二）计算电子数据完整性校验值；

（三）制作、封存电子数据备份；

（四）冻结电子数据；

（五）对收集、提取电子数据的相关活动进行录像；

（六）其他保护电子数据完整性的方法。

【重点法条解读】

本条是关于保护作为证据使用的电子数据完整性方法的规定。

在收集、提取电子数据的过程中，办案人员可通过扣押、封存电子数据原始存储介质，计算电子数据完整性校验值，制作、封存电子数据备份，冻结电子数据，对收集、提取电子数据的相关活动进行录像等方式方法对可作为证据使用的电子数据进行保护。

【难点问题解析】

完整性校验也叫哈希函数校验，是针对数据在传输过程中可能会有丢失或者误码或者被篡改的情形而设计的算法。

【法律法规衔接问题】

《最高人民法院关于适用〈中华人民共和国刑事诉讼法〉的解释》第一百一十一条。

第六条 初查过程中收集、提取的电子数据，以及通过网络在线提取的电子数据，可以作为证据使用。

【重点法条解读】

本条是关于初查过程中获得电子数据的证据效力的规定，明确了电子数据作为证据的地位。

这里的"初查"是指公安机关在立案前进行的查办案件的活动。基于电子数据易篡改和易丢失的特征，如果不能及时收集、提取，将不利于侦查活动的顺利进行。通过网络在线提取的电子数据，可以作为证据使用，如发布在微博、朋友圈中的信息是可以作为刑事案件的证据的。依法收集、提取的电子数据经查证属实，可以作为定案的依据。

【难点问题解析】

《最高人民法院 最高人民检察院 公安部关于办理网络犯罪案件适用刑事诉讼程序若干问题的意见》中规定了关于网络犯罪案件的初查，"对接受的案件或者发现的犯罪线索，在审查中发现案件事实或者线索不明，需要经过调查才能够确认是否达到犯罪追诉标准的，经办案部门负责人批准，可以进行初查。初查过程中，可以采取询问、查询、勘验、检查、鉴定、调取证据材料等不限制初查对象人身、财产权利的措施，但不得对初查对象采取强制措施和查封、扣押、冻结财产。"

【法律法规衔接问题】

《最高人民法院 最高人民检察院 公安部关于办理网络犯罪案件适用刑事诉讼程序若干问题的意见》中"三、关于网络犯罪案件的初查"部分。

二、电子数据的收集与提取

第七条 收集、提取电子数据,应当由二名以上侦查人员进行。取证方法应当符合相关技术标准。

【重点法条解读】

本条是关于取证人员以及取证方法的规定。根据本条规定,收集、提取电子数据,应当由两名以上侦查人员进行。取证方法应当符合相关技术标准。只有遵循本条的规定进行取证,才能保证电子数据的真实性、完整性。

【难点问题解析】

需要注意的是,本条只规定了取证方法应当符合相关技术标准,没有对取证设施做限制性规定,这是由于网络犯罪的复杂性、高科技性,取证设备更新换代的速度较快。

【法律法规衔接问题】

《刑事诉讼法》第一百二十八条,《最高人民法院 最高人民检察院 公安部关于办理网络犯罪案件适用刑事诉讼程序若干问题的意见》第十三条。

第八条 收集、提取电子数据,能够扣押电子数据原始存储介质的,应当扣押、封存原始存储介质,并制作笔录,记录原始存储介质的封存状态。

封存电子数据原始存储介质,应当保证在不解除封存状态的情况下,无法增加、删除、修改电子数据。封存前后应当拍摄被封存原始存储介质的照片,清晰反映封口或者张贴封条处的状况。

封存手机等具有无线通信功能的存储介质,应当采取信号屏蔽、信号阻断或者切断电源等措施。

【重点法条解读】

本条是关于扣押、封存电子数据原始存储介质封存的规定。

根据本条规定,封存电子数据原始存储介质,应当保证在不解除封存状态的情况下,无法增加、删除、修改电子数据。基于电子数据的脆弱性、易修改性,要求电子数据封存完好,没有缺失。

【法律法规衔接问题】

《最高人民法院 最高人民检察院 公安部关于办理网络犯罪案件适用刑事诉讼程序若干问题的意见》第十四条。

第九条 具有下列情形之一,无法扣押原始存储介质的,可以提取电子数据,但应当在笔录中注明不能扣押原始存储介质的原因、原始存储介质的存放地点或者电子数据的来源等情况,并计算电子数据的完整性校验值:

(一)原始存储介质不便封存的;

(二)提取计算机内存数据、网络传输数据等不是存储在存储介质上的电子数据的;

(三)原始存储介质位于境外的;

(四)其他无法扣押原始存储介质的情形。

对于原始存储介质位于境外或者远程计算机信息系统上的电子数据,可以通过网络在线提取。

为进一步查明有关情况，必要时，可以对远程计算机信息系统进行网络远程勘验。进行网络远程勘验，需要采取技术侦查措施的，应当依法经过严格的批准手续。

【重点法条解读】

本条是关于直接提取电子数据、网络在线提取电子数据及网络远程勘验的规定。

收集、提取过程中，如能够扣押电子数据原始存储介质的，应当扣押、封存原始存储介质，并制作笔录；无法扣押原始存储介质的，可以提取电子数据，但应当注明不能扣押原因、存放地点或电子数据的来源等情况。

由于很多网络犯罪利用了境外和异地的互联网，因此本条第二款规定了原始存储介质位于境外或者远程计算机信息系统上的电子数据，可以通过网络在线提取。

本条第三款是关于必要时依法经过严格的批准手续，对远程计算机信息系统进行网络远程勘验的规定。"网络远程勘验"是指通过网络对远程目标系统实施勘验，以提取、固定远程目标系统的状态和存留的电子数据。

【法律法规衔接问题】

《最高人民法院 最高人民检察院 公安部关于办理网络犯罪案件适用刑事诉讼程序若干问题的意见》第十五条，《计算机犯罪现场勘验与电子证据检查规则》第三条、第二十二条至第二十五条、第十六条。

第十条 由于客观原因无法或者不宜依据第八条、第九条的规定收集、提取电子数据的，可以采取打印、拍照或者录像等方式固定相关证据，并在笔录中说明原因。

【重点法条解读】

本条是关于采取打印、拍照或者录像等方式固定证据的规定。

收集、提取电子数据是以扣押原始存储介质为原则，以提取电子数据为例外。当实践中需要迅速固定电子数据，但无法扣押、封存原始存储介质，也无法提取电子数据时，根据本条规定，"可以采取打印、拍照或者录像等方式固定相关证据，并在笔录中说明原因"。

【难点问题解析】

需要注意的是，打印、拍照、录像等方式只能在无法或者不宜扣押、封存原始存储介质，也无法提取电子数据的情况下使用，使用打印、拍照、录像等方式时，需要在笔录中注明原因。

第十一条 具有下列情形之一的，经县级以上公安机关负责人或者检察长批准，可以对电子数据进行冻结：

（一）数据量大，无法或者不便提取的；

（二）提取时间长，可能造成电子数据被篡改或者灭失的；

（三）通过网络应用可以更为直观地展示电子数据的；

（四）其他需要冻结的情形。

【重点法条解读】

本条是关于电子数据冻结情形的规定。

根据本条规定，经县级以上公安机关负责人或者检察长批准下，电子数据可被冻结为以下四种情形：（1）数据量大，无法或者不便提取的；（2）提取时间长，可能造成电子数据被篡改或者灭失的；（3）通过网络应用可以更为直观地展示电子数据的；（4）其他需要冻结的情形。冻结电子数据的目的是为了在诉讼期间避免电子数据被增加、删除或者修改，以及被未经授权的人员查看等。

【法律法规衔接问题】

《刑事诉讼法》第一百四十四条、第一百四十五条。

第十二条　冻结电子数据，应当制作协助冻结通知书，注明冻结电子数据的网络应用账号等信息，送交电子数据持有人、网络服务提供者或者有关部门协助办理。解除冻结的，应当在三日内制作协助解除冻结通知书，送交电子数据持有人、网络服务提供者或者有关部门协助办理。

冻结电子数据，应当采取以下一种或者几种方法：

（一）计算电子数据的完整性校验值；

（二）锁定网络应用账号；

（三）其他防止增加、删除、修改电子数据的措施。

【重点法条解读】

本条是关于冻结和解除冻结电子数据的程序，以及冻结电子数据的方法的规定。

冻结电子数据有计算电子数据的完整性校验值、锁定网络应用账号以及其他防止增加、删除、修改电子数据的措施这三种方法。冻结电子数据要严格依照法定的程序进行，冻结电子数据应当制作协助冻结通知书，注明冻结电子数据的网络应用账号等信息，送交电子数据持有人、网络服务提供者或者有关部门协助办理。解除冻结的，应当在三日内制作协助解除冻结通知书，送交电子数据持有人、网络服务提供者或者有关部门协助办理。

【难点问题解析】

需要注意的是，冻结电子数据只能在立案侦查之后才能采取，因为冻结电子数据会限制被冻结设备的使用人或数据持有人的个人权利。

【法律法规衔接问题】

《最高人民法院 最高人民检察院 公安部关于办理网络犯罪案件适用刑事诉讼程序若干问题的意见》第十六条。

第十三条　调取电子数据，应当制作调取证据通知书，注明需要调取电子数据的相关信息，通知电子数据持有人、网络服务提供者或者有关部门执行。

【重点法条解读】

本条是关于调取电子数据的有关规定。

根据本条规定，公检法机关不能随意调取电子数据。调取电子数据，应当制作调取证据通知书，通知被调取人，收集、提取时应当制作笔录，并通知相关人员和部门执行。

【难点问题解析】

《互联网信息服务管理办法》第十四条规定了侦查机关在向互联网服务提供者调取电子数据时，网络服务提供商应当依法及时提供相关电子数据信息。在实践中，从第三方的网络服务商中调取数据存在一定的困难，因此侦查机关应与网络服务商积极接洽、沟通，保证侦查活动的顺利进行。

【法律法规衔接问题】

《互联网信息服务管理办法》第十四条。

第十四条　收集、提取电子数据，应当制作笔录，记录案由、对象、内容、收集、提取电子数据的时间、地点、方法、过程，并附电子数据清单，注明类别、文件格式、完整性校验值等，由侦查人员、电子数据持有人(提供人)签名或者盖章；电子数据持有人(提供人)无法签名或者拒绝签名的，应当在笔录中注明，由见证人签名或者盖章。有条件的，应当对相关活动进行录像。

【重点法条解读】

本条是关于收集、提取电子数据时制作笔录的规定。

电子数据提取笔录能够客观反映电子数据获取的过程，是鉴别电子数据真伪的重要依据。

《最高人民法院　最高人民检察院　公安部关于办理网络犯罪案件适用刑事诉讼程序若干问题的意见》第十六条规定，"收集、提取电子数据应当制作笔录，记录案由、对象、内容、收集、提取电子数据的时间、地点、方法、过程，电子数据的清单、规格、类别、文件格式、完整性校验值等，并由收集、提取电子数据的侦查人员签名或者盖章。远程提取电子数据的，应当说明原因，有条件的，应当对相关活动进行录像。通过数据恢复、破解等方式获取被删除、隐藏或者加密的电子数据的，应当对恢复、破解过程和方法作出说明。"

因此，收集、提取电子数据时，应制作笔录，注明相关情况，以证明电子数据提取过程的合法性和保管的完整性。有条件时，可以对相关活动进行录像，可以进一步补强电子数据取证过程的规范性和合法性。

【法律法规衔接问题】

《最高人民法院　最高人民检察院　公安部关于办理网络犯罪案件适用刑事诉讼程序若干问题的意见》第十六条。

第十五条　收集、提取电子数据，应当根据刑事诉讼法的规定，由符合条件的人员担任见证人。由于客观原因无法由符合条件的人员担任见证人的，应当在笔录中注明情况，并对相关活动进行录像。

针对同一现场多个计算机信息系统收集、提取电子数据的，可以由一名见证人见证。

【重点法条解读】

本条是关于收集、提取电子数据中见证人的有关规定。

根据刑事诉讼法的规定第一百三十三条对于勘验、检查时的见证人规定，收集、提取电子数据应当邀请与案件无利害关系的公民作为见证人，见证人应在笔录上签名或者盖章。见证人的作用在于证明勘验程序的规范性以及通过勘验获得的电子数据的客观性、合法性，见证人制度的规定是程序法定价值的体现。

【难点问题解析】

关于见证人的资格条件，《最高人民法院关于适用〈中华人民共和国刑事诉讼法〉的解释》第八十条规定了以下三种情况，不得担任刑事诉讼活动的见证人：

（一）生理上、精神上有缺陷或者年幼，不具有相应辨别能力或者不能正确表达的人；

（二）与案件有利害关系，可能影响案件公正处理的人；

（三）行使勘验、检查、搜查、扣押、组织辨认等监察调查、刑事诉讼职权的监察、公安、司法机关的工作人员或者其聘用的人员。

由于客观原因无法由符合条件的人员担任见证人的，应当在笔录材料中注明情况，并对相关活动进行全程录音录像。

【法律法规衔接问题】

《中华人民共和国刑事诉讼法》第一百三十三条、第一百三十六条、第一百三十九条、第一百四十条，《最高人民法院关于适用〈中华人民共和国刑事诉讼法〉的解释》第八十条，《人民检察院刑事诉讼规则》第一百九十六条、第一百九十七条、第二百零二条至第二百一十七条。

第十六条　对扣押的原始存储介质或者提取的电子数据，可以通过恢复、破解、统计、关联、比对等方式进行检查。必要时，可以进行侦查实验。

电子数据检查，应当对电子数据存储介质拆封过程进行录像，并将电子数据存储介质通过写保护设备接入到检查设备进行检查；有条件的，应当制作电子数据备份，对备份进行检查；无法使用写保护设备且无法制作备份的，应当注明原因，并对相关活动进行录像。

电子数据检查应当制作笔录，注明检查方法、过程和结果，由有关人员签名或者盖章。进行侦查实验的，应当制作侦查实验笔录，注明侦查实验的条件、经过和结果，由参加实验的人员签名或者盖章。

【重点法条解读】

本条是关于电子数据检查的规定。

检查既是发现和提取与案件相关的线索和证据的过程，也是查明案情的过程，是取证工作的延续。通过对电子数据进行检查，能够更加直观地展现电子数据与案件事实的关联性。

侦查实验的目的在于侦查机关查明案情。《公安机关刑事案件现场勘验检查规则》第六十九条规定，"为了证实现场某一具体情节的形成过程、条件和原因等，可以进行侦查实验。"就电子数据来说，侦查实验的目的主要是验证在一定条件下是否存在特定电子数据，确定计算机程序是否具备特定功能和查明案件情况。

【法律法规衔接问题】

《刑事诉讼法》第一百三十五条，《公安机关刑事案件现场勘验检查规则》第六十九条。

第十七条　对电子数据涉及的专门性问题难以确定的，由司法鉴定机构出具鉴定意见，或者由公安部指定的机构出具报告。对于人民检察院直接受理的案件，也可以由最高人民检察院指定的机构出具报告。

具体办法由公安部、最高人民检察院分别制定。

【重点法条解读】

本条是关于电子数据涉及专门性问题的规定。

由于电子数据的科技含量较高，其涉及的专门性问题往往超出了普通人的认知范畴。

因此，对于难以确定的专门性问题，需要由专门的司法鉴定机构或公安部、最高人民检察院指定的机构出具鉴定意见或报告。

【法律法规衔接问题】

《最高人民检察院　公安部关于办理危害计算机信息系统安全刑事案件应用法律若干问题的解释》第十条，《最高人民法院　最高人民检察院　公安部关于办理网络犯罪案件适用刑事诉讼程序若干问题的意见》第十八条。

三、电子数据的移送与展示

第十八条　收集、提取的原始存储介质或者电子数据，应当以封存状态随案移送，并制作电子数据的备份一并移送。

对网页、文档、图片等可以直接展示的电子数据，可以不随案移送打印件；人民法院、人民检察院因设备等条件限制无法直接展示电子数据的，侦查机关应当随案移送打印件，或者附展示工具和展示方法说明。

对冻结的电子数据，应当移送被冻结电子数据的清单，注明类别、文件格式、冻结主体、证据要点、相关网络应用账号，并附查看工具和方法的说明。

【重点法条解读】

本条是关于电子数据移送的规定。

根据本条规定，收集、提取的原始存储介质或者电子数据时，应当以封存状态随案移送，并制作电子数据的备份一并移送，这是为了防止电子数据失真以及被篡改和破坏；对文档、图片、网页等可以直接展示的电子数据，可以不随案移送电子数据打印件，但应当附展示方法说明和展示工具；法院、检察院因设备等条件限制无法直接展示电子数据的，侦查机关应当随案移送打印件；对冻结的电子数据，应当移送被冻结电子数据的清单，注明相关的重要信息，并附查看工具和方法的说明。

【法律法规衔接问题】

《最高人民法院　最高人民检察院　公安部关于办理网络犯罪案件适用刑事诉讼程序若干问题的意见》第十七条。

第十九条　对侵入、非法控制计算机信息系统的程序、工具以及计算机病毒等无法直接展示的电子数据，应当附电子数据属性、功能等情况的说明。

对数据统计量、数据同一性等问题，侦查机关应当出具说明。

【重点法条解读】

本条是关于电子数据移送的规定。

根据本条规定，对于诸如侵入、非法控制计算机信息系统的程序、工具以及计算机病毒等无法直接展示的电子数据，在进行移送时应当附电子数据属性、功能等情况的说明。对于涉及数据统计量、数据同一性等方面的问题，侦查机关应当出具说明。

【法律法规衔接问题】

《关于办理网络犯罪案件适用刑事诉讼程序若干问题的意见》第十七条。

第二十条　公安机关报请人民检察院审查批准逮捕犯罪嫌疑人，或者对侦查终结的案件移送人民检察院审查起诉的,应当将电子数据等证据一并移送人民检察院。人民检察院在审查批准逮捕和审查起诉过程中发现应当移送的电子数据没有移送或者移送的电子数据不符合相关要求的,应当通知公安机关补充移送或者进行补正。

对于提起公诉的案件,人民法院发现应当移送的电子数据没有移送或者移送的电子数据不符合相关要求的,应当通知人民检察院。

公安机关、人民检察院应当自收到通知后三日内移送电子数据或者补充有关材料。

【重点法条解读】

本条是关于电子数据移送不及时、不规范时补充移送或者进行补正的规定。

第二十一条　控辩双方向法庭提交的电子数据需要展示的,可以根据电子数据的具体类型,借助多媒体设备出示、播放或者演示。必要时,可以聘请具有专门知识的人进行操作,并就相关技术问题作出说明。

【重点法条解读】

本条是关于电子数据展示方法的规定。

四、电子数据的审查与判断

第二十二条　对电子数据是否真实,应当着重审查以下内容:

(一)是否移送原始存储介质;在原始存储介质无法封存、不便移动时,有无说明原因,并注明收集、提取过程及原始存储介质的存放地点或者电子数据的来源等情况;

(二)电子数据是否具有数字签名、数字证书等特殊标识;

(三)电子数据的收集、提取过程是否可以重现;

(四)电子数据如有增加、删除、修改等情形的,是否附有说明;

(五)电子数据的完整性是否可以保证。

【重点法条解读】

本条是关于电子数据真实性审查内容的规定。

根据本条规定,对电子数据的真实性,应从以下五个方面进行审查:(一)是否移送原始存储介质;在原始存储介质无法封存、不便移动时,有无说明原因,并注明收集、提取过程及原始存储介质的存放地点或者电子数据的来源等情况。(二)电子数据是否具有数字签名、数字证书等特殊标识。"数字签名"指的是利用特定算法鉴别电子数据,能够对电子数据来源的真实性和完整性有效证明的数据值。"数字证书"指的是标志、识别身份信息的数字。数字证书包含了数字签名,同样能够有效证明电子数据来源的真实性和完整性。(三)电子数据的收集、提取过程是否可以重现。可以通过数据恢复等方式重现电子数据的收集、提取过程来判断收集、提取的电子数据与原数据是否一致。(四)电子数据是否真实,如有增加、删除、修改等情形的,是否附有说明。实践中,若发现电子数据有增加、删除、修改的情形时,并不必然影响其真实性。例如,为了打开部分损坏的文件,侦查机关在不破坏文件内容的情况下对文件进行必要的修复。(五)电子数据的完整性是否可以保证。电子数据的不完整意味着电子数据被篡改或被破坏,也就难以保证其真实性了。

【难点问题解析】

需要注意的是,实践中不是所有的电子数据都附有数字签名或者数字证书,也不是所有的电子数据的收集、提取过程都可以重现，但不能因此否定其真实性。

【法律法规衔接问题】

《最高人民法院关于适用〈中华人民共和国刑事诉讼法〉的解释》第一百一十条、第一百一十四条。

第二十三条　对电子数据是否完整，应当根据保护电子数据完整性的相应方法进行验证：

（一）审查原始存储介质的扣押、封存状态；

（二）审查电子数据的收集、提取过程，查看录像；

（三）比对电子数据完整性校验值；

（四）与备份的电子数据进行比较；

（五）审查冻结后的访问操作日志；

（六）其他方法。

【重点法条解读】

本条是关于电子数据完整性验证方法的规定。

根据本条规定，对电子数据的完整性，有以下六种方法进行验证：（1）扣押、封存电子数据原始存储介质，应当审查原始存储介质的扣押、封存状态；（2）对收集、提取电子数据的相关活动进行录像，审查电子数据的收集、提取过程；（3）计算电子数据的完整性校验值，比对电子数据完整性校验值；（4）对电子数据进行备份，与备份的电子数据进行比较；（5）对电子数据冻结后，计算机信息系统一般会记录被冻结电子数据的访问操作日志，应审查冻结后的访问操作日志；（6）其他方法。

【法律法规衔接问题】

《最高人民法院关于适用〈中华人民共和国刑事诉讼法〉的解释》第一百一十一条。

第二十四条　对收集、提取电子数据是否合法，应当着重审查以下内容：

（一）收集、提取电子数据是否由二名以上侦查人员进行，取证方法是否符合相关技术标准；

（二）收集、提取电子数据，是否附有笔录、清单，并经侦查人员、电子数据持有人（提供人）、见证人签名或者盖章；没有持有人（提供人）签名或者盖章的，是否注明原因；对电子数据的类别、文件格式等是否注明清楚；

（三）是否依照有关规定由符合条件的人员担任见证人，是否对相关活动进行录像；

（四）电子数据检查是否将电子数据存储介质通过写保护设备接入到检查设备；有条件的，是否制作电子数据备份，并对备份进行检查；无法制作备份且无法使用写保护设备的，是否附有录像。

【重点法条解读】

本条是关于电子数据合法性审查内容的规定。

根据本条规定，对收集、提取电子数据是否合法，应当着重审查以下内容：（1）收集、提取电子数据是否由二名以上侦查人员进行，取证方法是否符合相关技术标准。（2）收集、提取电子数据，是否附有笔录、清单，并经侦查人员、电子数据持有人（提供人）、见证人签名或者盖章；没有持有人（提供人）签名或者盖章的，是否注明原因；对电子数据的类别、文件格式等是否注明清楚。审查经侦查人员、电子数据持有人（提供人）、见证人签名的相关笔录或者清单，是核实电子数据真实性和完整性的必要手段。笔录记录了现场收集、提取电子数据的整个过程，清单记录了现场收集、提取电子数据的结果。（3）是否依照有关规定由符合条件的人员担任见证人，是否对相关活动进行录像。见证人签名和录像，是证明电子数据取证过程合法性的重要途径。（4）电子数据检查是否将电子数据存储介质通过写保护设备接入到检查设备；有条件的，是否制作电子数据备份，并对备份进行检查；无法制作备份且无法使用写保护设备的，是否附有录像。

【法律法规衔接问题】

《最高人民法院关于适用〈中华人民共和国刑事诉讼法〉的解释》第一百一十二条。

第二十五条　认定犯罪嫌疑人、被告人的网络身份与现实身份的同一性，可以通过核查相关 IP 地址、网络活动记录、上网终端归属、相关证人证言以及犯罪嫌疑人、被告人供述和辩解等进行综合判断。

认定犯罪嫌疑人、被告人与存储介质的关联性，可以通过核查相关证人证言以及犯罪嫌疑人、被告人供述和辩解等进行综合判断。

【重点法条解读】

本条是关于对网络身份与现实身份同一性以及犯罪嫌疑人、被告人与存储介质关联性的审查方法的规定。

第二十六条　公诉人、当事人或者辩护人、诉讼代理人对电子数据鉴定意见有异议，可以申请人民法院通知鉴定人出庭作证。人民法院认为鉴定人有必要出庭的，鉴定人应当出庭作证。

经人民法院通知，鉴定人拒不出庭作证的，鉴定意见不得作为定案的根据。对没有正当理由拒不出庭作证的鉴定人，人民法院应当通报司法行政机关或者有关部门。

公诉人、当事人或者辩护人、诉讼代理人可以申请法庭通知有专门知识的人出庭，就鉴定意见提出意见。

对电子数据涉及的专门性问题的报告，参照适用前三款规定。

【重点法条解读】

本条是关于鉴定人以及有专门知识的人出庭的规定。

根据本条规定，公诉人、当事人或者辩护人、诉讼代理人对电子数据鉴定意见有异议的，可以向人民法院申请通知鉴定人出庭作证。人民法院认为有必要出庭的，鉴定人应当出庭作证。

经人民法院通知，鉴定人拒不出庭作证的，鉴定意见不得作为定罪量刑的参考。鉴定人由于不能抗拒的原因或者有其他正当理由无法出庭的，人民法院可以根据情况决定延期审理或者重新鉴定。

对没有正当理由拒不出庭作证的鉴定人，规定了人民法院应当通报司法行政机关或者有关部门；公诉人、当事人或者辩护人、诉讼代理人可以申请法庭通知有专门知识的人出庭，就鉴定意见提出意见；对电子数据涉及的专门性问题的报告，参照上述规定。

鉴定人以及有专门知识的人出庭质证，有利于帮助法庭进一步查清案件事实，保障了公诉人、当事人或者辩护人、诉讼代理人对鉴定意见和检验报告提出异议的权利，提高了诉讼效率。

【法律法规衔接问题】

《最高人民法院关于适用〈中华人民共和国刑事诉讼法〉的解释》第九十九条、第一百条、第二百四十九条。

第二十七条　电子数据的收集、提取程序有下列瑕疵，经补正或者作出合理解释的，可以采用；不能补正或者作出合理解释的，不得作为定案的根据：

（一）未以封存状态移送的；

（二）笔录或者清单上没有侦查人员、电子数据持有人（提供人）、见证人签名或者盖章的；

（三）对电子数据的名称、类别、格式等注明不清的；

（四）有其他瑕疵的。

【重点法条解读】

本条是关于瑕疵电子数据的补正与排除的规定。

根据本条规定，有以下四种收集、提取电子数据程序存在瑕疵："（一）未以封存状态移送的；（二）笔录或者清单上没有侦查人员、电子数据持有人（提供人）、见证人签名或者盖章的；（三）对电子数据的名称、类别、格式等注明不清的；（四）有其他瑕疵的。"例如，电子数据制作、取得的时间、地点、方式等有疑问，不能提供必要证明或者作出合理解释的，不能作为定案的根据。

经补正或者作出合理解释的，可以采用；不能补正或者作出合理解释的，不得作为定案的根据。

【难点问题解析】

《最高人民法院关于适用〈中华人民共和国刑事诉讼法〉的解释》第一百一十三条规定了收集、提取程序存在瑕疵的电子数据的补正与排除问题。

【法律法规衔接问题】

《最高人民法院关于适用〈中华人民共和国刑事诉讼法〉的解释》第一百一十三条。

第二十八条　电子数据具有下列情形之一的，不得作为定案的根据：

（一）电子数据系篡改、伪造或者无法确定真伪的；

（二）电子数据有增加、删除、修改等情形，影响电子数据真实性的；

（三）其他无法保证电子数据真实性的情形。

【重点法条解读】

本条是关于电子数据不得作为定案根据的情形的规定。

根据本条规定，下列三种情形的电子数据不得作为定案的根据："（一）电子数据系篡改、伪造或者无法确定真伪的；（二）电子数据有增加、删除、修改等情形，影响电子数据真实性的；（三）其他无法保证电子数据真实性的情形。"

本条采取了列举加兜底性条款的方式。实践中,侦查人员应当从电子数据的生成、存储、传送、收集、提取等各个环节入手,并结合证人证言、物证、书证、被告人供述、被害人陈述等其他证据材料,结合鉴定或检验等方式进行综合的审查和判断。

【法律法规衔接问题】

《最高人民法院关于适用〈中华人民共和国刑事诉讼法〉的解释》第一百一十四条。

五、附则

第二十九条　本规定中下列用语的含义:

(一)存储介质,是指具备数据信息存储功能的电子设备、硬盘、光盘、优盘、记忆棒、存储卡、存储芯片等载体。

(二)完整性校验值,是指为防止电子数据被篡改或者破坏,使用散列算法等特定算法对电子数据进行计算,得出的用于校验数据完整性的数据值。

(三)网络远程勘验,是指通过网络对远程计算机信息系统实施勘验,发现、提取与犯罪有关的电子数据,记录计算机信息系统状态,判断案件性质,分析犯罪过程,确定侦查方向和范围,为侦查破案、刑事诉讼提供线索和证据的侦查活动。

(四)数字签名,是指利用特定算法对电子数据进行计算,得出的用于验证电子数据来源和完整性的数据值。

(五)数字证书,是指包含数字签名并对电子数据来源、完整性进行认证的电子文件。

(六)访问操作日志,是指为审查电子数据是否被增加、删除或者修改,由计算机信息系统自动生成的对电子数据访问、操作情况的详细记录。

公安机关办理刑事案件电子数据取证规则(节选)

第一章　总　则

第一条　为规范公安机关办理刑事案件电子数据取证工作,确保电子数据取证质量,提高电子数据取证效率,根据《中华人民共和国刑事诉讼法》《公安机关办理刑事案件程序规定》等有关规定,制定本规则。

第二条　公安机关办理刑事案件应当遵守法定程序,遵循有关技术标准,全面、客观、及时地收集、提取涉案电子数据,确保电子数据的真实、完整。

第三条　电子数据取证包括但不限于:

(一)收集、提取电子数据;

(二)电子数据检查和侦查实验;

(三)电子数据检验与鉴定。

第四条　公安机关电子数据取证涉及国家秘密、警务工作秘密、商业秘密、个人隐私的,应当保密;对于获取的材料与案件无关的,应当及时退还或者销毁。

第五条　公安机关接受或者依法调取的其他国家机关在行政执法和查办案件过程中依法收集、提取的电子数据可以作为刑事案件的证据使用。

第二章　收集提取电子数据

第一节　一般规定

第六条　收集、提取电子数据，应当由二名以上侦查人员进行。必要时，可以指派或者聘请专业技术人员在侦查人员主持下进行收集、提取电子数据。

第七条　收集、提取电子数据，可以根据案情需要采取以下一种或者几种措施、方法：

（一）扣押、封存原始存储介质；

（二）现场提取电子数据；

（三）网络在线提取电子数据；

（四）冻结电子数据；

（五）调取电子数据。

第八条　具有下列情形之一的，可以采取打印、拍照或者录像等方式固定相关证据：

（一）无法扣押原始存储介质并且无法提取电子数据的；

（二）存在电子数据自毁功能或装置，需要及时固定相关证据的；

（三）需现场展示、查看相关电子数据的。

根据前款第二、三项的规定采取打印、拍照或者录像等方式固定相关证据后，能够扣押原始存储介质的，应当扣押原始存储介质；不能扣押原始存储介质但能够提取电子数据的，应当提取电子数据。

第九条　采取打印、拍照或者录像方式固定相关证据的，应当清晰反映电子数据的内容，并在相关笔录中注明采取打印、拍照或者录像等方式固定相关证据的原因，电子数据的存储位置、原始存储介质特征和所在位置等情况，由侦查人员、电子数据持有人（提供人）签名或者盖章；电子数据持有人（提供人）无法签名或者拒绝签名的，应当在笔录中注明，由见证人签名或者盖章。

第二节　扣押、封存原始存储介质

第十条　在侦查活动中发现的可以证明犯罪嫌疑人有罪或者无罪、罪轻或者罪重的电子数据，能够扣押原始存储介质的，应当扣押、封存原始存储介质，并制作笔录，记录原始存储介质的封存状态。

勘验、检查与电子数据有关的犯罪现场时，应当按照有关规范处置相关设备，扣押、封存原始存储介质。

第十一条　对扣押的原始存储介质，应当按照以下要求封存：

（一）保证在不解除封存状态的情况下，无法使用或者启动被封存的原始存储介质，必要时，具备数据信息存储功能的电子设备和硬盘、存储卡等内部存储介质可以分别封存；

（二）封存前后应当拍摄被封存原始存储介质的照片。照片应当反映原始存储介质封存前后的状况，清晰反映封口或者张贴封条处的状况；必要时，照片还要清晰反映电子设备的内部存储介质细节；

（三）封存手机等具有无线通信功能的原始存储介质，应当采取信号屏蔽、信号阻断或者切断电源等措施。

第十二条　对扣押的原始存储介质，应当会同在场见证人和原始存储介质持有人（提供人）查点清楚，当场开列《扣押清单》一式三份，写明原始存储介质名称、编号、数量、特征及其来源等，由侦查人员、持有人（提供人）和见证人签名或者盖章，一份交给持有人（提供人），一份交给公安机关保管人员，一份附卷备查。

第十三条　对无法确定原始存储介质持有人（提供人）或者原始存储介质持有人（提供人）无法签名、盖章或者拒绝签名、盖章的，应当在有关笔录中注明，由见证人签名或者盖章。由于客观原因无法由符合条件的人员担任见证人的，应当在有关笔录中注明情况，并对扣押原始存储介质的过程全程录像。

第十四条　扣押原始存储介质，应当收集证人证言以及犯罪嫌疑人供述和辩解等与原始存储介质相关联的证据。

第十五条　扣押原始存储介质时，可以向相关人员了解、收集并在有关笔录中注明以下情况：

（一）原始存储介质及应用系统管理情况，网络拓扑与系统架构情况，是否由多人使用及管理，管理及使用人员的身份情况；

（二）原始存储介质及应用系统管理的用户名、密码情况；

（三）原始存储介质的数据备份情况，有无加密磁盘、容器，有无自毁功能，有无其它移动存储介质，是否进行过备份，备份数据的存储位置等情况；

（四）其他相关的内容。

第三节　现场提取电子数据

第十六条　具有下列无法扣押原始存储介质情形之一的，可以现场提取电子数据：

（一）原始存储介质不便封存的；

（二）提取计算机内存数据、网络传输数据等不是存储在存储介质上的电子数据的；

（三）案件情况紧急，不立即提取电子数据可能会造成电子数据灭失或者其他严重后果的；

（四）关闭电子设备会导致重要信息系统停止服务的；

（五）需通过现场提取电子数据排查可疑存储介质的；

（六）正在运行的计算机信息系统功能或者应用程序关闭后，没有密码无法提取的；

（七）其他无法扣押原始存储介质的情形。

无法扣押原始存储介质的情形消失后，应当及时扣押、封存原始存储介质。

第十七条　现场提取电子数据可以采取以下措施保护相关电子设备：

（一）及时将犯罪嫌疑人或者其他相关人员与电子设备分离；

（二）在未确定是否易丢失数据的情况下，不能关闭正在运行状态的电子设备；

（三）对现场计算机信息系统可能被远程控制的，应当及时采取信号屏蔽、信号阻断、断开网络连接等措施；

（四）保护电源；

（五）有必要采取的其他保护措施。

第十八条　现场提取电子数据，应当遵守以下规定：

（一）不得将提取的数据存储在原始存储介质中；

（二）不得在目标系统中安装新的应用程序。如果因为特殊原因，需要在目标系统中安装新的应用程序的，应当在笔录中记录所安装的程序及目的；

（三）应当在有关笔录中详细、准确记录实施的操作。

第十九条　现场提取电子数据，应当制作《电子数据现场提取笔录》，注明电子数据的来源、事由和目的、对象、提取电子数据的时间、地点、方法、过程、不能扣押原始存储介质的原因、原始存储介质的存放地点，并附《电子数据提取固定清单》，注明类别、文件格式、完整性校验值等，由侦查人员、电子数据持有人（提供人）签名或者盖章；电子数据持有人（提供人）无法签名或者拒绝签名的，应当在笔录中注明，由见证人签名或者盖章。

第二十条　对提取的电子数据可以进行数据压缩，并在笔录中注明相应的方法和压缩后文件的完整性校验值。

第二十一条　由于客观原因无法由符合条件的人员担任见证人的，应当在《电子数据现场提取笔录》中注明情况，并全程录像，对录像文件应当计算完整性校验值并记入笔录。

第二十二条　对无法扣押的原始存储介质且无法一次性完成电子数据提取的，经登记、拍照或者录像后，可以封存后交其持有人（提供人）保管，并且开具《登记保存清单》一式两份，由侦查人员、持有人（提供人）和见证人签名或者盖章，一份交给持有人（提供人），另一份连同照片或者录像资料附卷备查。

持有人（提供人）应当妥善保管，不得转移、变卖、毁损，不得解除封存状态，不得未经办案部门批准接入网络，不得对其中可能用作证据的电子数据增加、删除、修改。必要时，应当保持计算机信息系统处于开机状态。

对登记保存的原始存储介质，应当在七日以内作出处理决定，逾期不作出处理决定的，视为自动解除。经查明确实与案件无关的，应当在三日以内解除。

第四节　网络在线提取电子数据

第二十三条　对公开发布的电子数据、境内远程计算机信息系统上的电子数据，可以通过网络在线提取。

第二十四条　网络在线提取应当计算电子数据的完整性校验值；必要时，可以提取有关电子签名认证证书、数字签名、注册信息等关联性信息。

第二十五条　网络在线提取时，对可能无法重复提取或者可能会出现变化的电子数据，应当采用录像、拍照、截获计算机屏幕内容等方式记录以下信息：

（一）远程计算机信息系统的访问方式；

（二）提取的日期和时间；

（三）提取使用的工具和方法；

（四）电子数据的网络地址、存储路径或者数据提取时的进入步骤等；

（五）计算完整性校验值的过程和结果。

第二十六条　网络在线提取电子数据应当在有关笔录中注明电子数据的来源、事由和目的、对象，提取电子数据的时间、地点、方法、过程，不能扣押原始存储介质的原因，并附《电子数据提取固定清单》，注明类别、文件格式、完整性校验值等，由侦查人员签名或者盖章。

第二十七条　网络在线提取时需要进一步查明下列情形之一的，应当对远程计算机信息系统进行网络远程勘验：

（一）需要分析、判断提取的电子数据范围的；

（二）需要展示或者描述电子数据内容或者状态的；

（三）需要在远程计算机信息系统中安装新的应用程序的；

（四）需要通过勘验行为让远程计算机信息系统生成新的除正常运行数据外电子数据的；

（五）需要收集远程计算机信息系统状态信息、系统架构、内部系统关系、文件目录结构、系统工作方式等电子数据相关信息的；

（六）其他网络在线提取时需要进一步查明有关情况的情形。

第二十八条　网络远程勘验由办理案件的县级公安机关负责。上级公安机关对下级公安机关刑事案件网络远程勘验提供技术支援。对于案情重大、现场复杂的案件，上级公安机关认为有必要时，可以直接组织指挥网络远程勘验。

第二十九条　网络远程勘验应当统一指挥，周密组织，明确分工，落实责任。

第三十条　网络远程勘验应当由符合条件的人员作为见证人。由于客观原因无法由符合条件的人员担任见证人的，应当在《远程勘验笔录》中注明情况，并按照本规则第二十五条的规定录像，录像可以采用屏幕录像或者录像机录像等方式，录像文件应当计算完整性校验值并记入笔录。

第三十一条　远程勘验结束后，应当及时制作《远程勘验笔录》，详细记录远程勘验有关情况以及勘验照片、截获的屏幕截图等内容。由侦查人员和见证人签名或者盖章。

远程勘验并且提取电子数据的，应当按照本规则第二十六条的规定，在《远程勘验笔录》注明有关情况，并附《电子数据提取固定清单》。

第三十二条　《远程勘验笔录》应当客观、全面、详细、准确、规范，能够作为还原远程计算机信息系统原始情况的依据，符合法定的证据要求。

对计算机信息系统进行多次远程勘验的，在制作首次《远程勘验笔录》后，逐次制作补充《远程勘验笔录》。

第三十三条　网络在线提取或者网络远程勘验时，应当使用电子数据持有人、网络服务提供者提供的用户名、密码等远程计算机信息系统访问权限。

采用技术侦查措施收集电子数据的，应当严格依照有关规定办理批准手续。收集的电子数据在诉讼中作为证据使用时，应当依照刑事诉讼法第一百五十四条规定执行。

第三十四条　对以下犯罪案件，网络在线提取、远程勘验过程应当全程同步录像：

（一）严重危害国家安全、公共安全的案件；

（二）电子数据是罪与非罪、是否判处无期徒刑、死刑等定罪量刑关键证据的案件；

（三）社会影响较大的案件；

（四）犯罪嫌疑人可能被判处五年有期徒刑以上刑罚的案件；

（五）其他需要全程同步录像的重大案件。

第三十五条　网络在线提取、远程勘验使用代理服务器、点对点传输软件、下载加速软件等网络工具的，应当在《网络在线提取笔录》或者《远程勘验笔录》中注明采用的相关软件名称和版本号。

第五节 冻结电子数据

第三十六条 具有下列情形之一的,可以对电子数据进行冻结:

(一)数据量大,无法或者不便提取的;

(二)提取时间长,可能造成电子数据被篡改或者灭失的;

(三)通过网络应用可以更为直观地展示电子数据的;

(四)其他需要冻结的情形。

第三十七条 冻结电子数据,应当经县级以上公安机关负责人批准,制作《协助冻结电子数据通知书》,注明冻结电子数据的网络应用账号等信息,送交电子数据持有人、网络服务提供者或者有关部门协助办理。

第三十八条 不需要继续冻结电子数据时,应当经县级以上公安机关负责人批准,在三日以内制作《解除冻结电子数据通知书》,通知电子数据持有人、网络服务提供者或者有关部门执行。

第三十九条 冻结电子数据的期限为六个月。有特殊原因需要延长期限的,公安机关应当在冻结期限届满前办理继续冻结手续。每次续冻期限最长不得超过六个月。继续冻结的,应当按照本规则第三十七条的规定重新办理冻结手续。逾期不办理继续冻结手续的,视为自动解除。

第四十条 冻结电子数据,应当采取以下一种或者几种方法:

(一)计算电子数据的完整性校验值;

(二)锁定网络应用账号;

(三)采取写保护措施;

(四)其他防止增加、删除、修改电子数据的措施。

第六节 调取电子数据

第四十一条 公安机关向有关单位和个人调取电子数据,应当经办案部门负责人批准,开具《调取证据通知书》,注明需要调取电子数据的相关信息,通知电子数据持有人、网络服务提供者或者有关部门执行。被调取单位、个人应当在通知书回执上签名或者盖章,并附完整性校验值等保护电子数据完整性方法的说明,被调取单位、个人拒绝盖章、签名或者附说明的,公安机关应当注明。必要时,应当采用录音或者录像等方式固定证据内容及取证过程。

公安机关应当协助因客观条件限制无法保护电子数据完整性的被调取单位、个人进行电子数据完整性的保护。

第四十二条 公安机关跨地域调查取证的,可以将《办案协作函》和相关法律文书及凭证传真或者通过公安机关信息化系统传输至协作地公安机关。协作地办案部门经审查确认后,在传来的法律文书上加盖本地办案部门印章后,代为调查取证。

协作地办案部门代为调查取证后,可以将相关法律文书回执或者笔录邮寄至办案地公安机关,将电子数据或者电子数据的获取、查看工具和方法说明通过公安机关信息化系统传输至办案地公安机关。

办案地公安机关应当审查调取电子数据的完整性，对保证电子数据的完整性有疑问的，协作地办案部门应当重新代为调取。

第三章　电子数据的检查和侦查实验

第一节　电子数据检查

第四十三条　对扣押的原始存储介质或者提取的电子数据，需要通过数据恢复、破解、搜索、仿真、关联、统计、比对等方式，以进一步发现和提取与案件相关的线索和证据时，可以进行电子数据检查。

第四十四条　电子数据检查，应当由二名以上具有专业技术的侦查人员进行。必要时，可以指派或者聘请有专门知识的人参加。

第四十五条　电子数据检查应当符合相关技术标准。

第四十六条　电子数据检查应当保护在公安机关内部移交过程中电子数据的完整性。移交时，应当办理移交手续，并按照以下方式核对电子数据：

（一）核对其完整性校验值是否正确；

（二）核对封存的照片与当前封存的状态是否一致。

对于移交时电子数据完整性校验值不正确、原始存储介质封存状态不一致或者未封存可能影响证据真实性、完整性的，检查人员应当在有关笔录中注明。

第四十七条　检查电子数据应当遵循以下原则：

（一）通过写保护设备接入到检查设备进行检查，或者制作电子数据备份、对备份进行检查；

（二）无法使用写保护设备且无法制作备份的，应当注明原因，并全程录像；

（三）检查前解除封存、检查后重新封存前后应当拍摄被封存原始存储介质的照片，清晰反映封口或者张贴封条处的状况；

（四）检查具有无线通信功能的原始存储介质，应当采取信号屏蔽、信号阻断或者切断电源等措施保护电子数据的完整性。

第四十八条　检查电子数据，应当制作《电子数据检查笔录》，记录以下内容：

（一）基本情况。包括检查的起止时间，指挥人员、检查人员的姓名、职务，检查的对象，检查的目的等；

（二）检查过程。包括检查过程使用的工具，检查的方法与步骤等；

（三）检查结果。包括通过检查发现的案件线索、电子数据等相关信息。

（四）其他需要记录的内容。

第四十九条　电子数据检查时需要提取电子数据的，应当制作《电子数据提取固定清单》，记录该电子数据的来源、提取方法和完整性校验值。

第二节　电子数据侦查实验

第五十条　为了查明案情，必要时，经县级以上公安机关负责人批准可以进行电子数据侦查实验。

第五十一条　电子数据侦查实验的任务包括：

（一）验证一定条件下电子设备发生的某种异常或者电子数据发生的某种变化；

（二）验证在一定时间内能否完成对电子数据的某种操作行为；

（三）验证在某种条件下使用特定软件、硬件能否完成某种特定行为、造成特定后果；

（四）确定一定条件下某种计算机信息系统应用或者网络行为能否修改、删除特定的电子数据；

（五）其他需要验证的情况。

第五十二条　电子数据侦查实验应当符合以下要求：

（一）应当采取技术措施保护原始存储介质数据的完整性；

（二）有条件的，电子数据侦查实验应当进行二次以上；

（三）侦查实验使用的电子设备、网络环境等应当与发案现场一致或者基本一致；必要时，可以采用相关技术方法对相关环境进行模拟或者进行对照实验；

（四）禁止可能泄露公民信息或者影响非实验环境计算机信息系统正常运行的行为。

第五十三条　进行电子数据侦查实验，应当使用拍照、录像、录音、通信数据采集等一种或多种方式客观记录实验过程。

第五十四条　进行电子数据侦查实验，应当制作《电子数据侦查实验笔录》，记录侦查实验的条件、过程和结果，并由参加侦查实验的人员签名或者盖章。

第四章　电子数据委托检验与鉴定

第五十五条　为了查明案情，解决案件中某些专门性问题，应当指派、聘请有专门知识的人进行鉴定，或者委托公安部指定的机构出具报告。

需要聘请有专门知识的人进行鉴定，或者委托公安部指定的机构出具报告的，应当经县级以上公安机关负责人批准。

第五十六条　侦查人员送检时，应当封存原始存储介质、采取相应措施保护电子数据完整性，并提供必要的案件相关信息。

第五十七条　公安部指定的机构及其承担检验工作的人员应当独立开展业务并承担相应责任，不受其他机构和个人影响。

第五十八条　公安部指定的机构应当按照法律规定和司法审判机关要求承担回避、保密、出庭作证等义务，并对报告的真实性、合法性负责。

公安部指定的机构应当运用科学方法进行检验、检测，并出具报告。

第五十九条　公安部指定的机构应当具备必需的仪器、设备并且依法通过资质认定或者实验室认可。

第六十条　委托公安部指定的机构出具报告的其他事宜，参照《公安机关鉴定规则》等有关规定执行。

第五章　附　　则

第六十一条　本规则自 2019 年 2 月 1 日起施行。公安部之前发布的文件与本规则不一致的，以本规则为准。

7.5　案 例 分 析

【案情介绍】陶嘉琪等诈骗案①

内蒙古自治区开鲁县人民法院
刑事判决书

(2016)开刑初字第 194 号

公诉机关：开鲁县人民检察院

被告人：陶嘉琪

辩护人：苗兴东（辽宁合朔律师事务所律师）

被告人：王金纯

辩护人：何美欣（吉林律舟律师事务所律师）

开鲁县人民检察院以开检公诉刑诉〔2016〕174 号起诉书指控被告人陶嘉琪、王金纯犯诈骗罪，于 2016 年 9 月 23 日向本院提起公诉。本院依法组成合议庭，公开开庭审理了本案。开鲁县人民检察院指派检察员申彦民、赵广慧出庭支持公诉，被告人陶嘉琪及其辩护人苗兴东、被告人王金纯及其辩护人何美欣到庭参加诉讼。现已审理终结。

开鲁县人民检察院指控，2016 年 6 月初，被告人王金纯、陶嘉琪商量利用"伪基站"发送诈骗信息骗取钱款，并约定事后对赃款进行平分。被告人王金纯通过 QQ 昵称为"源码搭建"的人制作诈骗信息及网站提供给陶嘉琪，由被告人陶嘉琪携带具有短信群发功能的"伪基站"向不特定人的手机发送诈骗信息。2016 年 6 月 22 日，被告人陶嘉琪在通辽市开鲁县开鲁镇内发送诈骗短信共计 59251 条。

公诉机关列举了物证、书证、被告人的供述与辩解、鉴定意见及电子数据等证据。

公诉机关认为陶嘉琪、王金纯的行为构成诈骗罪，且属情节特别严重，提请本院依照《中华人民共和国刑法》第二百七十五条、第二十五条、第二十三条之规定，对被告人陶嘉琪定罪处罚；依照《中华人民共和国刑法》第二百七十五条、第二十五条、第二十三条、第六十七条一款之规定，对被告人王金纯定罪处罚。

被告人陶嘉琪、王金纯对公诉机关指控其犯有诈骗罪无异议。

辩护律师苗兴东、何美欣对公诉机关指控二被告人犯有诈骗罪罪名没有异议，但对公诉机关指控二被告人发送诈骗短信五万条以上有异议，认为认定二被告人发送诈骗短信五万条的量刑证据不足。

经审理查明，2016 年 6 月初，被告人王金纯、陶嘉琪商量利用"伪基站"发送诈骗信息骗取钱款，并约定事后对赃款进行平分。被告人王金纯通过 QQ 昵称为"源码搭建"的人制作诈骗信息及网站提供给陶嘉琪，由被告人陶嘉琪开车携带具有短信群发功能的伪基站向不特定人的手机发送诈骗信息。2016 年 6 月 22 日，被告人陶嘉琪开车来到通辽市开鲁县开鲁镇内，下午 3 时 10 分开始，将冒充中国工商银行客服 95588 的诈骗信息，用群发诈骗短信的伪基站设备发送诈骗短信，当日下午 5 时 30 分，开鲁县公安局民警将驾车在开鲁县明

① 本案例来源于北大法宝数据库 http://www.pkulaw.cn/，【法宝引证码】CLI.C.47279100。

仁大街与和平路路口等待红绿灯的陶嘉琪抓获。经侦查实验测算，期间，被告人陶嘉琪发送诈骗短信共计56100条。

另查明，陶嘉琪、王金纯至案发时尚未获取群发诈骗信息的非法利益。

还查明，被告人陶嘉琪，于2016年6月22日被开鲁县公安局民警当场抓获归案。被告人王金纯，于2016年7月19日主动到开鲁县公安局投案。

认定上述事实，控、辩双方出示了如下证据：

（1）物证（纽曼牌行车记录仪、农业银行卡两张、智能手机七部、伪基站主机一台、天线两根、电脑主机箱一个、手机卡两张、黄色三星S5手机壳一个）。证实上述物品从二被告人处依法扣押，系二被告人作案时使用。

（2）王金纯、陶嘉琪的户籍信息，证实二被告人的主体身份。

（3）被告人陶嘉琪的供述与辩解四份，证实案发的时间、地点、经过。

（4）被告人王金纯的供述与辩解六份，证实同上。

（5）中国移动通讯集团内蒙古有限公司通辽分公司电子数据提取及检测报告书两份，证明扣押的被告人陶嘉琪所使用的具有发射功能的电子设备具有伪基站的特征及这台伪基站至抓获时，共发送59251条短信，造成59251个手机用户通信中断不满1小时。

（6）内蒙古允正声像资料司法鉴定所电子数据检测报告内允(2016)物鉴字1607(31)号、1607(32)号、1607(34)号、1607(26)号、1607(29)号、1607(30)号、1607(16)号，证实陶嘉琪、王金纯使用的伪基站设备及手机中的相关信息文件夹曾被清空，无发送诈骗信息数目结论等内容。

（7）王金纯家搜查笔录及视频资料，证实公安机关侦查人员依法在王金纯家搜查情况。

（8）陶嘉琪被抓获视频资料，证实公安机关侦查人员在抓获陶嘉琪后对其驾驶的车辆、作案工具进行搜查及对其使用的手机当时发射的条数(59251条)所作的录像及拍照。

（9）侦查实验笔录，证实经侦查实验，被告人陶嘉琪使用的伪基站设备在40分钟内，发送短信息数量为18609条。

（10）辩护人何美欣出示：网上下载开鲁镇人口公开统计资料，证实开鲁县城镇人口6.1万人，移动手机约1万3千多部，被告人不可能在开鲁镇内发送5万9千多条短信。

上述证据经质证，二被告人均无异议。二辩护人质证认为中国移动通讯集团内蒙古有限公司通辽分公司不具备电子鉴定资质，1分钟发送多少条是对伪基站的功能进行鉴定，因其不具备法律规定鉴定资质，此电子数据提取及检测报告书不能作为认定案件事实的证据。二辩护人对陶嘉琪被抓获视频资料有异议，质证意见为，陶嘉琪发送诈骗短信的时间是15点10分4秒，被公安机关抓获时间是17点30分。从17点31分至18点23分陶嘉琪及发送设备、工具已经被公安机关控制。此时陶嘉琪无论从主观上还是客观上都不具备继续实施犯罪行为的可能性，此期间发出的短信不是陶嘉琪所为。陶嘉琪被公安机关抓获时间是17点30分。从17点31分至18点23分，该电子数据在不断增加，影响电子数据真实性。故起诉书认定的被告人陶嘉琪在开鲁县开鲁镇内发送诈骗短信共计59251条是增加了的数据。根据最高人民法院、最高人民检察院、公安部《关于办理刑事案件收集提取和审查判断电子数据若干问题的规定》第二十八条(二)款的规定，不能作为定案的根据。辩护人苗兴东对侦查实验笔录的质证意见是，该实验的目的是确认设备功率，实验报告没有得出设备的功率是多少，实验得出的其他结论并非是实验需求的结果，且进行实验的单位及人员都没有相应的司法评估资质。其制作出的设备在一定时间段发送短信的数额的结论，控方也认为因地点不同而数据有出入。依据实验报告推定，该设备具有超过五万条的短信发射能力，据此认定陶嘉琪犯罪数额超过 5 万条，是认定事实有误。认为实验报告不能作为直接量刑证据。辩护人何美欣对侦查实验笔录的质证意见是，该实验见证人只有 1 人，不符合法律规定。该实验由无委会技术人员编辑短信、发送操作，与非专业人员陶嘉琪发送短信的手法、调频点、频率根本无法一致，与陶嘉琪发送短信时的周围环境、人口密度均不同，无法还原案发时的情形和事实。本次实验设备发送功能是每分钟 465 条，公诉人第一次开庭举证的移动公司的两份检测报告是每分钟 993 条，而案发现场记录的是每分钟发送短信 307 条。故此侦查实验笔录不具有本案量刑证据效力。二辩护人对其他证据均无实质性质证意见。

本院认为，二辩护人对中国移动通信集团内蒙古有限公司通辽分公司电子数据提取及检测报告书和陶嘉琪被抓获视频资料的质证意见，符合本案事实及法律规定，本院予以采信。但对二辩护人对侦查实验笔录的质证意见，不予采信。侦查实验，是指侦查人员为了查明与案件有关的某一事件或者事实在某种情况下能否发生或者如何发生，而模拟案件原有条件，将该事件或者事实实验性地加以演示的侦查活动。既不可能穿越过去，恢复原貌，也不可能与待证事实完全一致。本案侦查实验笔录，是在公安机关侦查人员的主持下，特邀通辽市无线电管理委员会工作人员及见证人参加的情况下，对陶嘉琪使用的伪基站设备发射条数所做的实验活动，整个侦查实验活动程序严谨，过程合法，目的明确，客观真实。虽然在"事由和目的"栏写成"对陶嘉琪使用的伪基站设备功率进行侦查实验，测试功率"，但实际内容是对陶嘉琪使用的伪基站设备发射条数所做的测试，对侦查实验笔录作为证据使用并无实质性影响。对辩护人何美欣律师当庭出示的两份书证，因与本案无关联性，本院不予采信。对其他证据，本院均采信与本院认定事实相一致部分，不一致部分不予采信。

本院认为，被告人王金纯、陶嘉琪以诈骗公私财物为目的，分工协作，向不特定人群发送诈骗信息，数量达五万条以上，属特别严重情节，其行为明显已触犯刑律，构成诈骗罪，应依法惩处。二被告人系共同犯罪，但由于意志以外的原因而未得逞的，系犯罪未遂，可比照既遂犯依法减轻处罚。二被告人自愿认罪，酌情从轻处罚。被告人王金纯案发后虽能自动投案，但在投案时未能如实供述与被告人陶嘉琪系合作关系，其负责在家操作钓鱼网站的后台，由被告人陶嘉琪在外面携带短信群发的设备发送诈骗信息，获利后共同分成的主要犯罪事实。且在得知被告人陶嘉琪将其供出后，将其在家操作钓鱼网站的手机进行毁坏，消弭罪证。故被告人王金纯的行为，不符合法律规定的自首条件，依法不能认定为自首。被告人陶嘉琪辩护人辩称"陶嘉琪系诈骗未遂，是初犯，请求减轻处罚"的意见及被告人王金纯辩护人辩称"王金纯存在诈骗未遂、认罪、悔罪、平素表现较好，具有法定从轻、减轻及酌定从轻等情节，请求减轻处罚"的意见，予以采纳。对被告人王金纯辩护人辩称"王金纯系自首，应当在三年以下有期徒刑内确定对被告人王金纯的刑罚及对其适用缓刑"的意见，因与本院查明的案件事实及法律规定不符，本院不予采纳。本院根据本案犯罪的事实、犯罪的性质、情节和对于社会的危害程度，依照《中华人民共和国刑法》第二百六十六条、第二十五条第一款、第二十三条、第六十四条之规定，判决如下：

一、被告人陶嘉琪犯诈骗罪，判处有期徒刑四年，并处罚金一万五千元。

二、被告人王金纯犯诈骗罪，判处有期徒刑四年，并处罚金一万五千元。

三、没收被告人陶嘉琪、王金纯作案使用工具(详见没收物品清单)。

如不服本判决,可在接到判决书的第二日起十日内,通过本院或者直接向通辽市中级人民法院提出上诉。书面上诉的,应当提交上诉状正本一份、副本二份。

审 判 长　　刘志杰

审 判 员　　马金龙

人民陪审员　　周永祥

二〇一七年九月十四日

书 记 员　　王家齐

【主要法律问题分析】

伪基站诈骗案件是网络诈骗犯罪中一种常见的犯罪形式。对于伪基站诈骗案件,可能涉及诈骗罪、破坏公用电信设施罪、扰乱无线电管理秩序罪、非法经营罪等犯罪。当涉及诈骗罪时,需要达到一定的危害程度才构成本罪,依据《最高人民法院、最高人民检察院、公安部关于办理电信网络诈骗等刑事案件适用法律若干问题的意见》中的规定,"(四)实施电信网络诈骗犯罪,犯罪嫌疑人、被告人实际骗得财物的,以诈骗罪(既遂)定罪处罚。诈骗数额难以查证,但具有下列情形之一的,应当认定为刑法第二百六十六条规定的'其他严重情节',以诈骗罪(未遂)定罪处罚:1.发送诈骗信息五千条以上的,或者拨打诈骗电话五百人次以上的;2.在互联网上发布诈骗信息,页面浏览量累计五千次以上的。具有上述情形,数量达到相应标准十倍以上的,应当认定为刑法第二百六十六条规定的'其他特别严重情节',以诈骗罪(未遂)定罪处罚……"可见,发送诈骗短信条数的认定,对于是否构成本罪,罪重还是罪轻的判断都十分重要。然而,在伪基站案件中,判断发送诈骗短信条数的判断较困难,依赖技术分析。

实践中对于伪基站危害结果的分析常采用两种途径:第一种途径是通过对伪基站及其扣押的电脑或手机分析直接作出判断;第二种途径是通过移动通信等通信公司相关系统的分析进行判断。但随着伪基站诈骗案件不断更新换代,很多采用了无硬盘电脑,使得很难通过直接对伪基站及相关电脑的分析得出结果。本案涉及诈骗短信的技术认定共有三种不同方法,其中内蒙古允正声像资料司法鉴定所电子数据检测报告应为检材所限,无结论。中国移动通信集团内蒙古有限公司通辽分公司电子数据提取及检测报告书两份。然而,该鉴定主体不适格,且移动通信集团内蒙古有限公司通辽分公司与该案有一定的利害关系,既不符合司法鉴定的条件资质条件,也很难保障鉴定中立性,因而其检测报告应不予采信。而本案侦查实验目的明确,过程合法,方法具备理论支持,虽然所得结果与真实结果可能存在一定差异,但该差异在很小范围内,对于解决伪基站案件所涉电子数据认定困难问题是可取的。因而本案采信了该侦查实验的所得证据。